하이데거

존재의 진리를 찾아서

하이데거

존재의 진리를 찾아서

초판 1쇄 발행 2025년 2월 28일
초판 2쇄 발행 2025년 9월 25일

지은이 박찬국

펴낸곳 서울대학교출판문화원
주소 08826 서울 관악구 관악로 1
도서주문 02-889-4424, 02-880-7995
홈페이지 www.snupress.com
페이스북 @snupress1947
인스타그램 @snupress
이메일 snubook@snu.ac.kr
출판등록 제15-3호

ISBN 978-89-521-3242-0 93160

이 연구는 2022년도 서울대학교 미래기초학문분야 기반조성사업으로
지원되는 연구비에 의하여 수행되었음.

하이데거

존재의 진리를 찾아서

박찬국 지음

서울대학교출판문화원

서문

이 책에서 나는 35년여에 걸쳐 하이데거에 대해 발표해 온 글들을 수정·보완하여 체계적인 통일성을 갖는 저술로 재구성하였다. 이미 다른 책들에서 언급했지만, 하이데거는 20세기 정신계에 가장 큰 영향을 끼친 사상가다. 20세기 거의 모든 철학적 조류, 최근의 포스트모더니즘과 후기구조주의뿐 아니라 마르쿠제(Herbert Marcuse)와 하버마스(Jürgen Habermas)의 비판이론, 한나 아렌트(Hannah Arendt)의 정치철학, 실존철학과 현상학, 가다머(Hans-Georg Gadamer)의 철학적 해석학, 철학적 인간학, 언어철학, 과학이론 등에서 우리는 하이데거 철학의 흔적을 쉽게 발견할 수 있다. 철학뿐 아니라 문학과 문예비평, 심리학, 신학, 생태학 등에도 하이데거가 미친 영향은 무시할 수 없다. 하이데거가 없었더라면 20세기 이후의 정신계는 전혀 다른 지형도를 갖게 되었을 것이다.

하이데거의 사상이 이렇게 지대한 영향력을 갖게 된 원인을 나는 그가 그 어느 사상가보다도 우리 시대의 위기가 근원적으로 어디서 비롯되는지를 철저하게 반성한 데서 찾고 싶다. 하이데거는 우리 시대는 역사적·물질적으로 가장 풍요로운 시대임에도 불구하고 이 시대에는 가장 중요한 것이 결여되어 있다고 보았다. 이런 의미에서 하이데거는 우리 시대를 궁핍한 시대라고 불렀다. 하이데거는 우리 시대의 궁핍성은 현대인들이 이러한 궁핍성을 자각하기는커녕 오히려 현대를 가장 풍요로운 시대라고 보고 있다는 점에서 더욱더 심각한 것이 되고 있다고 말했다.

하이데거식의 난해한 표현을 빌리자면 '현대인들은 존재자들을 관리하고 조작하고 지배하고 향유하는 데 빠져서 존재를 망각하고 있을 뿐 아니라 심지어 자신들이 존재를 망각하고 있다는 사실조차 망각하고 있다.' 하이데거는 철학자가 존재라고 부르는 것을 시인은 성스러운 것으로 부른다고 말했다. 하이데거가 '오늘날에는 물질의 풍요에도 불구하고 가장 중요한 것이 빠져 달아나 있다'고 말할 때 '가장 중요한 것'이란 존재 내지 성스러운 것이라고 할 수 있다. 하이데거는 우리 시대의 가장 큰 위기는 우리 인간이 함부로 할 수 없는 '성스러움'의 차원이 사라져 버렸다는 데 있다고 보았다.

이 시대에 존재자들은 인간이 마음대로 사용할 수 있는 에너지 자원으로 간주된다. 하늘도 대지도 산도 강도 심지어 인간 자신도 한갓 에너지원으로 간주되면서 그것들의 고유한 존재는 무시된다. 산은 산으로서가 아니라 광물 에너지를 담고 있는 자원으로 간주되고 강도 강으로서가 아니라 수력 에너지를 담고 있는 자원으로 간주된다.

하이데거는 20세기에 일어났던 두 번의 세계대전이나 나치즘, 공산주의와 같은 전체주의적 지배 그리고 모든 것을 사고 파는 상품으로 전락시키는 자본주의도 현대인들이 인간을 비롯한 모든 존재자에 깃들어 있는 성스러운 차원을 망각한 데서 비롯된다고 보았다.

하이데거는 우리가 함부로 다룰 수 없고 오히려 경탄과 경외를 불러일으키는 성스러운 것이 존재하지 않는 세계, 인간을 비롯한 모든 것이 한갓 기술적으로 처리될 수 있는 자원이나 수단에 불과한 것으로 간주되는 세계는 궁핍한 세계일 수밖에 없다고 보았다. 하이데거는 이 시대의 궁핍이 어디서 비롯되었고 그것을 어떻게 극복할 수 있는가를 자신이 걸었던 사유의 길 전체에 걸쳐서 치열하게 고민했다.

이 책은 크게 5부로 이루어져 있다. I부에서는 현대기술문명이 갖는 문제점과 관련하여 하이데거의 존재물음을 고찰한다. 하이데거의 존재물음은 흔히 현실과 동떨어진 추상적인 사변으로 간주되는 경향이 있으나 현대기술문명이 부딪힌 위기를 극복한다는 문제의식과 불가분의 관계에 있다. 따라서 나는 하이데거의 존재물음을 현대기술문명의 위기와 연관하여 고찰하는 것이 그의 존재물음이 갖는 내용과 의의를 파악하는 데 가장 좋은 길이라고 생각한다. 도입부에 해당하는 I부에서 현대기술문명에 대한 하이데거의 사상을 고찰하는 것은 바로 이 때문이다.

이렇게 현대기술문명의 위기를 극복한다는 문제의식과 관련하여 하이데거의 철학을 고찰하는 것은 독자들이 하이데거의 철학을 분명하면서도 구체적으로 이해하는 데 도움이 될 것으로 생각한다. 주지하듯이 하이데거의 철학은 난해하기로 유명하다. 현대기술문명의 위기와 관련하여 하이데거의 철학을 해명하는 것은 그의 철학을 우리가 처한 현실에 비추어 고찰하는 것이기 때문에, 독자들은 그의 철학을 보다 용이하게 파악할 수 있을 것이다.

「현대기술문명의 위기와 극복」에서는 현대기술문명의 위기와 극복에 대한 하이데거의 사상을 살펴본다. 「현대기술문명에 대한 청송 고형곤과 하이데거의 사상」에서는 우리나라에서 하이데거 연구의 첫 물꼬를 텄던 청송 고형곤 선생의 하이데거 해석을 살펴본다. 청송 고형곤 선생 역시 현대기술문명의 위기를 극복한다는 문제의식과 함께 횔덜린의 시에 대한 하이데거의 해석을 실마리로 하여 하이데거의 사상을 고찰한다. 「고향상실의 극복과 하이데거의 존재물음」에서는 하이데거의 프라이부르크대학 교수 취임 강연인 "형이상학이란 무엇인가?"를 중심으로 하이데거가 현대의 고향상실을 어떻게 극복하려고 하는지를 살펴본다. 「고향상실과 인간소외」에서는 자본주의 사회의 소외를 극복하는 것을 목표하는 마르크스의 사상과 현대의 고향상실을 극복하는 것을 목표하는 하이데거의 사상을 비교한다. 이러한 비교를 통해 현대기술문명에 대한 하이데거의 대결이 갖는 특성을 명료하게 드러내려 했다.

II부에서는 하이데거와 나치즘의 연관과 아울러 하이데거의 윤리사상과 정치사상에 대해 살펴본다. 「하이데거와 나치즘」에서는 하이데거의 나치 참여 행적과 아울러 나치 참여의 역사적·사상적 배경을 살펴 본 후, 나치 참여라는 문제를 실마리로 하여 하이데거의 존재 사상을 살펴본다. 「하이데거의 사상적 전회와 나치 참여」에서는 일부 연구자들의 주장처럼 하이데거가 과연 나치 참여의 실패로 인해 '전회라고 불리는 사상적 변화'를 겪게 되는가를 살펴본다. 이러한 고찰을 토대로 하여 하이데거의 철학이 갖는 정치철학적 함의에 대해 살펴본다. 「하이데거 철학과 전체주의」에서는 서양의 전통 형이상학에 대한 하이데거의 비판이 여타의 비판과 구별되는 점을 분명히 한 후, 하이데거의 철학은 어떤 점에서 전체주의를 정당화하는 철학으로 전락할 수 있는가를 고찰한다. 「신칸트학파와 후설 그리고 셸러의 가치철학에 대한 하이데거의 비판」에서는 신칸트학파와 후설 그리고 셸러의 가치철학에 대한 하이데거의 비판을 실마리로 하여 하이데거의 윤리사상을 고찰한다. 「하이데거의 양심과 아리스토텔레스의 프로네시스」에서는 하이데거의 초기 주저인 『존재와 시간』에서 개진하는 양심 개념과 아리스토텔레스의 프로네시스 개념의 유사성을 밝힘으로써 하이데거의 양심 개념이 갖는 특성을 명료하게 드러내려고 한다.

I부와 II부에 대한 이상의 서술에서 보듯이, 이 책은 현대기술문명의 위기와 나치 참여와 연관하여 하이데거의 사상을 고찰하는 부분을 앞에 배치했다. 앞에서도 언급했지만, 이러한 배치는 독자들이 하이데거의 사상을 명료하고 구체적으로 이해하는 데 도움이 될 것으로 생각한다.

III부에서는 존재와 인간에 대한 하이데거의 사상을 살펴본다. 「존재에 대한 하이데거의 8가지 명제」에서는 하이데거의 강의록인 『근본개념들』에 실려 있는 '존재에 대한 하이데거의 8개의 명제'를 중심으로 하이데거가 말하는 존재가 무엇인지 명료하게 밝히려 했다. 「운정 소광희 교수의 시간론」에서는 청송 고형곤 선생 이후로 우리나라 하이데거 연구에 혁혁한 기여를 했던 운정 소광희 교수의 시간론을 고찰한다. 「인간은 동물과 어떻게 다른가?」에서는 동물의 존재방식에 대한 하이데거의 분석을 살펴보는 동시에 하이데거가 동물과 인간의 차이를 실마리로 하여 인간이 갖는 특수성을 어떻게 파악하는지를 고찰한다.

IV부에서는 '불안과 본래적 실존'이라는 개념을 중심으로 하이데거의 초기사상을 살펴본다. 초기사상을 다루는 부분임에도 이를 후반부에 배치한 것은 하이데거가 후기사상에서 행하는 현대기술문명과의 대결을 이해할 때 그의 초기사상도 더욱 명료하게 이해할 수 있다고 생각했기 때문이다. 「초기 하이데거의 불안 개념」에서는 우선 초기 하이데거의 불안 개념을 살펴본 후, 그것이 불안이라는 기분을 얼마나 사태에 부합되게 파악하고 있는지를 비판적으로 고찰한다. 「초기 하이데거의 철학을 결단주의나 주의주의로 보는 해석에 대한 비판적 고찰」에서는 초기 하이데거의 철학을 결단주의나 주의주의로 보는 해석을 비판적으로 고찰하면서 하이데거가 말하는 본래적인 실존이 구체적으로 무엇을 의미하는지를 명료하게 보여 주려 했다. 「키르케고르와 하이데거의 불안 개념」에서는 키르케고르와 하이데거의 불안 개념을 비교함으로써 하이데거의 불안 개념이 갖는 특성을 보다 명료하게 드러내려고 시도했다. 「유식불교의 삼성설(三性說)과 하이데거의 실존방식 분석」에서는 유식불교의 삼성설과 초기 하이데거의 실존방식 분석의 연관에 대한 기존의 연구들을 비판적으로 고찰하면서 두 이론 사이에 존재하는 연관을 분명히 밝히는 동시에, 초기 하이데거의 실존방식 분석을 더욱 명료하게 파악하려 했다.

V부에서는 하이데거의 철학이 서양철학사에서 갖는 위치와 의의를 고찰하며 다른 철학자들과 하이데거를 비교·고찰한다. 「하이데거 철학이 서양철학사에 갖는 위치와 의의」에서는 서양철학사에 대한 하이데거의 파악에 구애받지 않고 서양철학사에서 하이데거의 철학이 갖는 위치와 의의를 고찰했다. 나머지 부분에서는 하이데거를, 플라톤, 헤겔, 니체, 후설, 포퍼, 하버마스와 비교했다.

앞서 살펴본 것처럼 이 책은 하이데거의 사상을 다각도에서 고찰함으로써 독자들이 하이데거 사상의 전모를 깊이 있게 파악할 수 있도록 했다. 또한 나는 이 책에서 각 주제에 대한 국내외 하이데거 연구들을 광범위하게 검토하면서 나의 생각을 개진하려고 했다. 하이데거 연구자들이 자신의 연구를 심화시켜 나가는 데 이 책이 도움이 되었으면 한다.

그러나 이 책은 하이데거에 대한 전문적인 연구자들만을 위한 책은 아니다. 일반 독자들도 I부의 첫 글 「현대기술문명의 위기와 극복」을 먼저 읽으면 나머지 부분도 어렵지 않게 이해할 수 있을 것이다. 개설서 수준을 넘어서 하이데거의 사상을 깊이 있게 이해하고 싶어 하는 모든 독자에게 이 책은 도움이 될 것이다.

마지막으로 출판계의 어려운 사정에도 불구하고 책을 선뜻 출간해 주신 서울대학교출판문화원의 임직원 여러분께 심심한 감사를 드린다.

2025년 1월
박찬국

차례

고향상실과 인간소외:
하이데거와 마르크스의 대화

II 정치철학과 윤리학

하이데거와 나치즘

하이데거의 사상적 전회와 나치 참여:
하이데거의 정치철학

하이데거 철학과 전체주의

신칸트학파와 후설 그리고 셸러의 가치철학에 대한 하이데거의 비판

하이데거의 양심과 아리스토텔레스의 프로네시스:
『니코마코스 윤리학』의 근원적 반복으로서의 하이데거 철학

III 존재와 인간

존재에 대한 하이데거의 8가지 명제

운정 소광희 교수의 시간론

인간은 동물과 어떻게 다른가?: 동물의 존재방식에 대한 하이데거의 현상학적 분석

IV 불안과 본래적 실존

초기 하이데거의 불안 개념: 하이데거의 불안 분석은 얼마나 사태 자체를 드러내는가?

초기 하이데거의 철학을 결단주의나 주의주의로 보는 해석에 대한 비판적 고찰

키르케고르와 하이데거의 불안 개념

유식불교의 삼성설(三性說)과 하이데거의 실존방식 분석

V 하이데거와 철학자들

하이데거 철학이 서양철학사에 갖는 위치와 의의

하이데거의 플라톤 해석

헤겔과 하이데거

니체와 하이데거

후설과 하이데거의 진리 개념

후설과 후기 하이데거의 현상학: 후기 하이데거의 '퓌지스의 현상학'에 끼친 후설 현상학의 영향과 관련하여

포퍼와 초기 하이데거의 과학관

포퍼와 후기 하이데거의 과학관: 소크라테스 이전의 자연철학자들에 대한 양자의 견해를 중심으로

하버마스의 하이데거 해석과 비판

일러두기

[ ]는 인용문에서 독자의 이해를 돕기 위해서 필자가 삽입한 주다.

I

현대기술문명과
하이데거의 존재물음

현대기술문명의 위기와 극복*

1. 현대는 가능성의 시대인가?

현대는 흔히 가능성의 시대라고 불린다. 이 말은 보통 인간에게 불가능한 것은 존재하지 않는다는 희망으로 가득 찬 말로 회자된다.

가능성이란 어떤 것이 현실로 나타날 수 있다는 것을 의미한다. 운명이나 신이 자연과 역사를 주재한다고 믿었던 근대 이전의 시대만 해도 사람들은 무엇이 가능하고 불가능한지 운명이나 신에 의해 이미 정해져 있다고 생각했다. 그러나 인간이 자신의 힘으로 자연을 변형하고 역사를 주체적으로 형성하려는 근대 이후의 시대에서 사람들은 무엇이 가능하고 불가능한지 인간 자신이 결정한다고 생각하게 되었다. 근대 이전의 시대에서는 운명이나 신이 모든 가능성의 원천으로 생각된 반면에, 근대 이후의 시대에서는 인간이 모든 가능성의 원천으로 여겨지고 있는 것이다.

현대기술문명은 인간이 모든 가능성의 원천이라는 확신이 극에 달한

* 「하이데거의 가능성 개념: 과학 기술 시대에서 가능성 개념의 새로운 정초」(『존재론연구』 6집, 2001), 「현대기술문명에 대한 하이데거와 프롬의 사상」(『철학연구』 47집, 1999), 「하이데거의 기술문명분석에 대한 비판적 고찰」(『철학사상』 16집, 2003)을 종합하여 정리하였음.

시대라고 볼 수 있다. 그전에는 인간이 달나라에 간다는 것이 불가능한 것으로 생각되었지만, 이제 그것은 현실이 되었다. 인간이 인간을 복제한다는 것 역시 불가능한 것으로 생각되었지만, 이제 그것도 가능한 것으로 여겨진다. 불로불사란 것도 이제 더 이상 실현 불가능한 공상으로만 여겨지지는 않는다.

현대기술문명이 우리 인간에게 무한한 가능성을 보장하는 것같이 보인다는 의미에서 현대는 실로 가능성의 시대인 것 같다. 그러나 과연 현대인들이 개척하고 있는 과학기술적인 가능성이 인류의 삶을 보다 풍요롭고 그야말로 신적인 것으로 만드는 것일까? 오히려 그것들이 인류의 삶을 불가능하고 황폐하게 만드는 것은 아닐까?

현대는 무한한 가능성을 보장하는 것 같지만 현대인들은 인류 전체의 생존을 위협하는 위험을 극복하는 것조차 사실상 불가능한 것으로 생각하고 있는 것 같다. 우리는 핵무기가 지구를 몇 번이고 파괴할 수 있다는 것을 알면서도 핵무기를 완전히 제거하는 것에 대해서는 사실상 체념한다. 생태계의 파괴가 인류를 멸망으로 몰아갈 수 있다는 것을 알면서도 우리는 그것을 해결하는 데 새로운 무기를 개발하는 것보다 더 적은 노력을 기울인다.

예전에는 소수의 귀족만이 누릴 수 있었던 갖가지 향락을 이제는 많은 사람이 누릴 수 있게 되었지만, 사람들은 삶에 만족하지 못하고 오히려 권태와 공허감 그리고 불안에 시달린다. 우울증이나 갖가지 중독에 빠지는 사람들이 갈수록 늘고 있지만 우리는 그것들을 극복하기가 매우 어려울 것이라고 생각한다. 따라서 현대는 희망과 가능성의 시대인 것 같지만 사실은 깊은 체념과 좌절이 지배하고 있는 시대다.

우리는 현대기술문명이 이룩한 물질적 풍요에도 불구하고 왜 이렇게 인류의 미래는 어둡고 사람들의 정신적 삶은 궁핍한지 사유하지 않을 수 없다. 이 책에서는 그러한 문제들을 현대기술문명의 본질과 위기에 대해 그 어떤 사상가보다 투철하게 사유했던 하이데거와 함께 고민해 보고자 한다.

2. 현대기술문명의 본질과 위기

1) 현대과학기술의 본질

사람들은 흔히 오늘날 인류가 직면한 위기는 과학기술의 잘못이 아니라 그것을 제대로 사용하지 못하는 인간의 잘못이라고 말한다. 이러한 견해에 따르면, 과학기술은 가치중립적인 도구와 같은 것으로 선한 목적뿐 아니라 악한 목적을 위해서도, 선인뿐 아니라 악인에 의해서도 똑같이 사용될 수 있는 것이다. 겔렌(Arnold Gehlen)이나 하버마스(Jürgen Habermas)와 같은 철학자들도 이러한 견해를 표방했다. 이들은 과학기술을 손이나 발 그리고 두뇌와 같은 인간의 신체 기관을 보완하기 위한 도구로 본다. 예를 들어 현대의 자동차는 과거의 마차와 마찬가지로 발을 보완하는 도구라는 것이다.

하이데거는 과학기술을 인간을 위한 중립적인 도구로 보는 견해를 '인간학적이고 도구적인' 견해라고 부른다. 이 견해에 따르면, 현대기술문명의 문제는 과학기술에 있는 것이 아니라 인간사회가 중립적 도구를 제대로 사용할 정도로 도덕적으로 성숙하지 못했다는 데 있다. 과학기술의 사용에는 인간들의 자의(恣意), 구체적으로 말하면 특정 계급의 이해나 국가적·지역적 이해 그리고 이기주의적인 이해관심이 작용하고 있다는 것이다. 이제까지 인간들은 어떤 목적을 실현하는 방법을 고안하는 데는 합리적이었지만, 목적을 설정하는 데는 비합리적이었다. 이제 과학기술의 개발과 사용은 인간사회의 이성적 통제 아래 놓여야 한다. 따라서 개인과 사회 전체의 도덕적 각성이 촉구된다.

양식 있는 사람이라면 이러한 견해를 부정하지 않을 것이다. 하이데거 역시 현대의 과학기술이 과거와 마찬가지로 인간의 욕구를 충족시키는 도구로서의 성격을 갖고 있다는 사실을 인정한다. 이 점에서 하이데거는 현대의 과학기술을 인간의 도구로 보는 '인간학적이고 도구적인' 견해가 옳다(richtig)고 말한다. 그러나 하이데거는 현대의 과학기술은 단순한 도구 이상의 의미를 가지며, 과거의 과학기술과는 전혀 다른 성격을 갖고 있다고 본다. 현대의 과학기술에 대한 '인간학적이고 도구적인' 견해는 그것이 갖는 역사적 특수성에 주목하지 않는다. 이 점에서 하이데거는 그러한 견해가 참되지(wahr) 않다고 말한다. 그것은 현대의 과학기술이 갖는 피상적인 일면만을 파악하고 있을 뿐 그것의 진정한 본질까지는 꿰뚫어 보지 못하고 있다는 것이다.

현대의 과학기술이 전근대적인 과학기술과 다른 점은 무엇인가? 단순히 인간의 욕구를 충족시키는 도구라는 점만을 고려하면, 현대의 과학기술은 정밀하고 정교하지만 전근대적인 과학기술은 단순하고 원시적이라는 차이밖에 없을 것이다. 이에 반해 하이데거는 현대에서 과학기술은 단순한 도구에 그치지 않고 자연뿐 아니라 인간의 삶 전체를 파악하고 관리하는 방식이 되었다고 본다.[1]

현대가 과학기술시대라고 불릴 때 이는 단순히 현대인들이 자동차나 비행기 등 옛날 사람들이 꿈도 꾸지 못했던 과학기술문명의 산물들을 사용하고 있다는 의미가 아니다. 그리스도교시대라고 불렸던 서양의 중세에 신에 대한 신앙이 사람들의 삶을 근본적으로 규정했던 것처럼, 오늘날에는 과학기술이 철저하게 규정하고 있다는 것을 의미한다.

---

1 하이데거 전집 7권 *Vorträge und Aufsätze*, Vittorio Klostermann, 1978, 76쪽 참조.

오늘날 이 시대를 지배하고 있는 것은 과학주의적 신념과 기술주의적 신념이다. 과학주의적 신념은 과학적 탐구행위야말로 존재자의 진리를 드러내는 유일하게 참된 방식이라고 믿는다. 그리고 기술주의적 신념은 과학에 의해 파악된 진리를 응용하는 기술이야말로 인간이 부딪힌 모든 문제를 해결하는 유일하게 올바른 실천적 방법이라고 믿는다. 단적으로 말해서 현대는 과학기술만이 존재자들과 관계하는 유일하게 올바른 길이기에, 서양의 중세인들이 신에 전적으로 의존했듯이 우리는 과학기술에 의존해야 한다고 믿는 시대다.

이 점에서 하이데거는 현대의 과학기술은 단순한 도구의 차원을 넘어서 인간이 절대적으로 의존하는 종교적인 우상과 같은 성격을 갖고 있다고 본다. 서양의 중세에서 신이 진리와 선의 원천으로 간주되었던 것처럼, 오늘날 과학은 진리의 원천으로 간주되며 과학에 입각한 기술은 인간의 모든 문제를 해결할 수 있는 선의 원천으로 간주되고 있다는 것이다.

고대인들과 중세인들에게 마차나 풍차 등은 도구에 지나지 않았을지 모르지만, 현대인들에게 과학기술은 도구 이상의 것이다. 서양의 중세인들에게 삶에서 부딪히는 문제들을 궁극적으로 해결해 줄 수 있는 것은 그러한 도구들이 아니라 신이었다. 따라서 이들에게 마차와 풍차 등은 삶을 편리하게 해주는 도구에 지나지 않았다. 그러나 현대인들에게 과학기술은 삶을 편리하게 해주는 도구에 불과한 것이 아니라 삶에서 부딪히는 문제를 해결하기 위해 궁극적으로 의존해야 하는 신적인 존재와 같다.

물론 많은 현대인은 여전히 그리스도교나 이슬람교와 같은 전통적인 종교들을 신봉한다. 하지만 현대인들이 궁극적으로 신봉하는 것은 과학기술이다. 전통적인 종교를 믿는 정치인들이 어떤 재난에 대해 현실적인 조치를 취하지 않고 신에게 기도해서 해결하자고 말한다면, 그는 전통적인 종교를 믿는 사람들에게도 지탄을 받을 것이다. 현대인들은 자신들이 겪는 고통을 신에 호소하는 것에 의해서가 아니라 과학기술에 의해서 해결하려 한다. 현대인들은 홍수와 같은 자연재해에 대해서는 공학과 공학기술에, 질병과 같은 신체적인 고통에 대해서는 의학과 의료기술에, 그리고 사회적·정치적인 문제들에 대해서는 정치공학과 정치기술에 의존해야 한다고 생각한다.

따라서 과학기술은 현대인들에게 단순한 도구가 아니라 종교적 숭배의 대상이다. 물론 종교적 숭배의 대상이라도 전통적인 신처럼 그 자체로 완전한 존재자가 아니라, 인간이 끊임없이 발전시켜야 하는 것이다. 따라서 사람들은 여전히 자신들이 과학기술의 주인이라고 믿으며, 원하기만 하면 언제든지 과학기술을 포기할 수도 있다고 생각한다. 그러나 사실상 현대인들은 과학기술에 전적으로 의존하고 있으며, 더 나아가 그것들에 예속되어 있다.

서양의 중세에는 신이 모든 가능성의 원천이었기에, 과학자나 기술자보다는 신과 인간을 매개하는 성직자가 사람들의 존경과 신망을 받았다. 이에 반해 현대에서는 과학기술이야말로 모든 가능성의 원천으로 간주되기에, 과학자들과 전문 기술자들은 가장 의미 있는 일을 하는 사람들로 존경과 신망의 대상이 된다. 이 경우 전문 기술자들에는 단순히 기계를 만들고 그것을 직업적으로 사용하는 사람들뿐 아니라 의사나 변호사 그리고 전문 행정인들까지 포함된다. 사람들이 부딪히는 문제를 전문 지식이나 기술을 통해 직접적으로 해결하지 못하는 분야는 무가치한 것으로 간주된다. 오늘날 자주 운위되는 '인문학의 죽음'은 현대기술문명을 근저에서 규정하는 이러한 사고방식이 노골화된 것에 불과하다.

우리는 현대기술문명을 일종의 종교적 현상이라고 말할 수 있다. 그리고 우리는 어떤 종교에 빠진 인간을 이성적으로 설득함으로써 그 믿음을 포기하게 한다는 것이 거의 불가능하다는 것을 알고 있다. 어떤 종교에 대한 믿음은 이성적인 논리와 설득을 통해 극복될 수 있는 것이 아니다. 사람들이 어떤 종교를 믿게 되는 것은 그것이 참이어서가 아니라 삶에서 느끼는 불안감을 해소해 주기 때문이다. 과학시대인 오늘날에도 많은 과학자가 인격신의 존재를 주장하는 그리스도교나 이슬람교를 여전히 믿고 있는 것은 바로 그 때문이다. 과학기술이 삶에서 경험하는 불안을 온전히 해소해 줄 수 없기에, 사람들은 눈에 보이지 않는 허구적인 존재에 매달린다.

과학기술을 단순한 도구로 보는 사람들은 윤리적인 이성을 도야시킴으로써 얼마든지 과학기술을 자유롭게 통제할 수 있다고 생각한다. 그러나 하이데거는 현대의 과학기술을 자유롭게 사용할 수 있는 사람은 근본적으로 삶에서 경험하는 불안을 해소한 사람이라고 본다. 그렇지 못할 경우에 사람들은 과학기술의 발달에 모든 기대를 걸거나 기존의 종교들에 매달린다. 하이데거는 이러한 불안은 기존의 종교에 대한 신앙을 통해 해소될 수 없다고 본다. 그는 기존의 종교들이 사람들의 삶과 역사를 규정할 수 있는 힘을 상실했다고 본다. 그는 존재자 전체를 경험하는 새로운 방식, 즉 존재자들의 고유하면서도 신비로운 존재를 경험하는 방식을 주창한다. 이를 통해 불안에서 벗어나는 자만이 과학기술을 자유롭게 사용할 수 있는 정신적인 여유를 가질 수 있다는 것이다.

2) 근대적인 존재이해의 본질

현대인들은 왜 이렇게 과학기술을 신봉하는가? 왜 현대인들은 과학기술의 발전이 정지되면 인간의 삶도 불가능하다고 믿는가? 하이데거는 그 궁극적인 근거를 현대를 규정하는 존재이해에서 찾는다. 존재이해란 '존재자가 존재한다'는 사태의 의미를 이해하는 것을 의미한다. 이러한 존재이해는 시대마다 변화해 왔다. 서양의 중세에서 '존재자가 존재한다'는 사태는 '존재자들은 신에 의해서 창조된 것으로서 존재한다'는 의미로 이해되었다. 인간도 신에 의해 창조된 것으로서 존재하기에, 인간은 자신이 현세에서 겪는 모든 문제도 신의 섭리에 의한 것이며 결국은 신에 호소함으로써만 해결될 수 있다고 보았다.

현대문명은 '존재자가 존재한다'는 것을 '존재자가 수학적으로 계산 가능하고 기술적으로 처리될 수 있는 에너지로서 존재한다'는 의미로 이해한다. 이러한 존재이해에서는 인간마저도 다른 존재자들과 마찬가지로 한갓 '계산 가능하고 기술적으로 처리되어야 할 에너지'로 간주된다. 따라서 현대인들은 인간들이 지상에서 겪는 모든 문제가 그러한 에너지들의 상호 연관에서 비롯된 것으로 보면서 그것들은 에너지들의 연관 체계를 적절히 제어함으로써 해결할 수 있다고 생각한다.[2] 현대인들이 과학기술에 절대적으로 의존하는 것은 과학기술만이 계산 가능한 에너지들의 연관 체계에 불과한 이 세계에서 우리에게 에너지들의 작용법칙을 알려 주고 그러한 에너지들을 효과적으로 이용할 수 있는 방법을 제공하기 때문이다.

하이데거는 현대과학을 규정하는 존재이해를 '기술적 존재이해'라고 부른다. 기술적 존재이해란 '존재자를 인간의 목적을 위해 얼마든지 변환 가능한 에너지로 이해하는 것'이다. 예컨대 현대의 과학기술에서 강은 수력의 제공처로 간주된다. 그런데 수력은 전력을 얻기 위한 수단으로 사용될 수 있고, 전력은 다시 모터를 돌리기 위한 동력을 확보하기 위한 수단으로 사용될 수 있다.[3] 자연과학이 기술적으로 응용될 수 있는 것은, 그것이 이미 자연을 수학적으로 예측할 수 있고 인간이 통제할 수 있는 힘들의 연관 체계로 이해하며 탐구하기 때문이다. 자연과학 자체가 이미 기술적 성격을 갖고 있는 것이다.

하이데거는 「기술에 대한 논구(Die Frage nach der Technik)」에서 그리스인들이 이해하고 있는 기술(techne)의 본질을 현대적인 기술의 본질과 비

---

2 이와 관련하여 마르틴 하이데거, 『기술과 전향』, 이기상 옮김, 서광사, 1993, 163쪽 참고.

3 하이데거 전집 7권 *Vorträge und Aufsätze*, 18쪽 이하 참조.

교한다. 그리스인들에게 기술은 존재자의 존재 내지 진리를 현출(顯出)시키는 것(her-vor-bringen)이다.[4] 그것은 존재자가 자신의 고유한 본질을 발현하도록 돕는다.

그리스인들의 기술이해에는 존재자 전체를 퓌지스(Physis)로 보는 존재이해, 즉 '존재자 전체가 자신의 고유한 존재를 스스로 개현하는 것으로 보는 존재이해'가 전제되어 있다. 이러한 존재이해에서 인간은 존재자의 고유한 본질을 통찰하고 그것이 구현되도록 돕는 자가 된다. 예를 들어 옛날의 농부들은 벼가 스스로 자라도록 돕는 역할을 했다. 이에 반해 현대의 농업에서는 화학비료 등을 사용하여 가능한 한 많은 소출(所出)을 내는 것을 목표한다. 현대의 기술은 존재자의 고유한 존재를 무시한다. 그것은 존재자 전체를 인간이 필요로 하는 에너지원으로 보면서 인간이 원하는 에너지를 제공하도록 강요한다.

따라서 현대의 과학기술을 인간의 도구로서 이성적으로 사용하기 위해서는 인간의 도덕적 성숙과 사회적 변혁을 넘어서 존재이해의 변혁이 필요하다. 존재이해의 변혁이 의미하는 것은 과학기술을 규정하는 존재이해를 보다 근원적인 존재이해에 의해 제한하는 것을 의미한다. 아울러 하이데거에서 인간이 새로운 존재이해를 갖는다는 것은 단순히 사람들의 생각이 바뀌는 것이 아니라 새로운 인간 유형이 탄생하는 것을 의미한다. 그것은 존재자들을 기술적으로 처리하는 인간 유형이 존재자들의 고유한 존재를 존중하는 새로운 인간 유형에 의해 대체되는 것을 의미한다.

---

4 하이데거 전집 7권 *Vorträge und Aufsätze*, 15쪽 참조.

3) 몰아세움(Ge-stell)의 체계로서의 기술세계

현대인은 질병과 노화 그리고 천재지변 등과 같이 근대 이전에는 우연이자 숙명이라 여겼던 것을 과학기술에 의해 제거함으로써 세계를 인간이 아무런 두려움 없이 살 수 있는 곳으로 만들려 한다. 다시 말해 과학기술시대란 세계와의 합일 내지 조화를 통해서가 아니라, 세계에 대한 지배를 통해 인간이 살 만한 세계를 만들려는 것이다. 과학기술이 지향하는 세계는 인간이 '안주(安住)하고 그 안에서 아늑함을 느낄 수 있는' 고향과 같은 세계가 아니라 인간이 지배할 수 있는 세계다. 현대인은 자신을 과학기술을 통해 세계를 지배하는 주체라고 생각하는 것이다.

그러나 세계를 기술적으로 지배하기 위해서는 인간들 자신이 기술적으로 조직되고 지배되지 않으면 안 된다. 다른 존재자들이 갖는 에너지가 철저하게 계산되고 그것들의 운동 방향이 철저하게 예견되는 것처럼, 인간들 역시 에너지로 계산되고 운동의 성격과 방향이 예측되며 적재적소에 배치된다. 인간은 계산 가능한 에너지로 간주되고, 인간의 활동도 물리적인 에너지의 운동과 유사하게 측정된다. 인간과 동일한 인공지능의 발명이 가능하다는 발상도 결국은 인간마저도 계산 가능한 에너지로 보는 인간이해에서 비롯된다.

물론 인간은 특수한 성격을 갖는 에너지다. 인간은 다른 존재자들에 내재하는 에너지를 효과적으로 추출하고 그것을 자신에게 유리하게 변용하는 에너지다. 그러나 현대사회에서 인간은 다른 사물들과 마찬가지로 자신의 지적·신체적 에너지를 최대한 발휘하도록 강요된다. 이와 함께 자신을 사물을 통제하는 주체라고 생각하는 인간조차도 통제 가능한 대상으로 전락한다.

오늘날 개개인은 맹목적으로 확대되어 가는 기술문명에 민첩하게 적응하기 위해 부단히 노력해야 한다. 과학기술시대에서 개인들은 세계 전체를 지배하기 위한 사회적인 기능 연관 체계 내에서 할당된 역할을 정확하게 수행해야 하는 기능 인자에 지나지 않는다. 현대인들은 그러한 노동의 대가로 욕구 충족을 위한 소비 물품과 오락거리를 제공받는다. 따라서 기술문명의 주체는 구체적인 인간 개개인이 아니라, 인간 하나하나를 계산 가능한 노동력으로 이용하며 존재자 전체에 대한 지배를 확보해 가는 맹목적이고 추상적인 기능 연관 체계다.

하이데거는 인간 개개인마저 기술적인 처리대상으로 격하시키면서 자신의 팽창 도구로 삼는 익명의 체계를 몰아세움(Ge-tell)의 체계라고 부른다. 이러한 체계는 끊임없이 확대 팽창하지 않을 수 없다. 인간이 존재자 전체를 완전히 지배하기까지 기술문명의 팽창 과정은 그칠 수 없기 때문이다. 따라서 몰아세움의 체계는 모든 것을 기술적으로 조직하며 획일화된 세계를 형성해 나간다. 요새 많이 운위되는 세계화(globalization)란 이렇게 지구상의 모든 문화적 단위가 하나의 기술적인 세계문명으로 통합되어 가는 과정이라고 할 수 있다.

팽창해 가는 익명의 기술적인 체계의 근저에는 존재자 전체를 지배하려는 의지가 작용하고 있다. 이러한 의지가 목표하는 것은 자신의 맹목적인 강화이자 지배영역의 확장이다. 이러한 의지는 자신의 안전 확보와 강화 이외의 어느 것도 의욕하지 않기에 하이데거는 그것을 '의지에의 의지'라고 부른다.[5] 이는 지배를 위한 지배를 추구하는 맹목적인 의지이며 쉬운 말로 '탐욕'이라 할 수 있다. 탐욕이란 근본적으로 인간이 통제하지 못하는 욕망이기에, 인간은 자신을 탐욕의 주체라고 생각하지만 사실 탐욕의 노예인 것이다. 현대기술문명에서는 겉보기에 인간의 지배영역이 갈수록 넓어지는 것처럼 보이나, 사실 모든 것이 기술적으로 조직되고 처리되는 세

5 하이데거 전집 5권 *Holzwege*, Vittorio Klostermann, 1977, 278쪽 이하, 291쪽 참조.

계의 영역만이 넓어질 뿐 인간 개개인의 자유는 증대되지 않고 오히려 축소된다.

현대기술문명의 근본적인 문제는 존재자 전체를 지배하려는 의지가 맹목적인 성격을 띤다는 데 있다. 예를 들어 현대인들은 민족의 안전을 위한다는 명목으로 혹은 인류의 건강을 생각한다는 명목으로 그전에는 공상에 불과했던 무기를 만들고 인간 복제를 실현하고자 한다. 그러나 이러한 시도들은 민족의 안전과 인류의 건강을 위해서 진정으로 필요한 것이 무엇인지에 대한 성찰에 입각해 있지 않다. 그러한 시도들은 다른 민족에 대한 힘의 우위를 확보하고 경제적인 이득을 얻기 위한 성격이 강하다. 거기에서 작용하고 있는 것은 인류 평화에 대한 의지도 진리에의 의지도 아닌 힘에의 의지다.

사람들은 자신들이 이러한 힘에의 의지의 주체라고 생각하며 다른 존재자들을 지배하는 힘이 커질수록 자신들의 힘도 그만큼 커진다고 생각한다. 그리고 이러한 의지의 지배영역이 넓어지는 것이 자신의 지배영역이 넓혀지는 것이라고 생각한다. 그러나 인간은 사실 존재자 전체에 대한 지배를 확장하는 맹목적인 의지에 의해 사용되는 객체이고 소모품일 뿐이다. 기술시대를 근저에서 움직이는 맹목적인 지배에의 의지는 사람들에게 의지의 주체라는 환상을 심어 주며 과학기술을 발전시키도록 강제하고 자신의 지배영역을 무한히 확장해 나간다. 이러한 힘에의 의지는 인간을 비롯한 모든 존재자 각각의 고유한 본질과 독자성을 박탈하며 언제든지 변형 가능하고 제조 가능한 재료로 만들어 버리는 광기 어린 의지다.

하이데거는 이러한 의지가 기술문명을 실제로 지배한다는 의미에서, 인간이 쉽게 벗어날 수 없는 하나의 마력(魔力, Bann)이 현대의 과학기술을 지배하고 있다고 보았다. 서양의 중세인들이 절대자로서의 신의 지배 아래에 있었다면, 현대인들은 이제 맹목적이고 광기 어린 의지의 지배 아래에 있다.

현대인들은 자신들이 무엇이 가능하고 불가능한지를 결정하며 가능한 것을 실현해 나가는 주체라고 생각한다. 그러나 사실은 현대인들을 이면에서 지배하는 광기 어린 힘에의 의지야말로 가능성의 주체다. 광기 어린 힘에의 의지가 모든 가능성의 원천이기에, 기술시대에 개발되고 실현되는 무수한 가능성은 오히려 인간 자신을 비롯한 모든 존재자를 위협하는 가능성이 된다.

4) 이데올로기의 시대로서의 현대

현대는 '이데올로기의 시대'라고 불릴 정도로 자유주의와 나치즘 그리고 마르크스주의를 비롯한 다양한 이데올로기들이 처절한 투쟁을 벌였던 시대다. 이러한 투쟁은 기독교가 힘을 상실하기 전의 유럽에서 가톨릭과 개신교 사이에 벌어졌던 처절한 투쟁과 유사하다. 근대과학이 대두하며 기독교를 비롯한 전통적인 종교들은 몰락하고, 그 이후에 생긴 정신적 공백 상태는 갖가지 정치적 이데올로기들이 채우게 된다. 이러한 이데올로기들은 주도권을 잡기 위해 치열하게 투쟁한다. 그러나 하이데거는 이데올로기들의 차이는 중요하지 않다고 본다. 모든 이데올로기를 규정하고 있는 본질적인 것에 비하면 그러한 차이는 지엽적인 것에 불과하다는 것이다.

하이데거 역시 이데올로기들의 투쟁을 현대의 특유한 현상이라고 본다. 그러나 그는 이데올로기들을 '모든 것을 기술적인 부품으로 조직화하고 지배하고자 하는 의지의 발현'이라고 본다. 이러한 지배에의 의지가 자유주의 체제든 사회주의 체제든 파시스트 체제든 이 시대의 모든 사회 체제를 근저에서 규정하는 근본적인 힘이라는 것이다. 실로 자유주의나 사회주의는 인간 개개인의 주체적인 권리와 자유를 법적으로 보장한다고 주장한다. 그러나 하이데거에게 자유주의와 사회주의 그리고 나치즘의 차이는 인간을 비롯한 모든 존재자가 자신들의 에너지를 최대한 발휘하도록 강요하는 방식의 차이에 불과하다.

자유주의나 사회주의 그리고 파시즘은 모두 세계를 하나의 상(像)으로서 체계화하는 세계관들이다. 세계관들은 세계를 전체로서 체계화하는 것이기에, 그것들 사이에는 타협의 여지가 없으며 대립과 투쟁만이 존재한다. 세계관들의 투쟁은 생산적인 대화와 토론을 통해 서로의 고양을 가능하게 하는 창조적인 투쟁이 아니다. 그것들 간에는 대화나 토론이 존재하는 것이 아니라 상대방에 대한 일방적인 선전과 자기 옹호만이 존재할 뿐이다.[6]

세계관들을 통해 사람들은 세계 내에서 안전한 지위와 정체성을 확보하려 한다. 특정 세계관에 예속된 사람들에게 자신들의 세계관의 패배는 자신의 정체성과 지위의 상실을 의미한다. 따라서 이들은 자신들이 신봉하는 세계관의 승리를 위해 헌신한다. 사람들은 자신들이 세계관들을 형성하는 주체라고 생각하지만, 하이데거는 이러한 세계관들 역시 지배에의 의지가 자신의 확장과 강화를 위해 사람들을 조직하고 동원하는 방식에 불과하다고 본다.

특정 세계관을 표방하는 국가는 세계관들의 투쟁에서 승리를 거두기 위해, 국가 구성원을 비롯한 모든 존재자를 총동원하며 모든 존재자를 획일적인 조직의 부품으로 만든다. 이러한 투쟁 과정에서 모든 존재자는 계산과 계획 그리고 사유의 대상이 된다. 이런 의미에서 세계관들의 투쟁은 특정 세계관이나 그러한 세계관을 신봉하는 인간들의 승리를 위한 것이 아니다. 세계관들은 현대세계를 실질적으로 지배하는 의지에의 의지가 자신의 강화를 위해서 이용하는 것이다. 하이데거의 이러한 시각에서 보면, 세계관들의 투쟁에서 결국 자유주의 체제가 승리한 것은 그것이 더 인간

---

6 하이데거 전집 65권 *Beiträge zur Philosophie* (*Vom Ereignis*), Vittorio Klostermann, 1989, 41쪽 참조.

적이고 정의로운 체제였기 때문이 아니라, 인간을 비롯한 모든 존재자를 다른 체제에 비해 더 효율적으로 동원할 수 있었기 때문이다.

현대의 사회 체제들은 외면적으로는 서로 아무리 다르게 나타나더라도 본질적으로는 동일한 힘에 의해 지배되고 있다. 따라서 그것들은 서로 동일한 양상을 보인다. 그것들은 모든 종류의 전근대적이고 토착적인 구속과 제한을 폐지함으로써 사회적 유동성을 강화하고 인간들을 비롯한 모든 존재자를 언제 어디서든 쉽게 활용할 수 있는 기술적인 부품으로 만든다. 이와 함께 인간들은 현대사회의 그 어떤 체제에서도 동일한 모습을 보인다. 이러한 모습이란 기업 차원의 계획이나 국가 차원의 계획 아래 일사불란하게 움직이는 노동자의 모습이다.

하이데거는 현대인들이 노동하는 동물이 되었다고 말한다. 현대의 노동자들은 중세의 수공업 노동자와는 완전히 성격을 달리한다. 현대의 노동자들은 중세 수공업자보다는 오히려 중앙집권 군대의 군인에 더 가깝다. 그들은 전체적인 조직과 계획하에 부과된 과제를 철저하게 수행한다. 그들은 전체적인 조직과 계획의 의미를 묻지 않으며, 부과된 과제의 실현을 위해 회의도 없이 헌신한다.

이러한 사실을 고려할 때, 한때 자본주의에서 노동자가 산업 전사로 불렸고 사회주의에서는 노동 전사로 불렸던 것은 결코 우연이 아니다. 노동자들은 산업 전사로서 혹은 노동 전사로서 부과된 과제에 대해 일말의 회의도 없이 그것의 실현을 위해서 헌신하지 않으면 안 된다.

군인에게는 자신이 아니라 속해 있는 군대의 승리가 더 중요하고 자신은 군대라는 전체적인 조직이 기능하기 위한 하나의 기능 인자에 불과하다. 아울러 그는 자신이 기능 인자라는 사실에 무한한 자부심과 긍지를 느끼지 않으면 안 된다. 노동자들 역시 위대한 산업 전사 내지 노동 전사로서 자신들에게 부과된 일을 무한한 자부심을 품고 해야 한다. 이런 맥락에서 하이데거는 노동자-군인(Arbeiter-Soldat)이라는 인간 형태가 이 시대를 각인하고 있다는 에른스트 윙어(Ernst Jünger)의 견해를 수용한다.[7] 전쟁에서 군인이 소모품으로 사용되듯이, 산업 전사 내지 노동 전사로서 인간들은 산업 현장에서 사용되는 소모품에 지나지 않는다.

단적으로 말해서 기술시대의 모든 사회 체제는 자유주의적인 외관을 갖는다고 해도 전체주의 체제다. 그러한 전체주의는 이른바 지도자까지도 전체의 기능 인자에 불과한 것으로 만들 정도로 철저하다. 여기서 개체는 없고 전체만이 있으며 개체는 전체의 한 기능에 지나지 않는다. 전체주의란 인간을 비롯한 모든 존재자를 양화 가능한 에너지로 보는 현대적 존재 이해의 토대 위에서만 가능한다. 따라서 전체주의란 현대의 특유한 현상이다.[8]

이런 의미에서 하이데거는 나치즘이야말로—순수한 아리안족의 피를 보존한다는 식의 반동적인 이데올로기에도 불구하고—현대의 원리를 가장 철저하게 구현한 체제라고 본다. 나치가 시도한 인종 사육은 인간을 기술의 재료로 삼는 현대적인 경향을 극단적으로 밀고 나간 사례에 해당한다.[9]

5) 전체주의에 대한 비판으로서의 하이데거의 기술 비판

현대기술문명에 대한 하이데거의 견해는 분명히 그것을 단순화하는 면이 있다. 그러나 그것은 현대가 갖는 특성 중 무시할 수 없는 근본적인 특성을 드러낸다. 그러한 특성이란, 자본주의든 나치즘이든 사회주의든 우리

---

7 하이데거 전집 9권 *Wegmarken*, Vittorio Klostermann, 1976, 396쪽; 하이데거 전집 7권 *Vorträge und Aufsätze*, 68쪽 참조.

8 비토리오 회슬레,『환경위기의 철학』, 신승환 옮김, 서강대학교 수도자 대학원, 1997, 81쪽 참조.

9 Martin Heidegger, *Nietzsche II*, Günther Neske, 1961, 309쪽 참조.

시대에 나타난 거대한 사회 체제들은 인간을 비롯한 모든 존재자를 총동원함으로써 인류 역사상 유례를 찾아볼 수 없는 엄청난 속도로 생산력을 발전시키는 데 성공했다는 점이다.

자본주의가 이른바 '원시적 자본축적'을 통해 급속한 생산력의 토대를 쌓았다면, 사회주의 역시 '사회주의적인 원시적 자본축적'을 통해 급속한 생산력의 발판을 이룩했다. 원시적 자본축적 과정이란 한편으로는 공장이나 노동력을 구입할 수 있는 생산수단을 마련할 수 있는 자본이 축적되고, 다른 한편으로는 그러한 자본이 자유롭게 이용할 수 있는 노동자들이 형성되는 과정을 말한다.

자본이 노동자들을 자유롭게 이용하기 위해 노동자들은 중세적인 신분 구속에서 벗어나 이른바 자유인이 되지 않으면 안 된다. 그들은 거주지를 옮길 수 있는 자유와 직업 선택 등의 자유를 가져야 한다. 이러한 노동자들은 특히 농촌에서 농업 자본가의 출현으로 인하여 소농들이 토지를 잃음으로써 양산된다. 따라서 이는 인간을 비롯한 존재자 전체에 대해 생산에 동원하는 데 방해가 되는 모든 전근대적이고 신분적인 제한과 구속을 철폐하는 과정이며, 동시에 자본이 소수의 손에 집중되는 과정이다.

또한 자본주의는 고유한 경쟁 시스템을 통하여 자본가들이 부를 축적하지 않으면 몰락하도록 만들었다. 따라서 자본가들은 부를 낭비하지 않고 재투자할 수밖에 없었으며, 노동자들의 에너지를 보다 효과적으로 이용할 수 있는 온갖 방법을 개발해야 했다.

소련 등의 사회주의 국가들이 생산력을 급속도로 발전시킬 수 있던 비결도 자본주의와 본질적으로 같다고 할 수 있다. 다만 자본주의에서는 시장 메커니즘을 통해 이루어졌던 원시적 자본축적과 생산력의 증대가 사회주의에서는 국가적인 폭력을 통해 이루어졌다는 것이 다를 뿐이다. 사회주의에서는 국가가 자본주의 사회에서의 자본가 역할을 맡았다. 국가는 인구 대다수를 차지하는 농민들로부터 토지를 박탈하여 농민을 뿌리 없는 노동자로 전락시켰다. 농촌에서 나오는 식량은 강제로 징발하여 노동자들을 도시에서 고용할 수 있는 자본으로 만들었고 자본축적의 토대를 쌓았다. 그 후에는 물리적 강제와 정신적인 독려를 통하여 노동자들을 생산에 매진하게 함으로써 급속한 생산력의 발전을 낳았다.

이러한 사실은 나치에 대해서도 타당하다. 사회학자 다렌도르프(Ralf Dahrendorf)는 나치즘의 진정한 의미에 대해 다음과 같이 말했다.

> 나치즘은 독일에서 황제 치하의 반동적인 사회 체제와 바이마르 공화국 치하의 혼란에 의해서 지연되었던 사회 혁명을 수행했다. 이러한 혁명의 내용은 근대성이다. […] 전통과의 단호한 단절과 근대성으로의 돌진이야말로 나치즘이 이룩한 사회 혁명의 특징이다.[10]

'독일인들을 자신들의 토착적인 고향에서 몰아냄(Entwurzelung)으로써 수행된 독일 민족 전체의 기술적 총동원, 이를 통한 급격한 산업화, 사회 전체의 철저한 합리화를 위해 수행된 전통적인 가치와 규범과의 단절, 조금이라도 자율적인 모든 제도의 파괴를 통한 전체주의적인 권력의 관철과 확보'가 바로 나치즘의 본질이라는 것이다.[11] 모든 것을 기술적으로 조직된 전체적인 체계 안에 편입하고 이를 통해 급격한 산업화를 촉진하는 것을 나치즘의 근본적인 특성으로 본 다렌도르프의 견해는 하이데거의 견해와 정확히 일치한다.

그러면 나치즘에서 피와 대지, 독일 민족의 우수성, 고향과 민족 그리

---

10 Ralf Dahrendorf, *Gesellschaft und Demokratie in Deutschland*, Piper, 1965, 432쪽(Silvio Vietta, *Heideggers Kritik am Nationalsozialismus und an der Technik*, De Gruyter, 1989, 33쪽에서 재인용).

11 Silvio Vietta, *Heidegger Kritik am Nationalsozialismus und an der Technik*, 33쪽 이하 참조.

고 인종을 강조하는 전근대적인 이데올로기는 어떤 의미를 갖는가? 이에 대해 다렌도르프는 다음과 같이 단호하게 말했다.

> 나치의 이데올로기와 실제 사이의 모순은 놀라운 것이다. 그러나 이데올로기라는 가면에 속아서는 안 된다. 그것은 에피소드였을 뿐이며 그 당시 사람들이 신봉했던 그럴듯한 신념들을 혼합한 것에 지나지 않았다.[12]

다렌도르프에 의하면, 나치는 표면적으로 사회 각 부분의 자율성과 전체적인 조화를 동시에 추구하는 유기체적인 사회를 주창했지만, 사실은 사회 각 부분의 자율성을 부정하는 기계적인 사회 조직을 추구했다. 이 와중에 '피와 대지'나 민족 공동체와 같은 이데올로기는 단순히 나치의 실제를 은폐하는 역할을 했을 뿐이었다.

물론 다렌도르프가 나치의 지도자들이 자신들의 이데올로기를 신봉하지 않았다고 말하는 것은 아니다. 다렌도르프는 나치의 지도자들이 자신들의 이데올로기를 신봉했을 것으로 본다. 이는 스탈린이 수많은 농민을 학살하고 농민들의 집단화를 시도하면서도, 자신의 인도주의적인 의도는 믿었을 가능성이 있다는 것과 같다.

다렌도르프는 하이데거와 마찬가지로 자유주의와 사회주의 그리고 나치즘과 같은 세계관들이 내세우는 민족애나 인류애와 같은 이념과 가치조차도 모든 것을 기술적으로 조직하려는 지배 의지의 수단이라는 사실을 인정한다. 자유주의가 내세우는 자유나 나치즘이 내세우는 민족적인 공동체나 사회주의가 내세우는 인류 전체의 형제애가 사실은 슬로건에 지나지 않다는 것이다.

---

12 R. Dahrendorf, *Gesellschaft und Demokratie in Deutschland*, 433쪽(Silvio Vietta, *Heideggers Kritik am Nationalsozialismus und an der Technik*, 34쪽에서 재인용).

마르크스가 말하듯이, 자유주의 체제에서 그토록 높이 찬양되는 자유란 인구 대다수를 차지하는 노동자들에게는 전통적인 신분 사회의 제약에서 벗어나 자신을 노동력으로 팔 수 있는 자유를 의미할 뿐이다. 또한 나치즘이든 사회주의든 그것들이 내세우는 민족적인 공동체나 인류 전체의 형제애는 사람들을 문화적·지역적인 뿌리로부터 단절시키면서 국가의 전체적인 계획을 위해 사용할 수 있는 부품으로 만드는 것을 정당화하는 구실에 지나지 않는다. 세계관들, 그것들이 내세우는 이념이나 가치는 사람들이 군사화되고 전체주의적인 체계의 부품이 되는 것을 기꺼이 받아들이도록 만들기 위한 수단일 뿐인 것이다.[13]

6) 니힐리즘의 시대로서의 현대

단적으로 말해서 현대기술문명에서 인간을 포함한 존재자 전체는 지배 의지의 확장을 위한 수단으로 전락하며 고유한 존재와 의미를 상실해 버린다. 이와 함께 존재자 전체의 의미상실(Sinnlosigkeit), 즉 니힐리즘이 이 시대를 지배하게 된다.[14] 따라서 외면적인 물질적인 풍요에도 불구하고 현대에는 도처에서 공허가 입을 벌리고 있다.

이러한 현실에도 불구하고 현대인들은 과학기술에 무한한 자부심을 가진다. 현대인들은 고대와 중세가 그러한 과학기술을 가지고 있지 않았다는 이유로 그 시대들을 암암리에 암흑시대로 치부하는 경향이 있다. 현대기술문명의 위기는 현대인들이 자신들의 시대에 자부심을 가지고 있기에 더욱 심각한 양상을 띤다. 현대인들은 어느 시대의 인간들보다 자신의 시대에 대해 많은 반성과 염려를 하는 것 같지만, 하이데거가 보기에 현대

13 하이데거 전집 7권 *Vorträge und Aufsätze*, 76쪽 참조.

14 하이데거 전집 8권 *Was heißt Denken?*, Vittorio Klostermann, 1971, 11쪽 참조.

인들은 자신의 시대에 대해 '사유하지 않는다.'

3. 현대기술문명의 극복

1) 근본기분과 존재의 역사적 운명

하이데거에서 현대기술문명의 극복이란 결국 '존재자 전체에게 에너지를 내놓도록 강요하는 광기의 지배에서 어떻게 벗어날 수 있을 것인가'라는 문제로 귀착된다. 광기의 지배에서 벗어나는 것은 달리 말하면 존재자 전체를 지배하려는 탐욕에서 벗어나는 것이다. 이러한 탐욕에서 벗어나기 위해서는 기술시대의 인간 유형과는 다른 새로운 인간 유형의 탄생이 필요하다.

하이데거에서 과학기술시대의 인간은 특정한 역사적 인간 유형이다. 그것은 고대와 중세의 인간 유형과는 뚜렷하게 구별되는 것으로 지배에의 의지에 사로잡혀 인간을 비롯한 존재자 전체를 양화 가능한 에너지로 보도록 규정되어 있는 인간 유형이다. 현대기술문명이 특정한 역사적 인간 유형에 의해 유지된다면, 과학기술 시대가 봉착한 위기의 극복을 위해서는 새로운 인간 유형의 탄생이 요구된다. 그러면 새로운 인간 유형이란 어떠한 것이며 현대인은 어떻게 그러한 인간 유형으로 변화될 수 있는가?

하이데거에서 특정한 역사적 인간 유형은 그때마다의 역사적 존재이해와 진리이해에 의해 규정된다. 현대의 기술시대는 존재자가 인간에 의해 임의로 처분될 수 있는 에너지로 존재한다고 보는 존재이해와 진리란 에너지들의 작용법칙에 대한 확실한 파악이라는 진리이해에 입각해 있다. 그런데 이러한 존재이해와 진리이해란 각 시대의 인간이 주체적으로 정립한 것이 아니라 각 시대의 인간을 규정하는 전체적인 역사 과정에 의해서 형성된 것이다.

현대인은 기술을 자신의 도구로 보며 자신을 기술의 주체이자 자연의 주체라고 본다. 그러나 이러한 기술관, 자연관과 인간관 그리고 그 바탕이 되는 존재이해와 진리이해는 현대의 인류가 순전히 이성적 고려를 통해 옳다고 생각했기에 받아들인 게 아니다. 현대인은 구체적인 과학적 탐구와 기술적 제작을 수행하는 주체이기는 하지만, 그러한 구체적 행위를 가능케 하는 근거인 존재이해와 진리이해 그리고 자연관과 기술관, 인간관에 대해서는 주체가 아니다.

하이데거에서 각 시대의 존재이해와 진리이해 그리고 자연관과 기술관, 인간관은 그 시대를 근저에서 규정하는 근본기분에 의해 규정된다. 하이데거에 의하면 인간은 존재자에 대한 이론적인 탐구나 실천적인 관계를 통해 존재자와 비로소 관계를 맺지 않는다. 오히려 인간은 이론적인 탐구나 실천적인 관계 이전에 근본기분을 통해서 이미 모든 존재자를 포괄하면서도 규정하는 최대의 전체인 존재에 나가 있으며, 근본기분에 입각하여 그것들을 이해하고 그것들과 관계를 맺는다. 따라서 하이데거에서 이해란 항상 기분 지어진 이해(das gestimmte Verstehen)다.

최대의 전체인 존재는 존재자처럼 대상화될 수 없기에 그것은 존재자에 대한 지각이나 이론적인 고찰을 통해 파악될 수 없다. 또한 그것은 존재자와는 전적으로 다른 것이기에 존재자들에 대한 고찰로부터 추론될 수도 없다. 하이데거는 최대의 전체인 존재는 각 시대의 근본기분을 통해 자신을 개현한다고 말한다. 하이데거는 이렇게 존재 자체가 근본기분을 통해 자신을 개현하는 사건을 존재의 사건(Ereignis)라고 부른다. 존재는 근본기분을 통해 존재자 전체를 개시하지만 자신은 은닉하는 방식으로 자신을 고지한다.

이와 관련하여 하이데거는 기분을 의미하는 독일어 'Stimmung'을 존재의 소리를 의미하는 'die Stimme des Seins'로부터 해석한다. 우리가 이러한 존재 자체에 접하기 위해서는 우리의 지성을 예리하게 하는 것이 아니라 오히려 존재의 소리에 귀를 기울이려는 경건한 청종의 자세가 필요하다는 것이다. 구체적으로 말하면 존재의 소리가 전해져 오는 근본기분에서 도피하지 않고 그것을 적극적으로 인수하는 것을 말한다.

각 시대의 존재이해와 진리이해를 개념적으로 명확히 규정함으로써 각 시대를 건립하는 형이상학은 어떠한 기분에도 사로잡히지 않고 냉정하게 세계를 고찰한다고 생각한다. 그러나 그것은 사실 항상 그때의 시대적인 근본기분에 의해 규정된다. 각 시대의 형이상학이란 그 시대의 근본기분을 통해 드러나 있는 존재를 개념적으로 명료화함으로써 그 시대의 세계를 건립하는 것이다.

그런데 근본기분은 인간들을 엄습하고 사로잡는 것이지 인간들이 임의로 조성할 수 있는 것이 아니다. 따라서 하이데거는 존재에 대한 통찰이 근본기분을 통해 인간에게 주어지는 사태를 존재가 자신을 보내는(schicken) 사건으로 보며, 존재의 역운(das Geschick des Seins) 내지 존재의 역사적 운명이라고 부른다. 하이데거에서는 이렇게 근본기분을 통해서 존재에 나가 있는 인간의 심층적인 차원이 궁극적으로 문제가 된다.

마르크스 이래로 인간 개개인의 사고와 행동은 그때의 사회구조에 의해 규정된다는 사상이 크게 영향력을 떨치고 있다. 그러나 하이데거는 사회구조라는 것조차도 존재에 대한 형이상학적인 결단에 의해 규정된다고 본다. 사회구조뿐 아니라 문화와 종교의 성격 등 모든 것이 존재에 대한 각 시대의 형이상학적인 결단에 의해 규정된다는 것이다.

2) 경이라는 근본기분과 퓌지스로서의 존재

하이데거는 그리스인들에게 존재는 경이(Erstaunen)라는 근본기분을 통해 퓌지스로서 개시되었다고 본다.

> 그리스인들은 존재를 처음으로 그리고 시원적으로 퓌지스로서, 즉 자기 자신으로부터 개화하면서 본질적으로 자신을 개현하는 것, 자신을 여는 것, 그리고 열려진 장 안으로 자신을 개현하는 것(das von-sich-aus-Aufgehen und so wesenhaft sich-in-den-Aufgang-Stellen, das Sich-Öffnen, und ins-Offene-sich-Offenbaren)으로서 파악했다.[15]

그리스인들이 존재를 퓌지스로 보게 된 것은 존재자들에 대한 이론적 관찰을 통해서가 아니라 경이라는 근본기분을 통해서다. 하이데거는 경이라는 근본기분을 놀람의 여러 방식과 구별한다. 어떤 것을 의아하게 생각한다(Sichverwundern)든가 어떤 사람이나 사물에 대해서 감탄한다든가(Bewundern)하는 것에서는 평범하지 않고 특이한 개별적인 사태가 문제가 된다. 예를 들어 누군가가 100m를 8초에 달렸다면 우리는 놀라게 된다.

이에 반해 경이는 우리가 일상적으로 아무런 관심을 갖지 않았던 평범한 일상적인 사물들에 대해 느끼는 기분이다. 즉 경이의 대상은 길에 피어 있는 평범하기 그지없는 이름 모를 꽃들, 나무들, 새들, 그리고 항상 마주치던 얼굴들, 심지어는 길가에 굴러다니는 돌멩이일 수도 있다. 이렇게 평범한 것들에서 경이를 느낄 경우 그것들은 그 전과 동일한 사물들이다. 그러나 경이라는 기분에 사로잡히면서 이 동일한 사물은 우리에게 경이를 불러일으키는 신비로운 것으로 나타난다.

경이에서는 일상적으로 거의 관심을 갖지 않던 그 모든 평범하고 진부한 것마저 경이로운 것으로 나타나기 때문에, 존재자 전체가 경이로운 것으로 나타난다. 경이라는 기분에서 우리는 존재자 전체를 신비롭고 성스러운 것으로 경험하며 새삼스럽게 '그것이 거기에 존재한다'는 사실에 대

15 마르틴 하이데거, 『니체와 니힐리즘』, 박찬국 옮김, 지성의 샘, 1996, 329쪽.

해 경이에 사로잡힌다. 따라서 경이에서는 모든 것 중에서 가장 평범한 것(das Allergewöhnlichste), 즉 어떤 것이 '도대체 그리고 어떤 방식으로든 있다는 사실(überhaupt und irgendwie zu sein)'이 가장 놀라운 것으로 드러난다.[16]

경이라는 근본기분에 빠지기 전에는 모든 것 중에서 가장 평범한 것, 즉 사물이 '존재한다'는 것이 그렇게 평범한 사실이라는 것조차 전혀 주목을 받지도 사유되지도 않는다. 그것이 주목이라도 받았다면, 가장 평범한 것이 될 수 없었을 것이다. 경이는 다른 놀람의 방식들처럼 평범한 것으로부터 눈을 돌려 특이한 사태에 향하는 것이 아니라, 오히려 가장 평범한 것에 자신을 향한다. 그러나 이를 통해 가장 평범한 것이 가장 비범한 것으로 드러난다.

따라서 우리가 '어떤 사물이 거기에 존재한다'는 사실에 대해 경이를 느낄 경우, 그러한 사실은 단순히 '그 사물이 우리 눈앞에 있다'는 것을 의미하지 않는다. 경이라는 기분에서 사물은 우리가 함부로 할 수 없는 신비와 성스러움을 갖는 것으로 자신을 드러낸다. 하이데거는 이러한 사태를 '존재자가 있다'는 기적을 경험하는 사건이라고 말한다. 다시 말해 경이라는 기분에서 우리는 '존재자가 함부로 할 수 없는 독자적인 존재로서 있다'는 사실을 경험하는 것이다.

단적으로 말해서, '어떤 것이 존재한다'는 사실에 대해 우리가 느끼는 경이는 모든 것이 갖는 독자적인 존재에 대한 경이다. 그것은 모든 것이 지적인 호기심이나 이해관심의 대상으로서 우리 눈앞에 있는 것이 아니라 '모든 것이 우리를 매료시키는 신비로운 것으로서 있다'는 것을 의미한다. 경이라는 기분은 이렇게 특정 존재자와 관련된 것이 아니라 모든 존재자의 존재와 관련되어 있다. 따라서 경이라는 기분에 우리가 사로잡히는 사

16 하이데거는 전집 45권 *Grundfragen der Philosophie*, Vittorio Klostermann, 1984, 151쪽에서부터 180쪽에 걸쳐 경이라는 근본기분을 현상학적으로 상세하게 분석하고 있다.

건은 전체에 대한 우리의 이해가 근본적으로 바뀌는 사건이다.

오직 인간만이 모든 존재자가 다른 어떤 것의 수단이 아닌 독자적인 존재를 갖는다는 사실을 경험할 수 있고 그러한 독자적인 존재에 대해 경이를 품을 수 있다. 이에 반해 동물에게 모든 존재자는 본능적인 욕망을 충족시키기 위한 수단이다. 우리 인간도 대개는 존재자를 이해관심에 따라 본다. 이러한 관점에서 존재자를 볼 때, 우리는 인간의 이해관심을 넘어선 '독자적인 존재로서의 존재자 자체'에 관심을 갖지 않는다. 우리는 그 존재자에서 우리에게 불리하거나 유리한 측면에만 관심을 갖는다.

그러나 인간은 꽃을 선물할 때, 그 꽃이 우리의 수단으로 존재하는 것만이 아니라 독자적인 존재를 갖는다는 사실을 알고 있다. 일상적인 삶에서 우리는 경이라는 기분에서 완전히 떠나 있지 않고 미약하게나마 그러한 기분 속에 있는 것이다.

경이라는 기분에서는 모든 것이 가장 비범한 것(das Ungewöhnlichste)으로서 나타나고, 이는 세계 전체가 비범하고 경이로운 것으로 나타난다는 것을 의미한다. 이렇게 경이로운 것으로 나타난 세계 전체가 그리스식으로 이해된 '자연(Natur)', 즉 퓌지스란 의미에서의 가장 자연스러운 것(das Natürlichste)이었다. 퓌지스의 주재(Walten)하에서 모든 존재자는 그것의 충만한 존재에서 빛을 발하며 나타나고 서로 조화를 이룬다.[17]

3) 퓌지스로서의 존재와 존재자

자연 전체로서의 퓌지스는 단순히 존재자들의 총합이 아니다. 퓌지스가 존재자들의 총합이었다면, 우리는 경이라는 기분 속에서 단 한순간에 그 안의 모든 것을 경이로운 것으로 경험하지 못했을 것이다.

---

17 하이데거 전집 55권 *Heraklit*, Vittorio Klostermann, 1979, 164쪽 참조.

이렇게 전체로서의 퓌지스는 존재자와 전적으로 다른 것으로, 모든 존재자를 넘어서 있는 것으로 존재한다. 즉 그것은 '절-대적으로'(ab-solut), 달리 말해서 존재자로부터 전적으로 구별된 것으로 존재한다. 퓌지스는 모든 존재자와 구별되는 유일무이의 일자(das einzige Eine)다. 그러나 그것은 존재자 전체를 비호하고 집수(集收)하는(versammeln) 일자다.[18] 퓌지스는 모든 것을 집수하는, 다시 말해 모든 것을 통일하는 일자(das alles vereinende Eine)라는 의미에서 로고스(Logos)다.

퓌지스로서의 존재는 항상 존재자들을 통해서만 존재한다. 따라서 퓌지스로서의 존재가 존재자 전체를 넘어서 있다고 할 때, 이는 그것이 존재자의 배후라든가 존재자의 피안에 존재한다는 것을 의미하지는 않는다. 퓌지스로서의 존재는 존재자 전체를 포괄하고 집수하면서도 존재자 전체의 '한가운데(inmitten)'에서 자신을 개현한다. 존재는 어디까지나 존재자의 존재이고, 존재자는 존재를 떠나서 따로 존재하지 않는다. 존재와 존재자 사이의 이러한 공속 관계를 하이데거는 '존재론적 차이'라고 부른다.

경이라는 기분에서 우리가 퓌지스를 퓌지스로서 경험할 때 존재자는 인간의 통제를 벗어나 있는 은닉으로부터 자신을 드러내는 것으로 경험된다. 퓌지스 안에서 존재자는 인간의 판단 작용을 통해 비로소 드러나는 것이 아니라 스스로 자신의 진리를 드러낸다. 존재자가 이렇게 자신의 진리를 스스로 드러내는 것으로 존재하는 것을 하이데거는 '존재자가 현성한다(Anwesen)'라고 말한다.

존재자가 현성한다는 것은 생성하고, 현출(顯出)하며, 자신을 개현하면서 떠오른다(Hervorgehen und Aufgehen)는 것을 의미한다. 이에 반해 전통 형이상학에서 '존재한다'는 '눈앞에 존재한다'는 의미의 현전으로 간주

---

18 하이데거 전집 55권 *Heraklit*, 269쪽 참조.

된다. 이와 함께 어떤 것이 지속적으로 현전할수록 보다 존재하는 것으로 간주된다.

'지속적인 현전'을 존재의 의미로 보는 형이상학에는 안전 확보에의 의지(Sicherheitswille)가 잠복한다. 영원히 존속하는 것에 의거하여 우리의 존재를 가장 확실하게 확보할 수 있다고 생각하기 때문이다. 특히 생을 유지하고 강화하려 하는 근대적 의지는 몰락에 반항하며, 몰락하는 것을 결함 있고 무력한 것으로만 본다. 그 결과 전통 형이상학은 현출과 떠오름으로서의 현성에 본질적으로 속하는 것인 귀환(Zurückgehen)과 하강(몰락)을 현성에서 제거하려 한다.

현성하는 것이 현출하는 근원이자 하강하면서 되돌아가는 귀향처를 하이데거는 동일한 것(das Selbe)이라고 부른다. 이것이야말로 만물의 근원으로서의 존재 자체다. 아낙시만드로스는 모든 존재자가 이러한 동일한 것으로부터 현출하고 그것에로 다시 하강한다고 보았다. 그리고 '동일한 것'을 근원을 의미하는 그리스어인 아르케(arche)라는 말로 부른다. 아르케는 현출과 현출하는 것을 자유롭게 한다. 이렇게 존재자들이 자유롭게 된다는 것은 그것들이 고삐 풀린 망아지처럼 제멋대로 존재하게 된다는 것을 의미하지 않는다. 오히려 그것은 만물을 주재하는 것으로서의 아르케를 따르는 방식으로 자유롭게 된다는 것을 의미한다.

그러나 현성의 본질에는 존재자가 계속해서 존재하는 것(das Immerweiter)에 대한 집착, 즉 비본질(Unwesen)이 속한다. 따라서 현성이 자신의 본질에서 보존되려면 현출은 동일한 것, 즉 아르케로의 귀환으로서 현출하지 않으면 안 된다. 하강에서는 존재자 전체를 주재하는 시원적인 근원의 힘이 개시된다. 이러한 시원적인 근원의 힘은 존재자의 하강(몰락)을 통해 자신을 개시함으로써 계속해서 존재하려는 존재자의 자기주장을 극복한다. 즉 존재 자체로서의 근원은 존재자들의 '자기주장을 포기하게 하는 것'이다. 이러한 하강으로의 이행을 통해서, 즉 자신의 존속에 대한 집착을 극복함으로써, 현성하는 것은 근원으로서의 존재로부터 자신에게 부여된 시간에 따르게 된다. 그러한 방식으로 그것은 자신에게 귀속된 언제(Wann)와 얼마 동안(Wielange)을 충족시킨다.

현성하는 것은 자신에게 부여된 그때마다의 '체류 시간(Weile)'에 따름으로써 현성한다. 이러한 체류 시간은 "그때마다의 은혜로운 그리고 선사된 시간(die je günstige und gegönnte Zeit)이다." 존재란 그때마다 보내고 선사하고 섭리하는 시간(die schickende, gönnende und fügende Zeit) 자체다. 그러나 이러한 '시간'은 통속적인 시간관에서 생각하는 것과 같은 '지금이라는 시점들(Jetztpunkte)'의 연속이 아니다. '지금 시간이 몇 시다(Die Zeit ist…)'라고 말할 경우, 우리는 아직 시간을 본래적으로 파악하지 못하는 것이다. '무엇을 해야 할 때이다(Es ist Zeit)'라고 말할 경우에야, 우리는 시간을 보다 근원적으로 파악하는 것이 된다. 즉 시간이란 항상 무엇이 일어나고 도래해야 할 시간이거나, 사라져야 할 시간이다.

따라서 시간이란 현성과 귀속의 성격을 갖는다. 존재로서의 시간은 현성하는 것에 머물러야 할 그때마다의 시간을 부여하는 것이며 이에 상응하여 현성하는 것은 그때마다의 머무르는 것(ein je-weiliges)으로 존재한다. '존재자가 존재한다'는 것은 존재자가 자신에 귀속된 시간에 따라 머무른다는 것이며 현성한다는 것이다. 존재로서의 시간은 존재자를 그때마다의 머무는 것으로 현출시키고 다시 소환하는 것이다. 시간은 현출과 하강을 주재하는 동일한 것(das Selbe)으로서의 존재의 열린 터(Lichtung)이며, 모든 존재자가 자신의 머무는 시간에 상응하여 머무는 영역이다.

세계를 지배해야 할 객체로 간주하는 주체로서의 근대인에게는 시간조차 도구적인 객체다. 인간은 시간을 계산하고 이를 통해 시간을 '요소'로서 남용한다. 이와 함께 인간이 시간을 아무리 아껴도 시간은 갈수록 부족하게 되고, 기술의 가장 작은 노동 과정에까지 시간의 절약과 경제적 운용이 필수적이 된다. 이에 반해 그리스인들에게 인간과 모든 존재자는 시간의 주재 아래 존재한다. 시간은 도처에서 존재자의 현출과 하강(몰락)을 주재한다.

그러나 하강으로의 이행으로서 현성은 이미 플라톤의 이데아에서 지속적인 현전(die ständige Anwesenheit)으로 변화한다. 이데아는 '항상 존재하는' 범형이다. 이러한 존재는 생성과 대립하는 것으로 사유되었다. 이와 함께 시간성과 역사성 대신에 지속하는 현전으로서의 영원이 들어선다.

플라톤 이후의 전통 형이상학에서는 인간이 존재자들로부터 받는 모든 위협을 인간의 안전을 궁극적으로 보장하는 영원히 현전하는 것에로의 귀환을 통해 극복하려 한다. 그러나 비현성, 소멸, 하강(몰락)은 지속적인 현전이라는 의미의 존재로 불리는 것보다 더 강력하게 우리의 삶을 규정한다. 따라서 현출과 하강(몰락), 즉 존재와 무를 그것들의 공속성과 함께 파악하는 새로운 존재경험과 존재이해가 획득되어야만 한다.

하이데거에 따르면 현재는 '현출이 하강에로 이행함'으로서의 머무름이다. 그러한 현재는 그것으로부터 비현성, 즉 하강이 제거된 것이 아니라 비현성 안에 '비호된(geborgen)' 현재이며 비현성에 결부된 현재다. 이러한 현재만이 '창조적인 현재'다. 하이데거에게는 '현재'는 '창조적인 생기'라는 근원적인 의미를 갖는다. 주어진 것에 집착하지 않고 창조적으로 존재하기 위해서는 하강과 은닉에 자신을 열지 않으면 안 된다. 하이데거는 이렇게 하강에 자신을 여는 현재를 현성이라고 부르는 것이다.

이렇게 모든 것은 근원에서 현출하면서 근원으로 귀환하고 하강하지만, 이 경우 근원은 존재자들을 떠난 독자적인 실체로서 존재하지 않는다. 근원은 모든 존재자가 현출하면서 하강하는 사건 안에 존재한다.

4) 존재와 인간

인간은 바위나 나무 또는 동물처럼 퓌지스 안에 존재할 뿐 아니라 그것을 통찰하는 것으로 존재한다.[19] 동물도 퓌지스 안에 존재하지만 본능에 의해 한정된 세계 안에서 살기 때문에 퓌지스를 퓌지스로서 경험하지 못한다. 오직 인간만이 퓌지스를 퓌지스로서 경험하며 존재자들에 대해 경이를 느낄 수 있다. 다시 말해서 인간만이 '존재자가 있다'는 기적을 경험할 수 있는 것이다. 인간의 사유 없이는 존재의 어떠한 개현도 일어날 수 없다.

하이데거는 인간만이 퓌지스를 퓌지스로서 통찰할 수 있다는 사태를 '인간은 존재자 전체의 한가운데 거주한다(Der Mensch wohnt inmitten des Seienden im Ganzen)'라고도 말한다. 인간이 '존재자 전체의 한가운데 거주한다'는 것은 퓌지스의 열린 세계에 자신을 열면서 그것을 자신 안에 수용한다는 것을 의미한다. 이 경우 인간은 퓌지스를 인간의 고립된 주관적인 체험의 영역 안으로 끌어들이는 것이 아니라, 퓌지스에 '순응하는' 인간의 로고스(logos) 안으로 끌어들인다(einholen). 인간의 사유는 퓌지스의 근원적인 집수(die ursprüngliche Versammlung)로부터, 즉 로고스(Logos)로부터 요구되는(an-gemutet) 것이다. 인간의 모든 용기(Mut)와 깊이 그리고 폭은 로고스의 요구에 얼마나 응할 수 있는가에 의해 결정된다.[20]

퓌지스에게 탈자적으로 자신을 여는 것으로서의 진정한 사유를 통해서만, 현존재는 존재자를 그것의 고유한 본질에서 현성하게 할 수 있다. 인간이 퓌지스로서의 세계를 망각하고 존재자를 임의대로 남용할 때 존재는 존재자에게서 떠나 버린다. 존재자는 진정한 의미의 사유를 통해서 존재의 개현을 보존하는 것이 되고 이를 통해 근원적인 의미에서 '존재하게' 된다. 즉 현성하게 된다.

따라서 경이라는 근본기분에서 존재자는 인간이 이론적 파악을 통해 진리를 파악해야만 하는 대상으로 나타나는 것이 아니라, 자신의 신비롭

---

19 하이데거 전집 55권 *Heraklit*, 173쪽 참조.

20 하이데거 전집 55권 *Heraklit*, 372쪽 참조.

고 성스러운 존재와 진리를 스스로 드러내는 것으로 나타난다. 인간은 경이라는 근본기분을 통해 이미 존재자 전체의 진리에 나가 있다. 따라서 고대 그리스인들에게는 근대의 인식론적인 문제, 즉 '존재자로부터 고립되어 있는 내가 존재자에 대해서 갖는 주관적인 표상이 존재자와 어떻게 일치할 수 있는가'라는 문제는 존재하지도 않았고 존재할 수도 없었다. 이들에게 진리란 인간이 존재자를 자기 앞에 두고 이리저리 궁구하며 존재자를 고찰한 결과로 획득되는 것이 아니라, 존재자 자체가 스스로를 드러내 보이는 것이었다.

존재는 인간을 사유하도록 부른다. 이를 통해 사유를 인간의 본질적인 사명으로서 인간에게 맡긴다. 따라서 사유는 하나의 선물(Gabe)이다. 이런 의미에서 사유한다는 것은 감사하는 것이고, 가장 최대의 배은(Undank)은 사유하지 않는 것이다.[21]

존재는 인간을 사유하도록 부르는 것이지만 또한 인간의 사유를 통해서만 자신을 개현할 수 있다. 이런 의미에서 존재는 인간을 필요로 하는(Brauchen) 것이지만, 이는 존재가 인간을 '이용한다(Benutzen)'는 것을 의미하지는 않는다. 오히려 존재는 인간을 자신의 고유한 본질로 해방시킨다.

> [존재자를] 이용한다는 것은 필요로 한다는 것의 퇴락한 방식이다. 예컨대 우리가 어떤 사물을 사용할 경우 우리의 손은 사물에 순응해야 한다. 어떤 것을 본래적으로 필요로 할 경우, 이것은 우리가 필요로 하는 것의 가치를 절하시키는 것이 아니라 그것이 오히려 그의 본질에서 존재하는 것을 가능케 하는 것이다.[22]

---

21 하이데거 전집 8권 *Was heißt Denken?*, 86쪽 참조.

22 하이데거 전집 8권 *Was heißt Denken?*, 114쪽.

인간 없이 존재의 개현은 일어나지 않는다는 의미에서 인간은 존재의 목자다.[23] 인간과 존재는 이렇게 내밀한 관계를 통해 비로소 각각의 본질에서 진정으로 존재할 수 있다. 심지어 하이데거는 인간과 존재가 관계를 맺는다는 표현은 '양자가 서로 무관하게 존재하다가 비로소 관계를 맺게 된다'는 연상을 일으키기 때문에 정확한 표현이라 할 수 없다고 말한다. 하이데거는 인간과 존재의 관계는 관계들 사이의 관계(der Bezug zwischen Beziehungen), 즉 자신 이외의 어디에도 근원을 갖지 않는 순수한 관계라고 말한다.

하이데거는 이러한 근원적인 관계를 에라이크니스(Ereignis)라고 부른다. 이러한 관계에서 존재와 인간은 서로 속하면서도 서로의 고유한 본질에로 해방된다. 인간이 존재에 자신을 집중하는 것(das menschliche Sichsammeln)은 퓌지스의 운행에 의해 철저하게 규정되어 있다는 것을 의미하지 않는다. 그것은 사유하는 로고스(logos)로서의 인간이 존재의 로고스(Logos)의 현성에 자각적으로 부응한다는 것을 의미한다. 이 경우 인간은 다양한 존재자에 주의를 분산시키지 않고 존재에 자신을 집중함으로써 자신의 고유한 본질에로 귀환한다.

존재와 인간이 근원적으로 공속할수록 양자는 각각의 본질로 자유롭게 되며 보다 본질적인 차이를 갖게 되지만, 양자는 서로를 보다 필요로 하게 된다.[24] 인간은 존재와의 관계에서 비로소 인간이므로 인간은 존재의 근거로서 사유될 수 없다. 존재 역시 인간과의 관계 속에서만 현성할 수 있으므로 존재도 인간의 근거가 아니다.

따라서 하이데거는 존재와 인간의 관계를 어느 한편으로부터가 아니라 '관계' 자체로부터, 즉 에라이크니스로부터 사유한다. 에라이크니스는

---

23 하이데거 전집 9권 *Wegmarken*, 342쪽 참조.

24 하이데거 전집 55권 *Heraklit*, 250쪽 참조.

우리가 존재자라고 부르는 것을 그것의 고유한 본질에서 현성케 한다. 그것은 또한 모든 존재자가 현성하는 것에 인간을 참여케 함으로써 인간의 그의 고유한 본질에서 존재케 한다. 이 경우 인간은 자신을 그 자체로 존립하는 주체로 이해하지 않고, 자신을 에라이크니스로부터 경험한다. 존재와 인간의 이러한 관계, 다시 말해 존재의 진리가 인간에게 개현되는 사건인 에라이크니스야말로 우리가 사유해야 할 가장 중요한 것이다.

4. 전통 형이상학과 존재망각

1) 전통 형이상학과 존재망각

우선 우리는 우리의 이해관심에 사로잡혀 있으며 그러한 이해관심에 유리하거나 불리한 것으로 나타나는 존재자들에 사로잡혀 있다. 대개 인간은 존재자를 그것의 본질에서, 다시 말해 퓌지스가 그 안에서 현성하는 것으로서 경험하지 못한다. 대부분의 경우 현존재에게 존재자는 인간을 위한 도구로, 즉 제대로 기능하지 않을 경우에는 언제든지 대체 가능한 소모품으로 나타난다. 또한 대개 인간은 세계 역시 퓌지스로서 경험하지 못한다. 특히 현대기술문명에서 세계는 자원의 저장소로 간주되거나 관광거리로 간주될 뿐이다.

우리는 경이라는 기분에서 자신을 드러내는 퓌지스로서의 존재를 망각하고 있으며, 이러한 존재의 빛 아래서 나타나는 존재자들의 독자적인 존재도 보지 못한다. 우리는 존재자들만이 존재한다고 보면서, 그것을 포괄하면서 통일하는 존재는 공허한 무와 같은 것으로 본다.

서양의 전통 형이상학에서조차 존재는 망각되어 있다. 전통 형이상학도 존재자만을 존재하는 것으로 보고 무는 공허한 무로 간주하기에, 존재는 존재자처럼(ontisch) 파악된다. 전통 형이상학은 존재를 경이라는 근본기분에서 자신을 개현하는 퓌지스로서 파악하지 않고 존재를 인간이 눈앞의 존재자들을 실마리로 하여 파고 들어가야 하는 최고 존재자로 파악하는 것이다. 또한 전통 형이상학에서 존재자는 퓌지스라는 열린 장에서 자신의 진리를 스스로 드러내는 것이 아니라 신과 같은 최고 존재자를 통해 근거 지어진 것으로 나타난다.

하이데거에 의하면 플라톤과 아리스토텔레스로 대표되는 그리스 형이상학은 경이라는 근본기분에서 존재자 전체가 자신의 진리를 드러내는 사건을 경험하고 있으며, 그러한 경험의 토대 위에서 존재자 전체에 대한 이론적 고찰에 몰두한다. 그러나 그것은 근본기분을 통해 존재자 전체를 개시하는 존재의 사건(Ereignis) 자체를 당연시할 뿐 그것 자체에 주목하지는 않는다. 그리스 형이상학은 경이라는 근본기분에서 이미 드러나 있는 존재자 전체를 이론적으로 고찰함으로써 그 존재자 전체를 존재하게 하는 궁극적인 근거를 파악하고 존재자 전체를 이해하려 한다. 이와 함께 서양의 형이상학이 시작된다.

그러나 그리스 형이상학이 존재자 전체를 개시하는 존재의 사건에 주목하지 않은 것은 그것의 잘못이 아니다. 그들에게는 존재 자체가 경이라는 기분 속에서 개시되었기 때문에 그럴 수밖에 없었다. 경이라는 기분은 그러한 기분을 통해 존재자 전체를 개시하는 존재의 사건에 주목하게 하기보다, 그러한 기분에서 개시된 존재자 전체에 주목하게 하기 때문이다. 형이상학의 역사는 존재가 그리스인에게 자신을 고지한 사건으로서의 경이라는 기분의 성격에 의해 규정되어 있는 것이다.

따라서 하이데거는 플라톤에서 시작된 서양 형이상학의 역사를 존재망각의 역사라고 부르지만, 이는 서양 형이상학을 비난하거나 폄하하는 말이 아니다. 존재망각이란 존재자 전체를 개시하며 자신을 은닉하는 존재의 사건에 대한 망각을 의미하지만, 하이데거는 존재망각이 서양 형이상학의 출발점인 그리스인들에게 경이라는 근본기분을 통해 존재가 자신을 고지한 성격에 의해 생겼다고 보는 것이다. 따라서 하이데거는 형이상학의 역사에서 일어난 존재망각은 사상가들의 오류 때문에 일어난 것이 아니라, 존재 자체가 자신을 고지하는 특정한 역사적 방식 때문에 일어난 것으로 본다. 하이데거는 그리스 형이상학에서 서양 형이상학의 역사가 시작되었다는 점에서 그것을 제1의 시원이라고 부른다.

어떻든 플라톤 이후의 그리스 형이상학자들은 경이라는 근본기분에서 자신을 고지해 오면서 존재자 전체의 진리 앞에 직면시키는 존재의 개현 내지 존재의 진리라는 사건은 문제 삼지 않고 그것을 자명하게 생각한다. 그들은 경이라는 기분 속에서 이미 드러나 있는 존재자 전체를 이론적으로 고찰하는 데 몰두하며, 존재자 전체의 출현을 이론적으로 파고 들어갈 수 있는 궁극적 근거로부터 설명하려 했다.

다시 말해 존재자 전체의 근거로서 존재는 전통 형이상학에서는 존재자들에 대한 전적인 타자로서 사유되지 않는다. 따라서 전통 형이상학에서 존재는 하나의 탁월한 존재자로서, 즉 선의 이데아나 부동의 원동자 그리고 창조자로서의 신과 같은 최고 존재자로서 사유된다.

> 존재와 존재자에서 '존재'를 형성하는 것은 가장 지속적으로 존재하는 것(das Seiendste)으로서 간주된다. 따라서 플라톤은 형이상학이 시작하는 시점에서 존재자의 존재를 모든 존재자 가운데 본래적으로 존재하는 존재자로 사유했던 것이다.[25]

경이라는 기분에서 경험되는 '존재의 개현과 존재자의 현성의 차이'는 '근거 짓는 존재자와 근거 지어진 존재자의 차이'로 나타난다. 형이상

25 하이데거 전집 51권 *Grundbegriffe*, Vittorio Klostermann, 1981, 45쪽.

학은 "명사적으로(nominal) 표상된 존재자,"[26] 즉 인간이 개념적으로 파악할 수 있는 눈앞의 존재자로부터 존재를 사유한다. 다시 말해 형이상학에서 존재자와는 전적으로 다른 '시간으로서의 존재'는 눈앞에 존재하는 존재자를 실마리로 하여 사유되는 것이다. 이에 따라 존재는 '지속적으로 눈앞에 존재함(das ständig Vorhandensein)' 내지 '지속적인 현전(das ständige Anwesenheit)'으로 이해된다. 지속적으로 현전할수록 그 존재자는 참으로 존재하는 것으로 간주되는 것이다. 하이데거는 이러한 지속적인 현전으로서의 존재를 존재자성(Seiendheit)이라고 부른다.

전통 형이상학에서 '존재론적 차이'는 존재자와 존재자성의 차이로 나타나며, 이러한 차이는 '존재자에서 지속적으로 현전하는 것'과 '존재자에서 지속적으로 현전하지 않고 소멸하는 것'의 차이로 나타난다.

> 이를 통해 실재는 형상과 질료로, 영혼과 신체로, 실체와 우유로, 개별자와 전체로, 다수와 개별자로, 존재와 존재자로, 무제약자와 피제약자로 분열된다. 이러한 이원론은 [사물이 존재한다는 것의 의미를 그것이 주체의] 눈앞에 존재한다는 것으로 보는 존재론(Ontologie der Vorhandenheit)의 결과이자 어떤 의미에서 그것의 특징이며 그러한 이원론은 근대에서는 무엇보다도 주체와 객체, 자아와 세계 사이의, 정신적 실체와 대상 사이의 분열로 나타난다.[27]

그러나 존재자는 지속적으로 현전하기 위해 다시 근거 지움을 필요로 한다. 따라서 형이상학은 항상 현전한다는 요구를 특별한 방식으로 충

---

26 하이데거 전집 55권 *Heraklit*, 99쪽.

27 Leo Dümpelmann und Rafael Hüntelmann, *Sein und Struktur: Eine Auseinandersetzung der Phänomenologie Heideggers und Rombachs,* Centaurus, 1991, 48쪽.

족시키는 존재자를 추구한다. 형이상학은 이러한 존재자를 그 자체 내에 존립하는 신적인 것에서 발견한다. 가장 지속적으로 존재하는 것으로서의 이러한 존재자, 즉 최고 존재자가 모든 존재자를 존재하게 '만드는(machen)' 존재자다. 이러한 최고 존재자는 가장 지속적으로 존재하는 자이기에 자기 자신의 존재근거다.

전통 형이상학에서 존재가 지속적인 현전과 동일시됨으로써 존재는 자신을 은닉하는 것, 즉 비현성하는 것(das Abwesende) 자체, 무상한 것, 몰락하는 것을 현성하게 하는 힘을 상실한다. 존재가 그것의 충만한 본질에서가 아니라 일면적으로 드러나는 것이다. 은닉의 차원은 망각되고 존재는 생성의 대립자가 된다. 존재는 전통 형이상학에서는 지속적인 현전을 보장하는 근거가 된다. 이에 따라 사유는 전통 형이상학에서는 본질적으로 근거 지움(Begründen)이 된다.

이렇게 존재자 전체를 근거 지우는 표상에서 존재와 존재자는 서로 다른 사물들로 나타나며 양자 사이의 관계는 근거와 근거 지어진 것 사이의 관계가 된다. 형이상학이 '근거 지우는 표상'이면서 존재자 '전체'를 사유하는 한, 신, 즉 존재자 전체의 궁극적 근거는 '존재해야만 한다.'

플라톤과 아리스토텔레스의 철학이 존재자 전체를 최고 존재자로부터 이론적으로 파악하는 서양 형이상학의 전체를 개시했음에도, 그들의 철학은 경이라는 근본기분 속에서 수행되었으며 퓌지스의 경험에 입각해 있었다. 그러나 서양 중세에 들어와 경이라는 근본기분은 소실되고 사람들은 자신들이 낯선 존재자들에 둘러싸여 있다고 느끼게 된다. 이와 함께 중세 이후의 서양 형이상학은 존재자 '전체'를 개현하게 하는 존재의 사건을 경험하지 못하고, 이미 자신들의 눈앞에 드러나 있는(vorhanden) 존재자들을 실마리로 하여 그것의 근거를 이론적으로 탐구하는 것에 몰두하게 된다. 철학이 모든 존재자를 그것들의 배후에 있는 최고 원인으로부터 설명하는 기술이 되고 마는 것이다.

존재는 우리가 지각할 수 있는 존재자가 아니며, 전통 형이상학이 말하는 존재처럼 존재자들로부터 추론할 수 있는 존재자 전체의 궁극적 근거로서 최고의 존재자도 아니다. 따라서 존재는 이렇게 존재자와 전적으로 다른 것이라는 점에서 차라리 무(das Nichts)라고 할 수 있다. 그것은 이러한 무로서 은닉과 비밀의 성격을 갖는다. 그것은 존재자 전체를 드러내면서도 자신은 은닉하는 것이다.

하이데거는 전통 형이상학이 존재라고 부르는 존재자 전체의 근거로서의 최고의 존재자를 존재자성(die Seiendheit)이라고 부르고, 자신이 말하는 존재 자체를 Seyn이라고 부르면서 양자를 첨예하게 구별한다. 이러한 존재 자체는 근본기분을 통해 인간에게 역사적으로 말 걸어 온다. 그리고 하이데거는 이러한 존재자성을 파악하는 이성적 동물로서의 인간과 존재 자체에 자신을 열고 존재 자체의 개현이 일어나는 장(Da-現)으로서 존재하려는 '현-존재(Da-sein)'로서의 인간을 구별한다.

근대에서는 경이라는 근본기분과 이러한 근본기분에 바탕한 존재자 전체와의 근원적인 친밀함이 상실되며, 경이라는 근본기분 대신에 회의라는 기분이 시대를 지배하게 된다. 회의라는 기분은 인간이 의지할 수 있는 어떠한 확고한 지반도 갖지 못하며, 자신에게 존재하는 이성의 빛에 의해 운명을 개척해 나가야 한다는 기분이다. 회의에서 존재자 전체는 무규정적인 것(das Unbestimmte)으로 나타나며 이성을 통해 비로소 규정되어야 하는 것으로 나타난다.

따라서 근대는 이러한 무규정적인 것을 이성을 통해 끊임없이 규정해 나가는(bestimmen) 진보의 시대가 되며, 존재자 전체를 규정하는 힘으로서의 이성의 계발이 주창되는 계몽의 시대가 된다. 그러나 존재자 전체를 이성적으로 규정함으로써 세계에서 자신의 운명을 개척하려 했던 근대는 세계를 자신의 지배하에 두려는 현대의 과학기술시대로 전개된다.

과학기술시대는 전통 형이상학을 부정하지만, 사실 근대의 형이상학과 존재를 존재자성으로 보는 서양 형이상학의 전통에 의해 준비되어 왔다. 존재를 존재자성으로 이해하려는 시도에는 존재를 인간이 언제라도 이론적으로 파악할 수 있는 대상과 같은 것으로 간주하며, 존재자 전체를 가능케 하는 이러한 존재에 의거하여 존재자 전체 내에서 자신의 안전을 확보하려는 의지가 작용하고 있다.

예컨대 중세에서 존재는 만물의 창조자인 최고 존재자로서의 신으로 파악되었고, 인간은 최고 존재자에 의지함으로써 존재자 전체 내에서 안전한 지위를 확보하려 했다. 근대에서 존재는 인간 자신의 이성적 힘으로 파악되며, 인간은 이성적 힘을 통해 존재자 전체에서 자신의 안전을 확보하려 했다. 그리고 현대에서 인간은 자신의 안전을 확보하는 차원을 넘어서 존재자 전체를 지배하려 한다. 이러한 지배에의 의지란 사실은 형이상학의 전통 내에서 작용하고 있던 '인간 자신의 안전을 확보하려는 의지'가 그 정점에 달한 것이다. 이 점에서 하이데거는 현대의 과학기술을 서양 형이상학의 완성이라고 부른다.

2) 경악과 경외 그리고 겸허

우리는 앞서 과학기술시대의 인간들이 맹목적인 지배 의지의 주체라기보다는 오히려 그것에 의해 철저히 규정되고 있다는 사실을 보았다. 이러한 맹목적인 지배 의지에서 우리는 어떻게 벗어날 수 있는가? 이것 역시 하나의 새로운 근본기분을 통해서만 가능한 바, 하이데거는 그것을 경악(das Erschrecken)의 기분이라고 말한다.

경악이란 기분에서 우리는 과학기술시대에서 인간을 비롯한 존재자 전체는 각자의 고유한 존재와 의미를 상실했음을 발견한다. 경악이란 근본기분에서 인간은 이렇게 존재자들에게서 고유한 존재와 의미를 박탈하는 자신의 모든 과학기술적 행위가 무의미하고 공허한 것이라는 사실을 자각하게 된다. 그는 자신을 비롯한 존재자 전체에서 진정한 존재가 빠져 달아났음을 그리고 자신은 철저하게 공허에 직면하고 있음을 자각한다.

인간은 현대에 대한 이론적 반성을 통해 이 시대의 황폐함과 공허함을 깨닫게 되는 것이 아니라, 경악이란 기분을 통해 이 시대의 황폐하고 공허한 현실 앞에 직면한다. 이를 통해 이 시대의 본질에 대한 새로운 이해를 갖게 된다. 이러한 이해는 한갓 머릿속에서 일어나는 이해가 아니며 철저하게 기분 지어진 이해로서 온몸을 통한 이해이다. 이와 함께 인간은 기술시대의 질곡에 대해서 거리를 취하게 된다.

경악이란 기분을 통해 현존재는 자명하고 낯익고 기술적으로 처리 가능한 것으로서의 존재자에서 고유한 존재와 무게가 사라졌음을 자각하고 그것들에 대한 집착에서 벗어나게 된다. 따라서 존재망각을 경험하는 기분인 경악이란 이미 존재 자체에 대한 예감이다.[28] 경악이란 기분을 통하여 존재는 '우리가 존재자를 지배하려고 할 경우에는 존재자에게서 빠져나가 버리고 자신을 은닉하는 것,' 즉 무(das Nichts)로서 자신을 고지한다.

우리가 존재자에 대한 지배 의지를 버리고 경악이란 기분에서 자신을 드러내는 이러한 존재에 우리 자신을 열게 될 때, 존재는 존재자에 다시 깃들게 된다. 이와 함께 존재자에게서 존재가 빠져나갔다는 사실에 대한 경악은 자신을 비롯한 모든 존재자에 깃드는 존재의 충일함과 신비에 대한 경외와 기쁨으로 전환된다. 경외라는 기분을 통해서 우리는 인간 자신을 비롯한 존재자가 '있다'는 것, 즉 존재자의 '처리 불가능한 자체 내 존립(das unverfügbare Insichruhen)'을 경험하게 되는 것이다.

경외라는 기분을 통해서 인간은 존재자 전체에 대한 과학기술적 관점의 전일적(專一的) 지배에서 벗어나 존재자 전체를 그것들의 참된 존재

---

28 하이데거 전집 45권 *Grundfragen der Philosophie*, 207쪽 참조.

에서 다시 경험하게 된다. 인간은 경외라는 기분 속에서 존재자를 '경탄(Staunen)'을 불러일으키는 낯선 존재를 갖는 것으로 경험하게 된다.[29] 하이데거는 경외라는 기분은 경악이란 기분을 전제하는 동시에 그것과 긴밀하게 결부되어 있다고 본다. 이렇게 경악과 경외가 통일된 상태를 하이데거는 겸허(Verhaltenheit)라고 부른다.[30]

겸허라는 기분에서 경악은 존재자에게서 존재가 빠져 달아나 있다는 사실에 대해 느끼는 것이며, 경외는 존재자에 존재가 현성하고 있다는 사실에 대해 느끼는 것이다. 하이데거는 겸허라는 기분에 엄습되는 것과 함께 서양인들이 존재 자체에 향하게 되는 새로운 역사가 시작된다고 본다. 이러한 새로운 역사의 시작을 하이데거는 제2의 시원이라고 부른다.

겸허란 근본기분은 서양 형이상학의 제1의 시원으로서의 경이란 기분을 보다 근원적으로 반복하는 것이다. 제1의 시원을 여는 근본기분으로서의 경이는 존재자 전체를 개시하면서 자신은 은닉하는 존재의 심연적 차원에 주목하지 않고, 개시된 존재자 전체의 아름다움과 신비로움에 매료된 상태다. 이에 반해 겸허란 기분은 자신을 은닉하는 존재의 비밀스럽고 심연적 차원에 대한 경악과 경외에 사로잡히고 그것에 청종함으로써, 존재자 전체를 새롭게 드러내려 한다.

겸허란 기분은 우리가 존재를 눈앞의 존재자처럼 이론적으로 파악하려 하거나 기술적으로 지배하려 할 경우에는 언제나 빠져 달아나며 자신을 은닉한다는 사실에 주목한다. 이와 함께 겸허란 기분에서 우리는 존재를 이론적으로 파악하고 지배하려는 모든 종류의 지배 의지를 포기한다. 바로 여기에 현대에 고지되는 새로운 존재의 역운이 제2의 시원이란 성격을 갖는 이유가 있다. 현대에서 고지되는 존재의 역운은, 존재망각의 긴

29 Otto Pöggeler, *Der Denkweg Martin Heideggers*, Günther Neske, 1983, 94쪽 참조.
30 하이데거 전집 45권 *Grundfragen der Philosophie*, 2쪽 참조.

역사를 거친 후에 겸허라는 기분에서 자신을 은닉하는 비밀로서의 존재가 그 자체로 개시되고 있다는 것이다.

제2의 시원에서 현존재는 경악과 경외가 통일된 겸허란 근본기분을 통해 자신을 은닉하는 존재에 귀환함으로써, 존재자 전체를 인간의 통제를 벗어나 있는 존재라는 무의 심연에서 비롯되는 신비롭고 성스러운 것으로 경험한다. 이러한 경험과 함께 인간은 존재자 전체를 과학기술을 통해 지배하려는 의지에서 벗어난다. 인간은 자신의 모든 이론적·기술적 공격으로부터 자신을 은닉하면서도 존재자 전체를 드러내는 존재의 소리에 청종하려 하며, 이로부터 존재자 전체를 보다 근원적으로 경험하려 한다.

경악을 통과하는 경외라는 기분, 달리 말해 겸허라는 기분에서 새롭게 열리는 세계는 우리에게 전혀 낯선 신비한 세계가 아니라 사실 우리가 그 안에서 태어나고 죽어가는 가장 가까운 세계다.[31] 이러한 단순 소박한 세계는 현실과 배후 세계에로의, 존재와 존재자에로의, 현상과 '물 자체'로의 어떠한 분리도 갖지 않는 세계이다. 이렇게 가장 가까운 세계에서 우리는 형이상학과 과학의 밖에 서 있다.

여기서는 예컨대 피고 있는 장미는 피고 있는 장미일 뿐이며 우리가 과학적으로 추적할 수 있는 조건들의 결과가 아니다.[32] 그러한 조건들을 아무리 합해도 장미를 만들어 낼 수는 없다. 과학적으로 장미를 파악하려는 모든 시도는 장미가 자신을 드러내는 것을 은폐할 뿐이다. 존재자는 자신의 진리에서 명증적으로 자신을 드러내기 때문에, 우리가 할 것은 존재자들에 대한 지배 의지에서 벗어나 그것들이 자신을 스스로 드러내게 하는 것뿐이다.

겸허라는 기분에서 개개의 존재자들은 존재, 즉 퓌지스로서의 세계를

---

31 하이데거 전집 9권 *Wegmarken*, 352쪽 참조.

32 하이데거 전집 10권 *Der Satz vom Grund*, 68쪽 참조.

각자의 방식으로 집수(集收)하는(versammeln) '사물(Ding)'로 나타난다. 그리고 존재 역시 인간의 모든 파악에서 벗어나 근원적인 은닉으로부터 자신을 사물들 안에서 개현하는 것으로 나타난다. 존재가 '은닉으로부터 자신을 드러내는 퓌지스로서의 세계'로서 그리고 '존재자가 세계를 집수하는 사물'로서 나타나는 하이데거 사상에서 인간은 더 이상 존재자 전체 안에서 자신의 안전과 존재자들에 대한 지배를 도모하는 존재자로 존재하지 않는다. 인간은 각각의 사물 안에서 세계가 현현하는 것을 돕는 현-존재로서 존재하게 된다. 바로 이를 통해 각각의 존재자는 세계 자체를 각자의 방식으로 집수하는 자로서 절대적인 무게와 의미를 갖게 된다.

근대는 인간을 주체로, 즉 존재자 전체의 궁극적 근거로 생각했다. 그러나 이를 통해 오히려 개개의 구체적인 인간은 자연으로부터 에너지를 뽑아내도록 강요하는 맹목적인 지배 의지에 예속됐다. 따라서 현대기술문명에서 존재자 전체의 궁극적 근거는 인간이 아니라 이러한 맹목적인 지배 의지가 됐다.

이 경우 근거라는 말은 인간에 의해 처리 가능한 대상으로서의 형이상학적인 근거를 가리키지 않는다. 그것은 인간의 모든 지배권에서 단적으로 벗어나 있는(unverfügbar) 심연(Ab-grund)으로서의 근거라는 비형이상학적인 의미를 갖는다. 존재자 전체의 궁극적인 근거로서의 맹목적인 지배 의지는 인간이 자신을 존재자 전체의 주체로 생각할 때, 진정한 의미의 존재, 즉 비형이상학적인 의미에서의 존재가 왜곡된 형태로 나타나는 방식이다. 다시 말해 하이데거가 말하는 존재는 인간이 자신을 주체라고 생각할 경우에는 오히려 인간을 비롯한 존재자 전체를 예속시키는 맹목적인 지배 의지로 나타나는 것이다.

이에 반해 인간이 경악과 경외라는 근본기분에서 고지해 오는 비밀과 심연으로서의 존재의 소리에 청종하며 존재자들 각각의 고유한 진리를 개시할 때 비로소, 존재는 왜곡되지 않은 근원적인 모습으로 자신을 드러낸다. 이 경우 존재는 인간을 비롯한 모든 존재자를 각각의 고유한 존재로 해방하는 힘으로 나타난다.

5. 인간의 과제

하이데거는 가능성의 시대라고 불리는 현대기술문명은 사실 광기 어린 힘에의 의지의 지배 밑에서 대지와 그 대지 위에서 살고 있는 모든 존재자가 황폐하게 되는 시대라고 진단한다. 하이데거는 이렇게 말한다.

> 눈에 보이지 않는 대지의 법칙은 각각의 사물들에게 부여된 가능한 것의 권역에서 사물들이 출현하고 소멸하도록 하면서 대지를 보존하고 있다. 각각의 사물은 자신에게 할당된 가능성의 권역을 알지 못하면서도 그것에 따른다. 자작나무가 자기의 가능성을 넘어서는 일은 결코 일어나지 않는다. 꿀벌은 자기의 가능성 안에서 살고 있다. 기술을 통해서 도처에서 활개를 치는 의지를 통해서 비로소 대지는 인위적으로 피폐하게 되고 남용되고 변형된다. 그러한 의지는 대지로 하여금 자신에게 가능한 것의 권역을 넘어서도록 강요하며 더 이상 가능하지 않은 것, 즉 불가능한 것에로까지 나아가게 한다. 기술적인 시험과 조처를 통해서 많은 발명과 급속한 혁신이 상당 부분 성공적으로 이루어지고 있다는 사실은 기술의 성취를 통해서 불가능한 것조차도 가능하게 되리라는 사실을 입증하지는 않는다.[33]

---

33 하이데거 전집 7권 *Vorträge und Aufsätze*, 94쪽.

여기서 하이데거는 암암리에 인간에게도 사실 새와 벌꿀처럼 가능한 것의 영역이 이미 할당되어 있다고 말한다. 하이데거식으로 말하면 새와 벌꿀이 자신의 가능성의 권역에 '던져져 있는(geworfen)' 것처럼 인간 역시 자신의 가능성의 영역에로 '던져져 있다'는 것이다. 인간이 이러한 가능성의 영역을 무시하면서 존재하는 것은 불가능하다. 다만 현대인들은 그러한 사실을 망각하고 자신들이 따라야 하는 가능성의 영역이 존재하지 않는다고 생각한다. 현대인들은 인간에게 부여된 가능성의 영역을 무시하면서 자신들의 의지대로 하고자 하지만, 그것은 결국 자신과 대지의 파멸을 낳을 뿐이다.

그런데 과연 인간에게는 하이데거가 말하는 것처럼 가능성의 영역이 주어져 있는가? 그러한 가능성의 영역이란 무엇인가? 아프리카의 원숭이가 북극에서 사는 것은 그에게 주어진 가능한 것의 권역을 넘는 것이다. 그러나 인간에게도 일정하게 거주해야 하는 가능한 것의 권역이 있는가? 위의 인용문에서 보다시피 하이데거는 인간이 대지를 떠나 살 수 없는 것처럼 생각한다. 그러나 과연 인간은 대지를 떠나 살 수 없는가? 예를 들어 기술이 보다 더 발달하면 인간도 달이나 다른 별에서 살 수 있지 않을까?

나는 하이데거 역시 우리가 기술의 발달을 통해 언젠가는 다른 별에서 생존을 유지할 수도 있다는 것을 부인하지는 않을 것이라고 생각한다. 하이데거는 이미 1930년대에 인간 복제의 가능성, 다시 말해 현재의 인간들보다 신체적·지적인 측면에서 유능한 '인간 물질'을 만들어 낼 수 있는 가능성을 인정한다.[34]

그러면 하이데거는 어떤 의미에서 인간에게도 가능한 것의 영역이 주어져 있고 인간 역시 그것에 따라야 한다고 말하고 있는가? 하이데거에서

---

34 하이데거 전집 7권 *Vorträge und Aufsätze*, 91쪽.

인간에게 가능한 것의 영역이란 인간의 생존이 가능한 영역이 아니라 인간이 참된 인간으로서 존재할 수 있는 영역을 가리킨다. 이러한 가능성의 영역이란 존재자들이 자신들의 고유한 존재를 드러내고 인간이 존재자들의 고유한 가능성을 존중하는 세계를 가리킨다.

마지막으로 덧붙이고 싶은 것은 하이데거는 결코 현대의 기술과학을 폐기하고 원시시대로 되돌아가자고 주장하는 것이 아니다. 다만 그는 과학기술에 의한 존재자 전체에 대한 지배가 존재자 전체에 대한 인간의 관계에서 중심적인 지위를 가져서는 안 된다고 말할 뿐이다. 경악과 경외라는 근본기분 속에서 존재자 전체의 성스러운 존재를 경험하고 존중하는 것이 존재자 전체에 대한 인간의 관계에서 중심이 되어야 한다. 과학기술은 이러한 관계를 보조하는 것에 그쳐야 한다.

이를 위해서는 인간이 경악과 경외라는 기분을 통해 존재자 전체에 대한 맹목적인 지배 의지에서 벗어나 존재자 전체를 근원적으로 경험하는 것이 중요하다. 하이데거의 주요한 철학적 작업은 인간이 그 안에서 살고 죽어가는 근원적인 생활세계(die Lebenswelt)를 명확히 드러내는 데 있다. 하이데거는 과학기술적인 관점에 의해 은폐되어 있다고 보는 대지와 하늘, 사물(das Ding), 시공간, 신, 노동, 죽음, 예술작품, 인간, 동물 등의 참된 본질을 새롭게 드러내려 하는 것이다.

현대기술문명에 대한
청송 고형곤과 하이데거의 사상*

1. 들어가면서

청송 고형곤(1906~2004)은 하이데거 사상을 동양의 선(禪)사상을 통해 해석하는 한편 동양의 선사상을 하이데거의 언어로 해석함으로써 두 사상의 소통을 꾀하는 것을 필생의 철학적 과제로 삼았던 사상가다. 청송은 하이데거 사상과 동양의 선사상이 근본적으로 동일한 사태를 조명하고 있다며, 양자가 서로를 보완함으로써 양자가 조명하는 사태를 보다 풍부하면서도 명료하게 드러낼 수 있다고 생각했다. 이와 함께 청송은 하이데거 사상을 선사상에 의해 해석함으로써 하이데거가 드러내려는 사태를 우리 동양인에게 직접적으로 와 닿게 했다. 또한 하이데거의 언어로 선사상을 해석함으로써 선사상이 이미 한물가 버린 옛 사상이 아니라 현대와 직접적으로 통하며 현대의 위기를 극복하는 데 불가결한 사상이라는 사실을 보여주려 했다.

그런데 하이데거가 선사상에 대해 취하는 입장은 양의적(兩義的)이다.

---

* 「현대기술문명에 대한 청송의 사상」(소광희 외, 『청송의 선과 철학: 선사상과 서양철학의 회통』, 운주사, 2011)을 수정·보완하였음.

교토학파의 히사마츠와 함께 행한 세미나에서 하이데거는 선과 선에 입각한 예술이 자신이 말하려는 것을 이미 다 말했다고 언급한다. 그리고 선을 서양에 소개한 스즈키 다이세츠의 책을 읽고서도 역시 동일한 내용의 말을 한다. 그러나 하이데거는 죽기 몇 년 전에 했던『슈피겔』지와의 인터뷰에서는, 자신의 사상은 서양의 전통사상과의 대결에서 생성된 것일 뿐 동양사상의 영향을 직접적으로 받은 적은 없으며 현대기술문명의 위기를 극복할 수 있는 사상적 대안도 현대기술문명이 자라나온 서양의 사상적 토양 내에서만 나타날 수 있다고 말한다. 사유는 동일한 유래와 규정을 가지고 있는 사유를 통해서만 변화되며, 현대기술문명의 변혁을 위해서는 그것이 자라나온 유럽의 전통을 새롭게 우리의 것으로 하는 것이 필요하다는 것이다.

나는 하이데거의 이러한 생각은 사상이나 철학이 지역적 뿌리를 갖는다는 지역주의적인 선입견에 근거한 것이라고 생각한다. 오히려 나는 철학 역시 종교와 마찬가지로 탄생한 지역을 넘어 다른 지역에 뿌리를 내릴 수 있다고 생각한다. 기독교나 불교 그리고 이슬람교는 탄생한 지역을 넘어 세계인의 가슴에 호소하는 바가 있었고 세계적인 종교가 될 수 있었다. 심지어 불교나 기독교는 그것이 탄생한 지역에서는 쇠락하거나 사라졌지만 다른 지역에서 융성했다.

물론 나는 하이데거와 마찬가지로 서양의 전통철학과 동양의 전통철학 사이에 부정하기 어려운 차이가 있다는 사실을 인정한다. 그러나 이러한 차이는 서로 소통할 수 있는 기회가 부족했다는 데서 비롯된 것일 수 있다. 이런 맥락에서 '현대기술문명이 서양의 전통사상에서 비롯되었기에 서양의 사상적 뿌리를 새롭게 계승하는 사상에 의해서만 극복될 수 있다'는 하이데거의 생각은 지나치게 사상의 지역성을 의식한 것이라고 생각한다.

하이데거의 문제의식과 선불교의 문제의식을 비교해 보면 둘 사이에는 부정하기 어려운 유사성이 있다. 선불교는 세계와 존재자에 대한 그 모든 번쇄한 이론적인 파악이 세계와 존재자의 본래 모습을 드러내기보다는 오히려 은폐한다고 본다. 마찬가지로 하이데거 역시 세계와 존재자를 눈앞의 사물처럼 대상화하여 이론적으로 파악하려는 모든 시도는 세계와 존재자의 진리를 드러내기보다 은폐한다고 본다.

아울러 선불교는 세계와 존재자의 진리를 보기 위해서는, 무심과 무욕의 맑은 마음으로 돌아가 원래 자신을 환히 드러내고 있던 세계와 존재자의 진리로 하여금 스스로 현현하게 하는 것만이 필요하다고 본다. 마찬가지로 하이데거는 우리가 세계와 존재자들을 파악하고 지배하려는 인간중심주의적인 욕망과 그러한 욕망에 의해 규정된 그 모든 협소한 관점에서 벗어나, 세계와 존재자들의 진리가 스스로 자신을 드러내는 가장 포괄적인 관점인 존재의 관점으로 진입해야 한다고 본다. 존재의 관점은 세계와 인간을 포함하는 가장 넓은 관점이기에, 인간과 같은 어떤 존재자를 특별히 중요시하지 않고 다른 존재자들을 소외시키지 않는 절대평등의 관점이다. 하이데거는 우리가 존재의 관점으로 진입하기 위해 선불교와 마찬가지로 존재자들을 지배하려는 모든 의지와 욕심을 버려야 한다고 말한다.

선불교와 하이데거 사이에는 이러한 본질적인 근친성이 존재한다. 따라서 나는 청송과 마찬가지로 양자가 생산적인 대화를 통해 각자가 드러내려는 사태를 보다 분명하면서도 적합하게 드러낼 수 있다고 생각한다. 현대기술문명이 부딪히는 위기의 극복에 대해서도 보다 깊이 있는 통찰을 얻을 수 있다고 생각한다.

2. 현대기술문명에 대한 청송의 사상

청송의 하이데거 해석은 후기 하이데거에 초점을 맞춘다. 이는 청송이 하이데거 사상과 선사상의 대화를 매개하려 하는 한, 불가피한 것이었다고 생각한다. 후기 하이데거 사상에서야말로 선사상과의 유사성이 강력하게 나타나기 때문이다.

청송은 후기 하이데거를 해석하며 횔덜린에 대한 하이데거의 해석을 주요한 실마리로 삼는다. 이는 후기 하이데거 사상을 파악하는 데 극히 탁월한 접근법이다. 후기 하이데거가 개척한 사유는 전통적인 철학방식을 넘어서 시적인 사유라고 불릴 정도로 시적인 정신과 밀접한 관계를 갖고 있을 뿐 아니라, 후기 하이데거는 이러한 시적인 정신이 횔덜린의 시에서 가장 잘 구현되고 있다고 보기 때문이다. 따라서 후기 하이데거 사상은 횔덜린 시에 대한 철학적 해명이라고 할 정도로 횔덜린의 지대한 영향을 받고 있다. 후기 사상의 중심 개념인 사역이라는 사상, 즉 세계를 대지와 하늘, 신과 인간이 서로 조응(照應)하는 어울림으로 보는 사상은 횔덜린의 시에서 나타나는 근본 개념들을 철학적인 범주로 격상시킨 것이다.

더 나아가 청송이 후기 하이데거를 해석하며 횔덜린에 대한 하이데거의 해석을 주요한 실마리로 삼고 있는 것은 후기 하이데거 사상과 선사상 사이의 대화를 매개한다는 청송의 과제와 관련해서도 극히 적절한 접근법이었다고 생각한다. 하이데거가 해석한 횔덜린의 시 정신이야말로 선의 정신과 가장 가깝게 와닿기 때문이다. 마음을 맑게 비움으로써 산하와 사물의 진리가 스스로 현현하게 하는 것을 지향하는 선의 정신은, 하이데거가 횔덜린의 시에서 가장 잘 구현되고 있다고 보는 시의 정신과 일맥상통한다.

서양의 전통적인 철학방식은 눈앞의 존재자들을 실마리로 하여 존재자들의 공통된 본질과 궁극적인 근거를 개념적으로 추론하는 방식을 취한다. 이에 반해 후기 하이데거는 존재자들과 세계의 본래 면목은 우리가 존재자들과 세계를 개념적으로 파악하려는 욕망조차 버리고 최대 포괄자인 존재의 관점으로 진입할 경우에만 드러날 수 있다고 본다. 그리고 하이데거는 횔덜린의 시에서 존재의 관점에로의 진입이 일어나는 것과 함께 세계와 산하 그리고 존재자들의 진리가 개념적인 파악 이전의 순연(純然)한 모습으로 자신을 드러내고 있다고 본다.

후기 하이데거 사상을 근저에서 규정하는 근본적인 문제의식은 현대인들이 망각한 존재의 관점을 어떻게 다시 상기시킬 수 있는가이다. 이러한 문제의식은 현대기술문명의 위기를 어떻게 극복할 것인가 하는 문제의식과 긴밀하게 결부되어 있다. 하이데거는 현대기술문명의 위기는 근본적으로 존재에 대한 망각에서 비롯된 것이기에 존재를 다시 회상하는 것에 의해서만 그러한 위기가 극복될 수 있다고 보기 때문이다. 후기 하이데거 사상을 규정하는 근본적인 문제의식이 이와 같이 현대기술문명의 위기를 극복한다는 문제의식과 불가분하게 얽혀 있기 때문에, 후기 하이데거와 선사상의 대화를 매개하는 청송의 시도도 단순히 두 사상을 비교하는 차원을 넘어 현대기술문명의 위기를 어떻게 극복할 것인가라는 시대적인 문제의식을 담을 수밖에 없다.

1) 현대기술문명에 대한 하이데거의 분석

하이데거는 현대를 '세계는 황폐하게 되고 신들은 떠나 버렸으며 대지는 파괴되고 인간들은 정체성과 인격을 상실한 채 대중의 일원으로 전락해 버린 시대'라고 규정한다. '세계가 황폐하게 되었다'는 것은 현대에는 인간을 비롯한 모든 존재자가 독자적인 생명을 갖는 것이 아니라 계산 가능한 에너지로 취급된다는 것을 의미한다. '신들이 사라져 버렸다'는 것은 지상의 모든 것을 지배하려는 인간들의 지배 의지로 인해 우리로 하여금 경외심을 품게 하는 성스러운 것이 사라져 버렸다는 것을 의미한다. '대지가 파괴되었다'는 것은 우리가 뿌리박은 대지와 산하가 한갓 에너지 자원이나 관광 자원으로 전락해 버렸다는 것을 의미한다. '인간들이 대중의 일원으로 전락해 버렸다'는 것은 인간들이 소비 산업과 정치에 의해서 조작되는 익명의 대중 속으로 흡수되고 말았다는 것을 의미한다.

하이데거에게 고향은 현대기술문명에 대한 대칭 개념이다. 현대의 기술세계가 인간을 비롯한 모든 존재자를 계산 가능한 에너지원으로 무자비하게 동원하는 세계인 반면에, 고향은 인간과 모든 존재자가 자신들의 고유한 존재를 발현하게 하는 곳이며 서로 간에 조화와 애정이 지배하는 세계다. 그러나 고향은 일상적으로 경험하는 세계와 전적으로 다른 신비한 세계는 아니다. 그것은 우리가 사물들에 대한 지배 의지에서 벗어나 순연한 몸과 마음으로 세계와 사물에 접할 때, 지배 의지 때문에 그동안 은폐되어 있었던 자신의 충만함과 깊이를 드러내는 일상적인 세계 자체다. 고향에서는 매일 보는 하늘과 대지, 산과 강, 인간과 모든 사물이 우리가 세계와 사물에 대한 지배 의지에 사로잡혀 있을 때와는 전적으로 다르게 자신을 드러낸다.

고향에서는 자연에 대한 지배가 아니라 단순 소박한 자연과의 화해가 모색된다. 하이데거는 단순 소박한 자연을 '존재'라고 부른다. 우리가 단순 소박한 자연의 소리인 존재의 진리에 귀를 기울이며 존재의 빛 안에서 모든 사물을 존재의 현현으로서 존중할 때만 우리가 사는 터전은 고향이 될 수 있다. 고향은 하늘과 대지, 인간과 신 그리고 모든 사물이 각자의 고유성을 유지하면서도 하나가 되는 곳이다.

하이데거가 걸은 사유의 도정은 일생 동안 상당한 기복이 있었지만, 궁극적으로는 작위(作爲)와 인위(人爲)가 지배하는 과학기술시대에 대해 단순 소박한 자연과 어우러진 고향을 회복하는 것을 목표했다.

2) 청송과 현대기술문명의 극복

(1) 자연(퓌지스)으로서의 존재

하이데거가 말하는 단순 소박한 자연은 자연과학에 파악되는 자연도,

관광의 대상이 되는 풍경으로서의 자연도 아니다.[1] 자연과학에 의해 파악되는 자연은 성스러운 자연이 아니라 인간이 분석하고 해부할 수 있으며, 분석과 해부에 입각하여 우리에게 유리하게 이용하고 지배할 수 있는 자연이다. 그리고 관광의 대상으로서의 자연이란 우리의 흥밋거리로 전락한 자연이다.

하이데거가 말하는 단순 소박한 자연은 이미 도처에 현현하고 있다. 그것은 너무나 가깝게 있어서 우리가 간과해 버리는 것이다. 그것은 모든 작위를 거부하면서 항시 현전하고 있다. 그러나 우리가 욕심에 따라 자연을 보면 자연은 항상 아름답거나 추한 개별적인 사물들로 나타나며, 개별적인 사물들이 아닌 편재(遍在)로서의 자연은 자신을 드러내는 것을 거부하게 된다.[2] 이런 의미에서 청송은 하이데거가 말하는 자연이 '常無慾 以觀其妙(항상 무욕함으로써 그 묘함을 본다)'라는 노자의 자연과 유사하다고 말한다.

하이데거의 단순 소박한 자연은 그리스인들이 경험한 퓌지스다. 이 경우 퓌지스는 현출(hervorgehen)과 개현(aufgehen)이라는 성격을 갖는다. 즉 퓌지스에서 존재자 전체는 자신을 열고 다가오면서 자신의 진리를 스스로 개현한다. 이런 의미에서 퓌지스는 '개시의 광장(das Offene)'의 개벽, 즉 저 광명이 비치는 것을 의미한다. 하이데거는 그리스인들이 경험한 퓌지스를 자신만의 용어인 das Offene라고 부른다. 청송은 하이데거가 das Offene라고 부르는 것을 '개시의 광장'이라고 번역함으로써 그것이 갖는 의미를 분명히 한다. 그것은 존재자 전체가 자신의 고유한 본질과 진리를 개시하는 열린 터다.

---

1 고형곤, 『선의 세계』, 운주사, 1995, 729쪽 참조.

2 고형곤, 『선의 세계』, 729쪽 참조.

> 개현으로서의 퓌지스는 도처에서 볼 수 있다. (아침 햇살이 퍼져 오를 때) 천체의 운행에서, 해양의 파도에서, 푸성귀의 성장에서, 짐승과 인간의 생산에서, 도처에서 볼 수 있다. 그러나 오늘날 우리가 자연이라고 부르는 변화 과정과 같은 의미에서는 아니다. 이 개현—자재하면서 스스로 출현하는 이 개현은 모든 사물 중 하나의 존재사물에서 관찰되는 변화 과정으로 여겨져서는 아니 된다. 이 퓌지스는 존재 그 자신이다. 사실인즉 하나하나의 존재사물을 우리가 관찰할 수 있는 것도 이 존재의 빛에서이다.[3]

하이데거는 여기서 퓌지스를 존재 자체라고 부른다. 최대 포괄자인 존재 자체의 빛 안에서 존재자들은 자신의 진리를 스스로 개현한다. 인간은 보통 자신들이 존재자의 진리를 드러낸다고 생각한다. 그러나 사실 존재자들을 지배함으로써 욕망을 채우려는 관점에서 존재자들을 파악할 뿐이다. 이렇게 인간중심적인 협소한 관점에서 존재자들을 파악함으로써 인간은 존재자들의 진리를 왜곡한다. 존재자들을 인간을 위해 존재하게 하고 그것들의 고유한 본질에서 소외시킨다. 존재자들을 그것들의 자체적인 진리와 본질로부터 소외시키지 않기 위해서는, 인간은 존재자들을 그 자체로서 존재하게 하는 최대 포괄자인 존재 자체의 관점에 들어서지 않으면 안 된다.

존재자를 존재의 관점에서 고찰한다는 것은 무엇보다 존재자를 특정 존재자, 특히 탁월한 존재자인 인간의 관점에서 고찰하지 않는다는 것을 의미한다. 즉 존재자가 인간에 대해서 갖는 관계, 즉 유용성이나 이용 가능성 등의 관점에서 고찰하지 않는다는 것이다. 하지만 인간은 존재자들

3 Martin Heidegger, *Einführung in die Metaphysik*, 11쪽 이하(고형곤, 『선의 세계』, 95쪽에서 재인용).

을 항상 특정 관점에서 보며 특히 그것들이 우리에게 얼마나 유용하냐는 욕심의 관점에서 본다.

예를 들어 기업에서 사원을 채용할 때 심사자는 지원자를 객관적으로 보고 평가한다고 생각하지만 심사자는 지원자를 특정 관점에서 보고 평가하고 있을 뿐이다. 심사자는 지원자가 기업에 얼마나 많은 이익을 가져다줄 수 있을까 하는 관점에서만 보고 평가하는 것이다. 그러한 관점에 들어오지 않는 지원자의 다른 특성들은 중요하지 않은 것으로 무시되고, 그러한 관점에 들어오는 특성들만이 지원자의 본질적인 특성으로 간주된다. 존재자를 존재의 관점에서 고찰한다는 것은 무엇보다 인간들의 이러한 협소한 이해관계의 지평에서 보지 않는다는 것을 의미한다.

존재자들을 그 자신으로부터 소외시키지 않고 그 자체로 드러나게 하는 것은 오직 존재의 관점뿐이다. 존재는 궁극적인 포괄자로서 한계도 갖지 않으며 그것 안의 어느 개별자에 대해서도 타자일 수 없기 때문이다. 그것이 어떤 개별자의 타자일 경우 그것은 또 하나의 개별자에 지나지 않을 뿐이며 포괄자가 아닐 것이다. 존재는 한정되고 규정된 것이 아니라 무한하고 절대적인 것이다. 존재는 한계를 갖지 않기에 자신의 한계를 존재자들에게 강요하지 않고 존재자들을 그 자체에로 해방시킨다. 무한하고 절대적인 것으로서의 존재만이 존재자들을 구원하여 그 고유한 본질을 발현하게 하며, 고유한 본질을 구현함으로써 존재자는 한갓 기능으로서의 의의를 넘어 자체적인 의의를 갖게 된다.

최대 포괄자로서 존재 자체는 특정 존재자가 아니기에 무라고도 할 수 있다. 따라서 존재 자체의 관점에 선다는 것은 특정 존재자가 아닌 무의 관점에 서는 것이다. 이는 무엇보다 인간이 인간이라는 특별한 존재자의 관점에 서지 않는 것을 의미하며, 인간이 존재자들에게 주장하려는 모든 의지를 버리는 것을 의미한다. 따라서 무의 관점이란 청송이 말하듯이 '항상 무욕함으로써 그 묘함을 보는' 노자의 관점이다.

인간은 존재자들에 대해 자신을 내세우려는 욕망을 버리는 무의 관점에 들어섬으로써, 모든 존재자를 포괄하는 궁극적인 전체인 존재와 하나가 된다. 그와 함께 인간에게 모든 존재자가 거울에 비추듯이 자신의 진리를 드러낸다. 이렇게 존재와 하나가 되는 것을 하이데거는 인간이 존재의 진리에 응답하는(entsprechen) 것이라고 말한다. 인간이 존재의 진리에 응답할 때 존재자들은 우리에게 자신을 열면서 자신의 진리를 개현한다. 즉 존재자들의 진리는 그것을 파악하려는 인간의 지적인 노력에 의해 드러나는 것이 아니라 존재자들을 지배하려는 모든 욕심에서 벗어난 인간의 맑은 마음에 스스로를 드러내는 것이다.

(2) 존재와 존재자

청송은 이렇게 무욕의 마음에 드러난 자연의 모습이 횔덜린의 시에 잘 드러나고 있다고 본다.

> 흡사히 명절날 이른 아침
> 무덥던 밤 새벽녘부터 퍼부은 찬 비바람,
> 아직도 마른 번갯불 먼 하늘에 번득이고
> 개천 물은 또다시 홍건히 범람
> 대지도 새파랗게 싱싱해졌다.
> 포도 넝쿨에 맺힌 이슬방울
> 천혜의 단비를 환희하고
> 숲은 조용한 태양 광선 밑에서
> 번쩍번쩍 반사를 하고 섰을 때,
> 농부가 전장(田庄)을 보살피러 가듯이.
> (횔덜린, "흡사 명절날 …과 같이", 제1절)[4]

이러한 자연의 모습에서 존재 자체인 자연은 존재자가 아니기에, 존재자처럼 자신을 전면에 드러내지는 않는다. 이 시에서도 횔덜린에게 직접적으로 드러나 있는 것들은 비바람, 번갯불, 하늘, 개천 물, 대지, 포도넝쿨, 이슬 방울, 숲, 태양 광선, 농부, 농원 등이다. 그러나 이러한 존재자들은 이미 개시되어 있는 자연이라는 전체 속에서 자신의 진리를 드러내고 있다. 이 경우 존재자들은 존재자들을 지배하기 위해 인간이 설정한 주관적 지평에서가 아닌 자연 자체의 지평에서 자신을 드러내고 있다. 자연 안에서 존재자들은 그것들의 자체적인 개현을 방해하는 어떠한 협소한 그물에도 걸리지 않은 채 자신들의 진리를 있는 그대로 드러낸다.

이와 관련하여 청송은 하이데거의 다음 말을 인용한다.

> 자재의 존재사물은 제 스스로 발현하여 스스로를 개현하는 것(das Aufgehende und Sichöffnende)으로서, 현전자로서의 이 존재자는, 단적으로 수용하면서(vernehmen) 이 현전자에 대하여 자기를 개방하는 현전자로서의 인간에게 도래하는 것이다. 인간이 사물을 — 주관적인 지각에 의하여 표상한다는 의미에서 — 봄으로 해서, 사물이 비로소 있게 되는 것은 아니다. 도리어 인간이 존재하는 것에 의하여 보이는 것(der vom Seienden Angeschaute)이며, 이 스스로를 개현하는 것에 의하여 그것이 지니고 있는 현전을 향하여 회집되어진 것이다.[5]

"인간이 존재하는 것에 의하여 보이게 된다"는 말을 청송은 이렇게 해설하고 있다.

---

4 고형곤, 『선의 세계』, 737쪽에서 재인용.

5 Martin Heidegger, *Holzwege*, 83쪽(고형곤, 『선의 세계』, 90쪽에서 재인용).

> 내가 현전사물을 보는 것이 아니라, 현전사물이 나를 본다는 이 말은 어떠한 뜻일까? 여기 지금 현전하는 이 산에 대하여 우리는 그것이 어떠한 생성시대, 어떠한 지층과 지질로 되어 있으며, 어떠한 위치, 어떠한 높이를 가진 것이며, 때로는 아취 있는 경치로서 때로는 경제적 가치를 가진 것으로 안다. 이 알음알이는 인간이 주관적인 지각에 의하여 표상해 보는 것이다. 그러나 그러기 위해서는 인간 주관에 의한 표상 이전에 우리의 지각이 그것에 준하지 않으면 안 되는 현전 존재자가 있어야 되지 않겠는가? 그것은 나의 표상 이전, 판단 이전에 이미 있었던 것으로서, 우리의 모든 표상의 심연상(心緣相)이 그것에 대한 표상이며, 우리의 모든 판단이 그것에의 일치를 위해 노력하는 것이다.[6]

위의 인용문에서 "인간주관에 의한 표상 이전에 우리의 지각이 그것에 준하지 않으면 안 되는 현전존재자가 있어야 된다"는 말은 무엇을 의미하는가?

우리는 일상적인 삶에서, 혹은 후설의 용어를 빌려 말하자면 생활세계(Lebenswelt)에서 이미 갖고 있는 존재자들에 대한 선술어적(先述語的) 이해에 입각하여 존재자들과 관계한다. 선술어적 이해란 인간과 자연에 대한 이론적인 판단 이전의 이해를 가리킨다. 이론적인 판단 이전의 이해가 선술어적인 이해라고 불리는 것은, 이론적인 판단은 항상 '주어에 대해서 술어를 덧붙이는' 식으로 나타나기 때문이다. 그러나 'A는 B다'는 식의 분명한 판단으로 나타나지는 않더라도 존재자들을 이해하는 다른 방식이 존재할 수 있다.

---

6 고형곤, 『선의 세계』, 90쪽.

예를 들어 현대과학이 꽃의 성분을 화학적으로 분석하고 꽃을 화학 성분으로 환원시키려고 하더라도 과학자들 간에는 자신들이 분석하는 대상이 꽃이며 망치가 아니라는 사실에 대한 합의가 먼저 존재해야 할 것이다. 이 경우 자신들이 분석하는 것이 꽃이라는 사실에 대한 이해는 과학을 통해 비로소 주어지는 것이 아니라 일상적인 삶에서의 꽃에 대한 친숙한 경험에 입각해 있다.

꽃이 무엇인지에 대한 친숙한 경험이 없다면 과학자들은 자신들이 꽃에 대해 실험하고 있는지조차 모를 것이다. 더 나아가 꽃이라는 통일적인 개체는 자연과학자들이 그것을 환원시키는 조건들로부터 재구성될 수 없다. 꽃이라는 통일적인 개체는 우리의 일상적이고 친숙한 경험에서 자신을 환히 드러내는 것이며 과학적인 분석을 통해 자신을 드러내는 것이 아니다.

우리는 일상생활에서 어떤 대상을 과학적으로 파악하기 이전에, 꽃을 꽃으로서 산을 산으로서, 그리고 강을 강으로서 경험하고 있으며 이미 그것들이 무엇인지 이해하고 있다.

물론 일상적인 삶에서도 우리는 항상 욕심을 채우려는 관점에서 존재자들과 관계하기 때문에, 일상적인 삶에서도, 즉 술어적인 판단 이전의 선술어적인 차원에서도 존재자들은 왜곡되어 나타난다. 특히 현대기술문명에서는 존재자들을 계산 가능한 에너지원으로 간주하는 기술적인 존재이해가 사람들의 일상적인 삶에도 침투하여, 현대인들은 인간을 인간으로서가 아니라 인력 자원으로, 산을 산으로서가 아니라 광물 자원으로, 폭포를 폭포로서가 아니라 수력 자원으로 간주한다.

술어적 판단이나 과학적 탐구의 토대가 되는 선술어적인 개시의 차원이 왜곡되어 있기에, 우리의 술어적인 판단이나 과학적인 탐구도 존재자들의 진리를 은폐하고 왜곡하는 것이 된다. 따라서 술어적인 판단이나 과학적인 탐구가 존재자들의 진리에 상응하기 위해서는 우선 선술어적인 차원에서 존재자들의 진리가 드러나 있어야 한다.

그런데 존재자들의 진리는 일상적인 생활세계의 차원에서도 이미 우리 자신의 욕심에 의해 왜곡된 방식으로 나타난다. 따라서 우리가 선술어적인 차원에서 존재자들의 진리를 경험하기 위해서는 단순히 일상적인 생활세계에서 존재자들이 어떻게 경험되고 이해되고 있는지에 주목하는 것만으로는 부족하다. 존재자들의 진리는 일상적인 생활세계의 차원에서 이루어지는 존재자들에 대한 경험과 이해를 정화(淨化)함으로써만 드러날 수 있다.

존재자들에 대한 일상적인 생활세계의 경험과 이해를 정화한다는 것은 우리의 일상적인 생활세계에 침투하고 있는 욕심에서 벗어나 무욕의 맑은 마음으로 되돌아가는 것을 의미한다. 무욕의 맑은 마음에서 존재자들은 선술어적인 차원에서 자신들의 진리를 환히 드러낸다. 하이데거와 마찬가지로 청송은 존재자들의 진리가 선술어적인 차원에서 자신을 환히 드러내는 사건은 무욕의 마음에서 비롯된 시(詩)에서 일어난다고 말한다.

(3) 성스러운 자연으로서의 존재와 근본기분 그리고 시

시는 존재자에 대해 설명하는 것이 아니다. 청송은 존재자에 대해 설명한다는 것은 존재자를 그것의 외부로부터 관찰하며 파악하는 것을 의미하며, 그것은 시가 아닌 산문에 해당한다고 말한다. 설명이 선술어적인 차원에서 이미 드러나 있는 존재자들에 대해 그것들을 개념적으로 파악하려는 것인 반면에, 시는 우리가 망각하고 있는 존재자들의 진리를 선술어적인 차원에서 비로소 개시하는 것이다. 시가 존재자들의 진리를 선술어적인 차원에서 개시할 수 있는 것은, 그것이 인간이 설정한 협소한 주관적인 관점에 의해 그동안 은폐되고 망각되어 있었던 존재의 관점으로 진입하기 때문이다. 청송은 이러한 존재의 관점은 인간이 임의로 설정하는 것이 아니라 인간이 무욕의 맑은 마음으로 되돌아감으로써 인간에게 선물로서 증여되는 것이라는 하이데거의 말을 인용한다.

> 존재는 결코 존재하는 물건은 아니다. 사물의 존재와 본질은 결코 계산되는 것이 아니며 기존의 사물들로부터 연역해서 얻어질 물건도 아닌 고로 그것은 자유로이 창조되며 설정되는 선물로서 증여되지 않으면 아니 된다. 이러한 자유로운 증여가 창건이다.[7]

여기서 하이데거는 존재자와 존재를 구별한다. 존재자들은 기존의 존재자들로부터 연역될 수 있다. 그러나 존재는 존재자가 아니기 때문에 존재자에서 찾을 수 없고 우리에게 자신을 선물로 증여한다. 하이데거는 존재가 자신을 선물로서 증여하는 사건이 바로 시라고 본다. 존재 자체가 시에서 자신을 증여하고, 시는 존재 자체에 응답함으로써, 그동안 은폐되고 망각되었던 존재의 빛은 존재자들을 비추며 존재자들의 진리가 자신을 드러내게 한다.

청송은 하이데거라면 산문과 시를 근본기분의 입장에서 구별할 것이라고 말한다.

> 시는 존재의 소리를 청종하는 경이라는 기분이고 산문은 어디까지나 그것을 객관화하여 관찰하고 분석함으로써 지배하려는 입장이다.[8]

하이데거는 경이라는 근본기분에서는 '존재자가 존재한다는 사실(daß das Seiende ist)'을 우리가 경이롭게 경험하게 된다고 말한다. 청송은 'daß

---

7 Martin Heidegger, *Hölderlin und das Wesen der Dichtung*, 38쪽(고형곤, 『선의 세계』, 735쪽에서 재인용. 번역을 약간 바꾸었음).

8 고형곤, 『선의 세계』, 736쪽.

das Seiende ist'라는 말을 "삼라만상이 훤하니 현전하고 있다"고 번역하며 그것을 불가사의 중의 불가사의한 일이라고 말한다.[9] 우리는 보통 '존재자가 존재한다'는 것이 너무나 자명한 사실이라 그것에서 어떤 경이를 느끼는 것은 불가능하다고 생각한다. 그러나 경이라는 근본기분에는 그렇게 가장 자명한 사실이 가장 불가사의한 것으로 드러난다.

그리스인들은 '존재자가 존재한다'는 사실에 경이를 느끼면서 존재자 '전체'를, 즉 자연을 경이로운 퓌지스로서 경험했다. 청송은 그리스인들이 경험한 퓌지스를 "하늘과 땅, 죽음의 운명을 지닌 인간과 영원의 아름다움인 신들이 서로 만나는 곳, 이것이 그리스인들의 담담한 마음에 비친 자연이다"고 말한다.

자연으로서의 존재는 최대의 전체이기에, 이러한 전체를 자신의 눈앞에 대상화시켜서 보고자 하는 인식 주체조차 포괄한다. 따라서 그것은 우리에게 하나의 대상으로 파악될 수는 없다. 존재는 인간이 대상화하여 파악하는 것이 아니라 자신을 개시하는 것으로만 인간에게 드러나며, 하이데거는 존재가 경이(Erstaunen)와 같은 현존재의 근본기분에서 자신을 개시하는 것으로 본다.

현존재의 근저에서 일어나는 근본기분이라는 사건을 통하여 현존재는 존재 자체에 열려 있으며, 이를 통해 자신을 포함한 모든 존재자에게 열려 있다. 청송은 우리에게 자연을 설명문으로 표상하려는 생각을 버리고 경이라는 근본기분에 호응함으로써 자연의 개현에 참여해야 한다고 말한다.[10]

그런데 경이라는 근본기분에서 드러나는 자연은 특별히 신기한 것이 아니다. 그것은 우리가 그 안에서 태어나서 죽어 가는 삶의 터전인 바로

9 고형곤, 『선의 세계』, 85쪽 참조.

10 고형곤, 『선의 세계』, 737쪽 참조.

그 단순하고 소박한 자연이다. 경이라는 근본기분에서 드러나는 자연은 우리가 그 안에서 살고 죽는 자연이지만, 이러한 자연은 우리가 우리 자신 앞에 세우고 이리저리 관찰하는 대상으로서의 자연이 아니라 그 자체의 조용한 고귀함과 아름다움으로 우리 자신을 매료시키면서 그것 앞에 세우는 것이다.

> 모든 본질적인 것은 부르는 듯 하소연하는 정적의 순수한 황홀이라는 의미에서의 매력적인 것 속에 그 유래를 가졌건만 이 세상 사람들은 이것을 모르고 있다.[11]

하이데거는 경이라는 근본기분에서 성스럽게 경험된 자연 안에서만 신과 신들이 나타날 수 있다고 말한다.

> 신과 신들이 나타날 수 있는 터전으로서의 신성의 활동 공간인 성스러운 것(자연)이 현현하려면, 거기에는 미리 앞서서 또 오랜 준비를 거쳐서 존재가 그 자신을 비추고 존재가 제 자신의 진리로서 경험되어지지 않으면 안 된다. 오직 그렇게 함으로써만 인간의 고향상실이 회복되기 시작하는 것이다.[12]

하이데거는 현대기술문명의 위기의 근원을 존재망각에서 찾고 있거니와 존재망각이란 성스러운 자연의 망각이다. 현대기술문명은 자연에서 성스러운 차원을 망각하고 있기에 현대인들은 자연을 인간의 욕망을 충족

---

11 Martin Heidegger, *Unterwegs zur Sprache*, 141쪽(고형곤, 『선의 세계』, 722쪽에서 재인용).

12 Martin Heidegger, *Platonslehre von der Wahrheit*, 86쪽(고형곤, 『선의 세계』, 744쪽에서 재인용).

하는 수단으로 여기게 되었다. 하이데거는 성스러운 것으로 경험된 자연만이 인간이 본래 거주해야 할 고향이라고 말하며, 자연의 성스러운 차원을 망각한 현대를 고향상실의 시대라고 말한다. 하이데거는 현대기술문명이 자연의 성스러움을 망각한 세계의 밤이 그대로 계속될 것인지 아니면 자연을 성스러운 것으로 경험하는 성스러운 아침의 여명이 틀 것인지의 갈림길에 서 있다고 말한다.

> 신과 신들이 영영 나타나지 않고 세계의 밤(Weltnacht)이 그대로 계속될 것인가, 어떤가? 또는 성스러운 아침(der Tag des Heiligen)의 여명이 틀 것인가, 어떤가? 성스러운 것이 열리면 신과 신들이 또다시 출현하기 시작할 것인가 어떤가의 결정이 있을 양이면, 그것은 오직 이 존재에의 이웃(인근)에서만 이루어진다.[13]

(4) 가장 오래된 것이자 이제 도래하는 것으로서의 성스러운 자연

성스러운 것으로서의 자연은 신이 아니다. 오히려 모든 신들보다도 앞서 있으며 신들이 자신을 개현하는 포괄적인 지평이다. 성스러운 자연은 모든 사물들을 제자리에 있도록 하면서 총괄하는 것(Das Einräumende, das was alle Dinge versammelt)으로서 모든 현전하는 것에 현전할 빛을 증여하는 것이기에, 신들뿐 아니라 모든 시간보다 더 앞선 것이다.

> 왜냐하면 저 모든 시간보다도
> 더 늙고
> 또 서녘과 동녘의 모든 신보다도

13 Martin Heidegger, *Platonslehre von der Wahrheit*, 85쪽(고형곤, 『선의 세계』, 744쪽에서 재인용).

더 높은 것인
자연이, 이제는 간과(干戈)의 소리를 절그럭거리며 눈뜬다.
(횔덜린, "흡사 명절날 …과 같이", 제3절)[14]

자연은 이렇게 모든 시간보다 더 앞서고 신들보다도 앞서는 것이라는 점에서 가장 오래 된 것이다.

> 자연은 시간 자체보다도 더 나이 먹은 것은 아니지만, 사물의 존재양식으로서의 시간들보다 더 나이를 먹었다. 그것은 인간이 계산하는 시간보다도 더 옛것이다. 그러나 그렇다고 해서 그것은 형이상학적 초시간성도 기독교의 영원도 아니다.[15]

자연의 빛이 개시된 '열린 터(das Offene)'에서 시간과 신들을 포함한 모든 것들이 개시되었고 자연은 그러한 모든 것에 앞서기 때문에 가장 연로한 것이다. 하지만, 인간은 이러한 자연을 전혀 의식하지 못한다. 다만 존재망각과 고향상실이 극에 달한 오늘날에야 자연이 도래하며 자신을 개시하기 때문에, 가장 최근의 것이다.[16]

머언동이 튼다!
아—이제는 전전반측(輾轉反側) 기다리던 그 여명,
내가 본 바로 이것—이 성스러운 것이 나의 말이 되어야지!
(횔덜린, "흡사 명절날 …과 같이", 제2절)[17]

---

14 고형곤, 『선의 세계』, 744쪽에서 재인용.
15 고형곤, 『선의 세계』, 767쪽.
16 고형곤, 『선의 세계』, 730쪽.
17 고형곤, 『선의 세계』, 728쪽에서 재인용.

청송은 이 시에서 '먼동이 튼다'는 말을 '앞질러 예감을 하면서 그러나 침묵 속에 잠겨 있던 자연의 도래'라고 해석한다. '이제는 먼동이 튼다'는 시인의 부르짖음은 바로 자연이 인간을 부르는 소리라는 것이다. 시인은 성스러운 자연이 부르는 소리에 응답하며 자연을 성스러운 것으로 현현하게 한다.

인간은 자연이 자연의 빛 속에서 제대로 현현하도록 수호하면서 자연의 혜택 속에서 살아야 한다. 그러나 인간은 존재의 목자라는 직분을 망각하고, 자연을 자신의 사용물로 오인하며 자연을 지배하려고 한다.

> 그렇지만 인간들은 이 신과 같이 황홀하게도 아름다운 자연으로부터 증여된 것을 너무나도 성급하게 움켜잡아서 유익한 것, 소용되는 것으로만 생각해 왔다. 그리하여 이 편재하는 자연을 흡사히 노예와 같이 학대했다.[18]

그럼에도 자연은 자신을 내세우지 않고 인간 삶의 터전으로 존재한다.

> 인간에게 흙과 곡식을 만들어 주었고
> 신의 힘들에게까지 생명을 불어넣건만도,
> 인간은 유용한 물건인양 오인을 하고 노예와 같이 다루고 있는데
> - 그는 늘 하는 대로 내맡긴 채 미소만 짓네."
>
> (횔덜린, "흡사 명절날 …과 같이", 제4절)[19]

18 Martin Heidegger, *Erläuterungen zu Hölderlins Dichtung*, 63쪽 이하(고형곤, 『선의 세계』, 738쪽에서 재인용).

19 고형곤, 『선의 세계』, 731쪽에서 재인용.

(5) 서양 형이상학의 역사와 성스러운 자연에 대한 망각

인간은 성스러운 자연을 터전으로 하여 그 안에서 살고 있지만 사람들은 그러한 자연의 빛, 즉 존재의 빛을 보지 않고, 빛 속에서 나타났다가 사라지는 사물들만을 보기에 눈이 팔린다. 물론 이때의 사물들은 그 자체로서 자신을 나타내 보인 것이 아니라, '나'의 표상에 대하여 있는 것, 즉 관념적 형태로서 보인 것이다. 즉 사람들은 존재의 빛 대신에 인간 이성의 빛, 의식의 빛에 의존한다.[20]

인간은 자신의 협소한 빛에 의존하며 자연을 외부로부터 관찰하고 대상으로 재구성한다. 자연을 외부로부터 관찰하고 관찰한 내용을 몇 가지의 요소로 분석하며 이것들을 가지고 자연을 재구성한 것이 바로 대상(Gegenstand)이다.

> 이것은 현전하는 자연 그 자체가 아니라 인간 의식에 의해서 표상된 의식 내용에 불과하다. 인간 이성은 자연을 실체와 속성 사이의 귀속적 단일성, 또는 원인과 결과 사이의 계기의 필연성, 또는 전제와 귀결 사이의 추리의 필연성 등을 곧장 자연에 소속된 자연 자신의 본질로 오인하게 된다.[21]

청송은 하이데거와 마찬가지로 존재를 관념화하는 최초의 시도를 소크라테스의 정의와 플라톤의 이데아에서 찾는다. 그러나 존재의 관념화는 데카르트의 '나는 생각한다 고로 존재한다(cogito ergo sum)'와 칸트의 코페르니쿠스의 전회에서 명료하게 된다고 본다. 데카르트는 인간에게 명석판명하게 표상되는 것은 실재로서 존재한다고 보며 모든 것을 인간 의식을

---

20 고형곤, 『선의 세계』, 743쪽 참조.

21 고형곤, 『선의 세계』, 738쪽 이하.

중심으로 사유하였다. 칸트는 데카르트가 말하는 개인 주관의 의식 명료성 대신에 초월론적 주관의 논리성에서 표상의 객관적 근거를 찾으며 자연을 감성과 지성에 의해 구성되는 관념적 대상으로 해소해 버렸다.

피히테는 칸트가 말하는 초월론적 주관을 절대화했으며, 헤겔은 이렇게 절대화된 인간 주관을 세계 이성이라는 이름으로 객관화했다. 청송은 헤겔의 이러한 시도를 인간 이성이 자신의 권한을 극한에 이르기까지 극대화한 것이라고 평한다. 청송은 데카르트부터 헤겔에 이르는 근대철학을 비판하며, 의식이 존재의 근거가 아니라 존재가 의식의 근거라고 말한다.

청송은 이와 같은 근대의 관념론적 체계 안에서 과학기술이 탄생했다고 말한다. 흔히 자연과학은 직관을 통하여 관찰된 사실들을 토대로 자연 그 자체에 속하는 법칙을 발견하는 것처럼 오해하지만, 자연과학의 법칙은 자연 속에서 발견되는 것이 아니다. 오히려 자연과학에서 자연은 표상화와 대상화의 과정을 거쳐 인간의 의식내용으로 전환된 것이다.[22]

자연은 인간의 관념적 형태보다 훨씬 풍부한 것이다. 따라서 있는 그대로의 자연은 인간에 의해 설계된 목적을 위한 수단으로는 봉사할 수 없다. 자연이 인간의 목적 실현을 위한 수단이 되기 위해서 자연은 마땅히 인간 이성의 본질인 논리와 동일한 구조를 가져야 한다. 자연을 수학적으로 계산 가능한 것으로 만들 경우에만, 미래의 사건을 앞서 산출할 수 있고 과거에 지나가 버린 사실들을 뒤따라 추산할 수 있다.[23] 즉 자연과학은 세계를 주관에 비친 상으로 만든다. 이런 의미에서 하이데거는 근대를 세계상의 시대라고 부른다. 지식은 단순한 관조가 아니라 소유로서의 기능을 갖게 되었다. 듀이의 실용주의는 이러한 사실에 대한 솔직한 표명이다.[24]

---

22 고형곤, 『선의 세계』, 762쪽 참조.

23 고형곤, 『선의 세계』, 763쪽 참조.

24 고형곤, 『선의 세계』, 746쪽 참조.

그러나 근대자연과학이 아무리 객관성을 주장해도, 그것이 파악하는 자연은 자연이 자신을 개시하는 한 방식에 지나지 않는다. 과학은 자연 자체의 개현에 의거하며, 자연은 과학에 의해 온전히 파악되지는 않는다. 이런 의미에서 자연은 과학에 의해서 파악될 수 없는 것이면서도 과학이 회피할 수 없는 것(das Unzugängliche und Unumgängliche)이다. 자연은 주관의 형식을 통해 종합해야 하는 소재가 아니라, 직관을 통해한 '나'를 그 속에 용해해 버리는 주객 일여의 세계다. 청송은 이렇게 말한다.

> 주체도 객체도 없기 때문에 존재도 없고 사유도 없고 오직 존재사물을 훤히 밝히는 존재의 진리로서의 비은폐성의 현전이 있을 따름이다. 본질적 사유와 존재의 현전성이 서로서로 상호 섭입하여 어디까지가 사유이고 어디까지가 존재라고 구분, 대립시킬 수가 없다.[25]

주객 일여의 세계를 경험하기 위해서 우리는 자연을 인간 주관 '안'으로 끌어넣는 것이 아니라 '나'를 비움으로써 자연 속으로 들어서야 한다. 자연이 자신을 개시하며 우리에게 도래하게 하기 위해, 우리는 자연을 '나'를 중심으로 보지 않고 자신을 공허화하여 자연에 내맡겨야 한다. 청송은 이에 관해 우리가 손님을 받아들이기 위해 거실을 텅 비워 놓고 손님을 영접하기 위해 밖으로 나가는 것과 매한가지라고 말한다. 이렇게 우리 자신을 버릴 때 자연은 있는 그대로 자신을 드러낸다.

자연을 있는 그대로 보는 직관을 청송은 즉물주의의 직관이라고 부른다. 즉물주의의 직관은 관념론에서처럼 소재를 애써 종합하려는 지적인 긴장에 입각한 직관이 아니라, 존재자가 그 자체로 존재하도록 자신을 비

25 고형곤, 『선의 세계』, 116쪽.

우는 직관이다.[26]

> 존재자의 개현성 속에서의 방신명(放身命, Gelassenheit)은 그 속에서의 자기상실을 의미하는 것이 아니라, 존재자가 그 무엇이며 어떻게 있는가를 존재자가 스스로 밝히도록 하기 위하여 그 존재자에게 자리를 비켜 주는 것이다.[27]

3. 나가면서

청송은 하이데거와 횔덜린이 불러낸 성스러운 자연이 이미 노자와 불교에서 깊이 있게 경험된 것이라 말한다.

청송은 『도덕경』에 나오는 천지불인(天地不仁)이라는 말을 '자연은 그 무엇을 후하게 하고 박하게 하지 않지 않으며 만물의 자연을 바로 그대로 청허(聽許)하는 고로 자연은 인을 베풀지 않는 대인(大仁)'이라고 해석한다. 청송은 『도덕경』에서 말하는 자연이, 존재자들을 차별하지 않고 모든 존재자를 그 자체로 현현하게 하는 하이데거의 자연과 동일하다고 본다.[28]

아울러 청송은 하이데거가 말하는 자연은 선불교가 설파하는 세계인 주객 대립 이전에 이미 현전하는 본지풍광(本地風光)이라고 말한다. 인간의 관점에서 존재자들을 차별하는 대상 의식을 떠나 무념의 경지에 들어서면, 우리가 이미 발을 딛고 있는 자연이 바로 청정법신(淸淨法身)의 세계라는 것이다.[29]

---

26 고형곤, 『선의 세계』, 747쪽 참조.

27 Martin Heidegger, *Vom Wesen der Wahrheit*, 15쪽(고형곤, 『선의 세계』, 92쪽에서 재인용).

28 고형곤, 『선의 세계』, 730쪽 참조.

29 고형곤, 『선의 세계』, 771쪽 참조.

청송은 선불교를 중심으로 한 동양사상과 하이데거 사상이 갖는 근친성에 누구보다 먼저 주목했다. 그는 하이데거 사상과 동양사상의 대화를 매개함으로써, 현대인들이 망각한 성스러운 자연의 모습을 보다 분명하게 드러내려 했다. 하이데거와 마찬가지로 청송은 우리가 성스러운 자연에 대한 회상 속에서 삶을 영위할 경우에만 현대기술문명의 위기를 극복할 수 있다고 보았다.

고향상실의 극복과 하이데거의 존재물음

「형이상학이란 무엇인가?」를 중심으로*

1. 들어가면서: 향수로서의 철학과 현대의 상황

하이데거는 그의 전집 29권과 30권에 해당하는 『형이상학의 근본개념들(Die Grundbegriffe der Metaphysik)』에서 노발리스의 말을 빌려 철학이 무엇인지 규정한다.

> 철학은 본래 향수다. 그것은 모든 곳에서 [고향에서처럼] 안주하려는 충동이다.[1]

철학은 모든 곳을 고향의 집처럼 느끼고 그 안에 안주하려는 충동이라는 의미에서 본래 향수다. 달리 말해서 철학은 전체와의 합일을 지향한다. 우리는 이 전체를 세계라고도 말할 수 있기에, 철학은 세계를 고향으로 느끼고 그것과 합일하려는 근본충동이라고 할 수 있다.

---

* 「현대에 있어서 고향상실의 극복과 하이데거의 존재물음: 하이데거의 교수취임강연 "형이상학이란 무엇인가?"를 중심으로」(『현대유럽철학연구』 1집, 1995)를 수정·보완하였음.

1 하이데거 전집 29/30권 *Die Grundbegriffe der Metaphysik. Welt - Endlichkeit - Einsamkeit*, Vittorio Klostermann, 1983, 7쪽.

언뜻 보기에 세계에는 무수한 개체와 무질서한 생성과 소멸 그리고 변화만이 존재하는 것처럼 보이지만, 질서와 조화가 존재한다. 세계가 갖는 질서와 조화에 대해서 경이로워하면서 소크라테스 이전의 탈레스나 아낙시만드로스, 파르메니데스 그리고 헤라클레이토스는 만물의 근원에 대해 물었다. 만물의 근원은 개체들이 무상하게 생성 변화하는 세계의 근저에서 그러한 생성 변화를 가능케 하며 동시에 모든 것의 통일과 조화를 가능하게 하는 것이다. 따라서 만물의 근원을 찾는 것에는 모든 것이 무의미하게 생성과 변화 그리고 소멸을 거듭하고 있는 것처럼 보이는 세계를 질서와 조화의 공간으로 이해하며 이러한 세계에 안주하고 싶어하는 충동이 작용하고 있다.

인간의 모든 사고와 행위의 근저에는 세계와의 합일에 도달하려는 형이상학적인 충동이 작용한다. 인간은 세계 전체를 문제 삼는 존재로서의 형이상학적 동물이다.[2] 바로 이러한 이유로 동물들과 달리 인간은 죽음을 문제로서 의식할 수 있는 존재자이다. 인간은 죽음과 함께 삶이 허망하게 끝난다는 사실을 알고 있다. 이와 함께 인간은 자신의 삶을 탄생 이전의 무와 죽음 이후의 무라는 심연에 둘러싸여 있는 불안하기 그지없는 것으

---

2 여기에서 형이상학이란 말은 두 가지 의미로 쓰이고 있다. 그것은 존재자 전체를 문제 삼는 사유 일반을 가리키는 용어로 쓰이는 한편, 전통 형이상학을 가리키는 용어로 쓰이고 있다. 그것이 전자의 의미로 사용될 경우는 그것은 전통 형이상학뿐 아니라 하이데거의 철학까지 포함한다. 하이데거는 존재자 전체를 문제 삼되 그것을 존재자와 존재의 차이로부터 문제 삼는 반면에, 전통철학은 존재와 존재자의 차이에 주목하지 않고 존재를 존재자와 같은 것으로 사유한다. 이 점에서 양자는 근본적으로 구별되지만, 하이데거의 철학에서도 존재자 전체가 문제되고 있다. 따라서 우리는 넓은 의미에서는 하이데거의 철학 역시 형이상학이라고 할 수 있다. 초기 하이데거는 자신의 사유까지도 형이상학이라고 불렀으며, 후기에 와서야 전통 형이상학만을 형이상학이라고 불렀다.
형이상학이란 용어가 후자의 좁은 의미로 사용될 경우 보통 '전통 형이상학'이란 용어를 사용할 것이지만, '형이상학'이라는 용어가 전통 형이상학을 가리키는 경우도 있을 것이다. 그럼에도 '형이상학'이란 용어가 전자의 넓은 의미로 사용되었는지 후자의 좁은 의미로 사용되었는지는 독자들이 문맥에 따라서 충분히 파악할 수 있을 것이다.

로 느낀다.

불안 속에서 우리는 자신도 모르게 '어떻게 하면 죽음조차도 의연하게 받아들일 수 있을 정도로 공고한 삶의 의미를 가질 수 있는가?'라고 묻게 된다. 이러한 물음은 일차적으로 자신의 존재에 대한 물음으로 제기되지만, 궁극적으로는 세계 전체에 대한 물음으로 나아가게 된다. 우리는 세계 내의 한 존재자로서 다른 모든 것과 함께 사멸할 수밖에 없기 때문이다. 따라서 우리는 세계 내의 존재자들을 넘어 세계의 질서와 통일을 가능하게 하는 근원을 묻고 그것과 하나가 됨으로써 삶에 공고한 지반과 의미를 부여하려 한다.

세계 전체에 대한 사유는 개체들의 생성과 소멸을 감각에 의한 가상으로 간주하고 그것의 실재성을 부정하며, 오직 영원불변의 일자로서의 존재만이 진정으로 존재한다고 보는 파르메니데스적인 형태로 나타날 수 있다. 또한 그것은 개체들의 생성과 소멸을 만물의 근저에 존재하는 창조적인 우주적 생명력의 발현으로 보며, 이러한 근원과의 합일을 통해 생성과 소멸을 승화된 형태로 이해하려 하는 헤라클레이토스적인 형태로 나타날 수도 있다. 어떠한 형태로 나타나든 거기에는 세계 전체에 대한 이해를 통해 세계를 인간이 안주할 수 있는 공간으로 이해하려는 시도, 즉 전체를 고향으로 이해하려는 시도가 행해진다.

전통 형이상학에서 신이라는 영원한 존재자가 끊임없이 문제가 되었던 것도, 인간이 자신을 포함한 세계 내의 모든 존재자가 겪는 생성 변화에서 초월한 채 세계를 주재하는 절대자에게 의지함으로써 자신의 궁극적인 안전을 확보하고 싶어했기 때문이다. 이른바 과학기술시대라고 불리는 오늘날에도 세계 전체를 인간이 안심하고 살 수 있는 장소로 만들려는 형이상학적인 충동이 작용한다. 현대인은 과학기술에 의해 세계를 지배하는 방식으로 세계를 인간이 안주할 수 있는 곳으로 만들고자 하는 것이다.

현대기술문명은 인간을 포함한 세계를 '계산 가능하고 예측 가능한 에너지들의 연관 체계'로 보는 세계이해에 입각해 있다. 그런데 모든 존재자가 계산 가능하고 예측 가능한 에너지로 간주되는 세계는 인간이 '안주할 수 있는 고향'이 될 수 있는가? 현대기술문명에서 인류는 자신을 세계의 주체라고 자부하지만, 구체적인 개인들은 사회적인 기능 연관 체계 내에서 할당된 역할을 정확하게 수행해야 하는 기능 인자에 지나지 않지 않은가? 그러한 노동의 대가로 욕구 충족을 위한 소비 물품을 제공받으며 인간은 노동하고 소비하는 동물로 전락해 있는 것은 아닌가? 현대기술문명이 상정하는 자연과 인간의 엄격한 분리는 가능한가? 자연에 대한 기술적 지배는 인간 상호 간의 기술적 조직화를 필연적으로 요구하는 것은 아닌가?

하이데거는 이 시대를 고향상실(Heimatlosigkeit)의 시대라고 규정하며,[3] 자신의 존재물음은 상실된 고향의 회복이라는 목표를 겨냥한다고 한다. 하이데거의 존재물음이 무엇을 의도하는지, 그가 말하는 존재는 무엇인지 극히 애매하다는 지적이 종종 있었다. 「형이상학이란 무엇인가?」라는 강연에서 하이데거는 불안이라는 기분을 분석하면서 그의 존재물음을 매우 명료하게 개진한다. 따라서 이번 장에서는 「형이상학이란 무엇인가?」라는 강연의 불안에 대한 분석을 실마리로 하여 그의 존재물음을 명료하게 해명하려 시도한다.

---

3 하이데거 전집 9권 *Wegmarken*, 341쪽 참조.

2. 강연 「형이상학이란 무엇인가?」에 대한 분석

1) 형이상학의 본질에 대한 물음으로서의 강연 「형이상학이란 무엇인가?」

「형이상학이란 무엇인가?(Was ist Metaphysik?)」라는 강연에서 하이데거는 형이상학의 본질을 묻는다. 그러나 이렇게 형이상학의 본질을 물을 때, 그는 전통 형이상학처럼 세계 전체에 대한 이론적인 고찰을 하려고 하는 것은 아니다. 그가 여기서 염두에 두고 있는 형이상학이란 '현존재의 근본사건(das Grundgeschehen des Daseins)'으로서의 형이상학이다.

그것은 세계 전체를 대상화하여 이론적으로 고찰하는 전통 형이상학과는 전적으로 다르다. 그것은 오히려 전통 형이상학마저도 가능케 하면서도 이것에 의해서 망각된 근본사건을 가리킨다. 이런 의미에서 하이데거는 현존재의 근본사건을 전통 형이상학이 뿌리박고 있는 지반에 해당한다고 말한다.[4] 현존재의 근본사건으로서 형이상학이란, 우리가 일상적으로 마주치는 존재자 전체를 초월함으로써 존재자들을 새롭게 이해하고 그것들과 새롭게 합일하게 되는 초월의 사건이다.

후기 하이데거에서 분명하게 되는 것이지만, 하이데거는 현대기술문명에서 일어난 고향상실의 기원을 전통 형이상학의 역사에서 찾는다. 현대기술문명이 전통 형이상학의 역사에서 비롯된 것인 한, 현대기술문명의 극복은 그 어떤 형태의 전통 형이상학이든 그것에로 귀환하거나 그것을 약간 수정하여 연장하는 방식으로는 일어날 수 없다. 전통 형이상학 역시 세계를 인간이 안주할 수 있는 고향으로 변용하고 싶어하는 충동에서 비롯된 것이지만, 그것은 오히려 고향으로서의 세계를 은폐한다.

---

4 하이데거 전집 9권 *Wegmarken*, 365쪽 참조.

하이데거는 초월의 사건을 묻는 것과 함께 그것을 전통 형이상학의 근원으로 드러내며, 전통 형이상학의 한계를 밝히는 방식으로 전통 형이상학을 극복하고 고향을 회복하고자 한다.

2) 존재신론(存在-神-論)으로서의 전통 형이상학

앞서 우리는 인간의 궁극적인 관심이 세계 전체와의 합일을 확보하는 것에 향하고 있다는 사실을 보았다. 전통 형이상학은 존재자 전체를 이론적으로 고찰하여 그 궁극적 근거를 파헤치는 방식으로 인간의 합일에의 관심을 충족하고자 한다.

그런데 전통 형이상학은 어떻게 가능한가? 존재자 전체의 공통된 성질과 근거를 묻기 위해서는 우리가 이미 존재자 전체를 대상화시킬 수 있어야 한다. 그러기 위해 우리는 존재자 전체를 초월해 있어야 하며, 존재자 전체의 밖에 존재해야 한다. 어떤 대상에 대한 물음은 항상 그 대상에 대한 거리를 전제하기 때문이다.

그런데 존재자 전체의 밖에 설 수 있는 존재자란 존재자 전체의 근거가 되는 존재자, 즉 최고 존재자일 수 있을 뿐이다. 따라서 신을 최고 존재자로 보는 고대와 중세의 형이상학은 신의 입장에서 존재자 전체를 파악하려 했다. 이에 반해 근대에서는 인간의 이성을 최고 존재자로 보며 이성의 입장에서 존재자 전체를 파악하려 했다. 이러한 최고 존재자는 다른 존재자 전체를 정초하는 것이기 때문에 그것은 그 자신의 근거일 수밖에 없다. 따라서 고대와 중세의 형이상학에서 신이 자기 자신의 근거인 것처럼, 근대의 이성은 인간 스스로가 자기 자신의 근거가 되었다.

존재자 전체를 이론적으로 파악하려는 전통 형이상학에서 존재자 전체로부터의 초월이란 항상 존재자 전체에 대한 이론적 초월을 의미했다. 따라서 존재자 전체의 초월을 가능케 하는 최고 존재자 역시 항상 존재자 전체를 이성적으로 관조하는 존재자로 드러났다. 고대와 중세에서는 신이 최고의 이성적 존재자로서의 정신으로 간주됐고, 근대에서는 인간이 이성적 존재자로 간주된다. 고대와 중세에서 인간 이성이 존재자 전체를 초월할 수 있는 근거, 다시 말해 인간이 형이상학을 추구할 수 있는 근거는 인간 이성이 신적 이성을 닮았다는 데 있었다. 이에 반해 인간이 최고 존재자로서 승격되는 근대에서는 인간 이성이 존재자 전체를 초월하는 능력을 갖는 것으로 여겨진다.

하이데거가 보기에는 이른바 하버마스나 비트겐슈타인처럼 상호주관성이나 인간의 언어를 궁극적인 의미 부여의 원천으로 보는 사조들 역시 인간을 최고 존재자로 보는 근대 형이상학의 틀에 머무르고 있다.[5] 이런 의미에서 하이데거는 전통 형이상학의 극복을 내세우는 근현대의 모든 철학사조를 존재-신-론이라는 성격을 갖는 전통 형이상학의 연장으로 간주한다.

하이데거 역시 전통 형이상학과 마찬가지로 존재자 전체를 그 자체로서 이해하고자 한다. 존재자 전체를 그 자체로서 이해하기 위해서는 하이데거 역시 존재자 전체를 초월하지 않으면 안 된다. 하지만 하이데거는 존재자 전체를 넘어서 그것들의 공통된 성질이나 그것들의 궁극적 근거인 신이나 인간과 같은 최고의 존재자로 초월하지 않는다. 하이데거는 무(Nichts)로 초월한다. 그는 무에로의 초월에서만 존재자 전체가 그 자체로서 자신을 드러낸다고 본다.

따라서 하이데거는 「형이상학이란 무엇인가?」라는 강연에서 초월의

5 최근의 영미 언어분석철학은 인간이 언어를 통해 세계를 갖는다는 것을 전제한다. 이 점에서 그것은 근대 초월론적 철학과의 모든 차이에도 불구하고 인간을 의미의 근거로 보는 근대 초월론적 철학을 계승하고 있다. 이에 반해 하이데거에서는 '존재의 집'으로서의 언어가 우리 인간을 갖는다. Reinhart Maurer, "Heidegger und die Metaphysik", in: Willi Oelmüller(Hrsg), *Metaphysik heute?*, Paderborn, 1987, 41쪽 참조.

사건을 문제 삼고 있지만, 이러한 초월은 전통 형이상학에서의 초월과는 전적으로 다른 것이다. 하이데거가 문제 삼는 초월은 현존재의 심층에서 일어나는 초월의 사건이다. 존재자 전체를 그 자체로 파악하기 위해서 존재자 전체를 초월하는 것이 형이상학이라면,[6] 하이데거는 우리 현존재의 심층에서 일어나는 형이상학적인 근본사건을 묻고 있는 것이다. 그는 이 강연에서 초월의 사건에서 일어나는 것을 철저히 이해하고 그것이 일어나는 그대로 기술하려는 현상학적인 태도로 일관한다.

초월의 사건에서는 주체로서의 인간이 존재자 전체를 자신 앞에 세우고 고찰하려는 표상 의지가 작용하지 않는다. 오히려 인간 자신을 비롯한 존재자 전체가 초월된다. 하이데거는 전통 형이상학에서도 초월의 사건이 은폐된 형태로 일어나고 있다고 본다. 초월의 사건이 은폐된 형태로나마 일어나고 있기에 전통 형이상학이 존재자 전체를 문제 삼을 수 있는 것이다. 이런 의미에서 하이데거는 초월의 사건을 전통 형이상학을 가능하게 하는 근거라고 보며, 자신의 철학은 전통 형이상학의 근거로 귀환하는 철학이라고 말한다.

3) 초월과 불안

「형이상학이란 무엇인가?」에서는 존재자 전체의 초월이 불안이라는 근본기분에서 일어나는 것으로 기술된다.[7] 불안이라는 근본기분에서는 우리가 일상적 삶 속에서 집착하던 세간적인 가치들, 즉 부나 명예 혹은 전통적인 종교에서의 신 등이 허망한 것으로 드러난다. 그러나 불안 속에서는 그동안 집착했던 가치들뿐 아니라 그것들에 집착했던 우리 자신도 아무래도

6　하이데거 전집 9권 *Wegmarken*, 118쪽 참조.

7　하이데거 전집 9권 *Wegmarken*, 117쪽 참조.

좋은 것이 되어 버린다.

이러한 사태를 하이데거는 '존재자 전체가 미끄러져 달아나 버린다(entgleiten)'는 말로 표현한다. 존재자 전체가 이렇게 미끄러져 달아나 버리며 우리에게는 더 이상 어떠한 의지처도 존재하지 않는다는 사태가 엄습한다. 불안이라는 기분 안에서 우리는 섬뜩한(unheimlich) 기분을 느끼게 되지만, 무엇에 대해서 그리고 왜 섬뜩해하는지 말할 수 없다. 그저 전체에서 왠지 섬뜩한 것이다.

이런 점에서 공포와 불안은 전적으로 다른 것이다. 우리는 특정 존재자를 어떤 이유 때문에 두려워한다. 공포에 대해서는 원인을 분명히 파악함으로써 극복할 방안을 강구할 수 있다. 그런데 불안에서는 파악 가능한 특정 존재자가 아니라 전체가 문제된다. 이러한 불안의 경험에서는 항상 특정 존재자로 인하여 기뻐하고 두려워하는 우리의 일상적인 존재 자체도 아무래도 좋은 것으로 나타난다. 따라서 불안의 근본기분에서 불안해하는 우리란 일상적 존재가 아니라 일상적 삶에 의해 은폐되어 있었던 현존재(Dasein)이다.

불안이라는 근본기분에서는 우리가 일상적으로 만나는 '나'나 '너'가 아니라 인간 내의 현존재(Dasein im Menschen)가 불안해한다. 불안은 존재자 전체를 미끄러져 달아나는 까닭에 우리는 불안 안에서 뚜렷한 의지처 없이 '부유한다(schweben)'. 이러한 부유의 상태 안에는 오직 순수한 현존재만이 남아 있을 뿐이다.

4) 불안과 무

불안이란 기분을 통해 현존재를 세간적인 가치들에 빠져 있던 상태에서 벗어나게 하는 것, 다시 말해 초월하게 하는 것은 무엇인가? 그것은 모든 개념적 규정을 벗어난 그 무엇이다. 우리가 다른 것과 비교하여 개념적으로 규정할 수 있는 것은 항상 존재자다. 그러나 불안 속에서 자신을 고지하는 것은 존재자들에 대한 지금까지의 모든 규정을 무의미한 것으로 드러내며 우리를 침묵에 빠지게 하는 어떤 것이다. 그것은 세간적인 가치들을 중심으로 해석된 존재자 전체를 무의미한 것으로 드러내며, 이것들로부터의 초월을 가능하게 한다.

그것은 자신을 하나의 대상 내지 객체로서 고지하지 않으며 그 어떠한 존재자도 아니라는 점에서 무라고 할 수 있다. 무는 불안을 통해 엄습하여 우리를 실존의 근저에서부터 뒤흔들어 놓으면서, 우리 자신을 비롯한 존재자 전체를 새롭게 드러낸다. 이러한 무는 존재자 전체와 분리되어서 따로 존재하지는 않는다. 무가 따로 존재한다면 그것은 또 하나의 존재자가 될 것이다. 또한 존재자 전체가 불안을 통해 소멸하고 무만이 남는 것도 아니다. 이 경우에도 무는 존재자가 될 뿐이다.

무는 불안 속에서 '[인간의 개념 파악을 거부하고] 미끄러져 달아나면서도 다시 그러한 것으로 우리를 섬뜩하게 하며 몰려오는 존재자 전체와 함께(in eins mit) 그리고 그것에 즉해서' 고지한다. 이러한 불안에는 '…로부터 물러선다(Zurückweichen vor…)'는 현상이 속한다. 이제 인간은 존재자를 주체의 입장에서 표-상하려(vor-stellen) 하지 않는다. 다시 말해 인간은 존재자를 눈앞에 세우고 냉정하게 고찰하고 파악함으로써 그것을 수중에 두려 하지 않는다. 오히려 인간은 존재자 앞에서 삼가 물러나면서 존재자가 스스로를 드러내게 한다.[8]

---

8 앞에서 우리는 공포와 불안을 구별했지만, 공포는 존재자를 있는 그대로 파악하는 데 항상 장애가 된다. 이에 반해 불안이란 기분은 존재자 전체에 대한 공포가 극복되는 기분으로서, 존재자 전체를 있는 그대로 이해하기 위해 거치지 않으면 안 되는 기분이다. 후설에서 현상학적 환원이 사태를 그 자체로서 보기 위한 절차라면, 하이데거에서는 불안이 그러한 역할을 한다고 볼 수 있을 것이다. 후설에서 환원은 사태를 사태 그 자체로서 보겠다는 철학자의 결단을 통해서 행해지지만, 하이데거에서 환원은 우리의 결단 영역을 벗어나 우리의 실존을 근저에서부터 엄습하는 불안이라는 근본기분을 통해 일어난다. 이 점에서 양자 간에

후기 하이데거에서 '…로부터 물러선다'는 말은 '뒷걸음질(Schritt zurück)'이라는 말로 나타난다. '뒷걸음질'에서는 존재자의 작용방식을 냉정하게 파악함으로써 존재자를 확실하게 장악하고 이를 통해 우리의 안전을 확보하려는 표상 의지로부터의 해방이 일어난다. 그러나 표상 의지로부터의 해방은 우리의 임의적인 결단에 의해 일어나는 것이 아니다. 그것은 우리의 존재를 근저에서부터 규정하고 있는 무에 우리 자신을 열고 그것의 압도적인(übermächtig) 힘에 실리는 것에 의해서만 가능하다.

무는 하나의 실체로서 자신을 내세우며 인간의 주의를 자신에게 끌어들이지 않고 오히려 거부한다(abweisen). 후기 하이데거에서 이러한 거부는 존재의 자기 은닉으로 사유된다. 즉 그것은 존재자 전체를 개시하며 자신은 은닉하는 것으로 사유되는 것이다. 이렇게 거부하는 것으로서의 무는 '침몰하는 존재자 전체를 미끄러져 달아나게 하면서 지시하는 것(das entgleitenlassende Verweisen auf das versinkende Seiende im Ganzen)'으로 존재한다. 무는 우리가 접하는 존재자 전체를 [우리의 개념 파악에서] 미끄러져 달아나게 하며 우리를 존재자의 존재 안으로, 다시 말해 존재자의 진리 안으로 지시한다.[9]

하이데거는 '무가 존재자 전체를 미끄러져 빠져나가게 하면서 지시하는 사건'을 '무가 무화한다(Nichts nichtet)' 내지 무화(Nichtung)라고 부른다. 무는 인간 주체가 존재자 전체를 논리적으로 부정함으로써 생기는 것이 아니라 그 자체가 무화하는 것으로서 존재하는 것이다. 전통 형이상학이 생각하는 것처럼 인간의 이성적인 파악이 아니라, 불안이라는 근본기분 안에서 일어나는 무의 무화가 존재자가 그 자체로서 현존재 앞에 자신

는 근본적인 차이가 존재한다. 바로 여기에 하이데거가 후설이 아직 데카르트 이래의 근대 주관주의 철학의 틀 안에서 사유하고 있다고 보는 근거가 있다.

9 하이데거 전집 9권 *Wegmarken*, 114쪽, 각주 a 참조.

을 개시하는 것을 가능케 한다.[10] '존재자 전체를 미끄러져 달아나게 하는 것과 동시에 존재자의 참된 모습을 지시하는 이러한 무의 운동' 속에서 존재자는 무에 대한 단적인 타자(das schlechthin Andere)로서 지금까지 은폐되어 온 자신의 전혀 낯선 존재를 드러낸다. 하이데거는 이렇게 말한다.

> 불안이란 무의 백야에서 존재자 자체의 근원적 개시, 즉 존재자가 있고 무는 아니다는 사태가 일어난다.[11]

불안이라는 무의 백야(die helle Nacht)에서 '존재자가 있고 무가 아니다'라는 존재자 자체의 근원적인 개시가 일어나는 것이다. 여기서 '무가 아니다'는 말은 '존재자가 있다'는 사실에 대한 보족적인 설명이 아니다. 그것은 무가 존재자 전체에 선행하며 그것들의 개시를 가능케 한다는 것을 의미한다. 따라서 무는 존재자를 그 자체로서 존재하게 하는 존재이기도 하다.[12]

무가 무화하는 사건에서 '존재자가 존재한다'는 것은 존재자가 단순히 우리 눈앞에 존재한다는 것을 의미하지 않는다. 그것은 존재자가 자신의 고유하면서도 신비로운 존재를 드러내는 것으로 존재한다는 것을 의미한다. 이런 의미에서 하이데거는 불안이라는 기분에서 우리는 '존재자가 존재한다'는 기적을 경험하게 된다고 말한다.

무의 무화를 통해 '존재자 전체가 미끄러져 달아난다'는 것은 존재자 전체가 소멸된다는 것이 아니라, 오히려 존재자 전체가 인간의 개념 파악을 거부하는 낯선 것으로 자신을 드러낸다는 것을 의미한다. 다시 말해 무의 무화는 단순히 우리에게 친숙했던 것을 앗아가는 것이 아니라 존재자

---

10 하이데거 전집 9권 *Wegmarken*, 115쪽, 각주 e 참조.

11 하이데거 전집 9권 *Wegmarken*, 114쪽.

12 하이데거 전집 9권 *Wegmarken*, 114쪽, 각주 c 참조.

가 '있다'는 것, 즉 우리가 함부로 할 수 없는 '존재자의 자체 내 존립(das unverfügbare Insichruhen)'을 증여한다.

존재자가 자체 내에 존립한다는 것은 존재자가 자신을 드러내지만, 동시에 비밀스러운 방식으로 자신을 은닉한다는 사실을 의미한다. 존재자는 자신을 은닉하는 방식으로 개현하며, 수수께끼 같은 은닉은 존재자의 본질에 속한다. 예를 들어, 우리가 돌을 들 때 묵직하게 느껴지는 돌의 무게에는 "인간으로부터의 모든 침입을 거부하는"[13] 성격이 속해 있다.

존재자는 우리가 단지 '그것이 존재한다'라고 말할 수 있는 정도로 개시되어 있다.[14] 존재자가 이러한 순수한 존재에서 개시될 경우 그것은 한편으로 자신을 은닉하는 것이다. 은닉을 통하여 존재자는 독자적인 존재를 갖게 되고, 존재자에 대한 인간의 지배를 거부하는 자립성과 내적인 존속(die innere Beständigkeit)을 갖게 된다. 이런 의미에서 우리는 다음과 같이 말할 수 있다.

> 무화는 현존재에게서 자명하고 낯익고 처리 가능한 것으로서의 존재자를 앗아가고 그에게 존재자를 '경탄(Staunen)'을 불러일으키는 낯선 존재에서 되돌려준다.[15]

따라서 불안에서 자신을 드러내는 존재자의 낯설음이란 존재자를 그 자체에서, 즉 그에게 고유한 존재에서 존재하게 하라는 요구다.

---

13 하이데거 전집 5권 *Holzwege*, 33쪽.

14 Friedrich Wilhelm von Herrmann, *Heideggers Philosophie der Kunst*, Vittorio Klostermann, 1980, 74쪽 참조.

15 Otto Pöggeler, *Der Denkweg Martin Heideggers*, 94쪽.

5) 무와 퇴락의 필연성

하이데거가 말하는 존재자의 고유한 존재는 전통 형이상학이 말하는 본질과 같은 것을 의미하는 것은 아니다. 전통 형이상학의 본질은 어떤 종이 갖는 불변의 보편적인 특성을 가리킨다. 이에 반해 하이데거가 존재자의 고유한 존재에 대해 말할 때, 그것은 존재자의 생성하고 소멸하는 존재를 가리킨다. 존재자는 그렇게 생성하고 소멸하는 것으로서 우리의 경탄을 불러일으키는 것이다. 하이데거는 '우리의 경탄을 불러일으키는 방식으로 존재자가 생성 소멸하면서 존재하는 것'을 현성한다(anwesen)고 말한다. 현성은 존재자가 자신의 진리를 드러내며 우리에게 말을 건다는 것을 의미한다. 이러한 의미에서 하이데거는 존재자의 존재를 명사적인 의미에서가 아니라 동사적인 의미로 이해한다.

'존재자가 현성하는 것으로서 존재한다'는 것은 사물이든 인간이든 신이든 존재자가 우리에게 다가와 자신의 진리를 열면서 우리를 엄습한다는 것을 의미한다. 그리고 '현성하는 사물을 경험한다'는 것은 우리가 주체로서 그러한 경험을 구성하는 것이 아니라 '우리에게 엄습해 오는 것을 받아들이고 그것에 부응한다(sich fügen)'는 것을 의미한다.[16]

현존재는 본질상 자신과 자신이 아닌 존재자와 관계하고 있는 바, 그는 이미 개현되어 있는 무로부터만 자신을 비롯한 존재자 전체와 관계할 수 있다. 따라서 현존재란 '무 안에 진입해 있음(Hineingehaltenheit in das Nichts)'을 의미한다. 현존재는 항상 무 안에 있으면서 존재자 전체를 넘어서 있다. 이러한 넘어섬을 하이데거는 초월(Transzendenz)이라 부른다. 이러한 초월은 무로 초월하여 무에 머무는 것이 아니다. 그 경우 현존재는

16 하이데거 전집 12권 *Unterwegs zur Sprache*, Vittorio Klostermann, 1985, 149쪽 참조.

허무주의에 빠질 것이다. 현존재의 초월은 무로부터 다시 존재자 전체로 되돌아오는 초월이다. 현존재가 이미 항상 무 안에 있으면서 존재자 전체를 초월하고 있지 않다면, 현존재는 왜곡된 방식으로라도 존재자에 대해 그리고 자기 자신에 대해 관계할 수 없다.

우리는 이미 항상 무 안에 있지만 대개는 무가 자신을 근원적으로 개현하는 것을 막는다. 다시 말해 무의 무화가 일어나는 기분인 불안이 우리 삶의 근저에서 꿈틀거리고 있지만, 우리는 그것이 발현하지 못하게 억누른다. 우리가 불안이라는 기분을 적극적으로 인수하면서 무 안으로 진입할 때에야, 비로소 우리 자신을 비롯한 존재자 전체의 진리 앞에 직면하게 된다. 따라서 무의 근원적인 개시 없이는 어떠한 진정한 자기(Selbst)도 자유도 존재하지 않는다.

대개 우리는 무가 개시되는 불안을 억누르고 있기에 무를 망각하고 눈앞의 존재자들에 빠져 있다. 우리의 일상적 삶에서 존재자들에 마음을 빼앗길수록 우리는 무로부터 멀어지고 일상적인 일들에 몰두하며 자신을 상실한다. 그러나 무로부터의 이러한 이탈은 어떤 한계 내에서는 무가 자신에 주의가 쏠리는 것을 거부하기 때문에, 즉 자신을 은닉하기 때문에 일어난다.

현존재는 무의 무화가 일어나는 기분인 불안을 일상적으로 억누르고 있음에도 불구하고, 불안은 현존재의 근저에서 끊임없이 일어나 우리를 지배한다. 이러한 사실은 불안이라는 기분이 일깨워지기 위해서는 특별한 사건이 필요하지 않다는 것에서 드러난다. 불안은 계기도 없이 어느 날 갑자기 우리를 엄습한다. 이러한 사실은 불안이 얼마나 깊게 우리의 현존재를 규정하고 있는지를 드러낸다.

무가 무화하는 불안이라는 기분을 우리 마음대로 조성할 수 없다는 사실에서 현존재의 유한성이 뚜렷하게 드러난다. 우리는 너무나도 유한하여 고유한 결단과 의지를 통하여 불안에 직면할 수 없다. 불안이라는 근본기분은 우리를 부지불식간에 엄습하고 무는 자신을 개현한다. 이 경우 현존재가 할 수 있는 것은 무에서 도피하지 않고 그것에 자신을 열어 존재자 전체의 고유한 존재에 직면하는 것이다.

불안은 항상 존재하지만 단지 잠자고 있을 뿐이다. 따라서 철학의 과제는 불안이라는 기분이 갖는 의미를 명확히 함으로써, 불안을 일깨우고 그것으로부터 도피하지 않도록 촉구하는 데 있다. 단적으로 말해서 철학의 과제는 '불안을 향한 용기(Mut zur Angst)'를 일깨우는 데 있다.

3. 전통 형이상학의 본질은 무엇인가?

1) 전통 형이상학에서 근거율(논리학)의 지배

전통 형이상학에서 존재에 대한 물음은 궁극적으로 존재자 전체를 근거짓는 최고 존재자에 대한 물음이 된다. 그것은 근거율의 타당성을 전제한다. 근거율은 '존재하는 어느 것도 근거 없이는 존재하지 않는다'는 원리를 의미한다. 이러한 근거율은 근대철학, 특히 라이프니츠에서는 '모든 진리 내지 모든 참된 명제에 대해서는 근거가 제시될 수 있다'는 것을 의미한다. 표상이 인식하는 성격을 가질 경우 그것은 자신이 마주치는 존재자들의 근거를 자신에게 제시해야만 한다.

근거율은 인식의 원칙일 뿐 아니라, 근거가 확실하게 파악된 존재자만이 확실하게 존재하는 것으로 간주된다는 것을 의미한다는 점에서 존재의 최고 원칙이기도 하다. 하이데거는 이러한 근거율에는 모든 것을 가능케 하는 근거를 확실하게 장악함으로써 인간의 공고한 존립을 확보하려는 의지가 작용한다고 본다. 왜냐하면 "근거는 표상하고 사유하는 인간에게 제시되어야만 하는 것이기 때문이다."[17]

근거의 제시에 대한 요구는 “근거가 충분하고 완전히”[18] 제시될 것을 요구한다. 그 경우에만 우리가 대상을 확실하게 장악할 수 있기 때문이다. 형이상학은 인간의 궁극적인 안전을 확보하기 위해 존재자 전체의 근거를 묻는다. 지속적으로 존재하기에 인간의 표상 의지가 언제든 파악할 수 있는 궁극적 근거로부터 형이상학은 존재자를 표상한다. 이를 통해 표상 의지에서 벗어나 있는 낯설음을 존재자에게서 제거하고 존재자를 자신의 수중에 둔다.

따라서 존재-신-론(Onto-theo-logie)으로서의 형이상학에서 존재론은 신학에 근거하지만, 그렇다고 신학이 궁극적인 것은 아니다. 왜냐하면 최고 존재자로서의 신이 형이상학에서 문제가 되는 이유는 존재론에도 신학에도 존재하지 않고, 논리학에 존재하기 때문이다. 근거율이 지배하는 사유는 서로 근거 짓고 근거 지워지는 명제들의 논리적 연관 체계를 통해서 궁극적인 근거, 즉 자기 자신이 스스로 근거가 되는 존재자인 신에게로 나아가게 된다. 신은 이러한 명제들의 논리적인 연관 체계에서 하나의 객체가 됨으로써 인간의 존립 확보를 위한 도구가 된다.

존재가 최고 존재자로서 존재자 전체를 확보하는 수단으로 전락하는 것과 존재자 전체가 인간이 관장할 수 있는 대상으로 전락하는 것은 동일한 과정이다. 존재자의 고유한 존재는 무시되고, 존재자는 인간의 안전 확보라는 관점에서만 관심의 대상이 된다. 이와 함께 존재자는 자체로부터 현성하는 그대로 자신을 드러내지 못하게 된다.

---

17 하이데거 전집 10권 *Der Satz vom Grund*, Vittorio Klostermann, 1971, 47쪽.

18 하이데거 전집 10권 *Der Satz vom Grund*, 64쪽.

2) 무의 무화의 경험과 형이상학의 극복

하이데거의 사유에서도 존재는 어떤 의미에서 존재자 전체의 근거라고 말할 수 있다. 존재는 존재자 전체를 현성케 하는 것이다. 그러나 하이데거에서 근거의 본질은 전통 형이상학과 전혀 다르게 사유된다. 전통 형이상학의 파악에서 근거는 존재자 전체를 장악하기 위해 인간이 의거하는 것이다. 전통 형이상학에서 근거는 근거율에 입각하여 개념적으로 항상 투명하게 파악될 수 있는 것이다. 이에 반해 하이데거에서 존재라는 근거는 근거율에 따라 추적할 수 있는 것이 아니며, "세계의 설명을 위하여 이용할 수 있는"[19] 대상이 아니다. 우리가 임의로 처리할 수 있는(verfügbar) 눈앞에 존재하는 존재자로부터 볼 때, 존재는 어떠한 존재자도 아니기 때문에 무로서 나타난다. 존재는 이렇게 근거율에 입각한 우리의 개념 파악에서 단적으로 빠져 달아난다는 의미에서 심-연(Ab-grund)이다.[20]

근거율에 입각한 파악에 의해서가 아니라면, 심연으로서의 존재는 우리에게 어떻게 개시될 수 있는가? 앞서 우리는 무, 즉 심연으로서의 존재는 불안이라는 근본기분에서 자신을 개현한다는 사실을 보았다. 불안 속에서 우리를 엄습하는 무는 근거율에 입각한 개념 파악의 공격(Angriff)으로부터 빠져 달아난다. 무는 우리를 단적으로 엄습하는 것이다. 이러한 무의 근거는 더 이상 물어질 수 없다. 무의 본질은 심-연적이며 은닉되어 있는 것이다.

불안에서 현존재는 '왜 존재자는 있고 무는 아닌가'라는 물음에 의해 엄습된다. 그러나 하이데거에게 이러한 물음은 존재자 전체를 개시하면서 자신은 은닉하는 무의 무화의 사건 내지 존재가 자신을 개현하는 사건에

---

19 하이데거 전집 51권 *Grundbegriffe*, 20쪽.

20 하이데거 전집 51권 *Grundbegriffe*, 62쪽 이하 참조.

대한 물음이다. 이러한 물음은 존재자 전체를 최고 존재자로 거슬러 올라가 근거 지우라는 요구가 아니다. 그것은 존재자 전체를 드러내며 자신은 은닉하는 존재의 개현에로 진입함으로써 존재자를 보다 참되게 경험하라는 요구다.

전통 형이상학이 그러한 물음을 제기할 경우, 전통 형이상학은 모든 존재자를 근거 짓는 최고 존재자로 거슬러 올라간다. 전통 형이상학은 존재를 그 자체에서 사유하지 않는다. 전통 형이상학은 존재자 전체를 그 자체로서 현출하게 하면서(hervorkommenlassen) 자신은 빠져 나가는(sich entziehen) 존재의 개현이라는 사건에 주목하지 않는다. 그 결과 존재는 전통 형이상학 밖에 머물게(ausbleiben) 될 뿐 아니라, 존재의 '밖에 머묾' 자체가 형이상학적 사유를 통하여 배제되는(ausgelassen) 것이다.

따라서 무의 무화의 경험은 궁극적으로는 전통 형이상학을 규정하는 근거 지우려는 표상 의지로부터 자유롭게 되는 것, 다시 말해 근거율 내지 논리학의 지배로부터 자유롭게 되는 것을 의미한다. 이를 통해 우리는 무엇보다 "누구나 갖고 있고 그것으로 슬그머니 도피해 가는 우상들로부터"[21] 자유롭게 된다. 이와 관련하여 후기 셸링의 다음과 같은 말은 귀 기울일 가치가 있다.

> 여기서는 모든 것을 버리는 것이 필요하다. 사람들이 흔히 말하듯 아내와 자식뿐 아니라 절대적으로 존재하는 자, 즉 신조차도 버리지 않으면 안 되는 것이다. 왜냐하면 신조차 이러한 입장에서는 하나의 존재자이기 때문이다. 따라서 참으로 자유로운 철학의 시원점에 서려는 자는 신조차 버려야 한다. 얻으려는 자는 잃고 포기하는 자는 발견할

21 하이데거 전집 9권 *Wegmarken*, 122쪽.

것이다.[22]

> 참으로 철학하려는 자는 모든 희망과 욕망과 동경에서 벗어나야 한다. 그는 아무것도 원해서는 안 되고, 아무것도 알아서는 안 되며, 자신을 아무것도 전혀 갖지 않은 가난한 자로서 느끼지 않으면 안 된다. 그는 모든 것을 얻기 위해서 모든 것을 버리지 않으면 안 된다.[23]

3) 존재와 사물(Ding)의 경험

최고 존재자로 소급하는 방식으로 존재자를 정초하는 것을 포기하고 무가 무화하는 사건, 다시 말해 존재가 개현되는 사건에 호응할 때, 우리는 어디에 도달하게 되는가? 우리는 가장 가까운 곳, 즉 "우리가 아무것도 꾸미지 않을 때 살고 죽는"[24] 지반에 이른다. 이러한 세계는 현실과 배후 세계에로의, 존재와 존재자에로의, 현상과 '물 자체'로의 어떠한 분리도 갖지 않는 세계이다. 이와 관련하여 하이데거는 이렇게 말한다.

> 사유는 그것이 보다 높이 올라가면서 형이상학을 초월하고 어느 곳에 선가로 지양함으로써가 아니라 가장 가까운 것의 가까이로 되돌아감으로써 형이상학을 극복한다.[25]

---

22 Friedrich Wilhelm Joseph von Schelling, *Über die Natur der Philosophie als Wissenschaft*, S W IX, 217쪽(Walter Schulz, *Der Gott der neuzeitlichen Metaphysik*, Günther Neske, 1974, 55쪽 이하에서 재인용).

23 Friedrich Wilhelm Joseph von Schelling, *Über die Natur der Philosophie als Wissenschaft*, S W IX, 217쪽(Walter Schulz, *Der Gott der neuzeitlichen Metaphysik*, 55쪽 이하에서 재인용).

24 하이데거 전집 8권 *Was heißt Denken?*, 16쪽 이하.

25 하이데거 전집 9권 *Wegmarken*, 352쪽.

우리는 불안 속에서 우리에게 일상적으로 친숙한 존재자로부터 자유롭게 되면서 존재자를 '그 자체로서' 다시 획득하게 된다.

> 따라서 불안으로부터 아늑함(Geborgenheit)이 열리고 무로부터 존재가 열리는 것처럼, 존재자로부터의 분리(Abscheidung), 즉 은퇴함(Abgeschiedenheit: 이는 잘 알려져 있듯이 하이데거에 의하여 높이 평가된 마이스터 에크하르트의 표현이다)을 통해서 존재자에 대한 새롭고 심화된 관계, 다시 말해 새로운 세계 관계가 개현된다. '초월론적인 거리'로부터 '존재론적이고 존재적인 친밀성'이 개현되는 것이다.[26]

이러한 가장 가까운 세계에서 우리는 형이상학과 과학의 밖에 서 있다. 여기서는 피고 있는 장미는 피고 있는 장미일 뿐이며 우리가 추적할 수 있는 근거들의 결과가 아니다.

> 장미는 왜(warum)라는 이유 없이 존재한다.
> 그것은 피기 때문에(weil) 필 뿐이다.
> 장미는 그 자신에 관심이 없고
> 사람들이 자신을 보는지도 묻지 않는다.[27]

장미는 근거들을 갖다 대는 것을 필요로 하지 않는다. 근거들을 갖다 대는 것은 장미에 대해서는(von der Rose) 타당하나 장미에게는(für die Rose) 타당하지 않다. 즉 근거를 갖다 대는 것은 우리가 표상하는 대상으로서의

---

26 막스 뮐러, 『실존철학과 형이상학의 위기』, 박찬국 옮김, 서광사, 1988, 66쪽 이하(번역을 바꿨음).

27 하이데거 전집 10권 *Grundbegriffe*, 68쪽.

장미에 대해서는 타당하지만, 자체 내에 존립하는 것으로서의 장미에게는 타당하지 않다. 위의 시구에서 피어남의 때문(weil)은 "피어남이 아니면서 다른 곳에서 그것을 정초해야만 하는 다른 어떤 것을 가리키지 않는다. 위의 시구에서 '때문에'는 피어남 자체를 가리키며 피어남은 자신의 근거를 자체 안에 갖는다."[28]

'때문에'는 실로 근거를 말하는 것이지만, 이러한 근거는 장미 자체의 피어남이다. '때문에'에서 우리는 사태를 그 자신에 맡긴다. 장미는 그것의 충만함 안에서 이미 현성하며 자신의 진리를 명증적(明證的)으로 드러낸다. 따라서 존재자는 그것의 진리가 드러나기 위해서 그것을 개념 파악하려는 주체의 어떠한 노력도 필요로 하지 않는다. 다시 말해 근거와 원인에 입각하여 존재자의 현성을 정초하려는 주체의 모든 시도는 불필요하다.[29]

존재가 개현할 때, 장미는 우리가 일상적으로 경험하는 장미와는 전혀 낯설게 자신을 드러낸다. 이러한 낯설음은 존재자를 근거율에 따라 근거 지으려는 표상 의지의 대상으로서 존재자가 갖는 낯설음과는 전혀 다른 것이다. 표상 의지에게 대상으로서 존재자가 갖는 낯설음은 그것을 위협하는 낯선 것으로 나타난다. 따라서 그것은 어떻게든 제거되어져야 할 것으로 간주된다. 이를 위해 근거 지으려는 표상 의지는 인간이 언제든 의거할 수 있는 지속적으로 현성하는 근거를 끌어들인다. 이에 반해 사물이 근원적으로 현성할 때 갖는 낯설음은 아름다움과 신비로움으로서 나타난다. 이 경우 사물의 낯설음은 우리를 위협하지 않고 매료한다.

이와 관련하여 우리는 존재자를 근거 짓는 의지를 근저에서 규정하는 기분은 세계와 존재자에 대한 공포라고 할 수 있다. 다시 말해 근거 지음

---

28 하이데거 전집 10권 *Grundbegriffe*, 10쪽.

29 이런 의미에서 하이데거의 사유는 신비주의에 근접하게 된다. 신비주의는 "진리가 인간에 의해 장악되지 않고 스스로를 열게 하기 위해 인간과 의지의 해체로 이끄는" 것이다. Otto Pöggeler, *Neue Wege mit Heidegger*, Alber, 1992, 403쪽.

에의 의지에게 존재자는 하나의 저항물로 나타나는 것이다. 주체는 그 저항을 꺾고 존재자를 통제할 수 있는 대상으로 만들지 않으면 안 된다. 이러한 대상화를 통해 저항물이 갖는 낯설음은 제거된다.

이에 반해 존재의 개현에서 우리는 각각의 존재자를 다른 것과 비교할 수 없는 '소박하면서도 희귀한 풍요로움'을 갖는 것으로 경험한다. 이런 맥락에서 하이데거는 존재를 망각한 채 인간의 기본적인 욕구를 충족시키는 것을 넘어서 새로운 욕구를 자극하는 물건들을 끊임없이 만들어 내는 기술시대를 궁핍한 시대라고 부른다. 새로운 물건들을 아무리 합해도 단순 소박한 사물이 갖는 풍요로운 존재를 대신할 수는 없기 때문이다.

현대인은 단순 소박한 사물을 망각하고 정교한 인공적인 물건들을 끊임없이 생산함으로써 존재에 대한 인간의 근원적인 향수를 충족시키려 한다. 따라서 기술시대에 행해지는 인공적인 물건들의 생산에는 사실 존재를 향한 향수가 근저에서 작용한다. 다만 기술시대는 향수가 왜곡된 형태로 나타나고 있을 뿐이다. 존재에 대한 근원적인 향수는 현대인에게 기술적으로 정교한 물건들을 끊임없이 산출하도록 몰아 대는 동력으로, 즉 존재자 전체에 대한 지배 의지로 나타난다.

4. 고향상실의 극복과 하이데거의 존재물음

「형이상학이란 무엇인가?」에서 하이데거는 실로 형이상학의 본질을 묻는다. 그러나 그는 전통적 의미에서의 형이상학을 추구하지 않고 현존재의 근본사건인 형이상학적인 사건, 즉 초월의 본질을 묻는다. 전통 형이상학이 존재자 전체의 궁극적 근거를 이론적으로 파악하는 방식으로 존재자 전체를 초월하여 묻는 반면에, 현존재의 근본사건인 초월의 사건에서는 불안이라는 근본기분으로부터 존재자 전체가 초월된다.

초월의 사건은 현존재가 그동안 집착했던 세간적인 가치들을 허망한 것으로 만들며 현존재를 집착에서 벗어나도록 한다. 이러한 사건을 하이데거는 무가 무화하는 사건이라고 부른다. 무가 무화하는 사건에서 존재자 전체는 근원적인 충만과 진리를 드러내고 더 이상의 근거지움을 필요로 하지 않다. 따라서 현존재의 과제는 무가 무화하는 사건에 응하면서 존재자의 충만한 진리에 자신을 열고 존재자를 그 자체로서 존재하게 하는 것이다. 여기서 무는 최고의 존재자를 비롯한 어떠한 존재자도 아니며 존재 자체다.

형이상학의 참된 본질이 존재자 전체를 드러내는 것이라면, 무가 무화하는 초월의 사건은 존재자 전체의 진리가 개시되는 사건이다. 이에, 초월의 사건이야말로 형이상학의 본질이다. 그러나 형이상학의 역사에서는 형이상학의 비본질(Unwesen)이 갈수록 전면에 들어서며 형이상학의 본질이 갈수록 은폐됐다.

전통 형이상학은 존재자 전체를 자신 앞에 세워 두고 표상하며, 언제든지 이론적으로 파악 가능한 궁극적 근거로서의 최고 존재자로부터 그것들을 파악하려 했다. 전통 형이상학은 존재자 전체를 초월하지만 존재가 아니라 최고 존재자를 향해 초월했다. 전통 형이상학은 최고 존재자로부터 보다 낮은 존재자들을 근거 짓는 방식으로 그것들을 인간의 통제 아래 둠으로써 인간의 궁극적 안전을 확보하려 했다.

형이상학의 비본질은 모든 존재자가 인간이 사용할 수 있는 에너지원으로 나타나는 과학기술시대의 현대에서 정점에 달했다. 전통 형이상학이 존재자 전체를 관념적으로 구성된 최고 존재자로 환원함으로써 이해하고자 했던 것과 마찬가지로, 근대과학(자연과학이든 정신과학이든)도 존재자를 관념적으로 구성된 존재자의 근본구조와 역사에 대한 해석들로부터 이해하려 한다.

이런 의미에서 하이데거는 근대과학의 성격이 '경험적인' 데 있는 게 아니라 '합리적인(rational)' 데 있다고 말한다. 전통 형이상학이든 근대과학이든 존재자들을 인간의 통제 아래 두기 위해 관념적인 배후 세계(ideale Hinterwelt)를 건설했다. 신중심주의(Theozentrik)로서의 전통 형이상학과 인간중심주의로서의 근대과학 사이에는—근대과학이 신중심주의의 파괴로서 나타났음에도—본질적인 연속성이 존재한다.[30]

> 존재자가 신에 의해서 창조된 것일 경우에, 다시 말해 존재자가 신에 의해 미리 합리적으로 사유된 것일 경우에는, 인간의 이성이 주도적인 것이 되고 심지어 자신을 절대적인 것으로서 정립하는 것이 된다. 그리고 창조자에 대한 피조물의 관계가 해소되자마자 존재자의 존재는 수학적인 순수한 사유 안에서 사유될 수 있게 되지 않으면 안 된다. 이렇게 계산 가능할 뿐 아니라 실제로 계산되는 존재는 존재자를 수학에 입각한 근대기술을 통하여 지배 가능한 것으로 만든다. 그리고 이러한 기술은 이제까지의 우리에게 알려진 그 어떠한 도구 사용과는 본질적으로 다른 것이다.[31]

기술시대에서 인간을 비롯한 존재자 전체는 과학기술에 의해 "조작 가능한 원인들과 근본구조들, 즉 하나의 관념적인 배후 세계"로 환원되고 만다.[32] 존재자 전체가 자체적인 고유한 존재와 무게를 갖지 못하게 되는 것이다.

고향으로서의 세계는 인간을 포함한 모든 존재자가 자신들의 고유한

---

30 Reinhart Maurer, "Heidegger und die Metaphysik", in: Willi Oelmüller(Hrsg), *Metaphysik heute?*, 44쪽 참조.

31 하이데거 전집 40권 *Einführung in die Metaphysik*, 202쪽.

32 Reinhart Maurer, "Heidegger und die Metaphysik", in: Willi Oelmüller(Hrsg), *Metaphysik heute?*, 45쪽.

존재와 무게를 드러내는 세계다. 하이데거는 이러한 세계에서만 우리 인간이 참된 평안을 누릴 수 있다고 본다. 고향으로서의 세계에서 존재자는 그것 이면의 관념적인 배후 세계에로 환원되지 않는다. 이러한 세계에서 존재는 인간에 의해 합리적으로 파악되거나 구성되는 것이 아니라 '그 자체로부터 자신을 개현하는 것(Von-sich-aus-Aufgehen)'으로서, 즉 퓌지스로서 경험된다. 이렇게 존재가 퓌지스로서 열릴 때, 그것은 존재자로부터 분리되어 있는 것이 아니라 존재자로서 존재한다. 이 경우 존재자도 자신의 존재와 진리를 '스스로 개현하는 것(das Aufgehende)'으로서, 즉 퓌지스로서 존재한다.

고향으로서의 세계는 현대에서는 불안이라는 기분을 통해 자신을 은닉된 형태로 드러낸다. 오늘날 우리가 직면하고 있는 과제는 존재가 이렇게 자신을 고지하는 근본기분에서 도피하지 않고 그것을 인수하는 것이다. 이를 통해 우리는 세계와 존재자 전체를 본래적인 모습으로 존재하게 하는 새로운 인간으로 탄생하게 된다.

오늘날 인간은 자연에 대한 기술적 지배를 통해 자신의 삶을 안전한 것으로 만들려 한다. 그러나 자연에 대한 기술적 지배의 과정이란 자연뿐 아니라 인간의 삶이 황폐화되는 과정이다. 하이데거가 보기에는 자본주의에서든 사회주의에서든 인간이 궁극적인 안전과 완성을 자연에 대한 지배와 노동 생산물의 공정한 분배에서만 찾는 한 피할 수 없는 귀결이다. 따라서 하이데거에서 현대기술문명의 극복이란 근대의 기술적 존재관을 극복할 경우에만 가능하다. 이는 바로 인간이 망각된 존재자 전체의 소박하면서도(einfach) 충만한 존재를 경험함으로써 인간이 존재자 전체 내에서 고향을 느끼고 자신의 소박한 삶에서 충만을 느끼는 것을 말한다.

고향상실과 인간소외

하이데거와 마르크스의 대화*

1. 하이데거와 마르크스의 대화는 가능한가?

어떤 두 사상가를 비교하거나 양자 간에 대화를 매개하려고 할 경우에 최소한 양자 사이에는 비교나 대화를 가능케 하는 공통점이 있어야 한다. 그러나 하이데거와 마르크스는 아무런 공통점도 없이 가장 철저하게 대립하는 사상가들로 보인다. 따라서 양자 간에는 어떠한 비교도 대화도 가능하지 않을 것 같다.

이를 입증하듯 하이데거에 대한 마르크스주의자들의 평가는 단호하기 그지없다. 구태여 누구라고 할 것도 없이 마르크스주의자들이 보기에 초기 하이데거는 인간의 사회성과 아울러 사회구조가 인간의 삶에 대해 갖는 영향력을 간과하고 인간의 내면으로 도피한 개인주의적인 사상가다. 후기 하이데거는 인간의 주체성과 자유 그리고 책임을 무시하고 존재의 소리에 대한 청종을 주창하면서 인간을 이른바 존재의 운명에 내맡기려는

---

* 「인간소외의 극복에 대한 하이데거와 마르크스 사상의 비교 고찰」(『철학연구』 36집, 1995년 봄호)을 수정·보완하였음.

숙명주의적이고 신비주의적인 사상가다.[1] 이러한 평가에서 마르크스는 인류 해방을 추구했던 진보 사상가인 반면에, 하이데거는 인류 해방을 저해하는 보수 반동적인 사상가일 뿐이다. 따라서 하이데거에 대해서는 단죄만이 있을 뿐, 대화라든가 생산적인 비교는 애초부터 불가능하게 된다.

이에 반해 하이데거는 자신과 마르크스 사이에 대화가 가능하다고 생각했다. 하이데거는 「휴머니즘에 대한 편지(Brief über den Humanismus)」에서 이렇게 말한다.

> 고향상실은 일종의 세계적인 운명이 된다. 따라서 이러한 역운을 존재사적으로(seinsgeschichtlich) 사유하는 것이 필요하다. 마르크스가 헤겔의 영향 아래 하나의 본질적이고 중요한 의미에서 인간의 소외로서 인식했던 것은 근대인의 고향상실에 뿌리를 내리고 있다. 이러한 고향상실은 실로 존재의 역운으로부터 형이상학의 형태로 초래되면서 형이상학을 통해 강화되는 것과 동시에 그것에 의해서 은폐된다. 마르크스는 소외를 경험함으로써 역사의 하나의 본질적인 차원으로 진입하기 때문에, 마르크스적인 역사관은 다른 역사학적 탐구(Historie)보다 우월하다. 그런 한 후설도 그리고 내가 지금까지 본 한에서는 사르트르도 역사적인 것의 본질을 존재로부터 인식하지 못하기 때문에, 현상학도 실존주의도 마르크스주의와의 생산적인 대화가 가능한 저 차원에 진입하지 못한다.[2]

여기서 하이데거는 마르크스의 역사관이 현대사회가 인간의 자기소

---

1 Georg Lukács, *Die Zerstörung der Vernunft*, Werke Bd. II, Luchterhand, 1962, 452쪽 이하 참조.

2 하이데거 전집 9권 *Wegmarken*, 340쪽.

외를 초래하고 있다는 사실을 통찰한다는 점에서 역사적 사실들에 대한 실증적·객관적 접근을 주창하는 여타의 역사학적 탐구보다 우월하다고 본다. 아울러 하이데거는 마르크스와의 생산적인 대화를 위해서는 역사의 본질을 존재의 관점에서, 즉 존재론적으로 고찰해야 한다고 말한다. 이러한 과제를 수행하기에 후설의 현상학이나 사르트르의 실존주의는 무력하다고 본다.

다시 말해 하이데거는 마르크스와 대화를 가능하게 할 뿐 아니라 필연적으로 만드는 동일한 문제의식이 존재한다고 본다. 두 철학자는 모두 근대사회가 초래하는 인간소외를 극복하려 한다. 그들은 다른 존재자들뿐 아니라 인간마저도 물화하는 맹목적인 확대 재생산 과정인 근대의 생산 과정에서 인간의 주체성과 자유 그리고 인간다움이 상실되고 있다고 본다. 그들은 이러한 현상의 원인을 진단하며 해결책을 제시하려 한다.

다만 마르크스는 역사를 인류가 노동을 통해 창조적 능력을 전개하고 성숙시키는 과정으로 보는 인간 중심주의를 표방하는 데 반해, 하이데거는 역사의 본질을 '존재'에서 찾아야 한다고 본다. 이와 함께 하이데거는 인간소외 현상에 대해 마르크스와는 전혀 다른 입장에서 접근할 것을 시사한다.

2. 인간소외의 원인과 극복에 대한 하이데거의 사상

1) 현대의 상황에 대한 하이데거의 진단

하이데거에게 현대는 니힐리즘과 고향상실의 시대다. 니힐리즘의 시대란 니힐(nihil), 즉 공허한 무가 지배하는 시대라는 말이다. 고향상실의 시대란 '우리가 아무런 두려움과 긴장 없이 편히 쉴 수 있는 곳으로서의 고향'이 사라진 시대라는 말이다. 따라서 현대란 공허감과 함께 고향상실로 인한 두려움과 긴장이 지배하는 시대다. 현대에 대한 이러한 규정에 대해 혹자는 다음과 같이 이의를 제기할 수도 있을 것이다.

어떤 의미에서 현대에 공허한 무와 고향상실이 지배한다는 것인가? 현대에는 공허한 무가 아니라 오히려 풍요가 지배하고 있지 않는가? 현대에서만큼 인류가 물질적 안정과 풍요를 구가한 적이 있었는가? 그리고 인류 역사상 인간의 기본권과 사회적인 정의가 현대에서만큼 실현된 적이 있었던가? 현대를 니힐리즘과 고향상실의 시대라고 규정하는 것은 현대가 이룩한 성과를 거부하고 과거를 근거 없이 이상화하며 과거로 회귀하려는 무책임한 시도는 아닌가? 현대를 무와 고향상실이 지배하는 것으로 보는 것은 현대에 적응하지 못한 무능력자의 병적인 감상주의에서 비롯된 것은 아닌가? 환경문제를 비롯하여 현대사회에 여러 폐단이 있는 것은 사실이지만, 그것은 현대의 부정이 아니라 현대의 완성에 의해 충분히 시정될 수 있는 것은 아닌가?

하이데거는 현대가 이룩한 성과를 부정하지 않는다. 그러나 하이데거는 성과를 이룩하는 과정에서 인간에게 본질적인 그 무엇이 망각되어 왔다는 사실에 주목한다. 그리고 본질적인 것이 망각됨으로써 현대는 성과를 상쇄하고도 남는 결함을 갖는다고 본다.

하이데거의 입장에서는 현대에 대한 다음과 같은 이의제기가 가능하다. 과연 현대는 풍요와 안락의 시대인가? 현대의 물질적 성과가 이루어지기 위해 그리고 성과가 유지되기 위해, 현대는 외면상의 성과 이면에 항상 병적이고 비인간적인 현상을 필요로 했고 지금도 여전히 필요로 하고 있는 것은 아닌가?

자본주의가 본격적으로 궤도에 오르기 위해 필요했던 자본의 원시적 축적 과정, 자본주의의 병폐를 극복한다는 명분 아래 출현했던 사회주의 체제에서 스탈린이 육백만에서 이천만에 달하는 농민을 살해하며 추진했던 사회주의의 원시적 자본축적 과정에서[3] 보이는 살벌함, 식민지 쟁탈을 위한 제국주의 국가들의 전쟁과 식민지들에 대한 무자비한 수탈, 그리고 사회주의권이 무너진 지금 경제 전쟁이라고 불릴 정도로 갈수록 격렬해지는 국가들의 경제적인 경쟁, 이러한 경쟁에서 살아남기 위해 각국이 국가 구성원들의 경쟁을 강화하는 체제로 돌입하는 현상들은 현대의 물질적 성과가 가능하기 위해 불가결한 조건들은 아닌가? 이러한 인간 삶의 황폐화 이외에, 하이데거가 1930년대 이래 지속적으로 경고해 왔지만 최근에서야 문제로서 일반적으로 자각되는 자연 생태계의 황폐화 역시 현대의 물질적 풍요에 필연적으로 수반되는 현상은 아닌가?

이런 맥락에서 하이데거에게 현대란 전쟁과 평화의 본질적 차이가 사라진 시대다. 전쟁이라는 것이 인간과 자연의 파괴와 황폐화를 초래하는 것이라면, 그것은 이른바 평화기에 진행되는 인간과 자연의 파괴와 황폐화의 연장일 뿐이다.[4] 따라서 하이데거에 따르면, 현대는 그것이 이룩한 물질적 풍요와 사회적 정의에도 불구하고 인간의 삶과 자연의 황폐화가 심화하는 시대다.

단적으로 말해 하이데거에게 현대란 풍요의 시대가 아니라 궁핍한 시대다. 하이데거에 따르면, 현대를 규정하는 본질적인 궁핍은 이 시대가 끊임없이 새로운 물질적 재화를 생산해 내고 다양한 오락거리를 만들어 내게 하는 동력이다. 이 시대를 규정하는 본질적인 궁핍을 하이데거는 존재망각(Seinsvergessenheit)이라고 부른다.

현대기술문명에서 인간은 산의 본질이 무엇인지, 물의 본질이 무엇인지, 인간의 본질이 무엇인지 더 이상 알려 하지 않는다. 존재자의 소박하

---

3 원시적 자본축적 과정이란 중세 봉건제하의 농민들이 토지를 상실하고 노동력을 팔아서 생계를 유지하는 노동자들로 변화되는 과정과 이러한 노동력을 고용하여 이윤을 창출하는 자본이 형성되는 과정을 가리킨다.

4 하이데거 전집 7권 *Vorträge und Aufsätze*, 88쪽 참조.

면서도(einfach) 충만한 존재는 망각되고 만다. 현대에서 존재자 전체는 공허한 무로 떨어지고 존재자 전체와의 근원적 친교가 상실됨으로써 존재자 전체의 의미 상실, 달리 말해 니힐리즘과 고향상실이 시대의 모든 영역을 근저에서 관통한다. 하이데거에 의하면, 이는 자본주의 사회에서뿐 아니라 지금은 붕괴해 버린 사회주의 사회에서도 보이는 현상이다.

현대인들은 자신을 비롯한 존재자들 각각의 단순 소박한 충만한 존재를 망각한 데서 오는 삶의 공허함을 인간의 기본적인 욕구를 넘어 새로운 욕구를 끊임없이 자극하는 물건들을 만들고 향유함으로써 극복하려 한다. 존재자 전체와의 근원적 친교를 상실한 데서 비롯되는 불안한 상황은 자신의 안전을 보장하는 도구들을(대표적인 예는 무기가 될 것이다) 끊임없이 만들고 확보함으로써 극복하려 한다.

그러나 존재를 향한 인간의 근원적인 향수는 인공적인 대용 만족물들을 통해 결코 충족될 수 없다. 또한 존재자 전체와의 근원적 친교를 상실한 데서 비롯되는 불안한 상황은 어떠한 안전 장치 확보에 의해서도 극복될 수 없다. 오히려 그러한 대용 만족과 안전 확보를 위한 무한한 생산 과정에서 인간은 물화되고 본질적인 자유를 상실하게 된다.

하이데거는 현대를 근저에서 지배하는 것은 절대적인 안전과 향락을 확보하기 위해 존재자 전체를 지배하려 하는 힘에의 의지라고 부른다. 힘에의 의지는 보다 통상적인 말로 탐욕이라고 할 수 있다. 그런데 인간은 힘에의 의지의 주체인가? 인간이 이러한 의지의 주체라면 인간은 의지가 지배하는 상태에서 임의로 벗어날 수 있을 것이다. 그러나 인간은 이러한 의지의 지배에서 임의로 벗어날 수 없다. 오히려 이러한 의지가 인간을 통해 숙명적인 힘으로서 자신을 관철하고 있다.

인간을 비롯한 존재자 전체를 기술적인 지배대상으로 삼는 의지 역시 사실은 존재자 전체에서 궁극적인 충만과 안정을 확보하려 한다. 다시 말해 이러한 의지가 '그것의 본질에서' 추구하는 것은 존재의 충만이다. 그러나 이러한 의지는 존재자 전체에 대한 기술적 지배에 의해 존재의 충만을 경험할 수 있다고 착각한다. 존재의 충만이 기술적으로 지배 가능한 대상들의 최대 총합이라고 생각하는 것이다. 따라서 그러한 의지로부터의 해방은 그 의지가 궁극적으로 추구하는 존재의 충만을 경험하는 것에 의해서만 가능하다.

2) 하이데거에서 니힐리즘과 고향상실의 극복

하이데거는 존재자 전체를 물화하는 의지는, 인간 삶의 궁극적 지반이자 모든 충만과 안정의 근원인 존재를 망각한 데서 비롯된다고 본다. 따라서 의지로부터의 해방은 궁극적 지반으로의 귀환을 통해서만 가능하다. 그러나 인간은 궁극적 지반으로 어떻게 귀환할 수 있는가?

궁극적 지반은 임의로 확보할 수 있는 대상이 결코 아니다. 궁극적 지반으로 되돌아가기 위해서는 모든 존재자를 기술적으로 지배해야 할 대상으로 보는 기술적 존재이해로부터 철저히 벗어나야 한다. 그러나 이러한 존재이해로부터 벗어나는 것 역시 힘에의 의지에 의해 지배받는 상태에서 벗어나는 것과 마찬가지로 임의로 할 수 있는 것이 아니다. 존재이해의 지배에서 벗어나기 위해서는 기술적 처리대상이 될 수 없는 존재 자체가 이미 자신을 드러내야만 한다. 하이데거는 현대에서 이러한 존재의 자기 개현이 이미 시작되었다고 본다. 이는 현대인들이 자신의 시대를 니힐리즘과 고향상실의 시대로서 자각하기 시작했다는 것을 의미한다.

이러한 자각은 어떻게 해서 가능하게 되었는가? 존재자 전체를 기술적으로 처리 가능한 부품으로 보는 기술적 존재이해에 의해 사로잡혀 있다면, 현대인은 자신의 시대를 니힐리즘과 고향상실의 시대로 통찰할 수 없다. 그에게는 과학에 의해 인식되고 기술에 의해 처리될 수 있는 존재자만이 유일하게 존재한다. 그리고 그에게는 과학기술의 발달을 통해 언젠가 해결할 수 있는 '문제'만이 존재할 뿐, 원래의 소박하면서도 충만한 존재가 망각되고 있다는 '본질적인 위기(Not)'는 존재하지 않는다.

기술적 존재이해의 지배에서 어느 정도라도 벗어난 자만이 기술의 본질을 익명의 물화 체계의 지배로 통찰할 수 있다. 그러나 기술적 존재이해에서 우리는 어떻게 벗어날 수 있는가? 과학적이거나 기술적인 경험과는 전혀 다른 의미 상실(Sinnlosigkeit)의 경험에 의해서만 가능하다. 의미 상실의 경험이란 존재자들에 대한 기술적 지배의 확대에도 불구하고 사실은 모든 것이 의미가 없다는 것, 도처에서 공허가 입을 벌리고 있다는 것을 경험하는 것이다. 이러한 경험은 현실을 객관적으로 고찰함으로써가 아니라 이 시대의 근본기분인 경악을 통해서 일어난다.

경악이라는 근본기분은 존재자들이 기술적으로 처리될 수 있는 대상으로 간주됨으로써, 존재자들의 고유한 존재가 존재자에게서 빠져나가 버렸다는 사실 앞에서 느끼는 기분이다. 경악하면서 우리는 삶에서 가장 중요한 것을 상실했다는 것을 깨닫는다. 그동안 우리 삶의 의지처로 삼았던 기술적인 물품들이 무의미한 것으로 드러나고, 존재자들을 기술적으로 처리하기 위해 했던 행위들도 무의미한 것으로 드러난다. 경악 속에서는 우리에게 그동안 유의미한 것으로 간주되었던 모든 것이 무의미한 것으로 드러나는 것이다.

하이데거에서 어떤 사태를 '이해한다'는 것은 객관적인 정보를 얻는 것을 의미하지는 않는다. 현대가 니힐과 공허가 지배하는 시대라는 사실을 '이해한다'는 것은 현대에 대한 정보를 얻는 것이 아니다. 경악이란 기분 속에서 우리가 그동안 집착했던 모든 것이 허망한 것이라는 사실을 온몸으로 경험하는 것이다. 이러한 경험은 우리가 과학적으로 객관화하고 실험을 통해서 언제라도 확보할 수 있는 것이 아니다. 우리가 전혀 예기치 않은 순간에 문득 우리를 사로잡고(ergreifen) 우리의 실존을 근저에서 뒤흔들어 놓으며 이 시대의 진상 앞에 우리를 직면하게 하는 것이다.

그런데 경악이란 기분을 통해 인간을 기술적 세계로부터 벗어나게 하는 것, 다시 말해 기술적 세계를 초월하게 하는 것은 무엇인가? 경악이라는 근본기분 안에서 자신을 고지하며 사태의 진상을 보게 하는 것은 우리가 보고 듣고 만질 수 있고 서로 간의 비교를 통해서 개념적으로 파악할 수 있는 존재자가 아니다. 경악 속에서 자신을 고지하는 것은 그것에 의해서 우리가 엄습될 때 존재자에 대한 지금까지의 모든 규정이 의미를 잃어버리고 우리를 침묵에 빠지게 하는 어떤 것이다. 그것은 과학적으로 확정될 수 있고 기술적으로 통제 가능한 존재자가 아니라는 점에서 무(Nichts)라고 할 수 있다.

그러나 이러한 무는 아무것도 아닌 공허한 무(nihil negativum)가 아니다. 오히려 존재자를 객관적으로 파악하려는 인간의 주체적인 표상 의지를 꺾고 존재자 전체를 새롭게 드러내는 강력한(übermächtig) 존재다. 무란 존재자로부터 보인 존재, 즉 인간에 의해 개념적으로 파악 가능하고 기술적으로 통제 가능한 존재자가 아니다. 그것은 파악하고 통제하려 하는 인간의 과학기술적 공격에서 빠져나가며 자신을 은닉하는 면이 특히 강조된 존재다.

과학기술의 강력한 지배에도 불구하고, 하이데거가 현대의 근본기분으로서 경악이라고 부른 의미 상실의 경험에서 '인간이 임의로 처리할 수 없는 것(das Unverfügbare)'으로서의 존재라는 근원적인 힘(die Grundmacht des Seins)이 자신을 고지해 온다. 과학적으로 파악되고 기술적으로 처리될 수 있는 존재자들에 대해 이렇게 전적으로 다른 것(das Andere)이 자신을 고지하지 않았다면, 우리는 이 시대를 니힐리즘과 고향상실의 시대로 통찰할 수 없었을 것이다.

따라서 니힐리즘 내지 의미 상실의 경험과 그에 따른 고향상실의 경험에 대해 우리는 현대의 상황을 대상화하여 이론적으로 분석함으로써 갖게 될 수 없다. 오히려 경악이란 기분을 통해 현대의 상황이 진정한 본질을 드러낸다. 이러한 개시를 바탕으로 할 경우에만 시대에 대한 철학적 분석도 가능하다. 철학적 언표를 비롯한 모든 술어적 진리는 근본기분에서 인간에게 드러나는 세계의 선술어적 개시(先述語的 開示)에 근거하는 것이다.

하이데거는 존재망각의 경험을 자신의 철학의 근본경험이라고 부른다. 존재망각은 니힐리즘과 고향상실의 본질에 해당한다. 우리 시대를 니힐리즘과 고향상실의 시대로 경험하는 근본기분인 경악은 이러한 존재망각의 경험과 같다.

존재망각을 경험하는 것은 이 시대에서는 존재의 의미가 사물이 한갓 '기술적으로 통제 가능한 것으로 눈앞에 존재한다(das verfügbare Vorhandensein)'는 것으로 간주됨으로써, 근원적인 존재 자체가 존재자를 떠났다는 사실을 경험한다는 것을 의미한다. 다른 한편으로는 이미 존재망각으로부터의 각성을 의미한다. "존재(Seyn)가 존재자에 속해 있다는 사실이 드러나기 시작할 때 그리고 이와 함께 존재자를 둘러싼 영위(營爲)가 의문스럽게 될 때에야"[5] 비로소 존재자에게서 존재가 떠나 버렸다는 사실이 위기로서 경험될 수 있기 때문이다.

경악이라는 근본기분에서 존재망각을 경험하는 것은 존재 자체의 경험을 위한 출발점이다. 존재가 존재자를 떠났다는 사실이 경험되며 존재는 처음으로 통찰된다. 이 경우 존재는 인간 주체의 정복 시도를 거부하는 것(Verweigerung)으로서, 다시 말해 주체의 공격을 항상 벗어나며 자신을 은닉하는 비밀(Geheimnis)로서 경험된다.

이러한 비밀을 경험한다는 것 역시 비밀이 존재한다는 사실에 대한 정보를 얻는다는 것을 의미하지 않는다. 그것은 비밀에 대한 경외(Scheu)라는 근본기분에 사로잡히는 것을 의미한다. 이는 존재자에게서 존재가

---

5 하이데거 전집 45권 *Grundfragen der Philosophie*, 207쪽.

떠나 버리고 공허 밖에 남지 않았다는 사실 앞에서 느끼는 경악이라는 기분이, 우리를 상황의 본질에 직면케 하는 '은닉된 존재로서의 무'에 대한 경외라는 기분으로 이행하는 것을 의미한다.

경외라는 기분에서 은닉된 존재로서의 무에 우리 자신을 열 때, 우리는 시대의 공허한 표면을 돌파하며 자신을 드러내는 존재자 전체의 소박하면서도 충만한 존재를 경험하게 된다. 이 시대는 경악이라는 근본기분이 경외라는 근본기분으로 반전(反轉)하며, 존재자 전체가 그동안 은폐되었던 충만한 존재를 개시할 가능성을 안고 있는 것이다.

따라서 하이데거의 존재물음이란 이 시대에 무로서 자신을 고지하며 존재자 전체를 새롭게 드러내는 그 어떤 강력한 것을 사유하는 것을 의미한다. 이러한 사유란 그 강력한 것을 대상으로 간주하고 작용법칙을 파악함으로써 우리의 제어하에 두려는 것이 아니다. 그러한 사유는 강력한 것에서 도피하지 않고, 그것에 우리 자신을 열어 그 강력한 힘을 통해 우리 자신을 철저히 변화시키는 것을 의미한다. 또한 변화된 자신의 진정한 모습으로 '존재자 전체를 고유한 존재에서 존재하게 하라'는 존재의 소리에 참되게 응하려는 것이다.

하이데거는 인간을 근저에서 변화시키며 인간 자신을 포함한 존재자 전체의 진리에 직면케 하는 것을 존재라 부른다. 존재자를 존재자로서 존재케 하는 것이 전통적으로 존재라고 불려왔기 때문이다. 하이데거는 전통 형이상학이 말하는 존재를 이 시대에 개시되는 새로운 가능성을 통해 더욱 근원적으로 사유하고자 한다.

하이데거에게 현대의 극복이란 현대인이 새로운 인간으로 탄생하는 것과 아울러 세계가 자신을 새롭게 드러나게 하는 것을 의미한다. 그러나 하이데거에서 인간이 자신을 변화시킨다는 것은 이른바 이성적 주체로서의 인간이 임의적인 결단을 내려 할 수 있는 것은 아니다. 유한하고 역사적인 존재로서의 인간이 각 시대마다 그 시대의 근본기분을 통해 자신을 새롭게 고지해 오는 존재의 압도적인 힘에 실리는 것에 의해 가능하다.

하이데거에서 인간이란 철저하게 역사적 상황 내의 인간이다. 그리고 하이데거에서 철학이란 각 시대의 근본기분에서 그때마다 다르게 주어지는 존재자 전체에 대한 경험을 개념적으로 명확히 해석하는 것이다. 이를 통해 철학은 그 시대의 인간들에게 삶의 방향을 명확히 제시한다. 이렇게 존재자 전체가 문제되는 경험이 하이데거가 말하는 근본경험(Grunderfahrung)이다.

물론 존재자 전체에 대한 경험은 존재자 하나하나를 일일이 경험한다는 불가능한 것을 의미하지 않는다. 그것은 존재자 전체가 각 시대마다 각각 달리 열리는 방식을 경험한다는 것이다. 고대 그리스 철학은 경이라는 근본기분 안에서 찬연한 모습으로 자신을 드러내는 존재자 전체인 퓌지스를 해석한 것이다. 아낙시만드로스, 파르메니데스, 헤라클레이토스를 비롯한 소크라테스 이전의 철학자들부터 아리스토텔레스에 이르기까지의 고대철학은 순연(純然)한 자연의 모습으로서 퓌지스의 경험에 입각해 있다.

퓌지스란 존재자 전체가 빛을 발하며 고유한 본질을 인간에게 열어 보이고, 조화를 이루는 상태를 말한다. 하이데거에 따르면 이러한 퓌지스는 경이라는 근본기분에서 열린다. 경이란 시골의 밤하늘 아래에서 금방이라도 쏟아져 내릴듯한 별들을 보며 가질 수 있는 기분이다. 경이란 찬연한 모습으로 우리를 압도할 듯이 다가오는 존재자 전체 앞에서 느끼는 경탄이다. 이러한 기분에서 우리는 특별한 존재자에 대해서가 아니라 모든 존재자에 대해 경탄한다.

그리스인들이 경험한 경이라는 기분에서는 존재자가 자신의 진리를 스스로 드러내며, 인간의 인식이란 이러한 진리를 그대로 수용하는(vernehmen) 것이었다. 그리스인들에게 진리의 장소는 존재자 자체였다. 그러나 근대에서 존재자 전체는 무규정적인(unbestimmt) 것으로 나타나고, 인간은 무규정적인 것을 이성적 판단을 통해 규정하는(bestimmen) 자로 나타난다. 이제 진리의 장소는 존재자 자체가 아니라 인간의 판단에 존재하게 된다.

근대의 근본경험이란 데카르트가 말하는 회의라는 기분에서 '무규정적이면서도 인간의 노력에 의해 규정 가능한 것으로서 존재자 전체'를 경험하는 것이다. 회의라는 기분은 인식 주체로서의 인간이 어떠한 기반에도 서 있지 않다고 느끼는 동시에, 인간의 인식 노력에 의해서만 확고한 기반이 비로소 확보될 수 있다고 느끼는 것이다. 회의라는 기분에 의해 규정된 근대사회가 궁극적으로 추구하는 것은 인간의 안전 확보다. 이는 근대를 규정하는 본질적인 현상인 과학기술에서 뚜렷이 나타난다.

인간의 안전 확보를 최우선으로 존재자 전체를 파악하려 할 경우, 존재자 전체는 수학적으로 정확하게 파악될 수 있는 인과법칙에 의해 지배되는 것으로서 자신을 드러낸다. 인간에게 예견 가능하고 계산 가능한 존재자만이 그것의 작용연관을 인식함으로써 통제되고 이용될 수 있기 때문이다. 따라서 근대에서 존재자는 자신의 유일무이의 존재로 인간을 사로잡고 경이를 자아내는 것이 아니라, 인간의 안전 확보와 욕구 충족을 위한 수단으로 간주된다.

근대적인 존재이해가 궁극적으로 니힐리즘을 낳았다면, 니힐리즘의 극복을 위해서는 새로운 존재이해가 주어져야 한다. 그러나 새로운 존재이해는 우리가 임의로 만들어 낼 수 있는 것이 아니다. 근대적인 존재이해 역시 퓌지스에 대한 고대 그리스인들의 경험이 망각되고 존재자 전체와의 근원적인 친근함이 상실된 후, 회의라는 기분이 근대를 규정하게 된 데서 비롯되었기 때문이다.

따라서 근대와 근대를 마련한 서양 형이상학의 역사를 극복하는 새로운 존재이해도 하나의 근본기분에서 열리지 않으면 안 된다. 하이데거는 이러한 근본기분을 경악이라고 부른다. 경악이라는 기분은 '기술적으로 처리되는 존재자들에게서 고유한 존재가 빠져나가 버렸다'는 사실에 대한 경악이다. 이러한 기분을 통해 우리는 존재자들을 기술적으로 처리 가능한 것으로 보는 '기술적 존재이해'가 지배하는 이 시대로부터 어느 정도 거리를 취하게 된다. 경악이라는 기분에 엄습되며 우리는 존재자들을 기술적으로 지배함으로써 궁극적인 안전을 확보하려는 모든 시도를 허망한 것으로 느끼게 된다.

여기서 더 나아가 존재자들을 기술적으로 지배하려는 모든 의지를 포기할 때, 존재자들에게서 빠져나갔던 고유한 존재는 존재자들에 다시 깃들게 된다. 이와 함께 경악이라는 기분은 존재자들의 고유한 존재에 대한 경외로 전환된다. 존재에 대한 경외라는 근본기분을 통해 우리는 물화 체계의 맹목적인 자기 확장 운동으로부터 거리를 취한다. 이때, 우리는 존재자들을 각각의 유일무이한 모습에서 다시 볼 수 있게 된다.

하이데거에서는 인간을 비롯한 존재자 전체의 황폐화, 즉 니힐리즘과 고향상실의 극복이라는 과제가 그의 사유 도정의 전후기를 막론하고 중심적인 문제였다. 이와 함께 그의 존재물음도 한갓 아카데믹한 문제가 아니라 시대와 역사와의 대결이었다. 이러한 그의 사유 도정은 니힐리즘과 고향상실에 대한 존재사적 고찰(die seinsgeschichtliche Erörterung)에서 정점에 이른다.

하이데거는 니힐리즘과 고향상실의 극복이 과거로의 귀환을 통해서도 비합리주의에로의 도피를 통해서도 아니고, 우리가 이미 편입되어 있는 역사의 필연성으로부터만 일어날 수 있다고 본다. 인간이 근본기분을 통해 현재 일어나고 있는 존재의 새로운 개시를 적극적으로 인수할 경우에만, 다시 말해 인간이 이 시대의 근본기분에 자신을 열고 그것을 진정하게 경험할 경우에만, 니힐리즘과 고향상실 그에 따른 인간의 자기소외가 극복될 수 있다는 것이다.

하이데거에서 근본기분이란 정서의 차원에만 속하는 것이 아니다. 근본기분에서는 인간의 정서적 차원뿐 아니라 존재자 전체의 진리가 새롭게 드러난다는 점에서는 인식의 차원도 문제된다. 그리고 근본기분은 존재가 인간의 실존을 근저에서부터 엄습하도록 하며 인간이 자신의 존재방식을 변화시킬 것을 요구하는 바, 인간은 자신의 유한함을 경험하게 된다. 이 점에서 근본기분에서는 의지의 차원도 문제가 된다.

그러나 근본기분에서는 사실 의지와 인식과 정서로 인간이 분리되기 이전의 인간 실존 전체가 문제되는 것이며, 근본기분에 엄습되고 그것을 진정으로 경험한다는 것은 인간이 이를 통해 전적으로 새로운 인간으로 다시 태어난다는 것을 의미한다. 따라서 존재가 자신을 역사적으로 고지하는 사건으로서 근본기분이란 인간의 혁명적 태도 변경을 의미한다. 다시 말해서 그것은 한갓 의식 차원에서 수행되는 태도 변경이 아닌, 의식이 근거하는 인간의 실존방식을 근저에서부터 바꾸는 태도 변경이 수행되는 사건이다.

3. 인간소외의 원인과 극복방안에 대한 마르크스의 사상

근대 자본주의 사회의 비인간적인 현상들에 주목하고, 이를 인간소외의 현상들로 규정하며 그것을 극복하기 위해 나왔던 것이 마르크스의 사상이라는 데는 이론(異論)이 없을 것이다. 하이데거는 인간소외의 원인을 존재자를 지배대상으로 간주하는 힘에의 의지와 그로 인한 존재망각에서 찾았다. 이에 반해 마르크스는 인간소외의 원인을 근대의 특정한 사회구조, 즉 자본주의라는 사회구조가 갖는 내적인 문제성에서 찾는다.

마르크스는 자본주의가 갖는 생산관계가 인간의 본질적인 능력들의 총화인 생산력의 발전을 저해한다는 것, 다시 말해 인간의 자기실현을 저해한다는 데 주목한다. 마르크스에게 생산력의 발전이란 단순히 경제적인 물량의 증대라는 차원을 넘어 인간의 본질적인 능력들의 창조적 실현을 의미한다. 따라서 노동은 단순히 생존 수단을 확보하는 것을 넘어 인간이 자신의 잠재적인 능력을 창조적으로 실현하는 과정이다.

마르크스에게 역사란 생산력과 생산관계의 모순을 통해 발전해 나가는 과정으로, 인간이 자기를 실현해 나가는 과정이다. 마르크스의 역사관과 인간관은 종교와 관념론적 형이상학에 대한 포이어바흐의 비판을 한편으로 이어받으며, 역사를 '자신을 외화함으로써 자기 자신으로 귀환하는 절대정신의 역사'로 파악하는 헤겔의 변증법적 역사관을 이어받는다.

포이어바흐는 기독교가 말하는 창조신과 헤겔이 말하는 절대정신이란 사실 지혜나 사랑과 같은 인간의 본질적인 능력들이 투사된 것이라고 본다. 인간은 현실에서 부딪히는 위험을 자신의 본질적 능력을 개발함으로써 해결하려 하지 않고 절대적인 존재자로서 신을 창안하여 그것에 의지함으로써 해결하려 한다. 따라서 신이란 절대적 안전에 대한 인간의 희구가 만들어 낸 허구이다.

한편 종교와 헤겔의 절대적 관념론에서는 인간의 산물인 신이나 절대정신이 주체가 되고, 인간은 신의 피조물이 되거나 절대정신의 자기실현을 위한 매체가 됨으로써 숨어가 된다. 이제 인간은 신이나 절대정신 등에게 투사했던 자신의 본질적인 능력을 자신의 것으로 자각하며 과학기술의 발전을 통해 그리고 인간 상호 간의 사랑을 통해 스스로 실현하게 된다.

마르크스에 따르면 포이어바흐의 인간관은 감성적 존재자로서 살아 있는 구체적 인간을 철학의 중심으로 정립한 데 커다란 의미가 있다. 그러나 인간의 사회·역사적 성격을 간과하고 인간 관계를 나와 너의 정태적 관계로만 파악한 데 근본적인 한계가 있다. 마르크스는 인간이 자신의 본질적 능력을 항상 특정한 역사적 사회 관계에서 실현해 나간다는 사실에 주목했다.

마르크스의 인간관과 역사관은 역사를 '자신을 자연과 역사로 외화하며 자신을 실현해 나가는 절대정신의 역사'로 본 헤겔의 역사관을 일정 부분 계승한 것이다. 그러나 절대정신을 역사의 주체로 보며 역사를 절대정신의 실현 과정으로 본 헤겔의 관념론에 반하여, 마르크스는 노동하는 구체적인 인간을 역사의 주체로 본다. 마르크스는 역사를 인간이 노동행위를 통해 자연에 자신의 본질적인 능력을 실현해 나가는 과정으로 보는 것이다.

마르크스가 보기에 자기외화를 통한 인간의 자기실현은 이제까지의 역사에서 귀족과 노예, 봉건 영주와 농노, 자본가와 노동자의 계급 대립에 의해 규정되는 사회적 관계하에서 진행되어 왔다. 이제까지의 역사란 이러한 계급 대립과 그로 인한 인간의 자기소외를 통해 인류가 자신의 본질적 능력, 즉 생산력을 발전시켜온 과정이다. 마르크스는 특히 자본주의에서 인간의 노동력을 포함한 모든 것이 상품화됨으로써 인간의 자기소외가 극에 달한 것으로 본다.

자본주의에서는 인간의 자기실현을 가능케 하는 노동력마저도 상품으로 매매될 수 있는 것이 된다. 이와 함께 인간 개개인도 상품으로 취급된다. 노동의 산물은 생산수단의 소유자에게 귀속되며 노동자는 자신이 생산한 물건에서 자신의 본질적 힘의 발현을 보지 못한다. 오히려 그것은 노동자로부터 독립해 있는 낯선 힘으로, 자본으로 나타나 노동자를 억압하고 착취하는 것이 된다.

노동자는 자신의 창조행위인 노동에서 기쁨을 느끼지 못하고 오히려 노동 밖에서 자기를 찾으려 한다. 그에게 노동은 자발적인 자기실현 행위가 아니라 외부로부터 강제된 행위에 불과한 것이다. 따라서 인간 자신을 인간화하는 것이어야 했던 노동은 인간을 더욱 비인간화하는 것이 되고 만다.

그런데 비인간화는 노동자들을 착취하는 자본가에게서도 진행된다. 자본가들은 상호 간의 경쟁에서 몰락하지 않기 위해 노동자들을 가능한 한 많이 착취함으로써 맹목적으로 자본을 축적하는 데 몰두하게 될 수밖에 없다. 노동자와 마찬가지로 자본가는 자본주의라는 시장경제 체제가 부과하는 사회적인 강제로부터 자유롭지 않으며 인간의 창조적이고 사회적인 본질을 구현할 수 없다. 노동자든 자본가든 자발적으로 자신을 창조하는 자기외화로부터 소외되어 있는 것이다. 축적을 위한 축적을 강요하는 자본주의 체제의 논리를 통해 실로 물질적 부는 증대하지만, 인간 전체는 창조적인 자기전개로부터 소외 당한다. 자본주의 사회는 물질적 부가 증대할수록 인간의 자기소외와 인간들 사이의 대립, 즉 자본가와 노동자의 대립이 심화하는 곳이 된다.

마르크스는 자본주의의 병적인 현상이 무엇보다 생산력에 합당하지 않은 생산관계 내지 소유관계에서 비롯되는 것으로 본다. 자본주의란 사회 전체가 하나의 생산력으로 기능하는 체계다. 자본주의에서 노동은 사회 전체가 기술 발전을 토대로 철저한 협업과 분업 체계를 통하여 긴밀히 연계되는 사회적 노동의 양식을 취함으로써 전대미문의 생산력을 실현한다. 즉 자본주의에서 노동이란 모든 인간의 사회적 협동이라는 형태를 띠는 것이다.

이에 반해 자본주의하에서 생산관계 내지 소유관계는 개인의 사적인 소유 형태를 띤다. 사회적 노동과 사적인 소유 사이의 모순은 인간소외를 비롯하여 자본주의에서 나타나는 모든 병폐의 근원이다. 사회적 노동은 그에 맞는 소유 형태, 즉 사회적 소유, 다시 말해 공산주의를 요구한다. 마르크스는 사회적 소유야말로 인간의 자기소외와 상호 간의 대립을 극복하고 사회적 노동과 사적인 소유의 모순에서 비롯되는 무계획적 생산과 공황, 실업(失業) 등의 비생산적 요소를 극복함으로써 생산력의 비약적인 증대, 즉 인간의 본질적인 능력들의 비약적인 실현을 가능케 할 것이라고 본다.

헤겔이 인간을 절대정신의 자기실현을 위한 매체로 본 반면에, 마르크스는 인간을 철저하게 자연적인 존재로 고찰했다. 인간은 자연으로부터 탄생했고 자연에 뿌리박은 존재이지만, 다른 한편으로 자연은 인간에게 노동을 통해 자연을 변화시킬 수 있는 힘을 주었다. 자연은 인간을 산출하지만, 자연의 일부인 인간은 노동을 통해 자연에 자신의 상을 실현함으로써 자연 속에서 자신을 보려 한다. 마르크스는 인간이 자연을 인간화시켜나가는 과정은 인간을 산출한 자연의 본래 뜻이라고 생각한다. 따라서 그는 인간의 모든 본질적 능력이 완전히 개화되고 인간 개개인이 자신을 생산의 주체로서 자각하게 되는 공산주의 사회는 "완성된 자연주의로서의 휴머니즘이며 완성된 휴머니즘으로서의 자연주의"라고 본다.

4. 마르크스 사상의 한계와 마르크스에 대해서 하이데거 사상이 가질 수 있는 생산적 의의

나는 이상에서 마르크스 소외론의 핵심을 극히 간략하게 살펴보았다. 사실상 마르크스의 사상은 하이데거 사상에 비해 쉽게 이해된다. 마르크스 사상의 전제가 되는 것을 대부분의 현대인이 공유하기 때문이다. 이에 반해 하이데거 사상은 현대인이 어느 정도 자명하게 생각하는 전제 자체를 문제 삼는다. 이러한 전제란 무엇보다 계몽주의에서 대표적으로 나타나는 근대적 세계이해다.

마르크스는 철저하게 근대적 입장에 서 있는 사상가다. 따라서 마르크스의 사상이 근대적 세계이해를 자명한 것으로 받아들이는 우리들에게 쉽게 이해되는 것은 당연하다. 이에 반해 하이데거는 근대적 세계이해 자체를 문제 삼고자 한다. 하이데거 사상의 난해함은 바로 이 점에서 비롯된다. 하이데거 사상의 난해함은 그가 신조어를 남발한다든가 그의 사상 자체가 도대체 다른 사람들은 이해할 수 없는 자신만의 사적 경험에 대해 말하는 데서 비롯되는 것이 아니다. 그것은 그가 우리가 이미 친숙하게 살고 있는 근대적 세계의 극복에 대해 말하며, 근대인으로서 우리에게는 낯선 경험과 사태를 말한다는 데서 비롯되는 것이다.

마르크스가 말하는 사회주의 혁명이란 프랑스 혁명이 천명한 근대 계몽주의 이념의 철저한 구현 이외의 것이 아니다. 근대 계몽주의 이념이란 과학기술을 발전시킴으로써 자연을 인간의 지배하에 두고, 사회적 부정과 억압과 지배를 극복함으로써 자유롭고 평등한 사회를 이룩하자는 이념이다. 마르크스 역시 근대 계몽주의 이념을 수용하며, 이러한 이념의 완전한 실현을 목표로 삼았다.

마르크스는 프랑스 혁명 이후의 자본주의 사회에서 자연에 대한 인간의 지배, 즉 인간이 자연에 대해 주체로서 자신을 실현하는 것은 어느 정도 실현되었다고 보았지만, 사회적 강제로부터 인간은 자유롭지 않다고 보았다. 따라서 마르크스는 주체로서의 인간이 자신을 완전히 실현하기 위해서는 사회 자체를 그것의 맹목적인 확대 재생산 논리에 맡겨 두지 않고 자유로운 생산자들의 이성적 지배하에 두는 것이 필요하다고 보았다. 마르크스에서는 인간의 이성적·주체적 힘에 대한 계몽주의적인 확신이 근저에서 관통하고 있는 것이다.

그러나 이러한 근대적 이념은 마르크스의 신념일 뿐 아니라 복지국가를 표방하는 현대의 선진 자본주의 체제를 규정하는 신념이기도 하다. 현대의 선진 자본주의 체제 역시 인간이 과학기술의 발전을 통해 자연의 지배로부터 벗어날 수 있고, 자본주의의 합리적 조정과 복지의 확대를 통해 사회적 모순을 완화시킬 수 있다고 믿는다. 즉 복지국가를 표방하는 현대의 선진 자본주의 체제도 인간의 이성적·주체적 노력을 통해 인간이 자연과 사회에서 부딪히는 문제를 극복해 나갈 수 있다고 믿는다.

다만 현대의 선진 자본주의 체제는 마르크스가 특정한 사회구조의 산물로 본 인간의 이기심이 인간의 본질적 속성에 속하며, 사회구조의 근본적 변혁을 통해서도 극복하기 어려운 것으로 본다. 이 점에서 현대의 선진 자본주의 체제를 지탱하는 인간관과 마르크스의 인간관 사이에는 본질적인 차이가 있다. 현대의 선진 자본주의 체제는 인간의 이기심을 인정하지 않고 억압할 경우, 인간은 노동을 게을리함으로써 근대가 이룩한 자연에 대한 인간의 지배마저도 상실하게 될 것으로 본다. 이뿐 아니라 사회 구성원들의 이기심을 감시하는 국가 권력이 강화됨으로써 다시 소수의 인간에 의한 다수 인간의 정치적 지배가 야기되고, 사회 구성원 전체의 이성적 의지에 의한 사회의 지배라는 근대적 이념에서도 오히려 후퇴할 것이라고 본다.

이러한 견해는 사회주의 사회가 전체주의로 전락하고 생산력이 감퇴하면서 붕괴되었다는 사실을 통해 옳다는 것이 입증된 듯하다. 사회주의 체제하의 인간들은 일을 열심히 하든 능력이 있든 없든, 어차피 봉급은 평등하게 나오기 때문에 일을 게을리하고 자신의 능력을 개발하는 데 소홀했다. 따라서 생산력은 갈수록 떨어지고 사회주의는 붕괴됐다.

사회주의는 자본주의 체제를 전복하기는 했지만, 자본주의가 인간의 본질적 속성으로 생각하며 생산력을 고양하는 원리로 삼는 인간의 이기심을 극복할 수는 없었다. 달리 말해 사회주의 체제는 사회주의라는 새로운 경제 체제를 뒷받침해 주는 새로운 인간 존재를 창출하는 데 실패했다. 새로운 인간존재란 이기적인 욕구 충족을 위해서가 아니라 자아 실현과 공동체를 위해서 강제하지 않아도 능력에 따라 열심히 일하고 필요에 따라서만 갖는 이른바 소비에트적(공산주의적) 인간형을 가리킨다.

이러한 상황에서 사회주의 사회는 두 가지 대안 앞에 설 수밖에 없었다. 즉 강제로 사람들에게 노동을 시키든가 아니면 다시 자본주의적 경쟁원리를 도입할 수밖에 없었다. 초기 사회주의는 국내외 자본세력의 위협이 강력한 상황에서 자본주의적인 경쟁원리를 도입하기보다는 사람들에게 강제로 노동을 시키는 방식을 취해야 했다. 이런 맥락에서 볼 때 스탈린 체제란 스탈린의 자의에서 비롯된 체제가 아니라, 사회주의 체제가 빠질 수밖에 없었던 필연적인 귀결이었다. 그러나 강제노동에 대한 사회 구성원들의 반발이 심해짐에 따라 사회주의 사회는 자본주의적인 경쟁 원리를 도입하는 길을 택할 수밖에 없었다. 종내에는 자신의 체제를 포기하고 자본주의를 적극적으로 도입하는 지경에 이르렀다.

근대적 이념의 전제하에서 우리는 현대 자본주의 체제를 인간에게 가능한 유일한 대안으로 받아들일 수밖에 없는 듯이 보인다. 그러나 마르크스가 드러낸 자본주의 사회의 소외 현상을 생각하면 우리는 현대 자본주의 체제를 근본적으로 변혁하는 방법을 모색해야 한다. 서로가 '우리'가 되는 공동체로서의 유토피아에 대한 희망은 누구도 버릴 수 없는 것이며, 참다운 공동체의 건설은 인류의 영원한 이상으로 남는다. 마르크스뿐 아니라 역사상 위대한 철학자들은 모두 그러한 이상을 실현하는 방안을 모색했다. 하이데거도 마찬가지다.

바로 이 때문에 우리는 마르크스와 비교하여 하이데거를 고찰해 볼 필요가 있다. 하이데거는 마르크스가 서 있는 근대적 전제 자체를 문제 삼는다. 바로 이 점에서 현대의 인간소외의 원인과 극복방안을 생각하는 데 하이데거와 마르크스의 본질적인 차이가 성립한다. 이러한 차이 때문에 우리는 사회주의 사회의 실패라는 현실 앞에서 하이데거가 마르크스를 넘어 새로운 시사를 제공할 수 있을지도 모른다는 기대를 하게 된다.

5. 마르크스 사상에 대한 하이데거의 해석

하이데거는 『휴머니즘에 대한 편지』에서 마르크스와의 생산적 대화에 관해 이렇게 말한다.

> 물론 이[마르크스와의 생산적 대화]를 위해서는 또한 유물론에 대한 나이브한 파악과 그것에 대한 흔해 빠진 반박에서 벗어나는 것이 필요하

다. 유물론의 본질은 모든 것이 물질일 뿐이라는 주장에 있는 게 아니라 모든 존재자를 노동의 재료로 보는 일종의 형이상학적인 규정에 존재하는 것이다. 노동의 근대적-형이상학적 본질은 헤겔의 『정신현상학』 안에서 자기 자신을 조직하는 무조건적인 생산 과정으로서 먼저 사유되었다. 이러한 생산 과정이란 주체성으로서 자신을 경험하는 인간이 실재하는 것을 대상화하는 과정이다. 유물론의 본질은 기술의 본질 안에 은닉되어 있는 바, 이러한 기술의 본질에 대해서는 실로 많은 것이 쓰였지만 거의 사유되지 않고 있다. 기술은 그것의 본질이 망각되고 있는 존재의 진리의 존재사적 역운이다. 기술(Technik)은 그것의 명칭에서 그리스인들의 테크네(techne)에로 소급될 뿐 아니라, 그것은 본질사적으로 보아서 일종의 알레테우에인(aletheuein), 즉 존재자를 개시하는 한 방식으로서의 테크네에서 비롯된다. 진리의 한 형태로서의 기술은 형이상학의 역사 안에 근거한다. 형이상학의 역사 자체는 하나의 두드러진 그리고 이제까지는 유일하게 개관할 수 있는 존재사의 한 국면이다. 사람들이 공산주의의 교설들과 그것들의 정초에 대해서 상이한 방식으로 입장을 취한다 하더라도 존재사적으로는 다음 사실은 확고하다. 그것은 공산주의에서는 현재의 세계사적인 상태에 대한 하나의 기본적인 경험이 표현되고 있다는 것이다. 공산주의를 단지 정당이나 세계관으로 간주하는 사람은 아메리카주의(Amerikanismus)라는 명칭에서 오직—그리고 게다가 경멸적으로—하나의 특수한 삶의 양식을 생각하는 사람들과 마찬가지로 너무 단순하게 사유하고 있는 것이다. 종래의 유럽은 갈수록 명확히 위험한 상황에로 내몰리고 있다. 그 위험이란 추정컨대 무엇보다도—한 때는 위대했던—유럽의 사유가 이제 나타나기 시작하는 세계의 역운의 본질적 진행 뒤에 처져 있다는 데에 존재한다. 관념론적인 것이든 유물론적인 것이든 그리스도교적인 것이든 어떠한 형이상학도 아무리 노력해도 그것들은 본질상

그 역운을 따라잡을 수 없다.[6]

앞서 우리는 하이데거가 근대사회에서 빚어지는 인간소외의 원인을 근대인의 고향상실에서 찾고 있다는 사실을 보았다. 하이데거에 의하면, 고향상실은 형이상학이라는 존재의 역운을 통해 초래된 것이며 형이상학을 통해 강화되고 또한 은폐되고 있다. 하이데거에서 형이상학은 존재를 인간의 표상행위를 통해 파악될 수 있는 근거로 보며 이러한 근거로 귀의함으로써 존재자 전체에서 자신의 궁극적 안전을 확보하려는 시도이다.

이 경우 하이데거에서 표상행위(vorstellen)라는 말은 독특한 의미를 갖는다. 그는 표상행위를 존재자를 인간의 눈앞에 세우고 그것의 객관적인 성격과 작용을 파악하고자 하는 인식방식으로 본다. 존재자에 대한 모든 경외라든가 애정을 제거한 이러한 냉철한 인식방식의 근저에는 존재자를 지배하려는 의지가 작용한다. 이러한 사태를 시사하기 위해 하이데거는 표상행위(vorstellen)라는 말을 자주 '앞에 세운다(vor-stellen)'라는 말로 표현한다.

형이상학은 존재자 전체의 근거로부터 존재자 전체를 개념적으로 파악하고 설명하고 존재자 전체 내에서 자신의 안전을 확보하고자 하는 인간의 의지에 의해 규정된다. 이 경우 존재자 전체의 형이상학적 근거인 존재는 서양 형이상학의 역사 내에서 이데아로서, 창조신으로서, 절대정신으로서, 인간의 이성으로서, 힘에의 의지로서 그리고 생산력 등으로서 나타났다.

실로 마르크스는 니체와 마찬가지로 그 전의 형이상학자들이 존재자 전체의 근거로서 파악했던 초월적인 이데아나 초월적인 신 그리고 절대정

---

6 하이데거 전집 9권 *Wegmarken*, 340쪽.

신 등을 인간의 투사물로 파악함으로써 전통 형이상학을 전도한다. 그러나 하이데거가 보기에 그것은 전통 형이상학의 진정한 극복이 아니라 전통 형이상학의 철저화이자 완성이다. 마르크스와 니체는 전통 형이상학의 초월적인 이념의 자리에 인간을 내세움으로써, 전통 형이상학의 근저에 암암리에 작용하고 있던 인간의 지배 의지를 철학의 원리로 공공연히 주창하고 존재자 전체에 대한 인간의 지배를 철저히 추구하기 때문이다.

전통 형이상학을 진정한 의미에서 극복하려 한다면 전통 형이상학을 초래했던 힘에의 의지의 극복이 요구된다. 그러나 마르크스와 니체는 오히려 힘에의 의지의 철저한 추구를 주창한다. 바로 이런 의미에서 그들이 수행한 전통 형이상학의 전도란 그것의 극복이 아니라 완성이자 철저화다.

하이데거는 마르크스가 자본주의를 비판하고 있음에도 불구하고 자본주의와 마찬가지로 철저하게 근대적 세계이해를 수용하고 있다는 데 주목한다. 즉 마르크스는 자연을 기술적 지배대상으로 보면서 그러한 존재자 전체에 대한 기술적 지배를 통해 인간의 안전 확보와 자기실현이 가능하다고 본다.

하이데거는 마르크스 역시 근대 형이상학의 전통 안에 있는 것으로 보며, 이를 넘어 근대 주관주의를 그것의 궁극적 귀결에 이르기까지 사유한 사상가로 본다. 다시 말해 하이데거에게 마르크스는 니체와 아울러 근대를 완성하는 사상가다. 즉 하이데거는 "노동의 근대적·형이상학적 본질은 헤겔의 『정신현상학』 안에서 자기 자신을 조직하는 무조건적인 생산과정으로 먼저 사유되었다"고 보며,[7] 마르크스는 존재자 전체를 "노동의 재료"로 봄으로써 헤겔에 이어 그리고 헤겔보다 철저하게 근대적 존재관과 인간관을 사유했다고 본다.

7 하이데거 전집 9권 *Wegmarken*, 340쪽.

근대적 존재관은 존재자 전체를 인간에 의해 처리되고 지배될 수 있는 것으로 보며, 근대적 인간관이란 인간을 존재자 전체의 지배를 통해 자신을 실현하는 자, 즉 주체로 보는 것이다. 하이데거는 마르크스의 유물론이 갖는 이러한 근대 주관주의의 특성에 주목하면서 마르크스의 유물론을 "모든 것이 물질일 뿐"이라고 보는 유물론과 구별한다. 그리고 마르크스와의 생산적 대화를 위해서는 마르크스의 유물론이 갖는 근대적 주관주의의 성격에 주목해야 한다고 본다. 하이데거는 유물론의 본질이 "기술의 본질 안에 은닉되어" 있다고 보지만, "기술의 본질에 대해서는 실로 많은 것이 쓰였지만 거의 사유되지 않고" 있다고 말한다.

하이데거가 말하는 기술의 본질이란 인간을 포함한 존재자 전체의 고유한 존재를 부정하며 단순히 계산 가능한 에너지로 취급하고 그것들의 에너지를 최대한 뽑아내는 맹목적인 운명이다. 하이데거에 따르면 기술은 "그것의 본질이 망각되고 있는 존재의 진리의 존재사적 역운이다." 여기에서 하이데거가 마르크스의 유물론을 어떠한 지평에서 보는지 드러난다.

하이데거는 마르크스 유물론의 본질이 기술의 본질 안에 은닉되어 있다고 말한다. 하이데거가 말하는 기술이란 자연을 정복하기 위한 인간의 도구라는 의미보다는 오히려 근대적 생산수단의 근저에 관통하고 있는 존재자 전체를 드러내는 방식이다. 즉 근대의 기술과 자연과학은 존재자 전체를 "계산 가능한 힘들의 연관 체계"로 봄으로써 존재자 전체를 인간의 객관적 관찰과 처리대상으로 본다. 인간을 포함한 모든 존재자를 수학적으로 계산 가능하고 기술적으로 처리될 수 있는 에너지로 보는 기술적 존재이해에서 하이데거는 마르크스가 말하는 인간소외의 궁극적 원인을 본다. 하이데거는 마르크스 사상과 아울러 마르크스가 자본주의의 대안으로 제시하는 사회주의도 이러한 기술적인 존재이해를 수용하는 한, 인간소외를 극복할 수 없다고 본다.

하이데거가 보기에 자연에 대한 기술적 지배는 자연의 일부인 인간 자신에 대한 기술적 지배와 물화마저도 초래한다. 자연에 대한 효율적 지배를 위해서는 인간의 노동력을 효율적으로 조직하고 기술적으로 통제하는 것이 필요한 것이다. 따라서 자연에 대한 지배가 심화할수록 자연의 물화뿐 아니라 인간의 물화도 심화하지 않을 수 없다. 기술적 지배의 확장 과정에서 사람들은 스스로를 기술문명의 주체라고 생각하지만, 사실은 자연의 효율적 지배를 위해 노동력을 최대한 뽑아내야만 하는 기능 인자가 되고 마는 것이다.

인간이 자신을 존재자 전체의 중심으로 여기고 존재자 전체의 지배자로 생각할수록 인간은 자유를 빼앗기고, 인간 자신을 포함한 존재자 전체로 하여금 에너지를 최대한 뽑아내도록 강요하는 운명의 지배 아래에 놓이게 된다. 흔히 하이데거를 주체로서의 인간을 부정하고 인간을 존재라는 신비적 실체의 지배에 내맡긴다고 비난한다. 그러나 사실 하이데거는 인간을 주체로 보는 근대적 존재이해가 초래한 구체적인 인간 개개인의 운명적인 예속 상태를 극복하려 하는 것이다.

자연에 대한 기술적 지배의 과정이란 자연뿐 아니라 인간 자신의 황폐화 과정이다. 자본주의든 사회주의든 하이데거가 보기에는 근대인이 인간의 궁극적인 안전과 완성을 자연에 대한 지배와 노동 생산물의 공정한 분배에서만 찾는 한 피할 수 없는 귀결이다.

마르크스는 자신의 유물론을 역사 전체에 타당한 진리라고 생각했다. 이에 반해 하이데거는 마르크스의 유물론이란 인간을 주체로 보고 존재자 전체를 기술적 지배대상으로 보는 근대의 기술적 존재이해의 철저화라고 본다. 이런 의미에서 하이데거에게 마르크스의 공산주의나 아메리카니즘 그리고 나치즘은 한갓 '정당'이나 '세계관' 또는 '하나의 특수한 삶의 양식' 이상의 의미를 갖는다. 하이데거에 따르면 마르크스의 유물론이든 나치즘이든 아메리카니즘이든 어느 시대에나 가능한 것이 아니다. 그것들은 오직 존재가 망각되고 인간 주체가 존재를 대신해 가는 형이상학의 역사가 정점에 달하는 근대에서나 가능한 것이다.

마르크스가 인간소외의 근원을 자본주의라는 사회구조에서 찾았다면, 하이데거는 그러한 자본주의를 근저에서 가능케 하는 존재이해, 즉 근대의 기술적 존재이해에서 찾는다. 하이데거에서 인간이란 마르크스가 말하는 것처럼 "사회적 관계의 총체"이기 이전에, 존재의 고지에 응하면서 존재자 전체의 개현에 참여하는 존재자다. 각 시대마다 개현되는 존재의 진리에 따라 그 시대의 사회구조도 규정된다. 이와 함께 하이데거는 존재자 전체를 기술적인 처리대상으로 보는 존재관과 인간을 존재자 전체를 지배하는 주체로 보는 인간관이 변화하지 않고서는, 근대의 소외 현상이 극복될 수 없다고 본다.

따라서 하이데거에서 인간소외의 극복이란 마르크스식의 근대의 철저화와 완성에 의해서가 아니라 근대 자체의 극복, 즉 근대의 기술적 존재이해를 극복하는 것에 의해서만 가능하다. 이는 인간이 그동안 망각했던 존재자 전체의 소박 충만한 존재를 경험함으로써 존재자 전체 내에서 고향을 느끼고 자신의 소박한 삶에 충만을 느끼는 것을 말한다. 현대인은 소박한 충만감과 안정을 망각하고 물질적 소비재에서 대용 만족을 추구하지만, 대용 만족은 아무리 합해도 근원적인 소박한 충만감을 줄 수 없다.

그러나 현대인들은 자신들이 느끼는 공허함이 존재망각에서 비롯된다는 사실을 자각하지 못하고 대용 만족물을 충분히 소유하고 있지 못한 데서 비롯된다고 착각한다. 따라서 현대인들은 끊임없이 기술을 개발하고 자연과 자신의 삶을 황폐시킬 수밖에 없다. 인간은 노동력을 최대한 뽑아내라는 사회의 요구에 의해 끊임없이 스트레스에 시달리지 않으면 안 된다. 이러한 근대의 위기로부터의 탈출은 인간에게 욕망을 자제하고 환경을 고려할 것을 요구하는 도덕적·이성적 호소만으로는 극히 불충분하다. 이를 위해서는 근대와는 전적으로 다른 존재이해와 인간이해가 요구된다.

새로운 존재이해와 인간이해를 갖는다는 것은 인간이 한갓 머리로 새로운 존재이해와 인간이해를 만들어 내는 것이 아니고, 존재의 소리에 귀를 기울임으로써 새롭게 태어나고 자신과 세계를 새롭게 경험하는 것을 의미한다. 존재의 소리에 귀를 기울인다는 것은 보다 구체적으로 말하면, 현대에서 존재가 새롭게 자신을 고지해 오는 장인 경악과 경외라는 근본기분에서 도피하지 않고 인수하는 것을 의미한다.

그렇다고 하이데거가 근대의 기술을 모든 악의 근원으로서 타기하며, 소박한 자연 생활로 되돌아가자고 하는 것은 아니다. 그가 우려하는 것은 근대의 과학기술이 맹목적으로 확장되며 인간을 비롯한 존재자 전체가 황폐화되는 것이다. 그가 제동을 걸고자 하는 것은 도구로서의 과학기술 자체가 아니라 근대의 과학기술의 발전을 근저에서 추동하는 광기(狂氣) 어린 맹목적인 힘에의 의지의 지배이다. 그는 인간이 의지의 지배에서 자유로울 때만, 다시 말해 비이성적인 광기의 지배에서 벗어날 때만, 과학기술의 진정한 주인이 되고 존재자 전체와의 근원적 친교를 잃지 않으며 과학기술을 사용할 수 있다고 본다.

이를 위해서는 무엇보다 과학기술을 통해 인간의 궁극적 안전과 만족을 확보하려는 집착에서 벗어나야 한다. 인간의 궁극적 안전과 만족은 경외의 기분을 통해 존재에 접하고 존재자 전체의 소박하면서도 경외스러운 존재를 경험함으로써만 주어지는 것이다. 이러한 새로운 삶의 방식에서 과학기술은 절대적이고 유일한 의미를 갖지 못하고 어디까지나 보조적인 의미를 갖는 데 그친다.

요컨대 하이데거는 결코 비합리주의자가 아니다. 그는 존재자 전체를 기술적인 지배대상으로 처리하는 과학기술적 이성, 달리 말해 '도구적 이성' 내지 '계산적인 사유(das rechnende Denken)'가 유일무이의 이성적 능력과 사유방식으로 절대화되는 것을 저지하고자 할 뿐이다. 하이데거는 문자 그대로 하나의 도구일 뿐인 '도구적 이성' 내지 '계산적인 사유'를 본래의 심원한 의미에서의 '이성', 즉 존재자 전체를 있는 그대로 드러내는 '이성'에 복속시키려 했던 것이다.

II

정치철학과 윤리학

하이데거와 나치즘*

1. 들어가면서

우리는 나치즘이라는 말을 들었을 때 무엇보다 약 7,000만에 이르는 사람들이 목숨을 잃은 2차 세계대전의 도발과 유럽에 거주하던 유대인 중 3분의 2가 학살당한 것을 연상한다. 〈홀로코스트〉 등의 영화를 통해서 우리의 뇌리에는 유대인들이 가스실에서 집단적으로 그리고 극히 기계적으로 살해되는 영상이 깊숙이 각인되어 있다. 나치는 그동안 냉혹함과 비인간성의 대명사가 되었다.

하이데거가 진정으로 위대한 사상가라면 그가 추구하는 것도 인간의 존엄과 고귀함을 실현할 수 있는 진리일 것이다. 그런데 히틀러(Adolf Hitler)의 나치즘은 그와 아무 상관없는 폭력과 광기 자체일 뿐이다. 이에 사람들은 하이데거 같은 대사상가가 어떻게 나치라는 야만의 극단에 동조할 수 있었는지 궁금해한다.

야스퍼스(Karl Jaspers)는 '어떤 철학의 본질은 그것이 갖는 정치적 성격

* 『하이데거는 나치였는가』(『하이데거와 나치즘』의 개정판)(철학과현실사, 2007)를 요약하였음.

에서 가장 잘 드러난다'고 말한 적이 있다. 나는 이 말에 일리가 있다고 생각한다. 플라톤의 형이상학, 니체(Friedrich Wilhelm Nietzsche)의 형이상학 모두 자신의 정치철학과 밀접한 관련이 있다. 하이데거의 존재 사상 역시 그의 정치철학과 밀접하기에, 그의 존재 사상은 그의 나치 참여를 고려하지 않고서는 제대로 이해할 수 없을 것이다. 나는 하이데거의 일부 극단적인 추종자들이 주장하는 것처럼 하이데거의 나치 참여는 그의 사상과 무관한 일시적인 과오가 아니라 그의 사상과 깊은 연관을 갖는다고 생각한다.

이 글에서 나는 하이데거의 나치 참여 행적과 그가 나치에 참여하게 되는 역사적·사상적 배경 그리고 그의 존재 사상과 나치 참여 사이의 관계를 고찰하고자 한다. 이 작업은 난해하고 추상적인 것으로 악명(?) 높은 하이데거의 존재 사상을 그의 나치 참여로부터 이해해 보려는 시도이기도 하다. 하이데거의 존재 사상은 그의 정치철학과 정치 참여를 실마리 삼아 이해할 때 더 명료하게 이해할 수 있다. 보통 철학자의 형이상학은 추상적으로 서술되기 때문에 이해하기 어렵지만, 정치철학은 내용이 상당히 구체적이기에 비교적 명료하며 이해하기 쉽기 때문이다.

2. 하이데거의 나치 참여 행적

1933년 5월 1일, 당시 프라이부르크대학 교수였던 하이데거는 아래와 같은 우여곡절 끝에 총장이 된다.

1932년 12월, 사회민주주의자였던 의학 교수 폰 묄렌도르프(Wilhelm von Möllendorf)가 프라이부르크대학의 대학평의회에서 총장으로 선출되었다. 당시 독일에서 교수가 사회민주주의자인 경우가 드물었고, 그런 교수가 총장이 되는 일은 더욱 드물었다. 결국 폰 묄렌도르프는 유대인 교직원들을 대학에서 축출하려는 당의 정책에 불만을 품고, 취임 2주 만에 사임하게 된다. 그리고 1933년 4월 21일 그의 후임으로 하이데거가 대학평의회에서 거의 만장일치로 선출된다.

하이데거는 '자신이 총장직을 맡지 않으면 당을 대변하는 자가 총장이 될 것'이라는 동료 교수들의 설득 때문에 마지못해서 총장직을 맡았다고 주장했다.[1] 그러나 총장직을 맡은 후 하이데거는 곧 나치당에 입당하며 자신이 생각하는 나치 운동의 '내적인 진리와 위대함'을 구현하기 위해서 진력한다.

베른트 마르틴(Bernd Martin)은 하이데거를 총장으로 선출한 교수들 대다수가 하이데거가 나치 이념과 히틀러에게 동조하고 있었다는 사실을 몰랐다고 말한다. 그들은 하이데거의 친나치적인 입장을 알지 못한 채, 당이 우호적으로 여겼던 하이데거가 나치 이념에 따른 대학의 변혁과 유대인 교수 해직과 같은 조치들로부터 대학을 수호해 주리라 기대했다고 한다.[2] 따라서 하이데거가 친나치적인 이념에 따라 지도자원리(Führerprinzip)와 노동 봉사 그리고 국방 봉사를 대학에 도입하면서 철저하게 대학 개혁을 시도하려고 했을 때, 교수들은 실망과 당혹을 금할 수 없었다.

베른트 마르틴에 의하면, 하이데거는 프라이부르크대학이 속해 있는 바덴(Baden)주가 지도자원리에 입각한 새로운 대학조직법을 만드는 데 결정적으로 기여했으며, 프라이부르크대학에 지도자원리를 도입했다. 대학 내에 지도자원리를 도입한다는 것은, 총장을 교육부장관이 임명하고 학장은 총장이 임명하며 대학 내에서 총장이 전권을 갖는 것을 의미한다. 결국 대학평의회와 단과대학 교수회의가 가졌던 전통 권한은 부정되고, 대학평

---

1 Martin Heidegger, *Rektorat: Die Selbstbehauptung der deutschen Universität—das Rektorat 1933/34, Tatsachen und Gedanken*, Vittorio Klostermann, 1983, 23쪽 참조.

2 Bernd Martin(hrsg), *Martin Heidegger und das 'Dritte Reich'*, Wissenschaftliche Buchgesellschaft, 1989, 23쪽 참조.

의회와 단과대학 교수회의는 단지 자문역할만을 할 수 있게 되었다. 교수 임명과 교수자격 취득시험과 같은 중요 사안들에서 단과대학이 가졌던 권한도 더 이상 인정되지 않았다. 그리고 대학평의회에는 학생대표와 조교 그리고 대학 직원들도 참여하게 되었다.[3]

그렇다고 해서 하이데거가 나치당의 명령에 고분고분 순종했던 것은 아니다. 하이데거는 자신이 생각하는 나치 운동의 독자적인 이념에 따라 행동했다. 이로 인해 그는 당과 마찰을 빚었고 결국은 이 때문에 총장직을 사퇴한다. 다음은 하이데거의 나치 참여에 대해 상당히 비판적인 입장을 취하고 있는 베른트 마르틴의 말을 내가 정리한 것이다.

> 당시의 대부분 총장들과 달리 하이데거는 공적인 자리에서 반유대적인 발언을 하거나 아리아 인종을 찬양한 적이 없었다. 그리고 하이데거는 유대인 교수들의 숙청 작업에 대해 소극적이었으며 가능한 경우 그들 편에 섰다. 하이데거는 인종 출신이나 정치 신념을 불문하고 모든 양심적인 세력에게 민족의 새로운 중흥에 참여할 기회가 주어져야 한다고 생각했다. 반유대주의와 아리아 인종에 대한 찬양 따위를 거부함으로써 하이데거는 당과 갈등을 빚을 수밖에 없었다.

아울러 베른트 마르틴은 지도자원리에 따른 대학조직의 변혁이 한편으로는 긍정적인 부분도 있었다고 지적한다. 그는 그전에는 정교수들이 자주 독단적으로 대학 정책을 결정했다고 말한다. 학생들은 말할 것도 없고 정교수 이외의 교수나 사강사 그리고 조교는 모두 정교수에 완전히 종속되어 있었다. 지도자원리가 시행되면서 정교수는 권한을 상실한 반면

3 Bernd Martin(hrsg), *Martin Heidegger und das 'Dritte Reich'*, 31쪽 참조.

에, 정교수 이외의 교직원과 학생은 대학 운영에 근소하나마 영향을 미칠 수 있게 되었다. 따라서 이들은 심정적으로 지도자원리에 따른 대학 개혁에 동조하는 면이 강했다.[4]

3. 총장직 사퇴와 하이데거의 나치 참여가 갖는 성격

하이데거는 나치당원이 아닌 사람이나 유대인이라도 '유능하면서도 민족공동체의 수립을 위해 진지하게 노력하는 사람'은 나치 운동이 포용해야 한다고 보았다. 따라서 적어도 하이데거가 총장으로 재직하는 동안에는, 하이데거가 변호한 유대인 교수들은 자리를 유지할 수 있었다.

하이데거가 총장직을 사퇴하게 된 직접적인 동기도 학장직을 나치당원으로 교체하라는 당의 명령을 따를 수 없었기 때문이었다. 하이데거가 법대 학장으로 임명한 저명한 법학자 에릭 볼프(Erik Wolf)와 의학부 학장으로 임명한 폰 묄렌도르프는 나치당원이 아니었다. 하이데거는 당을 구성하는 사람 중에는 불순한 자들이 많다고 생각했기 때문에, 나치 운동의 주체는 당이 아니라 진지하고 양심적인 사람들이라고 여겼다. 특히 하이데거는 대학생들을 중심으로 한 청년 중에 그런 사람들이 많다고 생각했다. 따라서 그는 대학을 민족 혁명의 진원지로 보았다.

더불어 하이데거는 당이 나치 체제의 안정을 위해 보수적인 교수들과 타협을 하면서 민족공동체와 새로운 인간을 형성하려는 노력 면에서 후퇴한다고 생각했던 것 같다. 당은 당과 국가권력의 안정과 강화를 제일의 목표로 삼았다. 따라서 히틀러와 당은 보수적인 교수들과 타협하면서 대학

4 Bernd Martin(hrsg), *Martin Heidegger und das 'Dritte Reich'*, 32-33쪽 참조.

이 산업기술의 개발을 통해 국력 강화에 기여하기를 바랐다. 이에 반해 하이데거는 대학이 민족 전체와 조국의 산하와 하나가 되는 새로운 인간을 형성하는 장이 되기를 원했다.

이런 맥락에서 하이데거는, 히틀러와 나치당이 1933년 말에 권력을 확고하게 장악한 후 '혁명은 끝났고 이제는 진화만이 필요하다'고 주장한 것에 반하며 '혁명은 계속되어야 한다'고 주장했다. 하이데거는 당의 명령을 무조건 추종한 것이 아니라 자신이 생각하는 진정한 나치즘을 실현하려고 했다. 이 점에서 우리는 하이데거의 나치 참여가 갖는 성격을 나치에 대한 '비판적 동조'라고 규정할 수 있다.

4. 하이데거가 나치에 참여하게 된 역사적 배경

1) 히틀러와 나치 운동에 매료

나치가 권력을 장악하기 전에 하이데거는 당시 많은 독일인과 마찬가지로 바이마르공화국에 환멸을 느끼고 있었다. 하이데거는 한 학생에게 보낸 편지에서 당시 독일 상황을 이렇게 묘사한다.

> 1930년대 초에 독일 국민 사이의 계급격차 내지 빈부격차는 사회적인 책임감을 느끼는 모든 사람이 도저히 용인할 수 없을 정도로 컸다. 베르사유조약은 독일경제에 족쇄로서 작용하고 있었고, 1932년에는 700만의 실업자가 자신의 가족과 함께 궁핍에 시달리고 있었다.[5]

5 Rüdiger Safranski, *Ein Meister aus Deutschland: Heidegger und seine Zeit*, Fischer Taschenbuch, 1997.

하이데거는 당시 상황을 바이마르공화국의 민주주의 체제로는 해결할 수 없다고 보면서 극단적인 해결책도 불가피하다고 생각했다. 그리고 극단적인 해결책 중 볼셰비즘과 나치즘이 있었다. 당시 독일 국민 대다수는 볼셰비즘을 지지하는 극좌 세력과 나치즘을 지지하는 극우세력으로 양분되어 있었다. 하이데거는 볼셰비즘을 극단적인 니힐리즘의 한 형태로 보았으며 바이마르 체제보다 훨씬 더 왜곡된 체제로 간주했다. 따라서 그는 극좌 세력의 대두를 막고 독일의 안정과 국민적 통일을 가져올 세력은 나치밖에 없다고 판단했다.

더 나아가 그는 당시 권력을 잡은 나치 '운동'에서 민족을 내적으로 통일하고 혁신할 수 있는 가능성과 독일 민족에게 부과된 역사적 사명을 실현할 수 있는 길을 보았다. 또한 그는 독일 대학이 혁신함으로써 민족의 정신 통일과 갱생을 위한 운동의 중핵이 될 수 있다고 믿었다. 히틀러와 히틀러에 의해 영도되는 나치 운동에 대해서 가졌던 환상이 하이데거가 나치에 참여하게 된 중요한 원인이라고 볼 수 있다.

그러나 이러한 환상은 하이데거뿐 아니라 극좌 세력을 제외한 대다수 독일 국민이 가졌던 환상이라고 할 수 있다. 히틀러가 권력을 잡은 지 얼마 안 되어, 독일 민족은 히틀러에 대해 열광적인 지지를 보낸다. 1932년 11월 6일에 실시된 마지막 자유 선거에서 나치의 득표율은 33.5%에 지나지 않았다. 그러나 1933년 히틀러가 정권을 잡고 국제연맹으로부터 탈퇴를 선언했을 때 독일 전역은 히틀러에 대한 열광의 도가니에 빠졌다. 이 당시 독일 국민들은 좌우를 막론하고, 독일 민족의 자존심을 회복시켜 준 히틀러를 찬양했다. 민족 전체가 하나된 분위기에서 하이데거는 히틀러를 중심으로 한 독일 민족 전체의 정신적 각성과 변화가 가능하다고 생각했을 것이다.

2차 세계대전이 독일의 패배로 끝난 후, 하이데거는 프라이부르크대학 나치 정화위원회 의장인 디체(Dietze)에게 보낸 1945년 12월 15일의 서

한에서 이렇게 말한다.

> 나는 1933년에 민족 전체에 대해서 책임을 지게 된 히틀러가 당과 당의 이념 위에 서서 민족의 혁신과 단결을 실현할 것이라고 믿었다.[6]

하이데거가 히틀러에게 가졌던 환상은 그가 1933년 11월 3일에 행한 악명 높은 연설인 「독일 학생들에게 고함」에서도 극명하게 나타난다. 그는 이렇게 말한다.

> '교설'이나 '이념'을 여러분이 따라야 할 존재의 규칙으로 삼지 마십시오. 오직 총통만이 오늘날과 미래 독일의 현실이자 법입니다.[7]

히틀러에 대해 하이데거가 가졌던 환상과 관련하여 푀겔러(Otto Pöggeler)는 당시 사람들이 나치와 히틀러의 본질을 꿰뚫어 보기 힘들었다는 사실을 지적한다. 히틀러가 1933년 5월 「평화연설(die Friedensrede)」에서 민족자결권을 수용하면서 '자신의 민족에 대한 무한한 사랑과 충성은 다른 민족의 권리에 대한 존중을 포함한다'고 말했을 때, 하이데거는 그것이 히틀러의 진실이라고 믿었다.[8] 그러나 하이데거만 히틀러에게 기만당한 것은 아니었다. 미국의 루스벨트 대통령은 히틀러의 출현을 열광적으로 환영했다. 히틀러가 권력을 잡았을 때 외국 신문들 대부분도 그의 본색을 밝혀내지 못했다.

하이데거뿐 아니라 나중에 히틀러에 저항한 많은 사람도 당시의 열

---

6 Bernd Martin(hrsg), *Martin Heidegger und das 'Dritte Reich'*, 210쪽.

7 Bernd Martin(hrsg), *Martin Heidegger und das 'Dritte Reich'*, 177쪽.

8 Rüdiger Safranski, *Ein Meister aus Deutschland*, 1997, 261쪽 참조.

광적 분위기에 사로잡혀서 히틀러를 중심으로 독일의 새로운 중흥이 가능하다고 생각했다. 많은 유명 지식인이 나치 혁명을 횔덜린(Friedrich Hölderlin)의 꿈을 실현할 수 있는 절호의 기회로 여겼다.[9] 1933년 당시 히틀러에 대한 독일 국민들의 열광은 독일 내 일부 유대인조차 히틀러를 구세주로 생각할 정도로 거셌다. 게오르그 피히트(Georg Picht)는 위대한 고전문헌학자이자 흠잡을 데 없는 인격의 소유자였던 펠릭스 야코비(Felix Jacoby)가 호라티우스(Quintus Horatius Flaccus)에 대한 강의에서 한 말을 이렇게 전한다.

> 유대인으로서 나는 현재 곤란한 상황에 처해 있다. 그러나 역사가로서 나는 역사적인 사건들을 사적(私的)인 관점에서 보아서는 안 된다는 것을 배워 왔다. 나는 1927년 이래 히틀러를 선택했다. 그리고 민족적 고양의 해에 아우구스투스 황제 치하의 시인에 대해서 강연할 수 있게 되어 행복하다. 아우구스투스는 히틀러와 비교할 수 있는 유일한 세계사적인 인물이기 때문이다.[10]

하이데거는 대학 개혁의 좌절과 함께 나치당에 대해 환멸을 느낀 후에도 1938년까지는 히틀러와 나치 '운동'에 대한 미련을 버리지 못했다.[11] 더 나아가 하이데거는 죽을 때까지 1933년을 독일 민족과 서양 전체의 정신을 혁신할 수 있었던 때로 보았고, 그때 절호의 기회를 발휘하지 못했다는 사실을 아쉬워했다. 그는 독일 패전 직후에 쓴 글인 「총장직 1933/34」

9 Bernd Martin(hrsg), *Martin Heidegger und das 'Dritte Reich'*, 28쪽 참조.

10 Georg Picht, "Die Macht des Denkens", in: Günther Neske(hrsg), *Erinnerung an Martin Heidegger*, Günther Neske, 1977. 199-200쪽.

11 Max Müller, "Ein Gespäch mit Max Müller", in: *Martin Heidegger und das 'Dritte Reich'*, Bernd Martin(hrsg), Wissenschaftliche Buchgesellschaft, 1989, 101쪽 참조.

과 1969년에 행해진『슈피겔』과의 인터뷰에서도 모든 진정한 세력이 나치 '운동'을 정화하고 그것에 올바른 방향을 부여하기 위해서 일치단결했더라면 어떻게 되었을까 묻는다.[12] 하이데거는 당시 나치 운동의 방향은 유동적이었기에 사람들의 노력 여하에 따라 올바르게 이끌어 갈 수 있었으리라고 믿었던 것이다.

하이데거는 이와 관련하여 나치 운동이 재앙이 될 것이라고 예견하면서 방관적인 태도를 보였던 사람들 역시 책임을 피할 수 없다고 말한다. 나치 '운동'의 성격이 유동적이었던 상황에서 미래를 정확하게 내다볼 정도로 현명한 사람들이 모두 '나치 운동'에 참여하여 올바른 방향으로 이끌기 위해 노력했더라면, 나치 운동은 전혀 다른 양상을 띠게 되었을 것이라는 것이다.[13]

물론 하이데거는 모든 양심 세력의 단결은 분명히 어려운 과제였으며, 나치 '운동'에 올바른 방향을 부여하기란 더욱더 어려웠을 것이라는 사실을 인정한다. 그러나 그는 그 어려움은, 노력을 하지 않은 결과 독일 민족이 훗날 겪었던 고통에 비하면 충분히 감내할 수 있는 것이었다고 주장한다.

2) 대학 현실에 대한 불만과 대학 개혁을 향한 열정

하이데거의 나치 참여는 대학 총장으로서 대학을 혁신하는 방식으로 행해졌다. 따라서 그의 나치 참여는 당시의 정치적·사회적 상황뿐 아니라 교육 상황에 대한 그의 문제의식에서 비롯된다고 볼 수 있다. 하이데거는 무

---

12 Spiegel-Gespräch mit Martin Heidegger, *Antwort, Martin Heidegger im Gespräch*, Günther Neske und Emil Kettering(hrsg), Klett-Cotta, 1988, 25쪽 참조.

13 Spiegel-Gespräch mit Martin Heidegger, *Antwort, Martin Heidegger im Gespräch*, 26쪽 참조.

엇보다 대학이 직업기술을 가르치는 전문학원으로 전락하고 있는 데 대해 크게 우려했다. 그는 철저한 대학 개혁을 통해 대학이 민족 전체에 책임을 느끼고 조국의 자연에 대해 깊은 애정을 품을 수 있는 독일 민족의 정신적 지도자들을 배출할 수 있는 장으로 변화하기를 바랐다.

3) 공산주의의 대두에 대한 공포

하이데거는 자신이 나치를 선택하게 된 동기 중 하나로 독일의 공산화 가능성에 대한 두려움을 들었다. 하이데거에게 독일의 공산화는 인간을 비롯한 모든 존재자에게서 고유한 존재를 박탈하면서 그것들을 소모품으로 전락시키는 니힐리즘과 야만의 지배를 의미했다. 하이데거는 당시 많은 사람과 마찬가지로 독일의 공산화를 막을 수 있는 세력은 나치밖에 없다고 생각했다.

하이데거뿐 아니라 극우파가 아니었던 많은 독일인조차도 스탈린 체제에서 자행된 반동 계급의 숙청으로 인해 볼셰비키 혁명에 대해 공포를 느꼈다. 당시 나치당은 극좌 정당보다 덜 과격했으며 반유대주의와 세계 정복을 전면에 내세우는 것을 삼가고 있었다. 이에 나치에 찬동하지 않았던 많은 사람도 바이마르 체제에 대한 대안을 개인과 반동 계급 전체를 말살하고자 하는 스탈린식 공산주의가 아니라 그보다는 온건한 나치즘에서 찾게 되었다.

5. 하이데거의 정치 사상과 나치즘의 연관성

1) 실제 나치즘(Der real existierende Nationalsozialismus)과 하이데거 나치즘의 차이—하이데거는 어떤 의미에서 나치이고 어떤 의미에서 나치가 아닌가?

우리는 이상에서 대사상가를 자부하는 하이데거가 단순히 나치에 추종하지 않고 나치에 올바른 방향을 제시하려고 했다는 사실을 보았다. 사람들은 나치의 철저한 전체주의적 지배 아래에서 히틀러의 나치즘 이외에 다른 나치즘이 과연 허용될 수 있는지에 대해 의문이 생길 것이다. 그러나 많은 역사가가 나치즘에는 다양한 흐름이 있다는 사실을 인정한다. 마르크스주의나 볼셰비즘에도 다양한 흐름이 내재하지만, 나치즘에 그보다 더 많은 사상 분파가 존재했다는 것이다.

많은 철학자가 본질적으로 성질을 달리하는 철학 사조하에 나치를 지지했다. 칸트주의자들은 칸트 철학, 피히테주의자들은 피히테 철학, 헤겔주의자들은 헤겔 철학, 니체주의자들은 니체 철학, 횔덜린주의자들은 횔덜린, 그리고 실존철학자들은 실존철학의 이름 아래 나치를 지지했다.[14]

이와 같은 사태는 히틀러 자신이 나치 사상을 어느 정도 애매한 상태로 두고자 한 것과 관련이 있다. 그럴 때만 다양한 정파를 나치즘의 대열에 끌어들일 수 있었기 때문이다. 그 결과 서로 모순되는 집단끼리 나치즘을 지지하는 상황이 벌어졌다. 즉 보수 반동 세력과 급진주의자, 사회주의자와 자유주의자, 반(反)그리스도교인과 그리스도교인이 동일하게 나치를 지지했다. 심지어 가톨릭 세력은 자유주의 세력과 마르크스주의 세력을

14 Guido Schneeberger, *Nachlese zu Heidegger: Dokumente zu seinem Leben und Denken*, Selbstverlag, 1962, 264쪽에 실린 Werner Rings의 글을 참조.

제거한 후, 히틀러의 영도하에 독일을 그리스도교 국가로 만들고자 했다.

이러한 점을 고려할 때 나치즘이란 용어는 지극히 다의적임을 알 수 있다. 약간 과장해 말하자면, 모든 나치는 각자의 나치즘을 가졌다고 말할 수 있을 정도로, 나치즘은 사상적으로 그 성격이 불분명한 잡탕과 같았다.[15] 그러나 각 나치가 어떠한 이념을 가지고 있었든 실제의 나치즘에는 뚜렷한 특성이 존재한다. 그것은 바로 우리가 나치즘이란 말을 들을 때 쉽게 연상하게 되는 인종 청소와 제국주의 전쟁 그리고 전체주의적 지배이다.

하이데거가 반유대주의자이자 제국주의자라는 사실을 입증하려는 파리아스(Victor Farías)의 노력에도 불구하고, 대다수 연구자가 하이데거는 적어도 유대인의 절멸을 주장하는 극렬한 반유대주의자는 아니었으며 제국주의적 정복이나 전체주의적인 지배에 찬동하지도 않았다는 데 동의한다. 나치즘을 인종주의적으로 해석한 나치즘의 공식 이론가 로젠베르크(Alfred Rosenberg)야말로 하이데거를 가장 적대시한 사람이었다.[16]

우리는 하이데거가 실현하고자 한 나치즘의 실체를 파악하기 위해서, 그의 총장 취임 연설인 「독일 대학의 자기주장(Die Selbstbehauptung der deutschen Universität)」에 나타난 정치 사상을 검토하고자 한다. 이 연설은 하이데거가 프라이부르트대학의 총장으로서 구현하고자 했던 대학 개혁의 이념과 그 전제가 되는 정치 사상을 포함한다.

---

15 Julian Young, *Heidegger, Philosophy, Nazism*, Cambridge University Press, 1997, 6쪽 참조.

16 Rudolf Augstein, "Aber bitte nicht philosophieren!"—Rudolf Augstein über das Buch "*Heidegger und der Nationalsozialismus*" von Victor Farías, *Der Spiegel*, Nr. 48, 1987, 215-216쪽 참조.

2) 「독일 대학의 자기주장」에 나타난 하이데거의 정치 사상

(1) 민족 공동체주의

마르크스주의가 국제 사회주의(der internationale Sozialismus)를 표방했다면, 나치즘은 민족 사회주의(Nationalsozialismus)를 표방했다. 민족 사회주의란 민족 차원에서 모든 종류의 계급 지배와 계급 대립을 극복하고 하나의 공동체가 되자는 이념이다. 하이데거가 지향한 나치즘 역시 민족 공동체주의를 본질로 삼는다.

하이데거는 근대의 자유주의와 민주주의에서 비롯되는 개인주의와 물질주의가 민족 공동체를 파괴한다고 보고 민족구성원 전체가 하나의 형제의식을 가지고 단결할 것을 주장한다. 모든 신분차별과 대립을 제거함으로써 민족 공동체를 수립하려는 하이데거의 의도는 노동자라는 하나의 신분만을 인정하려는 데서 가장 분명하게 나타난다. 그에 따르면, "민족 사회주의 국가는 노동자들의 국가다(Der nationalsozialistische Staat ist der Arbeiterstaat)."[17]

여기서 노동자는 단순히 신체노동자가 아닌 일종의 새로운 인간, 즉 독일 민족의 정신적 사명에 입각하여 '구체적으로 인식하고 행위하는 자(der Konkret-wissend-Handelnde)'를 의미한다. 더불어 노동도 새로운 의미를 얻는다. 노동은 마르크스주의자들이 주장하는 것처럼 자본가들을 위해 상품을 생산하거나 돈을 벌기 위한 행위가 아니다. 개인과 집단 그리고 국가에 대한 책임에 의해 수행되고 민족에게 봉사하는 모든 행위를 의미한다.

대학에서 이루어지는 학문 활동도 공동체에 뿌리를 둬야 하며, 노동

---

17 Martin Heidegger, "Rede zur Immatrikulationsfeier am 25. November 1933(1933년 11월 25일에 행해진 입학식을 위한 연설)", *Freiburger Zeitung*, 150.Jg, 1933, 323쪽; 하이데거 전집 16권 *Reden und andere Zeugnisse eines Lebensweges*, Vittorio Klostermann, 2000, 196쪽 이하.

봉사 및 국방 봉사와 긴밀하게 결합해야 한다.[18] 하이데거는 노동 봉사의 원리에 따라 대학생들에게 공장이나 농촌에서 행해지는 노동에 참여하게 했으며 노동자들에게는 대학을 개방했다. 하이데거는 대학생들이 노동현장을 체험함으로써 특권의식을 버리고 일반 국민과 하나가 되기를 바랐다. 노동자들에게는 대학에 와서 배울 기회를 제공하고자 했다. 또한 하이데거는 국방 봉사라는 이름 아래 모든 남학생에게 4학기 동안 군사 교육을 받게함으로써 학생들에게 조국에 대한 책임감을 심어 주고자 했다.

(2) 작품 공동체(Werk–Gemeinschaft)로서의 민족 공동체 — 권위주의적 민족 공동체

하이데거는 민족 공동체를 주장했지만, 마르크스주의처럼 사유재산의 박탈과 평등한 분배를 주장한 것은 아니다. 아울러 그는 모든 종류의 위계질서를 부정하려는 무정부주의 공동체주의자도 아니다. 그는 인간들 사이에는 수준(Rang) 차이가 존재하기에, 지도하는 자와 복종하는 자가 있어야 한다고 본다. 물론 이때 지도자가 행하는 지도는 복종하는 자들에 대한 자의적인 지배가 아니다. 지도자는 독일 민족의 역사적 사명에 입각하여 지배해야 한다. 따라서 복종하는 자들은 역사적 사명에 비추어 지도자에게 저항할 권리가 있다.

하이데거가 생각하는 민족 공동체는 이런 의미에서 지도자와 복종하는 자들이 일체가 되어 독일 민족의 역사적 사명을 실현해 나가는 공동체로 일단의 오케스트라가 한 지휘자 아래 작품을 완성하는 것에 비유할 수 있다. 지휘자는 다른 단원들보다 작품에 대해 더 명확하게 통찰해야 하며 작품의 의미를 잘 구현하기 위해 더 노력해야 한다. 하이데거가 생각하는

18 Alexander Hollerbach, "Im Schatten des Jahres 1933: Erik Wolf und Martin Heidegger", in: Bernd Martin(hrsg), *Martin Heidegger und das 'Dritte Reich'*, 129쪽 참조.

민족 공동체 역시 지도자들은 해당 민족의 역사적 사명에 복종하는 사람들보다 더 명확한 자각을 가져야 하며, 역사적 사명을 실현하기 위해 보다 더 헌신하지 않으면 안 된다.

(3) 문화 국수주의

하이데거는 로마제국의 정신과 그리스철학의 정신을 서로 대립하는 것으로 본다. 그리스철학에서는 존재자들의 고유한 존재와 진리를 드러내는 것이 문제가 되는 반면에, 로마제국의 정신에서는 존재자들을 교묘한 술책에 따라 지배하는 것이 문제가 된다는 것이다.

하이데거는 영어나 프랑스어가 라틴어를 도입함으로써 로마제국의 정신에 오염되었다고 본다. 이에 반해 독일어는 영어나 프랑스어와는 달리 라틴어에 침해되지 않은 순수한 언어다. 따라서 하이데거는 로마제국의 정신에 의해서 오염되지 않은 독일 민족이야말로 그리스철학의 진정한 정신을 계승한, 유럽 문명을 정신적인 퇴폐에서 구원할 수 있는 유일한 민족이라고 본다.

하이데거는 죽기 10년 전에 행해진 『슈피겔』과의 인터뷰에서도 여전히 독일인들에게 특별한 사명이 주어져 있다고 생각한다. 그는 그 근거로 독일어는 그리스의 언어 및 사유와 내적인 근친성을 갖는 유일한 철학 언어라는 사실을 든다. 이를 입증하는 예로 그는 '프랑스인들은 사유하기 시작하자마자 독일어로 말하기 시작한다'는 사실을 언급한다.[19]

---

19 Spiegel-Gespräch mit Martin Heidegger, *Antwort, Martin Heidegger im Gespräch*, 107쪽 이하 참조.

6. 하이데거 사상과 실제 나치즘의 공통된 정신적 기원: 1914년 이념

우리는 앞에서 「독일 대학의 자기주장」을 검토하며 하이데거가 지향하는 나치즘의 본질이 무엇인지 파악하고자 했다. 그의 나치즘은 모든 계층과 신분이 하나가 되는 민족 공동체를 지향하며, 그리스 정신의 계승이라는 독일 민족의 역사적 사명을 강조한다. 그러나 이는 실제 나치즘에서도 표명된 이념으로 하이데거 특유의 것은 아니다.

물론 하이데거의 나치즘은 복종하는 자들의 저항권을 인정하고 모든 인종주의와 제국주의를 배격한다는 점에서 실제 나치즘과 구별된다. 이러한 차이에도 불구하고 하이데거의 정치 이념과 나치즘의 이념 사이에는 상당 부분 공통점이 있다는 사실을 부인할 수 없다. 게다가 하이데거 사상 중 나치즘과 통하는 요소들은 나치에 동조했던 모든 철학자에게서 공통적으로 나타난다. 하이데거의 정치 사상은 하이데거만의 것이 아니라 당시 민족주의적인 우파 지성계를 지배하던 특정 담론에 뿌리박고 있는 것이다.[20]

하이데거를 비롯한 우파 지성계의 사상과 실제 나치즘 사이에 존재하는 공통점은 어디서 비롯되는가? 나는 이것이 공통 뿌리를 갖는다는 데서 비롯된다고 생각한다. 민족 공동체의 이념과 독일 민족의 역사적 사명에 대한 이념을 비롯하여 하이데거와 나치즘이 공유하는 이념들은 '1914년 이념'이라고 불리는 보수 혁명적인 이념에 뿌리를 둔다.[21] 이에 하이데거는 자신의 사상과 나치즘 사이에는 상통하는 부분이 있다고 보았으며, 더 나아가 나치 운동을 통해 자신의 철학 이념을 구현할 수 있다고 생각했다.

---

20 Hans Sluga, *Heidegger's Crisis: Philosophy and Politics in Nazi Germany*, Harvard University Press, 1993. 8쪽 참조.

21 Julian Young, *Heidegger, Philosophy, Nazism*, 15쪽 참조.

1914년의 이념은 1차 세계대전을 전후로 독일의 우파 지성계에 나타난 특정한 사상적 조류를 의미한다. 1차 세계대전은 독일 국민의 삶뿐 아니라 독일의 정신계에도 지대한 영향을 끼쳤다. 당시 독일 우파 사상가들은 자신의 사상 작업을 통해 전쟁에 기여하고자 했다. 이들은 1차 세계대전에서 독일이 승리해야만 하는 필연성과 정당성을 철학적으로 뒷받침함으로써 독일의 정신적 무기가 되고자 했다. 그러한 사람들로 루돌프 오이켄(Rudolf Euken), 막스 셸러(Max Scheler), 베르너 좀바르트(Werner Sombart), 빌헬름 분트(Wilhelm Wundt), 막스 분트(Max Wundt) 등을 들 수 있을 것이다.

1914년의 이념은 사상가들마다 뉘앙스의 차이는 있어도 현대기술문명을 지배하는 물질주의와 개인주의 그리고 자유주의에 대한 비판, 국수민족주의와 민족 공동체주의가 그 본질이다. 1914년의 이념은 근대의 자유주의적인 사유와 문화 그리고 제도에 대해 부정적이고 대립적인 입장을 취한다는 점에서 보수적인 성격을 갖는다. 그러나 그것은 전근대적인 신분사회로 회귀하려는 게 아니라 모든 사람이 동등한 인격으로 대우받는 민족 공동체의 건립을 지향한다는 점에서 혁명적인 성격을 갖는다. 아울러 민족공동체를 건설하기 위해서는 철저한 정신 혁명을 통한 인간 변혁이 필요하다고 본다. 이런 의미에서 1914년의 이념은 보수 혁명의 이념이다.

1914년의 이념은 1차 세계대전과 함께 갑자기 등장한 것은 아니다. 1914년의 이념이 표방하는 국수주의적 태도는 이미 피히테에서, 그리고 반근대주의적 태도는 낭만주의, 바그너, 니체에게서 이미 강력하게 나타난다. 그것들은 독일 근대사에서 강력한 영향력을 가져왔고 1차 세계대전이라는 비상 시기를 맞아 독일의 우파 사상계를 지배하게 된 것이다.

1914년의 이념은 1차 세계대전에서 독일이 패한 후에도 독일 국민과 지성계에 지대한 영향력을 행사했다. 나치즘은 1914년의 이념을 상당 부분 수용했으며 바로 그 때문에 이미 1914년의 이념의 지배 아래에 있던 독일 국민들에게 급속하게 뿌리를 내릴 수 있었다. 물론 1914년의 이념을 주창했던 사상가 중 오스발트 슈펭글러(Oswalt Spengler) 등은 나치에 대해 비판적인 입장을 취했지만, 그럼에도 불구하고 1914년의 이념을 근저에서 규정하는 민족주의적이고 반자유주의적인 정신이 나치의 대두를 용이하게 했다는 사실을 우리는 부정할 수 없다.

하이데거는 자기 시대와 대결하며 비판적 거리를 유지한다고 자처했지만, 하이데거 역시 시대의 아들인 이상 당대를 지배하던 정신적 분위기에서 자유롭지 못했다. 1914년의 이념에서 확인되는 국수주의적 민족주의와 반자유주의가 지배하는 분위기 속에서 하이데거는 나치와 히틀러를 선택한 것이다.

7. 고향과 조국의 철학으로서 하이데거의 존재 사상

1) 메스키르히에 대한 찬가와 하이데거의 존재 사상

우리는 위에서 하이데거의 나치 참여는 1차 세계대전을 전후로 독일의 우파 지성계를 광범위하게 지배하던 1914년의 이념의 영향하에서 이루어졌음을 살펴보았다. 그러나 하이데거는 이미 1914년의 이념을 규정하는 정신적 분위기 안에서 태어났고 성장했다. 앞서 보았듯이 1914년의 이념은 어느 날 갑자기 등장한 것이 아니라 독일 근대사에서 지속적인 영향력을 가졌던 국수주의적이고 낭만주의적인 정신에서 비롯됐다. 이에 하이데거는 1914년의 이념을 철저하게 반성하지 않고 수용했을 것이다.

파리아스에 의하면 하이데거가 태어난 메스키르히는 그리스도교 사회주의적이며, 보수적이고, 반유대주의적인(christlich-sozial, konservativ, antisemistisch) 정신적 분위기가 지배하는 곳이었다. 자프란스키(Ruediger Safranski)도 메스키르히가 위치하는 독일 남서부를 지배한 정신세계를 가톨릭적 인민주의(der katholische Populismus)라고 규정한다.[22] 하이데거는 메스키르히에서 초등교육을 받은 후 콘스탄츠에서 김나지움을 다녔는데, 콘스탄츠를 지배하던 정신적 분위기도 메스키르히와 크게 다르지 않았다.

하이데거가 1914년의 이념을 수용할 수 있었던 것도 궁극적으로는 이러한 성장환경과 연관이 있다. 자신의 고향에 대해 일생 동안 각별한 애정을 품어왔던 하이데거가 고향을 지배하던 정신적 분위기에 의해서 큰 영향을 받았으리라는 점은 충분히 짐작할 수 있다. 이런 의미에서 나는 파리아스의 다음과 같은 분석에 동의한다. 파리아스는 이렇게 말한다.

> 하이데거가 농민의 소박함을 가장 소중한 덕으로서 내세우는 인민주의적 성향(Populism)과 반자유주의적이고 민족주의적인 성향을 평생 가지고 있었고, 이러한 성향은 어릴 때의 성장환경에서 큰 영향을 받아 형성된 것이다.[23]

후기 하이데거는 현대기술문명이 부딪히는 모든 위기는 궁극적으로 현대인들의 '고향상실(Heimatlosigkeit)'에서 비롯된다고 본다. 이때 고향은 한 인간이 태어난 곳이라는 장소적 의미를 넘어 모든 존재자와 참된 친교가 이루어지는 세계를 의미한다. 하이데거 철학은 현대기술문명에서 사라져 가는 고향과 향토에 대한 연가(戀歌)이자 송가(頌歌)라고 말할 수 있다. 그리고 하이데거는 고향의 전형으로서 메스키르히를 염두에 두었다고 볼

---

22 Ruediger Safranski, *Ein Meister aus Deutschland*, 18쪽 참조.

23 Victor Farías, *Heidegger und der Nationalsozialismus*, Verdier, 1987, 40쪽. 또한 Julian Young, *Heidegger, Philosophy, Nazism*, 13쪽, Pierre Bourdieu, *Die politische Ontologie Martin Heideggers*, Suhrkamp, 1988, 9쪽을 참조. 막스 뮐러 역시 하이데거의 성장환경이 그의 철학에 미친 영향을 인정한다. 그에 따르면, 하이데거 철학은 하이데거가 반쯤은 농민이었던 소시민 가족 출신이라는 사실에 의해서 크게 각인된다.

수 있다. 하이데거에게 메스키르히는 단순히 출생지를 넘어 자신의 사유 여정 전체를 규정하는 철학적 의미를 갖는 것이다. 그렇다면 우리는 하이데거 철학을 자신의 고향 메스키르히에 대한 찬가이자 뿌리를 잃고 방황하는 현대기술문명에 대한 대안으로 메스키르히를 제시하려는 시도라고 볼 수 있다.

후기 하이데거는 인간이 진정하게 거주할 수 있는 세계를 '하늘과 대지 그리고 신적인 존재자들과 죽을 자로서의 인간들의 친교(親交)가 이루어지는 사역(das Gevierte)'으로 보았다. 이때 그는 그 세계로 무엇보다도 메스키르히를 염두에 두지 않을까? 메스키르히에는 마을 중앙에 위치하던 성 마르틴 성당을 중심으로 신이 깃들어 있다. 게다가 이 마을에는 하늘을 가리는 고층빌딩이 없으며 밀밭과 들길이 마을을 둘러싸고 있다. 이 마을에서는 신과 하늘과 대지 그리고 죽어야 할 인간들이 함께 만나는 것이다.

물론 지금의 메스키르히는 더 이상 하이데거가 찬미하던 모습이 아니다. 이제 메스키르히 주민들은 트랙터를 이용하여 농사를 짓고, 마을 청년들은 유흥을 위해 저녁이 되면 자가용을 몰고 가까운 도시로 몰려 나간다. 하이데거가 찬미하던 메스키르히는 사실 산업화 이전의 메스키르히였을 것이다. 그것도 상당히 낭만주의적으로 이상화된 메스키르히가 아니었을까? 이에 나는 '하이데거의 존재 사상은 본질적으로 메스키르히 찬가다'를 단서로 삼아 그의 존재 사상을 고찰하려고 한다.

2) 하이데거의 존재물음과 조국과 고향에 대한 사랑

(1) 존재물음과 현대기술문명

하이데거 철학의 근본물음은 존재물음이다. 그런데 존재에 대해 묻는다는 것은 무엇을 의미하는가? 존재하는 모든 것은 서로 차이가 있음에도 불구하고 존재한다는 점에서 동일하다. 그리고 우리는 '존재자가 존재한다'는 것이 무엇인지 이미 이해하고 있다. '존재자가 존재한다'는 것의 의미를 모른다면, 그것이 존재한다고 말할 수도 없기 때문이다. 하이데거는 각 역사 시대에서 인간의 모든 행위와 이론 탐구는 그 시대가 전제하는 존재이해에 근거한다고 여겼다. 예를 들어 현대기술문명에서 '존재자가 존재한다'는 것은 '계산 가능한 에너지'로서 존재한다는 것을 의미하며, 여기서는 인간마저도 '계산 가능한 노동력'으로서 간주된다.

각 시대의 존재이해는 한 시대의 인간이 행하는 모든 행위와 이론 탐구를 근본적으로 규정한다. 따라서 어떤 시대를 문제 삼고 그것을 극복하기 위해서는 그 시대를 규정하는 존재이해를 극복하지 않으면 안 된다. 하이데거는 현대기술문명의 폐해는 그것을 근저에서 규정하는 왜곡된 존재이해에서 비롯된다고 본다. 따라서 그는 보다 근원적인 존재이해를 통해 현대기술문명의 존재이해를 극복할 때만 현대기술문명의 위기를 극복할 수 있다고 여겼다.

보다 근원적인 존재이해란 '존재자가 존재한다'는 사태를 '존재자는 모든 이론 규정과 기술 조작을 단적으로 거부하는 비밀스러운 것으로서 존재하는 동시에 자신의 진리를 찬연하게 드러내는 것으로서 존재한다'고 이해하는 것이다. 우리는 대개 일상적인 이해 관심에 따라 존재자들을 조종하고 지배하며 존재자들을 자신의 이해관심을 충족시키기 위해 이용하는 데 몰두한다. 그러다 보면 존재자가 우리의 모든 이해관심과 상관없이 그 자체로 존재하며 존재자들이 자신의 존재를 신비롭게 발현하고 있다는 사실을 망각한다. 이러한 망각이 바로 하이데거가 말하는 존재망각이다.

모든 존재자가 빛을 발하면서 자신을 드러내는 '세계(Welt)'를 하이데거는 '퓌지스'라고 부른다. 퓌지스란 그리스인들이 존재자 전체에 대한 경이에 사로잡혀서 근원적으로 경험한 자연을 의미한다. 곧 존재망각이란 퓌지스 망각이며, 인간을 비롯한 모든 존재자의 신비하고 성스러운 존재에 대한 망각이다.

(2) 존재 경험 그리고 고향과 조국에 대한 사랑

하이데거에게 존재 경험이란 인간이 자신이 사는 세계를 퓌지스로서 경험하는 것을 의미한다. 하늘 아래 대지의 품 안에서 태어난 인간이 하늘과 대지 사이에 존재하는 산하와 다른 인간, 동물, 식물 그리고 돌과 친교를 경험하는 일이다. 이때 하늘은 천문학에서 다루는 무한한 공간이 아니며, 대지와 산하도 현대 지리학이 다루는 곳이 아니다. 현대 천문학과 지리학에서 다루는 하늘과 대지 그리고 산하는 보편적이고 추상적인 이성의 입장에서 본 것으로, 그 안에서 태어나고 성장하며 죽어 가는 구체적인 인간의 입장과 다르다.

하이데거가 말하는 고향 세계란 향토적이면서도 종교적인 공동체다. 아테네인들이 아테네 신의 비호 안에서 자신의 산하, 대지와 하나가 되었던 세계가 바로 하이데거가 그렸던 세계다. 그것은 하나의 공동체가 동일한 신 앞에서 함께 춤추고 노래하면서 축제를 벌일 수 있는 세계다. 이런 의미에서 푀겔러는 하이데거가 민족 구성원 전체가 동일한 신을 함께 숭배하는 폴리스적인 공동체를 꿈꾸었다고 말한다.[24]

(3) 조국의 철학으로서 하이데거의 존재 사상

고향과 향토에 대한 애정은 고향과 향토가 속하는 운명 공동체로서의 조국에 대한 애정으로 이어질 수밖에 없다. 하이데거에게 한 개인의 운명을 결정하는 데 있어 가장 중요한 공간은 그 개인이 속하는 국가다. 사실 오늘날에도 한 인간이 어떠한 국가에서 태어났느냐에 따라 그 운명이 완전히 달라진다. 아프가니스탄이 조국인 인간과 한국이 조국인 인간의 운명은 전혀 다른 궤적을 그릴 수밖에 없다.

---

24 Otto Pöggeler, "Nietzsche, Hölderlin und Heidegger", in Peter Kemper(hrsg), *Martin Heidegger: Faszination und Erschrecken*, Campus, 1990, 202쪽.

이런 의미에서 하이데거가 말하는 존재 경험은 한 인간이 자신의 조국에 대해 무한한 애정을 갖게 되는 일이기도 하다. 그리고 조국에 대해 무한한 애정을 갖는다는 것은 고향과 향토에 대해 애정을 갖는 것과 마찬가지로 조국의 하늘과 대지, 산하와 사물 그리고 그러한 세계 안에서 살아가는 동료 인간이 지닌 신비로운 존재를 경험하는 일이다.

그렇다면 하이데거가 자신의 고향 메스키르히와 조국 독일에 대해 보인 애정은 그의 존재 사상과 무관한 우연적인 산물이 아니라 그의 철학 본질과 닿아 있다고 할 수 있다. 뒤에서 살펴보겠지만 하이데거의 철학은 고향과 조국의 철학이기에 역시 향토와 조국을 내세우는 나치에 동질감을 가질 수 있었다. 이런 의미에서 하이데거의 나치 참여는 그의 존재 사상에 근본적으로 뿌리를 둔다고 볼 수 있다.

조국에 대한 애정과 하이데거의 존재물음 사이에 존재하는 깊은 연관은 하이데거가 총장 취임식 하루 전에 행한 슐라게터(Albert Leo Schlageter)에 대한 추도연설에서 극명하게 나타난다. 프랑스는 1933년 1월 11일에 독일이 전쟁배상금을 갚지 않고 있다는 이유로 라인 지방(Rheinland)을 점령했다. 분개한 슐라게터는 프랑스 점령군을 공격하는 의용군에 가담했는데, 결국 프랑스 점령군에게 폭탄을 투하하다가 체포되었고 즉결재판에 회부되어 총살형에 처해졌다.

하이데거는 슐라게터에 대한 추도 연설에서 이렇게 말한다.

> 가장 진중한 죽음을 견뎌낼 수 있었던 이러한 강인한 의지는 어디서 비롯되는가? 가장 위대하고 가장 심원한 죽음을 자신의 영혼으로 인수하는 이 맑은 마음은 어디서 비롯되는가?
> 프라이부르크대학의 학생들이여! 독일의 학생들이여! 제군들이 여행할 때나 행군할 때 슈바르츠발트의 산과 들 그리고 계곡에 들어설 때, 그대들은 [슐라게터의 강인한 의지와 맑은 마음이 어디서 비롯되었는지를] 경험

> 하고 알게 될 것이다. 젊은 농부의 아들[슐라게터]이 성장한 산들은 원생암석(Urgestein)과 화강암으로 이루어져 있다. [슐라게터의] 강인한 의지는 옛날부터 그 산들에 의해서 길러져 왔다.
> 슈바르츠발트의 가을해는 산맥과 숲을 청명하게 비추고 있다. 그 광경은 장엄 그 자체다. [슐라게터의] 맑은 마음은 옛날부터 그 햇빛을 통해서 길러진 것이다.
>
> 강인한 의지와 맑은 마음으로 알버트 레오 슐라게터는 자신의 죽음을, 즉 가장 진중하고 가장 위대한 죽음을 인수했다.
> 프라이부르크대학의 학생들이여, 이 영웅이 성장한 고향의 산들이 갖는 힘을 그대들의 의지에 스며들게 하라!
> 프라이부르크대학의 학생들이여, 이 영웅이 성장한 고향의 계곡에 비춰드는 가을 태양의 힘을 그대들의 마음에 비추게 하라!
> 강인한 의지와 맑은 마음을 그대들 안에 보존하고 그대들의 동료들에게 전하라.[25]

후기 하이데거는 '각 사물은 하늘과 대지 그리고 불사의 신과 사멸할 인간이 하나로 어울리는 사역으로서의 세계를 집수(集收)하는 것'이라고 사유한다. 이 사유는 하이데거가 세계를 사역으로 파악하기 이전에 이미 「예술 작품의 근원(Der Ursprung des Kunstwerkes)」에서 시도하는 것인데, 「예술 작품의 근원」 이전에 슐라게터에 대한 추도사에서도 그 단초가 이미 분명하게 드러난다. 흔히 사역 이론에 대한 하이데거의 사유는 구체적이고 실존적인 의미를 결여한, 형이상학적인 추상물로 간주되어 왔다. 그러

25 Guido Schneeberger, *Nachlese zu Heidegger: Dokumente zu seinem Leben und Denken*, 48쪽.

나 슐라게터에 대한 추도 연설에서는 하이데거의 사역 이론이 갖는 실존적 의미가 첨예하게 드러난다. 사물뿐 아니라 인간을 자신이 성장하는 고향의 하늘과 대지를 집수(集收)하는 존재로 사유하는 것이다. 인간의 과제는 고향 하늘의 청명함과 대지의 강인함을 자신 안에 동화하고, 자신의 죽음으로 선구함으로써 자신을 비롯해 존재자 전체의 신비로운 존재를 경험하는 일이다.

후기 하이데거가 말하는 사역으로서의 고향이 단순한 형이상학적 추상물이 아니라 한 인간이 역사적인 전통 안에서 태어나고 죽어 가는 구체적인 장소를 의미한다는 사실은 다음 인용문에서도 명확하게 나타난다.

> 오늘날 자주 언급되고 있는 저개발국의 민족들이 근대기술의 혜택을 누리게 될 경우, 그것을 통해서 그들의 가장 고유하고 전통적인 것이 박탈되고 파괴되는 것이 아닌지 그리고 그들은 이러한 방식으로 자신의 친숙한 세계로부터 섬뜩한 세계로 추방되는 것은 아닌지라는 물음이 제기된다.[26]

하이데거 시각에서 보면 현대인들은 자신이 태어난 토착 세계로부터 무한한 가상 세계로 끌려 들어가고 있다. 무한한 가상 세계에는 믿고 의지할 수 있는 게 아무것도 없고, 사람들의 호기심과 흥분을 끊임없이 자극하는 새로운 것들이 명멸할 뿐이다.

---

26 *Martin Heidegger zu 80. Geburtstag von seiner Heimatstadt Meßkirch*, Vittorio Klostermann, 1969, 40쪽.

3) 조국과 향토를 수호하기 위한 투쟁으로서 하이데거의 존재 사상

하이데거의 기술문명 비판도 결국은 조국과 향토를 수호하기 위한 투쟁이라고 볼 수 있다. 하이데거는 창조적인 모든 것은 오직 고향의 대지로부터 비롯된다고 생각했다. 하이데거가 1930년과 1933년 두 번에 걸쳐서 베를린대학의 교수 초빙을 거부했던 것도 바로 그 때문이었다.

이런 맥락에서 하이데거는 헤벨(Johann Peter Hebel)이 방언으로 쓴 시와 "나는 내 조국 속의 형태들이 빚어내는 화음을 사랑한다(Ich liebe den Gestalteneinklang meines Vaterlandes)"고 말한 세잔(Paul Cézanne)의 작품을 좋아했다.[27] 하이데거는 헤벨이나 세잔의 작품은 자신의 향토와 조국에 뿌리박고 있기에 훌륭한 작품이 될 수 있었다고 보았다. 더 나아가 하이데거는 자신의 철학적 작업(die philosophische Arbeit)도 농부의 노동과 본질적으로 동일하다고 보았다. 하이데거는 농부의 노동이 대지에 뿌리박고 있는 것과 마찬가지로 자신의 철학 작업도 토드나우베르크의 산과 숲에 뿌리내리고 있다고 보았다. 토드나우베르크산은 하이데거가 주로 머물며 연구했던 산장이 있던 곳이다.

하이데거가 보기에 현대기술문명에는 고향도 조국도 없다. 현대기술문명에게 인간이란 다른 존재자와 마찬가지로 계산 가능한 에너지의 집합에 불과하다. 인간은 노동력의 담지자에 지나지 않으며 노동의 대가로 생존 수단과 향락 수단을 얻기에 급급하는 존재에 불과하다. 인간은 노동하고 향락하는 동물이다. 니체가 말세인이라고 불렀고 장차 지상을 뒤덮을 것이라고 보았던 이 인간들이 하이데거는 현대기술문명에서 이 지상을 뒤덮고 있다고 본다. 이 인간들에게는 '존재자가 존재한다'는 사실에 대한 경

27 Günther Neske(hrsg), *Erinnerung an Martin Heidegger*, Günther Neske, 1977, 85쪽 참조.

이도, 자신이 거주하는 향토와 산하에 대한 경이와 사랑도 결여되어 있다. 인간은 원래 현존재, 즉 존재자 전체가 그를 통해 자신을 찬연히 드러내 보이는 존재다. 따라서 인간이 존재자 전체에 대한 경이를 상실했을 때 그는 동물과 같은 비인간의 차원으로 전락한다.

이러한 인간들에게는 고향과 조국도, 고향과 조국에 스며들어 있는 역사도 아무런 의미를 갖지 못한다. 현대기술문명은 자연 세계 대신에 생산망과 거래망 그리고 정보망을 통해 철저하게 연결된 인공 세계를 건설하고, 정보 언어를 매개로 모든 지역 차이를 넘어서 기술적으로 조직된 하나의 세계문명을 지향한다. 따라서 현대를 지배하는 언어는 국적 없는 정보 언어이며, 현대인들은 민족의 시인이나 철학자들의 언어를 배우기 위해서 노력하는 것이 아니라 정보 언어를 습득하기 위해 진력한다.

물론 이 와중에도 각국 간에는 여전히 민족주의에 입각한 경쟁이 치열하게 전개된다. 이때 경쟁은 조국의 고향과 산하를 보존하기 위한 것이 아니라, 국가의 권력의지와 국가 구성원들의 이기적인 욕망을 충족시키기 위해 행해진다. 그리고 이를 위해 조국의 산하와 대지는 무자비하게 개발되고 약탈된다. 조국의 산하와 대지도 순수한 에너지로 환원되며 국가의 권력의지를 강화하기 위해 총동원되는 것이다.

4) 하이데거의 존재 사상은 국수주의적이거나 제국주의적인 귀결을 갖는가?

하이데거가 나치에 가담한 이유 중의 하나는 나치의 '피와 대지'라는 슬로건에서 자신의 사상과 유사한 점을 발견했기 때문이다. 하이데거는 토착의 대지로 귀환함으로써 기술문명을 극복하려고 했던 것이다. 물론 하이데거는 나치가 말하는 '피와 대지'와 자신이 말하는 '민족과 대지' 사이의 본질적인 차이를 의식하고 있다. 나치가 말하는 '피와 대지'가 인종주의적이고 배타적이며 제국주의적인 성격을 띤다면, 하이데거가 말하는 '민족'

은 정신적인 성격이 강하며, '대지' 역시 배타성이나 제국주의적인 성격을 갖지는 않는다. 하이데거의 존재 사상은 분명히 향토주의적이고 민족주의적 성격을 갖지만, 그것이 메스키르히와 독일 민족을 우상화하고 절대시하는 방향으로 나가지는 않는다.

하이데거와 고향과 조국이 다른 사람들에게도 하이데거의 존재 사상은 자신의 고향과 조국에 대한 애정에 정당성을 부여하는 것이 될 수 있다. 이런 의미에서 푀겔러는 하이데거의 존재 사상이 제국주의적 침략에 대항하여 자신의 고향과 조국을 수호하는 레지스탕스 철학이 될 수 있다고 보았다. 하이데거의 존재 사상은 각 민족이 자신의 향토와 조국을 수호하고 그것을 존재가 현현하는 장으로 변화시키자고 요구한다고 볼 수 있다. 따라서 하이데거의 존재 사상은 모든 형태의 제국주의나 국수주의를 배척하는 철학으로 나는 하이데거가 종종 독일어와 독일 민족에 대해 국수주의적인 태도를 취한 것은 자기 자신의 철학과 모순되는 점이라고 본다.

하이데거 철학은 다른 민족을 도와주되 추상적인 인류애의 관점이 아닌 해당 민족이 자신의 본래적인 존재를 회복하도록 도와줄 것을 촉구하는 사상이 될 수 있다.[28] 그것은 인류애를 주창하면서 사실은 자신들의 종교와 문화를 강요했던 서양제국주의에 대한 도전이 될 수도 있다. 이런 맥락에서 하이데거는 각 민족의 고유성에 입각한 민족주의와 힘과 정복을 추구하는 민족주의를 구별한다.[29]

따라서 하이데거가 민족과 민족 간의 정신 투쟁을 말할 때, 이는 한 민족이 다른 민족을 정신적으로 지배하는 것을 목표로 삼아야 함을 의미하지 않는다. 그것은 두 민족이 상호 간 대화를 통해 각자의 본질을 구현하

---

28 하이데거의 이러한 입장에 대해서는 프랑스 철학자들과 독일 철학자들 간 대화에 관한 글인 "Wege der Aussprache", in: Guido Schneeberger, *Nachlese zu Heidegger: Dokumente zu seinem Leben und Denken*, 258-262쪽을 참조할 것.

29 하이데거 전집 15권 *Heraklit*, 358쪽 참조.

도록 서로 돕는 것을 의미한다. 하이데거는 제국주의적 지배 의지는 현대 기술문명을 근저에서 규정하는 힘에의 의지의 한 형태라고 본다. 하이데거가 말하는 향토와 조국에 대한 애정은 다른 국가들을 지배하려는 힘에의 의지로 귀착되는 것이 아니라 오히려 다른 국가들에 대한 존중을 수반한다.[30]

물론 나는 하이데거가 자신의 존재 사상이 갖는 귀결을 모든 면에서 끌어내고 그 귀결에 따라 살았다고 생각하지는 않는다. 그는 유대인 말살을 내세우는 반유대주의자는 아니었지만, 독일 민족에 대한 지나친 애정 때문에 나치 치하에서 유대인들이 겪었던 비극에 대해서는 무심했던 것처럼 보인다. 그는 유대인인 한나 아렌트나 엘리자베트 블로흐만(Elisabeth Blochmann)과 같은 자신의 사적인 지기들이 처한 운명에 대해서는 안타까워했지만, 유대인 전체에 대해서는 별다른 동정심을 보이지 않았다.

8. 나가면서

이상의 고찰을 간단히 정리하는 것으로 이 글을 마치고자 한다.

하이데거는 히틀러에 의해 영도되는 나치 운동을 독일 민족이 새롭게 태어날 수 있는 절호의 기회로 보았다. 하이데거가 보기에 당시 독일인뿐 아니라 인류는 생존과 쾌락을 위한 물품을 획득하기 위해 노동하는 동물로 퇴락해 있었고, 대학은 밥벌이를 위한 전문기술을 가르치는 직업 학원으로 전락하고 있었다. 이러한 현실에 대항하면서 하이데거는 독일 민족 전체가 하나가 되고 독일의 산하와 사물에서 발(發)하는 빛을 볼 수 있는 인간이

30 전광식, 『고향』, 문학과지성사, 1999, 32쪽 참조.

되기를 바랐다. 그리고 하이데거는 나치 혁명이야말로 독일 민족을 총체적으로 변혁할 수 있는 기회를 제공한다고 생각했다.

하이데거는 당시 대학생들이 장차 독일을 이끌어 갈 지도자가 될 것이라고 생각했기에 대학이야말로 민족갱생의 진원지가 되어야 한다고 여겼다. 이를 위해 하이데거는 대학 총장으로서 대학생들이 모든 특권의식을 버리고 공장과 농촌에서 일하며 민중과 일체감을 갖도록 촉구했다. 그리고 그는 철학 교육을 통해서 대학생들을, 조국의 자연과 사물을 단순히 인간의 욕망을 충족시키는 수단으로 보지 않고 산을 '산으로' 강을 '강으로' 감득(感得)할 수 있는 인간으로 변화시키고자 했다.

하이데거는 이러한 대학 혁명이 민족 혁명의 기폭제가 되어, 독일 민족이 유럽을 미국의 물질주의와 소련의 공산주의라는 기술적 전체주의의 위협으로부터 구원할 것을 기대했다. 프랑스가 1789년의 프랑스 혁명을 통해서 유럽이 나아갈 길을 보여 주었던 것처럼, 하이데거는 1933년의 나치 혁명이야말로 독일 민족이 기술문명의 위기에 직면한 유럽에 새로운 길을 제시할 수 있는 천재일우의 기회라고 생각했다.

그러나 하이데거가 이렇게 큰 기대를 걸었던 나치 혁명은 홀로코스트와 2차 세계대전의 도발이라는 전대미문의 악마적인 범죄와 함께 종말을 고했다. 하이데거는 나치에 참여할 당시 나치즘을 존재자 전체를 에너지 자원으로 소모하는 현대기술문명의 위기를 극복하려는 운동으로 보았다. 그러나 1936년 이후부터 하이데거는 나치즘에 대해서 비판적인 입장을 취하며, 마침내 나치즘을 인간과 국토와 향토를 국가권력의 강화를 위해 총동원하는 기술적 전체주의의 극단으로 보게 된다.

하이데거의 사상적 전회와 나치 참여

하이데거의 정치철학*

1. 하이데거의 사상적 전회는 나치 참여의 좌절에서 비롯된 것인가?

주지하듯이 하이데거는 자신의 사유도정에서 사상적 전회를 겪었다. 이에 따라 그의 사상은 초기와 후기로 나뉜다. 많은 하이데거 연구자가 이러한 사상적 전회의 동기를 나치 참여의 실패에서 찾는다. 이들은 하이데거가 사상적 전회 이전에 가졌던 사상의 근본적인 결함 때문에 나치에 참여하게 됐다면서, 나치 참여의 실패 이후에는 사상적 전회를 통하여 결함을 극복하려 했다고 본다.

이들의 해석에 따르면, 하이데거는 『존재와 시간』에서 현존재가 본래적인 실존가능성을 향해서 결단할 것을 요구하면서도 정작 본래적인 실존가능성이 무엇인지에 대해서는 애매한 채로 남겨두었다. 다시 말해 이들은 하이데거의 초기 사상이 "나는 결단한다. 그렇지만 어떤 것으로 결단해야 할지 모르겠다"는 식의 결단주의와 동일하다고 본다. 더 나아가 이들은 하이데거의 후기 사상도 결단주의적 성격을 극복하지 못했기 때문에 나치

* 『하이데거와 나치즘』(문예출판사, 2001, 절판)의 일부.

즘을 철저하게 극복했다고 볼 수 없다고 주장한다.

하이데거의 초기 철학을 결단주의로 보는 해석은 폰 크록코프(Christian Graf von Krockow)의 『결단(Die Entscheidung)』[1]에서 시작하여 칼 뢰비트(Karl Lowith), 프란젠(Winfried Franzen), 에벨링(Hans Ebeling), 부르디외(Pierre Bourdieu), 그리고 하버마스(Jürgen Habermas)와 같이 하이데거에 대해 비판적인 사람들에 의해서 지속적으로 제기되어 왔다. 그러나 그러한 해석은 발터 슐츠(Walter Schulz)나 푀겔러(Otto Pöggeler) 그리고 헬트(Klaus Held)와 같이 하이데거에 호의적인 사상가들도 제기해 왔다.

이들 중 하버마스는 『존재와 시간』에 나치즘과 직접 결부될 수 있는 내용이 있다고 보지는 않는다. 다만 그는 『존재와 시간』에는 나치를 비판할 수 있는 어떠한 규범적 토대도 존재하지 않는다고 주장한다. 더 나아가 그는 하이데거가 『존재와 시간』에서 인간 현존재의 존재방식을 분석할 때 단독적인 현존재를 실마리로 삼는 방법론적 유아론(唯我論)에 빠져 있기에 규범적인 타당성 요구와 도덕적 책임감이 갖는 의미를 진지하게 고려하지 못하고 있다고 비판한다.[2]

『존재와 시간』에 대한 하버마스의 해석은 근본적으로 『존재와 시간』에 대한 프란젠의 해석과 대동소이하다. 프란젠은 『존재와 시간』에서 나치즘과 통할 수 있는 사상적 요소를 찾아내고자 했지만, 결국은 『존재와 시간』을 '반(反)정치적 실존에 대한 열정적인 이론'으로 결론지었다.[3] 즉 프란젠 역시 『존재와 시간』과 나치즘 사이에는 직접적인 연관이 없다고 본다. 그러나 초기 하이데거가 나치를 비판할 수 있는 어떠한 규범적 토대도 제

1 Christian Graf von Krockow, *Die Entscheidung: Eine Untersuchung über Ernst Jünger, Carl Schmitt, Martin Heidegger*, Campus, 1990.

2 Jürgen Habermas, "Heidegger: Werk und Weltanschauung", in: Victor Farías, *Heidegger und der Nationalsozialismus*, 17쪽 참조.

3 Winfried Franzen, *Von der Existenzialontologie zur Seinsgeschichte*, Hain, 1975, 73쪽 참조.

시하지 못하는 가운데, 『존재와 시간』과 나치즘 사이에 비슷한 정서, 다시 말해 일종의 결단주의 정서가 지배하고 있었기 때문에 하이데거는 나치에 경도될 수 있었다고 본다.

프란젠은 1929~1930년 겨울학기에 하이데거가 행한 강의 『형이상학의 근본개념들(Die Grundbegriffe der Metaphysik)』을 분석하면서도 동일한 견해를 제시한다. 즉 그는 이 강의를 규정하는 근본기분을 '고난과 험난함을 향한 열정(die Sehnsucht nach Härte und Schwere)'으로 해석하면서, 이 기분이야말로 바로 나치즘의 정서와 통하는 것이라고 보고 있으며 이러한 정서적 친화성 때문에 하이데거는 나치즘에 경도될 수 있었다고 분명히 말한다.[4]

프란젠과 유사한 해석은 국내 역사가 이광주가 제시하는 해석에서도 볼 수 있다. 이광주는 이렇게 말한다.

> 하이데거의 변혁(Um-bruch), 궐기(Aufbruch), 침입(Ein-bruch) 등의 용어는 나치스 이래 새로운 의미를 지닌 용어로서 '-bruch'는 과거와의 단절, 과거의 파괴를 의미하며 나치스의 세계관과 하이데거의 철학이 꼭 같이 '무에서 이루어진', 즉 니힐리즘적인 극한상황 위에서 이루어졌음을 다시 한번 말하여 준다.[5]

우리는 이들의 해석을 다음과 같이 정리할 수 있다.

> 하이데거는 나치즘과 마찬가지로 무엇이 선이고 무엇이 악인지를 평

4 Winfried Franzen, "Die Sehnsucht nach Härte und Schwere. Über ein zm NS-Engagement disponierendes Motiv in Heideggers Vorlesung ≫Die Grundbegriffe der Metaphysik≪ von 1929/30", in: Annemarie Gethmann-Siefert und Otto Pöggeler(hrsg), *Heidegger und die praktische Philosophie*, Suhrkamp, 1987, 78쪽 참조.

5 이광주, 『역사 속에 선 인간: 독일 근대사론』, 문학과지성사, 1979, 114쪽.

> 가할 수 있는 어떠한 가치척도도 제시하지 않았다. 이와 함께 하이데거는 사람들이 결단할 때 보이는 열정적인 진지함만을 그들의 진실성을 평가하는 척도로 삼는 니힐리즘적인 결단주의에 빠지고 있다.

이런 맥락에서 부르디외도 하이데거가 나치에 참여하게 된 사상적 동기를 신칸트학파를 하이데거가 전복하려고 했다는 데서 찾는다. 신칸트학파는 유럽의 계몽주의를 계승하면서 인류가 구현해야 할 보편 가치들을 내세웠다. 그런데 하이데거는 신칸트학파를 부정하는 것과 함께 이것이 내세웠던 보편 가치들마저 부정했다는 것이다.[6]

그런데 이런 류의 비판은 위에서 이미 언급한 것처럼 하이데거에게 비판적인 입장을 취하는 해석가들뿐 아니라 하이데거에 대해 호의적인 입장을 취하는 푀겔러나 슐츠 그리고 헬트와 같은 사람들에 의해서도 제기된다는 점에서 더욱 더 큰 무게를 갖는다.

하이데거의 전체적인 사유도정과 그것이 서양 철학사에서 갖는 의의를 탁월하게 분석한 것으로 널리 인정받는 논문 「하이데거의 철학사적 위치에 대해서(Über den philosophiegeschichtlichen Ort Martin Heideggers)」에서 발터 슐츠는 초기 하이데거의 입장을 '영웅적 허무주의'로 본다. 이와 함께 그는 초기 하이데거의 철학을 궁극적으로 결단주의 내지 주의주의로 규정하는 데 가담한다. 초기 하이데거에게서 '현존재는 불안이라는 기분에서 자신이 경험하는 무력감에 대해서 영웅적으로 자기 자신을 주장하는 자로서 파악되고 있다'는[7] 것이다.

푀겔러 역시 하이데거가 결단주의에 빠질 수 있는 위험성을 지적한

6 Hans Sluga, *Heidegger's Crisis: Philosophy and Politics in Nazi Germany*, 10쪽 참조.

7 Walter Schultz, "Über den philosophiegeschichtlichen Ort Martin Heideggers", in: Otto Pöggeler(hrsg), *Heidegger: Perpektiven zur Deutung seines Werkes*, Kiepenheuer & Witsch, 1970, 115쪽 참조.

다. 푀겔러에 따르면, 초기 하이데거가 말하는 본래적인 실존가능성이나 후기 하이데거가 말하는 존재의 진리가 개시되는 기분인 불안이나 경외와 같은 근본기분들은 자의적인 성격을 가질 수 있다. 그에 따르면 우리가 어떤 기분에 사로잡힐 때 이러한 기분이 과연 본래적인 실존가능성이나 존재 진리를 개시하는 근본기분인지, 아니면 임의적이고 변덕스러운 기분인지를 구별할 수 있는 기준이 필요하다는 것이다. 따라서 푀겔러는 기분과 전통적인 덕이론(Tugendlehre)을 결합해야 한다고 주장한다.[8]

결국 푀겔러도 하이데거에게는 우리가 무엇이 선이고 악인지를 분별할 수 있는 기준이 결여되고 있다고 본다. 그 역시 하이데거 철학에는 결단주의나 주의주의의 성격이 상당히 강하게 존재한다고 보는 셈이다. 더 나아가 푀겔러는 초기 하이데거는 니체식 주의주의(voluntaristisch)에 빠져 있었기 때문에 나치에 가담하게 되었다면서, 하이데거의 나치 참여 동기를 그의 초기 사상이 갖는 주의주의적 성격에서 찾는 해석에 명시적으로 동참하고 있기도 하다.[9]

헬트는 『존재와 시간』을 비롯하여 하이데거의 초기 저작에서 보이는 초월에 대한 사상은 주의주의적인 성격을 띤다고 본다. 헬트는 이렇게 말한다.

> 세계로 초월하는 근원적인 운동 속에서 현존재는 존재자가 나타날 수 있는 밝은 차원(die helle Erscheinen des Erscheinens), 즉 세계 지평을 존재자에게서 탈취한다. […] 궁극목적(Um-willen)으로서의 자신에게 자

---

8 Otto Pöggeler, "Praktische Philosophie als Antwort an Heidegger", in: Bernd Martin(hrsg), *Martin Heidegger und das 'Dritte Reich'*, 67쪽 참조.

9 Otto Pöggeler, "Den Führer führen? Heidegger und kein Ende", *Philosophische Rundschau* 32, 1985, 47쪽. "Praktische Philosophie als Antwort an Heidegger", in: Bernd Martin(hrsg), *Martin Heidegger und das 'Dritte Reich'*, 72쪽 참조.

유를 위한 보편적인 놀이공간인 세계를 앞서 부여하는 투쟁적인 의지(ein kämpferischer Wille)가 […] 현존재를 지배한다. 이러한 사유를 통해 하이데거는 근대적인 의지원리의 지배와 주의주의적 세계관를 극단에 이르기까지 추구하면서 [현존재를 세계구성의 주체로 본다는 점에서] 후설의 의식 내재적인 세계구성이론을 능가하게 된다. [초월에 대한 하이데거의 사유에서] 세계는 전적으로 의지의 처분 아래 맡겨진다.[10]

초기 하이데거의 입장을 주의주의적인 것으로 보는 것은 유명한 하이데거 해석가들에서뿐 아니라 초기 하이데거 사상에 관한 수많은 연구에서 쉽게 발견할 수 있다. 예를 들어 핑크아이텔(Hinrich Fink-Eitel)은 하이데거의 불안 개념을 분석하면서, 하이데거가 세계와 타인들을 세계-내-존재를 구성하는 계기들로 만들면서 현존재를 세계와 타인들로부터 고립시키고 있다고 비판한다. 아울러 그는 하이데거가 불안 분석을 통해서 현존재의 유한성과 무력함을 드러내면서도 다른 한편 현존재를 단독자로서 자유롭게 자신의 삶을 기투하는 존재로 파악하고 있다고 비판한다.

이와 동시에 핑크아이텔은 하이데거에게는 불안에서 드러나는 '섬뜩한 세계에 던져져 있음'이라는 현존재의 철저한 유한성도 결국 현존재에게 자신의 삶을 기투할 수 있는 무한한 자유를 부여하는 토대로 작용하고 있다고 비판한다. 다시 말해서 하이데거는 현존재의 '던져져 있음'이란 계기도 기투의 한 계기로 만들고 있다는 것이다.[11] 이런 의미에서 핑크아이텔은 초기 하이데거의 철학적 입장을 니체(Friedrich Wilhelm Nietzche)의 주

---

10 Klaus Held, "Heidegger und das Prinzip der Phänomenologie", Annemarie Gethman-Siefert und Otto Pöggeler(hrsg), *Heidegger und die praktische Philosophie*, 125쪽.

11 Hinrich Fink-Eitel, "Die Philosophie der Stimmungen in Heideggers ≫Sein und Zeit≪", in: *Allgemeine Zeitschrift für Philosophie* 17-3, 1992, 37쪽 참조.

의주의와 동일한 것으로 보고 있다.[12]

더 나아가 하버마스는 후기 하이데거에 대해서도 『존재와 시간』에 가했던 비판과 궁극적으로는 동일한 비판을 한다. 하버마스는 『존재와 시간』을 중심으로 한 하이데거의 초기 철학을 결단주의라고 비판하고, 후기 철학은 일종의 역사적 상대주의이자 숙명주의(Fatalismus)라고 비판한다. 하이데거는 그리스 시대 이후 서양의 모든 시대를 존재가 자신을 드러낸 역사적 형태들, 즉 존재의 역운이라고 봄으로써 모든 역사를 정당화한다는 것이다. 그것은 더 나아가 어떤 시대에 저질러진 악들, 예를 들어 두 번의 세계대전이나 유대인 학살과 같은 악들을 존재의 역운에서 불가피하게 비롯된 것으로 간주하고 있다는 것이다. 하버마스는 이를 통해 하이데거가 악들에 대한 수동적 체념을 설파하게 된다고 비판한다.

이러한 비판 역시 하버마스뿐 아니라 하이데거 철학을 비판하는 이들이 대부분 제기하는 전형적인 내용이다. 그 비판가들은 역사적 상대주의나 숙명주의는 근본적으로 결단주의와 다를 바 없다고 본다. 하이데거의 후기 철학은 무엇이 존재의 진리인지를 평가할 수 있는 어떠한 보편적인 가치척도도 제시하지 못하고 있기 때문에, 그것 역시 사실은 결단주의의 일종에 불과하다는 게 주요 내용이다.

하이데거가 말하는 존재의 진리는 사회구성원들 사이의 대화나 토론에 의해서 드러나는 것이 아니라 소수의 위대한 시인과 사상가에게 단적으로 개시된다. 그러한 존재의 진리가 상호주관적인 검토 대상이 될 수 없는 한, 존재의 진리를 소수의 위대한 시인과 사상가의 자의적인 결단과 구별할 수 있는 기준은 없다. 따라서 후기 하이데거의 존재사적 입장도 결국은 일종의 결단주의에 불과하며 나치즘을 비판할 수 있는 어떠한 척도도

12 Hinrich Fink-Eitel, "Die Philosophie der Stimmungen in Heideggers ≫Sein und Zeit≪", 41쪽 참조.

제시할 수 없게 된다는 것이다.

칼 뢰비트는 이러한 비판을 아마도 가장 극단적으로 제기한 경우라고 할 수 있다. 즉 그는 하이데거 철학을 모든 논의와 의사소통을 거부하는 결단주의로 규정하면서 나치즘과 하이데거의 철학은 본질적으로 동일하다고 본다. 양자의 언어는 폭력적인 언어이며 양자 사이에는 수준 차이만 있을 뿐 방법상의 차이는 없다는 것이다. 양자는 운명이 모든 의지를 정당화한다고 주장하지만, 그러한 운명이 객관적인 판단 대상이 될 수 없는 한 무엇을 운명으로 보아야 할지는 국가권력이나 개인의 자의를 따르게 된다.[13]

이러한 비판들에 의하면, 결국 하이데거는 상호주관적으로 검토할 수 있는 규범적 척도뿐 아니라 그것을 인식하고 실현할 수 있는 자율적이고 이성적인 주체의 존재를 인정하지 않았기 때문에 윤리적 차원을 결여하고 있으며, 그 결과 나치의 유혹에 빠졌다는 것이다. 그리고 하이데거는 나중에는 실로 나치에 대해 비판적인 입장을 취하지만, 나치즘을 궁극적으로는 극복하지 못했다고 본다.

그러나 초역사적이고 보편적인 규범과 가치를 신봉한 신칸트학파나 피히테주의자들도 규범과 가치의 이름 아래 나치에 가담했다. 하이데거가 상호주관적이고 자율적인 이성을 거부했기에 나치에 가담하게 되었다는 비판이 무색하게도, 많은 철학자가 이성의 이름으로 나치에 가담했다.[14]

우리가 합리주의자로 볼 수밖에 없는 철학자 프레게(Gottlob Frege)와 같은 사람도 1924년에 쓴 일기에서 자신의 영웅을 1차 세계대전에서 독일군을 지휘했던 루덴도르프(Erich Ludendorff) 장군과 히틀러라고 썼다.[15] 과학과 이성을 신봉하면서 하이데거를 비합리주의자라고 비판했던 하르트

---

13 Bernd Martin(hrsg), *Martin Heidegger und das 'Dritte Reich'*, 154쪽 참조.

14 Hans Sluga, *Heidegger's Crisis-Philosophy and Politics in Nazi Germany*, 9쪽 참조.

15 Hans Sluga, *Heidegger's Crisis-Philosophy and Politics in Nazi Germany*, 99쪽 참조.

만(Nicolai Hartmann)과 겔렌(Arnold Gehlen)도 나치에 동조했다.[16]

객관적이고 보편적인 가치의 존재를 주장했던 하르트만은 그러한 가치 이론 아래 나치에 동조했으며, 1933년에 했던 마그데부르크(Magdeburg) 연설에서는 히틀러를 찬양하기까지 했다.[17] 그는 그 연설에서 "가치를 지상에 실현함으로써 세계에 의미를 부여하는 것은 개인보다는 민족이며 그러한 민족에게 그들이 실현할 가치에 대한 통찰을 부여하는 것은 지도자"라고 역설했다.[18]

또한 우리는 이미 플라톤이 이성의 이름으로 철인 정치가들의 지배를 정당화했다는 사실을 알고 있다. 히틀러 역시 "건전한 이성을 최고 권위로 인정해야 한다"고 말했다.[19] 이러한 예들로부터 우리는 합리주의가 항상 민주주의를 뒷받침하고 권위주의나 전체주의를 배격하는 것은 아니라는 사실을 알 수 있다.

그리고 객관적이고 보편적인 가치척도에 대한 제시는 제국주의와 모순되는 것이 아니다. 우리는 1차 세계대전이 발발했을 때 일단의 신칸트학파들이 칸트 철학의 이름으로 독일의 승리를 정당화했다는 사실을 알고 있다. 이들은 독일인이야말로 칸트(Immanuel Kant)가 말하는 도덕적인 엄격성을 보지하고 있기 때문에 감각주의적이고 향락적인 프랑스인들과 물질주의적이고 상업적인 영국인들을 정신적으로 지도해야만 한다고 보았던 것이다. 신칸트학파를 비롯한 많은 칸트주의자가 초역사적이고 보편적인 규범과 가치의 이름 아래 나치에 가담했다.

이러한 맥락에서 슬러거도 하이데거의 나치 참여에 대한 부르디외의 시각을 비판한다. 부르디외는 하이데거가 유럽의 계몽주의를 계승했던 신

16 Hans Sluga, *Heidegger's Crisis-Philosophy and Politics in Nazi Germany*, 100쪽 참조.

17 Hans Sluga, *Heidegger's Crisis-Philosophy and Politics in Nazi Germany*, 158쪽 참조.

18 Hans Sluga, *Heidegger's Crisis-Philosophy and Politics in Nazi Germany*, 162-163쪽.

19 Rüdiger Safranski, *Ein Meister aus Deutschland*, 315쪽.

칸트학파를 전복하려고 했다는 데서 그가 나치에 동조하게 되었던 사상적 동기를 찾았다. 그러나 슬러거는 신칸트학파에도 나치를 지지했던 사람들이 있었으며, 신칸트학파에 대해서는 하이데거를 비롯한 보수 혁명적인 사상가들뿐 아니라 마르크스주의자들도 비판적이었다는 사실을 지적한다. 신칸트학파에 대해서 비판적인 입장을 취하더라도 나치즘이 아닌 마르크스주의를 신봉할 수도 있기 때문에, 신칸트학파에 대해 비판적 입장을 취했다는 점을 하이데거가 나치에 가담하게 되는 필연적인 동기로 볼 수는 없다.[20]

하이데거는 실로 『존재와 시간』을 중심에 둔 초기 사상에서부터 보편타당한 논리적·윤리적·미적(美的)·종교적인 가치와 자율적인 이성적 주체의 존재를 주장하는 철학적 입장에 대해서 비판적인 입장을 취한다. 그러나 이는 그의 사상이 원래부터 비합리주의적이고 결단주의적이었기 때문이거나 그가 비합리주의나 결단주의가 내포하는 위험에 대해서 무지했기 때문이 아니었다.

신칸트학파에 속한 리케르트(Heinrich Rickert)의 지도 아래 쓴 하이데거의 박사논문 『심리학주의의 판단이론(Die Lehre vom Urteil im Psychologismus)』에서 볼 수 있는 것처럼, 하이데거는 원래 보편적이고 초역사적으로 타당한 가치들의 존재를 인정하는 리케르트나 빈델반트(Wilhelm Windelband)의 가치철학(Wertphilosophie)을 수용했다.

하이데거가 『존재와 시간』 이후 개척하고 있는 사유의 길은 어떤 의미에서는, 한때 자신이 받아들였던 리케르트나 빈델반트, 그리고 막스 셸러(Max Scheler)나 니콜라이 하르트만 등의 가치철학과 대결하는 과정으로 볼 수 있다. 하이데거가 보편 타당한 가치와 그러한 가치를 지향하고 실현하는 자율적이고 이성적인 주체라는 관념을 비판하게 된 것은 1910년대

20 Hans Sluga, *Heidegger's Crisis-Philosophy and Politics in Nazi Germany*, 10쪽 참조.

와 1920년대에 유행하던 비합리주의적인 생철학을 무반성적으로 수용했기 때문이 아니라, 오히려 가치철학과의 철저한 대결을 통해서 이루어진 것이다.

하이데거가 초역사적이고 보편적인 가치라는 관념을 거부하는 이유는 그가 하버마스 등이 비판하는 것처럼 결단주의나 역사적 상대주의에 빠져 있기 때문이 아니라 초역사적이고 보편적인 가치를 '상실된 존재'에 대한 일종의 대용물로 보기 때문이다.

하이데거에게 존재자가 '존재한다'는 것은 존재자가 '이론적 규정의 대상으로서 눈앞에 존재한다(vorhanden-sein)'거나 현대 과학기술문명에서처럼 '계산 가능한 에너지의 담지자로서 존재한다'는 것을 의미하지 않는다. '존재자가 존재한다'는 것은 근원적으로 '존재자는 모든 이론적 규정과 기술적 조작을 단적으로 거부하는 비밀스러운 것으로서 존재하면서도 자신의 진리를 드러내는 것으로서 존재한다'는 것을 의미한다. 이 경우 '존재자가 존재한다'는 것은 존재자가 모든 의미와 가치를 결여한 채 단순히 눈앞에 존재한다는 것이 아니라 인간의 모든 과학적·기술적 공격(Angriff)을 거부하는 존엄(Würde)과 깊이(Tiefe)를 갖는 것으로서 존재한다는 것을 의미한다.

하이데거의 이러한 사상은 후기에 이르러 분명하게 개진되지만, 초기에도 그 단초가 분명하게 보인다. 따라서 하이데거의 나치 참여를 초기 사상이 갖는 결단주의적 성향에서 비롯되는 것으로 보는 것은 근본적으로 잘못됐다. 그럼에도 하이데거가 초기 철학의 결단주의적 성향 때문에 나치에 가담했을 뿐 아니라 나치 참여의 실패로 인해 사상적 전회를 하게 되었다고 보는 해석은 여전히 강력한 영향력을 발휘하고 있다. 이 글은 하이데거의 사상적 전회가 과연 나치 참여의 실패에서 비롯됐는가라는 문제를 하이데거의 사상적 전회에 대한 푀겔러의 견해를 비판적으로 검토하면서 고찰하고자 한다. 푀겔러의 견해를 실마리로 삼는 이유는 푀겔러야말로 하이데거가 나치에 참여하게 된 동기를 『존재와 시간』의 주의주의적인 성격에서 찾으면서 하이데거의 사상적 전회를 주의주의의 극복 과정으로 보는 대표적인 연구자이기 때문이다.

2. 하이데거 사상의 전회에 대한 푀겔러의 해석에 대한 비판

푀겔러는 하이데거의 사상적 전회를 니체주의에서 횔덜린주의로의 전향으로 해석한다. 하이데거는 나치 참여 당시 니체의 주의주의적이고 결단주의적인 입장에 빠져 있었기 때문에 나치에 가담하게 되었지만, 후기에는 존재의 진리에 대한 청종을 요구하는 횔덜린식 입장으로 사상적 전환을 수행함으로써 나치즘과도 결별하게 되었다는 것이다.[21] 하이데거의 사유도정에 대한 푀겔러의 이러한 해석은 하이데거의 나치 참여에 대한 해석과 관련하여 상당한 영향력을 행사한다. 위에서 인용한 헬트의 글에서도 우리는 그 흔적을 발견할 수 있다. 그러나 나는 이 해석은 타당성을 결여하고 있다고 생각한다.

푀겔러는 1933년의 하이데거 입장을 니체 입장과 유사하다고 보면서 이렇게 말한다.

> 하이데거는 위대한 창조자들의 창조 행위를 통하여 비극적 세계 경험과 이에 입각한 역사적인 위대함을 다시 구현하려고 했으며, 독일인들이 그리스적인 사유의 시원을 다시 회복하기를 원했다.[22]

---

21 푀겔러의 이러한 해석은 슈미트(Gerhart Schmidt)도 따르고 있다. Gerhart Schmidt, “Heideggers philosophische Politik”, in: Bernd Martin(hrsg), *Martin Heidegger und das ‘Dritte Reich’*, 53쪽 참조.

22 Otto Pöggeler, “Den Führer führen? Heidegger und kein Ende”, *Philosophische*

아울러 그는 “하이데거는 히틀러에서 니체가 말하는 창조자를 발견했던 것 같다”고 말한다.

그러나 여기서 푀겔러가 하이데거의 니체주의라고 여긴 부분은 사실 하이데거가 죽을 때까지 견지했던 사상으로 보인다. 후기 하이데거 역시 여전히 위대한 시인과 사상가인 창조자들의 창조 행위를 통해서 비극적 세계경험과 역사적인 위대함을 다시 구현하려고 했기 때문이다. 그리고 이를 통해 하이데거는 형이상학적 민족인 독일이 그리스적인 사유의 시원을 회복할 수 있도록 한다. 여기서 지적하지 않으면 안 되는 점은 하이데거는 나치 참여 이후 횔덜린(Friedrich Hölderlin)에 관심을 갖게 된 것이 아니라, 나치 참여 이전부터 횔덜린을 연구하고 있었다는 사실이다.[23]

나치 참여 당시의 하이데거가 니체에 대해서 어떻게 해석하고 평가하고 있었는지에 대해 명시적으로 말하는 구절을 나는 아직 발견하지 못했다. 따라서 나는 하이데거가 나치 참여 당시에 니체를 어떻게 해석했고 평가했는지에 대해서 자신 있게 말할 수는 없다.

그러나 푀겔러가 해석하고 있듯이 만약 니체가 주의주의를 표방하고 있다면, 하이데거는 그러한 주의주의적인 니체에 대해서는 나치 참여 이전이나 나치에 참여할 당시에도 비판적인 입장을 취했을 것이라고 생각한다. 하이데거는 나치 참여 이전에도 기술문명에 대해 부정적이었다. 하이데거는 기술문명은 우리의 의지를 강화하고 고양하는 것 같지만 사실은 인간을 비롯한 존재자 전체를 소모품으로 전락시키는 니힐리즘의 지배라고 보았던 것이다.

따라서 나는 하이데거가 나치 참여 당시 푀겔러가 해석하듯이 니체를

Rundschau 32, 47쪽.

23 Theodor Pfizer, “Die Ausname”, in: Günther Neske(hrsg), *Erinnerung an Martin Heidegger*, 191쪽 참조.

주의주의적인 입장에 서 있다고 보았다면 니체에 대해서 비판적인 입장을 취했을 것이라고 생각한다. 물론 하이데거는 나치 참여 당시에는 니체를 현대기술문명을 정초하는 사상가로 보는 후기 입장에는 도달하지 못했다. 그러나 어떻든 푀겔러가 해석하는 것처럼 '주의주의적으로 해석된' 니체의 입장에서 나치에 가담하게 된 것은 아니다.

하이데거가 후기에 행하는 니체와의 대결은 푀겔러가 말하는 것처럼 주의주의적인 니체적인 입장으로부터 횔덜린식 입장으로 전회한 것이 아니라, 자신이 이미 나치 참여 이전에 가지고 있던 사상적 입장을 보다 명료화하는 과정이었을 뿐이다. 그는 자신이 나치 참여 이전부터 지향했던 바를 사태 자체에 적합하게 표현할 수 있는 언어를 발견하려고 했으며, 횔덜린에서 그러한 언어를 발견하게 되었을 뿐인 것이다.

물론 하이데거는 푀겔러가 주장하는 것처럼 나치 참여 이전에는 니체를 자신의 사상적 영웅으로 생각했을지도 모른다. 『존재와 시간』에서만 해도 하이데거는 특히 현존재의 역사성에 관한 자신의 사상을 니체 철학의 발전적 계승이라고 보고 있다. 그리고 하이데거는 나치 참여 당시까지만 해도 니체를 자신과 마찬가지로 그리스적인 시원을 회복하려고 한 사상가로 생각했을지도 모른다. 우리가 그러한 가능성을 인정하다고 하더라도, 니체는 푀겔러와 후기 하이데거가 해석하는 것처럼 주의주의적이 아니라 후기 하이데거가 해석하는 횔덜린과 근본적으로 동일한 니체다.

만약 후기 하이데거에서 니체에 대한 입장이 바뀐다고 할 경우, 니체는 하이데거와 횔덜린과 마찬가지로 그리스적인 시원을 회복하려고 한 사상가에서 단지 로마적이고 마키아벨리적인 정신을 회복한 자로 폄하된다. 니체는 이제 인간의 사육을 주창하고 금발의 야수를 찬양하는 철학자로 간주되는 것이다.[24] 따라서 나는 '주의주의적으로 해석된 니체에 의거해서

24 Martin Heidegger, *Nietzsche II*, 144쪽, 221쪽, 309쪽; 하이데거 전집 7권 *Vorträge und*

하이데거가 나치에 가담하게 되었고 나치 참여의 좌절 이후 하이데거가 횔덜린으로 전향하게 되었다'는 푀겔러의 해석은 오류라고 생각한다.

앞에서 보았듯이, '초기 하이데거가 니체식 주의주의적인 입장에 사로잡혀 있었기 때문에 나치에 가담하게 되었고, 나치 참여 후 좌절하면서 존재의 진리에 대한 청종을 요구하는 입장으로 사상적 전회를 하게 되었다'는 해석은 실로 푀겔러에 의해 대표적으로 제기된다. 이런 해석은 라쿠 라바르트(Phillippe La coue-Labarthe), 데리다(Jacques Derrida) 그리고 헬트에게서도 보인다.

그런데 이들이 제기하는 해석은 사실 서양사에 대한 하이데거의 해석을 그대로 수용하면서 하이데거의 나치 참여와 사상적 전회를 해석하는 데 적용하고 있다. 이는 하이데거가 근대 주관주의 철학에 입각한 인간중심주의를 현대기술문명의 본질로 보면서 인간중심주의가 극단에 이른 게 니체의 '힘에의 의지의 형이상학'이라고 보고 있기 때문이다. 그리고 하이데거는 이러한 '힘에의 의지의 형이상학'은 존재자 전체에 대한 지배를 목표로 삼는 현대기술문명에서 철저하게 실현되고 있으며, 나치즘과 볼셰비즘 그리고 자유민주주의를 본질적으로 규정하고 있다고 본다. 하이데거의 이러한 도식을 푀겔러를 비롯하여 라쿠 라바르트, 데리다 그리고 헬트는 하이데거 사상의 전개 과정에 그대로 적용하고 있는 것이다. 즉 하이데거는 초기에는 주의주의적 입장에 사로잡혀 있었기 때문에 현대기술문명의 극단적인 형태인 나치즘에 가담했지만, 후기에는 이러한 주의주의적 입장에서 벗어나면서 나치즘과 결별하게 되었다는 것이다.

Aufsätze, 93쪽 참조.

3. 사상적 전회와 나치 참여 사이의 관계

푀겔러를 위시한 일군의 하이데거 연구자가 제기하는 이러한 해석은 하이데거의 나치 참여와 관련하여 이미 하나의 자명한 진리처럼 받아들여지고 있다. 그러나 과연 하이데거는 자신의 초기 사상, 즉 『존재와 시간』의 주의주의적이고 결단주의적인 성향 때문에 나치에 가담하게 되었는가? 과연 하이데거의 사상적 전회는 나치 참여의 실패에서 비롯된 것인가?

이 질문들에 대해 나는 '하이데거의 사상적 전회는 「진리의 본질에 대해서(Vom Wesen der Wahrheit)」라는 강연이 기점이 되고 있다'고 일반적으로 인정받고 있으며, 이는 하이데거 자신도 인정하고 있다는 사실을 지적하고 싶다. 여기서 주목할 점은 이 강연이 하이데거가 나치에 참여하기 3년 전인 1930년에 행해졌다는 것이다.

따라서 나는 하이데거 사상에는 전회라고 할 만한 사상적 변화가 있었다는 사실을 인정하지만, 이는 나치 참여 이전에 이미 이루어졌다고 생각한다. 다시 말해 전회는 나치 참여를 가능하게 한 사상적 동기 중 하나이지, 나치 참여의 실패 때문에 일어난 것은 아니라는 점이다.

아울러 나는 가다머와 마찬가지로 하이데거의 사상적 전회란 철학적 입장이 근본적으로 변화한 것이 아니라 초기 하이데거가 말하려고 했던 바를 사태 자체에 보다 부합되게 말하려고 한 것에 불과하다고 본다. 가다머는 하이데거의 사상적 전회를 『존재와 시간』의 포기나 『존재와 시간』과의 단절이 아닌, 『존재와 시간』에 존재하는 사상적 단초들을 그것이 근본적으로 지향하는 사태에 맞게 발전시킨 것이라고 보고 있다. 하이데거는 아직 근대 주관주의 철학의 사고도식에 사로잡혀 있던 『존재와 시간』의 입장으로는 존재망각을 극복할 수 없다는 것을 깨달았기에 근대 주관주의 철학의 사고도식을 탈피하려고 했으며, 바로 이것이 전회였던 것이다. 그러나 이는 『존재와 시간』이 근대 주관주의 철학의 사고도식에 입각하여 서술되고 있지만, 후기 하이데거 사상 못지않게 존재에 대한 경험에 입각해 있으며 존재망각을 극복하려고 시도했음을 의미한다.

> 하이데거가 전회라고 부르는 것은 근대 초월론적 철학의 존재망각을 초월론적인 철학적 반성을 통해서 극복하려는 시도가 불가능하다는 사실을 인정한 것뿐이다. 이 점에서 존재의 사건, 존재의 열린 터로서의 현존재(Da als die Lichtung des Seins) 등과 같은 후기 개념들은 이미 『존재와 시간』의 최초 단초에 귀결로서 숨겨져 있었다.[25]

따라서 『존재와 시간』이 지향하고 드러내고자 한 사태가 사상적 전회를 통해서 변화된 것은 아니다. 전회 이전이든 전회 이후든 하이데거가 드러내고자 하는 사태는 변화가 없고, 다만 그러한 사태를 드러내는 언어가 사태에 부합해 변화했을 뿐이다. 전회란 존재의 개시가 '현존재의 실존적 수행에 근거한다고 보는 『존재와 시간』의 근대 주관주의 철학의 입장'에서 '존재 자체의 발현에 근거한다고 보는 입장'으로의 전환일 뿐이다.

다시 말해 초기 하이데거도 후기 하이데거와 마찬가지로 이미 근대의 극복과 퓌지스에 대한 그리스인들의 경험 회복을 지향하고 있다. 이렇게 문제의식과 지향하는 사태가 동일했기 때문에 하이데거는 자신의 초기 사상을 후기 사상에 입각하여 집요하게 재해석하려고 했던 것이다.

로크모어는 하이데거의 사상적 전회를 나치 참여의 실패와 연관시키면서 가다머식 해석을 비판한다. 그는 우리가 가다머식으로 전회를 해석할 경우 전회는 하이데거의 나치 참여와 아무런 관계도 없어진다고 말한다.[26] 그러나 나는 가다머식으로 이해할 때도 충분히 그의 사상적 전회와

---

25 Hans-Georg Gadamer, *Kleine Schriften*, Mohr Siebeck, 1967, 74쪽.

26 Tom Rockmore, "Die geschichtliche Kehre oder Otts Verdienst im Fall Heideggers", in:

나치 참여를 설명할 수 있다고 생각하며, 오히려 더욱 설득력 있게 설명할 수 있다고 생각한다. 물론 이는 로크모어가 생각하는 것과 전혀 다른 의미에서 그렇다.

나치 참여 당시의 하이데거는 아직 후기의 존재사적(存在史的) 입장에 명시적으로 도달하고는 있지는 않지만, 사실상 자신의 나치 참여를 이미 존재사적 입장에서 정당화하고 있다. '존재사적 입장'이란 서양사를 존재의 진리가 근원적으로 또는 왜곡된 방식으로 자신을 개현하는 과정으로 보는 것이다. 하이데거는 나치 혁명에서 존재의 진리가 근원적으로 개시되고 있다고 보았으며, 이러한 시각에 입각하여 자신의 나치 참여를 정당화한다. 전회가 근대 주관주의 철학 입장에서 존재사적 입장으로의 전회를 의미할 경우, 분명하게는 아닐지라도 이 전회는 이미 나치 참여 이전에 이루어지고 있으며 나치 참여를 정당화하는 논리로서 기능하고 있는 것이다.

후기 하이데거가 나치즘을 비판한 이유는 나치 참여의 좌절 이후에 일어난 사상적 변화 때문이 아니다. 그는 오히려 실제 나치가 하이데거가 생각하고 있던 '나치즘의 내적인 진리와 위대함'을 실현하지 못했기 때문에 나치를 비판한 것이다. 그가 나치에 참여할 때와 나치와 결별 이후에 가지고 있던 사상은 동일하다. 이렇게 볼 때 나치 참여의 좌절에서 사상적 전회의 동기를 찾는 모든 해석은 무근거하다. 나치 참여 이후에 하이데거 사상에서 근본적으로 변한 것은, 나치 참여 당시의 하이데거는 나치 혁명을 존재의 진리가 개시되는 역사적 사건으로 보았던 반면에, 나치에 대해 환멸을 느낀 이후에는 존재의 진리가 개시되는 시점을 예측 불가능한 미래로 남겨 두었다는 사실뿐이다.

로크모어를 비롯하여 푀겔러는 『존재와 시간』을 중심으로 한 초기 사

Hermann Schäfer(hrsg), *Annäherungen an Martin Heidegger: Festschrift für Hugo Ott zum 65. Geburtstag*, Campus, 1996, 21쪽 참조.

상이 하이데거의 후기 사상보다 더 나치에 가깝다고 본다. 이들이 이렇게 해석하는 것은 하이데거가 총장 사퇴 후에 실제의 나치즘을 비판하는 입장으로 돌아섰기 때문일 것이다. 그러나 하이데거가 실제의 나치즘을 비판하는 입장은 그가 나치에 참여할 때의 입장과 다르지 않다. 더 나아가 그가 나치에 참여할 때의 사상적 입장은 『존재와 시간』의 입장보다 사상적 전회 이후의 존재사적 입장에 더 가깝다.

4. 『존재와 시간』과 나치 참여 사이에 존재하는 연관

그렇다고 내가 하이데거가 나치에 참여하게 된 동기가 그의 사상적 전회에 있을 뿐, 『존재와 시간』에는 전혀 존재하지 않는다고 주장하는 것은 아니다. 전회 이전의 하이데거 사상과 전회 이후의 하이데거 사상 사이에는 본질적인 차이에도 불구하고 연속성이 존재한다. 따라서 하이데거의 나치 참여 동기는 전회 이전의 사상에도 이미 존재한다. 그러나 나는 하버마스나 푀겔러 등이 『존재와 시간』에 존재한다고 주장하는 주의주의적이고 결단주의적인 경향이 하이데거가 나치에 참여하게 되는 동기라고 보지는 않는다.

나는 오히려 『존재와 시간』에서 역사성과 민족이라는 개념이 나치 참여의 동기가 되었다고 본다. 따라서 역사성과 민족은 『존재와 시간』에서는 나치 참여 이후처럼 전면에 부각되지는 않지만, 거기에서도 중요한 지위를 갖는다. 그리고 뢰비트의 전언(伝言)에 따르면 하이데거 자신도 나치 참여의 사상적 동기를 『존재와 시간』의 주의주의적인 경향이 아닌 역사성 개념에서 찾았다고 한다.[27]

27 Karl Löwith, *Mein Leben in Deutschland vor und nach 1933: Ein Bericht*, J. B. Metzler,

흔히 『존재와 시간』은 세상 사람(das Man)의 세계에서 벗어나 단독적인 자기가 될 것을 촉구하는 유아론적 입장에 입각한 저작으로 간주되곤 했다. 이에 따라서 하이데거의 나치 참여는 『존재와 시간』의 유아론적 입장에서 볼 때 불가해한 것으로 간주되거나, 『존재와 시간』의 결단주의적 성향에서 그 동기를 찾는 경향이 있었다. 그런데 『존재와 시간』이 결단주의적인 경향을 갖는다고 해석하는 것도 결국은 『존재와 시간』을 유아론적인 입장에 서 있는 것으로 보는 해석의 연장이라고 볼 수 있다.

『존재와 시간』에 유아론적으로 해석할 수 있는 부분이 없는 것은 아니지만, 『존재와 시간』을 전체적으로 볼 때 그러한 해석은 오해다. 『존재와 시간』에서는 각 개인이 본래적인 자기가 되는 것이 문제가 되고 있지만, 그에 못지않게 본래적인 공동존재(Mit-sein)의 회복도 중요하다. 하이데거가 『존재와 시간』에서 말하는 '죽음으로의 선구'를 통한 결단은 역사적 상황에서 고립된 주관에 의해서 행해지는 것은 아니다.

많은 사람이 하이데거의 결단 개념을 두고 '나는 결단한다. 그러나 무엇을 결단해야 할지 모르겠다'고 비꼬았지만, 이는 하이데거의 결단 개념에 대한 심한 왜곡이다. 하이데거는 자신이 처한 역사 상황을 무시한 채 개인이 임의로 결단해도 좋다고 말한 적이 없다. 『존재와 시간』에서 본래적인 결단은 오히려 역사적 전통의 반복이라는 형태로 수행된다고 파악된다. 『존재와 시간』에서 본래적인 자기 회복은 본래적인 공동존재 회복과 함께 수행된다고 이해되는 것이다.

본래적인 공동존재는 한 민족이 자신의 역사적 유산(Erbe)을 함께 계승하는 것을 의미한다. 그리고 유산을 계승한다는 것은 단순히 보존하는 것이 아니라 그 안에 전승되어 온 실존 가능성을 보다 진정한 형태로 반복

1986, 59쪽 참조.

하는 것이다.[28] 우리는 전승된 역사적 전통 안에서 살고 있지만, 그러한 전통은 많은 경우 그것이 본래 나타났을 당시의 생명력을 상실하고 형해화된 것이기 쉽다. 우리는 그러한 전통을 보다 근원적인 방식으로 반복함으로써 그것이 갖는 원래의 생명력을 다시 복원해야 한다. 본래적인 자기 회복은 역사적 유산 내 진정한 실존 가능성을 회복하는 형태로 수행되는 것이다.

하이데거는 이미 『존재와 시간』에서 인간의 본래적 가능성은 하나의 역사 공동체 내에서만 실현될 수 있다고 생각했기에, 민족공동체의 이념을 표방한 나치에 참여하는 게 가능했다. 이 맥락에서 카르스텐 해리스(Karsten Harries)도 이렇게 말하고 있다.

> 본래적인 실존방식에서 개인이 공동의 역사적 운명에 복속해야 할 경우, 「총장취임연설」을 『존재와 시간』에 전적으로 대립되는 것으로 보는 것은 어렵다.[29]

민족과 역사성 개념은 『존재와 시간』에서 중요한 의미를 갖지만, 『존재와 시간』은 어디까지나 단독자로서의 현존재를 사유의 중심 실마리로 삼는다. 하이데거의 사상적 전회와 나치 참여는 민족과 역사가 사유의 중심 실마리가 되는 것과 함께 일어났다. 그리고 민족과 역사가 사유의 중심 실마리가 되면서 하이데거의 철학은 민족과 각 시대에게 존재의 진리를 고지하는 탁월한 철학자와 예술가 그리고 정치가의 역할을 강조하는 엘리트주의적인 성격을 띠게 된다.

---

28 Martin Heidegger, *Sein und Zeit*, Max Niemeyer, 1972, 385쪽 참조.

29 Karsten Harries, "Heidegger as a Political Thinker", in: Michael Murray(ed), *Heidegger and Modern Philosophy*, Yale University Press, 1978, 312쪽.

앞에서 나는 '하이데거의 사상적 전회와 나치 참여는『존재와 시간』에서 개시된 사상적 입장의 귀결이 아니라 오히려『존재와 시간』에서 개진된 일정한 사상들의 변용을 통해서 일어났다'고 말했다. 무엇보다도 나는 하이데거의 사상적 전회와 나치 참여는『존재와 시간』에서 하이데거가 행하고 있는 실존방식의 구별, 즉 본래적인 실존방식과 비본래적인 실존방식의 구별을 특정 방식으로 변용함으로써 가능했다고 생각한다.

『존재와 시간』에서 본래적인 실존방식과 비본래적인 실존방식은 역사적으로 사유된 것이 아니라 초역사적이고 불변적인 삶의 양식들로 간주되었다. 그러나 사상적 전회 이후의 하이데거는 그러한 실존방식들을 특정한 역사 시기에 지배했던 삶의 형태들로 간주하는 경향이 있다. 후기 하이데거에 의하면 그리스 시대를 제외한 지금까지의 서양사는 비본래적인 실존방식에 의해서 점철된 역사인 반면에, 그리스 시대와 앞으로 다가올 시대는 본래적인 실존방식이 지배한다.

1930년 이래 하이데거는 엘리자베트 블로흐만(Elisabeth Blochmann)과 야스퍼스(Karl Jaspers)에게 보내는 편지에서 원점에서부터 다시 새롭게 사유할 필요가 있다고 말하곤 했다고 한다.[30] 이에 따라 후기 하이데거는 개인과 개인의 삶을 철학의 중심으로 삼았던 초기 입장과 달리 민족과 역사 그리고 각 역사적 시대를 개시하는 위대한 사상가와 시인을 철학의 중심으로 삼게 된다. 근대사회는 근본적으로 다양하며 각자 뚜렷한 개성을 갖는 개인들로 구성되어 있지만, 후기 하이데거는 이러한 다양한 개인들보다는 민족이라는 집단적인 단수(der kollektive Singular)를 강조한다. 아울러 후기 하이데거는 철학의 역할은 시대에 방향을 제시하는 것이라고 본다.[31]

그런데 철학이 시대에 방향을 제시해야 할 경우 정치에 관여하는 것

30 Rüdiger Safranski, *Ein Meister aus Deutschland*, 239쪽 참조.

31 Rüdiger Safranski, *Ein Meister aus Deutschland*, 241쪽 참조.

은 불가피하다. 정치가 철학적이 되고 철학이 정치적이 되어야만 한다면, 철학이 구체적으로 실현될 수 있는 역사적 순간을 놓치지 않도록 항상 깨어 있지 않으면 안 된다.[32] 이러한 새로운 사유는 이른바 전회가 시작되는 기점으로 평가되는 1930년에 행해진 강연 『진리의 본질에 대해서』에서부터 모습을 드러낸다.

물론 『존재와 시간』에서도 우리가 앞에서 언급한 것처럼 역사성과 민족 개념이 중요한 지위를 갖는다. 『존재와 시간』에서도 하이데거의 궁극적 목표는 고립된 개인들의 자기 각성이 아니다. 인간은 역사적인 세계-내-존재이기에 진정한 실존은 진정한 공동체 내에서만 가능하다. 그러나 『존재와 시간』에서는, 진정한 공동체는 민족 전체의 집단적 각성을 통해서 실현될 수 있다는 식의 생각이 아직 나타나고 있지 않다. 다만 각 개인의 주체적인 결단이 전면에 부각된다.

민족의 집단적 각성이라는 사상은 시대를 본래적인 시대와 비본래적인 시대로 나누는 사상적 입장과 밀접하게 연관이 있다. 한 민족은 구성원들의 동시적인 각성을 통해 본래적인 시대로 진입할 수 있다는 것이다. 그러나 과연 어떤 시대를 비본래적인 시대나 본래적인 시대라고 단정할 수 있을까? 오히려 『존재와 시간』에서 하이데거가 말하는 것처럼 우리는 어떠한 역사적 시대에서든 비본래적으로 사는 게 아닐까? 따라서 한 시대를 사는 모든 인간이 본래적인 실존방식으로 도약한다는 생각이야말로 환상에 불과한 것은 아닐까? 그러한 집단적인 도약을 정치권력을 통하여 실현하려고 시도할 경우, 바로 전체주의로 귀착되는 것이 아닐까?

더 나아가 하이데거는 『존재와 시간』에서 인간이 사는 방식을 본래적인 실존과 비본래적인 실존으로 나누는 반면에, 사상적 전회 후에는 인간

---

32 Rüdiger Safranski, *Ein Meister aus Deutschland*, 255쪽 참조.

들을 두 부류로 나누는 경향도 보인다. 즉 인간들은 본래적인 차원을 개시할 사상가 및 시인과 그러한 사상가 및 시인에 따라야 하는 인간들로 구별하는 것이다. 그리고 나치에 참여하던 1933년과 1934년은 물론이고 1935~36년에 쓰인 「예술 작품의 근원(Der Ursprung des Kunstwerkes)」에서도 하이데거는 본래적인 차원을 개시하는 자들에 국가를 건립하는 자들로서 정치가까지도 포함시킨다.

『존재와 시간』에서는 존재의 진리를 민족에게 전하고 이를 통해서 민족을 각성시키는 시인이나 사상가 그리고 정치가에 대한 언급이 아직 등장하지 않는다. 그러나 사상적 전회와 함께 시인과 철학자가 시대를 개시하고 건립하는 지도자로서 중대한 의미를 갖는다. 이와 함께 하이데거 사상은 낭만주의적인 천재 숭배를 닮게 된다.[33] 하이데거는 이렇게 말한다.

> 인간이 자신의 근거에 진입하는 것은 무엇보다도 소수의 단독적이고 세상에 낯선 사람들(die Wenigen, Vereinzelten, Befremdlichen)에 의해서 수행된다. 이러한 사람들은 시인으로서, 사상가로서, 건축하고 형성하는 자로서, 행위하고 행동하는 자로서, 각자 상이한 방식으로 존재자의 변형을 통해서 존재의 진리를 존재자 자체 안에 근거 짓고 보호하는 자들이다. 그들은 목전의 첨예한 결단을 통하여 각자의 방식대로, 많은 사람에게 알려지지 않은 채로 침묵의 희생자가 될 것이다.[34]

이러한 지도자 사상에 입각하여 후기 하이데거는 자신을 시인 횔덜린과 함께 새로운 시대를 고지하는 사상가로 본다. 더 나아가 하이데거는

---

33 하이데거 전집 45권 *Grundfragen der Philosophie*, 212-213쪽; Karsten Harries, "Herkunft als Zukunft", in: Hermann Schäfer(hrsg), *Annäherungen an Martin Heidegger: Festschrift für Hugo Ott zum 65. Geburtstag*, 53쪽 참조.

34 하이데거 전집 45권 *Grundfragen der Philosophie*, 215쪽.

횔덜린과 자신은 신비한 운명에 의해 결합되어 있다고 여긴다. 1942년 진행한 강의에서 하이데거는 횔덜린의 도나우강 찬가인 「이스터」를 해석한다.[35] 그리고 강의 원고에는 존재하지만 인쇄된 책에는 빠져 있는 주에서 하이데거는 자신이 횔덜린과 운명적으로 결부되어 있다고 쓴다. 하이데거는 그 근거를, '횔덜린이 「이스터」를 쓸 당시에 자신의 할아버지가 도나우강 근처의 한 농장에서 태어났다'는 데서 찾는다. 하이데거가 자신과 횔덜린 사이의 관계를 그렇게 신비화할 경우, 그것은 그 어떠한 현상학적 통찰과도 상관없는 자기 신화화(Selbstmythisierung)라고 볼 수밖에 없다.[36]

많은 사람이 하이데거의 전회를 나치즘으로부터의 탈피로 해석하지만 나는 전회 이후의 하이데거 사상에서 오히려 『존재와 시간』에서보다 나치즘과의 근친성이 더 강화되었다고 본다. 그리고 강화된 근친성으로 인해 하이데거는 나치에 참여하게 된 것이라고 본다. 다시 말해 전회 이후에 『존재와 시간』에서는 전면에 부각되지 않았던 '혁명적이고 묵시론적인 사고방식, 시인과 사상가와 같은 소수의 탁월한 인간이 갖는 중요성에 대한 강조, 민족이라는 개념과 민족 공동체의 이념' 등이 하이데거 사상에서 중요한 지위를 갖게 되는 것이다.

5. 『존재와 시간』과 자유민주주의

이상에서 보았듯이, 푀겔러를 비롯한 많은 연구자가 주장하는 것과 달리 하이데거의 사상적 전회가 그가 나치에 참여하게 되는 중요한 사상적 동기로 작용하고 있다. 그런데 나는 『존재와 시간』을 중심으로 한 초기 하이

35 하이데거 전집 53권 *Hölderlins Hymne "Der Ister"*, Vittorio Klostermann, 1993.
36 Rüdiger Safranski, *Ein Meister aus Deutschland*, 17쪽 참조.

데거 사상은 나치즘을 비롯한 전체주의를 비판하면서 오히려 자유민주주의를 정당화할 수 있는 사상적인 요소를 포함하고 있다고 본다. 이 점에서 나는 하버마스나 푀겔러를 비롯한 연구자들과 전적으로 입장을 달리한다. 하버마스는 『존재와 시간』이 전체주의 지배를 비판할 수 있는 사상적 요소들을 포함하지 않다고 본다. 그리고 바로 이 점에서 하이데거가 나치의 전체주의적인 이데올로기에 사로잡혔던 원인을 찾는다.

『존재와 시간』에서 하이데거는 인간의 실존을 단독적인 것으로 본다. 인간은 죽음으로의 선구를 통해서 자신의 본래적 실존을 주체적으로 기투하지 않으면 안 된다. 이러한 사상은 기본적으로 모든 종류의 전체주의를 부정하는 것이라고 보아야 한다. 총통이 나를 대신하여 죽음으로 선구하고 나의 본래적인 실존을 구현해 줄 수는 없다. 이런 점에서, 『존재와 시간』은 오히려 나치즘에 대한 통렬한 비판으로 읽힐 수 있다.

『존재와 시간』에서 말하는 '죽음으로의 선구'는 나치즘에서처럼 죽음과 과감한 대결을 통해 남성적인 용기와 의지를 배양하는 것을 겨냥하기보다 철학을 죽음 연습이라고 본 플라톤의 사상이나 키에르케고르의 절망 개념과 통한다. 하이데거는 현존재는 죽음을 진지하게 생각하고 자신이 비본래적인 실존으로 살면서 집착했던 모든 세간적인 가치가 무의미한 것임을 깨닫게 된다고 말한다. 그런데 이 과정은 정치적 경험이라기보다 오히려 형이상학적이고 종교적인 경험에 더 가깝다.

그리고 나는 하이데거가 『존재와 시간』에서 행하고 있는 본래적 실존과 비본래적인 실존의 구별이야말로 자유민주주의를 정당화할 수 있는 단초라고 생각한다. 흔히 본래적 실존과 비본래적 실존에 대한 하이데거의 구별과 세상 사람과 대중에 대한 비판은 하이데거의 엘리트주의적인 사고방식을 드러내며, 바로 이러한 엘리트주의가 나치즘과 통한다고 많은 비판가가 주장해 왔다. 그러나 이 주장은 오해에서 비롯된 것이다. 본래적 실존과 비본래적 실존이란 모든 인간에게 적용되는 두 가지 삶의 방식이다. 특정한 인간만 본래적 실존을 살고 대다수 인간 비본래적인 실존을 사는 것이 아니다. 모든 인간이 '우선 대개는' 비본래적인 실존으로 살며, 각 개인은 각자의 본래적 실존을 세상 사람에 예속된 비본래적인 실존방식과 투쟁을 통해 항상 거듭해서 획득해야만 한다.

나는 하버마스가 비판하는 것처럼 하이데거가 상호주관적으로 타당한 가치척도를 인정하지 않았기 때문이 아니라, 그가 본래적인 실존방식과 비본래적인 실존방식의 차이가 갖는 정치철학적인 함의를 궁극에까지 사유하지 않았기 때문에 나치에 참여하게 되었다고 생각한다. 하이데거 자신이 말하듯 우리 인간은 '우선 대개는' 비본래적으로 존재하며 본래적으로 존재하는 순간은 드물다. 이러한 사실은 정치철학적으로 볼 때 '어떠한 지도자도 우선 대개는 비본래적인 실존방식에 따라서 살고 있기에 국민들의 지속적인 비판과 감시의 대상이 되지 않으면 안 된다'는 것을 함축한다.

앞에서 본 것처럼 『존재와 시간』은 하이데거가 나치에 참여하는 직접적 사상적 배경인 1914년의 이념으로 환원할 수 없는 다양한 요소를 포함한다. 오히려 그것은 자유민주주의를 정당화할 수 있는 사상적인 단초들마저도 포함한다. 『존재와 시간』이 갖는 이러한 다의적인 성격 때문에 하이데거의 나치 참여는 그에게 가까운 제자들에게도 전혀 예상치 못한 충격으로 다가왔다. 당시 하이데거 밑에서 수학하고 있던 마르쿠제(Herbert Marcuse)도 하이데거가 1933년 나치에 참여하기 이전까지는 나치에 대해 하이데거가 가졌던 공감을 전혀 감지조차 할 수 없었다고 말한다. 나중에서야 비로소 그들은 『존재와 시간』과 나치 참여 사이에 존재하는 연관을 찾으려고 시도했다.[37] 『존재와 시간』이 가지고 있는 이러한 다양한 함의 때

37 Herbert Marcuse, "Enttäuschung", in: Günther Neske(hrsg), *Erinnerung an Martin Heidegger*, 162쪽 참조.

문에 나치즘과 일말의 연관도 없는 사르트르도 『존재와 시간』에서 많은 영향을 받을 수 있었다.

6. 하이데거 후기 사상의 반(反)전체주의적 성격

나는 위에서 전회 이후의 하이데거 사상이 초기 사상에 비해 나치즘과 더 높은 근친성을 갖는다고 보았다. 그렇다고 해서 후기 하이데거 사상이 나치즘과 동일하다거나 나치즘을 비롯한 전체주의를 정당화하는 철학이라는 것은 아니다. 전회 이후 하이데거 사상은 전회 이전과 마찬가지로 전체주의로 귀착될 수 있는 사상적 단초 못지않게 전체주의를 비판할 수 있는 사상적 단초를 포함하고 있다.

특히 후기 하이데거가 전개하는 사물(Ding) 개념은 전체주의와 도저히 양립할 수 없으며 오히려 전체주의를 비판하는 준거가 될 수 있다. 모든 사물은 하늘과 대지 그리고 신과 인간이 어울리는 세계를 고유한 방식으로 집수한다. 사물이 그러한 세계 안에서만 자신의 고유한 존재를 발현할 수 있는 것처럼, 세계도 각 사물에 현현하는 방식으로만 세계로서 나타날 수 있다. 각 사물은 그렇게 세계를 집수하는 것으로서 세계의 무게와 깊이를 갖는다.

각 사물이 이러한 무게와 깊이를 가질진대, 인간은 더 말할 나위가 없다. 각 인간은 사물과 세계를 고유한 방식으로 드러낸다. 고흐는 고흐 나름대로 그리고 세잔은 세잔 나름대로 각 사물과 세계를 드러낸다. 그 어느 지도자도 다른 사람들을 대신하여 사물과 세계를 드러낼 수는 없다. 각자가 자신에 고유한 방식으로 드러내지 않으면 안 된다.

이러한 사상이야말로 후기 하이데거가 개척해 나가는 핵심 사상이며, 이러한 사상은 사람들을 사회 전체가 기능하기 위한 부품으로 격하시키는 전체주의와 양립할 수 없다. 하이데거가 후기에 전개하는 사물과 세계에 대한 개념은 『존재와 시간』에서 개진되는 본래적인 실존방식에 대한 사상을 보다 사태에 맞게 전개한 것이라고 생각한다. 본래적인 실존은 현존재 각자가 죽음으로 선구함으로써 확보할 수밖에 없다. 그리고 그러한 본래적인 존재방식에서 사물과 세계는 각 현존재에게 고유한 방식으로 자신을 드러낸다.

7. 하이데거의 존재 사상이 갖는 정치철학적 다의성

이상에서 보듯이, 하이데거 사상에는 전체주의로 귀착될 수 있는 사상적인 요소들도 존재하지만, 전체주의를 비판하는 것을 넘어서 자유민주주의를 정당화시킬 수 있는 사상적 요소들도 포함한다. 하이데거 사상이 이렇게 서로 대립적인 요소들을 비롯해 다양한 요소를 갖고 있다는 점은 하이데거가 후설(Edmund Husserl), 아리스토텔레스, 아우구스티누스(Sanctus Aurelius Augustinus), 그리고 그리스도교 신비주의, 칸트, 키르케고르(Sören Kierkegaard), 니체, 딜타이(Wilhelm Dilthey), 1914년의 이념 등 다양한 사상의 영향을 수용하는 사태와 연관이 있다. 다양한 사조를 수용하고 있는 철학이 오직 하나의 정치철학적 입장만을 귀결로 갖는다고 보기는 어렵다.

칸트는 자유주의적 입장에 가깝지만, 니체와 키르케고르는 귀족주의자다. 그리고 니체와 키르케고르는 귀족주의자라도 서로 성격을 달리 하는 귀족주의자다. 니체는 그리스도교를 폐기하려고 했던 반면에, 키르케고르는 그리스도교의 근본정신을 다시 회복하려고 했다. 나는 그리스도교적 신비주의로부터 권위적이고 귀족주의적인 정치철학을 끌어낼 수도 있지만, 자유민주주의적인 정치철학을 끌어낼 수도 있다고 생각한다.

물론 하이데거는 자신의 사상에서 자신이 성장한 역사적 배경, 즉

1914년의 이념이 지배하던 역사적 배경에 가장 부합되는 정치철학인 권위적인 민족 공동체주의를 끌어내고 있다. 그러나 나뿐 아니라 영(Julian Young)을 비롯한 많은 사람이 하이데거 철학에 포함되어 있는 민주주의적인 요소를 드러내고자 했다. 영은 하이데거의 철학과 파시즘 사이에는 어떠한 본질적인 연관도 없다고 주장한다. 오히려 그는 하이데거 철학을 받아들이면서도 자유민주주의적인 입장을 모순 없이 견지할 수 있다고 말한다.[38]

더 나아가 우리는 앞에서 고향과 조국의 철학으로서의 하이데거의 존재 사상은 제국주의에 대항하는 레지스탕스의 철학이 될 수 있다는 사실을 보았다. 하이데거의 존재 사상이 반전체주의나 반제국주의적인 요소를 갖는다는 사실은, 그것이 하이데거에 대한 비판가들이 주장하는 것과는 달리 필연적으로 권위주의나 전체주의 그리고 제국주의로 귀착되지는 않는다는 것을 의미한다. 이는 언뜻 보기에 하이데거에게 유리하게 작용하는 것 같지만 모든 종류의 정치적 입장이 자신을 정당화하기 위해서 하이데거의 존재 사상을 이용할 수 있을 정도로, 하이데거의 존재 사상은 어떠한 구체적인 정치철학도 가지고 있지 않다는 것을 의미하기도 한다. 이와 관련하여 슈반도 후기 하이데거가 전개하는 '사역에 대한 사상'은 우리가 구체적인 현상을 분석할 수 있는 어떠한 실마리도 제공하지 않는다고 비판한다.[39]

---

38 Julian Young, *Heidegger, Philosophy, Nazism*, 5쪽 참조.

39 Alexander Schwan, "Zeitkritik und Politik in Heideggers Spätphilosophie," in: Annemarie Gethmann-Siefert und Otto Pöggler(hrsg), *Heidegger und die praktische Philosophie*, 103쪽 이하 참조.

하이데거 철학과 전체주의*

1. 서양 전통 형이상학에 대한 최근의 비판이 갖는 특성

플라톤에서 헤겔(Georg Wilhelm Friedrich Hegel)에 이르는 서양 전통 형이상학에 대한 비판은 어제 오늘 일이 아니다. 그러나 오늘날 포스트모더니즘과 포스트구조주의 그리고 들뢰즈(Gilles Deleuze)나 레비나스(Emmanuel Levinas) 철학 등이 제기하는 전통 형이상학에 대한 비판은 기존의 비판과 사뭇 다른 성격을 갖는다. 경험론과 실증주의 그리고 칸트(Immanuel Kant) 철학은 형이상학의 허구성과 비과학성에 비판의 초점을 맞춘다. 반면 최근에는 전통 형이상학이 창조적인 생성과 개체 그리고 차이를 배제하고 억압함으로써 20세기에 등장한 전체주의 체제들에 사상적 기초를 마련해 주었다는 데 초점을 맞춘다. 전통 형이상학에 대한 종래의 비판이 흄(David Hume)이나 칸트 철학에 뿌리를 둔다면, 최근의 비판은 니체(Friedrich Wilhelm Nietzsche)나 하이데거 혹은 아도르노(Theodor Adorno)에 뿌리를 둔다.

---

* 「형이상학으로부터 본 차이」(한국철학회 편, 『차이와 갈등에 대한 철학적 성찰』, 철학과현실사, 2007)에 수록된 논문.

최근의 비판에 따르면, 전통 형이상학은 첫 번째로 생성을 영원불변한 실재의 파생물이나 가상으로 봄으로써 생성을 폄하하고 억압하는 동시에 생성의 영역에 속하는 신체와 감성도 폄하하고 억압한다. 니체의 전통 형이상학 비판에서 가장 전형적으로 나타나는 이러한 비판은 서양 형이상학의 역사를 이원론적인 플라톤주의의 역사로 본다. 최근의 비판이 전통 형이상학에 제기하는 두 번째 비판은 이른바 전통 형이상학의 본질주의에 향해 있다. 이러한 비판에 따르면 전통 형이상학에는 개념적으로 파악할 수 있는 본질과 전체가 존재하며, 개체는 이러한 본질과 전체에 의해서 규정된다고 보는 본질주의에 빠져 있다. 본질주의는 개체와 차이 그리고 다양성을 억압한다.

아울러 최근의 비판은 전통 형이상학은 범논리주의의 입장에서 전체를 개념적으로 파악하려고 했던 헤겔의 형이상학에서 정점에 달한다고 본다. 그리고 이러한 전체론적 거대서사가 나치즘과 스탈린주의 같은 20세기 전체주의의 사상적 단초가 되었다고 주장한다.[1]

이러한 비판들은 전통 형이상학에 대한 최근의 비판에서 거의 단골 메뉴처럼 등장한다. 여기에는 일정한 타당성이 있겠지만, 그것은 전통 형이상학에 대한 오해와 왜곡에서 비롯된 것일 수 있다. 이에 나는 플라톤에서 헤겔에 이르는 전통 형이상학이 어떠한 성격을 갖고 있는지 그리고 그것들을 어떻게 받아들일지를 하이데거의 전통 형이상학에 대한 비판을 검토하며 고찰해 보고자 한다.

전통 형이상학에 대한 최근의 비판을 검토하는 이 작업에서 굳이 하이데거를 준거점으로 삼은 이유는 무엇보다 하이데거가 최근의 형이상학 비판이 원용하는 주요한 사상적 원천 중 하나이기 때문이다. 다른 한편으

1 장 프랑수아 리오타르, 『포스트모던적 조건』, 이현복 옮김, 서광사, 1992, 81쪽 이하 참조.

로는 전통 형이상학에 대한 그의 대결이 전통 형이상학에 대한 가장 모범적인 대결 중 하나이기 때문이다. 전통 형이상학에 대한 하이데거의 대결은 플라톤에 대한 니체식 비판과는 달리 전통 형이상학에 대한 통속적이고 피상적인 이해가 아닌 그것에 대한 깊은 이해에 입각해 있다.

이 글에서는 다양성과 차이의 문제를 중심으로 전통 형이상학에 대한 하이데거의 대결을 검토할 것이다. 이를 통해 과연 전통 형이상학이 다양성과 차이를 배제하고 있는지 그리고 모든 존재자의 다양성과 차이를 드러내고 존중하기 위해서 철학은 어떠한 방향을 취해야 하는지에 대해서 살펴볼 것이다. 더 나아가 과연 전통 형이상학과 그것의 정점으로 간주되는 헤겔의 형이상학이 20세기 전체주의의 기원인지, 아니면 20세기 전체주의는 다른 곳에 기원을 두고 있는지를 고찰할 것이다.

2. 서양의 전통 형이상학은 왜 존재의 관점에 설 것을 요구하는가?

우리는 보통 세계는 개개의 존재자들로 구성되어 있다고 생각한다. 우리가 지각하는 것들이 개개의 식물과 동물 그리고 인간이기 때문이다. 우리는 이러한 개개의 존재자들이 독자적인 존재에 바탕을 두고 관계를 성립한다고 생각한다. 이에 따르면 다른 존재자들과의 관계에서 벗어난 실체들이 먼저 존재하고 난 후에 서로 관계를 맺는 것이기 때문에 실체들은 사실 관계가 없이도 존재할 수 있다.

그러나 우리가 단순한 지각의 차원에서 벗어나 생각해 본다면 개개의 존재자들은 다른 존재자들과의 관계 안에서만 존재할 수 있다는 사실을 곧 깨닫게 된다. 개개의 존재자들은 그 자체로서 존재하는 것이 아니라 항상 다른 존재자들과 직접 혹은 간접적인 관계 속에서 존재한다. 개개의 존재자가 다른 존재자들과 맺는 관계는 존재자의 존립에 부수적으로 수반되는 것이 아니라 존립을 위해서 본질적으로 요청되는 것이다.

존재자들은 서로 긴밀한 관계를 맺고 있을 뿐 아니라 이러한 관계망은 하나의 전체적인 질서를 형성한다. 그리고 개개의 존재자는 전체적인 관계 질서 안에서 존재한다. 우리 자신만 봐도 우리는 태양의 빛을 쬐고 대지의 수분을 마시면서 태양과 물과 대지와 관계하며, 음식물을 통해서 다른 식물과 동물과 관계하고, 사회적인 분업과 협업 체계 아래서 다른 인간들과 관계한다. 인간뿐 아니라 모든 존재자도 전체와의 긴밀한 관계 속에서 존재한다. 모든 존재자는 전체적인 관계 질서 안에서만 존립할 수 있기 때문에, 전체는 흔히 생각하는 것처럼 '서로 독립적으로 존재하는 존재자들의 단순한 총합'이 아니다.

여기서 사태를 조금 더 자세하게 들여다보자. 존재자들이 전체적인 관계 질서 안에서만 존재한다면 이러한 관계 질서는 어디에서 비롯되는가? 관계 질서는 인간들 간의 상업적인 관계처럼 존재자들의 협약이나 계약에 의해서 생기는 것은 아니다. 존재자는 관계 질서를 형성하는 주체가 아니라 오히려 관계 질서에 의해 존재하며, 존재자들 각각의 존재방식도 전체적인 관계 질서에 의해서 규정된다. 존재자들의 존재방식이 전체적인 관계 질서에 의해서 규정되고 조절될 경우에만 존재자들 사이에는 혼돈이 조화와 균형이 존재할 수 있다. 그리고 존재자들 사이의 관계도 서로의 파멸이 아닌 서로의 존립을 위한 본질적인 조건이 될 수 있다.

이런 의미에서 전체적인 관계 질서는 각각의 존재자를 그러한 존재자로서, 즉 동물은 동물로서 그리고 식물은 식물로서 존재하게 하면서 서로 간의 조화와 통일을 가능케 하는 궁극적인 근거다. 이러한 전체적인 관계 질서를 플라톤에서 헤겔에 이르는 서양의 고전적 형이상학에서는 '존재'라고, 그것이 각 존재자들에게 부여하는 존재방식은 '본질'이라고 불렀다.

이렇게 존재는 존재자들에게 전체적인 관계 질서로서의 존재 안에서 그것이 어떻게 존재해야 하는지를 지시해 주는 본질을 부여한다. 본질은 개별자가 만들어내는 게 아니다. 본질은 개개의 존재자들의 존립을 가능하게 하는 것이기 때문에 스스로 만들어 내는 것이기보다는 주어지는 것이다.

존재가 존재자들에게 본질을 부여함으로써 존재자의 존재방식을 규정하지만, 이것이 존재자들이 전체에 예속되어 있음을 의미하지는 않는다. 오히려 개개의 존재자들이 존재가 자신에게 부여해 준 존재방식인 본질에 따르는 것은 존재자들이 제대로 존재하기 위한 조건이다. 예를 들어 동물들은 전체로서의 존재에 의해 부여된 본능구조에 따라 행동한다. 이러한 본능구조는 전체로서의 존재에 의해 동물들에게 주어진 본질이기 때문에, 동물들은 본질에 따름으로써 존립을 유지할 수 있는 것이다.

따라서 존재자들이 자신에게 부여된 본질에 따른다는 것은 낯선 법칙에 예속되는 것이 아니라 자신의 고유한 존재를 실현한다는 것을 의미한다. 예를 들어 닭이 넓은 마당에서 닭의 본능에 따라 살 경우 닭은 자신에게 낯선 법칙에 자신을 예속시키는 것이 아니라 자신의 고유한 존재를 실현하고 있는 것이다. 이에 반해 닭이 인간들의 이해에 따라 좁은 닭장에서 수시로 전기 자극을 받아가면서 알을 까는 기계로서 살아갈 때, 그것은 자신의 본질에 배치되게 사는 것이다. 이는 결국 존재를 손상시키는 결과를 초래할 것이다. 본질은 어떤 존재자가 다른 존재자들에 대해 갖는 한계(Grenze)를 의미하지만, 이러한 한계는 존재자를 구속하고 제한하는 것이 아니라 오히려 존재자가 활발하게 존재하는 것을 가능하게 한다.

아울러 각 존재자에게 부여된 본질은 각 존재자가 갖는 부분들에 질서와 통일을 부여한다. 어떤 존재자가 자신의 본질에 따를 경우 그 존재자의 부분들은 통일적인 생을 구현하게 되지만 그렇지 못할 경우 혼돈과 무질서에 빠질 것이다. 닭이 자신에게 주어진 본질적인 본능에 따라 살 경우 부분들인 다리나 날개 각각이 잘 발달할 뿐 아니라 그것들은 하나의 통일된 전체성을 형성하면서 훌륭한 닭으로 성장하게 할 것이다.

전체로서의 존재는 존재자들에게 본질을 부여하고 존재자들로 하여금 본질을 따르게 함으로써 존재자들 간에 전체적인 질서와 조화를 가능케 하는 '전체성'이다. 또한 본질은 각각의 존재자의 부분들에게 전체적인 질서와 조화를 가능케 하는 '전체성'이다. 따라서 본질은 존재자의 자체 존립을 가능케 한다.

본질은 사르트르가 주장하는 것처럼 존재자를 복속시키는 게 아니라 존재자를 그 자신으로서 존재하게 한다. 존재자가 자신의 본질에 따르는 것은 자신에게 부과된 외적인 목표나 명령에 따르는 것이 아니라 자기 자신에 따르는 자기 구속이다. 존재자는 자신의 본질에 따를 경우에만 자기 이외의 힘과 작용 원인에 의해서 희롱당하지 않고 자신을 실현할 수 있다.[2]

서양의 전통 형이상학에서 본질은 어떤 사물의 무엇임을 의미한다. 다시 말해 본질은 인간을 인간으로서, 혹은 동물을 동물로서 내용적으로 규정하는 것이다. 따라서 하나의 사물은 본질을 근거로 해서만 이러저러한 것으로서 말해질 수 있다. 플라톤에서 이러한 본질은 이데아라고 불린다. 그것은 시간적인 모든 변화와 생성에 의해서 침해받지 않고 존속하는 그 사물의 근본 모습이다. 본질을 상실하게 되면, 그것을 소유했던 것은 단순히 변화하는 게 아니라 소멸한다. 즉 본질적으로 파괴되는 것이다.[3]

3. 전통 형이상학의 존재망각

우리는 앞에서 존재자들은 전체적인 관계 질서 안에서만 존재하며 이러한 전체가 바로 존재자들의 본질을 규정한다는 사실을 보았다. 이는 우리가

---

2 막스 뮐러, 『실존철학과 형이상학의 위기』, 179쪽 참조.

3 막스 뮐러, 『실존철학과 형이상학의 위기』, 23쪽 참조.

전체의 빛 안에서만 존재자들의 본질도 진정으로 이해할 수 있음을 의미한다. 그리고 이는 궁극적으로 우리가 선하게 행위하기 위해서는 모든 존재자의 진리가 드러나는 전체의 빛 안에 진입해야 한다는 것을 의미한다. 우리가 진정한 전체의 입장으로 초월할 경우에만, 존재자는 우리의 주관적인 이해관심에 의해서 침윤된 '대상'이 아닌 그 자체로서 자신을 개시할 수 있다. 그리고 우리는 이러한 개시에 입각하여 존재자들에 대해서 참되게 행위할 수 있다.

플라톤에서 헤겔에 이르는 전통 형이상학은 이러한 궁극적인 포괄자인 존재의 관점에서 존재자를 고찰할 것을 요구한다. 존재자는 존재의 관점에서만 그 자체로서 파악할 수 있다고 보기 때문이다. 존재자를 존재의 관점에서 고찰한다는 것은 무엇보다도 존재자를 어떠한 특정한 존재자, 특히 인간의 관점에서 고찰하지 않는다는 것을 의미한다. 즉 존재자를 인간에 대해 갖는 관계, 즉 유용성이나 이용 가능성 등의 관점에서 고찰하지 않는다는 것이다.

다시 말해 우리가 우리의 제한된 입장을 초월하여 존재자들을 그 자체로서 인식하고 존재하게 한다는 것은 개인적인 관점뿐 아니라 의식 일반이나 상호주관성과 같은 인류에게 공통된 관점마저도 초월한다는 것을 의미한다. 인류에게 공통된 관점도 모든 존재자를 '그 자체로서' 드러내지는 않으며 인류라는 제한된 집단이 갖는 이해관심의 '대상'으로서만 드러낼 뿐이다. 이 경우 존재자는 인간에게 유용한지 아닌지에 따라서 고찰되며, 이때 존재자에게 부여되는 의미는 주관적인 것에 지나지 않는다.

현대인들은 자연과학이나 역사학 같은 개별 과학만이 존재자의 진리를 진정으로 드러낸다고 생각한다. 그러나 자연과학이나 역사학은 어떤 존재자나 사건을 전체 입장에서 고찰하는 것이 아니라 자연적인 사건들의 연관 체계나 역사적인 사건들의 연관 체계라는 제한된 관점에서 고찰한다. 즉 자연과학이나 역사학은 어떤 사건을 그것에 선행하거나 동시적인 혹은 후속하는 사건과의 연관하에서 고찰한다.

이 경우 어떤 사건은 다른 사건에 대한 원인이나 결과로서 고찰될 뿐이며 결코 그것 자체로서 파악되지 않는다. 그것은 항상 설명되어야 할 다른 사건의 계기로 간주될 뿐이다. 다시 말해 그것은 어떤 자연 연관이나 역사적 연관의 한 계기일 뿐이다. 개별 과학은 존재자를 '기능적으로' 사유한다. 그것은 존재자를 어떤 사건이 출현하는 데 미치는 영향의 측면에서 고찰한다. 단적으로 말해 개별 과학은 존재자를 '타자를 위한 기능'으로서 고찰한다. 이러한 관점에서 존재자는 그 자체로 파악되지 못하고 존재자를 그것 자체로부터 소외시킨다.[4]

그렇다고 해서 존재자를 모든 관계와 기능으로부터 완전히 분리해서 보는 것만이 존재자를 그 자체로서 파악하는 것도 아니다. 존재자는 이미 무수한 존재자와의 관계 속에서 존재하기 때문에 이러한 관계에서 벗어나는 일은 존재자를 오히려 소멸로 이끌 것이다. 아울러 전적으로 고립된 것은 인식될 수 없다. 인식은 항상 존재자를 어떤 이해 가능한 연관 안에로 편입시키는 것이며, 존재자를 개별자로서 단순히 응시하는 것은 아니기 때문이다.

존재자는 전체인 존재의 관점에서만 그것 자체로 나타날 수 있으며 그 자신으로부터 소외당하지 않는다. 이는 존재는 최대의 전체이므로 그 안의 어떠한 개별 존재자에게 타자일 수 없기 때문이다. 그것이 어떤 존재자의 타자일 경우, 그것은 또 하나의 개별적인 존재자에 지나지 않을 뿐이지 전체가 아니다.[5]

최대의 전체로서의 존재에 대해 모든 존재자는 한계를 갖지만 이러한 전체는 어떠한 한계도 갖지 않는다. 전체는 한정되고 규정된 것이 아니라

---

4 막스 뮐러, 『실존철학과 형이상학의 위기』, 132쪽 참조.
5 막스 뮐러, 『실존철학과 형이상학의 위기』, 135쪽 참조.

무한하고 절대적인 것이다. 그러나 전체는 그 자신이 어떠한 한계도 갖지 않기에 자신의 한계를 존재자들에게 강요하지 않고 오히려 그것들을 그 자체에로 해방시킨다. 전체로서의 존재만이 존재자들을 구원하여 그의 본질로 향하게 하며, 이를 통해 존재자들은 자체적인 의미를 갖는 것으로 존재하게 된다.

이에 반해 개별자를 전체가 아닌 어떤 큰 부분으로 편입시키거나 어떤 존재자를 위한 수단으로 만드는 일은 그것을 타자의 한 부분으로 만들면서 자신으로부터 소외시키는 것이 된다. 나치즘이나 볼셰비즘에서처럼 독일 민족이나 프롤레타리아와 같은 특정 집단을 전체를 대표하는 것으로 선포하고 모든 존재자를 수단적인 기능으로만 인정할 경우 존재자들은 자기 자신으로부터 소외된다. 자본주의에서처럼 화폐를 절대시할 때 자연이든 인간이든 화폐축적을 위한 수단으로 간주되면서 자기 자신으로부터 소외되는 것처럼 말이다.

고중세의 형이상학뿐만 아니라 셸링(Friedrich Wilhelm Joseph von Schelling)과 헤겔의 독일 관념론이 전체를 문제 삼으면서 전체의 관점에서 존재자들의 본질을 탐구하려고 한 것도 유한한 인간이 전체의 관점에 서려는 오만에서 비롯된 게 아니다. 그것은 오히려 전체의 관점에서만 인간 자신을 비롯한 모든 존재자의 진정한 존재가 가능하기 때문이었다. 헤겔이 '진리는 전체'이며 '형이상학을 결여한 민족이란 지성소를 결여한 성전과 같은 것'이라고 말한 것도 바로 여기서 연유한다. 20세기에 들어 하이데거가 존재에 대한 물음을 새롭게 제기하자고 촉구한 것도 존재에 대한 참된 이해가 없으면 '인간 자신을 비롯한 존재자들에 대한 무분별한 남용'과 '인간이 척도와 방향을 상실한 채 방황하는 니힐리즘'이 지배할 수밖에 없다고 생각했기 때문이다.

그러나 아도르노나 호르크하이머(Max Horkheimer), 그리고 리오타르(Jean-François Lyotard)와 같은 포스트모더니스트들은 전통 형이상학이 전체의 입장에서 개체를 해석하려고 했다는 점에서 전통 형이상학은 본질적으로 전체주의적인 성격을 가지며, 20세기의 전체주의를 사상적인 차원에서 준비한 것이라고 비판했다. 즉 서양의 전통 형이상학은 개개의 사물을 최대의 전체인 존재의 관점에서 보려고 함으로써 개별자를 전체의 한 계기로 전락시키고 있다는 것이다. 이와 관련하여 아도르노는 '전체가 진리다'라는 헤겔의 말을 비꼬아서 '전체는 거짓말이다'라고 말한다.[6]

하이데거는 전통 형이상학에 대한 이러한 비판은 공정하지 않다고 볼 것이다. 개별자를 그 자체로서 파악하고 그 자체로서 존중한다는 것은 존재자를 그 자체로서 파악하고 그 자체로서 존중하겠다는 결의만으로는 가능하지 않다. 인간은 사물을 항상 어떤 관점에서 본다. 아무런 선입견 없이 보겠다고 아무리 굳게 결심하더라도, 의식하지 못하는 선입견이 개입하는 것이 보통이다. 하버마스는 존재자를 그 자체로 볼 수 있는 관점으로서 의사소통적 이성의 관점을 제시하지만, 전통 형이상학의 관점에서는 그것도 사실은 제한된 인간 이성의 관점일 것이다.

이에 반해 서양의 전통 형이상학은 존재자들을 그 자체로 보고 그 자체로 존중하기 위해서는 최대의 전체인 존재의 관점에 서지 않으면 안 된다고 본다. 따라서 전통 형이상학이 개체와 타자성을 무시했다는 비판에 대해서 우리는 전통 형이상학이 존재자들 각각을 그 자체로서 파악하고 존중하려고 했다고 보아야 할 것이다. 헤겔의 전체만 하더라도 개체에 자신을 강요하는 추상적인 보편이 아니다. 그것은 개체의 개체성을 보존하며 그 안에서 자신을 전개하는 구체적인 전체이자 보편성이다. 이런 맥락에서 헤겔은 전체 혹은 보편을 개체와 대립시키는 추상적인 형이상학을

---

6 바이어발테스는 헤겔 철학에 대한 아도르노의 비판을 헤겔 철학의 입장에서 설득력 있게 반박하고 있다. Werner Beierwaltes, "Adornos Nicht-Identisches", in: *Identität und Differenz*, Vittorio Klostermann. 1978.

통렬하게 비판한다.

그렇다면 전통 형이상학의 문제점은 그것이 존재자들을 존재의 관점에서 고찰하려고 한다는 데에 존재하지 않는다. 전통 형이상학이 존재의 관점에 서 있는 것이 아니라 존재의 일부인 인간 정신의 관점에 지나지 않을 수 있다는 것이 문제다. 전통 형이상학은 자신은 전체로서의 존재의 관점에서 존재자들을 고찰하고 있으며 이를 통해서 존재자들을 그 자신으로부터 해방시킨다고 주장한다. 그러나 이는 사실 인간의 제한된 정신의 관점에서 존재자들을 보는 것이다.

예를 들어 전통 형이상학을 정초한 플라톤에게 존재자의 본질은 '정신적인 직관' 의해서 언제든지 파악될 수 있는 것으로 존재한다. 헤겔도 존재자들의 본질과 전체로서의 존재인 절대정신은 사변적인 이성을 통해 파악될 수 있는 것으로 간주한다. 하이데거는 플라톤의 지적인 직관이나 헤겔의 사변적인 이성은 아무리 자신이 인간을 넘어선 것으로 주장하더라도 결국 인간의 제한된 정신에 속한다고 본다. 이 점에서 하이데거는 플라톤에서 헤겔에 이르는 서양 형이상학은 존재를 망각했다고 보는 것이다.

하이데거는 전체로서의 존재를 인간이 자신의 이론적인 이성을 통해서 파악할 수 있는 것으로 보지 않고 존재 자체가 인간의 근본기분을 통해서 개현하는 것이라고 본다. 존재와 존재자의 본질은 경이나 불안 혹은 깊은 권태(tiefe Langweile)와 같은 현존재의 근본기분에서 자신을 개시한다. 기분이란 모든 정서적인 것이 그렇듯이 수동적인 성격을 갖는다. 기분은 우리가 임의로 조작해 낼 수 없으며 우리를 엄습한다. 그러나 많은 통상적인 기분은 우리가 그 기분의 원인을 찾아 통제할 수 있다. 예컨대 시험이 주는 공포는 공부를 열심히 한다거나 신경안정제를 복용하는 것 등을 통해 완화시킬 수 있는 것이다.

근본기분은 이러한 기분들과는 달리 그 원인을 우리가 대상화시켜서 파악할 수 없으면서도 그것을 통해 우리의 삶의 방식 자체가 근본적으로 변화될 수 있는 경우를 말한다. 아울러 근본기분에서는 존재자 전체가 이러한 기분에 의해 엄습되기 전과는 전혀 다르게 드러난다. 하이데거는 근본기분을 통해서 존재 자체가 현존재에게 말을 걸고 현존재는 그것에 응답한다고 말한다.

인간의 과제는 존재를 자신의 이론 이성을 통해서 파악하려는 일이 아니라 존재가 스스로를 개현하도록 자신을 비우는 일이다.

4. 하이데거 철학과 전체주의

이상에서 우리는 하이데거가 존재망각을 극복해 인간을 비롯한 존재자 각각의 고유한 본질을 진정으로 경험하는 철학을 지향했음을 보았다. 그럼에도 불구하고 왜 하이데거는 한때 나치당에 가입할 정도로 나치즘에 빠질 수 있었는가? 이것은 전통 형이상학에 대한 최근의 비판이 주장하는 것처럼 그가 존재자들을 근원적인 일자로서의 존재로 환원시켰기 때문인가?

나는 이러한 비판에 대해서 하이데거가 한때나마 나치즘에 경도되었던 것은 존재라는 근원적인 일자의 관점을 지향했기 때문이 아니라, 현대 기술문명의 현실을 총체적으로 타락한 현실로 보면서 전면적인 혁명을 지향했기 때문이라고 본다. 단적으로 말해서 나는 20세기 전체주의의 기원은 전통 형이상학이나 존재로의 귀의에 그 원인이 있는 것이 아니라, 20세기의 대사상가와 대중을 사로잡은 독선적인 유토피아주의에 있다고 보는 것이다. 독선적인 유토피아주의는 현실과 이상을 절대적으로 대립시키면서 현실을 절대적으로 타락하고 부패한 것으로 간주한다. 그리고 독선적인 유토피아주의 주창자들은 자신이야말로 타락한 현실에 대해 이상 사회를 대변한다고 믿으면서, 현실의 유지나 현실의 온건한 개량을 주창하는 자들을 현실의 악에 물든 자로 간주하면서 제거해야 한다고 본다. 따라서 독선적인 유토피아주의는 철저한 사상 통제와 무자비한 살육을 통해 현실에 자신의 이상을 폭력적으로 강요한다.

하이데거에게는 독선적인 유토피아주의의 성격이 존재한다. 하이데거는 이른바 존재의 진리가 구현되는 새로운 시대를 대망하면서, 새로운 시대는 현대기술문명의 파탄을 통해 도래하리라고 믿는다. 이러한 묵시론적인 소망은 나치즘과 함께 20세기 전체주의의 양대 축을 형성했던 스탈린주의에 루카치(Georg Lukacs)나 블로흐(Ernst Bloch)와 같은 대사상가들이 경도되었던 이유를 설명할 수 있게 한다. 그들은 현실 자본주의를 절대악으로 부정하면서 절대선으로서의 공산주의 사회를 지향했으며, 자본주의에서 공산주의로 나아가는 역사의 불가피한 운동에 자신의 힘을 보태야 한다고 생각했다.

이에 반해 포스트모더니즘이나 포스트구조주의, 아도르노 등에 의해서 나치즘과 마르크스주의 같은 20세기 전체주의 사상의 기원으로 지목되곤 하는 헤겔의 철학은 정작 현실과 이상의 매개를 중시했던 개혁 사상이다.[7] 더 나아가 헤겔은 근대 초기에 이미 나타났던 독선적인 유토피아주의에 대한 최초의 비판가 중에 한 명에 속한다. 헤겔은 『정신현상학』에서 프랑스 혁명 당시 자코뱅들이 부패한 현실에 자신의 순수한 이상을 대립시키면서 자신의 이상을 테러를 통해 현실에 강요하려고 했다고 비판한다. 바로 이러한 이유로 나치 혁명의 이름 아래 혁명을 추진했던 나치 체제에서 헤겔 철학은 인기를 얻지 못했다. 나치 치하에서 가장 많이 연구되었던 사상가는 헤겔이 자코뱅의 테러와 사상적으로 통한다고 비판했던 피히테

7 이에 관해서는 다음을 참조할 것. 헤르만 뤼베, 『독일의 정치철학』, 권혁면 옮김, 정음사, 1985, 55쪽 이하. 뤼베는 보통 반동적인 철학자들로 간주되온 헤겔 우파들도 전혀 반동적이지 않았음을 분명하게 보여 준다. 이에 관해서는 이 책의 1부 '헤겔 우파의 정치이론'을 참조할 것.

(Johann Gottlieb Fichte)였다. 피히테는 현실과 이상을 대립시켰다.[8]

그렇다면 유토피아적 독선주의는 어디서 비롯되는 것인가? 그것은 자코뱅 이래로 등장하는 근대의 전형적인 산물이다. 칼 뢰비트(Karl Lowith)는 하이데거 철학이나 마르크스주의에서 나타나는 묵시론적 유토피아주의의 기원을 그리스도교의 세속화에서 찾았다. 묵시론적 유토피아주의는 그리스도교의 초시간적인 피안을 미래라는 세속적인 시간에 실현하려는 열망의 산물이다. 니체가 말하는 '신의 죽음'과 함께 피안도 붕괴되어 버렸지만, 구원에 대한 열망에 여전히 사로잡혀 있는 인간은 피안을 이제 다가올 미래에 실현하려 했던 것이다. 이런 의미에서 콜라코프스키는 '전체주의는 천국을 지상에 실현하려는 절망적 시도'라고 규정한다.

20세기 전체주의의 기원은 이와 같이 전통 형이상학과는 전혀 무관한 데에 존재한다.

---

8 Hans Sluga, *Heidegger's Crisis: Philosophy and Politics in Nazi Germany*, 30쪽 이하 참조.

신칸트학파와 후설 그리고 셸러의 가치철학에 대한 하이데거의 비판

1. 가치철학이란 무엇인가

가치철학(Wertphilosopie)은 19세기 초엽에 독일을 비롯한 유럽에서 풍미했던 윤리학의 한 흐름이다. 가치철학은 자연법칙에 따라 생성·변화하는 현실 이외에 초시간적이고 보편적인 가치들이 존재한다고 보는 입장이다. 이로써 가치철학은 도덕적 상대주의와 회의주의를 극복하려고 하는데, 하이데거는 초시간적이고 보편적인 가치를 내세우는 것이 현존재의 시간성과 역사성을 무시함으로써 삶의 안전을 도모하려는 시도라고 본다. 그것은 도덕적 상대주의나 회의주의가 초래하는 삶의 공허함과 불안을 초시간적이고 보편적인 가치를 설정함으로써 극복하려는 안이한 시도다.

하이데거는 무엇보다 신칸트학파의 가치 이론을 겨냥하지만, 가치철학에 대한 하이데거의 비판은 초시간적이고 보편적인 가치들을 내세우는 모든 철학적인 입장, 즉 신칸트학파뿐 아니라 후설(Edmund Husserl)과 셸러(Max Scheler)의 가치철학에도 적용할 수 있다.

하이데거에 의하면, 가치철학은 규범과 가치를 사실의 영역이 아닌 타당성(Geltung)의 영역에 귀속시키는 로체(Rudolf Hermann Lotze)의 사상을 토대로 삼는다. 하이데거는 로체의 사상이 심리학주의나 역사 상대주의 같은 비철학적인 견해들이 횡행하는 것을 막는 데 일정하게 기여했음을 인정한다. 심리학주의나 역사 상대주의는 20세기 초뿐 아니라 오늘날에도 변형된 형태로 여전히 상당한 위세를 떨치고 있다. 특히 하이데거는 로체의 사상이 신칸트학파와 후설이 심리학주의를 비판하는 데 철학적 토대를 제공한다고 본다.

심리학주의에 대한 후설의 비판은 심리학주의가 이성과 정신의 본질을 자연주의에 입각하여 파악한다는 점을 향한다. 심리학주의는 판단의 내용이 갖는 정신적이고 이념적인 의미조차도 단지 심리적 사실로 본다. 그것은 모든 것을 자연 사실로 보는 자연주의에 근본적으로 입각하면서 이념적인 것, 즉 판단의 의미가 갖는 독자적인 존재방식을 무시하는 것이다. 그러나 심리 작용은 사실적인 존재로서 시간적인 성격을 갖는 반면에, 판단의 의미는 이념적 존재로서 초시간적인 성격을 갖는다. '이 칠판은 검다'의 의미는 누가 어떻게 판단하든 동일하다. 심리학주의에 대한 후설의 이러한 비판은 신칸트학파 중 한 명인 리케르트(Heinrich Rickert)가 수행한 심리학주의 비판과 대동소이하다.

그런데 심리학주의는 논리학뿐 아니라 윤리학과 미학의 문제들도 심리학에 입각하여 이해하려고 한다. 따라서 논리학의 심리학주의적 해석에 대한 후설의 비판은 윤리학과 미학도 순수한 규범학으로 정초할 수 있는 방향을 연다. 논리학이 사유가 따라야 하는 규범들에 관한 학문인 것처럼 윤리학도 규범들, 즉 가치들에 관한 학문이다. 그렇다면 심리학은 논리학과 마찬가지로 윤리학도 기초 지을 수 없다. 심리학주의에 대한 후설의 비판은 이렇게 가치윤리학을 위한 길을 열어 놓았다. 그리고 후설의 문제의식을 계승하면서 가치윤리학을 건립한 사람이 셸러이다.

2. 가치철학에 대한 하이데거의 비판

하이데거는 가치철학은 사실적인 것과 이념적인 것을 분리하면서 이원론에 빠져 있다고 본다. 하이데거는 이렇게 말한다.

> 자연의 반대편에 이성과 자유가 세워진다. 자연이 존재자이기 때문에, 자유와 당위는 존재로서 사유되지 않는다. 존재와 당위, 존재와 가치는 서로 대립하는 것으로서 고수된다.[1]

하이데거에 따르면, 이러한 이원론은 인간이 거주하는 구체적인 생활세계와 생활세계에서 인간이 관계 맺는 존재자들에 대한 심각한 오해에 입각하고 있다. 가치철학에서 존재자는 아무런 가치나 의미도 없이 우리 눈앞에 이른바 객관적으로 존재하며, 인식과 평가 행위 등을 비롯한 다양한 행위들을 통해 존재자에게 비로소 가치와 의미가 부가된다고 여겨진다.

그러나 우리가 거주하는 삶의 터전인 일상생활 세계에서 존재자들은 인간의 삶과 무관하게 객관적으로 눈앞에 존재하는 사물로 나타나는 것이 아니라 우리의 삶에 '유의미한' 존재자로 나타난다.

예컨대 책상은 일차적으로는 우리가 그 앞에 앉아서 연구하기 위한 도구로 나타난다. 그것은 단순한 나무조각으로 먼저 나타난 후 우리가 앉아서 연구하기 위한 도구라는 주관적인 가치를 부여함으로써 비로소 책상으로 나타나는 것이 아니다. 책상을 나무조각으로 보는 것은 우리에게 일차적으로 드러나는 책상 자체로부터 유의미 차원을 사상함으로써만 가능하다. 즉 그것은 책상이라는 유의미한 존재자를 우선 전제하는 것이다. 또한 우리는 전혀 의미를 갖지 않는 단순한 음향을 먼저 지각한 후 그것에

---

1 하이데거 전집 7권 *Vorträge und Aufsätze*, 73쪽.

주관적인 의미를 부여함으로써 베토벤의 「운명」 교향곡을 듣는 게 아니다. 우리는 베토벤의 「운명」 교향곡을 먼저 듣고, 추후적이고 인위적인 추상 작업을 통해 비로소 단순한 음향만을 지각하게 된다. 이때는 교향곡이라는 성격을 완전히 상실하게 된다.

가치철학은 의미가 박탈된 '눈앞에 존재하는 사물들'을 실마리로 삼아 존재자와 가치에 대해 생각한다. 가치철학은 우리가 감각적으로 경험하는 존재자들이 우리의 삶과 상관없이 어떠한 의미나 가치도 결여한 채 존재하는 것처럼, 가치들 역시 우리의 삶과 상관없이 불변적인 정신적인 영역 내에 존재한다고 본다.

하이데거는 인간을 '세계-내-존재'라고 부른다. 현존재는 모든 존재자가 유의미한 존재자로서 나타나는 세계 안에 거주한다. 이러한 세계를 넘어서 현존재가 순수한 이성적 존재로서 참여하는 초역사적이고 불변적인 가치의 영역은 존재하지 않는다. 그러나 가치철학은 참된 행위가 인간이 자신이 거주하는 세계와 상관없이 존재하는 불변적이고 보편적인 가치들을 지향한다고 생각한다. 이러한 해석은 현존재가 세계-내-존재로서 존재한다는 사실을 망각하는 것이다.

현존재는 어떻게 살고 행동할지와 같은 규범을 초역사적이고 보편적인 가치들이 아닌, 자신이 사는 생활세계로부터 얻는다. 우리는 어릴 적부터 가정이나 학교에서 주입된 가치들을 척도로 하여 사는 것이다. 하이데거는 『존재와 시간』에서 이렇게 우리에게 가치들을 주입하는 주체를 '익명의 세상 사람'이라고 부른다. 우리는 익명의 세상 사람으로부터 어떻게 살아야 할지 그리고 다른 존재자들과 어떻게 관계해야 할지를 이해하게 된다.

하이데거는 익명의 세상 사람이 우리 삶을 규정하는 세계가 붕괴되고 근원적인 세계가 열릴 경우에만 우리 자신과 존재자들의 참모습이 드러난다고 본다. 더불어 하이데거는 근원적인 세계는 우리가 집착하던 세간적인 가치들 지닌 허망함을 깨닫는 불안이라는 기분을 통해서 개시된다고 본다. 근원적 세계에서 존재자들은 가치철학이 상정하는 것처럼 아무런 의미도 가치도 없는 것으로 나타나지 않고, 독자적인 무게와 성스러움을 갖는 것으로 나타난다.

가치철학은 인간을 초시간적이고 보편적인 가치들을 직관하는 순수한 이성으로 생각한다. 이런 의미에서 가치철학은 참된 존재를 시간에서 벗어나 있는 불변적인 것으로 간주하는 이원론적 형이상학의 선입견에 사로잡혀 있다. 참된 존재를 초시간적이자 보편적인 것으로, 인간을 순수한 이성으로 볼 때, 죽음에 대한 불안 속에서 일상적인 삶에 허망함을 느끼는 구체적인 현존재와 그러한 현존재가 거주하는 세계는 비존재로 간주된다.

하이데거는 이원론적 형이상학과 그에 입각한 가치철학의 기원을, 불안이란 기분에서 현존재에게 개시되는 근원적인 세계를 망각한 퇴락한 실존에서 찾는다. 가치철학은 근원적인 세계를 망각하고 있기에 초시간적이고 보편적인 가치라는 언제든지 직관될 수 있는 대상에 의존함으로써 삶의 안전성을 확보하려고 한다. 이 가치들은 실로 보편적이고 객관적인 타당성을 갖는 것으로 여겨진다. 그러나 이 가치들은 우리의 일상생활 세계를 규정하는 세상 사람의 여론을 합리화하고 정당화하는 것으로 기능할 가능성이 높다.[2]

가치철학은 초시간적이고 보편적인 가치들을 내세우면서 주체가 자신의 의지를 그러한 가치들에 복속시키자고 주장하기 때문에, 근대 주관주의에서 벗어난 것처럼 보인다. 그러나 하이데거는 가치철학 역시 근대 주관주의의 입장에서 비롯된다고 본다. 가치철학은 우리가 초시간적이고 보편적인 가치를 믿는 것에 의지함으로써, 모든 것이 예측 불가능하게 생

2 Rainer Thurnher, "Heideggers Denken als 'Fundamentalethik'?", in: Reinhard Margreiter und Karl Leidlmeier(hrsg), *Heidegger: Technik-Ethik-Politik*, Königshausen & Neumann, 1991, 135쪽 참조.

성소멸하는 세계에서 자신의 안전을 도모하려는 작위적인 시도다.

초시간적이고 보편적인 가치들은 아무리 객관적인 존재를 잠칭하더라도, 결국 인간 이성의 산물에 불과하다. 가치철학이 신을 비롯한 존재자들을 가치 있다고 평가하는 것은, 그것들을 인간에 의한 가치평가 대상으로 전락시키면서 그것들의 고유한 존재와 존엄성을 은폐하는 일이 된다. 인간 이성의 산물인 추상적인 가치들은 인간을 구속하는 힘을 가질 수 없다. 따라서 가치철학은 역사주의나 상대주의에서 보이는 의미 상실의 극복이 아니라 의미 상실의 표현이다.

3. 가치철학과 니체

하이데거는 가치철학이 유행하던 시대, 즉 19세기 후반부터 1930년대까지를 인간이 모든 것의 척도와 중심으로 간주되면서도 인간에서 독립해 있는 초시간적이고 보편적인 가치나 이념의 수호가 주창되는 시대라고 말한다. 사람들은 인간이 따라야 할 보편적인 가치나 이념의 존재에 대해서 말하면서 모든 행위와 사태를 그에 따라 평가해야 한다고 보았던 것이다.

그런데 하이데거는 초시간적이고 보편적인 가치가 정신과 문화의 발전을 위한 척도로서 제기되고 지배적인 지위를 갖게 된 것은 19세기 후반 이후였다는 사실에 주목한다. 가치와 이념의 주창은 근대 후기에 나타나는 특유 현상이라는 것이다. 따라서 하이데거는 중세의 '문화가치'나 고대의 '정신적 가치'에 대해 말하는 것은 어불성설이라고 말한다.

하이데거는 가치를 중심으로 사유한 최초의 근대 사상가를 니체(Friedrich Wilhelm Nietzsche)라고 본다. 물론 니체는 가치 자체의 존재를 거부하고, 가치나 이념을 인간이 자신의 유지와 강화를 위해 그때마다 정립하고 폐기하는 것으로 여긴다. 니체는 가치 자체의 존재를 내세운 철학자들과 근본적으로 대립적인 입장에 서 있는 것이다. 그러나 니체는 서양사를 최고의 가치들이 가치를 상실하는 과정으로 보는 동시에 자신의 시대를 가치의 혁명적인 전환이 요청되는 시대로 보면서, 가치 개념을 중심으로 사유하고 있다.

하이데거는 이와 관련하여 '가치 사상이 도대체 왜 니체의 사유와 19세기 말 이래 철학적 사유를 지배하고 있고, 왜 이 시대에는 가치들이 가장 가치 있는 것으로 인정되며 가치가 많은 것(das Wert-volle)과 가치가 높은 것(das Hoch-wertige)이 결정적인 의미를 갖는가'라고 묻는다.[3]

하이데거에 따르면, 리케르트류의 신칸트학파나 셸러에서 나타나는 것처럼 19세기 말 강단철학에서는 니체의 영향 아래 가치철학이 지배하게 되었다. 가치철학의 신봉자들은 역사주의와 심리학주의에 대항하면서 초역사적이고 보편적인 가치의 존재를 주장하는 동시에 그러한 가치들을 합리적으로 인식하는 게 가능하다고 생각했다. 그들은 가치들 자체를 '체계'적으로 정리할 수 있는 물 자체처럼 여겼다. 특히 리케르트와 같은 사람들은 니체 철학을 비합리주의적인 생철학이라 여기며 거부하면서도, 그의 저술들, 특히 『차라투스트라는 이렇게 말했다』를 뒤지면서 그러한 가치들을 발견했을 뿐 아니라 가치 리스트까지 만들려고 했다. 그들은 '비과학적인 시인철학자'인 니체와 달리, '가치윤리학'이라는 형태로 가치들을 이른바 '과학적으로' 정리하려고 했던 것이다.

그러나 가치철학이 보편적이고 객관적인 것으로 내세우는 가치는 니체가 말한 것처럼 인간이 가치평가 작용(werten)의 산물에 불과하다. 평가작용에 의해 사람들이 갖는 주관적인 욕망의 목표가 객관화되며, 이를 통해 주관적 가치는 마치 객관적 존재인 것처럼 위장된다. 이와 함께 사람들은 존재자를 가치에 따라 평가하며 가치 자체를 모든 행위의 목표로 간주

3 마르틴 하이데거, 『니체와 니힐리즘』, 박찬국 옮김, 철학과현실사, 2000, 303쪽.

한다. 그리고 사람들은 이러한 객관적인 가치를 실현함으로써 자신이 가치 있는 일을 한다고 여긴다.

가치들 자체의 존재를 주장하는 사람들은 '초시간적이고 보편적인 가치'에 의존함으로써 상대주의와 회의주의, 단적으로 말해 니힐리즘에서 벗어날 수 있다고 믿었다. 그러나 하이데거가 보기에 이는 단지 니힐리즘으로부터의 도피이자 니힐리즘이 덮고 있는 심연을 보지 않으려는 눈가림일 뿐이다. 특히 신칸트학파는 가치철학과 함께 칸트의 철학으로 돌아감으로써 니힐리즘을 극복할 수 있다고 믿었다. 그러나 하이데거는 우리가 기술 시대를 버리고 수공업 시대로 되돌아가는 것이 불가능한 것과 마찬가지로 칸트 시대의 철학으로 되돌아가는 것은 불가능하다고 본다.

4. 현대기술문명과 가치철학

우리는 앞에서 가치철학에 대한 하이데거의 비판을 세계-내-존재로서의 인간에 대한 그의 분석과 관련하여 살펴보았다. 이제 이 절에서는 현대기술문명의 극복이라는 문제와 관련하여 살펴보려고 한다.

하이데거는 가치철학이 현실과 당위의 분리를 전제하며, 이는 궁극적으로 '존재자가 존재한다'는 것을 '눈앞에 존재하는(vorhanden-sein)' 것으로 보는 존재이해에 입각한다고 본다. 가치철학은 눈앞에 존재하는 현실이 그 자체로는 어떠한 의미나 가치도 갖지 않고 자연법칙에 따라 작용한다고 본다. 따라서 가치철학은 가치의 영역이 현실과 무관한 '타당성의 영역'이라고 주장한다.

그러나 하이데거에게 존재자가 '존재한다'는 의미는 존재자가 모든 의미와 가치를 결여한 채 단순히 눈앞에 존재한다는 것이 아니다. 존재자는 인간의 모든 이론적·기술적 공격(Angriff)을 거부하는 존엄(Würde)과 깊이

(Tiefe), 즉 고유한 의미를 갖는 것으로서 존재한다. 이에 반해 현대기술문명에서는 존재자가 인간에 의해 계산되고 기술적으로 처리되는 에너지원으로 전락하며, 인간마저도 계산 가능한 노동력의 공급원으로 파악된다.

이러한 상황에서 사람들은 자신과 모든 존재자의 고유하고 신비로운 존재가 상실되고 공허만 남아 있다는 것을 막연하게나마 감지하게 된다. 이에 따라 사람들은 존재자의 영역 이외에 가치의 영역이 존재한다고 생각하면서 가치를 존재자의 영역에 실현함으로써, 존재 상실을 은폐하고 존재 상실에서 비롯되는 공허감을 극복하려고 한다. 이런 의미에서 하이데거는 가치가 '상실된 존재에 대한 사이비 대용물'에 불과하다고 말한다.

> 궁극적인 존재 상실의 징표는 이념과 가치, 그리고 '행동'의 무분별한 선언과 정신의 불가결성에 대한 선언이다. [⋯] 이러한 과정 자체는 존재 상실의 공허함을 통해서 규정되어져 있다.[4]

초시간적이고 보편적인 가치가 '상실된 존재에 대한 허구적인 대용물'에 지나지 않는 한, 아무리 가치의 절대적인 타당성을 주장해도 그것은 사람들을 사로잡는 힘을 갖지 않는다. 가치는 무미건조해지고 후광을 갖지 않게 된 존재자의 대상성을 은폐하는 무력하고 낡은 덮개에 불과하다. 결국 그 누구도 가치를 위해 죽지 않는다.[5]

하이데거는 20세기에는 이미 니체가 19세기에 공표한 '신의 죽음'과 함께 모든 '초월적이고 절대적인 가치와 규범'이 그동안 인간에 대해서 가졌던 지배력을 상실했다고 본다. 현대인들은 이제 절대적이고 초월적이며 그 자체로 타당한 가치에 입각하여 생각하고 행동하는 것이 아니라, 개인

4 마르틴 하이데거, 『니체와 니힐리즘』, 91쪽.

5 마르틴 하이데거, 『세계상의 시대』, 최상욱 옮김, 서광사, 1995, 68쪽 참조.

으로서든 인류로서든 자신의 유지와 강화를 위해 생각하고 행동한다.

하이데거는 사람들이 형제애와 인류애 그리고 신이라는 가치의 이름으로 1차 세계대전과 2차 세계대전을 자행하는 현실을 보면서, 그동안 서양문명을 지탱해 온 그리스도교적인 휴머니즘이 종말을 고했다고 느꼈다. 형제애와 인류애 그리고 신이라는 가치는 인간을 진정 구속하는 힘과 아울러 역사를 건립하는 힘을 상실해 버렸다. 사람들을 실질적으로 사로잡는 것은 적나라한 지배 의지일 뿐이며, 휴머니즘적인 가치들은 그러한 권력 의지를 정당화하고 미화하는 구호가 되어 버렸다.

초시간적이고 보편적인 가치의 존재를 주장하는 가치철학에 대한 하이데거의 비판은 종종 '애매모호한 존재의 진리를 내세운 자의의 지배'를 허용할 수 있다며 비판받아 왔다. 또한 하이데거의 후기 사유는 존재의 진리가 역사 시기마다 각각 다르게 자신을 드러낸다고 주장한다는 점에서 역사적 상대주의에 빠진다고 비판받았다.

그러나 하이데거는 가치철학이나 상호주관적으로 타당한 규범을 주창하는 철학 못지않게 형제애와 정의가 지배하는 사회를 주창하며, 그러한 철학들만큼 폭력적이고 부정의한 사회를 배격한다. 하이데거 역시 사람들이 진정 서로를 사랑하고 더 나아가 다른 존재자들에 대해서 경외감을 가져야 한다고 주창한다. 하이데거는 이렇게 말한다.

> '가치'에 대한 비판은 사람들이 '가치'로서 천명하는 모든 것, '문화', '예술', '과학', '인간의 존엄성', '세계', '신'이 무가치하다고 주장하는 것이 아니다. 오히려 다음과 같은 사실을 보는 것이 궁극적으로 중요하다. 어떤 것을 '가치'로서 특징짓는 것을 통해서 그렇게 평가된 것은 자신의 존엄성을 상실하게 된다는 것이다. 이는 어떤 것을 가치로서 평가함으로써 그렇게 평가된 것은 인간의 가치평가의 대상으로만 허용된다는 것을 의미한다. [⋯] 모든 가치평가는 그것이 긍정적으로 평

가할 경우에조차 일종의 주관화다. 그것은 존재자를 그 자체로 존재하게 하는 것이 아니며, 존재자를 단지 가치평가의 객체로 간주할 뿐이다.[6]

가치철학에서 형제애나 신과 같은 가치들은 사실 존재자 전체에 대한 지배 의지를 정당화하고 미화하는 구호에 불과할 뿐이다. 따라서 하이데거는 신칸트학파의 가치 이론처럼 객관적인 가치를 정립하려는 모든 시도는 인간을 비롯한 모든 존재자의 고유한 존재에 대한 경외심을 상실하고 지배에의 의지를 자신의 궁극적인 본질로 갖는 근대 주관주의철학에 입각한 것으로 본다. 그것은 가치의 객관성이라는 미명 아래 신을 비롯한 존재자들을 인간의 가치평가 대상으로 격하시킬 뿐이다.

따라서 하이데거가 객관적이고 보편적이며 초역사적인 가치의 존재를 비판하는 것은 상대주의를 주창하기 위해서가 아니라, 존재자를 단순히 인간의 가치평가 대상으로 격하시키는 것에 대항하면서 '망각된 존재의 진리'를 상기시키기 위함이다. 이런 맥락에서 하이데거는 이렇게 말한다.

> 가치는 타당하다. 그러나 타당성이라는 말은 아직 주체에 대한 타당성을 연상시킨다. 가치로 높여진 당위를 다시 한번 뒷받침하기 위해서 가치 자체에 '존재'가 귀속된다. 이 경우 존재란 '근본적으로는' 눈앞에 현전하는 것(das Vorhandene)의 존재에 지나지 않는다. 다만 그것은 책상이나 의자처럼 조잡하고 손에 잡을 수 있을 정도로 가까이 존재하지 않을 뿐이다. 가치의 '존재'에 대해서 말할 때 혼란과 무근거(Entwurzelung)는 절정에 달한다. 그러나 가치라는 표현은 경제 이론에서조차도 일역(一役)을 담당할 정도로 점차 진부하게 되기 때문에,

6 하이데거 전집 9권 *Wegmarken*, 349쪽.

사람들은 이제 가치를 '전체성(Ganzheiten)'이라고 부르게 된다. 그러나 명칭이 바뀌었을 뿐, 실질적으로 바뀐 것은 없다. 전체성이라고 하지만 그것은 근본적으로 어중간한 것(Halbheiten)에 지나지 않는다. 그러나 어중간한 것은 본질적인 것의 영역에서는 사람들이 그렇게 두려워하는 무보다도 훨씬 더 불길한 것이다. 1928년에 가치 개념에 관한 문헌총목록 제1부가 간행되었다. 여기에는 가치 개념에 관한 문헌이 661개나 실려 있다. 그러한 문헌들은 그동안 천 개로 늘었을 것이다. 이 모든 것이 자신을 철학이라고 부르고 있다.[7]

위 인용문에서 하이데거는 가치철학을 어중간한 미봉책이라며 비판한다. 가치철학은 현대가 직면하고 있는 심각한 위기를 어중간한 미봉책으로 극복할 수 있는 것처럼 호도한다는 게 그 이유다. 하이데거는 우리가 객관적인 가치나 보편적인 규범을 신봉하는 것을 넘어 모든 존재자의 경이로운 존재에 대한 경외감에 사로잡혀야 한다고 생각한다. 이를 위해 우리는 존재자들을 대상화하고 객관적인 가치를 그것에 덧붙임으로써 존재자의 존재 상실과 삶의 공허함을 메우려는 어중간한 태도를 버려야 한다. 더불어 존재자들을 지배하려는 욕망이 지닌 허망함을 깨닫는 것도 필요하다.

존재자들을 지배하려는 욕망을 포기할 때, 존재자들은 자신만의 고유하고 신비로운 존재를 드러내게 된다. 참된 의미의 윤리적 인식이란 초시간적이고 보편적인 가치들에 대한 객관적인 인식이 아니라, 우리가 존재자들을 소유하고 지배하려는 욕망을 포기할 때 개시되는 존재자들의 고유한 존재를 경험하고, 그것을 그 자체로 존재하게 하는 것을 의미한다.

7 하이데거 전집 40권 *Einführung in die Metaphysik*, 208쪽.

하이데거의 양심과 아리스토텔레스의 프로네시스*

『니코마코스 윤리학』의 근원적 반복으로서의 하이데거 철학

1. 하이데거와 아리스토텔레스

하이데거는 『존재와 시간』에서 현존재가 구현해야 할 본래적인 실존방식에 대해 서술한다. 이는 하이데거가 생각하는 '선한 삶의 본질'에 대한 기술이라고 볼 수 있으며, 단순히 기술적인 성격뿐 아니라 평가적인 성격도 갖는다. 더글라스 켈러(Douglas Kellner)는 이렇게 말한다.

> 하이데거는 기술(記述)적인 존재론에 입각한 새로운 유형의 평가적인 언어를 개발하고 있다.[1]

하이데거의 이러한 작업은 근대 가치철학에서 전형적으로 나타나는 존재와 당위의 분리를 극복하려고 시도한다. 하이데거는 존재와 당위를 구별하는 윤리학적인 입장이 근본적으로 존재의 의미를 '눈앞의 존재'로

---

* 『하이데거와 윤리학』(철학과현실사, 2002, 절판)의 일부.

1 Douglas Kellner, "Authenticity and Heidegger's Challenge to ethical theory," in: Christopher Macann(ed), *Martin Heidegger: Critical Assessments*, Routledge, 1992, 201쪽.

보는 그릇된 존재이해에 입각해 있다고 생각한다. 이러한 존재이해를 넘어서서 인간의 삶을 있는 그대로 드러내려는 하이데거의 시도는 『니코마코스 윤리학』에서 아리스토텔레스가 전개하고 있는 윤리적 삶에 대한 현상학적인 분석과 상통하는 면이 있다.

근대 윤리학은 동기 윤리학이냐 결과 윤리학이냐는 양자택일의 문제의식에 사로잡혀 있을 뿐 아니라 그중 하나를 정당화하는 데 몰두한다. 이에 반해 아리스토텔레스의 윤리학은 어떠한 정당화 작업도 하지 않은 채, 윤리적인 삶을 있는 그대로 분석한다. 이와 관련하여 많은 하이데거 연구자들은 아리스토텔레스 윤리학이 하이데거에게 미친 영향에 주목한다. 리델(Manfred Riedel)은 하이데거가 『존재와 시간』을 쓰기 전에는 현존재의 존재 의미인 시간성을 해명하면서 원시그리스도교적인 시간 경험을 실마리로 삼았지만, 『존재와 시간』에서는 아리스토텔레스가 『니코마코스 윤리학』에서 전개한 올바른 행위의 시간(kairos)을 실마리로 삼는다고 본다.[2]

특히 1924년에 행해진 강의 『아리스토텔레스 철학의 근본개념들(Grundbegriffe der aristotelischen Philosophie)』는 『니코마코스 윤리학』이 하이데거가 당시 개척하고 있던 실존분석에 미친 영향을 분명하게 보여주고 있다.

> 우리는 거듭해서 '어떻게(Wie)'라는 특유한 범주를 접하게 된다. 덕(Areté)은 고정된 속성이 아니라 현존재의 존재방식이다. 현존재의 존재방식으로서 그것은 현존재의 존재의미인 시간성, 즉 시간에로의 나아감(Ersteckung in die Zeit)을 통해서 규정되고 있다. 따라서 덕은 일정한 행동양식으로서 습관을 통해서 형성된다. 내가 침착성을 잃게 되면서 사로잡히게 되는 다양한 기분들에 대해서 의연한 태도를 취할 수

2 Manfred Riedel, *Für eine zweite Philosophie*, Suhrkamp, 1988, 177쪽 참조.

> 있기 위해서는 다양한 형태의 위험한 상황을 견뎌내야만 한다. [⋯] 위험한 상황과 대결함으로써 우리는 용기를 배우고 비겁함에서 벗어날 수 있게 된다. 현존재에 대한 공상적인 반성을 통해서가 아니라 실존이 직면하고 있는 가능성에 따라서 그때마다 현존재에로 자신을 내거는 것을 통해서만 우리는 덕을 배울 수 있다. [⋯] 이렇게 기회를 취하고 자신을 내걸기 위해서는 군대식의 일반적인 명령과 같은 아프리오리한 윤리학, 즉 그것에 따를 경우 인류 전체가 개선되는 윤리학과 같은 것은 존재하지 않는다. 모든 사람은 스스로 그때마다의 순간에서 자신에게 문제되는 것에 집중해야만 한다.[3]

특히 리델은 하이데거가 눈앞에 존재하는 사물의 존재도 아니고 도구적 존재도 아닌 인간의 존재를 파악하기 위해서 『니코마코스 윤리학』 6권에서 아리스토텔레스가 전개하고 있는 프락시스(Praxis)에 대한 해석을 단서로 삼고 있다고 말한다.[4] 리델에 의하면, 하이데거가 현존재의 존재로 보는 우려(Sorge)라는 개념은 아리스토텔레스가 말하는 프락시스 개념을 재해석한 것이다. 또한 리델은 이론적인 지식과는 다른 실천적인 지혜를 의미하는 프로네시스(phronesis)가 청년 하이데거, 특히 프라이부르크대학 사강사 시절의 하이데거가 '현사실성의 현상학'을 수행하는 데 큰 영향을

---

3 *M. Heidegger: Grundbegriffe der aristotelischen Philosohie, Nachschrift Walter Bröcker*(Dilthey-Forschungstelle an der Ruhr-Universität Bochum), 71쪽(Christoph von Wolzogen, "Die eigentlich metaphysische Störung: Zu den Quellen der Ethik bei Heidegger und Levinas", in: Martin Endreß(hrsg), *Zur Grundlegung einer integrativen Ethik*, Suhrkamp, 1995. 143쪽에서 재인용).

4 Manfred Riedel, *Für eine zweite Philosophie*, 185쪽 참조; Manfred Riedel, "Naturhemeneutik und Ethik im Denken Heideggers", in: Dietrich Papenfuss und Otto Pöggeler(hrsg), *zur Philosophischen Aktualität Heideggers I*, Vittorio Klostermann, 1991. 82쪽 참조.

끼치고 있다고 말한다.[5]

2. 양심과 프로네시스

하이데거가 말하는 양심은 고정된 도덕적인 명령에 따르는 것이라기보다는 그때마다의 상황에서 중용을 취하는 아리스토텔레스의 프로네시스와 가깝다. 이를 뒷받침하듯이 하이데거는 이렇게 말한다.

> 프로네시스는 행위를 투명하게 만드는 [실존의] 운동 안에 정립된 양심이다.[6]

현존재는 끊임없이 변화하는 상황에 처해 있기에 그 모든 상황에 지침이 될 수 있는 절대적인 규범 체계는 존재하지 않는다. 현존재는 매순간 새롭게 자신의 태도를 정립해야만 하기 때문에, 매순간 자신을 상실할 수도 있고 자신을 획득할 수도 있다. 따라서 현존재는 끊임없이 변화하는 상황에서 자기를 상실할 가능성에 대한 두려움에서 벗어나기 위해 고정된 규범 체계에 집착하는 경향이 있다. 현존재는 자신의 삶을 눈앞의 존재자들과 유사하게 만듦으로써 그때마다의 상황에서 결단해야 하는 부담에서 벗어나려는 것이다. 따라서 하이데거에게 체계적인 윤리적인 규범을 요구하는 것은 그가 비판하는 경화(硬化)된 삶으로 돌아가라고 요구하는 것과 동일하다.

우리는 그때마다의 상황에서 어떤 행위가 최선인지 미리 알 수 없다.

---

5 Manfred Riedel, *Für eine zweite Philosophie*, 173쪽 참조.

6 하이데거 전집 19권 *Sophistes*, Vittorio Klostermann, 2018, 56쪽.

따라서 우리는 항상 새롭게 어떤 행위가 최선인지를 물어야 한다. 양심에 귀를 기울인다는 것은 이렇게 자기 자신과 자신이 처한 상황에 항상 깨어 있는 것을 의미한다. 그러나 어떤 상황에서 최선의 행위를 하는 것은 쉽지 않다. 각 상황에서 가장 적합한 행위, 즉 아리스토텔레스식으로 말하여 중용을 지키는 행위는 오직 하나인 반면에, 중용에서 벗어난 행위들은 무한히 많기 때문이다. 오류를 범하기는 쉽지만 올바르게 행동하는 것은 어렵다.

예를 들어 하이데거가 말하는 '타인에 대한 진정한 배려'는 타인에 대한 배려에서 중용을 취하는 것을 의미한다. 그것은 자신의 주관적인 이해를 타인에게 관철하려고 하거나 다른 사람의 주관적인 욕구를 무조건적으로 충족시켜 주는 게 아니다. 타인에 대한 진정한 배려는 다른 사람이 자신의 참된 자기를 발견하고 스스로 독립적인 존재가 되도록 돕는 것이다. 타인을 배려하면서 중용을 지키는 것은 아리스토텔레스가 인색과 낭비의 중용이라고 보고 있는 관대함에 극히 가깝다. 그것은 타인에 대한 무관심과 타인에 대한 과잉 애정 사이의 중용이다.[7] 그러나 타인을 배려하는 모든 상황에서 이러한 중용을 취하기는 매우 어렵다.

어떤 상황에서 중용을 취하는 것은 곧 하이데거가 말하는 결단이다. 결단은 세계에 자신의 뜻을 완강하게 관철하는 것이 아니라 그때마다의 상황이 요구하는 적합한 행위를 수행하는 것을 의미한다. 결단은 세계에 자신의 주관적인 뜻을 강제하려는 고집스러움이 아니라 세계에 대한 탄력적이고 유연한 개방성인 것이다.

---

7 Lawrence J. Hatab, *Ethics and Finitude: Heideggerian Contributions to Moral Philosophy*, Rowman & Littlefield, 2000, 152쪽.

3. 죽음으로의 선구와 프로네시스

그러나 우리는 탄력적이고 유연한 개방성을 견지하기보다 부나 명예와 같은 유한한 세간적 가치들에 집착하거나, 무한하면서도 비현실적인 가능성으로 도피함으로써 자신의 유한성과 불안한 상황을 잊으려는 경향이 있다. 유한한 것들에 집착하는 태도는 무조건적이고 절대적인 가능성의 존재를 부인하면서 오직 조건적이며 상대적인 가능성밖에 인정하지 않는다. 이에 반해 무한하면서도 비현실적인 가능성으로 도피하는 태도는 피안의 천국 혹은 공산주의와 같은 미래의 유토피아라는 허구적이고 절대적인 가능성을 지향한다.

유한한 세간적인 가치들에 대한 집착이 그것에 의존함으로써 현실의 고통이나 고난을 망각하거나 극복하려고 하는 반면에, 가공의 절대적인 가능성을 지향하는 태도는 유한한 현존재가 처할 수밖에 없는 모든 고통과 고난으로부터의 완전한 해방을 지향한다. 그러나 이것은 사실 현존재의 유한성으로부터 도피하려는 몸부림에 지나지 않는다.

유한한 세간적인 가치들에 대한 집착이나 무한한 공상적인 가능성으로의 도피는 세계에 대해 항상 깨어 있는 자세로 개방적으로 임할 수 있는 능력, 즉 결단력을 상실했음을 의미한다. 결단은 유한한 세간적인 가치들에 대한 집착과 무한한 공상적인 가능성으로부터의 도피라는 양극단 사이에서 중용을 뜻한다. 우리가 사는 현실 세계에 대해서 중용을 지키는 일은 자신이 지금 여기에 발을 딛고 있는 상황에서 존재의 현현, 즉 무조건적이고 절대적인 선(善)을 경험하는 것이다. 그것은 현실의 고통과 고난을 망각하거나 전적으로 제거하고 그것들에서 해방되려는 것이 아니라, 오히려 현실의 고통과 고난을 철저하게 인정하면서도 현실에서 절대적인 의미의 현현을 경험하려는 것이다.

피안이나 공산주의적인 유토피아와 같은 무한한 가능성으로 도피하든 아니면 유한한 세간적인 가치들에 집착하든, 우리는 절대적인 의미와 선을 주체적으로 만들어 낼 수 있다고 간주한다. 그러나 절대적인 의미와 선은 그렇게 만들어 낼 수 있는 것이 아니다. 우리가 할 수 있는 것은 그러한 절대적 의미와 선이 지금 여기에 현현하도록 하는 일이다.

절대적 의미와 선이 지금 여기의 상황에 현현하기 위해서는 우선 피안이나 공산주의적 유토피아의 허구성뿐 아니라 유한한 세간적인 가치들이 지닌 허망함을 깨달아야 한다. 이러한 깨달음과 함께 우리는 그동안 떠받들어 온 우상들로부터 자유로워진다. 하이데거는 우상들로부터 자유로워지는 사건은 유한한 세간적인 가치들의 허망함과 무한한 공상적인 가능성의 허구성을 드러내는, 불안이라는 기분을 인수하는 것과 같다고 본다.

따라서 하이데거에게 용기란 무엇보다도 불안에의 용기다. 그것은 불안이라는 기분을 통해서 우리가 집착하는 가치들을 허망한 것으로 드러내고 자신을 고지하는 존재 자체에 자신을 내맡김으로써 존재자들의 진리를 경험하려는 용기다. 우리가 어떠한 상황에서든 그 상황이 요구하는 덕을 실현하기 위해서 미리 요청되는 것은 불안에의 용기다. 예를 들어 우리가 정직하기 위해서는 자신의 손해와 위험을 감수하려는 용기가 전제되어야 하지만, 이러한 용기는 궁극적으로 재화와 같은 유한한 세간적인 가치들에 대한 집착에서 벗어날 수 있는 용기를 전제한다. 또한 궁극적으로 그러한 가치들의 허망함을 드러내는 불안을 인수하는 용기에 바탕을 두고 있다.[8]

따라서 하이데거가 말하는 결단, 즉 어떤 순간에 그 상황이 요구하는 중용을 취하는 행위는 '불안이라는 기분을 인수하려는 용기'를 통해 규정된다. 불안이라는 기분을 인수하면서 현존재는 우상들에 사로잡혀 자기를 상실한 채로 있던 상태에서 벗어나게 되고, 이와 함께 그때마다의 상황에

---

8 Lawrence J. Hatab, *Ethics and Finitude: Heideggerian Contributions to Moral Philosophy*, 130쪽 참조.

서 현존재가 실현해야 할 참된 가능성이 개시된다. 이러한 참된 가능성을 선택하는 것이 바로 결단이다.

아울러 불안은 결국 죽음에 대한 불안인 한, 불안을 인수한다는 것은 죽음으로 선구한다는 것을 의미한다. 죽음은 현존재의 극단적인 가능성이기 때문에 우리가 절대적인 것으로 생각하면서 집착해 온 모든 일상적인 가능성을 무화하면서 현존재로 하여금 자신의 가장 고유한 가능성을 향하게 한다. 이러한 진정한 실존 가능성은 '탄생에서 죽음에 이르는 현존재의 존재 전체가 문제가 되는 극단적인 가능성'인 죽음으로의 선구를 통해 열리는 것이기에, 현존재의 전체성과 통일성을 가능케 하는 것이다.

'항상 불변적으로 현전하면서 우리가 원하면 언제든지 파악할 수 있는 가치'가 아니라 이렇게 '죽음으로의 선구를 통해 개시되는 진정한 실존 가능성'만이 현존재를 사로잡을 수 있으며, 현존재의 헌신을 끌어낼 수 있다. 따라서 결단은 불안을 인수하면서 죽음으로 선구하는 결단이자, 이를 통해 자신이 현재의 상황에서 구현해야 할 진정한 가능성을 개시하고 선택하는 결단이다.

4. 나가면서

이상에서 보았듯이 하이데거 사상은 아리스토텔레스가 『니코마코스 윤리학』에서 전개하고 있는 윤리적인 삶에 대한 현상학적인 분석을 실마리로 삼아 현존재의 존재를 새롭게 파악함으로써 존재론을 혁신하려는 시도라고 볼 수 있다. 리델은 이런 의미에서 하이데거가 '근원학'이라는 이념을 실천이성의 우위 아래에서 새롭게 실현하려 했다고 말한다.[9] 물론 이 경우

9 Manfred Riedel, *Für eine zweite Philosophie*, 178쪽 참조.

리텔이 말하는 실천이성이, 칸트의 윤리학을 비롯한 근대 윤리학이 말하는 실천이성보다는 아리스토텔레스의 프로네시스에 더 가까운 것임은 말할 나위가 없다.

다른 한편으로 하이데거의 철학은 아리스토텔레스의 윤리학이 암묵적으로 전제하는 인간관과 존재관을 분명하게 드러내고 그것을 심화발전시킴으로써 아리스토텔레스의 실천철학을 근저로부터 정초한다고 볼 수 있다. 이와 함께 하이데거의 철학은 다양한 중용의 덕을 분석하기보다는 우리가 진정으로 중용의 덕을 구현하기 위한 실존적 조건을 탐색한다고 볼 수 있다. 그것은 우리가 유한한 세간적인 가치들과 무한한 공상적인 가능성이라는 우상들에 의해 지배되는 상태에서 해방되어, 현실 세계에서 인간들을 비롯한 존재자들과 참되게 관계하면서 자신의 진정한 자기를 실현할 수 있는 조건을 구명하는 것이다.[10]

---

10 하이데거 철학과 아리스토텔레스의 윤리학 사이의 관계 전반에 대해서는 Lawrence J. Hatab, *Ethics and Finitude: Heideggerian Contributions to Moral Philosophy*, 99-136쪽을 참조할 것.

III

존재와 인간

존재에 대한 하이데거의 8가지 명제*

1. 하이데거의 『근본개념들』

하이데거의 책을 읽으면서 누구나 하이데거가 말하는 '존재'가 무엇인지 의문을 가져봤을 것이다. 하이데거는 그 어떤 책에서도 '존재란 …이다'라는 식으로 분명히 말하지 않는다. 그러나 하이데거는 자신의 전집 제51권 『근본개념들』에서 존재에 대한 통상적 이해와 본래적 이해를 대비하는 방식으로 '존재란 …이다'를 분명하게 썼다. 이런 점에서 『근본개념들』은 100권에 달하는 하이데거의 전집 중에서도 특별한 의미를 지닌 책이라고 할 수 있다. 하이데거는 이렇게 말한다.

> a) 존재는 가장 공허한 것이면서도 가장 충일한 것이다.
> b) 존재는 가장 일반적인 것이면서 유일한 것(das Einzige)이다.
> c) 존재는 가장 많이 소모되는 것이면서 모든 것이 비롯되는 근원이다.
> d) 존재는 가장 강요하는 것이면서 동시에 해방하는 것이다.

* 마르틴 하이데거, 『근본개념들』(박찬국·설민 옮김, 길, 2012)에 붙인 해설을 수정·보완하였음.

e) 존재는 가장 망각된 것이면서 가장 상기시키는 것이다.

f) 존재는 가장 이해하기 쉬운 것이면서 모든 개념 파악에 저항하는 것이다.

g) 존재는 가장 믿을 수 있는 것이면서 가장 심연적인 것(das Abgründigste)이다.

h) 존재는 가장 자주 말해지는 것이면서 가장 깊이 침묵하는 것이다.

이번 글에서는 이 8가지의 명제를 살펴봄으로써 하이데거가 말하는 존재가 무엇인지 분명히 하고자 한다.

2. 『근본개념들』이라는 강의 제목의 의미

하이데거는 8가지의 명제를 설명하기 전에 『근본개념들』이라는 강의 제목의 의미와 '존재자 전체를 고려하라'는 그리스 잠언의 의미를 살펴본다. 『근본개념들』이라는 강의 제목은 강의 목표가 신이나 존재와 같은 철학의 근본개념들을 해설하는 데 있는 것 같은 인상을 준다. 그러나 하이데거는 강의 목표가 존재자 전체의 근거인 존재에 의해서 우리를 사로잡히게 하고 그 소리에 경청하게 하는 데 있다고 말한다.

이런 의미에서 하이데거는 '근본개념들'을 '근거-개념들(Grundbegriffe)'로 이해한다. 여기서 근거는 모든 것을 근거 지우며 모든 것에 근거를 부여하고 우리에게 존립(Stand)과 상주하는 것(Ständiges)을 증여하는 것이다. 즉 근거란 우리 삶에 충만한 평온을 선사하는 것이다. 우리가 근거에 입각하지 않을 경우 우리는 항상 변덕스러운 충동과 탐욕 등에 내몰리면서 외관상으로는 풍요로운 삶을 사는 것 같지만 사실은 궁핍한 삶을 살게 된다.

아울러 여기서 개념(Begriffe)이란 어떤 것에 대한 보편적인 표상을 의미하는 것이 아니라 근거에 의해서 '붙잡히게 되는(begriffen)' 것을 의미한다. 하이데거에 의하면, '우리가 어떤 것을 파악했다'는 것은 독일어로 '우리에게 무언가가 개현되었다(es sei uns etwas aufgegangen)'고 표현된다. 이 말은 '우리가 개현된 것 안으로 들여보내지고 그것에 의해 앞으로도 계속 규정된 채로 있게 된다'는 사실도 함축한다.

따라서 우리가 근거를 파악한다는 것은 개현된 근거의 '본질' 속으로 근거 자신에 의하여 포용되고(ein-begriffen), 근거에 의하여 말 건네지며 규정된다는 것을 의미한다. 이러한 맥락에서 하이데거는 '근본개념들'이라는 제목에는 모든 것의 근거에 다다르고 그것을 다시 놓치지 않겠다는 각오가 포함되어 있다고 말한다. 존재하는 모든 것의 근거에 다다르거나 그러한 근거를 예감이라도 하면서 예감된 것을 다시 놓치지 말라는 요청을 강의 제목에 표현한 것이다.

중요한 것은 우리가 존재 안에 본질적으로 거주하고 있다는 사실을 깨닫고 또한 그에 앞서 존재를 깨닫는 일이다. 존재를 깨닫는다는 것은 존재를 의식의 대상으로 만드는 것이 아니라 존재에 의해서 존재 내에 '포섭됨(inbegriffen werden)'으로써 새로운 인간으로 변화하는 것을 의미한다.

3. '존재자 전체를 고려하라'라는 잠언에 대한 숙고

하이데거는 존재하는 모든 것의 근거를 존재라고 부른다. 서양 사유의 시원인 그리스 시대 이래로 서양인들은 본질적으로 존재에 의해 말 건네지고 존재 속으로 들여보내져 그곳에서 자신의 참된 거주지를 갖는다. 그러나 존재는 모든 존재자의 근거이면서도 존재자처럼 우리 눈앞에 존재하는 것이 아니라 자기 자신을 은닉한다. 따라서 하이데거의 사유는 전통 형이상학에서처럼 눈앞의 존재자들로부터 근거율에 따라서 존재를 추적해 나가는 방식으로 행해지지 않고, 우리가 보통 망각하고 있지만 우리의 지반에 해당하는 존재 자체를 상기하는 방식으로 행해진다.

존재 자체는 우리가 자각하든 자각하지 않든 우리의 근거로서 존재하기에 존재는 존재를 대상화하여 개념적으로 파악함으로써 알 수 있는 게 아니다. 그러한 앎은 우리가 이미 그 안에 존재하고 있는 존재를 상기함으로써 획득된다. 이를 위해 하이데거는 무엇보다 '존재자 전체를 고려하라(μελέτα τὸ πᾶν)'는 그리스 잠언을 실마리로 삼는다. 하이데거에 따르면, 소크라테스 이전의 그리스인들에게 존재 자체는 존재자를 존재자로서 드러내면서 자신은 은닉하는 것으로서 처음 개현되었다. 이러한 개현에 대한 경험이 이 잠언 속에 담겨 있다. 따라서 하이데거는 이 잠언을 실마리로 하여 그리스시대 이래로 서양의 역사를 규정하고 있는 존재 자체를 상기하려고 한다. 이것은 단순히 과거로 도피하는 게 아니라 과거의 모든 존재자가 소멸했음에도 불구하고 여전히 현성하고 있는 존재 자체를 상기하고 그것에 진입하는 일이다.

'존재자 전체를 고려하라'고 할 때 존재자 전체는 모든 존재자의 총합이 아니라 유일무이한 전체성을 가리킨다. 존재자 전체의 전체성은 모든 존재자를 단순히 합한 것이 아니라 모든 존재자를 규정하는 근거이자 근원이다. 하이데거가 존재라고 부르는 것은 바로 이러한 전체성을 가리킨다.

하이데거는 이러한 존재는 존재자를 존재자로 개시하면서도 은닉되어 있다고 말한다. 그런데 존재 은닉은 그것이 파묻혀 있다는 게 아니라, 우리와 너무나 가까이 있기에 간과되었음을 의미한다. 하이데거는 더 나아가 가장 가까운 것조차 본질적으로 거리를 포함하기에 '존재는 가깝게 있다', '존재는 가장 가까운 것이다' 등의 표현도 존재를 우리에게서 멀리 떨어져 있는 것으로 만든다고 본다. 우리는 이미 존재 안에 진입해 있기에, 우리는 존재와 전혀 거리를 갖고 있지 않다.

존재는 이렇게 우리가 항상 간과하고 망각할 정도로 가까이 있기에, 우리가 존재에 대해서 말하려고 할 때 존재는 우리에게서 빠져나간다. 이런 의미에서 하이데거는 '우리는 존재에 속하면서도 속하지 않는다'고 본다. 우리는 존재 안에 거주하지만 존재 안에 직접 머무르는 것은 허락되지 않는다. 다시 말해 우리는 고향에 거주하고 있으면서도 고향을 상실한 자와 같다.

4. 존재의 성찰을 위한 주도어들

존재는 우리가 의식하지 못할 정도로 우리와 가까이 있으면서 우리의 근거가 되지만, 우리는 존재를 망각하고 있다. 존재는 서양의 전통 형이상학이나 일반인들의 사고에서는 가장 보편적이면서 가장 공허한 개념으로 간주된다. 존재 자체와 존재에 대한 통상적인 이해 사이의 이러한 균열을 하이데거는 8가지 주도적인 명제들을 검토하는 방식으로 해명한다. 이러한 명제들은 각각은 모순적인 내용을 갖는다.

a) 존재는 가장 공허한 것이면서도 가장 충일한 것이다.
b) 존재는 가장 일반적인 것이면서 유일한 것(das Einzige)이다.
c) 존재는 가장 많이 소모되는 것이면서 모든 것이 비롯되는 근원이다.
d) 존재는 가장 강요하는 것이면서 동시에 해방하는 것이다.
e) 존재는 가장 망각된 것이면서 가장 상기시키는 것이다.
f) 존재는 가장 이해하기 쉬운 것이면서 모든 개념 파악에 저항하는 것이다.
g) 존재는 가장 믿을 수 있는 것이면서 가장 심연적인 것(das Abgründigste)

이다.

h) 존재는 가장 자주 말해지는 것이면서 가장 깊이 침묵하는 것이다.

1) 존재는 가장 공허한 것이면서도 가장 충일한 것이다.

우리는 존재라는 말을 끊임없이 사용하는데, 이는 존재라는 말을 사용하지 않을 때도 타당하다. 우리가 존재자들과 관계 맺는 어떠한 순간에도 우리는 존재라는 말을 사용하는 것이다. 우리는 현실 세계에서든 상상 세계에서든 '존재하는' 존재자들과만 관계한다. 이렇게 존재라는 말을 끊임없이 사용할 때 우리는 존재라는 말의 의미가 가장 자명하다고 생각한다. 이 경우 우리는 보통 존재라는 말을 어떤 것이 '눈앞에 존재한다'는 의미로 사용하는 것이다.

이렇게 존재를 가장 자명한 것으로 여기면서 우리는 존재자에 관심을 가질 뿐이다. 존재는 비록 어떤 점에서는 불가결하더라도 단지 존재자의 부가물이나 그림자로서만 용인될 뿐이다. 다시 말해 존재는 존재자라는 지표면 위에 떠다니면서 최소한의 작용도 일으키지 못하고 그 어떤 흔적도 남기지 못하는, 덧없는 구름의 그림자와도 같다. 우리는 대부분 이렇게 생각하기에 존재자들을 자신의 뜻대로 만들고 변형하며 지배하고, 존재자 전체에서 자신의 지위를 공고히 하는 데 몰두한다. 특히 하이데거는 존재를 망각하고 존재자들에 몰두하는 것은 현대기술문명에서 정점에 달한다고 본다. 다시 말해 현대기술문명에서는 '존재에 대한 존재자의 우위'가 지배한다는 것이다. 존재자의 이러한 우위에서는 존재를 공허한 추상으로 보는 결단이 지배한다.

존재는 흔히 가장 공허한 것으로 간주되지만, 하이데거는 존재라는 말의 의미를 곰곰이 살펴보면 그 말이 극히 다양한 의미로 사용된다는 것을 알 수 있다고 말한다. 하이데거는 '그 사람은 슈바벤 지방 출신이다', '이 책은 네 것이다', '그 잔은 은으로 만들어져 있다', '강연은 5번 강의실에서 있다', '모든 산봉우리에 정적이 있다' 등과 같은 말을 예로 들면서 이렇게 말한다.

> 각각의 경우 '있다[이다]'는 서로 다른 발화 의미와 의의를 갖는다. 우리는 번거롭더라도 이를 부각시키려고 한다. 자명한 것을 둘러보는 일은 다른 중요한 일을 위한 사전연습이 될 수 있기 때문이다.
> '그 사람은 슈바벤 지방 출신이다'는 그가 거기 출신임을 말해준다. '이 책은 네 것이다'는 그것이 너에게 속함을 말한다. '적군이 퇴각 중이다'는 적군이 퇴각을 시작했음을 뜻한다. '빨강은 좌현이다'는 빨간 색상이 무언가에 대한 표시로 여겨짐을 의미한다. '신은 존재한다'는 신이 실존함을, 신이 실제로 현존함을 말한다. '중국에 홍수가 났다'는 그곳에서 홍수가 지배적이고 확산되어 있으며 파괴적으로 작용함을 의미한다. '그 잔은 은으로 만들어져 있다'는 그 질료적 속성에 따라 볼 때 잔이 어떠어떠한 것으로 구성되어 있음을 뜻한다. '그 군인은 출정 중이다'는 그가 적군과 맞서있음을 말한다. '밭에 딱정벌레가 있다'는 이 동물이 그곳에서 해를 끼침을 확인하는 것이다. '강의는 5번 강의실에서 있다'는 강의가 거기에서 행해진다는 것을 의미한다. '개가 정원에 있다'는 개가 머물며 거기에서 배회하고 있음을 뜻한다. '이 사람은 악질적으로 제정신이 아니다'는 그는 마치 악에 붙들려 있는 것처럼 행동함을 의미한다.[1]

그런데 하이데거는 '모든 산봉우리에 정적이 있다(Über allen Gipfeln/

1 마르틴 하이데거, 『근본개념들』, 박찬국·설민 옮김, 길, 2012, 59쪽.

Ist Ruh)'라는 괴테(Johann Wolfgang von Goethe)의 시구에 대해서는 '정적이 발견된다(befindet sich)', '일어나고 있다(findet statt)', '머무르고 있다(hält sich auf)', '지배하고 있다(herrscht)', '놓여 있다(liegt)', '주재(主宰)하고 있다(waltet)'는 식으로 바꿔 쓸 수 있는지 자문하면서 이것은 어떻게 바꿔 써도 적합하지 않다고 말한다. '모든 산봉우리에 정적이 있다'에서 '있다'를 우리가 다른 말로 바꿔 쓸 수 없는 이유는, '있다'가 우리가 이해하기 어렵고 복잡한 의미를 갖고 있어서라기보다 그 단어가 너무도 단순 소박하게(einfach) 말해지기 때문이다. '단순 소박한 것(das Einfache)'은 그 의미가 공허하고 막연해서 더 이상 파악할 수 없음을 의미하지 않는다. 오히려 그러한 단순함은 희귀한 풍요로움을 간직한 단순함이다. 괴테의 시구에서 '있다'는 존재 자체가 갖는 풍요로움을 표현하는 것이다.

이 경우 존재 자체가 갖는 풍요로움은 괴테의 시구에서 산이 갖는 풍요로움과 신비를 가리킨다. '있다'는 명명된 것이나 명명될 수 있는 것에 의해서는 본질적으로 규정될 수 없는 어떤 것을 명명한다. 그러한 산은 우리의 주관적인 이해관심의 관점에 의해 보인 산이 아니라 그 자체로서의 산이다.

우리가 산을 인간을 위해 광물자원을 제공하는 것이라거나 건강을 위해서 등산하기 좋은 대상이 아닌 그 자체로 볼 때, 하이데거는 우리가 그 산의 '존재' 자체를 보는 것이라고 말한다. 우리는 그 경우 산 자체가 갖는 풍요로움과 신비를 경험하며 이때 우리는 '산은 저렇게 조용히 있다'고 말할 수밖에 없다. 다시 말해 '산이 있다'고 말할 때의 '있다'는 산이 단순히 우리 눈앞에 있다는 것을 의미하지 않고, 산 자체가 자신의 풍요로움과 신비를 드러내면서 우리에게 말을 걸어오는 것을 의미한다.

하이데거가 존재자가 '있다'고 말할 때, '있다'는 존재자가 단순히 나의 대상으로서 있다는 것이 아니라 자체적인 존엄성을 가진 것으로 우리에게 있다는 것을 의미한다. 그것은 우리가 개념적으로 파악할 수도 없고 임의로 처분할 수도 없는 은닉의 성격을 갖는 것으로서 드러난다. 하이데거는 '존재'와 '있다'에는 독특한 무규정성과 '동시에' 충만함이 내포되어 있으며, 이러한 성격이 괴테의 시구에서 단적으로 나타난다고 말한다. 하이데거는 이 말이 가리키는 사태는 단순히 많은 존재자에게서 우리가 추상함으로써 알 수 있는 것이 아니라, 그것을 온몸으로 경험할 경우에만 제대로 드러날 수 있다고 본다.

2) 존재는 가장 일반적인 것이면서 유일한 것이다.

존재 자체의 풍요로움은 수많은 존재자가 존재한다는 사태에서 비롯되는 것이 아니다. 존재는 유일무이하다. 존재자의 경우 어떠한 존재자 외에도 수많은 존재자가 있지만, 존재는 그것 외에 아무것도 없다는 유일무이함을 그 특성으로 갖는다. 다시 말해 하나의 존재자 옆에는 늘 다른 존재자가 무수하게 있지만, 존재 밖에는 무가 있을 뿐이다. 신, 인간 그리고 동물의 존재방식이 각기 다르기 때문에 다양한 존재방식이 있다. 그러나 이것들은 유일한 존재가 나타나는 상이한 방식이다.

우리는 보통 눈앞의 다양한 존재자들에 마음이 팔려 있다. 그러나 존재의 입장에서 볼 때는 모든 것은 존재 자체의 발현이다. 우리가 존재 자체로 마음을 모으지 못하거나 존재 자체로부터 생각하고 행동하지 않을 때, 우리의 마음은 눈앞의 존재자들에게로 분산되고 우리의 삶은 중심을 상실한 지리멸렬한 것이 된다.

3) 존재는 가장 많이 소모되는 것이면서 모든 것이 비롯되는 근원이다.

우리는 존재자들과 관계할 때 항상 존재와 관계한다. 존재자들과 관계하기 위해서는 존재자들이 우선 '존재해야' 하기 때문에, 우리는 존재를 무엇보다도 가장 많이 필요로 하며 가장 많이 사용한다. 또한 우리 자신도 존재를 필요로 하며 사용한다. 그러나 우리는 대개 존재자들에게만 마음이 팔려 존재는 자명한 것으로 간주하면서도 존재에는 아무런 관심이 없다. 즉 우리의 일상에서 존재는 우리가 아무런 생각 없이 사용할 수 있는 공허하고 가장 평범한 것으로 간주된다.

그러나 존재는 이렇게 끊임없이 사용되면서도 고갈되지 않는다. 삶에 대한 염증이 극에 달하여 우리가 모든 존재자가 사라지고 차라리 무가 '존재하기'를 소망할 때에도, 존재는 소모에 저항하는 유일무이한 것, 오히려 존재할 것이 간청되는 유일무이의 것이다. 왜냐하면 우리가 무가 '존재하기'를 기대할 때에도, 우리는 무가 '존재하기'를 기대하면서 최종적인 구원을 존재에서 찾기 때문이다. 이런 의미에서 존재는 모든 것이 발-원하는(ent-springen) 근원이다. 따라서 존재는 우리가 가장 많이 사용하는 것이지만, 결코 완전히 소모되고 고갈될 수는 없다.

4) 존재는 가장 강요하는 것이면서 동시에 해방하는 것이다.

존재자가 우리에게 가하는 자극과 압박이 아무리 강하더라도 이것들이 결국 모두 존재에서 비롯되는 한, 존재야말로 우리를 가장 강하게 압박해 오는 것이다. 그러나 우리는 대개 존재가 압박해 오는 것을 '느끼지' 못하며 기껏해야 존재자들이 가하는 자극과 압박을 '느낄' 따름이다. 즉 존재는 마치 '거기에' '있지' 않은 것처럼, 즉 '공허한 무'처럼 있다.

우리는 존재를 볼 수도 만질 수도 없다. 그러나 '존재'야말로 각 존재자가 다른 존재자들과 구별되는 장인 '열린 터(das Offene, das Freie)' 안으로 우리를 이미 진입시켰다. 열린 터에서 우리는 존재자들의 진리를 경험하고 존재자들 자체와 관계하면서 존재자 전체의 한 가운데서 자유롭게 존재할 수 있다. 존재자들이 우리에게 가하는 자극과 강제에서 벗어나 우리가 존재 자체의 쇄도에 자신을 내맡길 때, 우리는 자신의 참된 자기를 향해 해방된다. 이러한 해방만이 자유의 본질이다.

5) 존재는 가장 망각된 것이면서 가장 상기시키는 것이다.

존재는 우리가 어디에서나 믿고 의지할 수 있는 것이다. 우리는 존재자들이 '존재한다'는 사실을 믿으면서 그것들과 관계한다. 그러나 우리는 우선 대개는 존재자들에 몰두하고 있기에, 우리가 믿고 의지하는 존재는 망각한다. 심지어 망각하고 있다는 사실조차도 망각하고 있을 정도다. 존재를 생각하려고 할 때 우리는 그것을 가장 보편적이고 가장 이해하기 쉽고 가장 무규정적인 것으로 간주한다.

그러나 이러한 망각에도 불구하고 존재는 우리의 일상에서 단지 믿고 의지할 수 있는 것으로만 있지 않다. 존재는 우리가 존재자 전체의 한가운데에서 존재하면서 존재자를 그 자체로서 인식하는 것을 가능하게 해준다. 존재는 우리를 존재자 속으로 그리고 존재자에게로 상-기시킨다(er-innert, 진입하게 한다). 따라서 우리가 마주치는 모든 것은—그것이 현재 우리 눈앞에 있는 것이든 과거의 것이든 미래의 것이든—존재의 상기시키는 작용을 통해 비로소 그 자체로 나타나게 된다. 즉 존재는 가장 망각된 것이면서도 가장 상기시키는 힘을 갖는 것이기에, 오직 그것만이 과거의 것과 현재의 것 그리고 미래의 것을 존재하게 한다.

다시 말해 우리는 존재에 대한 이해를 가지고 있기에 존재자들을 인식할 수 있고 그것들과 관계할 수 있다. 그러나 우리가 존재를 이해할 수 있는 것은 존재 자체가 스스로를 우리에게 개현하기 때문이다.

6) 존재는 가장 이해하기 쉬운 것이면서 모든 개념 파악에 저항하는 것이다.

존재는 언뜻 보기에 가장 이해하기 쉬운 개념인 것 같다. 그러나 존재를 막상 개념적으로 파악하려고 하면, 우리는 '존재는 존재다'라고 말할 수밖에 없다. 존재는 개념 파악에 저항한다. 어떤 것을 개념적으로 파악하려고 할 때 우리는 그것에 포함되지 않는 다른 것과 연관시켜야 한다. 예를 들어 우리가 인간이라는 존재자를 개념적으로 파악하여 인간을 '이성적 동물'이라고 정의할 때, 우리는 인간을 인간 자체가 아닌 이성과 동물들로부터 규정하는 것이다. 그러나 존재에 포함되지 않는 것은 무밖에 없으며, 문자 그대로의 공허한 무는 그야말로 없다. 이렇게 '전혀 없는 것'에 의해서 존재를 파악할 수는 없다. 무가 공허한 무가 아닌—하이데거가 말하는 것처럼—존재와 동일한 것으로서의 무일 경우, 무 자체도 존재와 마찬가지로 무규정적인 것이기에 무에 의해 존재를 파악할 수 없다.

존재는 모든 종류의 개념적인 파악과 규정을 거부하면서 빠져나간다. 그러나 존재에 대해 이렇게 말할 경우 우리는 존재 자체에 대해 무언가를 말하는 셈이다. 우리는 존재 자체에는 어떤 고유한 은닉성, 즉 존재자들에 의거하는 모든 설명에서 빠져나가면서 자신을 은닉하는 성질이 존재 자체에 속한다고 말하는 것이다. 이런 의미에서 하이데거는 존재 자체는 은닉으로서 존재한다고 말한다. 존재는 모든 종류의 개념 파악을 거부하면서 그 자체로 자신을 드러내고 우리 자신을 침묵에 빠뜨린다.

7) 존재는 가장 믿을 수 있는 것이면서 가장 심연적인 것이다.

우리의 모든 생각과 행동은 존재를 기반으로 하여 행해진다. 우리는 어떤 존재자가 존재하는지 아닌지를 의심할 수는 있지만, 존재 없이는 그러한 의심을 할 수도 없다. 이런 의미에서 존재는 우리가 가장 믿고 의지할 수 있는 것이다. 이러한 신뢰는 너무나도 무조건적이고 자명한 것이다. 이 때문에 우리는 존재자와 끊임없이 관계하면서도 자신이 존재를 얼마나 신뢰하고 있는지를 의식하지 못한다.

존재는 이렇게 끊임없이 사용되고 요청되는 토대 내지 근거이지만, 우리가 어떤 계획을 세우고 어떤 작업을 할 때 직접 사용할 수 있는 것은 아니다. 이때 존재는 토대나 근거로 존재하기를 거부하는 것처럼 끊임없이 뒤로 물러난다. 이런 의미에서 존재는 심-연이다.

8) 존재는 가장 자주 말해지는 것이면서 가장 깊이 침묵하는 것이다.

존재는 가장 자주 언급되는 것이다. 현실적인 것은 물론이고 가공의 것이나 상상의 것이라고 해도 존재자가 문제가 되는 곳에서는 '있다/이다(ist)'라는 말이 쓰인다. 그러나 우리는 보통 존재자들에게만 몰두하기 때문에, 존재자가 있는지 없는지를 언명하기 위해서만 존재를 언급하는 데 그친다. 즉 존재는 가장 자주 언급되면서도 존재자에 수반되는 그림자 정도로만 간주될 뿐이다.

하이데거는 이것이 우리 자신이 의도한 게 아니라고 말한다. 왜냐하면 우리 자신에게는 존재를 주제화하지 않으려는 어떠한 의도도 존재하지 않기 때문이다. 따라서 우리는 존재가 침묵한다고 할 수밖에 없다. 존재는 침묵하면서 자신을 은닉한다. 존재는 존재자에 대한 모든 말에 언급되면서도, 존재자에 수반되는 그림자 정도로 간주되는 방식으로 자신을 침묵하는 것이다.

존재의 침묵은 그로부터 모든 말이 비롯되는 침묵이다. 이 침묵을 깨뜨림으로써 말이 생겨난다. 따라서 존재의 침묵은 언어의 기원이기도 하다. 말은 존재의 고요한 소리(das stille Geläut des Seins)로부터 생긴다. 인간

이외의 어떠한 동물도 말을 할 수 없는 이유는 그것들은 침묵할 수 없기 때문이다. 동물은 존재의 침묵에 응하는 방식으로 침묵하지 못한다. 다시 말해 동물은 침묵하면서 자신을 은닉하는 존재와 아무런 관련도 갖지 못하기 때문에 침묵할 수 없다. 이런 의미에서 하이데거는 인간의 언어 능력은 인간이 갖는 다양한 능력 중 하나에 불과한 것이 아니라고 본다. 언어는 존재의 집으로서 존재의 유일무이성과 본질적으로 연관이 있다.

그러나 언어가 일상 수다로 나타날 때, 그것은 존재가 자신을 은폐하는 집이 된다. 존재는 일상 수다나 개념 파악을 거부하면서 침묵 속에서 자신을 은닉한다. 하이데거는 우리의 언어는 존재의 침묵을 그 자체로서 드러내는 시어(詩語)에서만 진정한 의미로서 존재의 집이 된다고 말한다. 그러나 이 경우 시는 단순히 산문과 구별되는 문학의 한 양식을 의미하지 않는다. 존재의 침묵에서 비롯되고 그것에 응하는 산문이라면 시다. 존재는 침묵 속에서 인간에게 말을 걸어온다. 이러한 존재의 말을 언표한 것이 진정한 의미의 시다.

5. 나가면서

위에서 보았듯이 존재는 통상적으로 우리에게 가장 공허하고, 가장 일반적이며, 가장 이해하기 쉽고, 가장 자주 사용되며, 가장 믿을 수 있고, 가장 망각된 것이며, 가장 자주 언급되는 것으로 나타난다. 따라서 우리는 존재가 가장 풍요로운 것이고, 유일무이한 것이며, 모든 개념 파악에 저항하는 것이고, 이제 비로소 발원하는 것이며, 가장 심-연적인 것이고, 가장 상기시키는 것이며, 가장 침묵하는 것일 수 있다는 사실을 전혀 의식하지 못한다. 우리는 보통 존재에 대한 통상적인 견해에 사로잡혀 살아가지만, 이는 우리가 존재에서 도피하고 있다는 것을 의미한다. 존재로부터의 이러한 도피는 존재를 가장 자명하고 이해하기 쉬운 것으로 간주하면서 존재를 철저히 망각하는 방식으로 일어난다.

현대는 존재망각이 극에 달한 시대로 존재자들을 철저하게 계산하고 지배하는 일이 가장 중요한 것으로 간주된다.

운정 소광희 교수의 시간론

1. 들어가면서

소광희 교수(이하 '운정')는 대저 『시간의 철학적 성찰』(문예출판사, 2001)을 출간하기 전에 제자들에게 그 내용을 수록한 파일을 나누어 준 적이 있다. 파일에 수록된 내용 중에는 출간된 책에서는 삭제된 부분들이 있다. 예를 들어 파일의 머리말 말미에서 운정은 이렇게 말하는데, 이 말은 출간된 책에는 보이지 않는다.

> 철학자에게는 하나의 주제가 있을 뿐이라고 해서 나는 평생 동안 '시간'을 찾아 헤맸다. 그러나 나는 무능하다는 것을 스스로 잘 알고 있다. 이 책은 그동안 내가 시간이라는 주제를 쫓아다니며 읽은 것을 정리한, 솔직히 말하면 '남들의 이야기'이다. 내가 한 일이라곤 남의 이야기들을 내 나름의 방식으로 배치하고 정리한 것뿐이다. 이것이 이 주제에 대한 나의 솔직한 고백이다. 그러나 될 수 있는 대로 시간에 대한 모든 담론을 빼놓지 않고 수록하려고 애썼다. 말하자면 이 논문은 시간 논의에 번지를 매긴 셈이다.

아직 깔끔하게 정리되지 않았기에 출간된 책에서는 삭제되었겠지만, 운정 특유의 솔직담백한 태도가 가감 없이 드러난 부분이라고 생각한다. 운정은 여기서 『시간의 철학적 성찰』의 작업이 결국은 '남들의 이야기'라고 말한다. 『시간의 철학적 성찰』의 발문에서도 운정은 자신이 원래 시간론 연구를 3부로 정리할 의도였다고 밝힌다. 제1부에서는 일반 시간론을, 제2부는 시간에 대한 철학적 성찰을, 제3부는 '시간의 존재론'이라는 제목 아래 시간에 대한 자신의 견해를 개진하려고 했다는 것이다. 이 계획 중 제1부와 제2부는 『시간의 철학적 성찰』 제I편과 제II편이 됐지만, 제3부는 집필을 실현하지 못했다. 그 이유로 운정은 "나의 만용이 너무 컸고, 둘째 남은 시간에는 더 기초적인 일을 하고 싶었기 때문이다"라고[1] 말한다. 이때 '더 기초적인 일'이란 『자연존재론』(문예출판사, 2008)과 사회존재론에 해당하는 『인간의 사회적 존재 의미』(문예출판사, 2013) 그리고 『자아존재론』(문예출판사, 2016)이라는 존재론 3부작을 완성하는 일이었다.

운정이 자신의 시간론을 본격적으로 개진하지 못한 것은 안타까운 일이다. 그렇다고 해서 운정이 『시간의 철학적 성찰』에서 자신의 시간론을 전혀 개진하지 않는다고 볼 수는 없을 것이다. '남들의 이야기'를 정리하고 있을 뿐이라고 말하지만, 운정은 남들의 이야기를 단순히 정리하는 것이 아니라 각 철학자들의 시간론이 갖는 의의와 문제점을 예리하게 드러내는 동시에 순환적 시간관과 직선적 시간관, 농경 사회의 시간관과 산업 사회의 시간관 등 다양한 시간관을 독자적으로 해석하는 방식으로 자신의 시간론을 개진한다.

그러나 운정이 자신의 시간론을 본격적으로 개진하지 않고 있기 때문에, 운정의 시간론에 대해 논하기는 쉽지 않다. 운정의 시간론에 대해서

---

1 소광희, 『시간의 철학적 성찰』, 문예출판사, 2001, 749쪽.

논하는 방식은 크게 두 가지일 것 같다. 하나는 순환적 시간관과 직선적 시간관 등의 다양한 시간관들과 철학자들의 시간론에 대한 운정의 통찰을 종합적으로 정리하는 작업이다. 이러한 종합적 정리는 운정 자신이『시간의 철학적 성찰』총결론에서 이미 명료하게 해 놓고 있으니 다른 사람이 반복할 필요는 없을 것이다. 다른 하나는 각 철학자들의 시간론에 대한 운정의 해석과 비판적으로 대결하는 작업이다. 그러나 이 작업은 각 철학자에 대한 전문가들이 달라붙어서 해야 할 일이 아닌가 한다.

이에 나는 이 글에서『시간의 철학적 성찰』에 담긴 운정의 통찰을 토대로 삼아 내가 평소에 관심을 갖고 있었던 종교적 시간의 문제와 시간과 영원의 문제를 다루고자 한다.

2. 인간과 시간의식

운정은 제자들에게 나누어 준 파일에서 이렇게 말한다.

> 그러나 시간을 제쳐 놓고 달리 철학적 주제를 구한다는 것은 나에게는 무의미한 짓이다. […] 존재조차도 시간을 떼어놓고 생각하면 그만큼 공허해지고 만다. 시간 없는 존재란 무엇인가? 또 시간만큼 자체 안에 많은 신비와 패러독스를 내포하고 있는 주제가 어디 있는가?

운정이 시간이 신비와 패러독스를 포함한다고 말하는 이유는 시간이 있는 것 같으면서도 없는 것 같기 때문이다. 과거는 이미 무로 사라져 버렸으며, 미래는 아직 나타나지 않은 것으로서 역시 무에 속한다. 오직 현재만이 존재한다고 할 수 있지만, 이 현재 역시 무인 과거와 미래에 접해 있고 곧바로 과거라는 무로 흘러갈 것이라는 점에서 무의 성격을 갖는다.

그렇다고 해서 시간을 전적으로 무라고 말할 수도 없다. 우리가 경험하는 모든 사건과 운동이 시간 속에서 이루어지기 때문이다. 운정은 이렇게 말한다.

> 시간은 처음부터 존재와 무라는 모순을 내포하고 있는 개념이다. 그러기에 시간은 애당초 논리적으로 접근할 수 있는 주제가 아니다. 예컨대 삶과 죽음, 존재와 무를 어떻게 논리적으로 해결한단 말인가? 논리란 일정한 한계 안의 현실을 조리를 세워 생각하고 말로 표현하는 방편에 지나지 않는다. 변화하는 것은 논리 속에 들어오면 그 생명을 잃게 된다. 논리는 정지(불변성) 위에서 성립되는 것이기 때문이다.[2]

'시간이란 무엇인가'라는 문제가 논리적으로 해명될 수 있는 게 아니라면 그것은 어떤 식으로 해명될 수 있는가? 운정은 우리가 시간의 세 양상으로서 과거·현재·미래를 구별하지만, 이러한 구별은 인간의 의식에만 존재한다고 말한다. 이는 아우구스티누스가 말한 것처럼 과거와 미래는 지금은 없고 우리의 의식인 기억과 기대 속에만 있기 때문이다. 시간에 대한 인간의 의식이 없다면, 시간 자체도 있을 수 없다. 이렇게 기억과 기대라는 의식작용을 통해 성립하는 시간을 운정은 체험 시간이라고 부른다.

이에 반해 우리가 흔히 지금이라는 시점(時點)의 연속으로 보는 객관 시간에는 오직 순간적·비연장적 '지금'만 있을 뿐 과거와 미래는 존재하지 않는다. 운정은 체험시간을 객관 시간의 근원으로 보며, 아우구스티누스 이래로 후설(Edmund Husserl)과 베르그송(Henri-Louis Bergson)과 하이데거가 시간의 근원을 시간에 대한 의식, 즉 의식 시간 내지 체험 시간에서 찾는 이유가 바로 여기에 있다고 말한다.

2 소광희, 『시간의 철학적 성찰』, 745쪽.

동물은 분명히 시간 속에 존재하지만 시간을 의식하지 못한다. 또한 동물은 과거를 기억하지 않으며 미래를 예상하지 않는다. 동물에게는 과거에 대한 기억도 미래에 대한 예상도 없기에, 과거에 겪은 과오에 대한 추억이나 회한도 없고 미래에 대한 희망이나 불안도 없다. 동물에게는 어떤 의미에서는 현재의 순간만이 있으나 이것도 어디까지나 과거와 미래에 대한 의식을 전제한다는 점에서 사실상 현재도 없다.

물론 운정은 동물에게 전혀 시간감각이 없다고 보지 않는다. 운정은 심지어 식물조차도 나름의 시간감각을 갖는다고 본다. 식물은 낮에는 산소를 배출하고, 밤에는 탄소를 배출한다. 달맞이꽃은 저녁에는 꽃을 열고 아침에는 꽃을 닫는다. 반대로 나팔꽃은 아침에 꽃을 열고 밤에는 닫는다. 동식물이 가지고 있는 시간감각을 운정은 생체 시간이라고 부른다. 생체 시간이란 '시간을 측정하는 천부적 내적 능력'이다.[3] 이 능력 덕분에 생물은 천체의 주기적 운행에 따를 수 있다. 태양계 안의 모든 생명체는 태양의 운행, 특히 빛과 어둠의 교체와 삶의 리듬을 함께할 수밖에 없다. 이런 의미에서 운정은 식물이든 곤충이든 새든 예외 없이 태양의 자식들이라고 말한다. 또한 깊은 해양 속에 사는 냉혈동물인 어류는 태양보다 오히려 달의 영향을 받는다고 본다. 어류들은 보름달을 기다려 화려하게 윤무하면서 짝짓고 번식한다.[4]

인간도 하나의 생물인 이상 생체 시간을 갖는다. 인간의 생체 시간은 두뇌 시간이라고도 불린다. 두뇌 시간은 능동적 시간지각이 없는 상태, 예컨대 수면 상태나 몽유 상태에서도 마치 시간을 지각하는 듯한 행동을 하도록 하는 생체 시간이다.[5] 극지에 사는 사람들, 즉 여름에 하루 종일 밝은

---

3 소광희, 『시간의 철학적 성찰』, 149쪽 참조.

4 소광희, 『시간의 철학적 성찰』, 157쪽 이하 참조.

5 소광희, 『시간의 철학적 성찰』, 151쪽 참조.

날이 계속되거나 반대로 겨울에 하루 종일 밤이 계속되는 백야(白夜) 지대에 사는 사람들도 시계 없이 생체 시간으로 자고 활동하면서 24시간을 살아간다.[6] 그러나 생체 시간은 생명체가 자각적으로 지각하는 시간은 아니다. 그것은 생물에게 일종의 본능이 되어 버린 삶의 리듬일 뿐이다.

또한 신은 초시간적인 영원한 존재이기에 시간의식을 갖지 않는다고 할 수 있다. 이러한 사실을 고려해 볼 때 시간의식을 갖는다는 점이야말로 인간을 신이나 동물을 비롯한 모든 존재자로부터 근본적으로 구별하는 것이라고 할 수 있다. 시간의식이 오직 인간에게만 고유한 것이라면, 우리는 시간의식을 실마리로 삼아 인간의 존재를 해명할 수 있다.

아우구스티누스뿐 아니라 베르그송과 후설 그리고 하이데거가 시간의식을 인간의 가장 근본적인 특성으로 보면서 시간의식을 파악함으로써 인간의 본질을 해명하려고 했던 것도 바로 위와 같은 이유 때문이었다고 생각한다.

신과 동물의 존재방식에 대한 해명 역시 인간의 시간의식에 대한 철저한 해명을 통해서만 가능해진다. 이때만이 그것과 대비하여 신의 초시간적 영원성과 동물의 무시간성에 대한 해명이 가능하기 때문이다. 이런 맥락에서 하이데거는 현존재의 시간적 존재방식에 대한 구명이야말로 다른 모든 존재론이 근거할 수 있는 기초 존재론이 될 수 있다고 여겼다.

시간론에 대한 운정의 관심 역시 단순히 시간이 무엇이냐를 구명하는 데 그치지 않고, 결국은 인간이 어떤 존재이고 신이 어떤 존재인지와 같은 존재론적인 문제를 구명하는 것을 겨냥한다. 운정은 후설의 시간론을 논하는 자리에서 "시간론과 존재론은 상호의존적이다. 다시 말하면 시간관은 존재관을 결정하고, 반대로 존재 사상은 시간론을 규정한다"[7]고 말하

---

6 소광희, 『시간의 철학적 성찰』, 160쪽 참조.

7 소광희, 『시간의 철학적 성찰』, 497쪽.

는 것이다.

그런데 신과 인간, 동물과 식물 그리고 무기물로 이루어진 세계의 구조에서 인간만이 시간의식을 갖는다는 사태의 의미는 무엇인가?

하이데거는 인간은 산다는 것을 '짐으로 여길 수 있는 존재(Lastwesen)'라고 말했다. 산다는 것을 부담스런 짐으로 느껴보지 않은 사람은 드물 것이다. "수고하고 무거운 짐진 자들아, 다 내게로 오라. 내가 너희를 쉬게 하리라"(「마태복음」 11:28)는 예수의 말은 사회의 밑바닥 계층 사람들만을 향하는 것이 아니라 많은 사람이 부러워하는 재벌을 비롯한 상류 계층 사람들에게도 해당된다.

그런데 사실 인간뿐 아니라 동물에게도 삶은 짐일 것이다. 셸링(Friedrich Wilhelm Joseph von Schelling)은 '모든 동물은 슬픈 얼굴을 하고 있다'고 말했다. 모든 동물도 생존을 위해 발버둥 쳐야 하니 그 삶이 쉽지 않을 것이고, 그 쉽지 않음이 동물의 슬픈 얼굴로 나타나 있다는 것이다. 우리 인간의 얼굴, 특히 어린이가 아닌 성인(成人)의 얼굴에는 인생의 무게가 서려 있다. 성인 대부분의 얼굴은 많은 경우 굳어 있고 어둡다. 운정 역시 인생의 어려움을 이렇게 표현한다.

> 태초 이래 인간에게는 즐거움보다는 슬픔이, 기쁨보다는 근심과 두려움이 기본 심정으로 자리 잡고 있다. 슬픔과 근심 걱정은 인간에게서 떠날 날이 없었다. 산다는 것은 우수사려(憂愁思慮)에 다름 아니다.[8]

그런데 동물에게도 삶은 짐이겠지만, 동물이 인간처럼 삶을 짐으로 '느끼지는' 않는 것 같다. 동물도 인간처럼 삶을 짐으로 느낄 수 있다면, 삶의 짐을 어떻게 가볍게 할 수 있을지 고민하면서 많은 방법을 고안해 냈을

8 소광희, 『시간의 철학적 성찰』, 24쪽.

것이기 때문이다. 동물 세계가 본능적인 조절장치에 의해 제한된 세계인 반면에, 인간 세계는 본능이 약화되고 생각하는 능력인 이성이 깨어나 세계는 열린 세계가 되었다. 지렁이는 시궁창을 넘어서지 않지만, 인간은 우주의 끝을 생각할 수 있고 아직 오지 않은 무한한 미래와 이미 지나가 버린 무한한 과거를 생각할 수 있으며, 시간을 넘어서 있는 신을 생각할 수 있다. 이런 의미에서 운정은 이렇게 말한다.

> 인간이 출현하기 전의 우주는 절대적 의미에서 무(無)에 불과했다. 인간이 출현함으로써 비로소 우주 만물은 존재로서 깨어나고 운행하기 시작한 것이요, 그와 동시에 신은 하늘과 땅을 창조한 것이다. 인간의 출현과 신의 천지창조는 동시적이다. 인간과 신은 동시에 존재하기 시작한 것이다.[9]

인간은 열린 세계에 살면서 동물이라면 절대로 가질 수 없는 두려움에 사로잡히게 된다. 파스칼(Blaise Pascal)은 끝없이 펼쳐진 우주를 보면서 '이 무한한 우주 공간의 침묵이 나를 두렵게 한다'고 말했다. 그러나 우리가 무한한 우주 공간보다 더 두려워하는 것은 미래다. 우리는 미래를 예측하고 그것에 대비하려고 하지만, 미래가 우리의 예측과 항상 어긋날 수 있다는 사실을 잘 안다. 따라서 우리는 미래를 위해서, 특히 우리 후손의 미래를 위해 남의 것을 약탈까지 하면서 끊임없이 재산을 쌓고 자신이 속한 종족의 무궁한 번영을 위해 다른 나라를 침략한다.

인간의 시간의식이 구체적으로 '자신의' 미래에 대한 희망이나 불안 혹은 '자신의' 과거에 대한 긍지나 회한으로 나타나는 한, 시간의식은 자아의식이기도 하다. 시간의식과 함께 우리는 '자신의' 삶을 '자기 자신이' 형

---

9 소광희, 『시간의 철학적 성찰』, 22쪽.

성해 나가야 하는 것으로 느끼면서 '나'를 의식하게 된다. 인간이 시간의식을 갖고 있다는 것과 각자 자신의 삶을 형성해야 한다는 사태는 동전의 양면처럼 불가분 관계에 있는 것이다. 운정 역시 시간의식과 자아의식이 불가분 관계임을 지적한다.

> 현재는 스스로 있으면서 동시에 이미 없는 과거와 아직 없는 미래를 존재로 전환하고 그 존재를 서로 연결한다. 그 중심에 '나'가 있다. 나는 시간의 주체이다.
>
> [···] 과거가 그냥 지나가버린 시간이 아니라, 내가 살았던 과거—나는 그 과거의 나의 삶을 거울삼아서 미래를 기획하면서 오늘을 산다. 미래는 그냥 막연히 다가올 시간이 아니라 나의 과거와 현재를 근거로 해서 규정될 시간이다.[10]

우리의 자아의식은 보통 자기 자신을 가장 소중한 것으로 생각하는 자기중심주의로 나타난다. 우리에게는 뿌리 깊은 자기애가 존재한다. 아무리 사회적으로 무시당하는 사람이라도 자신이 가장 소중한 존재이고, 세계는 무너져도 자신은 살아남아야 한다고 생각한다. 우리는 이 소중한 나를 세계도 소중한 존재로 인정해 주기를 바란다. 자기의식의 발생과 함께 인간은 다른 인간들을 포함한 세계로부터 소중한 존재로 인정받고 싶어 하는 것이다.

그러나 이 세계는 우리 뜻대로 되지 않는다. 사람들은 다른 인간보다 자신을 더 소중하게 생각하고, 세계도 내 뜻대로 운행되지 않는다. 나는 언제 다른 인간들과 세계에 의해서 하찮것없는 존재로 짓눌려질지 모른

---

10 소광희, 『시간의 철학적 성찰』, 178쪽.

다. 이러한 가능성에 대한 두려움이 암암리에 항상 존재하기에 우리로 하여금 삶을 짐으로 느끼게 한다.

짐은 우리가 인생의 중요할 길목에서 결국은 자기 혼자 결단을 내려야 한다는 사실에 의해서 가중된다. 결단을 내리는 데 부모를 비롯한 여러 사람이 도움을 줄 수는 있지만 결국 그 책임을 내가 짊어져야 한다는 것, 그리고 그 결단은 내가 원하지 않은 결과를 초래할 수 있다는 것, 바로 이러한 사실이 우리로 하여금 고독감과 무력감을 느끼게 하고 삶이 우리를 짓누르는 듯한 느낌을 갖게 한다.

우리가 느끼는 고독감과 무력감은 죽음을 생각할 때 가장 심각해진다. 하이데거의 말대로 죽음은 우리들 각자의 죽음이기에 어느 누구도 대신해 줄 수 없다. 따라서 우리는 간혹 죽음을 생각할 때면, 홀로 죽음의 길을 걸어야 하는 자신을 떠올리면서 고독감을 느낀다. 무엇보다 죽음은 우리가 가장 무력감을 느끼게 하는 사건이다. 우리는 죽음을 피하고 싶지만 죽음은 언제든 찾아올 수 있으며 죽음 앞에 무력하게 내던져져 있다. 또한 죽음을 생각하면서 우리는 고독감과 무력감뿐 아니라 허무감을 느낀다. 죽음을 생각하면, 어차피 죽으면 모든 것이 흔적도 없이 사라질 텐데 무엇을 위해서 우리는 이렇게 발버둥 치면서 살려고 하는가, 이 모든 몸부림이 무슨 의미가 있는가라는 생각에 사로잡히고 마는 것이다.

3. 시간의식과 종교

우리는 앞에서 인간은 삶을 짐으로 느낄 수 있는 유일한 동물임을 살펴봤다. 삶을 짐으로 느낄 수 있다는 것은 곧 우리가 삶에서 고독감과 무력감 그리고 허무감을 느낀다는 것을 의미한다. 인간이 만들어 낸 모든 문화적 산물, 종교와 예술 그리고 과학기술 등은 인생의 짐을 덜어주려는 것, 다시 말해 우리가 삶에서 느끼는 고독감이나 무력감, 허무감에서 벗어나게 해 주려는 것이라고 할 수 있다.

시간의식을 갖는 인간이 영원을 생각하게 된 것도 바로 인생의 짐에서 벗어나기 위함이라고 할 수 있다. 우리가 진정으로 마음의 평안을 얻으려면 시간 속에서 생성소멸하는 것들에 의존하는 것을 넘어서야 한다. 시간 속에서 생성소멸하는 것은 무상하기에 진정한 의지처가 될 수 없다. 언제까지나 내 편이라고 생각했던 사람도 언젠가는 나에게 무관심해지거나 나를 적대시할 수 있으며, 내 것이라고 생각하면서 의지했던 재산이나 명예나 지위도 시간 속에서 사라질 허망한 것들에 불과하다. 인간이 고독감과 무력감 그리고 허무감에서 완전히 벗어날 수 있는 길은 시간의식과 자아의식을 넘어서 영원성의 차원으로 진입하는 것이다.

인류의 역사가 종교와 함께 시작하고 과학기술이 아무리 발달해도 종교와 영원에 대한 관심이 사라질 수 없는 이유가 바로 이 때문이다. 운정 역시 시간의식과 영원에 대한 관심은 함께 나타난다고 보면서, 시간도 처음에는 종교적인 심성 내지 점성술과 관련되어 연구되었을 것이라고 말한다. 운정은 인류가 광대하게 펼쳐져 있는 우주를 처음 보면서 경탄보다는 두려움을 느꼈을 것이라고 본다. 운정은 이렇게 말한다.

> 그 원시 감정을 표출하는 최초의 한마디는 '하느님!'이 아니었을까? 인류 최초의 문명 형태가 종교였기 때문이다. 메소포타미아문명, 나일강의 이집트 문명, 인더스강의 인도 문명 그리고 늦게는 이스라엘의 종교 문명이 그러하다.[11]

---

11 소광희, 『시간의 철학적 성찰』, 23쪽.

인류는 경험론자들이 주장하는 것과 달리 역사 초기부터 세계를 백지 상태로부터 경험한 것이 아니라 신화적인 세계이해 속에서 경험했다. 신화는 언어와 마찬가지로 누가 만들었는지 모르게 인류의 삶 속에서 등장한 것이다. 이러한 신화는 그것을 독실하게 믿는 사람에게는 한갓 허구가 아닌 실재의 진정한 반영이다. 따라서 신화는 사람들의 지각까지도 규정한다. 사람들은 벼락에서 제우스의 분노를, 폭풍우에서 포세이돈의 분노를 본다. 사람들은 신들에 의지함으로써, 인생의 부침에 흔들리지 않는 평온한 마음 상태를 확보할 수 있었다.

인류 초기는 물론이고 지금까지도 많은 사람이 신화적 시간의식 속에서 살아간다. 오늘날 많은 사람이 믿고 있는 기독교의 종말론도 신화적 시간의식 중 하나다. 인류의 시간의식은 처음부터 종교적인 성격을 띤 것이다. 이러한 시간의식을 운정은 크게 순환적인 것과 직선적인 것으로 나눈다.

운정은 원시인들에게는 자연의 순환이 경이와 찬미의 대상이었을 것이라고 추측한다. 원시인들은 태양이 규칙적으로 떠오르고 지는 것에 대해, 태양이 주는 밝음과 열기에 대해, 달이 차고 기우는 것에 대해, 그리고 별들의 자리 이동에 대해 신비롭게 생각했을 것이라는 것이다.[12] 더불어 원시인들은 시간을 순환적으로 생각했을 것이다. 인간이 자연 속에 살며 자연의 순환 과정에서 영향을 받는 한, 인간은 순환적 시간관을 완전히 떨칠 수 없다.

운정은 순환적 시간관의 대표적인 예를 그리스적 시간관에서, 현대의 대표적인 예를 니체(Friedrich Wilhelm Nietzsche)에서 찾는다.

그리스의 시간관은 우주론적 관념에 근거한다. 그들의 신은 해와 달과 별, 즉 자연적인 것들이다. 그리스 철학에서 운동·변화·생성은 실재성

12 소광희, 『시간의 철학적 성찰』, 26쪽 참조.

이 적고, 저급하다고 간주된다. 진정한 존재는 자기 동일성을 가진 부동의 영원한 존재다. 영원불변한 존재가 그리스인들에게 가장 고귀한 것이다.

그리스인들은 그러면서 끊임없이 변화하는 인간의 역사는 데카당스의 법칙 아래에 있다고 본다. 역사를 지배하는 것은 우연이며, 그 속에서 살고 있는 인간은 반복해서 꼭 같은 삶을 살아야 하는 우연적이고 숙명적인 존재자다. 그리스인들에게 역사철학이 없는 이유가 여기에 있다.

운정은 쿨만(Oscar Cullmann)과 불트만(Rudolf Bultmann)의 견해를 수용하면서 직선적인 시간의 대표적인 예를 유대교와 기독교에서 찾는다. 운정은 이렇게 말한다.

> 이스라엘 민족은 자연으로부터 아무런 혜택을 받지 못했다. 그들의 주변 환경은 사막이다. 게다가 그들은 고대 선진문명을 이룬 두 거대문명, 즉 티그리스-유프라테스강의 메소포타미아문명과 나일강가에 이룩된 이집트의 거대한 신전 문명 사이에 낀 약소 민족으로서 때로는 노예로 때로는 방황하는 유목민(히브리란 떠돌이라는 뜻이다)으로 몇 백 년을 '하나님이 약속한 꿀과 젖이 흐르는' 희망의 땅을 찾아 헤매고 다녔다. 그들이 처한 자연적·역사적 상황은 그들로 하여금 미래에 죽지 않고 영원히 살 수 있는 구원을 대망하지 않고서는 삶을 유지할 수 없도록 하였다.[13]

운정은 윤회사상을 순환적 시간관에 속하는 것으로 본다. 그러면서 윤회전생이 곧바로 시간의 순환적 진행을 의미하지는 않겠지만, 적어도 윤회사상은 시간의 순환성을 함축해야만 생각할 수 있는 것이라고 말한

---

13 소광희, 『시간의 철학적 성찰』, 71쪽.

다. 다시 말해 시간이 직선적으로 진행하는 것에 반해 삶은 그것과는 상관없이 순환적으로 전생한다고 생각할 수는 없다는 것이다.[14]

윤회사상은 직선적인 시간관처럼 역사의 종점에서 인간이 구원받을 것이라고 생각하지 않는다. 윤회사상은 궁극적인 구원을 윤회하는 시간에서 벗어나는 것에서 찾는다. 이러한 사상은 비단 인도나 불교에서만 나타나는 것이 아니고, 순환적 시간관을 가졌던 그리스 철학자들이 가졌던 생각이기도 하다. 플라톤 역시 시간에 구속되어 있는 인생을 일종의 노예상태로 보면서, 죽음을 속박으로부터의 해방이라고 찬미하고 신체를 영혼의 무덤이라고 말했다. 이 점에서 운정은 그리스 철학자들은 역사적 삶을 살았다기보다는 자연적 삶을 살았다고 말한다. 그리스적 구제는 다름 아닌 이 동일한 것의 영원회귀로부터 해방되는 것으로서의 죽음, 즉 시간으로부터의 탈출을 향한다는 것이다.[15]

운정은 니체의 영원회귀사상도 순환적 시간관에 속한다면서 윤회사상의 다른 표현에 불과하다고 본다. 다만 니체는 윤회사상의 내용에 대해서는 논하지 않고 그것을 형식적·상징적으로 표현하고 있을 뿐이다. 운정이 말하는 것처럼 니체의 영원회귀사상에는 윤회사상의 다른 표현으로 볼 수 있는 측면이 있는 게 사실이다. 그러나 내 생각에 니체의 영원회귀사상은 윤회사상과 본질적으로 다른 점이 있지 않나 싶다.

운정이 니체의 영원회귀사상을 자세하게 검토하면서 말하는 것처럼, 니체의 영원회귀사상은 존재의 완전성을 전제한다.[16] 이 점에서 니체의 영원회귀사상은, 지상 세계가 불완전하기 때문에 천상에서만 인간이 구원을 얻을 수 있다고 보는 기독교와 가장 대척적 입장에 서 있다. 또한 윤회

---

14 소광희, 『시간의 철학적 성찰』, 44쪽 참조.

15 소광희, 『시간의 철학적 성찰』, 45쪽 참조.

16 소광희, 『시간의 철학적 성찰』, 66쪽 참조.

사상은 세계를 불완전한 고통의 세계로 보면서 윤회 세계로부터의 탈피를 주창하는 반면에, 니체의 영원회귀사상은 우리가 사는 세계가 완전하다고 보면서 이 세계에 대한 긍정을 말하기에 윤회사상과도 대립된다. 물론 운정이 니체의 영원회귀사상이 윤회사상과 유사하다고 본 이유는 양자가 시간을 순환적으로 본다는 점에만 초점을 맞추었기 때문이었을 것이다.

운정이 말하듯이 고대의 순환적 시간관은 천체를 완전한 것으로, 가변적인 세계는 불완전한 것으로 본다. 그러나 니체의 영원회귀사상은 가변적인 세계까지 포함하여 세계 전체를 완전한 것으로 본다. 니체의 영원회귀사상은 고대의 순환적 시간관과 달리 기독교적 세계관과의 대결에서 비롯되었다. 세계의 불완전성과 죄성을 주장하는 기독교적 세계관을 비판하며 세계의 완전함과 무구함을 주창하는 사상이 바로 영원회귀사상이다. 세계는 어떤 순간에든 그 자체로 완전하기에, 굳이 보다 더 나은 상태를 향해 나아갈 필요 없이 영원히 회귀한다는 것이다. 니체의 영원회귀사상은 이 점에서 세계를 절대긍정하며 이 세계에서 춤추듯이 명랑한 마음으로 살 것을 촉구한다. 그리스인들은 운명을 신들조차 어쩔 수 없는 것으로 여기면서 두려워했지만, 니체는 그러한 운명을 사랑할 것을 촉구했다.

운정은 종교적 시간과 관련하여 모든 종교가 거룩한 시간과 세속적인 시간을 구별한다는 점에 주목한다. 우리는 세속적 삶을 살아가면서 신성으로부터 점점 멀어지고 그만큼 때 묻고 타락하며 악을 쌓고 죄에 빠진다. 그것은 씻어내지 않으면 안 된다. 정화는 거룩한 시간이나 거룩한 곳의 거룩한 행사에 주기적으로 참여함으로써, 즉 거룩한 그때와 거룩한 그곳의 행사에 마음과 몸을 담금으로써 더럽혀진 삶을 청산하는 것을 의미한다. 운정은 바로 이것이 제의로서의 축제라고 말한다. 이런 의미에서 축제는 갱신·갱생의 의미를 지닌다.[17]

---

17 소광희, 『시간의 철학적 성찰』, 39쪽 참조.

종교적 인간의 거룩한 시간은 반복해서 세속의 시간을 정화한다. 그 시간은 제의를 통해 주기적으로 회귀하는, 신화적인 영원한 현재를 재현한다. 강력하고 거룩한 시간은 실재가 창조되는 원초적 시간이며 불가사의한 찰나다. 종교적 인간은 그 창조의 원점에서 나타나는 가장 순수한 실재를 갈망하기 때문에 근원적 시간에 도달하려고 한다. 그리하여 인간은 원초적 시간에 참여함으로써, 역사적 시간에서 묻은 모든 때와 죄와 스트레스를 씻고 갱생을 얻게 되는 것이다.[18]

운정은 인간이 세속적·역사적 시간과 거룩한 시간이라는 두 개의 시간 속에서 살고 있다고 말한다. 비종교적 인간은 대개 역사적 시간 속에서만 산다. 그들에게 축제는 단순한 놀이, 흥분으로 가득 찬 유희에 지나지 않는다. 단순한 민속적 연희로서 우리의 탈놀이나 신성의 계기 없이 단순히 악귀를 몰아내고 복을 부르는 축제가 여기에 속한다.

4. 영원의 문제

그러나 종교와 신화의 힘이 약화된 지금 우리는 영원이라는 문제를 어떻게 생각해야 할 것인가? 현대인들은 종교와 신화 대신 과학기술의 힘을 믿는다. 인간이 부딪히는 문제를 과학기술로 해결할 수 있다고 믿는 것이다. 과학기술은 시간에서 모든 종류의 질적인 성격을 제거해 버리고, 그것을 순전히 양적으로 계산 가능한 것으로 본다. 또한 과학기술은 시간뿐 아니라 공간에서 그리고 삶의 모든 영역에서도 거룩한 것을 제거하고 모든 것을 인간이 기술적으로 처리할 수 있다고 간주하려고 한다.

---

18 소광희, 『시간의 철학적 성찰』, 97쪽 참조.

혹자들은 이러한 사태를 신화적인 사고방식으로부터 인간이 진정한 주체로 해방되는 사건이라고 볼지 모른다. 그러나 인생에서 우리가 느끼는 고독감과 무력감 그리고 허무감은 과학기술시대의 인간들도 떨쳐 버릴 수 없다. 그 결과 현대인들은 부정적인 감정에서 벗어나기 위해 종교 대신 나치즘이나 볼셰비즘과 같은 이데올로기에 빠지게 된다. 혹은 자신의 주체적이고 내적인 힘을 믿기보다 과학기술이 제공하는 물질을 믿고 물질에 대한 우상숭배에 빠지게 된다. 현대인들은 거룩하고 성스러운 모든 것이 사라져 버린 공백의 시공간에서 불현듯 찾아오는 공허와 불안을 잊기 위해 끊임없이 향락과 오락을 개발해 내고 그것에 탐닉한다. 현대인들은 시간에서 모든 종교적 성격을 제거함으로써 주체가 되는 게 아니라 오히려 정치적 이데올로기나 물질과 향락의 노예가 되고 있다.

따라서 현대기술문명이 제공하는 바쁜 일과와 다채로운 향락에 정신을 빼앗긴 현대인이라면 누구나 밀레(Jean-François Millet)의 〈만종〉을 보면서 가슴에 파고드는 무엇인가를 느낄 수밖에 없다. 〈만종〉에 묘사된 농부 부부에게 황혼이 져가는 저녁시간은 어떤 임의의 시간이 아니라 하루 일과를 접고 신을 생각하며 감사하는 시간이다. 이들의 삶이 과연 현대인들의 삶에 비해 비주체적인 삶일까?

하이데거는 현대기술문명의 근본 문제는 '성스러운 것'이 사라져 버렸다는 데에 있다고 말한다. 성스럽고 거룩한 것이 사라져 버린 가운데 삶의 시간은 공허해지고 있다. 그렇다면 우리는 어떻게 하면 우리의 시간을 충만하게 만들 수 있을까?

많은 현대인은 기독교적인 신화를 비롯한 신화적인 시간을 받아들이기 어렵다. 우리는 어떻게 성스러운 시간과 거룩한 시간, 영원이 임재하는 시간을 회복할 수 있는가? 이를 위해 우리는 시간과 영원이라는 문제에 신화적인 사고방식과는 다르게 접근해야 한다. 바로 이 점이 '철학적' 시간론과 영원론이 문제가 되는 지점이다.

인간의 시간의식은 보통 과거에 대한 반성과 미래에 대한 계획으로 나타난다. 그러나 시간의식이 죽음의 상하에서 인생 전체를 내려다보면서 인생 전체와 우리가 집착하는 모든 것에 허망함을 느끼는 방향으로 나아갈 때, 시간의식은 영원을 생각하게 된다. 하이데거는 과거에 대한 반성과 미래에 대한 계획, 예를 들어 대학에 들어가기 위해서 게을렀던 과거를 청산하고 앞으로 열심히 공부하겠다고 결심하는 식의 시간의식을 '비본래적인 시간성'이라고 부른다.

이에 반해 죽음의 상하에서 대학 입학을 비롯하여 우리가 집착하는 모든 것의 허망함을 깨달으면서 본래적인 자기를 회복하는 것을 하이데거는 '본래적인 시간성'이라고 부른다. 하이데거는 영원이라는 표현을 거의 사용하지 않지만, 하이데거가 말하는 본래적인 시간성에서도 결국은 영원이 문제가 된다.

죽음의 상하에서 모든 것의 허망함을 느끼면서도 영원의 차원이 존재할 수 있다는 것을 부정할 때, 우리는 허무주의와 염세주의에 빠지게 된다. 그리고 허무주의야말로 니체가 말하듯 인간에게 가장 섬뜩한 손님이고, 인간이 가장 견딜 수 없는 것이다. 인간이 인생 전체의 허망함을 느끼는 시간의식을 갖는 이유는 영원을 의식하기 때문이라고 볼 수 있다. 이는 데카르트(René Descartes)가 말하듯 우리가 완전함의 이념을 이미 갖고 있기에 불완전함을 알 수 있는 것과 마찬가지 논리다. 인간은 허망한 시간을 넘어서 영원의 차원을 이미 암암리에 감지하기에 인생의 허망함도 느낄 수 있다. 이런 의미에서 플라톤이나 아우구스티누스는 인간이 영원에 대한 기억을 갖고 있다고 말하는 것이다.[19]

운정은 『시간의 철학적 성찰』에서 시간 못지않게 영원이라는 문제를,

19 소광희, 『시간의 철학적 성찰』, 300쪽 참조.

플라톤, 플로티노스, 아우구스티누스, 아퀴나스(Thomas Aquinas), 스피노자(Benedictus de Spinoza), 청송 고형곤의 시간론을 다루면서 심도 있게 분석한다. 인간은 시간의식을 갖기에 단순히 미래를 계획하는 것을 넘어서, 탄생에서 죽음에 이르는 자신의 삶 전체를 문제 삼으며 삶의 덧없음을 느낄 수 있다. 우리는 죽음의 상하에서 자신의 인생 전체를 볼 수 있는 것이다. 죽음의 상하에서 삶의 덧없음을 느낀다는 것은 우리가 보통 집착하는 거의 모든 것이 무상하며 사실상 추구할 가치가 없다고 느끼는 것을 의미한다. 따라서 영원에 대한 관심은 단순히 삶을 무한히 연장시키고 싶은 욕구가 아니라, 인생의 부침이나 생사에 흔들리지 않고 항상 충만한 평정과 기쁨을 누리는 마음 상태에 관한 관심이라고 할 수 있다.

이러한 마음 상태로의 진입은 자기중심적인 자아의식을 넘어섬으로써 가능하다. 우리는 앞에서 인간의 시간의식이 자아의식과 결부되어 있고 인간이 자신의 뜻을 세계에서 관철시키면서 삶을 형성하려고 한다는 사실과 밀접한 연관을 갖는다는 사실을 보았다. 그러나 불교에서는 우리가 흔히 생각하는 자아란 사실 수억 겁에 걸쳐서 형성되어 온 성격과 신체의 혼합물에 불과하다고 본다. 우리가 흔히 자신의 자율적인 생각이나 행동이라고 여기는 것도 시간의 변이에 상관없이 존재하는 어떤 실체적 자아에서 비롯되는 것이 아니라 변할 수 있는 성격의 발로일 뿐이다.

이 점에서 불교는 우리가 흔히 젊음의 상태에서 늙음의 상태로 나아가는, 자아라는 하나의 실체가 있다는 생각은 무지에서 비롯된 것이라고 본다. 그러나 우리는 보통 마음과 신체로 이루어진 혼합물을 하나의 통일적이고 지속적인 실체로 생각하고 주장하면서 온갖 종류의 자기중심적인 욕망을 관철시키려고 한다. 그리고 우리의 마음은 그러한 욕망이 관철되면 기뻐하고, 그렇지 않으면 분노와 비탄을 느끼면서 끊임없이 요동한다.

이렇게 세계와 대립된 협소한 자아가 하나의 허구임을 깨닫고 그러한 자아에 대한 집착을 버릴 때, 우리는 시간의식도 넘어서게 된다. 이때 우리는 시간의 변화 속에서 늙고 병들어 가는 신체를 나라는 실체에 속하는 것으로 보지 않게 되기에, '내'가 늙고 병들어 간다고 생각하지 않는다. 태어나서 늙고 죽는 어떤 고립된 실체로서의 자아가 존재한다는 생각이 망상이라는 사실을 깨달으면, 우리는 태어난 나도 없고 늙은 나도 없으며 죽는 나도 없다고 생각하게 된다. 우리는 생로병사에 대해 초연한 자세로 임하게 되며, 생사에 얽매이지 않는다는 점에서 생사를 여의게 된다. 생사의 부침을 의식하면서 아쉬워하는 시간의식을 벗어나 영원한 현재의 충만한 평정과 기쁨 속으로 들어가게 된다.

우리가 영원한 현재 속으로 진입함으로써 극복하려는 시간은 단순히 미래에서 와서 과거로 흘러가는 중립적인 시간이 아니라 개인으로서의 나의 인생을 무화시키는 것으로서의 시간이다. 무한한 시간의 흐름 속에서 나의 인생을 바라보면 사실상 허깨비 같은 무임을 알 수 있다. 이런 의미에서 서산대사는 우리 인생을 '구름 한 점이 일어났다가 사라지는 것'에 비유했다. 우리의 고뇌도 업적도 아무것도 남지 않는다. 간혹 위대한 인물의 경우 후세인들의 기억에 남겠지만, 사실상 그들도 무로 돌아간 것과 다름없다.

이런 의미에서 운정도 "시간은 늘 인생을 좀먹는 것으로 간주되는 고뇌의 주제다"라고[20] 말하면서 시간에 대한 태도에는 두 가지가 존재할 수 있다고 말한다. 하나는 적극적으로 고뇌를 극복하여 이를 통해 자기를 성취하려는 태도이고, 다른 하나는 될 수 있으면 그 고뇌를 피해 가려는 소극적 태도다. 운정은 불교는 후자에 속한다고 본다. 운정은 불교를 아래와 같이 평한다.

---

20 소광희, 『시간의 철학적 성찰』, 643쪽 참조.

> 불교의 근본 취지가 속세를 여의고 득도하여 고뇌로 가득한 세상을 초극하는 데 있는 만큼 시간 자체에 대한 관심이 상대적으로 소극적이다. 불교는 시간의 비극성을 정면으로 돌파해 보겠다는 주제의식도 강하지 못하고, 현실을 적극적으로 타개함으로써 자기를 관철시키겠다는 의지도 희박하다. 불교는 소극적이고 은둔적이다.[21]

운정이 말하듯이 현실을 적극적으로 타개함으로써 자기를 관철시키겠다는 의지가 불교에게 희박한 이유는 불교가 속세의 모든 것을 결국 무로 떨어지는 헛된 것으로 보기 때문이다. 이러한 입장은 흔히 현실을 중시하는 불교로 평가받는 선불교도 마찬가지라고 생각한다. 선불교의 소의(所依)경전인 『금강경』에서는 "그 어느 것에도 집착하지 말고 마음을 내라(應無所住而生起心)"고 하지 않았던가? 선불교에서는 현실에 관여하되 그 어느 것에 대해서도 의지를 관철시키겠다는 욕심 없이 평정한 마음으로 행하라고 말한다.

그렇다고 해서 불교가 현실을 전혀 무시하면서 피안의 세계로 도피하려는 것은 아닐 테다. 오히려 불교는 우리에게 현실을 새롭게 보라고 요구한다. 우리는 앞에서 우리의 시간의식이 자아의식, 즉 세계와 대립된 실체로서의 내가 있다는 의식과 밀접하게 연관이 있다는 사실을 보았다. 우리가 자아의식과 자아의식과 결부된 모든 종류의 탐욕에서 벗어나 세계를 보면 이 세계는 어떻게 나타나는가? 우리가 자기중심적인 자아의식에 사로잡혀 세계를 자기 뜻을 관철해야 하는 대상으로 볼 때, 이 세계 내 모든 사물이나 인간은 나의 의지에 대한 장애물 혹은 나의 의지를 관철하는 데 이용할 수 있는 도구적인 것으로 나타난다. 그리고 이 경우 시간 역시 나

21 소광희, 『시간의 철학적 성찰』, 643쪽.

의 의지를 관철하는 데 부족하거나 아직 여유가 있는 것으로 나타난다. 즉 시간 역시 하나의 도구적인 것으로 나타나는 것이다. 그러나 내가 이러한 자아의식에서 벗어날 경우 세계는 완전히 다른 모습으로 나타난다.

하이데거는 세계와 대립된 자기, 다시 말해 세간의 가치를 척도로 삼아 다른 사람들과 자신을 끊임없이 비교하면서 자신을 내세우고 싶어 하는 자기를 '세상 사람으로서의 자기(Man-Selbst)'라고 부른다. 하이데거는 불안이라는 기분을 통해서 우리가 일상적으로 집착했던 모든 것의 허망함을 깨닫고 세상 사람으로서의 자기를 떨쳐 버릴 때, '모든 존재자가 존재한다'는 기적을 경험한다고 말한다. 이는 모든 존재자가 우리가 마음대로 할 수 있는 도구나 우리가 어찌할 수 없는 장애물 같은 것이 아니라 자신만의 독자적이고 성스러운 존재를 갖는 모습으로 나타난다는 것이다. 자기중심적인 자아의식에 사로잡혀 있을 때 우리는 존재자들을 우리의 이해관심을 중심으로 좋거나 나쁜 것, 혹은 아름답거나 추한 것으로 분별했지만, 자아의식에서 벗어날 때 모든 것은 독자적인 성스러운 존재를 갖는 모습으로 나타난다.

모든 것이 자신의 성스러운 존재를 드러내는 동시에 연기의 관계를 통해 하나로 결합되어 있는 상태가 화엄불교에서 말하는 비노사나(遍照)의 세계일 것이다.[22] 이러한 세계를 하이데거는 각 사물이 독자적인 방식으로 사역으로서의 세계를 모으면서도 그 세계 안에서 다른 모든 것과 조응(照應)하며 존재하는 상태로 보았다. 세계와 대립하는 자아에 대한 의식을 버린 상태에서는 미래에 대한 걱정이나 희망도, 과거에 대한 회한이나 자부심도 사라진 상태이기에 항상 평온한 현재만이 존재한다. 운정은 화엄불교의 시간관을 이렇게 정리한다.

22 소광희, 『시간의 철학적 성찰』, 662쪽 참조.

> 이 점에서 보면 화엄사상에서 말하는 시간은 오직 현재만이다. 그리고 그 현재는 자기 동일성을 가지고 흘러가는 것이 아니라 영원한 현재로 있는 것이다.『화엄경』에서 말하는 시간에는 연속성이 없다. 이사무애(理事無碍) 사사무애(事事無碍)로 일시 현성이기 때문이다.
> 불교적 시간의 일반적 특성은 시간이 실체를 갖지 않는 것이라고 했거니와, 화엄의 시간관을 한마디로 정리하면 일체가 원만하게 이루어진 현재에서 자족하는 시간관—모든 것이 원만하게 한꺼번에 이루어져서 연화 세계를 연출하므로 새로 나거나 사라지는 것도 없고 발전하거나 퇴보하는 것도 없는, 따라서 연속적으로 천이하는 일 없이 현재만으로 있다는 주장이다. 이것은 깨우침의 경지인 열반(Nirwana)에서 보는 시간의 실상이다.[23]

우리는 앞에서 하이데거 사상을 화엄불교와 상통한다고 보았는데, 하이데거 사상이 불교의 근본정신과 맞닿아 있다고 한 사람이 청송 고형곤이었다. 운정은 청송 철학의 본질적 성격을 아래와 같이 규정한다.

> 그[청송]는 후설의 의식 현상학과 하이데거의 존재론에 전폭적으로 힘입고 있다. 특히 후설의 경우에는 의식의 파지계열의 생성상속(生滅相續)을 무명(無明)과 은폐의 근원으로 보고, 이를 철폐하고 존재현전으로 나가는 길을 하이데거의 존재론을 빌어 선의 적멸(寂滅)과 견성(見性)을 해석하는 것으로 설명하고 있다.[24]

운정은 후설과 청송이 의식의 흐름을 보는 태도가 근본적으로 다르다

23 소광희,『시간의 철학적 성찰』, 664쪽.
24 소광희,『시간의 철학적 성찰』, 670쪽.

고 보면서 이렇게 말한다.

> 후설의 의식 현상학에서는 절대 의식류는 초월론적 환원을 통해 도달한 경지로서 끊임없이 흐르는 것이다. 그 흐름에는 중단이 있을 수 없다. 흐르면서 모든 대상구성의 근원이 되고 있다. 그러나 선-청송의 입장에서는 의식류는 윤회의 근원이다. 의식은 부단히 천류하기보다는 오히려 앞뒤가 끊어져서(前後際斷) 그 사이에 의식이 스스로 외로이 있어서(中間自孤) 거기에 무념[寂]의 일념이 성립하고 그 일념에서 존재의 현전성[照]이 드러난다고 보는 것이다. 전자는 대상구성의 최후의 근원을 거기에서 찾으려는 것이고, 후자는 존재의 진상을 보려는 것이다. 보기는 보되 그 흐름을 타고 가면서 보는 것이 아니라, 어느 순간 흐름의 앞뒤가 끊겨서, 마치 장마철에 반짝 햇볕이 나듯 하는 그 순간을 포착하여 존재의 진상을 보려는 것이다.[25]

후설은 근원인상과 파지(把持) 그리고 예지(豫持)로 이루어진 절대적 의식류에서 객관 시간이 구성된다고 본다. 즉 객관 시간은 의식류에서 시점들을 고정함으로써 생기는 것이다. 그런데 청송이 말하는 것처럼 이러한 근원인상과 파지 그리고 예지를 윤회의 근원이라고 하여 부정해 버리면, 객관 시간이 성립할 수 있는 터전이 상실되어 버린다. 객관 시간이 성립하지 못하면 그 위에서 비로소 구성되는 객관적 대상도 당연히 부정된다.[26] 운정은 청송의 아래 구절을 인용한다.

> 현재라는 시간이 존립하는 것 같이 생각하는 것은 사물에의 집념에서

25 소광희, 『시간의 철학적 성찰』, 675쪽.

26 소광희, 『시간의 철학적 성찰』, 676쪽 참조.

> 오는 것이다. 사물에의 연착(戀着)은 고정된 물체의 존립을 전제하는 것이요, 고정된 물체의 존립은 그 변화과정으로서의 시간의식을 자아내는 것이다. 시간적 변화라는 것은 고정된 한 물체의 운동과정을 말하는 것이요, 변화와 운동은 지속적으로 자기 동일성을 가진 물체의 성립을 전제하는 것이다.[27]

청송은 현재라는 시간이든 과거라는 시간이든 미래라는 시간이든 고정된 물체에 대한 집착에서 비롯되는 것이라고 본다. 이는 어떤 것의 시간적 변화를 말하기 위해서는, 속성들이 변화함에도 불구하고 지속하는 실체를 전제해야만 하기 때문이다. 예를 들어 소크라테스라는 하나의 고정된 실체를 상정해야 우리는 소크라테스가 과거에는 청년이었다가 지금은 중년이 되었고 나중에는 노인이 될 것이라고 말할 수 있다. 현재와 과거 그리고 미래는 하나의 고정된 실체를 상정해야 성립할 수 있다. 그러나 모든 것이 연기하고 있다고 보는 불교의 입장에서는 고정된 실체로서의 물체가 하나의 허구에 불과한 것이기에, 현재나 과거, 미래라는 시간은 존재하지 않는다.

사물을 실체화하려는 경향은, 인간이 성격이나 신체의 화합물에 불과한 자신을 고정된 실체로 생각하는 무지에 사로잡혀 자신의 존립을 위해 사물들을 자기 것으로 만들려는 욕심에서 비롯된다. 무지와 탐욕에서 벗어나는 무심의 상태에서 사물을 보면 사물은 자신의 존재를 여실하게 드러낸다.

> 이 무심(無心) 속에서 비로소 산은 산으로서 드러나고 물은 물로서 드

---

27 고형곤, 『선의 세계』, 1971, 240쪽(소광희, 『시간의 철학적 성찰』, 677쪽에서 재인용).

러나는 것이다. 즉 무심에서라야 산을 보되 다만 이 산을 보고, 물을 보되 다만 이 물을 보는 것이다(見山祇是山 見水祇是水). 대상인 경(境)을 알되 표상화해서 아는 것이 아니라 직하(直下)에 아는 것이니, 이것이 지경명일(境智冥一), 즉 지(智)의 대상(所)과 지(智)의 현행(能)이 둘로 나누어지지 않고 하나라는 것이다.[28]

이렇게 만상(萬象)이 있는 그대로 드러나는 현재를 청송은 절대현재라고 말한다. 청송의 절대현재론이 불교사상에서 갖는 위치를 운정은 이렇게 정리한다.

선-청송의 사상은 모든 자질구레하고 현기증 나는 이론을 쓸어버리고 무념의 일념 속에서 만유의 현전을 직하에 보려는 것이다. 거기서는 시간은 삼라만상이 한꺼번에 현전하는 절대현재로서 천명된다. 그것은 현세에 대한 절대적 긍정이기도 하다. 계보적으로는 선종은 유식론과 화엄사상을 잇고 있으나 위에서 검토한 여러 불교의 시간론의 마지막 단계에서 그 총결론이기도 하다. 이 점에서 청송이 천명하는 화엄론의 '무시간성'과 청송 자신의 '절대현재론'은 표리 관계에 있다고 할 수 있다.[29]

다른 한편 운정은 청송의 절대현재론이 시간론과 관련하여 이르게 되는 귀결을 이렇게 규정한다.

그러나 절대현재론은 과거와 미래를 존재인 현전적 현재 속에 흡수해

28 소광희, 『시간의 철학적 성찰』, 680쪽.

29 소광희, 『시간의 철학적 성찰』, 705쪽 이하.

> 버린 것이다. 다시 말하면 과거와 미래가 없어진 것이다. 과거와 미래가 현재 속에 흡수되어 버리면 시간은 흐르지도 않고 인생은 늙지도 않게 된다. 시간론의 아포리아는 무인 과거와 미래를 존재인 현재와 어떻게 연속시키느냐 하는 것이다. 이것이 보장되어야 시간측정도 가능한 것이다. 그런데 절대현재론은 과거와 미래를 아예 없애버린 것이다. 그것은 시간론 자체를 부정한 영원론이지 시간론이 아니다.[30]

청송에게 과거와 미래란 자신을 세계와 대립된 실체로 생각하면서 세계에서 자신을 유지하고 강화하는 데 급급한, 깨닫지 못한 인간에게만 존재한다. 유식불교에서 일수사견(一水四見)의 비유가 말하듯이 깨닫지 못한 자들과 깨달은 자들은 세계와 시간을 전적으로 다르게 경험하게 된다. 일수사견의 비유에서 우리 인간은 물을 음료수나 목욕물로 경험하지만, 물고기는 거주처로 경험하며, 자손의 공양을 받지 못하고 죽은 배고픈 귀신인 아귀들은 고름으로 보고, 하늘의 신은 보배 궁전으로 본다고 한다. 우리는 모든 존재자가 하나의 동일한 세계와 시간 속에서 산다고 생각하지만, 유식불교는 존재자들이 각 식(識)의 성격에 따라서 다른 세계와 시간 속에서 산다고 보는 것이다.

운정이 말하는 것처럼 청송의 절대현재론은 영원론이며, 우리가 일상적으로 경험하는 시간을 뛰어넘는다고 할 수 있다. 그렇다고 청송이 말하는 절대현재가 우리의 삶을 초월해 있는 피안의 신과 같은 존재에게 귀속되는 것은 아니다. 그것은 우리가 삶 속에서 경험할 수 있으며 운정이 말하듯 오히려 삶을 절대적으로 긍정한다. 물론 그것은 삶을 긍정하되 삶에 집착하지 않는다. "그 어떤 것에도 머무르는 바 없이 마음을 낸다"라는

30 소광희, 『시간의 철학적 성찰』, 706쪽.

『금강경』의 말처럼 그것은 과거의 일을 아쉬워하지도 않고 미래의 일을 걱정하지도 않는다. 그것은 마음의 요동 없이 매순간을 여여(如如)하게 살 뿐이다.

운정은 불교가 현실을 덧없는 것으로 보면서 현실을 적극적으로 개척하려는 의지가 결여되어 있다고 말하지만, 이러한 태도는 영원이야말로 인간이 궁극적으로 귀의해야 할 것이라고 보는 종교나 철학에서 모두 나타나지 않나 싶다. 시간을 초월하는 영원을 궁극적인 실재로 보는 입장에서는 시간 속에서 명멸하는 모든 게 허망하기 그지없다. 그러한 입장에서는 허망한 것에 매여 허망한 희망과 고통 속에서 살기보다는 허망한 것에 대한 집착을 끊고 영원으로 회귀하는 것이 인간이 진실로 노력을 기울여야 할 일이다.

나는 영원에 대한 이러한 입장이 불교뿐 아니라 플라톤과 플로티노스, 아우구스티누스와 토마스 아퀴나스, 스피노자, 하이데거에 이르는 철학이 취하는 입장이 아닌가 한다. 다만 기독교적인 철학자들은 영원을 신이라는 존재자로 실체화하는 경향이 있다. 그러나 나는 이들이 말하는 신도 주객대립이 사라진 절대현전의 상태로서 인간이 자기중심적인 마음의 때를 벗으면 언제든 진입할 수 있는 존재 차원을 상징적으로 가리키는 것으로 보고 싶다. 이 점에서 나는 청송식의 절대현재론과 플로티노스나 아우구스티누스, 토마스 아퀴나스의 영원론 사이에는 서로 대화할 수 있는 여지가 충분히 존재한다고 생각한다.

5. 나가면서

나는 이 글에서 주로 시간적인 존재로서의 인간과 종교의 문제 그리고 시간과 영원의 관계에 대한 문제에 초점을 맞추어 운정의 견해를 소개하는 한편, 운정의 통찰을 원용하여 나름대로 그 문제를 해명하려고 시도했다. 그러나 내가 여기에서 소개하는 운정의 통찰은『시간의 철학적 성찰』에서 제시되는 운정의 통찰 중 극히 작은 부분에 지나지 않는다는 사실은 말할 나위도 없다.

『시간의 철학적 성찰』은 시간에 대한 상식적인 견해와 과학적인 견해를 살펴보는 일반 시간론과 시간에 대한 그 동안의 철학적 견해들을 다루는 철학적 시간론으로 구성된다. 일반 시간론에서는 순환적인 시간 개념과 직선적인 시간 개념, 그리고 캘린더와 시계의 제작과 함께 나타나게 되는 시간 개념 그리고 태양계 안의 식물과 동물이 갖는 시간감각의 문제를 다룬다. 철학적 시간론에서는 플라톤, 아리스토텔레스를 비롯하여 하이데거, 청송 그리고 선불교에 이르는 시간론을 고찰한다.

시간에 대한 모든 담론을 정리한 책이라는 점에서『시간의 철학적 성찰』은 가히 '시간에 대한 백과전서'라고 할 수 있다. 그러나 이 책에는 운정의 독특한 해석이 스며들어 있기에 단순한 백과전서를 뛰어넘는다. 운정의 책은 특히 플라톤과 아리스토텔레스, 플로티노스, 아우구스티누스, 후설, 하이데거, 청송의 시간론을 단순히 개설적인 차원에서 정리하는 것이 아니라 그것들 각각에 대해 치밀하게 연구한다. 이러한 연구는 그 치밀함 및 깊이와 함께 우리 후학들에게 그러한 연구를 계승 발전시킬 것을 촉구한다.

운정은 이 책을 3년 반 동안 썼다고 하지만, 사실 이 책의 집필에 착수하기 전 근 40여 년에 걸쳐 시간이라는 문제와 고투해 왔다. 이렇게 한 문제에 평생을 천착해 온 운정의 철학적 태도는 철학적 유행에 따라 탐구주제를 수시로 바꾸는 경향이 있는 후학들에게 큰 경책이 된다고 생각한다.

시간에 관한 대작을 출간한 후 운정이 존재론 3부작을 집필할 예정이라는 말을 들었을 때 많은 사람이 그 말을 한갓 포부로 여겼을 것이다. 그러나 운정은 고희가 넘은 나이임에도 불구하고 청년도 따라가지 못할 열정으로 연구에 몰두하여 존재론 3부작을 완성시켰다. 매사에 쩨쩨하지 않고 호방했던 평소 성격대로 운정은 학문도 남들이 흉내 낼 수 없는 호방한 스케일로 해 낸 것이다. 운정의 연구는 스케일이 크지만 그 내용도 무수한 문헌에 대한 독서와 그에 대한 치밀한 연구로 이루어져 있다. 운정의 이러한 학문 태도는 우리가 앞으로 어떤 식으로 철학을 해야 하는지 보여 주는 전범으로 계속 남을 것이다.

인간은 동물과 어떻게 다른가?

동물의 존재방식에 대한 하이데거의 현상학적 분석*

1. 동물의 존재방식을 현상학적으로 탐구한다는 것은 무엇을 의미하는가?

『형이상학의 근본개념들(Die Grundbegriffe der Metaphysik)』(하이데거 전집 29/30권)이라는 강의록은 하이데거의 저작 중에서 특별한 의미를 갖는다. 이 책은 동물의 존재방식에 대해 100여 쪽에 달하는 긴 분석을 하고 있으며, 하이데거는 이 책 이외의 어디에서도 동물에 대해 다루지 않기 때문이다. 하이데거가 다른 저작들에서 주로 문제 삼는 것은 인간과 세계 그리고 양자 간의 관계였다. 물론 『형이상학의 근본개념들』에서도 궁극적으로는 인간과 세계가 문제가 된다. 그러나 여기서는 동물의 존재방식과 동물의 환경 세계를 상세하게 고찰한 후 그것들과 비교하는 방식으로 인간의 존재방식과 인간이 거주하는 세계를 분석한다.

하이데거는 특히 이 책에서 동물의 존재방식을 현상학적으로 분석한다. 동물의 존재방식을 현상학적으로 탐구한다는 것은 모든 종류의 환원

* 「동물의 존재방식에 대한 하이데거의 현상학적 고찰」(『철학과 현상학 연구』, 10집, 1998)을 수정·보완하였음.

주의를 피한다는 것을 의미한다. 현상학은 문제되는 사태를 그 자체로부터 파악하려는 탐구방식이기 때문이다. 하이데거는 현상학적 탐구의 원칙에 충실하게 동물과 식물의 존재방식을 인간으로부터 해석하거나 물리적인 사물로부터 해석하려는 모든 시도를 거부한다.[1]

다른 한편 그는 생물을 물질적 자연과 인간 사이의 중간 단계로 보려는 입장도 거부한다. 이러한 입장은 인간을 포함하여 모든 존재를 생물로부터 해석하려는 일종의 생물학적 환원주의에 빠지기 쉽기 때문이다. 또한 하이데거는 인간을 자체 내 무생물과 생물의 단계들을 비롯한 존재의 모든 단계를 통일하고 있는 일종의 소우주로 보는 셸러식의 인간관도 배격한다.[2] 하이데거는 인간의 존재방식이 물리적 자연과 생물 그리고 정신이라는 존재 단계들의 종합으로 파악하기 어려운 고유한 통일성과 전체성을 갖는다고 본다. 따라서 그는 인간이 설령 물리적 측면이나 생물적인 측면 그리고 정신적인 측면을 갖는다고 해도 그것들은 여타의 물리적 자연이나 생물 그리고 순수정신과 전적으로 다른 성격을 갖는다고 본다. 이런 의미에서 하이데거는 심지어 "인간의 신체는 동물의 신체와 본질적으로 다르다"고 말하면서,[3] 인간의 손은 원숭이의 손과 본질적으로 다르다고 본다.

하이데거는 인간뿐 아니라 물리적 자연과 생물과 같은 존재 영역들 각각이 다른 것들로 환원될 수 없는 고유한 존재방식을 갖는다고 본다. 이와 함께 하이데거는 존재자들 사이의 관계를 일종의 위계질서로 보려는 입장도 배격한다. 셸러(Max Scheler)는 모든 존재자를 물리적 자연, 생물, 정신이라는 단계로 분류하면서, 그것들 사이에 위계질서를 상정하고자 했다. 이

---

1 하이데거 전집 29/30권 *Die Grundbegriffe der Metaphysik. Welt - Endlichkeit - Einsamkeit*, 282쪽 참조.

2 하이데거 전집 29/30권 *Die Grundbegriffe der Metaphysik. Welt - Endlichkeit - Einsamkeit*, 283쪽 참조.

3 하이데거 전집 9권 *Wegmarken*, 324쪽.

에 반해 하이데거는 그것들 각각은 전적으로 고유한 존재방식을 갖기에 그것들 간에 우열을 평가할 수 있는 공통 척도는 없고, 따라서 그것들 사이에 위계질서도 상정할 수 없다고 본다. 하이데거는 다른 존재자들과 인간 사이에 본질적인 차이는 인정하지만, 위계는 인정하지 않는 것이다.

하이데거는 인간을 이성적 동물로 보는 전통철학의 인간관도 인간이 갖는 통일성과 전체성을 간과한다고 본다. 전통철학은 인간은 동물들과 동물성을 공유하면서 거기에 더해 이성을 갖는다는 식으로 보기 때문이다. 이와 함께 전통철학은 인간의 동물적인 측면은 동물을 실마리 삼아 그리고 인간의 이성적인 측면은 신적인 순수정신을 실마리 삼아 파악하려고 한다. 하이데거는 인간을 우주 내 모든 존재 단계를 포함하는 소우주로 보는 셸러의 인간관 역시 인간을 동물성에 이성이 부가된 것으로 보는 전통 형이상학의 인간관에 의해 구속된다고 본다.

그러나 하이데거는 인간은 동물성과 정신으로 구분될 수 없는 통일성과 전체성을 가지며, 인간과 동물 사이에는 도저히 넘어설 수 없는 심연이 존재한다고 할 수 있을 정도로 인간과 동물의 존재방식은 전혀 다르다고 말한다. 따라서 그는 인간과 동물 사이에 동물성이라는 공통된 지평도 상정할 수 없다고 본다. 하이데거는 인간은 동물이나 신적인 정신과 근본적으로 다른 존재 방식을 갖기에, 인간의 신체나 정신도 동물의 신체나 신적인 정신과는 전적으로 다른 성격을 갖는다는 것이다. 하이데거는 이렇게 말한다.

> 추정컨대 우리에게는 모든 존재자 가운데 생물의 본질이 가장 사유하기 어렵다. 왜냐하면 그것은 한편으로 우리와 어떤 의미에서는 가장 유사하면서도 다른 한편으로는 우리의 탈존적 본질로부터 심연(Abgrund)을 통하여 떨어져 있기 때문이다. 생물의 본질이 우리에게 이렇게 낯선 것에 비하면, 오히려 신적인 것의 본질은 우리에게 더 가

까운 것 같다. 물론 신적인 것은 본질적으로 우리와 멀리 떨어져 있지만(Wesensferne), 그렇게 멀리 떨어져 있는 것으로서 오히려 우리의 탈존적(ek-sistent)[4] 본질에 더 친밀하다. 이에 반해 동물과 우리가 갖는 신체적 친근성은 거의 사유될 수 없는 심연의 성격을 갖는다.[5]

이런 맥락에서 하이데거는 동물의 존재방식을 모든 환원주의를 배척하는 현상학적 탐구 원칙에 입각하여 분석하려고 한다.

2. 동물의 존재방식에 대한 분석

1) 동물의 존재방식으로서의 '세계 결여'

앞에서 말했듯이 『형이상학의 근본개념들』에서 하이데거가 행하는 동물의 존재방식에 대한 고찰은 그 자체를 위함이 아니라, 인간의 본질과 인간이 거주하는 세계의 본질이라는 문제를 다루기 위한 일환이다. 하이데거는 여기서 돌과 동물 그리고 인간의 존재방식을 비교함으로써 인간과 세계의 본질을 파악하려고 한다.

하이데거가 돌과 동물 그리고 인간의 존재방식을 고찰하는 데에서 비교 시점으로 삼는 것은 그것들 각각이 세계와 맺는 독특한 관계다. 하이데거는 '돌에게는 세계가 존재하지 않는다(der Stein ist weltlos)', '동물은 세계를 결여하고 있다(das Tier ist weltarm)', '인간은 세계를 형성한다(der Mensch ist weltbildend)'는 세 가지 명제를 실마리로 삼아 돌과 동물 그리고 인간의

4 '탈존'은 인간은 자신에서 벗어나 존재와 관계하는 자라는 것을 의미한다.

5 하이데거 전집 9권 *Wegmarken*, 326쪽.

존재방식을 비교·분석하는 것이다.

우선 '동물은 세계를 결여하고 있다'는 명제를 동물이 접촉하는 존재자들의 범위가 인간에 비해 제한되어 있을 뿐 아니라 그 존재자들과 갖는 접촉의 심도(Eindringlichkeit)도 적다는 식으로 이해해서는 안 된다. 예를 들어 꿀벌이 실로 접촉하는 존재자들은 극히 제한된 것으로 보인다. 꿀벌은 꿀을 포함하는 꽃에만 관심이 있을 뿐 뿌리 등에는 관심이 없다. 아울러 꿀벌은 꽃을 꽃으로서 알지 못하며 꽃잎의 숫자 등도 알지 못한다. 그러나 인간과 동물 사이의 차이를 이러한 관점에서 볼 경우, 인간은 동물에 비해서 자신이 접촉하는 존재자들을 보다 완전하게 파악한다는 것으로 귀결된다. 이와 함께 동물은 인간에 비해 열등한 존재로 간주된다.[6]

특히 이러한 관점이 갖는 문제점은 매의 시각 능력과 인간의 시각 능력을 비교할 때 바로 드러난다. 인간은 시각 능력 면에서 매와 비교가 안 될 정도로 떨어진다. 따라서 무엇을 비교 기준으로 삼느냐에 따라 인간은 동물보다 훨씬 불완전한 존재로 간주될 수 있다. 인간과 동물 사이에서뿐 아니라 동물들 사이에도 우월성을 측정할 수 있는 보편적인 기준은 없다. 코끼리가 아메바보다도 더 완전하다고 말할 수는 없는 것이다. 코끼리는 아메바가 서식하는 환경에서 도저히 살 수 없기에, 그 환경에서는 아메바가 코끼리에 비해 더 완전하다고 할 수 있다.[7] 사실상 모든 종류의 동물은 똑같이 완전하다. 따라서 동물은 '세계를 결여하고 있다'는 하이데거의 명제는 인간과 비교했을 때 동물이 열등하다고 주장하는 것이 아니다. 그것은 동물이 세계에 대해 갖는 독특한 관계를 가리키는 명제일 뿐이다.

하이데거는 '동물은 세계를 결여하고 있다'는 명제의 의미를 분명하게

---

6 하이데거 전집 28/29권 *Die Grundbegriffe der Metaphysik. Welt - Endlichkeit - Einsamkeit*, 285쪽 참조.

7 하이데거 전집 29/30권 *Die Grundbegriffe der Metaphysik. Welt - Endlichkeit - Einsamkeit*, 287쪽 참조.

하기 위해 '돌은 세계를 갖지 않는다'는 명제와 비교한다. '돌은 세계를 갖지 않는다'는 것은 '돌은 세계를 결코 결여할 수도 없다'는 것을 의미한다.[8] 예컨대 돌이 길 위에 있다고 할 때 그 돌은 땅에 접해 있다. 그런데 그러한 접함 방식은 도마뱀이 햇빛을 쬐면서 돌에 접하고 있을 때의 접함 방식과 전적으로 다르다. 아울러 돌과 도마뱀이 돌에 접하는 방식은 우리가 손을 다른 사람의 머리 위에 놓고 있을 때의 접함 방식과도 전적으로 다르다.

돌은 다른 존재자에 접근할 수 없다. 그러나 이 경우에도 우리는 '다른 존재자에 접근할 수 없다'는 돌의 성질을 결함으로 보아서는 안 된다. 왜냐하면 바로 그러한 성질 자체가 물리적인 사물의 특수한 존재방식을 가능하게 하기 때문이다. 그것은 결함이 아니라 인간이나 동물이 도저히 가질 수도 흉내낼 수도 없는 독자적인 존재방식이다. 돌과 달리 도마뱀은 따뜻한 돌 위에 단순히 놓여 있는 것이 아니다. 도마뱀은 그 돌을 찾아 다녔고, 그 돌 위에서 햇빛을 쬐는 것이다. 물론 이 경우 도마뱀은 우리가 햇빛을 쬘 때처럼 태양을 태양'으로서' 그리고 바위를 바위'로서' 경험하지는 못한다. 우리는 바위를 바위'로서' 경험하기에 그것이 갖는 광물적인 특성에 대해 탐구할 수 있다.[9] 그럼에도 돌과 달리 도마뱀은 자신이 엎드려 햇빛을 쬐고 있는 바위와 고유한 관계를 맺는다.

이상의 고찰에 입각해 볼 때, 하이데거는 '돌이 세계를 갖지 않는다'는 명제를 통해 돌이 다른 존재자들에게 접근할 수 없다는 사실을 의미하고 있음을 보여준다. 이 경우 세계란 '접근 가능한' 존재자들을 의미한다.[10] 하

8 하이데거 전집 29/30권 *Die Grundbegriffe der Metaphysik. Welt - Endlichkeit - Einsamkeit*, 289쪽 참조.
9 하이데거 전집 29/30권 *Die Grundbegriffe der Metaphysik. Welt - Endlichkeit - Einsamkeit*, 291쪽 참조.
10 하이데거 전집 29/30권 *Die Grundbegriffe der Metaphysik. Welt - Endlichkeit - Einsamkeit*, 292쪽 참조.

이데거에게 세계는 단순히 존재자들을 합한 것이 아니다. 그것은 모든 접근이나 파악 방식과 무관하게 그 자체로 존재하는 존재자들을 합한 것이 아니다. 본질적으로 세계는 접근 가능한 존재자들을 의미한다. 그런데 돌과 달리 동물들은 분명히 다른 존재자들에게 접근할 수 있다. 그렇다면 하이데거는 왜 동물이 세계를 결여하고 있다고 말하는가?

2) 유기체의 기관과 도구의 차이

하이데거는 동물이 갖는 세계 결여라는 성격의 본질을 보다 명확히 하기 위해 우선 동물의 존재방식을 면밀히 고찰한다. 하이데거는 동물이 속해 있는 유(類)인 생물을 유기체로 보는 통상적인 생각을 받아들인다. 생물이 유기체라는 점은 그것이 돌과는 달리 분해할 수 없는 존재자라는 것, 분해되는 즉시 생물이 아니라 무생물이 된다는 것을 의미한다. 단적으로 말해 생물은 돌에서 볼 수 없는 고유한 통일성을 갖는다. 다세포생물은 세포들의 단순한 집합이 아니다. 단세포생물이든 다세포생물이든 그들 고유의 통일성뿐 아니라 특유의 본질적인 전체성(Wesensganzheit)을 갖는다.[11] 하이데거는 이를 파악하기 위해 일차적으로 동물의 기관과 도구를 비교한다.

유기체를 뜻하는 독일어 Organismus는 원래 'Organe(기관들)을 갖는 것'을 의미했다. Organ은 도구를 의미하는 그리스어 '오르가논'에서 나온 것이다. 근대의 일부 생물학자들이 유기체를 도구들의 복합체(ein Komplex von Werkzeugen)로보는 것도 이 때문이다. 이러한 견해에 따르면, 감각기관은 감각 도구이고, 소화기관은 소화 도구다. 그리고 유기체란 여러 부분이 긴밀히 연관되어 하나의 통일된 전체적 작업을 수행하는 복잡한 도구다.[12]

---

11 하이데거 전집 29/30권 *Die Grundbegriffe der Metaphysik. Welt - Endlichkeit - Einsamkeit,* 311쪽 참조.

12 하이데거 전집 29/30권 *Die Grundbegriffe der Metaphysik. Welt - Endlichkeit -*

즉 유기체는 자체 내에 동력기관을 갖고 자동적으로 움직이는 기계와 같은 것이 되고 만다.

그러나 하이데거는 유기체를 도구나 기계로서 파악하는 이러한 견해는 일종의 근본적인 범주 오류를 범한다고 본다. 도구는 인간의 제작물로서 다른 물리적인 사물과 마찬가지로 그 자체로는 세계를 갖지 않고(weltlos) 인간 세계에 속하는 것(weltzugehörig)인 반면에, 기관은 나름의 독자적인 환경 세계를 갖는 유기체에 속하기 때문이다. 이러한 차이를 보다 상세하게 살펴보자.

예를 들어 눈은 동물이 보는 데 사용된다. 어떤 것을 위해서 사용된다는 점에서 동물의 기관은 도구와 매우 유사하다. 그러나 도구는 그것의 소유자뿐 아니라 여러 사람이 사용할 수 있다. 도구는 소유자와 사용자로부터 분리되어 독자적으로 존재하는 것이다. 이에 반해 감각기관은 그것을 사용하는 존재자에 불가분하게 속해 있다. 모든 생물체는 오직 자신의 눈을 통해서만 볼 수 있다.[13] 이것이 기관과 도구의 첫 번째 차이이다. 아울러 도구는 어떤 특정한 사용 목적을 위해서 만들어졌을(fertig) 뿐이며 독자적인 수행 능력을 가지고 있지 않다. 예컨대 펜은 쓰기 위해서 만들어졌을 뿐, 쓸 수 있는 독자적인 능력(Fähigkeit)은 없다. 이것이 기관과 도구의 두 번째 차이이다.

하이데거는 이 두 가지 차이를 다음과 같이 종합한다. 감각기관은 감각 능력을 가지며, 그 능력을 유기체에 속하는(zugehörig) 것으로서만 갖는다. 이에 반해 도구는 어떤 존재자에 본질적으로 귀속되지 않으며 감각 능력을 갖지 못한다. 감각기관이 유기체에 속하는 것으로서만, 다시 말해 유

Einsamkeit, 312쪽 참조.

13 하이데거 전집 29/30권 *Die Grundbegriffe der Metaphysik. Welt - Endlichkeit - Einsamkeit*, 320쪽 참조.

기체에서 생겨난 것으로서만 감각 능력을 갖기 때문에, 우리는 유기체 자체가 감각 능력을 갖는다고 봐야 한다.[14] 이는 달리 말해서 감각기관이 보고 들을 수 있는 것이 아니라 유기체 자신이 볼 수 있고 들을 수 있다는 것을 의미한다.

이와 함께 하이데거는 감각기관이 감각 능력을 갖는 게 아니라 유기체가 지닌 감각 능력이 감각기관을 갖는다고 본다. 기관이 보여주는 능력은 기관에 속하는 것이 아니다. 오히려 기관이 능력에 속한다. 따라서 유기체의 감각 능력이 감각기관을 산출하는 것이지, 감각기관이 먼저 있고 그것에 능력이나 기능이 부가되는 것이 아니다. 하이데거는 유기체의 기관과 능력 사이의 이러한 관계는 단세포 생물인 원형동물에서 가장 뚜렷하게 나타난다고 본다. 원형동물은 필요한 기관들을 그때마다 형성하면서 불필요해지면 그것들을 없앤다.[15]

이와 같이 기관은 능력을 구현하기 위한 것으로서 존재하기 때문에, 그것의 성장과 위축(萎縮)은 전적으로 능력 자체에 예속되어 있다. 반면 도구는 어떤 능력에 예속되어 있지 않고 독자적으로 존재한다. 따라서 그것은 어떤 능력처럼 위축되고 사멸하는 것이 아니라 파괴될 수 있을 뿐이다.

아울러 도구를 사용할 때 우리는 일정한 사용지침을 따라야 한다. 사용지침은 도구 자체에 의해 주어지는 것이 아니라 도구의 특수한 성격과 생산을 규정하는 제작계획에 의해 주어진다. 그러나 유기체는 외부로부터 주어진 사용지침을 따르지 않고, 그 자체가 자신의 규칙을 수반하면서 자신을 규제한다. 물론 동물이 자신의 행동 규칙을 자체 내에 갖고 자신을 규제한다고 해도 이는 인간이 자신의 행위를 스스로 규제하는 것과는 본

14 하이데거 전집 29/30권 *Die Grundbegriffe der Metaphysik. Welt - Endlichkeit - Einsamkeit*, 324쪽 참조.

15 하이데거 전집 29/30권 *Die Grundbegriffe der Metaphysik. Welt - Endlichkeit - Einsamkeit*, 327쪽 참조.

질적으로 다르다. 동물은 인간처럼 의식적 반성을 통해 자신의 행위를 규제하는 것이 아니라 자신의 행동을 충동적으로 규제한다.

물론 충동적으로 규제한다는 것은 모순적인 말이다. 충동에 의해서 내몰리는 것이지 충동적으로 자신을 규제한다고 할 수는 없기 때문이다. 그럼에도 하이데거는 동물의 경우 행동지침이 외부로부터 주어지는 것이 아니라 동물 자신에 의해서 주어진다는 점을 강조하기 위해 동물이 자기 자신을 규제한다고 말한다. 이에 반해 예를 들어 망치는 자신에게 속하는 충동을 통해 망치질이라는 행동에 내몰리지 않으며 스스로를 규제하지도 않는다. 충동들은 영양 공급과 장소 이동 등의 운동들을 단순히 촉발하지 않고 운동의 '과정 전체'에 관여하면서 그것들을 추동한다. 따라서 이러한 충동들은 결코 기계적인 성격을 갖지 않으며 수학적으로 계산될 수도 없다.[16]

3) 유기체의 자기보지능력

하이데거는 유기체의 기관에 대한 이상의 분석을 토대로 유기체의 본질을 분석하는 것으로 나아간다. 유기체의 본질에 대한 해명에서 중심이 되는 것은 유기체의 능력과 그것이 지닌 충동의 성격이다. 유기체가 능력을 갖는다는 것은 충동에 의해 자신을 외부의 어떤 사물로 향하면서 특정한 행동을 수행할 수 있음을 의미한다. 이렇게 능력을 발현하는 것은 유기체 자신을 보지하기 위한 것이다. 따라서 능력은 외부를 향하면서도 자신을 떠나지 않는다. 그러한 점에서 동물은 일종의 자기성(Selbstheit)을 갖는다.

물론 동물은 인간처럼 자기의식이나 자기반성을 통해 자신의 능력을

16 하이데거 전집 29/30권 *Die Grundbegriffe der Metaphysik. Welt - Endlichkeit - Einsamkeit*, 334쪽 이하 참조.

구현하는 것은 아니다. 이 점에서 동물이 갖는 자기성은 인간이 갖는 자기성과는 근본적으로 다르다. 따라서 하이데거는 자기나 자기성이라는 말을 엄밀하게는 오직 인간에게만 사용할 수 있다고 본다.[17] 그럼에도 불구하고 동물은 다양한 충동들에 내몰리면서도 자신을 상실하지 않고 보지한다는 점에서 일종의 자기성을 갖는다고 할 수 있다.

유기체는 이미 존재하는 자신의 특수한 통일성을 단순히 보존하는 것이 아니라, 자신의 능력들을 실현함으로써, 즉 다른 것들에 대한 충동적인 행동들을 통해 자신을 보지함으로써 그러한 통일성을 비로소 자신에게 부여한다.[18] 동물이 갖는 통일성은 동물에게 단순히 주어지는 것이 아니라, 동물의 충동적인 행동들을 통해 비로소 '구성되는' 것이다. 따라서 유기체란 단순히 도구들의 복합체도 아니며 기관들의 결합물도 아니고 능력들의 다발도 아니다. 어떠한 의식이나 반성을 통하지 않고서도 자신을 보지하는 이러한 능력이야말로 유기체의 본질적인 특성이다.

4) 동물에게 '존재자는 존재자로서 개현되어 있지 않다'는 의미에서 동물의 '사로잡혀 있음'

동물이 갖는 능력은 보고, 듣고, 사냥하고, 소화하고, 생식하는 것과 같은 특정 행동을 할 수 있는 데 있다. 하이데거는 동물이 갖는 특정한 행동양식을 고찰함으로써 동물이 갖는 능력의 본질을 보다 깊이 이해하려고 한다.

보고 듣는 동물의 행동은 무기물에서 일어나는 물리적인 운동과는 근본적으로 다르며 인간 행위와도 다르다. 하이데거는 우선 그러한 행동을

17 하이데거 전집 29/30권 *Die Grundbegriffe der Metaphysik. Welt - Endlichkeit - Einsamkeit*, 340쪽 참조.

18 하이데거 전집 29/30권 *Die Grundbegriffe der Metaphysik. Welt - Endlichkeit - Einsamkeit*, 343쪽 참조.

물리적인 운동과 구별한다. 예를 들어 지렁이가 두더지를 보고 도망칠 때, 이는 두더지를 하나의 원인으로 삼아 시작되는 일련의 물리적인 운동이 아니다. 지렁이는 두더지에 '대해서(gegen)' 도망친다는 특정한 방식으로 '행동을 취한 것이다(benehmen sich)'. 또한 두더지도 지렁이를 쫓는 방식으로 지렁이에 대해 특정한 행동을 했다.

그러나 동물이 어떤 행동을 한다는 것은 충동적으로 그 행동으로 내몰린다는 것을 말한다. 동물은 인간처럼 의식적이고 반성적으로 행위하지 않고 충동에 의해 내몰린다. 동물은 자신의 충동에 사로잡혀 있고, 충동에 사로잡히는 방식으로만 존재자들과 관계할 수 있다. 따라서 동물은 존재자를 있는 그대로 그 자체로서 인지할 수 없으며, 존재자를 항상 자신의 충동적인 욕망을 만족시키거나 좌절시키는 것으로서만 지각할 수 있다. 하이데거는 이런 의미에서 동물이 갖는 본질적 특성을 '사로잡혀 있음(Benommenheit)'이라고 부른다. 동물은 자신의 충동에 사로잡혀 있으며, 동시에 충동을 자극하는 사물에 사로잡혀 있다. 때문에 동물은 사물을 그 자체로서 인식하기 위해서 필요한 거리를 취할 수 없다.

하이데거는 동물이 갖는 이러한 특성을 꿀벌의 행태를 예로 들어 구체적으로 보여준다. 꿀벌은 어떤 꽃에서 꿀을 빨다가 어느 순간 빠는 것을 그치고 날아가 버린다. 이 경우 꿀벌은 꿀이 더 이상 없다는 것을 확인하고 그 꽃을 떠나는 것이 아니다.

하이데거는 이러한 사실을 입증하는 예로서 다음과 같은 실험을 소개한다. 꿀벌이 꿀을 빨고 있는 동안 꿀이 꿀벌의 뒷부분을 통해 흘러나오도록 꿀벌의 뒷부분을 몰래 잘라내면, 꿀벌은 계속 꿀을 빨아먹는다. 이는 꿀벌이 자신이 너무 많은 꿀을 빨았다는 사실을 결코 확인하지 않는다는 사실을 보여준다. 꿀벌은 이를 결코 알 수 없으며 자신의 뒷부분이 사라졌다는 것도 알 수 없다. 꿀벌은 자신의 충동에 따를 뿐이다.

꿀벌은 자신의 먹이에 사로잡혀 있다. 자신이 관계하는 것에 사로잡혀 있다는 것은 꿀벌이 그것에 대한 충동에 사로잡혀 있기에 가능하다. 그런데 이렇게 사로잡혀 있다는 것은 어떤 존재자가 존재하는지 아닌지 확인할 수 있는 가능성을 배제한다. 자신의 먹이에 사로잡혀 있기에 동물은 자신의 먹이를 자신에게서 대상화할(gegenüberstellen) 수 없는 것이다.

그러면 꿀벌의 뒷부분이 잘리지 않았을 경우, 꿀벌은 왜 빨기를 멈추는가? 이는 꿀벌이 어느 순간 포만감에 사로잡혔기 때문이다. 포만감이 꿀을 빨고 싶다는 충동을 막는 것이다. 그런데 이러한 포만감도 자신이 너무 많이 먹었다는 사실에 대한 확인이 아니라 일종의 충동이다. 꿀을 빨려는 충동을 저지하는 또 하나의 충동이다. 꿀을 빨려는 충동이 그것을 저지하는 다른 충동으로 전환된 것이다. 이러한 예에서 볼 수 있듯이, 동물들의 행동이나 충동은 어떤 사실에 대한 확인이나 반성을 통해 규제되지 않고 충동들 사이의 일련의 질서를 통해 규제된다는 사실이 드러난다.

이상에서 보았듯이 꿀벌은 꿀을 하나의 존재하는 사물로서 인지하는 것이 아니라 그것에 사로잡혀 있을 뿐이다. 꽃이 풍기는 향기와 꿀에 사로잡혀 있는 것이다.[19] 동물에게는 존재자가 그 자체로서 개시되어(offenbar) 있지 않다. 그렇다고 하여 존재자가 동물에게 은폐되어(verschlossen) 있는 것도 아니다. 은폐되어 있다는 것은 개시되어 있다는 것이 가능하다는 전제가 있을 때만 가능하기 때문이다.[20]

5) 동물과 환경의 내밀한 연관성

앞에서 보았듯이 동물의 충동들은 서로 무관하게 분열되어 있지 않다. 모

19 하이데거 전집 29/30권 *Die Grundbegriffe der Metaphysik. Welt - Endlichkeit - Einsamkeit*, 354쪽 참조.

20 하이데거 전집 29/30권 *Die Grundbegriffe der Metaphysik. Welt - Endlichkeit - Einsamkeit*, 361쪽 참조.

든 충동은 다른 충동으로 내몰리는 방식으로 서로 연관되어 있다. 어떤 충동에서 다른 충동으로 내몰리는 방식으로 동물은 자신이 넘어설 수 없는 충동들의 어떤 권역(Ring) 안에 사로잡혀 있다. 그런데 충동은 원래 자발적이 아니라 억제되어 있다. 따라서 충동이 작용하기 위해서는 그것을 유발하는 자극이 필요하다. 동물의 충동을 유발하는 것들만이 동물에게 열려 있으며, 그 이외의 것들은 동물이 처하는 권역 안으로 들어올 수 없다. 동물이 충동들의 권역을 넘어설 수 없다는 것은 충동을 유발하는 것들의 권역 안에 사로잡혀 있음을 의미한다.[21]

동물은 일련의 충동들의 권역과 그에 상응하는 자극들의 권역에 사로잡혀 있기에, 특정한 자극이 아무리 강하더라도 자신의 권역에 들어오지 않으면 지각하지 못한다.[22] 예를 들어 도마뱀은 바람에 풀이 살랑거리는 소리는 들을 수 있지만 옆에서 울리는 총소리는 들을 수 없다. 동물에게 사물들은 어떤 충동을 유발하는 자극으로만 나타난다. 따라서 동물에게 사물들은 인식할 수 있는 지속적인 대상으로 존재할 수 없다.

동물은 자신의 환경에 내밀하게 결합되어 있다. 동물은 하나의 유기체로서 먼저 존재한 후에 자신의 환경과 비로소 관계하는 것이 아니다. 이렇게 충동을 유발하는 자극들에 열려 있는 방식으로 자신의 권역을 형성하는 능력을 하이데거는 동물의 근본 능력이라고 부른다. 근본 능력 안에는 모든 능력이 포함되어 있으며, 그것으로부터 모든 능력이 자라 나온다.[23] 따라서 유기체가 갖는 환경과의 내밀한 관계를 고려하지 않고 그것

---

21 하이데거 전집 29/30권 *Die Grundbegriffe der Metaphysik. Welt - Endlichkeit - Einsamkeit*, 370쪽 참조

22 하이데거 전집 29/30권 *Die Grundbegriffe der Metaphysik. Welt - Endlichkeit - Einsamkeit*, 373쪽 참조.

23 하이데거 전집 29/30권 *Die Grundbegriffe der Metaphysik. Welt - Endlichkeit - Einsamkeit*, 375쪽 참조.

을 단순히 신체의 통일로만 본다면, 유기체의 결정적인 본질을 간과하는 것이다.

6) 동물의 본질에 대한 총괄적인 규정

하이데거는 동물의 근본 본질을 '사로잡혀 있음'으로 규정하면서 그것이 갖는 성격을 이렇게 정리한다.

a. 동물은 충동에 사로잡혀 있다.
b. 이렇게 충동에 사로잡혀 있다는 것은 동물에게 존재자 자체가 개현될 수 있는 가능성이 본질적으로 박탈되어 있다는 것을 의미한다.
c. '사로잡혀 있음'은 동물이 a과 b의 성격을 갖는 것으로서 서로를 내모는 충동들의 유기적 구조에 사로잡혀 있음을 의미한다. 동물이 갖는 특수한 자기성(Selbstsein)은 충동들에 의해서 내몰리면서 '자신에 머물러 있음'이다. 따라서 동물에게는 다른 존재자 자체뿐 아니라 자기 자신도 개현되어 있지 않다.
d. 동물은 능력들을 촉발하고 충동의 전환을 유발하는 자극들의 권역을 자신의 환경으로 갖는다.
f. 이러한 권역은 동물과 무관하게 존재하는 것이 아니라 동물이 갖는 충동들의 권역과 내밀하게 연관되어 있다.
g. 이상의 성격을 갖는 '사로잡혀 있음'이 동물에게만 특유한 행동을 가능하게 하는 조건이다. 따라서 어떤 동물의 능력과 기관에 대한 어떠한 구체적인 생물학적인 탐구도 그 동물이 갖는 이러한 '사로잡혀 있음'의 구조 전체를 묻지 않으면 안 된다.[24]

---

24 하이데거 전집 29/30권 *Die Grundbegriffe der Metaphysik. Welt - Endlichkeit -*

3. 동물의 '세계 결여'와 인간의 '세계 형성'

하이데거는 동물에 대한 이제까지의 본질 규정에 입각하여 '동물은 세계를 결여하고 있다'는 테제를 구명하고자 한다. 일단 하이데거는 세계라는 말로 '존재자 전체가 그 자체로서 드러나 있는 상태(die Offenbarkeit des Seienden als solchen im Ganzen)'을 가리키고자 한다. 세계가 이러한 의미일 경우, 동물은 세계를 결여한다. 동물이 세계를 결여한다는 것은 동물이 인간보다 더 적게 세계를 갖는다는 것을 의미하는 게 아니라 '세계를 전혀 갖지 않는다'는 것을 의미한다. 동물은 세계 대신에 '충동들을 유발하는 자극들의 권역'을 가지고 있을 뿐이다.[25]

그런데 하이데거는 우리가 세계의 본질과 세계를 가능하게 하는 근거에 대해서 제대로 알 경우에만 '동물은 세계를 결여하고 있다'라는 테제가 의미하는 바를 제대로 이해할 수 있다고 말한다. 세계에는 존재자가 그 자체로서 개현되어 있다는 성격이 포함된다. 그러나 존재자 자체는 동물에게 근본적으로 은폐되어 있다. 존재자가 그 자체로서 개현되어 있는 경우에만, 존재자에 대한 인간의 관계도 존재자가 있는 그대로 존재하게 하거나 존재하게 하지 않는 것이 될 수 있다. 존재자를 그 자체로서 존재하게 한다는 인간에게만 가능한 '존재자에 대한 관계방식'을 하이데거는 동물의 행동(Benehmen)과 구별하여 '태도를 취함(Verhalten)'이라고 부른다.[26]

그런데 존재자 자체가 개현되어 있다고 할 경우, 그것은 어떻게 일어나는가? 전통철학은 그러한 개현은 인간의 이성적 판단에 의해서 일어난

Einsamkeit, 376쪽 이하 참조.

25 하이데거 전집 29/30권 *Die Grundbegriffe der Metaphysik. Welt - Endlichkeit - Einsamkeit*, 392쪽 참조.

26 하이데거 전집 29/30권 *Die Grundbegriffe der Metaphysik. Welt - Endlichkeit - Einsamkeit*, 397쪽 참조.

다고 보았다. 그러나 하이데거는 그러한 개현은 근본기분에서 일어난다고 말한다. 하이데거에 의하면, 기분은 단순히 인간의 심리상태 중 하나가 아니다. 기분은 존재자 전체를 드러내는 것과 동시에 우리 자신을 존재자 전체의 한가운데에 처해 있는 것으로서(als inmitten des Seienden im Ganzen befindlich) 드러내는 일이다.

하이데거는 기분 중에 불안과 경이 같은 근본기분이 있다고 본다. 근본기분이란 존재자 전체와 현존재가 개현되는 탁월한 가능성이다. 근본기분이 다른 기분들에 대해 갖는 탁월성은 모든 기분에서 일정한 방식으로 드러나는 '전체'가 근본기분들에서는 극히 명확하게 개현된다는 데 존재한다. 이러한 전체를 우리는 파악하기 어렵다. 그 이유는 그것이 우리에게 너무 떨어져 있어서가 아니다. 오히려 너무 가까이 있어서 우리는 그것을 보기 위해 필요한 거리를 취할 수 없기 때문이다.[27]

근본기분에서 개현되는 전체의 지평 안에서만 존재자는 그 자체로서 드러난다. 그러나 우리는 보통 개인들의 이해관심이나 집단의 이해관심에 따라서 존재자들을 드러내는 경향이 있다. 이 경우 존재자들은 그 자체로서 드러나지 않고 이런저런 점에서 우리에게 유용한 도구로서 드러날 뿐이다. 이 경우 존재자들은 그 자체로부터 소외되며 고유한 모습은 은폐되어 버린다.

하이데거가 말하는 '존재자 전체의 개현'은 개현의 사건을 통해서 인간이 비로소 진정한 인간으로서 존재하는 사건을 말한다. 이 경우 진정한 인간은 존재자들을 자신의 이용대상이나 지배대상으로 삼지 않는다. 오히려 그것들이 자신의 고유한 존재를 드러내고 그 자체로서 존재하는 것을 돕는 인간을 가리킨다. 하이데거는 이러한 인간을 '현존재(Da-sein)'라고

27 하이데거 전집 29/30권 *Die Grundbegriffe der Metaphysik. Welt - Endlichkeit - Einsamkeit*, 411쪽 참조.

부른다.

따라서 하이데거가 '인간은 세계를 형성한다'고 말할 때의 인간은 우리가 알고 있는 주관으로서의 인간이 아니다. 세계를 형성하는 인간은 우리가 대개 망각하고 있는 본질적인 인간(der wesentliche Mensch)이다. 세계 형성은 우리가 대개 알지 못하고 있는 '인간 속의 현존재(Dasein im Menschen)'에 의한 것이다.[28] 인간이 세계를 형성한다는 것은 형성과 함께 인간이 비로소 현존재로서 태어나는 것을 의미한다.

하이데거는 인간이 존재자 전체의 개현을 수행하면서 현존재가 되는 사건이 바로 근본기분이라고 보았다. 따라서 근본기분은 인간이나 영혼 또는 의식에 대한 어떤 확정된 개념에 입각하여 해석할 수 있는 하나의 심적 현상이 아니다. 그것은 오히려 인간이라는 존재를 어떻게 파악할 것인가와 관련하여 하나의 근원적이고 새로운 전망을 연다.[29]

인간은 전통 형이상학에서 통상적으로 '이성적 동물'로서 규정되었다. 이 규정에 따르면, 인간은 동물적 성격을 기반으로 가지면서 그 위에 이성적 성격을 갖는 존재다.[30] 그리고 이 경우 이성이란 존재자를 객관적으로 인식할 수 있는 능력으로 이해된다. 전통 형이상학에서는 이러한 인간 이해가 동물의 본질을 파악하는 데 하나의 주도적인 단서로 가능해 왔다. 그러한 인간 이해에 따르면, 동물은 인간과 달리 이성을 결여한 존재이며 인간에 비해 불완전한 존재다.

이제 하이데거는 인간의 본질을 이성적 동물이 아닌 현존재로서 파악하고자 한다. 하이데거는 인간이 이성적 동물로서 존재자에 대해 어떤 판

---

28 하이데거 전집 29/30권 *Die Grundbegriffe der Metaphysik. Welt - Endlichkeit - Einsamkeit*, 414쪽 참조.

29 하이데거 전집 29/30권 *Die Grundbegriffe der Metaphysik. Welt - Endlichkeit - Einsamkeit*, 415쪽 참조.

30 하이데거 전집 9권 *Wegmarken*, 326쪽 참조.

단을 내리기 위해서는 존재자 자체가 이미 개현되어 있어야 한다는 사실에 주목한다. 예를 들어 우리가 꽃이나 돌에 대해 판단을 내리기 전에 꽃이나 돌은 이미 다른 것들과 구별되어 개시된다. 존재자 자체의 개현이 판단 수행의 전제가 되는 것이다. 이 경우 존재자 자체로 하여금 자신을 개현하게 하는(sein lassen) 것은 인간의 이성적 판단에 의해 수행되지 않고 인간의 심연에 해당하는 '인간 속의 현존재'에 의해 수행된다.

현존재에서 일어나는 근본기분을 통하여 '존재자 전체가 그 자체로서' 개현된다. 이를 바탕으로 존재자에 대한 이성적 판단도 가능하다. 현존재가 인간의 이성적 판단도 가능케 한다면, 인간의 본질은 이성적 동물 이전에 '현존재'로서 파악하지 않으면 안 된다. 인간은 본질적으로 존재자 전체가 자신을 자체로서 개현하는 사건, 즉 세계 형성이 일어나는 근본기분의 수행자인 현존재다. 인간은 다른 동물들과 동물적인 성격을 공통 기반으로 가지면서 이성이라는 속성을 추가로 갖는 게 아니다. 인간은 현존재로서 동물과 전적으로 다른 존재다.

인간이 이성적 동물이 아닌 현존재라고 할 경우, 존재자 전체에서 인간이 갖는 위치에 중대한 변화가 일어난다. 인간이 단순히 이성적 동물일 경우, 인간은 동물들과 동물적 기반을 함께하면서 자신의 이성을 통해 보다 더 멀리 내다보고 보다 더 잘 기억함으로써 존재자들을 지배하는 탁월한 동물로 간주된다. 현대의 과학기술문명에서 인간을 이성적 동물로 보는 전통 형이상학의 인간관이 그 정점에 달하며, 인간은 계산 능력을 지닌 이성을 통해 존재자 전체를 지배하려고 하는 '노동하는 동물'이 된다.

전통 형이상학의 인간관에서 인간은 존재자 중 하나에 지나지 않기에 인간의 고유한 인간성(humanitas)은 간과되고 만다.[31] 이에 반해 인간을 현존재라고 보는 하이데거의 인간관에서 인간은 단순히 존재자 중 하나

31 하이데거 전집 9권 *Wegmarken*, 323쪽 참조.

가 아니라, 인간 자신을 비롯해 신, 동물, 식물 등 모든 존재자의 고유한 존재가 드러나는 장이 된다. 이 경우 인간의 사명은 존재자들을 지배하는 것이 아니라, '모든 존재자가 그것의 고유한 존재에서 존재하도록 돕는 것(seinlassen)'이 된다.

인간의 본질이 현존재일 경우 동물이 세계를 결여하고 있다는 것은 동물에게는 '존재자 전체가 그 자체로서 개현되는 근본기분의 사건'이 일어나지 않는다는 것을 의미한다. 동물에게는 존재자가 인간에 비해서 더 적게 개현되는 것이 아니라, 개현 자체가 일어나지 않는다. 동물은 '존재자 전체가 그 자체로서 개현되어 있는 세계'에서 사는 것이 아니라 충동을 유발하는 자극들의 권역에서 산다.

거듭 말하지만 하이데거의 이러한 생각은 동물이 인간에 비해서 열등하다는 것을 의미하는 게 아니다. 동물이 살고 있는 환경은 인간에게 드러난 세계에 비해 결코 열등하지 않다. 그것은 우리 인간의 세계와 비교할 수 없는 독자적인 풍요로움과 깊이를 갖는다.

4. 동물의 존재방식에 대한 하이데거의 분석이 갖는 의의와 과제

하이데거는 동물에 대한 자신의 분석이 동물의 본질을 완벽하게 해명했다고 생각하지 않는다. 다만 그는 동물의 본질에 대한 하나의 근본개념을 제시했다고 본다. 더 나아가 하이데거는 동물의 본질에 대해 자신이 드러내는 것들이 자신이 분석하기 전에는 알려지지 않았다고 생각하지 않는다. 오히려 하이데거는 자신의 분석이 독자적인 노력에 의한 것이 아니라 이미 생물학 자체에서 수행된 혁명적인 시각 전환에 의해 가능했음을 밝힌다. 그는 자신의 시대에 생물학에서 일어난 두 가지 결정적인 시각 전환을 거론한다.

첫 번째는 유기체의 전체성(Ganzheit)에 관한 인식이다. 유기체가 전체성을 갖는다는 것은 그것이 부분이나 요소로 조합되어 있는 게 아니라, 그것의 생성과 구조가 전체성에 의해 지배되고 인도된다는 것을 의미한다. 이러한 시각 전환을 하이데거는 한스 드리쉬(Hans Driesch)의 업적으로 본다. 그러나 드리쉬는 자신의 발견을 생명에 대한 낡은 이론을 통하여 해석한다. 드리쉬는 유기체의 합목적적인 행동을 설명하기 위해 일정한 힘 내지 엔텔레키(entelechy)를 가정한다. 이러한 활력론(Vitalismus)은 생물이 갖는 목적추구성 자체를 더 철저하게 분석하기보다는 어떠한 설명력도 갖지 못하는 하나의 내적인 힘을 가정함으로써 그 과제에서 회피하고 만다.[32]

두 번째 시각 전환은 동물이 자신의 환경에 대해 갖는 내밀한 관계에 대한 탐구가 동물 연구에서 본질적인 의미를 갖는다는 사실을 생물학이 통찰하게 되었다는 것이다. 이것은 윅스켈(akob von Uexküll)에 의해서 이루어졌다. 하이데거는 윅스켈에 의해 성취된 시각 전환을 동물과 환경에 대한 다윈식 사고방식을 극복하는 중요한 사건으로 본다.

다윈은 진화론을 주장하며 동물과 환경의 관계를 적응의 문제로 생각했다. 이러한 생각은 동물이 자신과 상관없이 존재하는 세계에 적응하며, 그 적응 여하에 따라서 적자(適者)가 선택된다는 근본적으로 잘못된 생각을 전제한다. 진화론은 일단 모든 동물이 동일한 환경에 처해 있다고 생각하며, 그것에 대한 적응 여하에 따라서 동물들과 동물 유형들 사이의 차이가 생긴다고 본다. 그러나 동물들이 사는 환경은 인간이 사는 세계와 전적으로 다를 뿐 아니라, 각 동물종이 사는 환경 자체도 어떠한 상호비교도 허용하지 않을 정도로 전적으로 다르다.[33]

---

32 하이데거 전집 29/30권 *Die Grundbegriffe der Metaphysik. Welt - Endlichkeit - Einsamkeit*, 381쪽 참조.

33 하이데거 전집 29/30권 *Die Grundbegriffe der Metaphysik. Welt - Endlichkeit - Einsamkeit*, 403쪽 참조.

웍스켈은 진화론과 달리 유기체의 전체성은 신체의 전체성에 그치지 않고, '충동들을 유발하는 권역'과 하나로 얽혀 있다는 사실을 밝혔다.[34] 유기체는 독자적으로 존재한 후에, 모든 생물에게 동일하게 존재하는 환경에 적응하는(anpassen) 것이 아니다. 유기체는 그것에게 고유한 환경과 내밀하게 얽혀 있다. 이러한 환경에서 존재자들은 각 유기체에게 특유한 충동들을 자극하는 방식으로 나타난다.

하이데거의 동물 분석은 생물학에서 일어난 이러한 두 가지 시각 전환을 사태에 보다 부합되게 철저하게 사유한 것이다. 하이데거는 동물의 본질을 엔텔레키나 내적인 힘 혹은 동물적인 혼(tierische Seele)을 상정하는 방식이 아닌, 동물의 존재방식 자체에 주목함으로써 분석하려고 한다. 하이데거가 동물을 분석할 때 동물의 행동 분석을 실마리로 삼은 이유도 동물에게 내적인 혼을 가정하고 그것으로부터 사태를 설명하려는 실체론적인 사고방식을 극복하기 위해서였다.

이는 하이데거가 인간을 분석할 때, 인격적인 중심이나 영혼을 상정하는 방식으로 인간을 분석하는 실체론적 사고방식과 거리를 두고 인간의 존재방식에 대한 현상학적 기술을 일관하는 것과 동일한 태도다. 우선 하이데거는 인간을 이성적 동물로 파악하지 않고 '자신의 존재를 문제 삼는 존재'라고 본다. 여기서 '자신의 존재를 문제 삼는다'는 것은 쉽게 말하면, '탄생에서 죽음에 이르는 자신의 삶 전체를 문제 삼으면서 어떻게 살 것인가를 고뇌한다'는 것을 의미한다. 하이데거는 현존재 특유의 이러한 존재방식을 '실존'이라고 부른다.

물론 현존재는 대개 자신의 존재를 문제 삼지 않으면서 일상의 잡다한 일이나 오락 등에 빠져 살아간다. 그러나 이 경우에도 현존재는 자신의

---

34 하이데거 전집 29/30권 *Die Grundbegriffe der Metaphysik. Welt - Endlichkeit - Einsamkeit,* 383쪽 참조.

실존적 존재방식을 망각하는 쪽으로 자신의 존재를 문제 삼는다. 현존재는 의도했든 의도하지 않았든 세상 사람이 어릴 적부터 그에게 주입한 세간적인 가치들에 따라 살기로 결단한 것이다.

『존재와 시간』에서 하이데거가 분석하는 것은 현존재의 이러한 실존방식이다. 그는 실존방식을 크게 본래적인 것과 비본래적인 것으로 나누면서 각 실존방식에 따라 세계가 어떻게 주어지는지를 분석한다. 현존재가 거주하는 세계는 그 자체로 이미 주어져 있는 것이 아니라 현존재의 실존방식에 따라서 그때마다 달리 주어지는 것이다. 비본래적인 실존에게 세계는 현존재가 추구하는 세간적인 가치들을 구현하는 데 도움이 되거나 방해가 되는 도구적인 존재자들의 전체적인 연관으로서 나타난다. 이에 반해 본래적인 실존에게 세계는 모든 존재자가 자신의 고유한 존재와 진리를 드러내는 열린 터(das Offene)로 나타난다.

동물은 자신의 존재를 문제 삼지 않고 자신이 타고난 본능구조에 따라서 살기에 동물에게는 오직 하나의 세계만이 주어진다. 그러나 현존재는 자신의 존재를 문제 삼는 존재로서 본래적이거나 비본래적으로 실존할 수 있기에, 세계 역시 본래적인 세계나 비본래적인 세계로 주어진다. 하이데거는 이렇게 현존재의 실존수행과 이와 함께 주어지는 세계의 공속(共屬)관계(Zusammengehörigkeit)를 분석하는 것에 상응하여, 동물의 행동방식과 세계 사이의 공속관계를 파악한다.

하이데거는 『존재와 시간』에서 현존재의 존재 의미를 궁극적으로는 시간성(Zeitlichkeit)에서 찾는다. 즉 하이데거는 현존재의 본질을 현존재가 지닌 특유한 시간적인 성격에서 찾는 것이다. 현존재에게 현재는 과거에 대한 기억과 미래에 대한 예기로부터 주어진다. 과거에 대해 어두운 기억을 갖고 있고 미래에 대해서도 어둡게 생각하는 사람은 현재도 부정적으로 볼 것이다. 이에 반해 과거와 미래 모두를 긍정적으로 보는 사람은 현재도 긍정적으로 볼 것이다.

하이데거는 특히 현존재는 자신의 죽음을 생각할 수 있다는 점에서 동물과 근본적으로 다른 존재라고 보았다. 동물은 눈앞의 현재에 빠져 살지만, 현존재는 자신이 죽는다는 사실을 앞당겨 생각하면서 자신이 어떻게 살지 고뇌할 수 있다. 이 경우 현존재는 허망한 세간적인 가치들에 빠져 있던 자신의 삶을 반성하고 그러한 세간적인 가치들에 대한 집착에서 벗어날 수 있다. 이때 현존재에게 현재는 모든 존재자가 자신의 고유한 존재를 경이롭게 드러내는 충만한 순간(Augenblick)으로 나타난다. 하이데거는 이러한 시간성을 '본래적인 시간성'이라고 부른다.

이에 반해 비본래적인 시간성에서 현존재는 죽음을 망각하는 방식으로 죽음에서 도피한다. 그리고 세간적인 가치들에 빠져서 이러한 세간적인 가치들을 중심으로 자신의 과거와 미래 그리고 현재를 생각한다. 과거에 세간적인 가치들을 구현하는 데 실패했다면 그는 그러한 자기를 부끄러워한다. 그리고 세간적인 가치들을 성공적으로 구현한 자기를 미래의 이상적인 자기로 생각하면서 현재의 시점에서는 그러한 자기를 구현하기 위해 노력한다.

『존재와 시간』에서, 즉 초기 하이데거에서 현존재 분석은 시간성에 대한 분석으로 마무리된다. 그렇다면 동물에 대한 분석도 동물의 존재방식이 갖는 시간적인 성격에 대한 분석을 통해 완결될 것이다. 무엇보다도 죽음에 대해 동물이 맺는 관계를 분석해야 한다. 하이데거는 인간은 자신의 죽음을 앞당겨 생각할 수 있다는 점에서 오직 인간만이 죽을(sterben) 수 있다고 말한다.[35] 동물은 충동에 내몰리면서 충동이 향하는 눈앞의 대상에 빠져 있기 때문에 죽음을 미리 앞당겨 생각하지 못한다. 따라서 동물은 죽을 수는 없고, 사멸할(verenden) 수 있을 뿐이다.

---

35 하이데거 전집 29/30권 *Die Grundbegriffe der Metaphysik. Welt - Endlichkeit - Einsamkeit*, 386쪽 참조.

하이데거는 『형이상학의 근본개념들』에서 이 문제를 더 이상 다루지 않는다. 이와 관련하여 하이데거는 '동물의 존재방식을 시간이라는 지평으로부터 해석하는 과제'는 차후로 남겨 두겠다고 말한다.

5. 하이데거 사상은 인간중심주의에 빠져 있는가?

'돌에게는 세계가 존재하지 않고, 동물은 세계를 결여하며, 인간은 세계를 형성한다'는 하이데거의 명제에 대해서는 데리다를 비롯한 많은 사람이 비판을 제기했다. 이들에 따르면, 하이데거의 명제는 돌과 동물 그리고 인간 사이에 위계를 상정하는 인간중심주의에 빠져 있다. 그러나 이러한 비판은 그 명제에서 우리가 즉각적으로 받기 쉬운 인상을 토대로 한 피상적인 것에 불과하다. 하이데거의 명제는 무기물과 동물 그리고 인간 사이의 본질적 차이를 드러내고자 할 뿐 그것들 사이에 위계를 설정하기 위함은 아니다.

돌이 세계를 갖지 못한다는 말은 돌은 다른 존재자에 스스로 접촉하면서 그것에 대해 어떤 느낌이나 인식을 가질 수 없다는 것을 의미한다. 돌이 갖는 이러한 성격은 하나의 결함이 아니라 돌이 갖는 독자적인 존재방식을 가리킨다. 인간은 큰 고통에 사로잡힐 때면 돌처럼 아무런 감각도 걱정도 근심도 없이 존재하고 싶다는 생각을 할 수 있다. 그러나 돌이 갖는 철저하게 무감각한 존재방식은 인간이 도저히 흉내 낼 수 없다. 또한 앞에서도 이미 언급한 것처럼 하이데거는 동물의 존재방식이야말로 우리가 도저히 이해할 수 없는 수수께끼와 같다고 본다. 하이데거는 동물은 인간과 가장 유사하면서도 인간과 동물 사이에는 서로 넘어설 수 없는 심연이 존재한다고 말하는 것이다.

동물과 인간의 우열을 따지는 일은 항상 어떤 관점에서 이루어질 수밖에 없다. 사물들이 움직이는 객관적인 법칙을 파악하여 사물을 지배하는 능력 면에서는 인간이 분명히 동물보다는 우월할 것이다. 그러나 맨몸으로 시궁창에서 살아가는 능력 면에서는 인간은 아무리 해도 지렁이를 따라갈 수 없다. 전체적인 생존 능력 면에서도 인간이 과연 동물보다 우월한지 의문이다. 핵전쟁으로 인류 전체가 사라져도 바퀴벌레나 개미, 박테리아나 바이러스 같은 것들은 살아남을 가능성이 높다. 인간이 동물보다 더 우월하더라도 어떤 특정한 면에서 우월할 뿐이고, 모든 면에서 우월하지는 않다.

존재자들 사이의 우월성 여부를 따지는 것은 무엇을 비교 기준으로 삼느냐에 따라서 얼마든지 달라질 수 있는, 유치하기 짝이 없는 논의에 불과하다. 그렇다고 해서 인간과 인간 이외의 존재자들 사이의 동등함을 강조하기 위해서 그것들 사이의 차이를 무시하는 것도 사태 자체에 눈을 감는 것이다.

실로 전통 형이상학은 인간이 동물과 달리 이성을 더 갖는다고 보면서 인간을 동물보다 우월한 존재로 보는 인간중심주의에 빠져 있다. 그러나 하이데거는 인간을 동물적인 측면과 이성적인 측면으로 분리시키는 입장은 결국 인간마저도 기술적인 지배대상으로 보는 인간 비하적인 결과를 낳았다고 본다.

근대 철학을 정초하면서 근대라는 시대를 연 데카르트(René Descartes)는 인간을 이성적 측면과 동물적인 측면으로 나누면서 동물적인 측면을 계산 가능하고 기술적으로 지배 가능한 것으로 본다. 그런데 이 경우 전체로서의 인간 자신도 종내에는 기술적으로 지배 가능한 존재로 전락하게 된다. 인간은 동물적인 측면과 정신적인 측면이 서로 분리될 수 없는 전체를 이룬다. 따라서 동물적인 측면에 대한 통제는 인간 전체에 대한 통제가 될 수밖에 없다. 이런 의미에서 전통 형이상학의 인간중심주의는 현대 기술문명에 이르러 인간 자신마저도 계산 가능하고 변환 가능한 에너지로 보는 철저한 자기비하로 귀착되고 만다.

인간중심주의적으로 사유하는 현대의 휴머니즘은 인간을 인간 이외의 모든 존재자에 대한 지배자(Machthaber)로 여긴다. 이러한 휴머니즘을 하이데거가 비판하는 것은 그것이 인간의 인간성(Humanitas)을 아직 충분히 높이 평가하고 있지 않을 뿐 아니라 인간을 비하하는 것으로 귀착하기 때문이다.

하이데거 사상을 인간중심주의로 보는 견해에 대한 이상의 반론에도 불구하고, 사람들은 여전히 하이데거는 인간만이 존재이해를 갖는다고 보면서 인간을 은연중에 다른 모든 존재자에 비해 우월한 존재로 본다고 말할지 모른다. 하이데거는 인간만이 존재 이해를 갖는 것으로 보면서 다른 모든 존재자의 존재를 존중하고 수호할 책임을 갖는 것으로 보지만, 다른 모든 존재자에 대한 존중과 책임을 말한다는 그 이유 때문에 인간중심주의에 사로잡혀 있다는 것이다.

그러나 인간만이 존재이해를 갖는다는 주장은 인간만이 갖는 독특한 존재방식을 가리킬 뿐 동물에 대한 인간의 우위를 함축하는 주장이라고 볼 수는 없다. 엄밀한 의미의 인간중심주의는 인간만이 존중해야 할 고유한 존재방식을 가지고 있는 반면에 다른 존재자들은 단순히 인간을 위한 수단적인 의미밖에 갖지 않는다고 보는 사상적 입장이다. 하이데거는 이런 의미의 인간중심주의자가 아니다.

하이데거는 인간은 존재이해를 갖기 때문에 모든 존재자 중에서 가장 비참한 존재로 전락할 수도 있다고 생각한다. "모든 존재자 가운데서 유일하게 인간만이, 존재의 소리에 의해서 불려지는 것을 통해서 모든 놀라운 사실 중에서 가장 놀라운 것(Wunder), 즉 '존재자가 존재한다'는 사실을 경험한다"[36]는 것은 인간이 인간으로서 태어났기 때문에 떠맡지 않으면 안

---

36 Martin Heidegger, *Was ist Metaphysik?*, Vittori Klostermann, 2007, 46-47쪽.

되는 과제다.

그러나 그러한 경험은 우리가 구현해야 할 과제로서 주어지는 것이지 인간이 단순히 인간으로 태어났다는 이유로 단적으로 주어지는 것이 아니다. 오히려『존재와 시간』에 따르면 현존재는 대개 비본래적으로 실존하면서 그러한 경험을 구현하지 못한다. 따라서 인간만이 동물과 달리 자신의 존재에 대해 항상 근본적인 불만에 사로잡히며 그 결과 절망에 빠지고 자살할 수도 있다. 이러한 이유로 인간의 삶은 위대해지자면 한없이 위대해질 수도 있지만, 비참해지자면 한없이 비참해질 수도 있다.

인간이 존재이해를 갖는다는 사실로 인해 인간의 삶은 동물에 비해서 훨씬 위태로운 삶이 된다. 인간은 자신에게 부과된 과제, 즉 존재의 빛 속에서 '존재자가 존재한다'는 사실에 대한 경이를 경험하는 과제에 대개 실패한다. 자신의 고유한 존재를 실현하는 것이 동물에게서처럼 단적으로 주어지지 않고 과제로서 주어진다. 그러한 과제는 우리가 원한 것도 아니고 단순히 인간으로 태어났다는 이유 하나 때문에 인수해야 하는 것으로, 더 나아가 우리는 과제를 실현하는 데 실패하고 있다는 사실이 현존재의 유한성을 형성한다. 따라서 인간이 존재이해를 가진다는 사실은 자랑할 만한 큰 장점이 아니라 오히려 큰 짐(Last)을 지고 있음을 의미한다.

그럼에도 불구하고 사람들은 인간만이 존재이해를 갖는다고 말한다는 점에서 하이데거가 여전히 인간중심주의에 빠져 있다고 주장할지도 모르겠다. 더불어 사람들은 인간중심주의에서 벗어나 모든 존재자의 평등을 주장하는 사상으로서 불교를 꼽을지 모른다. 그러나 불교도 모든 존재자는 불성을 가지고 있지만, 불성을 자각할 수 있는 존재는 오직 인간뿐이라고 주장한다. 이는 하이데거가 모든 존재자가 '존재하는' 것으로서 존재 자체의 현현이지만, 존재 자체를 이해하는 것은 인간뿐이라고 말한 것과 마찬가지다. 동물과 인간 사이에 존재하는 이러한 차이를 인정하지 않을 경우, 모든 존재자는 동일해지고 세계는 다양성을 상실할 것이다.

IV

불안과 본래적 실존

초기 하이데거의 불안 개념

하이데거의 불안 분석은 얼마나 사태 자체를 드러내는가?*

1. 하이데거가 말하는 불안을 어떻게 볼 것인가?

하이데거에 대한 그동안의 연구들은 하이데거가 말하는 불안을 종종 무상감이나 허무감과 동일한 것으로 해석해 왔다. 예를 들어 김형효는 하이데거가 말하는 불안이 불교에서 말하는 무상감과 유사하거나 본질적으로 동일하다고 본다. 김형효는 이렇게 말한다.

> 과문한 탓인지 모르겠으나 하이데거의 불안이 곧 불교에서 말하는 무상감과 유사하다고 본 동서양의 논문이나 저적을 나는 발견하지 못했다. 단지 키르케고르의 신 앞에 홀로 선 실존의 불안 개념과 비교하는 경우가 있을 뿐, 하이데거의 불안 개념이 곧 초기 불교 사상의 의미에서 이 세상에 대한 무상감과 상호 교환이 가능하다는 것이 그동안 거의 지적되지 못했던 것으로 보인다.[1]

* 「초기 하이데거의 불안 개념에 대한 비판적 고찰: 하이데거의 불안 분석은 얼마나 사태 자체를 드러내는가?」(『신학과 사상』 62호, 2008년 12월)를 수정하였음.

1 김형효, 『하이데거와 마음의 철학』, 청계, 2000, 201쪽.

초기 하이데거가 말하는 불안을 무상감이나 허무감과 동일시하는 것은 무리가 아니다. 초기 하이데거의 불안 개념에는 무상감이나 허무감과 동일시할 수 있는 측면이 분명히 존재한다. 그러나 나는 초기 하이데거의 불안 개념에는 이를 넘어서는 측면이 존재한다고 생각한다. 하이데거의 대표적인 『존재와 시간』에서 불안은 단순히 우리를 허무감과 무상감에 빠뜨리는 것을 넘어 우리를 세계로부터 해방시켜 단독자화하면서 우리에게 그동안 은폐되어 있던 본래적인 실존 가능성을 개시하는 동시에 우리의 본래적인 실존까지도 규정하는 기분으로 간주된다.

하이데거는 본래적인 실존을 결단성(Entschlossenheit)으로 파악하며, 결단성을 "침묵 속에서 불안을 인수하면서 가장 독자적인 책임 있음을 향해 자신을 기투하는 것(das verschwiegene, angstbereite Sichentwerfen auf das eigenste Schuldigsein)"[2]이라고 규정한다. 즉 하이데거는 결단성에서 불안이 사라지는 게 아니라, 오히려 결단성에서 현존재는 불안을 인수하며 불안에서 개시되는 현존재의 본래적인 존재 가능성으로 기투한다고 본다. 그리고 하이데거는 결단성과 관련해 다음과 같이 말한다.

> [현존재를] 단독화된 존재 가능성 앞에 직면하게 하는 냉철한 불안에는 이러한 가능성에 마련되어 있는 기쁨이 수반된다. 이러한 기쁨 속에서 현존재는 분망한 호기심이 일차적으로 세간사로부터 조달해 주는 향락의 '우연성들'로부터 해방된다.[3]

우리가 불안을 무상감이나 허무감과 동일시하면 본래적인 실존에서는 불안이 극복되고 사라진다고 보아야 한다. 그러나 하이데거는 불안이

2 Martin Heidegger, *Sein und Zeit*, 296쪽 이하.

3 Martin Heidegger, *Sein und Zeit*, 310쪽.

본래적인 실존을 여전히 규정한다면서 그것이 기쁨이라는 기분과 함께 나타난다고 했다.

이러한 점에서 우리는 초기 하이데거의 불안 개념이 무상감이나 허무감을 넘어서 그 이상의 의미를 갖는다는 것을 확인할 수 있다. 내 생각에 하이데거는 불안에 대해 분석하면서 무상감과 허무감에 초점을 두기보다는 불안이 일상적 삶의 비본래성을 드러내는 동시에 본래적인 가능성을 개시하고 우리를 그것에 직면하게 한다는 점에 초점을 둔다.[4]

물론 이 경우 하이데거가 불안을 너무 포괄적인 의미로 사용하는 것은 아닌지 의문을 제기할 수도 있다. 불안은 '우리들의 가슴을 조여 오는 것'이라는 문자 그대로의 의미처럼 부정적인 뉘앙스가 강한 개념이라고 여겨지기 때문이다.[5] 이에 불안 개념을, 비본래적인 세계가 붕괴되면서 우리가 경험하게 되는 의미 상실이라는 의미를 넘어 본래적인 가능성이 개시되는 의미로 사용하는 것은 그 뜻을 지나치게 확장시킨 게 아닌지 의구심이 든다.

우리 자신의 경험에 비추어 보아도 일상 세계가 붕괴되는 것과 동시에 본래적인 실존 가능성이 우리에게 개시되지는 않는다. 자신의 삶에 대해 허망함을 느끼면서 자신이 아무런 의미도 목표도 없이 이 세계에 내던져 있다고 느껴본 적이 있을 것이다. 허무감은 강하게든 약하게든 누구나

---

4 따라서 우리는 김형효처럼 불안을 이해하는 데 있어서 무상감이나 허무감에 중점을 두어서는 안 된다. 실로 김형효도 불안에 대한 하이데거의 분석을 고찰하면서 불안이 현존재에게 본래적인 실존 가능성을 개시하는 기분이라고도 말한다. 김형효, 『하이데거와 마음의 철학』, 200쪽 참조. 그러나 만약 불안이 이와 같다면 그것을 무상감이나 허무감과 단적으로 동일시해서는 안 된다.

5 불안을 가리키는 독일어 Angst나 영어 anxiety, 그리고 불어 angoisse는 어원적으로 불안을 기분에 수반되는 생리적인 현상과 관련시킨다. 특히 목이 졸리는 것처럼 숨을 쉬기 어렵거나 심장이 조여 오는 듯한 느낌을 가리킨다. Joachim Ritter(hrsg), *Historisches Wörterbuch der Philosophie*, Band 1, Schwabe, 1971, 310쪽 참조.

느낄 수 있다. 그러나 허무감을 넘어 우리의 본래적인 실존 가능성이 우리에게 개시되는 경우는 매우 드물다. 오히려 많은 경우 우리는 허무감에 빠져 버리거나, 허무감에 사로잡힐 때 직면하는 황량한 세계의 모습에 질려서 다시 일상 세계가 제공하는 친숙한 아늑함으로 도피하고 만다.

이 글의 목표는 일차적으로 하이데거가 『존재와 시간』에서 행한 불안 분석을 살펴본 후 그것이 우리 대부분이 경험하는 불안에 얼마나 부합하는지 비판적으로 검토하는 것이다. 이에 이 글은 크게 두 부분으로 나뉜다. 첫째, 하이데거의 불안은 김형효의 경우에서 봤듯이 사람들이 보통 동일시하기 쉬운 허무감 이상임을 보여줄 것이다. 둘째, 불안에 대한 하이데거의 분석과 비본래적인 실존에서 본래적인 실존으로 도약하는 과정에 대한 하이데거의 분석이 얼마나 사태에 부합하는지를 비판적으로 검토할 것이다. 이 작업은 불안과 비본래적인 실존에서 본래적인 실존으로의 이행 과정을 내 나름대로 분석하는 것과 함께 행해진다. 나의 이러한 비판적 검토는 하이데거의 불안 분석에 대한 하나의 도발적인 문제 제기다.

2. 세상 사람으로서의 현존재

불안은 일차적으로 현존재가 자신의 비본래적인 일상에 대해 느끼는 근본적인 불만이다. 근본적인 불만은 자신의 비본래적인 삶을 무의미한 것으로 느끼는 방식으로 나타난다. 여기서 우리가 주목할 점은 불안에서 우리가 경험하는 삶의 무의미함은 삶 자체가 아니라 비본래적인 삶의 무의미함을 가리킨다는 것이다. 불안은 일차적으로 비본래적인 삶의 자명성이 붕괴되는 사건이기에, 불안에서 일어나는 사건의 성격을 분명히 파악하기 위해서는 우선 비본래적 삶이 어떠한 성격을 갖는지 분명히 할 필요가 있다.

하이데거에게 자주 가해지는 비판 중 하나는 하이데거가 현존재를 타인들로부터 고립된 자아로 간주한다는 것이다.[6] 이러한 비판은 '현존재가 불안을 인수하고 죽음으로 선구하며 단독자가 됨으로써 자신의 본래적 자아를 발견하게 된다'는 하이데거의 말을 염두에 둔 것이라 생각한다. 그러나 『존재와 시간』에서 하이데거의 현존재 분석 출발점은, 데카르트나 후설처럼 각 개인의 의식이 아니라 사회적 존재로서의 현존재다. 다시 말해 현존재는 자신이 살고 있는 사회와 전통에 의해 강력하게 규정되는 존재다. 아울러 하이데거는 『존재와 시간』에서 현존재 분석을 세계에 대한 분석에서 시작하는데 이때 세계는 일차적으로 전통과 사회의 지배 아래 있는 현존재가 사는 주변세계(Umwelt)다.

하이데거는 인간이 일차적으로 익명의 전통과 사회의 지배 아래 존재한다면서 이렇게 살아가는 자기(Selbst)를 세상 사람이라고 부른다.[7] 사람들은 보통 자신의 결단과 책임 아래 삶을 꾸려 간다고 생각하지만 사실은 익명의 세상 사람이 각 개인의 삶의 주체이고 자기라는 것이다. 다시 말해 세상 사람은 전통과 사회의 지배 아래서 자신들이 추구하는 가치가 과연 참된 것인지 진지하게 사유하지 않는 인간들을 가리킨다.

하이데거는 세상 사람으로서 현존재가 살아가는 세계는 현존재의 세간적인 이해 관심이나 그때마다 사회가 추구하는 가치를 궁극 목적으로 삼아 모든 존재자가 목적과 수단의 관계로 결합되어 있는 곳이라고 본다. 이러한 세계에서 못은 옷을 걸기 위한 것, 망치는 못을 박기 위한 것, 강은 배를 띄우기 위한 것, 산은 광석을 파기 위한 것이라는 식으로 모든 존재자가 각자 지닌 용도(Bewandtnis)라는 면에서 서로 연관되어 있다. 하이데거는 이러한 세계를 용도 전체성(Bewandtnisganzheit)이라고 부른다. 이러

---

6 이러한 비판은 특히 하버마스에게서 볼 수 있다. Jürgen Habermas, "Heidegger: Werk und Weltanschauung", in: Victor Farías, *Heidegger und der Nationalsozialismus*, 17쪽 참조.

7 Martin Heidegger, *Sein und Zeit*, 126쪽 참조.

한 용도 전체성으로서의 세계에서는 어떤 것이 의미 있고 어떤 것이 무의미한지를 사람들의 세간적인 이해 관심이 결정한다. 즉 사람들의 세간적인 이해 관심을 충족시키는 데 쓸모 있는 사물과 행위는 의미가 있는 것으로, 그렇지 않으면 무의미한 것으로 간주된다.

이러한 주변 세계에서 사람들은 각각의 고유한 현존재가 아닌 그들이 종사하는 일의 수행자나 세간적인 가치들의 구현자로 나타난다. 즉 사람들은 기술자라든가 교수라든가, 아니면 부자라든가 가난한 자 등으로서 나타난다. 또한 각 현존재는 어느 누구에 의해서도 대체될 수 없고 다른 누구와도 비교할 수 없는 고유한 현존재가 아닌 언제든 대체될 수 있는, 특정한 사회적 기능의 수행자나 다른 사람들과 항상 비교당하며 가치가 매겨지는 존재로 나타난다.

당연히 이러한 세계에서 현존재는 자신을 다른 사람들과 끊임없이 비교하면서 우월을 따지는 비교의식에 사로잡힐 수밖에 없다. 즉 현존재는 자신이 행하는 사회적인 기능을 타인과 비교해 잘함과 못함으로, 부나 명예, 도덕성, 종교적인 헌신도와 같은 사회적 가치의 소유를 많음과 적음으로 비교하며 그 격차를 의식한다. 사람들은 분명히 자각하지는 않을 수 있지만 항상 격차에 대한 우려(Sorge)에 사로잡혀 다른 사람들보다 우위에 서려고 한다. 하이데거는 이렇게 일상에서 사람들이 서로는 관계의 성격을 격차성(Abständigkeit)이라고 칭한다.[8]

격차성이 지배하는 곳에서는 인간관계가 부지불식간에 경쟁적이 될 뿐 아니라 자신을 타인들로부터 고립된 존재로 여기게 된다. 더불어 항상 자신의 지위를 안정적으로 확보하고 자신을 남보다 앞서가도록 보이게 하는 데 삶의 모든 에너지를 쏟게 된다. 우리는 이러한 삶을 '편협한 자기중

---

8 Martin Heidegger, *Sein und Zeit*, 126쪽 참조.

심적인' 삶이라고 부를 수 있을 것이다.

하이데거는 격차성이 지배하는 삶에서 현존재는 삶의 주체가 아니라 익명의 타인들에 예속된 존재라고 말한다. 이 경우 타인들은 어떤 특정한 타인이 아니라 익명의 세상 사람이다. 대중교통을 이용하고 신문 등을 볼 때, 우리는 익명의 타인들 속으로 용해되고 부지불식간에 타인들의 견해를 자신의 견해로 받아들인다. 이 과정에서 세상 사람은 눈에 띄지 않게 자신의 본래적 독재권을 행사한다.

> 우리는 세상 사람이 즐기듯이 즐기고 만족스러워 하며, 세상 사람이 보고 비평하듯이 문학과 예술에 관해 우리도 읽고 보며 비평한다. 세상 사람이 세상을 피하듯 우리도 군중으로부터 몸을 도사리고, 세상 사람이 격분하듯이 우리도 격분한다. 세상 사람은 특정한 사람이 아니며, 총계라는 의미에서가 아닌 모든 사람이다. 이 세상 사람이 일상성의 존재 양식을 지배한다.[9]

그런데 우리가 일차적으로 세상 사람의 세계에 빠져 있다면 우리는 어떻게 세상 사람의 지배로부터 벗어나 자신들의 본래적인 가능성을 구현할 수 있는가? 그 이전에 우리는 어떻게 우리가 지금 비본래적으로 살고 있다는 것을 알 수 있는가? 하이데거는 우리가 비본래적인 삶에 빠져 있는 한, 단순히 삶에 대한 의식적인 반성을 통해서는 그것을 깨달을 수 없다고 본다. 이미 우리 자신에 대한 내면적인 반성을 포함해 우리의 일상적인 사고 전반이 비본래적인 삶에 의해 규정되고 있기 때문이다.

또한 본래적인 삶을 살고 있는 어떤 사람이 당신이 비본래적인 삶을

9 Martin Heidegger, *Sein und Zeit*, 126쪽 이하.

살고 있다는 사실을 알려 줄 수도 없다. 우리가 비본래적인 삶을 사는 한, 우리는 본래적인 삶을 사는 사람을 현실을 모르는 인간이나 정신 나간 인간으로 치부할 가능성이 많다. 예를 들어 왕자로서의 삶을 버리고 깨달음을 구하러 숲에 들어갔던 청년 부처는, 비본래적인 삶을 살고 있는 주변 사람들에게 정신 나간 사람으로 보였을 것이다.

따라서 비본래적인 삶을 살고 있다는 자각은, 비본래적인 삶에서 이루어지는 의식적인 반성이나 의지적인 결단을 넘어 비본래적인 삶 전체를 무너뜨리면서 우리를 엄습하는 어떤 사건에 의해 일어날 수밖에 없다. 하이데거는 우리가 비본래적으로 살고 있다는 사실은, 일상에서 우리를 엄습하곤 하는 공허감과 의미 상실로 드러난다고 본다. 다시 말해 우리는 우리가 제대로 살고 있는지 아닌지, 즉 우리의 삶이 본래적인 것인지 아닌지를 의식적인 반성이나 외적인 기준에 의해서가 아닌 일상에 몰두하는 와중에 우리를 불현듯 사로잡는 불안이라는 근본기분을 통해 알게 된다는 것이다.

3. 불안에 대한 하이데거의 분석

우리가 비본래적으로 살고 있을 경우 본래적인 실존의 삶은 우리에게 은폐되어 있다. 하이데거는 이러한 은폐성이 개시성의 결여태일 뿐이라고 말한다.[10] 은폐되어 있다고 해서 본래성이 우리에게 완전히 제거된 것은 아니라는 의미이다. 비본래성은 어디까지나 본래적인 실존 가능성으로부터 도피한 것이다. 그리고 우리가 본래적인 실존 가능성으로부터 도피한

10 Martin Heidegger, *Sein und Zeit*, 184쪽 참조.

다는 사실은 본래적인 실존 가능성이 우리에게 이미 개시되어 있다는 사실을 암시한다.

하이데거는 이와 관련하여 현존재가 본래의 자신과 직면해 자신에게서 도피할 때, 본래의 자신은 도피하는 현존재 뒤에 따라붙는다고 본다.[11] 본래의 자신은 우리가 일상에서 집착하는 존재자들의 무의미성을 드러내는 방식으로, 그리고 존재자들이 우리 자신의 본래적인 가능성이 아님을 드러내는 방식으로 항상 자신을 개시한다. 다만 우리가 그러한 자신은 보지 않으려고 하면서 일상적인 존재자들에 더욱더 강하게 집착할 뿐이다.

일상 세계에서 우리는 어떤 것에 두려움을 느끼고 그것에서 도피한다. 두려워하는 대상은 어떤 특정한 방역(方域, Gegend)에서 우리에게 가까이 다가온다. 그것은 유해하지만 나타나지 않을 수도 있는 세계 내부적 존재자이다.[12] 예를 들어 우리는 본능적으로 뱀을 두려워하는데, 뱀은 숲이라는 특정한 방역에서 보통 나타난다. 따라서 우리는 뱀이 자주 출몰하는 숲 근처에 가면 두려움에 사로잡힌다.

이에 반해 비본래적인 삶을 사는 현존재는 본래의 자신에게서 등을 돌리며 도망치려고 한다. 이때 도망치게 하는 대상은 두려움의 대상과 마찬가지로 위협적임에 틀림없다. 그러나 비본래적 실존이 도피하는 그것은 두려움의 대상처럼 특정한 방역에서 우리에게 다가오지 않는다. 그것은 현존재 자신이다. 비본래적 실존은 본래의 자신으로부터 도피해 세계 내부의 존재자에 몰두하고 그것에 의지하려는 것이다.

그런데 비본래적 실존이 도피하는 현존재 자신이란 무엇인가? 그리고 비본래적인 실존은 현존재의 무엇이 두려워서 도피하는가? 우리가 불안을 느끼는 대상은 우리를 위협하는 성격을 갖지만, 우리가 불안해하는 대

11 Martin Heidegger, *Sein und Zeit*, 185쪽 참조.

12 Martin Heidegger, *Sein und Zeit*, 140쪽 이하 참조.

상과 그 이유에 있어서는 두려움을 느끼는 대상과 그 이유와는 달리 분명하지가 않다. 이러한 무규정성은 불안에서 우리를 위협하는 것이 일상 세계 내부의 존재자인지를 규정할 수 없음을 의미하지 않는다. 우리가 불안해하는 대상은 어떤 일상 세계 내부의 존재자가 아니라, 모든 일상 세계 내부의 존재자들이 무의미한 것으로 드러나면서 우리가 직면하게 되는 무의미의 심연이기 때문이다.

불안이라는 기분에서는 일상 세계 내부의 존재자들이 의미를 부여받는 용도 전체성으로서의 세계 자체가 무의미한 것으로 드러나면서 모든 일상 세계 내부의 존재자들도 무의미한 것으로 드러난다. 이에 그것들이 잘못된다고 해도 현존재는 두려워하지 않는다. 예를 들어 우리는 보통 대학시험에 떨어지는 것을 두려워하지만, 내가 대학시험에 붙는 것에 의미를 두지 않는 한 그것을 두려워할 필요는 없다. 세상 사람으로서의 현존재가 유해한 것으로 지목하는 세계 내부의 존재자들은 사실 불안에 의해 엄습된 현존재에게 전혀 위협적이지 않다. 이런 의미에서 하이데거는 불안에 엄습된 현존재에게는 어떤 평정이 지배한다고 말한다.

또한 불안에서 우리를 위협하는 것은 특정한 방역에서 다가오지 않는다. 우리를 위협하는 것은 특정한 어떤 것도, 특정한 어떤 곳에 있는 것도 아닌 것이다.[13] 그렇다고 이것이 아무것도 아닌 '공허한 무'를 의미하는 것은 아니다. 오히려 우리가 불안해하는 것이 모든 곳에 있음을 의미한다. 그것은 어디를 둘러보아도 존재하는 '무의미의 심연'으로 우리의 가슴을 압박하면서 조여 들어온다.

하이데거는 우리가 불안해하는 대상이 세계 내부의 특정한 대상도 아니고 특정한 방역에서 다가오는 것도 아니라는 점은 그것이 '세계 자체'

---

13 Martin Heidegger, *Sein und Zeit*, 186쪽 참조.

를 의미한다고 말한다. 불안에서 모든 일상 세계 내부의 존재자들은 의미를 상실하기에, 세계가 그 세계성에서 유일하게 부각되어 온다는 것이다. 일상 세계의 용도 전체성이 붕괴되면서 세계 그 자체가 드러난다는 것이다.[14] 불안은 근원적이고 직접적으로 세계를 세계로서 개시한다. 물론 이것은 세계의 세계성이 불안에서 개념적으로 파악된다는 것을 의미하지는 않는다. 불안에서 세계는 무로서 우리를 압박해 오면서 자신을 드러낼 뿐이다.

그렇다면 이 경우 세계는 무엇인가? 우리를 숨을 못 쉴 정도로 답답하게 하면서 압박해 오는 세계 자체는 무엇인가? 하이데거는 『존재와 시간』에서는 이에 관해 자세히 이야기하고 있지 않다. 그는 다만 이러한 세계를 '무'라고 말하고 있을 뿐이다. 무는 아무것도 아니라는 의미에서의 공허한 무가 아니라, 그 어떠한 세계 내부의 존재자도 아니라는 의미에서의 무이다.

이렇게 불안에 엄습되는 사건은 일상 세계의 용도 전체성이 붕괴되면서 우리가 의지했던 모든 존재자가 의미를 상실하는 일이다. 동시에 그것은 우리가 추구했던 세간적인 가치들 내지 세간적인 실존 가능성 역시 모두 무의미한 것으로 노정되는 일이기도 하다. 따라서 우리가 불안에서 직면하는 섬뜩한 세계 앞에서 불안해하는 이유는 그것이 우리가 집착했던 어떤 세간적인 가치를 구현하는 것을 방해하기 때문이 아니다. 세간적인 가치들이 무의미한 것으로 드러나면서 붕괴하기 때문이다.

이상의 서술로 미루어 보면 불안은 극히 어둡고 부정적인 기분으로 나타난다. 그러나 하이데거는 불안에서 세계 그 자체가 자신을 개현하고 이 경우 세계는 공허한 무가 아니라면서 긍정적인 여운을 남겨둔다. 특히 하이데거는 불안에서 '현존재의 가장 독자적인 존재 가능성이 개시되고

---

14 Martin Heidegger, *Sein und Zeit*, 187쪽 참조.

있다'며 이와 함께 현존재는 '자기 선택과 자기 포착의 자유를 향해 열려 있다(Freisein für die Freiheit des Sichselbstwählens und-ergreifens)'는 사실이 개시된다고 말한다.

불안은 현존재를 세상 사람에 의해 지배되던 상태에서 벗어나게 하면서 단독적인 자기(solus ipse)로서 개시한다. 그렇다고 이러한 실존론적 유아론(唯我論)이 각각의 현존재를 세계와 타인으로부터 고립시키면서 무세계적(無世界的)인 공허함으로 떨어뜨리는 것은 아니다. 도리어 그것은 현존재를 세계로서의 세계 자체에 직면케 하는 동시에 본래적인 세계-내-존재로서의 자신에 직면하게 한다.[15] 이렇게 볼 때 하이데거에게 불안은 단순한 허무감을 넘어 세계가 세계 자체로서 그리고 현존재의 본래적인 가능성이 그 자체로서 개시되는 기분이다.

이제 비본래적인 실존에서 일어나는 현존재의 퇴락이 갖는 도피적 성격이 분명해진다. 그것은 불안에서 개시되는 세계의 섬뜩함으로부터의 도피인 동시에 세상 사람의 일상적이고 친숙한 세계로의 도피이다. 그러나 세계의 섬뜩함은 퇴락해 있는 현존재에 눈에 띄지 않게 끊임없이 따라붙으면서, 현존재가 세상 사람의 세계 속으로 자신을 상실하는 것을 위협한다. 불안은 퇴락해 있는 현존재에 끊임없이 따라붙기 때문에 때와 장소를 가리지 않고 언제든 그리고 어느 곳에서든 현존재를 엄습할 수 있다.[16] 그

---

15 Martin Heidegger, *Sein und Zeit*, 187쪽 이하 참조.

16 Martin Heidegger, *Sein und Zeit*, 189쪽 참조. 이와 관련하여 우리는 마이클 인우드(Michel Inwood)의 견해처럼, 하이데거에게서 불안이 두 가지 방식으로 나타난다고 말할 수 있다. 불안은 우선 대개는 세상 사람으로서의 자아에게 끊임없이 따라붙으면서도 이러한 자아에게 분명하게 나타나지 않는다. 이러한 불안으로부터 우리는 끊임없이 친숙한 일상 세계 속으로 도망한다. 즉 불안은 보통 은폐된 형태로 우리를 위협하면서 세상 사람의 친숙한 아늑한 세계에 집착하게 하는 방식으로 나타난다. 그러나 불안은 가끔 세상 사람으로서의 자아를 갑자기 강력하게 엄습하면서 일상 세계에 빠져 있는 상태로부터 잡아채는 동시에 섬뜩한 세계의 무 앞에 직면하게 한다. Michel Inwood, *A Heidegger Dictionary*, Wiley-Blackwell, 1999, 17쪽 참조.

것은 심지어 우리가 가장 재미있는 오락에 빠져 있는 순간에도 우리를 엄습할 수 있다.

그런데 불안에서 개시되는 섬뜩한 세계야말로 퇴락한 현존재가 도피하는 것이므로 오히려 세계의 근원적인 실상에 가까운 것이다. 오히려 퇴락한 현존재가 의지하는 편안하고 친숙한 일상 세계는 섬뜩한 세계에 인위적인 덧칠을 한 것이라고 할 수 있다.

불안이 언제나 현존재를 잠재적(latent)으로 규정하고 있기 때문에, 현존재는 일상 세계에 몰입하면서 세계 내부의 어떤 존재자들에 대해 두려워할 수도 있다.[17] 우리가 불안 속에서 위협적인 것으로 느끼면서 그 앞에서 불안해하는 것은 세간적인 가치를 허망한 것으로 드러내면서 붕괴시키는 섬뜩한 세계다. 우리는 이러한 적나라한 세계에 직면하기를 두려워한다. 따라서 우리는 세계 내부의 존재자들에게 우리를 구원할 수 있는 허구적인 의미를 부여하면서 그것들에 집착한다.

우리는 허구적인 신을 만들어서 이 신이 우리의 생성 소멸하는 삶에 공고한 안정성과 의미를 주리라 기대하거나, 명예나 부 혹은 자신의 확고한 도덕성이 삶에 안정과 의미를 제공하리라 생각한다. 이와 함께 세상 사람으로서의 현존재는 세계 자체가 갖는 섬뜩함을 세간적인 가치들의 구현을 방해하는 세계 내부의 존재자들이 갖는 유해한 성격으로 해석한다. 그리고 그러한 유해성을 가능한 한 제거함으로써 자신의 세계를 안정되고 공고한 것으로 만들려고 한다.

이런 의미에서 두려움은 일상 세계에 퇴락해 있는 불안이다. 다만 두려움에는 이러한 사실이 은폐되어 있을 뿐이다. 그러나 우리는 불안에 엄습되면서 모든 것이 아무런 목표도 의미도 없이 나타났다가 사라지는 현

---

17 Martin Heidegger, *Sein und Zeit*, 189쪽 참조.

실 앞에 직면한다. 이전에 우리가 추구했던 가치들이 사실은 이러한 현실 앞에서 도피하기 위해 만들어낸 신기루였음을 깨닫는다.

4. 불안, 죽음, 양심

하이데거에게 불안이라는 현상은 죽음이라는 현상과 불가분리 관계이다. 실질적으로 불안은 죽음에 대한 것이라고 할 수 있다. 우리가 죽음을 죽음으로서 경험할 때는 죽음에 대한 두려움이 아닌 죽음에 대한 불안에 의해서다. 죽음에 대한 일상적인 두려움은 죽음을 단순히 두려운 사건으로 보면서 가능한 한 망각하고 도피하게 한다. 이에 반해 죽음에 대한 불안은 죽음을 현존재의 가장 독자적인 존재 가능성이 개시되는 사건으로 경험한다.

죽음은 그 어느 누구도 대신할 수 없는, 현존재가 지닌 가장 독자적 가능성이다. 따라서 우리가 죽음으로부터 도피하지 않고 죽음과 진지하게 대결할 때, 죽음은 우리에게 현존재의 가장 독자적 존재 가능성을 개시한다. 죽음에서 개시되는 자신의 가장 독자적인 존재 가능성을 선택하는 것을 하이데거는 죽음으로의 선구(先驅)라고 부른다.[18] 죽음으로 선구하면서 현존재는 자신의 존재 자체에서 발원(發源)하는 부단한 위협에 자신을 연다. 이 부단한 위협은 불안에 의해서 개시된다. 이렇게 볼 때 불안은 죽음으로의 선구를 가능하게 하는 기분이다.

하이데거는 죽음으로의 선구가 단순히 공허한 가능성이 아니라 모든 현존재 속에 잠재해 있는 실존적이고 현사실적인 가능성이라는 사실을 양심이라는 현상에 입각해 입증한다.[19] 현존재는 일상적으로 세상 사람 속에

---

18 Martin Heidegger, *Sein und Zeit*, 265쪽 참조.

19 Martin Heidegger, *Sein und Zeit*, 267쪽 이하 참조.

서 상실되어 있기에, 본래적인 자신을 찾아야 한다. 그런데 현존재가 자신을 찾기 위해서는, 자신의 가능한 본래성에서 자신이 개시되어 있어야만 한다. 하이데거는 본래적 자신을 개시하면서 우리를 부르는 소리를 양심이라고 칭한다.

양심은 현존재를 그의 가장 고유한 존재 가능성으로 불러낸다.[20] 이러한 부름은 물론 우리 자신에 의해 계획되지도 준비되지도 않으며 의도적으로 수행되지도 않는다. 이런 의미에서 하이데거는 우리 자신이 아니라 '그것'이 부른다고 말한다.[21]

양심의 소리는 불안에 의해 철저하게 기분 지어져 있는데 이것은 기분 지어진 소리가 현존재가 자신의 가장 고유한 존재 가능성을 선택하도록 현존재를 불러 세운다. 양심의 소리에서 '부르는 자'는 본래의 자신이며, '부름 받는 자'는 자신의 가장 고유한 존재 가능성을 향해 불러 세워지는 퇴락한 현존재이다.

양심의 부름은 어떠한 이상적 보편적 존재 가능성도 제시하지 않는다. 오히려 현존재를 단독화된 현존재로 개시한다. 이 경우 양심의 소리에 귀를 기울이려는 의지는 불안에서 열리는 섬뜩한 세계의 무로부터 도피하지 않고 그것과 함께 개시되는 본래적인 가능성으로 향하려는 것이다. 이런 의미에서 양심을 갖겠다는 의지는 불안에의 용의(Bereitschaft), 불안에의 용기(Mut)이다.[22]

그렇다면 불안 자체는 어떤 가능한 결단으로 이끌어갈 뿐, 본래적인 가능성 자체를 인수하는 결단 그 자체는 아니라고 할 수 있다.[23] 불안은 현존재를 허망한 가능성으로부터 해방시켜 본래적 가능성을 향해 자유롭게

---

20 Martin Heidegger, *Sein und Zeit*, 271쪽 참조.

21 Martin Heidegger, *Sein und Zeit*, 276쪽 참조.

22 Martin Heidegger, *Sein und Zeit*, 296쪽 참조.

23 Martin Heidegger, *Sein und Zeit*, 344쪽 참조.

한다. 이 자유는 우리가 불안에서 도피하지 않으면서 그것에서 개시되는 본래적인 가능성을 선택할 경우에만 온전하게 주어진다. 이때 현존재는 일상 세계에서는 불가능했던 평정(Gleichmut)과 기쁨을 경험하게 된다.[24]

5. 하이데거의 불안 개념이 갖는 다차원성

비본래적인 실존은 현존재가 세계 내부의 존재자들에 집착하면서 본래적인 자신의 존재 가능성으로부터 도피한다는 것이 본질적인 특징이다. 불안은 현존재를 집착으로부터 벗어나게 하면서 자신의 본래적인 존재 가능성에 직면하게 한다. 이렇게 볼 때 하이데거의 불안 개념을 김형효가 보는 것처럼 무상감이나 허무감과 동일시하는 것은 문제가 있다.

무상감이나 허무감은 현존재를 세계 내부의 존재자들에 대한 일상적인 집착으로부터 벗어나게 한다. 그렇지만 그것들은 현존재가 지향해야 할 본래적인 삶의 방향을 제시해 주지는 않는다. 반면 하이데거는 불안에서는 우리가 지향해 할 본래적인 실존 가능성도 개시된다고 본다.

특히 현존재의 본래적인 실존방식인 결단성에서는 불안을 향한 용기가 중요한 계기로 작용한다. 만약 불안을 단순히 무상감이나 허무감과 동일시할 경우에는, 하이데거가 말하는 불안을 향한 용기는 허무감 내지 무상감을 향한 용기라는 역설적인 결과가 빚어질 것이다. 하이데거의 불안을 향한 용기는, 일상적인 가능성에 대한 집착에서 벗어나 불안에서 개시되는 본래적인 실존 가능성을 인수하려는 용기로 해석해야 한다.

하이데거가 불안에 부여하는 다차원적인 의미는 「형이상학이란 무엇

24 Martin Heidegger, *Sein und Zeit*, 345쪽 참조.

인가?」에서 보다 분명하게 드러난다. 하이데거는 이 글에서 불안은 일상 세계의 용도 전체성이 붕괴되면서 현존재가 자신이 '있다'는 것과 아울러 존재자 전체가 '있다'는 기적(Wunder)를 경험하게 되는 기분이라고 말한다.

하이데거가 기적이라는 표현으로 시사하는 것처럼, '존재자가 있다'는 것(daß Seiendes ist)의 낯섦에 대한 경험을, 일상 세계가 붕괴된 후 모든 존재자가 자신의 유일무이한 충만함에서 자신의 존재를 드러내는 것으로 해석한다.[25] 즉 불안에 엄습되면서 일상 세계의 용도 전체성이 붕괴된 후 우리는 오히려 모든 존재자가 자신의 고유한 존재를 환히 드러내는 충만한 세계에 직면하게 된다는 것이다. 따라서 하이데거는 "불안에서 일어나는 무의 백야(白夜)(die helle Nacht des Nichts der Angst)"를 경험하지 않고서는 '존재자가 있다'는 것의 낯섦은 은폐된다고 본다.

후기 하이데거는 불안에서 개시되는 이러한 무를 존재로 해석한다. "무는 존재로서 현성한다(Dieses Nichts west als das Sein)"는 것이다.[26] 무란 존재망각 시대의 존재를 가리킨다. 사람들이 과학기술적으로 처리 가능한 존재자만 존재한다고 보면서 존재 자체를 망각할 경우, 존재자가 아닌 존재는 무로서 나타난다.

하이데거는 「형이상학이란 무엇인가?」에서 불안을 일상 세계가 의미를 상실하게 되는 기분으로 해석할 뿐 아니라 이러한 경험 후에 '존재자가 있다'는 단적인 사실에 경이를 느끼는 기분으로 해석한다. 그러나 나는 『존재와 시간』의 맥락에서 볼 때, '존재자가 있다는 사실'에 대한 경이를 느끼는 기분은 현존재가 불안을 인수하면서 개시되는 '본래적인 실존 가능성을 자신이 구현해야 할 삶의 가능성으로서 선택하는 결단에 의해 비로소' 주어지는 것이라고 생각한다. 다시 말해 하이데거가 『존재와 시간』

---

25 하이데거 전집 9권 *Wegmarken*, 307쪽 참조.

26 Martin Heidegger, *Sein und Zeit*, 306쪽 참조.

에서 본래적인 실존 가능성을 선택하는 결단과 함께 기쁨이 주어진다고 말했을 때[27] 그 기쁨이 무엇인지를 「형이상학이란 무엇인가?」에서 분명히 밝힌다고 보고 싶다. 여기서 기쁨은 모든 존재자가 자신의 고유한 존재를 드러내고 있다는 사실에 대한 경이와 함께 주어진다.

비본래적인 실존은 모든 존재자를 자신이 추구하는 세간적인 목적을 실현하기 위한 수단으로 삼는다. 따라서 비본래적인 실존은 존재자들이 자신의 목적을 실현하는 데 유용하게 잘 기능하면 쾌감을 느끼지만, 기능을 상실하면 그것들에 더 이상 흥미를 느끼지 못한다. 반면 본래적인 실존은 존재자들이 단적으로 있다는 사실 자체에서 경이와 동시에 기쁨을 느낀다.[28]

이와 같이 하이데거는 『존재와 시간』과 「형이상학이란 무엇인가?」에서 경이와 기쁨과 관련된 현상을 불안 아래 모두 포괄해서 분석한다. 하이데거는 불안에 허무감뿐 아니라 상당히 폭넓은 의미를 부여하는 것이다.[29]

---

27 Martin Heidegger, *Sein und Zeit*, 310쪽 참조.

28 이와 관련해 박찬국, 『하이데거와 윤리학』, 철학과현실사, 2002, 114쪽 참조.
"기쁨이 존재하는 모든 것의 독자성에 대한 감각일 경우, 우리는 우리가 접하는 모든 것에 대해서 그때마다 다른 기쁨을 느끼게 된다. 바하의 음악이 베토벤의 음악과는 다른 기쁨을 주는 것처럼, 어린애는 어른과는 다른 기쁨을 주고 식물은 동물과는 다른 기쁨을 준다. 이에 반해 쾌락은 다른 존재자들을 수단으로 하여 자신의 욕망을 충족시키는 것이 때문에, 그것은 그 대상을 수시로 바꾸더라도 항상 동일한 성격을 띠게 된다. 바로 이것이 쾌락이 지나치게 되면 곧 역겨운 것으로 변하게 되는 이유이다."

29 이와 관련해 깊은 권태와 불안에 대한 바바라 메르커의 구별은, 하이데거의 불안 개념이 경이와 기쁨을 포괄한다는 이 글의 분석을 뒷받침한다고 생각된다. 메르커는 하이데거 전집 29/30권, *Grundbegriffe der Metaphysik*에서 분석되는 깊은 권태는 시대 상황에 대한 진단에 속하는 반면 불안은 이미 치료에 속한다고 말한다. 즉 불안은 일상 세계의 의미 상실을 개현하는 동시에 의미 상실을 치료하기도 한다는 것이다. Barbara Merker, "Konversion statt Reflexion: Eine Grundfigur der Philosophie Martin Heideggers", in: Forum für Philosophie Bad Homburg(hrsg), *Martin Heidgger, Innen-und Außenßansichten*, Suhrkamp, 1989, 236쪽 참조.

6. 하이데거의 불안 개념에 대한 비판적인 검토

우리는 이상에서 하이데거의 불안 개념이 지닌 다차원적 함의를 그의 글들에 기반해 분명히 해보려고 했다. 여기서 우리는 불안과 비본래적인 실존에서 본래적인 실존으로 나아가는 과정에 대한 하이데거의 분석이 과연 우리가 경험하는 사태에 부합하는지 물을 수 있다.

특히 하이데거는 불안에서 일어나는 일상 세계의 의미 상실과 함께 우리에게 본래적인 실존 가능성이 개시되며 우리가 본래적인 실존 가능성을 받아들이기만 하면 우리에게 본래적인 실존이 주어진다는 식으로 이야기한다. 그런데 과연 그런가라는 물음을 제기할 수 있다. 대부분의 사람은 일상 세계의 의미 상실과 함께 허무감에 사로잡힌다. 허무감은 삶의 목표와 방향이 사라진 데에 대한 절망감이기도 하다. 하이데거는 일상 세계가 의미를 상실하는 '동시에' 본래적인 실존의 가능성이 개시된다고 보았지만, 이는 대부분의 사람에게는 사실이 아니다. 이 점에서 비본래적인 실존에서 본래적인 실존으로의 이행 과정에 대한 하이데거의 분석은 일반적인 사태와 부합하지 않는 면이 있다.

하이데거가 불안에서 경험한다고 본 섬뜩함은 바로 우리 대부분이 경험하는 의미 상실의 경험을 가리킨다. 그런데 하이데거가 말하는 것처럼 불안에서 본래적인 실존 가능성이 동시에 개시된다면, 우리는 왜 불안에서 섬뜩함과 '고향을 상실한 것과 같은 느낌'을 갖는가? 하이데거는 이에 대해 별다른 답변을 하지 않는 것 같다. 그는 불안에서 본래적인 실존 가능성이 개시되기는 하지만, 불안은 아직 결단 자체가 아니기에 무의 심연에 대해 우리가 갖는 섬뜩한 느낌이란 성격을 갖는다고 말하는 것 같다.

그러나 불안이 고향을 상실하고 낯선 무의 심연 앞에 서 있는 듯한 섬뜩한 느낌이란 성격을 갖는 이유는 불안에서는 하이데거가 말하는 것처럼 본래적인 실존 가능성이 개시되더라도 온전하지 않은, 아직은 은폐된 채로 개시되기 때문 아닐까? 즉 불안에서는 우리의 본래적인 실존 가능성이 세상 사람으로서의 우리가 집착하는 세간적인 가치에 있지 않다는 사실이 분명히 드러나지만, 본래적인 실존 가능성 자체가 무엇인지는 아직 분명히 드러나지는 않는다. 바로 이 때문에 불안은 섬뜩한 기분이라는 성격을 갖는 게 아닐까?

이러한 맥락에서 나는 불안과 우리가 비본래적인 실존에서 본래적인 실존으로 나아가는 과정을 다음과 같이 분석하고 싶다.

하이데거가 말하듯이 불안은 죽음에 대한 불안이다. 죽음에 대한 불안에 사로잡히면서 우리는 아무런 의미도 목표도 방향도 없이 생성 소멸하는 세계와 죽음으로 끝나는 삶의 적나라한 현실 앞에 직면한다. 즉 죽음에 대한 불안 속에서 용도 전체성으로서의 세계가 붕괴될 때 우리 앞에 남는 것은 무의미한 섬뜩한 세계 그 자체다. 이러한 세계에서 확실한 것은, 우리가 모든 것이 아무런 의미도 방향도 없이 생성 소멸하는 세계에 내던져져 있다는 단적인 사실이다. 하이데거는 우리가 죽음과 진지하게 대결할 경우 죽음은 우리의 본래적인 단독 가능성을 개시해준다고 보지만, 사실 대부분의 사람에게 죽음은 단순히 세간적인 가치의 허망함을 드러내는 파괴적인 힘으로만 나타날 뿐이다.

따라서 불안에 엄습될 때 우리는 대개 니체가 말하는 중간상태(Zwischenzustand)에 처한다. 중간상태란 우리의 일상과 세계의 무의미함을 깨달으면서도 어떻게 살아야 할지는 아직 개시되지 않은 상태다. 니체의 표현을 빌리면, 그것은 기존의 가치가 붕괴되었지만 우리가 추구해야 할 새로운 가치는 나타나지 않는 답답한 상태다.[30]

그런데 일상 세계가 붕괴된 후 우리가 경험하는 '세계와 나의 허망함'

30 니체는 당대 사람들이 그리스도교의 붕괴와 함께 중간상태의 니힐리즘에 빠졌다고 보았다. 그러면서 니힐리즘을 극복하는 것을 자신의 철학적 과제로 삼았다.

은 세계와 나 '자체'에서 비롯되는 허망함이 아니라, 그동안 내가 집착해 온 '일상 세계와 세상 사람으로부터 야기되는 허망함과 무의미함'이다. 일상과 세계가 붕괴되고 난 후, 세계와 나의 적나라한 실상이 드러난다. 게다가 이것은 아직 내가 세상 사람으로서의 자아, 즉 편협한 자아중심적인 자아에 대한 집착을 완전히 버리지 못한 상태에서는 자기중심적인 나를 무자비하게 무력히 하는 황량하고 섬뜩한 현실로 나타난다. 달리 말해 불안이 우리를 위협하는 것은 일상 세계와 삶의 가능성에 의해 덧칠해지지 않은 적나라한 현실이다. 우리가 이러한 현실을 황량하면서도 섬뜩한 세계로 경험하는 이유는 우리가 일상 속 가능성을 허망한 것으로 경험하면서도 아직은 자기중심성을 버리지 못하고 있기 때문이다.

우리가 일상에서 허망함을 느끼기란 어렵지 않지만, 그럼에도 일상의 중심인 자기중심적 자아를 버리기란 쉽지 않다. 자신이 타인 및 다른 존재자들과 구별되고 그것들에 의해 위협받는 고립된 자아라는 관념에서 벗어나기는 지난(至難)한 것이다. 자기중심적인 자아를 넘어서 있는 진정한 자아는, 우리가 일상의 허망함을 경험하더라도 바로 주어지는 것은 아니기 때문이다.

하이데거는 불안이라는 근본기분을 두려움이라는 기분과 비교하면서 그 특성을 드러내려고 했다. 우리가 어떤 존재자를 두려워하는 이유는 그것이 우리가 추구하는 특정한 가능성을 위협하기 때문이다. 그런데 이러한 분석 도식을 그대로 불안에 적용하면 우리가 불안에서 개시되는 섬뜩한 세계 자체 앞에서 불안해하는 이유는 이러한 섬뜩한 세계 자체에 의해 우리가 추구하는 '모든' 세간적인 가치가 무의미한 것이 되기 때문이다.

우리가 불안과 함께 느끼는 섬뜩함과 안절부절은 자기중심적인 자아를 자신의 진정한 자아로 여기는 가운데, 이 자아가 애착을 갖는 일상 세계와 삶의 가능성이 무의미한 것으로 드러난 데서 비롯한다. 따라서 불안은 우리가 우리의 일상의 허망함을 경험하고 그것으로부터 거리를 취하면서도, 아직은 자신을 자기중심적인 자아로 생각하기에 자신이 섬뜩하고 황량한 세계에 홀로 내던져 있다고 느끼는 기분이다.

따라서 불안에서는 우리 자신의 본래적인 실존 가능성이 아직 온전히 개시되지 않았다고 할 수 있다. 불안이 우리의 본래적인 가능성을 개시해 주는 기분이 되는 경우는, 우리가 불안 속에서 우리의 일상적인 가능성과 일상 세계의 무의미성을 절감하면서 이러한 세계와 일상적인 가능성의 중심이 되는 자기중심적인 자아를 벗어날 때뿐이다. 나의 자기중심성을 완전히 버릴 때 이 세계는 황량하고 섬뜩한 세계가 아니라 모든 존재자가 자신의 고유한 존재의 빛을 발하는 충만한 세계로 드러난다. 그러나 하이데거는 자기중심적인 자아를 우리가 어떻게 벗어날 수 있는지에 대해서는 분명하게 말하지 않는다. 그는 다만, 불안에서 세계 그 자체와 우리의 본래적인 실존가능성이 개시된다고 말할 뿐이다.

이런 맥락에서 볼 때 하이데거가 말하는 섬뜩한 세계에 대한 기분으로서의 불안은, 세계 그 자체와 나의 본래적인 가능성 자체에 대한 느낌이라고 보기는 어렵다. 그것은 오히려 비본래적인 세계와 자아는 붕괴되었지만, 아직 이 세계의 찬연(燦然)하고 충만한 실상과 현존재 자신의 본래적인 가능성 자체가 온전히 개시되지 않은 상태에서 갖는 기분이 아닐까? 사실 대부분의 사람이 불안을 이러한 기분으로 경험하기에, 김형효에서 보는 것처럼 불안을 무상감이나 허무감으로 해석하기 쉬운 것이다.[31]

---

31 김형효뿐 아니라 초기 하이데거의 철학을 영웅적 니힐리즘이나 단독자로서의 현존재가 자신의 삶을 임의로 기투해도 된다는 식의 주의주의(Voluntarismus)로 보는 해석가들도 불안을 허무감이나 무상감으로 해석한다. 그런데 이들이 불안을 그렇게 해석한 것은, 불안과 함께 우리의 본래적인 가능성이 개시된다는 하이데거의 견해를 받아들이기 힘들었기 때문이라 여겨진다. 발터 슐츠나 클라우스 헬트(Klaus Held), 그리고 핑크-아이텔 등이 그렇다. 이들은 모두 '초기 하이데거에서 현존재는 불안에서 세간적인 가치로부터 벗어나 무의 심연 앞에 서면서 무에 대항해 자신의 삶을 영웅적으로 기투한다'는 식으로 불안이 갖는 함의(含意)를 분석한다. Walter Schultz, "Über den philosophiegeschichtlichen

이와 관련하여 후기 하이데거에서 불안이 초기 하이데거에서처럼 중요한 역할을 하지 않는 사실은 주목할 만하다. 후기 하이데거는 존재 망각에서 존재에 대한 회상으로 나아가는 기분을 겸허라 말하면서 겸허에서는 경악(Erschrecken)과 경외(Scheu)가 통일되어 있다고 본다.[32] 이때 경악은 존재자에게서 존재가 빠져 달아나 있다는 의미이며, 경외는 존재자에 존재가 현성한다는 의미이다. 따라서 초기 하이데거 의미에서 불안이란 기분에서 동시적으로 일어나는 것으로 파악했던 사태들을 후기에서는 서로 구별한다고 생각된다.

초기 하이데거식으로 말하자면 경악은 일상 세계가 무의미하다는 사실이 드러난 후 직면하는 섬뜩한 세계에 대한 것이다. 즉 경악은 우리가 집착했던 일상 세계가 사실은 존재자들이 고유한 무게와 존재를 상실한 '황량하고 섬뜩한 세계'라는 사실에 대한 깨달음이다. 반면 경외는 우리가 자기중심적인 자아를 극복하면서 직면하는 세계, 즉 모든 존재자가 고유한 무게와 성스러운 존재를 회복하는 세계에 대한 것이다.

이러한 사실을 고려할 때, 후기 하이데거는 일상의 모든 존재자가 무게와 존재를 갖지 않는 것으로서 드러나는 섬뜩한 세계와 모든 존재자가 고유한 무게와 성스러운 존재를 회복하게 되는 '본래적인' 세계를 서로 구별한다고 볼 수 있다. 물론 하이데거는 겸허에서도 경악과 경외는 '통일되어 있다'고 말하지만, 그럼에도 양자를 서로 다른 사태를 가리키며 '구별도 하는' 것이다. 이는 하이데거 초기에 동일시했던 사태들을 구분할 필요가 있다고 느꼈기 때문 아닐까?

Ort Martin Heideggers", 115쪽 참조. Klaus Held, "Heidegger und das Prinzip der Phänomenologie", *Heidegger und die praktische Philosophie*, 125쪽 참조. Hinrich Fink-Eitel, "Die Philosophie der Stimmungen in Heideggers ≫Sein und Zeit≪", in: *Allgemeine Zeitschrift für Philosophie* 17-3, 1992, 37쪽 참조.

32 하이데거 전집 45권 *Grundfragen der Philosophie*, 2쪽 참조.

7. 불안에 대한 새로운 파악

하이데거에 따르면, 현존재는 불안에서 개시되는 본래적인 실존 가능성을 결단에 의해 인수하면서 모든 존재자가 자신의 고유한 존재를 드러내는 개방된 세계에 진입하게 되고 이와 함께 기쁨에 사로잡힌다. 그러나 나는 이상에서 하이데거의 불안 개념은 서로 융합하기 어려운 의미들을 동시에 갖는 게 아닌지 의문을 제기했다.

나는 세상 사람으로서 현존재의 존재방식을 분석하면서, 세상 사람으로서의 현존재는 편협한 '자기중심적인 자아'에 집착한다는 사실을 드러내려고 했다. 하이데거는 이것을 분명히 드러내지 않지만, 격차성에 대한 그의 분석에서 이러한 뉘앙스는 충분히 감지될 수 있다. 비본래적인 일상에서 우리는 자신과 타인들을 항상 비교하며 우위에 서려고 노력한다. 이렇게 볼 때 하이데거가 말하는 일상적이고 비본래적인 세계는 곧 각각의 현존재가 타인들을 압도하려고 하면서 자신을 세계의 중심에 놓으려는 자기중심적인 세계라고 할 수 있다.

자기중심적인 세계는 사람들이 영원불변한 내가 있는 것처럼 여기면서 모든 게 자신을 중심으로 전개되어야 한다고 여긴다. 그러나 자기중심적인 자신이 얼마나 허망하고 얼마나 무력한지를 드러내는 것이 바로 죽음이다. 그리고 우리의 존재가 죽음에 던져져 있다는 사실을 여실하게 드러나는 것이 불안이라는 기분이다.

하이데거는 죽음으로의 선구와 함께 우리의 본래적이고 단독적인 실존 가능성이 개시된다고 말한다. 그러나 불안과 마찬가지로 죽음 역시 우리가 그것과 아무리 진지하게 대결하더라도, 대부분의 경우 그것은 우리가 집착했던 세간적인 가치를 무화시키는 것으로 나타날 뿐 우리 자신의 본래적인 가능성을 개시하지는 않는 것 같다. 죽음을 생각하면서 우리는 보통 우리 앞에 무의미의 심연이 입을 벌리고 있다고 느낀다. 따라서 나는 불안과 죽음으로의 선구에서 우리의 독자적이고 본래적인 가능성이 개시된다는 하이데거의 주장은 대부분이 경험하는 사태와 부합하지 않는다고 생각한다.

불안이라는 기분은, 세상 사람으로서의 자기중심적인 자아에 의해 인위적으로 구성된 일상 세계의 허구성을 드러내면서 모든 것을 죽음으로 몰아가는 세계 그 자체에 자기중심적인 나를 직면하게 한다. 이렇게 세계가 나를 위한 게 아니라는 사태가 분명히 드러나는 사건을 우리는 하이데거의 용어를 빌려 '세계에 내던져져 있음'의 경험이라고 말할 수 있다.

물론 불안에서 삶의 무상함을 경험하는 자아와 이러한 자아가 던져지는 섬뜩하면서도 낯선 세계는, 자신이 영원히 살 것처럼 착각하는 일상적인 자아와 이러한 자아에 의해 구성된 일상적인 세계보다는 훨씬 더 실상에 가깝다. 우리는 불안에서 우리에게 본래적인 실존 가능성이 개시된다고 말하는 하이데거의 말도 위와 같은 의미로 이해할 수 있다. 그러나 나와 세계가 섬뜩하면서도 낯설게 나타나는 상태에서는 나와 세계의 '실상'은 아직 '온전히' 드러나 있지는 않다. 불안에서 드러나는 것은 다만, 본래적인 세계와 우리의 본래적인 실존 가능성이 적어도 우리가 집착하는 일상 세계나 세상 사람으로서의 실존 가능성은 아니라는 사실뿐이다.

이런 의미에서 나는 불안을 우리가 그동안 자신이 집착했던 모든 일상적인 가능성의 허망함을 깨달으면서도 자신을 세계의 중심으로 생각하는 자기중심성을 아직 버리지 못한 상태라고 본다. 따라서 우리는 자기중심적인 자아가 모든 게 아무런 의미도 목표도 없이 생성 소멸하는 세계 속에서 무력하게 죽음으로 향하는 것에 대해 섬뜩하고 황량하다고 느끼는 것이다. 그러나 우리가 자기중심성에서 온전히 벗어나게 될 때 세계는 더 이상 황량하고 섬뜩한 것이 아닌 성스럽고 경이로운 것으로 나타난다.

세계를 성스럽고 경이로운 것으로 경험하기 위해서는 자기중심성에서 벗어나는 게 필요한데, 이때 가장 결정적인 것이 우리가 어떻게 자기중심성에서 벗어날 수 있는가이다. 하이데거는 이에 대해 자세히 이야기하지는 않는다. 하이데거는 단순히 불안에서 우리의 본래적인 가능성이 개시된다고 할 뿐이다. 그러나 편협한 자기중심적인 자아를 버리고 자신의 본래적인 가능성을 온전하게 개시하는 것이야말로 대부분 사람들에게 가장 어려우면서도 가장 중요한 일이라고 생각한다. 물론 나는 하이데거가 이러한 문제에 깊이 파고들지 않았던 이유는 그의 불찰이라기보다 그의 철학적 관심사가 전혀 다른 데 있었기 때문이라고 생각한다. 그의 철학적 관심사는 존재물음에 새로운 기초를 놓는 것이었다.

누구나 살면서 한 번쯤은 그 강도가 크든 작든 불안에 엄습되면서 삶의 의미와 목표가 사라진 섬뜩한 세계 앞에 직면한다. 그러나 이러한 체험을 넘어 자신의 본래적인 가능성을 발견한 경우는 극히 드물다고 생각한다. 대부분은 섬뜩한 세계 앞에서 '만성적인 절망'에 빠지거나 다시 일상 세계로 도피한다. 따라서 사람들 대부분의 삶에서 중요한 것은 '어떻게 하면 자신의 자기중심성을 완전히 탈각해 자신의 본래적인 실존 가능성을 온전히 경험할 것인가'라고 생각된다.

후기 하이데거는 자기중심성을 '힘에의 의지'로 사유한다. 그리고 그는 힘에의 의지로부터 벗어날 경우에만 우리는 세계와 우리 자신의 진면목을 경험할 수 있다고 본다. 다만 초기 하이데거에게는 이러한 자기중심성으로부터의 탈피라는 계기가 그다지 강조되지 않는다. 그는 불안에서 우리가 일상 세계의 허망함을 느끼면 자기중심성도 곧장 떨쳐 버릴 수 있는 것처럼 서술한다.

초기 하이데거의 철학을 결단주의나 주의주의로 보는 해석에 대한 비판적 고찰*

1. 초기 하이데거의 철학은 결단주의인가?

하이데거의 철학을 분석하는 많은 해석자가 『존재와 시간』을 중심으로 한 하이데거의 초기 사상을 결단주의(Dezisionismus)나 주의주의(主意主義, Voluntarismus)로 해석하는 경향이 있다. 그들에 따르면, 하이데거는 현존재가 본래적인 실존 가능성을 향해 결단할 것을 요구하면서도 단독자로서의 현존재가 자신이 어떻게 살아야 할지를 임의로 결단해도 된다고 본다.

더불어 그들은 초기 하이데거가 결단주의나 영웅적 니힐리즘 내지 주의주의로 귀착된다고 본다. 이때 결단주의는 궁극적으로 결단의 옳고 그름이 결단의 진지함과 심각함에 의해 결정된다고 보면서 '나는 결단한다. 그렇지만 어떤 것으로 결단해야 할지 모르겠다'는 식의 태도를 취한다. 영웅적 니힐리즘 내지 주의주의는 현존재가 불안이 개시하는 무 앞에 자신을 영웅적으로 내세우면서 자신이 지향할 삶의 방향을 임의로 기투해도 된다는 태도를 취한다.

---

* 「초기 하이데거의 철학을 결단주의나 주의주의로 보는 해석에 대한 비판적 고찰: 본래적인 실존의 구체적인 모습을 찾아서」(『철학사상』 30권, 2008년 11월)를 수정하였음.

하이데거의 초기 철학을 결단주의로 보는 연구자들에는 위르겐 하버마스, 오토 푀겔러, 필립 라쿠-라바르트, 자크 데리다, 빈프리드 프란첸, 한스 에벨링, 톰 로크모어, 클라우스 헬트 등이 있다. 이들은 하이데거가 나치에 가담하게 되는 직접적이거나 간접적인 원인도 결단주의나 주의주의에서 찾는다. 하이데거와 나치는 결단주의 내지 주의주의적인 성격을 공유하며 바로 이러한 점 때문에 하이데거가 나치에 끌리게 되었다고 본다.

그러나 나는 초기 하이데거의 철학을 결단주의나 주의주의로 보는 해석은 『존재와 시간』을 비롯한 하이데거의 초기 저술들에 대한 허술한 독해에 의거한다고 생각한다. 실로 하이데거는 『존재와 시간』에서 현존재가 구현해야 할 본래적인 실존 가능성이 구체적으로 어떠한 삶의 모습을 갖는지 분명히 제시하지 않는다. 그러나 하이데거는 『존재와 시간』에서 비본래적인 실존이 보이는 삶의 모습에 대해서는 상당히 구체적으로 서술한다. 따라서 이러한 서술을 실마리로 삼아 하이데거가 염두에 두던 본래적인 실존의 구체적인 면모를 상당히 명료하게 추론할 수 있다. 더 나아가 이러한 추론의 정당성을 『존재와 시간』이나 「형이상학이란 무엇인가?」와 같은 하이데거의 초기 글들에 산재해 있는 여러 구절을 통해 충분히 뒷받침할 수 있다.

이런 맥락에서 나는 초기 하이데거가 각각의 인간이 지향할 삶의 모습을 상당히 구체적으로 제시한다고 생각하며, 이 점에서 하이데거는 결코 어떤 결단의 정당성을 단순히 그것의 심각함과 진지함에서 찾는 결단주의자가 아니라고 생각한다.

더 나아가 초기 하이데거는 현존재가 자신의 본래적인 실존 가능성을 임의로 기투할 수 있다고 말하지 않고, 오히려 불안이라는 기분에서 현존재의 본래적인 실존 가능성이 '개시된다'고 말한다. 즉 하이데거에게는 현존재가 구현해야 할 삶의 모습이 어떤 의미에서 '주어지는' 것으로, 현존재에게 본래적인 실존 가능성을 부여하는 그 어떤 것을 하이데거는 『존재와 시간』의 양심 분석에서 '그것(Es)'이라고 부른다. 여기서 '그것'은 현존재를 자신의 본래적인 실존 가능성에로 부르는 것이 현존재의 임의적인 권한 안에 있는 것이 아니라 현존재 자신인 동시에 현존재를 '넘어서 있는' 것이라는 사실을 시사한다. 이런 점들을 고려할 때, 초기 하이데거는 현존재가 자신의 삶의 방향을 임의로 기투해도 된다고 보는 주의주의자가 아니다.

앞으로 이어질 내용에서 나는 『존재와 시간』을 중심으로 초기 하이데거가 염두에 두던 본래적인 실존의 구체적인 모습을 비본래적인 실존과 대비해 분명히 드러낼 것이다. 그리고 하이데거는 현존재가 추구해야 할 보편적인 가치나 규범을 제시하고 있지 않다는 자신에 대한 비판에 어떻게 응수했을지 고찰해 보려고 한다.

2. 『존재와 시간』에 나타난 본래적인 실존의 구체적 모습

1) 비본래적인 실존방식에 대한 하이데거의 분석

주지하다시피 하이데거는 인간 현존재가 존재하는 방식을 크게 두 가지로, 즉 비본래적인 실존과 본래적인 실존으로 구별한다. 현존재는 대개 자신이 살고 있는 생활세계 내 존재자들에게 몰입해 있을 뿐 자신의 삶의 방식을 근본적으로 반성하지 않는다. 다시 말해 그는 자신이 태어날 때부터 던져져 있는 생활세계에서 사람들이 일반적으로 추구하는 세간적인 가치가 자명하게 옳다고 여긴다. 하이데거는 이러한 삶의 방식을 비본래적인 실존방식이라고 부른다. 이에 반해 본래적인 실존방식은 현존재가 세간의 가치를 근본적으로 문제 삼으면서 자신의 가장 고유한 가능성을 구현하려는 실존방식이다.

비본래적인 실존방식은 현존재가 보통 그 안에서 살아가는 존재방식이자 현존재의 일상적인 존재방식이다. 하이데거에 따르면, 현존재의 이러한 일상적인 존재방식이 어떠한 존재 성격을 갖는가에 대해서는 데카르트를 비롯한 근대철학이 보는 것처럼 세계로부터 고립된 자아의 의식을 반성함으로써 파악할 수 있는 게 아니다. 오히려 현존재가 일상적인 생활세계에서 다른 인간이나 사물들과 어떤 식으로 관계하는지를 구명함으로써 파악할 수 있다.[1] 이는 현존재가 우선 고립된 자기로서 존재한 후 다른 인간이나 사물들과 관계하는 것이 아니라, 이미 항상 다른 인간이나 사물들과 관계하면서 존재하는 세계-내-존재이기 때문이다.

특히 현존재는 가족이라는 공동체 안에서 태어나 자라며 일정한 방향으로 길러지는 데서 볼 수 있는 것처럼, 근본적으로 타인들과 함께하는 공동존재(Mit-sein)다.[2] 현존재는 철저하게 사회적인 존재인 것이다. 현존재는 이렇게 일차적으로 공동존재로서 존재하기에, 현존재의 일상적인 존재방식이 갖는 근본 성격을 파악하기 위해서는 무엇보다 현존재가 일상적으로 다른 인간들과 어떤 식으로 관계하는지 밝혀야 한다.

우리는 대개 자신이 속해 있는 일상적인 생활세계로부터 자신을 해석하면서 타인들과 관계한다. 예를 들어, 나는 학교라는 생활세계에서는 자신을 교수로 이해하면서 타인들과 관계하고, 가정이라는 생활세계에서는

---

1 이 점을 염두에 둘 때, 하이데거가 방법론적인 유아론에 빠져 있다는 하버마스의 비판은 근본적으로 잘못된 것이다. 하이데거가 말하는 단독자가 세계로부터 고립된 주관이 아님은 분명하다. 단독자는 세상 사람에 의해 지배되는 상태에서 벗어나 있는 자로서 고유한 독립성을 확보한 자를 의미한다. 하이데거는 이러한 단독자로서만 현존재는 다른 인간이나 사물들과 진정하게 관계 맺을 수 있다고 본다. 나중에 다시 보겠지만, 이런 의미에서 하이데거는 불안을 분석하면서 '불안은 현존재를 단독자화하기 때문에, 탁월한 개시 가능성이 불안에 존재한다'고 말한다. 즉 다른 인간과 사물들을 참으로 개시하기 위해서 현존재는 우선 불안을 통해 단독자가 되어야 한다고 보는 것이다(Martin Heidegger, *Sein und Zeit*, 190쪽 이하 참조). 또한 『존재와 시간』 제2부에서 하이데거는 현존재의 역사성을 분석하면서, 현존재가 항상 어떤 역사적인 세계 내에서 자신의 가능성을 구현하는 존재라는 사실을 분명히 보여준다.

2 Martin Heidegger, *Sein und Zeit*, 120쪽 이하 참조.

자신을 아버지나 남편으로 이해하면서 가족들과 관계한다. 그리고 타인들과 관계할 때, 우리는 그들을 일상적인 생활세계에서 부과된 어떤 일에 종사하는 자로, 그리고 그 일을 잘하거나 잘하지 못하는 자로 이해하면서 그들과 관계한다.

하이데거는 일상적인 생활세계를 주변 세계(Umwelt)라고 부른다. 주변 세계에서 사람들은 자신이 종사하는 일의 수행자나 사람들이 일반적으로 추구하는 세간적인 가치의 구현자로 나타난다. 즉 사람들은 훌륭한 기술자나 무능한 기술자로, 혹은 훌륭한 교수나 무능한 교수로, 혹은 부자나 가난한 자로, 혹은 도덕적인 인간이나 비도덕적인 인간으로 나타난다. 이러한 세계에서 현존재는, 자신이 행하는 사회적인 기능에서 타인과의 우열 차를, 부나 명예 혹은 도덕성 혹은 종교적인 헌신도와 같은 사회적 가치를 실현한 정도 면에서 타인과의 우열 차를 의식한다. 이때 자신이 다른 사람들보다 많이 뒤떨어져 있다고 생각하면 격차를 줄이려고 하고, 다른 사람들과 큰 차이가 없다고 생각하면 그 격차를 늘이려고 노력한다.

주변 세계에서 사람들은 항상 이런 격차에 대한 우려(Sorge)에 사로잡혀 있다. 이런 맥락에서 하이데거는 일상에서 사람들이 서로에 대해 갖는 관계의 성격을 격차성(Abständigkeit)이라고 부른다.[3] 격차성은 일상적인 용어로 비교의식이라고 할 수 있으며, 비교의식이 일상적으로 사람 간 관계를 집요하면서도 근본적으로 규정한다는 점을 부정하기 어렵다.

격차성이 지배하는 인간관계에서 사람들은 부지불식간에 서로 경쟁적이 될 뿐 아니라 그 안에는 노골적이거나 은밀한 시기심이 지배하게 된다. 또한 사람들은 타인들과 비교되는 자신을 강하게 의식하게 된다. 이에 사람들은 항상 '나'는 이렇게 생각하고 이렇게 행위한다고 주장하면서, 자

3 Martin Heidegger, *Sein und Zeit*, 126쪽 참조.

신을 생각과 행위의 주체로 내세우게 된다. 여기서 하이데거는 일상적 실존의 주체는 사실 각각의 나 자신이 아닐 수도 있다고 말한다.

하이데거는 격차성이 지배하는 삶에서 현존재는 자신의 삶의 주체가 아니라 익명의 타인들에게 예속된 채 그들의 자의(恣意)와 변덕에 의해 휘둘리고 있을 뿐이라고 말한다. 이때 타인들은 익명의 세상 사람이다. 일상적인 현존재가 추구하는 가치는 자기 자신이 주체적으로 선택한 가치가 아니라 어린 시절부터 익명의 세상 사람에 의해 주입되어 왔던 것이다. 사람들은 자신이 하나의 독자적인 주체로서 사유하고 행동한다고 말하지만 사실 하나의 세상 사람으로서 사유하고 행동한다.[4]

동시에 일상적인 현존재의 공동존재는 평균성의 지배 아래에 놓인다. 세상 사람이 지배하는 공동존재에서는 사람들이 무엇을 해도 좋고 무엇을 해서는 안 되는지 미리 규정되어 있으며, 이 기준에서 벗어나는 예외는 허용하지 않는다. 예외적이고 탁월한 모든 것은 경계되고 소리 없이 제거된다. 모든 근원적인 것은 이미 오래전부터 잘 알려져 있는 진부한 것으로 취급되는 식으로 제거되고, 애써 쟁취한 모든 것 역시 누구나 할 수 있는 별것 아닌 것으로 간주되는 식으로 제거된다. 평균성에 대한 하이데거의 규정이 말해 주듯이 세상 사람에 의해 규정되고 제시되는 삶의 기준은 사실 천박하다. 세상 사람들은 평균성의 지배 아래 존재하기에 이러한 지배 아래서 현존재가 구현할 수 있는 모든 존재 가능성은 하향 평준화(Einebnung)된다.

---

4 Martin Heidegger, *Sein und Zeit*, 126쪽 이하 참조. 이런 맥락에서 하이데거는 인간을 자기의식을 지닌 존재나 인격적인 자립적 주체로 전제하면서 분석하는 근대철학을 비판한다. 하이데거에 따르면, 근대철학은 '나는 이렇게 생각하고 이렇게 행위한다'라는 일상적인 현존재의 말을 실마리로 삼아 일상적인 현존재의 자아를 분석하는 것이다. 그러나 일상적인 현존재의 그러한 말은 오히려 일상적인 현존재가 세상 사람에 의해 예속된 자아라는 사실을 은폐한다. 이 점에서 하이데거는 근대철학은 전적으로 왜곡된 토대 위에 서 있다고 본다. Martin Heidegger, *Sein und Zeit*, 115쪽 참조.

하이데거는 격차성, 평균성, 평준화라는 특성이 세상 사람들의 견해, 즉 세론(世論)을 규정한다고 본다. 일상적인 현존재의 모든 세계 해석과 자기 해석은 세론에 의해 규정된다. 세론은 일체를 애매하게 하면서, 근원적이고 비밀스러운 것도 누구에게나 이미 잘 알려져 있고 누구나 쉽게 이해할 수 있다고 제시한다.

세상 사람은 각자의 현존재를 대신해 모든 근본적인 판단과 결단을 미리 행하면서 각자의 현존재에게서 책임을 면제해 준다. 현존재에게는 안이한 것을 추구하는 경향이 있는데, 세상 사람은 각자의 현존재에게서 책임을 면해 줌으로써 현존재의 이러한 경향에 영합한다. 세상 사람은 이를 통해 자신의 집요한 지배를 유지하고 강화한다. 이런 의미에서 세상 사람이야말로 일상적인 실존의 실질적인 주체로 볼 수 있다. 하이데거는 일상적인 현존재의 자아를 세상 사람으로서의 자기(das Man-selbst)라고 부른다.[5]

하이데거가 일상적이고 비본래적인 실존의 특성으로 내세우는 격차성, 평균성, 평준화는 서로 별개의 것이 아니라 서로 내밀하게 연관되어 있다. 나는 이 중에서 무엇보다 격차성이 가장 결정적인 의미를 갖는다고 생각한다. 물론 하이데거는 격차성, 평균성, 평준화가 서로 동등한 지위를 가지면서 비본래적인 실존을 규정한다고 여기는 것처럼 보인다. 그러나 나는 평균성과 평준화는 격차성에서 파생되는 성격으로 볼 수 있다고 생각한다.

격차성에 의해 규정된 인간들은 노골적이거나 은밀한 시기심에 사로잡혀 있다. 따라서 이들은 극히 자기중심적이며 다른 사람들이 자신보다 우월한 것을 참을 수 없어 한다. 특히 서로 경쟁적으로 추구하는 세간적인 가치들을 의문시하는 근원적이고 탁월한 예외를 견디지 못한다. 비본래적

5 Martin Heidegger, *Sein und Zeit*, 126쪽 참조.

인 실존은 세간적인 가치를 경쟁적으로 추구하면서 그 가치가 실현되는 데 있어 우위를 차지하려고 하기에, 그러한 가치 자체를 문제시하는 예외적인 경우를 경쟁적으로 제거하려고 한다.

이에 따라 이들은 어떤 탁월한 예외적인 것이 나타나게 되면 그것을 별것 아닌 것으로 격하시킨다. 즉 격차성에 의해 규정된 인간들은 필연적으로 평균성을 자신의 특성으로 가질 수밖에 없는 것이다. 서로 격차를 끊임없이 벌리려고 하면서도 자신이 추구하는 가치를 의문시하는 탁월한 예외들을 억압하기 때문에, 실질적으로는 서로 엇비슷한 인간들이 된다. 즉 사람들의 삶은 하향 평준화된다.

결국 격차성에 의해 규정되는 인간은 불가피하게 항상 평균성과 평준화를 추구할 수밖에 없다. 이런 의미에서 평균성과 평준화는 격차성이란 성격에서 필연적으로 따라 나오는 파생적인 것이라고 할 수 있다. 그렇다면 비본래적인 실존의 가장 근본적인 특성은 격차성이라고 할 수 있다.

반면 하이데거 해석가들 대부분은 비본래적인 실존의 가장 본질적인 특성을 주체성의 결여에서 찾았다. 즉 비본래적인 실존은 익명의 세상 사람들의 지배 아래 있고 세상 사람들이 제시한 삶의 기준과 가치에 의해서 철저하게 지배된다는 것이 가장 근본적인 특성이다.[6] 이러한 분석은 틀린 게 분명히 아니다. 본래적인 실존은 실로 세상 사람들의 세론에 의해 좌우되지 않는 독립적이고 성숙한 주체가 되어야 한다. 그러나 나는 본래적인 실존의 근본 특성 중 독립성과 주체성보다 더 중요한 것이 격차성으로부터의 해방이라고 생각한다.

---

6 예를 들어 레토 루치우스 페츠(Reto Luzius Fetz)는 그의 논문 "Zweideutige Uneigentlichkeit, Martin Heidegger als Identitätstheoretiker"에서 하이데거의 본래적인 실존을 자율적인 자아-정체성(autonome Ich-Identität)으로, 비본래적 실존을 관습적인 자아-정체성으로 규정한 Reto Luzius Fetz, "Zweideutige Uneigentlichkeit, Martin Heidegger als Identitätstheoretiker", in: *Allgemeine Zeitschrift für Philosophie* 17-3, 7쪽 참조.

이는 하이데거가 현존재가 세상 사람에게 지배된다고 말할 때, 현존재가 어떠한 종류의 주체성도 갖지 않는다고 본 게 아니라는 점에서 그 근거를 찾을 수 있다. 특히 하이데거는 세상 사람의 지배 아래 있는 현존재가 비도덕적인 존재이자 재물에 대한 탐욕이나 본능적인 욕망에 수동적으로 휘둘리는 존재라고 말하지 않는다. 오히려 하이데거는 대부분의 세상 사람이 본능적인 욕망이나 소유욕에서 벗어나려고 하면서 사회가 제시하는 도덕적인 기준에 따라서 살려고 노력한다고 보는 쪽에 가깝다. 하이데거가 비본래적인 실존으로 묘사하는 사람들은 모든 일을 남에게 의존하지 않고 주체적으로 해결하려 할 뿐 아니라 가능한 한 도덕적으로 비난받지 않는 삶을 살려고 노력하는 보통 사람들이다.

그럼에도 하이데거는 우리가 왜 이러한 비본래적인 실존에서 벗어나야 한다고 말하는가? 실존이 아무리 도덕적으로 살려고 노력해도 그것은 격차성에 의해 지배받기 때문이다. 우리는 도덕적인 주체로 살기 위해 노력하면서도 항상 사람들의 시선을 의식하고 다른 사람들로부터 도덕적인 인간이라는 칭송을 듣고 싶어 한다. 그리고 다른 사람들의 부도덕한 면을 호기심을 가지고 파헤치면서 그들보다 우월감을 느끼고 싶어 한다.

이렇게 볼 때 하이데거가 생각하는 본래적인 실존은 주체적이며 세상 사람들의 격차성에서, 즉 타인에 대한 모든 은밀한 경쟁심과 시기심에서 벗어나 있다. 우리가 보통 생각하는 주체보다 훨씬 더 고차원적이고 훨씬 더 도달하기 어려운 주체인 것이다.

다시 말해 하이데거가 세상 사람의 가치와 기준을 의문시하는 것은, 그것들이 각각의 현존재가 주체적으로 정립한 것이 아니어서만은 아니다. 그 이유는 그러한 가치와 기준이 사람들을 격차성과 이에 따른 평균성과 평준화에 의해 규정되는 인간으로 만들기 때문이다. 만약 세상 사람이 제시하는 삶의 가치나 기준이 각 개인의 참된 성숙과 사람들 간의 참된 사랑을 가능하게 하는 것이라면, 하이데거가 그것을 부정할 이유는 없을 테다.

그러나 세상 사람이 사람들에게 주입하는 삶의 가치나 기준은 사람들 간에 경쟁과 시기를 유발하고 강화하면서 사람들을 고립적이고 편협하며 모든 탁월한 예외를 질시하면서 제거하려는 존재로 만든다. 바로 이 때문에 하이데거는 우리가 세상 사람으로서의 자기라는 사이비 주체성을 버리고 진정한 의미의 주체성을 회복해야 한다고 말하는 것이다.[7]

사회에서 정상적인 인간으로 인정받는 성인이 사실상 가장 실현하기 힘든 점이 타인들에 대한 진정한 애정과 관심이라고 생각한다. 즉 우리는 세론과 분명히 다르게 생각하고 사유할 수도 있을 뿐 아니라 『존재와 시간』을 읽으면서도 세상 사람이 빠져 있는 격차성이 분명히 잘못됐다고 '생각할' 수 있다. 그러나 이러한 격차성에서 진정으로 벗어나 타인들에 대한 애정과 관심으로 가득 찬 인간이 되기는 참으로 힘들다.

이런 의미에서 나는 비본래적인 실존의 가장 결정적인 특성은 격차성이라고 생각한다. 이것은 하이데거가 비본래적인 실존이 존재자들을 개시하는 방식이라 여기는 빈말(Gerede), 호기심, 애매성에서도 잘 드러난다. 격차성에 의해 규정되는 비본래적인 실존은 항상 타인들에 대한 경계와 질시에 사로잡혀 있기에, 다른 사람들에 대해서도 애정을 갖기 어렵다. 따라서 비본래적인 실존이 다른 사람들에 대해 말할 때, 이것은 그들의 고유한 존재를 드러내면서 그들이 자신의 고유한 존재를 구현하도록 돕기보다 무책임한 빈말이 된다. 그것은 익명의 세상 사람들이 다른 사람들에 대해 말하는 것을 들으며 흥미를 느낄 뿐 그들을 진정으로 이해하려고 하지는 않는다. 따라서 비본래적인 실존은 사람들에 대해 끊임없이 많은 말을 해

---

7 하이데거의 후기 철학에서 주체나 주체성이라는 단어는 근대철학에 의해 파악된 인간과 인간의 근본성격을 가리키는 용어로 쓰인다. 그러나 초기 하이데거는 주체나 주체성을 인간과 인간의 근본성격을 가리키는 일반 용어로 쓰며, 자신의 현존재 분석을 주체의 주체성을 파악하려는 시도로 본다.

도 그들의 참된 핵심에는 전혀 닿지 못한다.[8]

비본래적인 실존이 빈말로 일관할 때 근저에서 그것을 규정하는 것은 사람들에 대한 진지한 애정과 관심을 결여한 호기심이다. 즉 비본래적인 실존은 자신이 보는 것과 깊은 관계를 맺기 위해서가 아닌 단순히 보기 위해 볼 뿐이다. 호기심에 사로잡혀 새로운 것에서 새로운 것으로 뛰어 넘기 위해 새로운 것을 찾을 뿐이다. 비본래적인 실존이 새로운 것을 쫓아다니는 이유는 자신이 근저에서 느끼는 삶의 공허함을 새로운 것들을 접하면서 맛보는 긴장과 흥분으로 메우기 위해서다. 그것은 그 무엇에도 깊은 애정을 가질 수 없기 때문에 도처에 있으면서도 아무 데도 없는 것과 다름없다. '고향을 상실한 무정주성(無定住性)'이 그것을 규정하는 근본 특성이다. 이런 의미에서 호기심에 사로잡힌 현존재는 뿌리 뽑힌 존재이다.

빈말은 호기심에 의해 규정된 동시에 무엇에 호기심을 가져야 할지를 규정해 준다. 빈말은 사람들이 무엇을 읽어야 하고 무엇을 보아야 하는지를 규정한다. '도처에 있으면서 아무 데도 없는' 호기심은 빈말에 내맡겨져 있는 것이다. 빈말과 호기심은 이렇게 서로를 조장하면서 현존재의 뿌리 상실을 강화한다.[9]

호기심과 빈말에는 우리가 존중해야 할 어떠한 비밀스러운 차원도 존재하지 않는다. 그러나 빈말과 호기심은 현존재에 흥분과 긴장을 제공하기 때문에 비본래적 실존은 자신이 가장 생생한 인생을 살고 있다고 착각한다. 이러한 거짓이 일상적 현존재의 자기 이해를 특징짓는다. 하이데거는 그러한 거짓을 애매성이라고 부른다.

애매성은 빈말과 호기심으로 점철된 우리의 일상적 삶을 현존재가 가장 생생한 진정한 삶으로 느끼듯이 진정하지 못한 것을 진정한 것으로 여

---

8 Martin Heidegger, *Sein und Zeit*, 169쪽 참조.

9 Martin Heidegger, *Sein und Zeit*, 172쪽 참조.

기고 진정한 것을 대수롭지 않은 것으로 여기는 상태를 의미한다. 따라서 애매성은 빈말과 호기심과 무관한 별개가 아니라 빈말과 호기심이 갖는 본질적인 성격이다.

사람들은 일상적으로 통용되고 누구나 떠드는 것을 진실로 여기면서도, 진정으로 위대한 것이 등장하면 빈말을 재빠르게 '그것은 누구나 할 수 있는 일'이라고 여기며 대수롭지 않은 것으로 취급한다. 아니 빈말은 예감했고 부단히 요구했던 것이 실제로 일어나면 오히려 실망하고 화를 낸다. 그렇게 되면 빈말로서는 계속 예감하고 호기심을 가질 기회를 빼앗기기 때문이다.

이러한 애매성은 사람들 사이의 상호 존재도 철저하게 지배한다. 타자는 우선 사람들이 그에 관해 들은 것, 사람들이 그에 관해 말하고 알고 있는 것에 근거해 우리에게 개시된다. 따라서 그의 진정한 존재는 우리에게 은폐되지만, 비본래적인 실존은 자신이 타인에 관해 가장 잘 안다고 생각한다.[10]

이상의 사실을 고려할 때 빈말과 호기심, 그리고 애매성은 근본적으로 격차성에 의해 규정된다고 볼 수 있다. 우리가 격차성에 사로잡혀 있을 때, 즉 우리가 사람들에 대한 진정한 애정과 관심을 결여한 채 서로 시기하고 질시할 때, 우리의 말과 관심은 항상 다른 사람들의 표면에만 머무르는 빈말과 호기심의 성격을 가질 수밖에 없다. 아울러 비본래적 실존은 격차성에 사로잡혀 항상 다른 사람들에 대한 우월성을 확보하려고 애쓰기 때문에, 진정하지 않게 살면서도 자신이 가장 진정하게 산다고 생각하고, 전락하고 있으면서도 자신이 고양된다고 생각하는 애매성에 빠질 수밖에 없다.

---

10 Martin Heidegger, *Sein und Zeit*, 174쪽 참조.

이러한 사실은 하이데거가 애매성에 대해 분석하며 언급한 아래와 같은 부분에서 단적으로 드러난다.

> 세상 사람이라는 존재 양식을 가진 상호 존재는 서로 떨어져서 무관심하게 나란히 존재하는 것이 아니라, 호의라는 가면을 쓰고 서로 위하는 척하면서도 애매하게 긴장하면서 서로 살피면서 남몰래 서로 엿듣는 것이며 사실은 반목을 연출하고 있는 것이다.[11]

따라서 우리는 비본래적인 실존이 갖는 다양한 성격을 규정하는 근본성격을 격차성에서 찾아야 할 것이다. 하이데거 철학은 인간 간 공동존재를 우선 지배하는 이러한 격차성을 극복하면서 진정한 공동존재를 가능하게 하는 것을 지향한다고 할 수 있다.

2) 본래적인 실존의 구체적인 모습

비본래적인 실존의 가장 핵심 특성인 격차성이 타인들에 대한 은밀한 질시와 시기에 의해 규정된다면, 하이데거가 말하는 본래적인 실존의 가장 핵심 특성은 타인들에 대한 진정한 관심과 애정에 차 있는 것이라 할 수 있다. 물론 하이데거가 『존재와 시간』을 비롯한 많은 저작에서 본래적인 실존의 가장 핵심 특성을 '타인들에 대한 진정한 관심과 사랑에 차 있는 것'이라고 명시적으로 말하지는 않는다. 그럼에도 우리는 비본래적인 실존에 대한 하이데거의 분석으로부터 충분히 이를 추론할 수 있다.

하이데거가 사랑과 같은 표현을 사용하지 않는 이유는 그것이 사람들이 자신의 지배욕이나 소유욕을 정당화하고 미화하는 방식으로 그동안 너

---

11 Martin Heidegger, *Sein und Zeit*, 175쪽.

무 많이 남용되었기 때문일 것이다. 다시 말해 우리는 다른 사람들에 대한 집착과 지배욕을 사랑으로 착각하는 경우가 많다.

하이데거가 말하는 본래적인 실존이 다른 사람과 사물들에 대해 진정한 애정과 관심에 차 있는 존재라는 사실은, 하이데거가 공동존재로서의 현존재가 다른 현존재에게 취하는 태도에 대해 언급하는 부분에서도 분명히 드러난다.

하이데거는 현존재가 다른 현존재에게 취하는 태도를 배려(Fürsorge)라고 부르고 있는 바, '배려'는 현존재가 다른 사람들을 문자 그대로의 의미에서 보살핀다는 의미가 아니라 현존재의 공동존재를 규정하는 것이다. 서로 협력하고, 반목하고, 무시하고, 지나치고, 모른 체하는 이 모든 것이 배려가 나타나는 방식이다. 특히 무관심은 일상적이고 평균적인 공동존재의 성격을 규정한다.

그런데 하이데거는 배려가 적극적으로 행해질 때 두 가지 극단적 방식으로 나타날 수 있다고 말한다. 첫째, 배려는 타자에게 개입하는(einspringen) 방식으로 행해질 수 있다. 현존재는 타자가 필요로 하는 것, 즉 재화나 고정된 규범 체계나 이데올로기와 같은 확고한 삶의 지침 등을 제공해 줄 수 있다. 이 경우 타자는 자신을 배려하는 사람에게 의존하고 예속될 수 있다.

둘째, 배려는 타자를 위해 개입하기보다 타자가 자신의 고유한 존재를 구현하도록 도와주는 식으로도 행해질 수 있다. 이 경우 배려는 타자의 독립성을 빼앗기보다 타자가 자신을 스스로 돌볼 수 있도록 돕는다. 이때 배려는 타자의 존재 자체에 관계할 뿐 타자가 필요로 하는 사물들에 관계하지 않는다. 하이데거는 이러한 배려를 '[상대방보다] 앞서서 [그 상대방의 본질을] 통찰하며 해방시키는 배려(vorspringende Fürsorge)'라고 부른다.[12] 배려는 타인이 자신의 존재에 대해 책임지는 것을 덜어주는 방식이

12 Martin Heidegger, *Sein und Zeit*, 121쪽 이하 참조.

아닌 타인에게 세상 사람의 지배를 벗어나 자신을 발견하고 자신에게 책임을 지도록 돕는다.[13]

배려에 대한 하이데거의 견해를 살펴보면 하이데거가 지향하는 이상적인 공동존재는 모든 현존재가 격차성의 지배에서 벗어나 서로가 서로의 진정한 존재 가능성을 실현하도록 돕는 상태라고 할 수 있다. 하이데거는 이야말로 진정한 사랑이 구현되는 상태다. 반면 우리가 보통 사랑이라고 말하는 것, 즉 타인이 필요로 하는 것들을 타인에게 제공해 주는 것은 타인을 자신에게 예속시키면서 타인이 자신에 대해 책임 지는 것을 방해하는 게 될 수 있다.

그런데 하이데거는 우리가 진정한 의미의 배려를 할 수 있기 위해서는 본래적인 실존으로 변화해야 한다고 말한다. 하이데거는 본래적인 실존 방식을 결단성이라고 부르면서, 결단성을 '자신의 양심에 의해 현존재 속에서 증언된 자신의 본래적인 실존 가능성에 대해 책임 지면서, 침묵 속에서 불안이라는 근본기분을 인수하는 상태'라고 규정한다.[14]

하이데거가 말하는 결단성은 한 인간이 전적으로 새로운 인간으로 재탄생하는 사건을 가리킨다. 결단을 이야기할 때, 하이데거는 어떤 특정한 가치를 향해 결단하기보다 자신의 존재방식, 즉 격차성에 의해 규정되어 있던 비본래적인 존재방식을 전적으로 바꾸라고 요청하는 것이다.

하이데거가 결단성의 기분이라고 부르는 불안에서는 우리가 일상적으로 추구했던 모든 가치가 무의미한 것으로 드러나면서 일상적인 생활세계 전체가 무의미한 것으로 붕괴된다. 이와 함께 현존재에게는 그동안 은폐되어 있었던 본래적인 실존 가능성이 개시된다. 그렇다고 이때 현존재가 세계와 타인으로부터 분리되어 무세계적(無世界的)인 공허함 속에 떨어

13 하이데거 전집 7권, *Vorträge und Aufsätze*, 171쪽 참조.

14 Martin Heidegger, *Sein und Zeit*, 126쪽 이하 참조.

지는 것은 아니다. 현존재는 어디까지나 세계-내-존재인 바, 현존재의 본래적인 실존 가능성이 개시되는 동시에 다른 인간과 사물들, 즉 세계 전체가 전적으로 새롭게 드러난다. 이런 의미에서 하이데거는 불안에는 탁월한 개시 가능성이 존재한다고 말한다.[15]

그런데 근본기분으로서의 불안은 현존재에게 본래적인 실존가능성을 알려주는 말인 양심과 함께 우리를 엄습한다. 양심은 현존재를 그의 가장 본래적인 존재 가능성으로 불러낸다.[16] 이러한 부름은 물론 우리 자신에 의해 계획되지도 않고 준비되지도 않으며, 의도적으로 수행되지도 않는다. 이런 의미에서 하이데거는 우리 자신이 아닌 '그것'이 부른다고 말한다. 이러한 부름은 어떠한 외부적인 힘으로부터 오는 것이 아니라 그동안 은폐되어 있던 본래적인 자기에서 비롯되는 것이다.[17] 양심의 부름은 세상 사람의 시끄러운 빈말과는 달리 소리가 없고, 애매하지도 않으며, 호기심을 불러일으키지도 않는다. 그것은 말없이 부르면서 우리에게 본래적인 실존 가능성을 개시하고, 본래적인 실존 가능성에 대한 호기심이 아닌 책임을 분명하게 일깨운다.

본래적인 현존재는 본래적인 자기의 부름, 즉 양심의 부름에 귀 기울인다. 귀 기울이는 행위는 양심이 일깨우는 자신의 존재에 대한 책임을 인수하는 것을 의미한다. 다시 말해 매사에 세상 사람으로서의 자신이 활동하게 하는 것이 아니라, '양심의 소리가 고지하는 가장 고유한 자신이 활동하게 하는 것'을 의미한다. 그런데 양심의 소리에 귀를 기울이려는 의지는, 불안에서 일어나는 '일상적인 생활세계의 붕괴라는 사건'으로부터 도피하지 않고 불안과 함께 개시되는 본래적인 가능성을 향하려는 의지이기

15 Martin Heidegger, *Sein und Zeit*, 190쪽 이하 참조.

16 Martin Heidegger, *Sein und Zeit*, 271쪽 이하 참조.

17 Martin Heidegger, *Sein und Zeit*, 276쪽 이하 참조.

도 하다. 따라서 양심을 가지려는 의지는 곧 불안에의 용기이다.[18]

그런데 양심의 소리는 고립된 주체나 자아에서 비롯되는 게 아니라 세계-내-존재로서의 현존재에서 비롯된다. 따라서 양심의 소리에 귀 기울임으로써 진정한 자신을 선택한다는 것은 세계로부터 고립되어 있는 자신에 은둔하는 게 아니라, 진정한 세계-내-존재로 다시 태어나는 것을 말한다. 양심의 소리에 귀 기울임으로써 일어나는 본래적인 자신에 대한 발견은 타인 및 사물들과 진정한 관계를 가능하게 한다. 본래적인 자신은 세상 사람의 지배에서 벗어나 있기에 고립된 것처럼 보이지만, 현존재는 오히려 본래적인 자신에 도달함으로써만 타인과 사물들을 세상 사람이 주입한 가치에 따라 비교하거나 평가하지 않고 그 자체로서 존중할 수 있다. 동일한 맥락에서 진정한 의미로 자신의 본래적인 존재에 결단한 사람만이 다른 사람이 자신의 고유한 존재 가능성을 회복하는 것을 도울 수 있다.

> 자기 자신으로의 결단은 현존재가 다른 사람들로 하여금 자신의 가장 고유한 존재 가능 안에서 '존재하게' 하는 것과 함께 '앞서 통찰하면서 해방시키는 배려' 안에서 존재 가능성을 개시할 수 있는 가능성을 증여한다.[19]

달리 말해 고유한 자기 '자신'을 이해할 수 있는 현존재만이 너-'자신'도 이해할 수 있으며, 자신의 고립되고 이기적인 자아를 넘어 다른 자신과의 진정한 관계를 맺을 수 있다.[20] 하이데거는 현존재가 양심의 부름에 귀 기울임으로써 발견하는 진정한 '자기'는 다음을 의미한다고 말한다.

---

18 Martin Heidegger, *Sein und Zeit*, 296쪽 이하 참조.

19 Martin Heidegger, *Sein und Zeit*, 298쪽 이하.

20 하이데거 전집 26권 *Metaphysische Anfangsgründe der Logik im Ausgang von Leibniz*, Vittorio Klostermann, 1978, 245쪽 참조.

> 자기(Selbst), 즉 본래성은 '나(Ich)'가 아니라 너에 대한 나의 관계와 우리에 대한 나의 관계, 그리고 너희들에 대한 우리의 관계가 근거하는 현-존재(Da-sein)다. 이러한 관계는 오직 현-존재로부터만 수행될 수 있으며, 그것이 힘을 가지려면 현-존재로부터 수행되어야만 한다.[21]

하이데거는 '나'가 두 가지 의미를 지닐 수 있다고 말한다. 한편으로 '나'는 다른 사람과 구별된 특수한 개인을 의미한다. 하이데거는 위 인용문에서 나를 독일어 'Ich'로 표현한다. 나는 세상의 시선에 의해 끊임없이 타인들과 비교되고 평가되는 나이다. 사람들이 보통 자신의 '자아'라고 생각하는 것은 '사회적' 자아다. 이때 자아는 사회적인 요구에 따라 형성된 자아이다. 따라서 사람들은 자신의 자아가 주체적으로 생각하고 행동한다고 여기지만 사실은 사회가 그에게 기대하는 사회적 기능과 역할에 따라 생각하고 행동할 뿐이다.

다른 한편으로 '나'는 진정한 자신을 가리킬 수 있다. 하이데거는 이러한 나를 독일어 'Selbst'로 표현한다. 이때 나는 세상 사람의 세계에서 타인과 구별되고 비교되는 '자아'가 아니라 세상 사람의 세계가 행하는 구별과 비교를 초월해 도달하는 본래적인 자아이다. 현존재가 실존으로서 자신의 고유한 존재를 우려할(sorgen) 경우, 이는 그가 진정한 인간이 되게 하는 자신의 가장 고유한 것을 추구한다는 것을 의미한다. 하이데거는 '그노티 세우아톤(γνώθι σεαυτόν)', 즉 '너 자신을 알라'라는 그리스의 잠언도 '너의 특성을 곰곰히 생각하고 관찰하라는 의미가 아니라 너 자신이 본질적으로 인간이 되는 것을 가능케 하는 인간의 본질을 숙고하라'를 의미한다고 본다.[22]

---

21 하이데거 전집 44권 *Nietzsches metaphysische Grundstellung im abendländischen Denken. Die ewige Wiederkehr des Gleichen*, Vittorio Klostermann, 1986, 23쪽 참조.

22 마르틴 하이데거, 『니체와 니힐리즘』, 236쪽 참조.

위 인용문에서 하이데거는 참된 인간으로 만드는 그의 고유한 본질을 현-존재라고 말한다. 현-존재란 자신을 비롯한 모든 존재자의 단순 소박한 존재가 갖는 충만함, 그리고 다른 어떠한 것에 의해서도 대체될 수 없는 소중함을 발견하고 존중하는 자아다. 사회적 자아로서의 내가 아닌 현-존재라는 진정한 자신에 충실할 경우에만, 우리는 남을 위해서 자신을 희생할 수도 있다. 전적으로 그 자신(er selbst)이며 그 자신으로서 행위하는 자만이 자신을 버릴 수도 있는 것이다.

따라서 인간이 양심에 귀 기울임으로써 진정한 자신을 발견하고 단독자가 되는 사건은 그 어떠한 것으로도 대체할 수 없는 자신의 고유한 존재를 발견하는 사건인 동시에 모든 존재자의 진정한 존재를 발견하고 존중하는 가장 보편적인 존재인 현-존재로 태어나는 사건이다. 본래적인 실존을 지배하는 기분을 하이데거는 세상 사람의 지배로부터 벗어나게 하는 불안과 결합해 있는 기쁨(Freude)이라고 말한다. 기쁨이 무엇인지에 대해 하이데거는 상세하게 설명하지는 않는다. 하이데거는 기쁨과 함께 현존재는 분망한 호기심이 세간사로부터 조달해 주는 쾌락의 '우연성들'에서 해방된다고 말할 뿐이다.[23]

『존재와 시간』과 마찬가지로 하이데거의 초기 글인 「형이상학이란 무엇인가?」는 기쁨이 무엇을 의미하는지에 대해 약간 구체적으로 이야기한다. 즉 하이데거는 불안에서 현존재는 '존재자가 존재한다'는 기적을 경험한다고 본다.[24]

현존재는 불안에서 모든 존재자의 고유한 존재를 경험한다는 것이다. 기쁨은 다른 인간이나 사물들이 지닌 고유한 존재 자체의 신비로움을 보면서 우리가 느끼는 즐거움이다. 이와 관련하여 하이데거는 불안이 기쁨

---

23 Martin Heidegger, *Sein und Zeit*, 310쪽 이하 참조.

24 하이데거 전집 9권 *Wegmarken*, 114쪽 참조.

과 대립되어 있지 않고 "창조적인 동경의 명랑함(Heiterkeit), 그리고 부드러움(Milde)과 은밀하게 결부되어 있다"고[25] 말한다.

기쁨은 존재하는 모든 것의 독자성에 대한 감각이다. 따라서 우리는 관계하는 모든 것에 대해 그때마다 다른 기쁨을 느끼고 동시에 아무리 오랫동안 그것에 관계해도 지겨워지지 않는다. 반면 쾌락은 우리의 욕망을 충족시키는 수단으로 삼는 존재자들로부터 갖는 감각이다. 그런데 존재자들은 우리의 욕망을 충족시키자마자 매력을 상실하며 그것들이 우리에게 계속 주어질 경우 지겨워진다.

3. 하이데거 철학에서 사랑

이상에서 초기 하이데거의 철학에 가해지는, 각 개인이 지향해야 할 이상적인 삶에 대한 어떠한 기준도 정립하지 않은 채 결단주의나 주의주의로 귀착한다는 비판에 근거가 없음을 확인했다. 그런데 나의 이러한 주장에 대해 본래적 실존이 추구하는 이상도 결국은 일상 세계가 내세우는 이상이 아니냐고 의문을 제기할지도 모른다. 본래적인 실존이 추구하는 이상이 내가 주장하듯이 결국 모든 사람과 사물들에 대한 깊은 관심과 사랑에 가득 찬 삶이라면 일상적 세계도 사실은 사랑을 중요한 가치로 추구하지 않겠느냐고 말이다.

나는 하이데거가 이에 대해 긍정적으로 답하리라 생각한다. 실로 일상 세계에서도 사랑은 중요한 가치로 내세워진다. 그럼에도 하이데거는 하나의 가치를 표방하면서 자신이 그러한 가치를 실현한다고 생각하는 것

25 하이데거 전집 9권 *Wegmarken*, 118쪽.

과 그 가치를 진정으로 실현하는 것 사이에는 본질적인 차이가 존재한다고 보았다.

일상적인 비본래적인 실존의 근본적인 특성 중 하나인 애매성에 따라서 우리가 빈말과 호기심에 가득 찬 삶을 생기와 흥분으로 가득 찬 진정한 삶으로 착각하는 것처럼, 우리는 사실상 타인들에 대한 지배욕이나 소유욕 혹은 현시욕을 진정한 사랑으로 착각하는 경우가 많다. 비본래적인 실존의 삶이 갖는 가장 결정적인 특성이 타인들과 비교해 자신의 우월성을 주장하려는 격차성이라면, 비본래적인 실존에서 사랑이라는 이름으로 행해지는 행위는 타인에 대한 소유나 지배를 추구하는 것일 가능성이 높다.

따라서 하이데거는 사랑이라는 가치를 우리가 진정으로 구현하려면, 그 가치를 온몸으로 구현하는 본래적인 실존으로 전환해야 한다고 본다. 하이데거가 본래적인 실존으로 전환되는 과정에서 불안이 갖는 의의를 강조하고 있는 것도 바로 이 때문이다. 우리가 '결단성'에서 불안으로부터 도피하지 않고 그것을 인수한다는 것은, 일상 세계에서 추구하는 모든 세간적인 가치, 즉 사람들 간의 노골적이거나 은밀한 경쟁을 조장하고 사람들을 편협한 자기중심적인 인간들로 만드는 가치의 무의미성을 단순히 머리로 아는 것을 넘어 온몸으로 체득하는 것을 의미한다.

하이데거에게 불안은 푀겔러와 같은 사람들이 주장하는 것처럼 사태를 불투명하고 애매하게 개시하지 않는다. 오히려 그것은 일상의 실상을, 그 어떠한 지성적인 설득에 의한 것보다도 더 분명하게, 다시 말해 우리의 온몸이 일상적인 실존의 무의미 앞에서 섬뜩함을 느끼는 방식으로 보여준다. 하이데거에게 기분은 항상 이해를 수반하며, 이해는 또한 '기분 지어진 이해'다. 특히 불안과 같이 일상의 실상을 그 어떤 일상적인 기분보다 뚜렷하게 개시하는 근본기분은 우리의 본래적인 실존 가능성에 대해 우리가 온몸으로 체득하는 명료한 이해를 우리에게 증여하는 것과 다름없다.

이런 맥락에서 하이데거가 어떠한 보편적인 가치도 인정하지 않는 결단주의나 주의주의에 빠졌기 때문에 나치에 참여했다고 보는 사람들에게 다음과 같은 물음을 제기할 수 있다. '우리는 과연 보편적인 가치를 내세우는 것만으로도 사람들이 나치즘에 빠지고 서로 전쟁을 하는 것을 막을 수 있는가'라고 말이다. 수많은 사람이 인류애라는 이름 아래 제1차세계대전과 제2차 세계대전에 참여해 살상을 자행하는 데 앞장섰다.[26]

이런 의미에서 하이데거는 오늘날 세계에서는 이른바 보편적인 가치가 다른 민족들을 정복하고 지배하기 위한 슬로건이 되어 버렸다고 본다. 즉 현대기술문명에서는 아무리 보편적인 가치가 드높게 외쳐져도 사실은 기술문명을 실질적으로 지배하는 탐욕스러운 힘에의 의지의 수단들,—『존재와 시간』의 용어로 말하자면—사람 혹은 국가가 서로 격차를 늘이거나 따라잡기 위해 내세우는 슬로건에 불과하다는 것이다.

이에 하이데거는 보편적인 가치의 정립이 아닌 인간 각자의 전면적인 변혁이 필요하다고 주장한다. 그리고 하이데거는 철학의 과제는 보편적인 가치를 내세우고 그것들의 정당성을 논증하는 것이 아니라고 본다. 철학의 과제는 오히려 사람들이 인간을 포함해 모든 사물의 성스러운 존재를 볼 수 있고 존중할 줄 아는 자로 어떻게 변화할 수 있는지 제시하는 것이다.

하이데거가 신칸트학파식의 가치철학을 비판한 이유는 부르디외를 비롯한 많은 비판가가 주장하는 것처럼 그가 주의주의적인 결단주의에 빠졌기 때문이 아니다. 오히려 신칸트학파식의 가치철학이 현실과 당위를 분리하면서 현실에 존재하는 사물들의 성스러운 존재를 볼 수 없게 되었기 때문이다. 이들에게 현실적인 존재는 수학적으로 계산할 수 있는 존재에 불과하기에, 이들은 공허해진 현실 저편에 가치가 존재한다고 상정할 수밖에 없었으며 그러한 가치를 현실에 가져와 실현해야 한다고 보았다.

---

26 Hans Sluga, *Heidegger's Crisis: Philosophy and Politics in Nazi Germany*, 9쪽 참조.

그러나 하이데거는 과학을 통해 수학적으로 계산할 수 있는 것으로 드러나는 세계는 우리가 살고 있는 구체적인 삶의 세계가 아니라 추상 세계라고 여겼다. 하이데거에 따르면, 우리가 살고 있는 구체적인 삶의 세계는 가치와 분리되지 않은 그 자체로 성스러운 세계다. 다만 비본래적 실존은 편협하고 자기중심적인 세상 사람의 눈을 가지고 있기에, 우리가 사는 세계의 성스러움을 보지 못할 뿐이다.

불안에서 우리에게 엄습해 오는 양심의 소리에 귀 기울일 때, 우리에게는 그동안 은폐되어 있던 존재자들의 성스러운 존재가 개시된다. 성스러운 존재에 비하면, 신칸트학파를 비롯해 세간적인 가치는 아우라가 사라져 버린 사물들의 대상성을 치장하는 장식물에 불과하다.[27]

27 마르틴 하이데거, 『세계상의 시대』, 68-69쪽 참조.

키르케고르와 하이데거의 불안 개념*

1. 키르케고르와 하이데거 사이의 대화 가능성

하이데거의 『존재와 시간』은 아리스토텔레스의 철학을 비롯해 후설의 현상학과 딜타이의 해석학, 그리고 생철학 등 다양한 사상에 영향을 받았다고 인정된다.[1] 그러나 『존재와 시간』에서 행해지는 현존재 분석에는 쇠렌 키르케고르가 가장 결정적인 영향을 준다.[2] 『존재와 시간』에서 전개되는 실존, 이해, 세상 사람, 불안, 시간성, 단독자, 결단, 순간, 역사성, 반복에 대한 분석에서 무엇보다 키르케고르를 떠올리지 않을 수 없는 것이다.

하이데거는 『존재와 시간』에서 자신은 그리스도교를 비롯한 어떠한 종교적인 이념도 전제하지 않으며 '생(生)을 생 자체로 파악하려 한다'고 주장한다. 그럼에도 키르케고르로부터 많은 사상적인 자양분을 공급받는 것이다. 이에 대해 칼 뢰비트는 『존재와 시간』이 신 없는 신학(gott-lose

---

* 「키에르케고르와 하이데거의 불안 개념의 비교연구」(『시대와 철학』 18호, 1999년 6월)를 수정하였음.

1 Thomas Rentsch, *Martin Heidegger: Das Sein und der Tod*, Piper, 1989, 117쪽.

2 하이데거 전집 63권 *Ontologie, Hermeneutik der Faktizität*, Vittorio Klostermann, 1988 참조.

Theologie)이지만 궁극적으로는 개신교적인 전제에 서 있는 저작이라고 주장했다.[3] 같은 이유로 개신교 신학자 루돌프 불트만도 『존재와 시간』에서 전개된 실존 분석을 자신의 신학을 위한 인간학적인 전제로 수용했다.

나는 하이데거가 『존재와 시간』을 집필할 당시 키르케고르의 실존 분석에 지대한 영향을 받았다는 사실을 인정한다. 그러나 『존재와 시간』은 이미 키르케고르적인 사고틀을 상당 부분 넘어서고 있기도 하다. 키르케고르에게 인간은 무엇보다 신 앞의 존재로서 신과의 관계 속에서 고찰되지만, 하이데거에게 인간은 세계-내-존재로서 세계와의 관계 속에서 고찰된다. 아울러 하이데거는 신의 존재를 부정하지는 않지만 세계 지평과의 연관 아래 신을 생각한다.

하이데거가 아리스토텔레스, 이마누엘 칸트, 에드문트 후설, 빌헬름 딜타이와 같은 사상가들의 사상을 변용하여 수용하는 것과 마찬가지로 그는 키르케고르의 사상도 변용하여 수용한다. 나는 『존재와 시간』에서 후기 하이데거 사상으로 나아가는 길은 곧 『존재와 시간』에서 현저하게 드러나는 키르케고르 사상의 영향에서 벗어나는 과정이라고 생각한다. 그리고 이는 우리가 『존재와 시간』을 비롯한 하이데거의 초기 글을 읽을 때도 단순히 키르케고르적인 사상의 영향을 간취하는 것을 넘어 어떤 변용이 있는지 주목해야 한다고 생각한다. 이는 전회 이후의 하이데거 사상은 초기에 전혀 존재하지 않던 것을 전개하는 게 아니기 때문이다. 그것은 초기 사상에 이미 존재했지만, 초기 하이데거가 부지불식간에 빠져 있던 키르케고르를 포함한 근대철학의 전통에 의해 개화될 수 없었던 사상적인 단초를 보다 철저하게 전개해 나간다.

따라서 키르케고르의 사상과 하이데거 사상을 비교하는 작업은 하이

---

3 Karl Löwith, *Heidegger: Denker in dürftiger Zeit*, J. B. Metzler, 1984, 140쪽. 이에 관해서는 아울러 Thomas Rentsch, *Martin Heidegger: Das Sein und der Tod*, 74쪽을 참조.

데거의 사상과 그의 사유 도정이 갖는 성격을 규명하는 데 크게 기여할 수 있다. 이러한 비교 연구는 『존재와 시간』에서 우리가 키르케고르의 영향을 가장 강하게 느낄 수 있는 주제, 즉 실존, 이해, 세상 사람, 불안, 시간성, 단독자, 결단, 순간, 역사성, 반복 등을 전체적으로 살필 경우에만 완전하다. 그러나 이 글에서는 불안만을 중심으로 키르케고르와 하이데거 사상의 연관성과 차이를 드러내고자 한다.

내가 불안을 양자 사상을 비교하기 위한 준거점으로 택한 데는 두 가지 이유가 있다.

첫째, 하이데거의 불안 분석은 그가 다루는 어떤 주제보다 키르케고르의 영향을 가장 강하게 받았기 때문이다. 자신이 영향받은 사람들을 거의 밝히지 않는 하이데거가 『존재와 시간』에서 행해지는 불안 분석만큼은 키르케고르에게 영향받았다고 고백한다.[4] 따라서 양자의 불안 개념에 대한 비교는 연관성과 차이를 드러내는 데 좋은 실마리가 될 수 있다고 본다.

둘째, 양자에서 불안은 매우 큰 비중을 갖는 개념이기 때문이다. 키르케고르는 불안만을 주제로 삼아 『불안의 개념』이라는 한 권의 책을 쓰기도 했다. 하이데거는 불안을 『존재와 시간』에서 논지 전개의 전환점으로 삼고 있다. 불안은 양자의 사상에서 핵심 역할을 하는 것이다. 따라서 양자의 불안 개념을 고찰하는 작업은 양자의 사상 전체가 갖는 연관성과 차이를 드러낼 수 있다.

아울러 이 글은 단순히 키르케고르와 하이데거의 비교라는 철학사적인 관심사에 머물지 않는다. 양자의 불안 개념을 비교함으로써 인간에 대해 보다 깊은 이해에 도달하는 데 기여하고자 한다. 본문에서 밝히겠지만 키르케고르와 하이데거 모두 불안을 인간에게서만 나타나는 인간의 본질

4 Martin Heidegger, *Sein und Zeit*, 190쪽 참조.

적인 현상으로 본다. 불안을 이해함으로써 우리는 인간이라는 불가사의한 존재의 비밀에 한걸음 더 다가갈 수 있을 것이다.

2. 키르케고르의 불안 개념

나는 키르케고르의 불안 개념을 그가 불안에 대해 집중적으로 고찰한 『불안의 개념』을 중심으로 고찰해 보려고 한다.[5]

그리스도교적 사상가로서 키르케고르는 『불안의 개념』에서 불안을 죄와 구원이라는 맥락에서 분석한다. 따라서 그가 염두에 두고 있는 불안은 어디까지나 죄를 가능하게 하는 조건으로서의 불안과 죄 안에 있는 인간들의 불안이다. 그러나 그는 정작 죄가 무엇인지에 대해서는 이 책에서는 분명하게 밝히고 있지 않다. 그는 죄에 대해 독자들이 이미 이해하고 있다고 전제하는 것 같다. 바로 이것이 키르케고르의 『불안의 개념』이 해독하기 어려운 이유 중 하나다.[6] 이에 키르케고르의 불안 분석을 이해하기 위해서는 무엇보다 먼저 그의 죄 개념을 살펴야 한다.

키르케고르는 죄 개념을 『죽음에 이르는 병』에서 치밀하게 전개한다.[7] 키르케고르에 의하면 인간은 신체와 영혼, 과거와 미래, 필연성과 가능성, 유한성과 무한성의 종합이다. 이 양극들은 저절로 종합되는 것이 아니라 인간의 자유로운 의지에 의해 종합된다. 이러한 의지를 키르케고르는 정

---

5 Sören Kierkegaard, *Der Begriff Angst*, Diederichs, 1952.

6 비보우(Gregory R. Beabout) 역시 『불안의 개념』은 키르케고르의 책 중에서 가장 어렵다고 말한다. Gregory R. Beabout, *Freedom and Its Misuses: Kierkegaard on Anxiety and Despair*, Marquette University Press, 1996, 69쪽.

7 Sören Kierkegaard, *Die Krankheit zum Tode*, Syndikat. 1984.

신 또는 자아라고 부른다.[8] 인간은 신체와 영혼, 유한성과 무한성, 필연성과 가능성을 의식적으로 종합해야 한다. 이것은 영혼을 신체에, 무한성을 유한성에, 가능성을 필연성에 구현할 때 진정으로 수행된다. 그러나 인간은 대개 왜곡된 방식으로 종합을 수행하며 이것이 바로 죄다.[9]

첫 번째 왜곡된 종합의 형태는 인간이 갖는 유한성과 필연성을 무시하고 무한성과 가능성으로 도피하는 것이다.[10] 인간은 유한한 삶을 살 수밖에 없으며, 자신이 조성하지 않은 필연적인 상황에 내던져 있는 존재이다. 그러나 인간은 자주 이러한 사실을 무시하고 공상과 상상력이 제공하는 기만적인 무한성과 가능성에서 구원을 찾으려고 한다. 키르케고르의 눈에는 절대정신의 입장에서 세계를 인식하려는 게오르크 빌헬름 프리드리히 헤겔의 입장이나 시적인 상상력의 세계에서 살아가려는 태도 모두 왜곡된 종합, 즉 죄의 사례이다.

두 번째 왜곡된 종합의 형태는 유한성과 필연성만을 절대시하고 인간이 갖는 무한성과 가능성의 차원을 도외시하는 죄이다. 그것은 상상력을 결여한 채 세간의 무상한 것들에 빠져서 자신의 무한하고 영원한 가능성에서 등을 돌린다. 이 경우 사람들에게 최대 관심은 찰나적인 쾌락을 향유하거나 세속적인 안정과 성공을 거두는 일이다.[11]

이상에서 보았듯이 사람들은 보통 유한한 가능성에 빠지거나, 무한한 환상과 사변에 빠져서 무한성을 유한성 안에 진정으로 구현하려고 하지 않는다. 어떤 사람들은 무한성과 가능성을 유한성과 필연성 안에, 즉 지상에 구현하려고 하지만 신에 의지하지 않고 오직 자신의 힘만으로 구현하려고 한다. 바로 이것이 왜곡된 종합의 세 번째 형태다. 무한성과 가능성

8 Sören Kierkegaard, *Die Krankheit zum Tode*, 13쪽 참조.

9 Sören Kierkegaard, *Die Krankheit zum Tode*, 28쪽 참조.

10 Sören Kierkegaard, *Die Krankheit zum Tode*, 29쪽 이하 참조.

11 Sören Kierkegaard, *Die Krankheit zum Tode*, 31쪽 이하 참조.

은 인간이 지향하는 선의 이념이기에 신적인 존재에 의존하지 않고도 선을 이 지상에 얼마든지 구현할 수 있다고 믿는 것이다. 오히려 그들은 신에게서 구원을 찾는 일이 노예근성과 연약함에서 비롯되는 것이라며 비웃는다. 그들은 신이 세계를 불합리하게 창조했다고 주장하면서 신에 반항하고, 자신의 힘으로 이 세계에 선을 구현할 수 있다고 자부한다.[12]

그러나 신에 의해 창조된 자인 인간은 오직 신에 귀의함으로써 진정한 종합을 이룰 수 있고 진정한 자기가 될 수 있다. 신에게 반항하는 자 역시 사실은 진정한 자신을 폐쇄하는 것이다. 이러한 삶의 태도는 신에게 저항하고 대드는 것이라는 점에서 키르케고르는 악마적인 것(das Dämonische)이라고 부른다.[13]

죄는 인간 정신만이 갖는 자유라는 능력을 잘못 사용한 것이다. 자유를 오용함으로써 인간은 스스로 절망적인 조건을 조성한다.

1) 전통적인 원죄 해석에 대한 비판

우리는 이상에서 키르케고르가 말하는 죄가 무엇을 의미하는지 살펴보았다. 이제 키르케고르의 불안 분석을 살펴볼 것이다. 키르케고르는『불안의 개념』에서 원죄를 분석하는 것으로 시작한다. 전통적인 원죄 해석에 따르면, 아담이 죄를 범했고 우리는 그의 자손이기에 죄인이 된 것이다. 아담이 달리 행동했더라면 인류는 비참한 상황으로 떨어지지 않았을 것이므로 원죄의 책임은 전적으로 아담에게 있다고 보는 해석이다.

키르케고르는 원죄에 대한 이러한 해석을 거부한다. 그 이유는 이 해석이 아담의 죄를 모든 인류의 죄의 기원으로 상정하는 동시에 아담을 인

12 Sören Kierkegaard, *Die Krankheit zum Tode*, 65쪽 이하 참조.

13 Sören Kierkegaard, *Die Krankheit zum Tode*, 70쪽 참조.

류 전체와 구별되는 특별한 존재로 만들기 때문이다.[14] 또한 이 해석은 죄가 유전되고, 인간이 유전에 의해 완전히 결정된다고 본다. 그러나 죄가 유전되고 유전이 인간의 사고와 행위를 결정한다면, 인간은 죄에 대해 책임이 없어진다. 죄의 유전적인 성격을 강조하면, 역설적으로 아담 이후의 사람들은 죄인이 아니라는 결론이 따라 나오는 것이다. 유전의 결정적인 영향력을 강조하는 것은 인간에게 존재하는 종(種)적인 성격만을 절대시하면서, 개별 인간을 자유와 책임 의식을 지닌 독자적인 개인으로 보지 않는 것을 의미한다. 그러나 인간들은 유전된 죄성을 통해서가 아니라, 자유로운 선택에 의해 죄를 지음으로써 자신의 순진무구함(Unschuld)을 상실한다.[15] 따라서 아직 자유로운 선택 능력을 갖지 못한 어린아이들은 죄가 아닌 순진무구한 상태에 놓여 있다.

키르케고르는 아담이 그 후에 태어난 인간들과 본질적으로 다르거나 특별하지 않다고 본다. 모든 인간은 인류라는 동일한 종에 속하지만, 독자적인 개인이다. 이러한 사실은 아담에 대해서도 타당하다.[16] 그는 특별한 존재가 아니라 다른 모든 인간과 동일하다. 따라서 아담이 범하는 최초의 죄는 모든 인간이 범하는 최초의 죄와 유사하다.

원죄에 대한 전통적인 해석은 인간의 죄성에 대한 성서의 신화적인 해석을 문자 그대로 수용한다. 이에 반해 키르케고르는 원죄를 '실존적인 죄성(eine existenzielle Sündhaftigkeit)'으로 보면서 그것을 신화적이 아닌 심리학적이고 인간학적으로 해명하려고 한다.[17] 따라서 인간의 원죄성에 대한 키르케고르의 분석은 아담의 죄가 아닌 인간의 보편적인 죄성을 해석하는 데 초점이 맞춰져 있다. 이와 함께 아담이 죄를 짓는 사건, 즉 타죄(墮

---

14 Sören Kierkegaard, *Der Begriff Angst*, 22쪽 참조.

15 Sören Kierkegaard, *Der Begriff Angst*, 34쪽 참조.

16 Sören Kierkegaard, *Der Begriff Angst*, 25쪽 이하 참조.

17 Christoph Schulte, *Radikal Böse*, Fink, 1991, 292쪽 참조.

罪: Sündenfall)의 사건에 대한 성서의 이야기는 모든 인간의 삶에서 일어나는 하나의 사건, 즉 순진무구의 상태로부터 죄의 상태로의 이행이라는 사건을 서술하는 이야기로 간주된다.[18]

2) 타죄 이전의 상태에서의 불안

인간이 죄를 범하기 이전의 상태는 곧 아직 자유로운 정신이 깨어나지 않은 어린아이의 순진무구한 상태이다. 순진무구한 상태에서 인간은 신체와 영혼, 유한성과 무한성, 필연성과 가능성, 시간과 영원을 관계시키기 위해 아무것도 하지 않는다. 그 양극을 의식적으로 관계짓는 것은 자유로운 선택 능력을 갖는 정신이지만, 순진무구의 상태에서는 정신이 아직 깨어나지 않은 것이다. 순진무구의 상태에서도 인간은 실로 두 가지 극의 종합이다. 그러나 이 상태에서는 선택하는 의지로서의 정신이 아직 개입하지 않기에 아직 자아는 아니다. 정신으로서의 자아는 그를 구성하는 양극 사이에 적극적으로 개입하지 않아 양극의 통일은 소극적인 데 그친다. 자아는 소극적 통일에 책임이 없다.

키르케고르에게 순진무구의 상태란 통상적으로 여겨지는 것처럼 선한 상태가 아니라 선악의 구별에 대한 인식조차 존재하지 않으며 선악 사이에서 무엇인가를 선택하려는 의지도 존재하지 않는 상태이다.[19] 오히려 순진무구의 상태는 인간의 탁월성을 이루는 의식적인 선택과 결단의 능력인 정신과 자아가 각성하지 못한 것으로 아직 인간의 탁월성이 발휘되지 못함을 의미할 뿐이다. 순진무구의 상태에서는 자아를 구성하는 양극들을 어떻게 종합할 것인지에 대한 고뇌도 없고 선악의 구별에 대한 인식조차

18 John Macquarrie, *Existentialism*, Penguin Books, 1972, 166쪽 참조.

19 Sören Kierkegaard, *Der Begriff Angst*, 51쪽 참조.

없기에, 죄책감을 비롯한 정신적인 갈등도 존재하지 않는다. 키르케고르는 이렇게 말한다.

> 순진무구의 상태에서는 평안과 평정이 지배한다.[20]

이에 반해 타죄는 인간이 선이 아닌 악을 택함으로써 영원과 시간, 신체와 영혼을 그릇되게 종합해 불안과 혼돈에 빠지는 사건이다. 그것은 정신이 자신의 자유로운 선택과 종합 능력을 처음으로 발휘하는 사건이다. 이런 의미에서 그것은 인간이 자신의 죄성을 자각하고 신에 귀의함으로써 진정으로 정신과 자아가 되기 위한 첫걸음이다. 따라서 타죄와 관련해 제기되는 결정적인 물음은, 어떻게 정신이 선악에 대한 무지에서 벗어나 선악의 구별에 눈을 뜨고 유한성과 무한성, 신체와 영혼이라는 양극을 종합하는 것을 자신의 과제로서 정립하냐다.

만약 정신의 각성이 인간 자신이 아닌 다른 것에 의해 일어난다면, 인간은 타죄에 대해 책임질 게 없어진다. 이는 순진무구의 상태가 타죄를 가능케 하는 정신을 어떤 방식으로든 그 안에 포함해야 한다는 것을 의미한다. 다시 말해 순진 무구의 상태는 양의적인 의미를 갖는다. 즉 그것은 영혼과 신체가 직접적이고 소극적으로 통일된 상태이다. 그럼에도 정신은 통일 상태 안에 이미 그것을 지양할 수 있는 인자로 은닉되어 있다. 순진무구한 상태의 인간도 동물이 아닌 이상, 정신을 갖는다. 다만 정신이 아직 각성하지 못하고 있을 뿐이다. 이러한 상태를 키르케고르는 정신이 꿈꾸고 있는 상태로 규정한다.[21]

정신은 꿈꾸는 상태에서 벗어나 깨어나면서 평화로운 순진무구의 상

---

20 Sören Kierkegaard, *Der Begriff Angst*, 39쪽.

21 Sören Kierkegaard, *Der Begriff Angst*, 40쪽 이하 참조.

태를 지양한다. 각성된 정신의 상태에서는 영혼과 신체의 직접적인 통일 대신 영혼과 신체의 분열과 대립이 들어선다. 꿈꾸는 정신 상태가 직접적인 통일의 상태인 반면에, 각성된 정신 상태는 영혼으로서의 나와 신체로서의 나, 그리고 나와 다른 존재자들 사이의 차이와 대립에 대한 의식이 지배하며 그것들 간의 종합을 과제로 의식하는 상태이다. 키르케고르는 이렇게 말한다.

> 깨어 있는 상태에서는 나와 타자 사이의 차이가 정립된다. 이에 반해 잠들어 있는 상태에서는 차이가 지양되고, 꿈꾸는 상태에서는 차이가 암시된 무(ein angedeutetes Nichts)로서 존재한다.[22]

꿈꾸는 정신도 정신인 이상, 자신의 본성에 대해 '어렴풋하게나마' 느낀다. 그는 자신의 본성을 의식적으로 자각하는 것이 아니라 불안 안에서 느낀다. 불안 속에서 정신은 자신의 능력을, 즉 단순히 필연적인 법칙에 순종하는 것이 아닌 의식적으로 종합하고 선택하는 자유의 능력을 예감한다. 정신이 불안해 하는 대상은 규정된 어떤 것이 아니라 정신에게 고유한 자유의 능력이다. 불안의 대상은 규정된 어떤 것이 아니라는 점에서 무(das Nichts)이다. 이와 관련해 키르케고르는 불안을 무서운 동물이나 끔찍한 사건처럼 분명히 규정할 수 있는 대상에서 느끼는 공포와 구별한다.[23] 꿈꾸는 정신은 불안 속에서 자신이 지닌 고유한 자유의 능력을 막연히 예감하며, 자신의 가능성 앞에서 불안해한다. 키르케고르는 이렇게 말한다.

> 그 다른 어떤 것이란 무엇인가? 무이다. 그러나 무는 무엇을 낳는가?

---

22 Sören Kierkegaard, *Der Begriff Angst*, 40쪽.
23 Sören Kierkegaard, *Der Begriff Angst*, 40쪽 참조.

> 그것은 불안을 낳는다.[24]

순진무구의 상태에서 정신이 꿈꾸는 정신으로 깨어 있지도 잠들어 있지도 않는 양의성을 갖는 것처럼, 불안 역시 양의성을 갖는다.

한편 불안 속에서 인간은 자유의 가능성을 두고 불안해 한다. 자유의 가능성은 인간이 순진무구의 상태에서 평화롭게 누리는 직접적인 통일의 상태를 위협하기 때문이다. 그러나 동시에 그것은 인간을 유혹한다. 자유의 가능성은 정신의 힘, 즉 자기 자신을 스스로 규정할 수 있는 힘으로서 순진무구한 인간을 유혹한다. 이런 의미에서 키르케고르는 불안을 "일종의 공감적인 반감이자 반감적인 공감(eine sympathetische Antipathie und eine antipathetische Sympathie)"이라고[25] 규정한다. 공포는 특정 대상에 대한 것이고 인간은 공포 상태에서 그 대상에 대해 두려움만을 갖는다. 반면 불안에서 인간은 자신의 가능성에 대해 반감을 가지면서도 그것에 끌린다.

그러면 인간이 꿈꾸는 정신의 상태에서 의식적으로 죄를 범하는 정신으로 나아갈 때, 불안은 어떠한 역할을 하는가? 키르케고르는 이렇게 말한다.

> 불안은 정신이 종합을 정립하려 할 경우에 일어나는 자유의 현기증이다. 자유는 자신의 고유한 가능성을 내려다본다. 그러고 나서 자유는 자신을 유지하기 위해 유한성을 붙잡는다.[26]

인간은 꿈꾸는 정신의 상태에서 느끼는 자유의 현기증에서 벗어나기 위해 유한성을 붙잡고 집착하는 데 그것이 바로 타죄이다. 그리고 인간이

24 Sören Kierkegaard, *Der Begriff Angst*, 40쪽.

25 Sören Kierkegaard, *Der Begriff Angst*, 40쪽.

26 Sören Kierkegaard, *Der Begriff Angst*, 61쪽.

부나 명예, 혹은 자신의 신체나 매력적인 이성(異性) 등과 같은 유한한 것에 집착하게 하는 것은 불안이라는 자유의 현기증이기에, 불안은 죄를 가능하게 하는 조건이다. 유한한 것들에 집착하면서 인간은 자신을 타인과 구별하며 가능한 한 자신을 높이고 타인들보다 유리한 지위를 점하기 위해 노력한다. 즉 죄를 짓는다.

이상에서 보았듯이 키르케고르에게 불안은 단순히 하나의 감정이 아니라 인간이 자유로운 정신을 지녔다는 징표이다. 불안은 인간의 존재론적 구조, 즉 인간은 자유로우며 자신의 선택에 대해 홀로 책임질 수밖에 없는 존재라는 데서 비롯된다. 따라서 인간의 정신은 항상 불안 속에서 선택한다.[27]

3) 타죄 이후 상태에서의 불안

꿈꾸는 상태에서 정신은 자신을 현실적으로 아직 정립하지 못한 채 자신의 가능성을 막연하게 예감할 뿐이다. 이러한 상태에서는 불안도 막연하게 느껴질 뿐 의식되지 않는다. 정신의 각성과 함께 비로소 인간은 자신의 불안을 의식한다.

그런데 꿈꾸는 정신에서 각성된 정신으로 나아가는 것은 점진적이 아닌 비약을 통해 일어난다.[28] 이러한 질적인 도약은 순진무구의 상태에서 죄의 상태에로의 도약이다. 이때 정신은 유한한 것 중 하나를 포착함으로써 불안의 현기증에서 벗어나려고 한다. 정신이 꿈꾸는 상태에서 불안을 낳는 자유의 무한한 가능성으로부터 유한한 현실로 도피하는 순간 죄가 성립되는 것이다. 죄는 꿈꾸는 정신의 상태에서는 잠재적으로만 존재했던 인간의

27 Sören Kierkegaard, *Der Begriff Angst*, 42쪽 참조.

28 Sören Kierkegaard, *Der Begriff Angst*, 46쪽, 114쪽 참조.

자유가 현실화되는 것이지만, 그릇된 방식으로 현실화되는 것이다.[29]

사람들은 타죄라는 질적인 비약을 통해 불안은 사라질 것이라고 생각할지도 모른다. 불안은 자유의 가능성이 자신을 개시하는 방식이지만, 이제 타죄를 통해 자유의 가능성이 현실이 되었기 때문이다. 그러나 불안은 사라지지 않는다. 타죄 이후에 정립된 현실이 바람직하지 못한 현실이기 때문이다. 사람들은 유한한 것들에 집착하는 삶에 만족하지 못하고 불안해하는 것이다. 그리고 이는 인간이 유한한 것들에 집착하는 것으로는 평안을 찾을 수 없는 존재론적인 구조를 갖기 때문이다. 인간이 진정 평안을 찾을 수 있는 것은 무한성과 영원성을 유한성과 시간에 구현할 때다.

그런데 진정한 무한성과 영원성은 신이기에 무한성과 영원성을 유한성과 시간에 구현한다는 것은 자신의 삶에 신을 영접하고 매 순간을 신의 정신에 따라 사는 것을 의미한다. 따라서 불안은 이제 순진무구한 상태와 자유의 가능성이 지닌 긴장에서 생기는 것이 아니라, 자유로운 정신이 선택한 그릇된 삶과 장차 구현해야 할 바람직한 삶인 구원 사이에서 비롯되는 긴장으로 다시 나타난다.

발터 슐츠의 말을 빌려 말하면, 정신이 각성된 상태에서 인간이 느끼는 불안은 자신이 '신체를 통해서는 세계에 구속되어 있지만, 정신을 통해서는 세계를 초월해 있다'는 대립 상태에 따른 불안이다.[30] 각성된 정신에서 불안은 인간의 자유가 '구속된 자유(eine gefesselte Freiheit)'라는 데서 비롯되는 것이다.[31] 그리고 이는 불안이 인간 고유의 것임을 의미한다. 동물은 순전히 감각적인 존재이기에 불안을 알지 못하며, 천사 역시 순수한 정신이기에 불안을 알지 못한다.[32]

---

29 Christoph Schulte, *Radikal Böse*, 298쪽 참조.

30 Walter Schulz, *Philosophie in der veränderten Welt*, Günther Neske, 1976, 392쪽 참조.

31 Sören Kierkegaard, *Der Begriff Angst*, 48쪽 참조.

32 Sören Kierkegaard, *Der Begriff Angst*, 161쪽 참조.

꿈꾸는 정신의 상태에서 인간이 자유의 가능성을 사랑하면서도 두려워하는 것처럼, 각성된 정신의 상태에서도 인간은 구원의 가능성을 갈구하면서도 두려워한다.[33] 인간은 하나의 유한한 가능성에 집착하면서, 구원을 통해 그것이 소멸될까 두려워하는 것이다. 그러나 그는 다른 한편으로 유한한 가능성이 그에게 진정한 휴식을 가져다줄 수 없음을 느낀다. 따라서 그는 구원을 암암리에 갈구한다. 이와 함께 타죄 이후에 나타나는 첫 번째 변화는 불안의 대상이 정신의 자유라는 무규정적인 무(das Nichts)가 아니라 '구원의 가능성'이라는 어떤 것(Etwas)이 된다는 점이다.

타죄 이후에 나타나는 두 번째 변화는 정신이 성(性)의 차이에 눈을 뜬다는 것이다. 정신이 꿈꾸는 상태에서 깨어나는 것과 함께 최초로, 그리고 가장 근원적으로 갖는 인식은 영혼과 신체의 차이이다. 타죄와 함께 신체는 영혼에 대한 대립물로서 정립되며, 인간은 자신의 신체를 영혼과는 다른 것으로 의식하게 된다. 이와 동시에 그는 영혼과 신체 사이의 종합을 자신이 실현해야 할 과제로서 의식하게 된다.

그런데 신체는 항상 남성 또는 여성의 신체로 나타난다. 따라서 신체가 의식된다는 것은 인간이 성(das Geschlechtliche, das Sexuelle)과 성의 차이에 눈뜬다는 의미다. 키르케고르는 이렇게 말한다.

> 동물에게 성적인 구별은 본능적인 차원의 것이지만 인간에게 성적인 구별은 의식적인 차원의 것이다. […] 감성적인 것의 극단은 바로 성적인 것이다. 정신이 현실적이 되는 순간 비로소 인간은 이러한 극단에 도달할 수 있다. 그 이전에 인간은 실로 동물은 아니지만 또한 본래적으로 인간도 아니다.[34]

---

33 Sören Kierkegaard, *Der Begriff Angst*, 52쪽 참조.

34 Sören Kierkegaard, *Der Begriff Angst*, 47쪽.

동물도 물론 암수로서 존재하고 인간도 항상 남녀로 존재한다는 것은 정신에 앞서 이미 주어져 있는 사실이다. 그러나 정신이 이 사실을 의식함으로써 성과 성적인 차이는 인간에게 결정적인 의미를 갖는다.

인간의 신체를 '성적인 차이에 의해 규정된 신체'로 본다는 점에서 키르케고르는 서양철학의 역사에서 독특한 지위를 갖는다. 키르케고르는 실로 헤겔과 유사하게 정신의 우위를 주장한다. 그러나 그가 말하는 정신은 절대정신이 아니라 '신체에 의해 구속되어 있는 정신'이다. 그리고 이때 신체는 '철저하게 성적인 차이를 통해 규정된 신체'이다. 이런 점에서 키르케고르가 말하는 신체는 루트비히 포이어바흐나 아르투어 쇼펜하우어(Arthur Schopenhau), 그리고 니체처럼 신체를 중시하는 철학자들이 말하는 신체와도 다르다.

포이어바흐는 정신 대신 감성을 내세우면서 정신의 전통적인 우위를 부정한다. 그러나 포이어바흐가 말하는 감성에서 성적인 차이는 의미를 갖지 못한다. 포이어바흐의 감성은 헤겔의 정신이 전도된 것일 뿐이다. 헤겔이 정신에게 부여한 속성을 그는 감성에게 부여한 것이다. 헤겔의 정신이 성적으로 구속된 정신이 아닌 것처럼, 포이어바흐가 말하는 감성에서도 성적인 차이는 의미를 갖지 못한다.

이는 포이어바흐뿐 아니라 전통 형이상학을 전도하려는 쇼펜하우어나 니체에게도 타당하다. 양자는 신체를 물 자체로 높이고 정신을 무가치하게 만들지만, 그들에게도 성적인 차이는 중요한 의미를 갖지 못한다. 이에 반해 키르케고르는 인간을 정신과 신체의 변증법적 통일로서 간주하면서, 신체를 성적인 차이에 의해 규정된 신체로 본다.[35]

어떻든 정신의 각성과 함께 정신은 성의 차이에 눈뜨며, 그러한 성적

---

35 Walter Schulz, *Philosophie in der veränderten Welt*, 393, 398쪽 참조.

인 차이의 종합을 또한 자신의 과제로 정립한다.[36] 성적인 차이를 종합한다는 것은, 사랑을 특정한 이성에 대한 사랑으로부터 모든 이웃에 대한 사랑으로까지 승화시킨다는 의미이다. 키르케고르는 자신의 저서 『사랑의 역사(役事)(Works of Love)』에서 남녀 간 사랑은 이기적인 사랑의 연장에 불과하며 결국 유한한 것에 대한 집착임을 예리하게 드러낸다.[37] 따라서 정신의 과제는 특정한 이성에 대한 사랑을 넘어서 모든 이웃을 사랑하는 무한한 정신으로 자신을 변화시키는 일이다.

키르케고르는 성에 대한 의식을 인간의 죄성과 연관시킨다. 죄 없이는 성과 성적인 차이에 대한 집요한 의식도 없다. 어떠한 신체도 갖지 않는 천사에게는 성의 구별도 성에 대한 집요한 의식도 죄도 없다.[38] 그렇다고 인간이 신체와 양성을 갖는다는 점이 죄의 근거가 되는 것은 아니다. 동물에도 양성이 있지만 동물에게는 죄가 없다. 죄를 저지른 것은 정신이다. 정신은 유한한 것들에 집착하면서, 신체가 제공하는 찰나적이고 순간적인 성적인 쾌락과 남녀 간 애정에 탐닉한다. 성에 대한 인간의 집착은 집요하고 치열해서, 경우에 따라서는 치정살인과 같은 극단적인 형태로도 나타난다. 정신의 타죄를 통해 비로소 감성(Sinnlichkeit)은 죄의 성질을 갖는 것(Sündigkeit)이다.[39]

신체가 정신의 잘못된 선택으로 인해 죄를 갖게 되었다고 보는 점에서, 키르케고르는 신체 자체를 악으로 보는 형이상학의 전통과 분명히 선을 긋는다. 전통 형이상학에서 신체는 충동의 담지자로서 간주되었고, 이와 함께 악의 담지자로 단죄되었다. 욕망을 느끼고 욕망을 충족하려고 하

---

36 Sören Kierkegaard, *Der Begriff Angst*, 47쪽 참조.

37 키르케고르, 『사랑의 역사』, 임춘갑 옮김, 종로서적, 1979, 34쪽 참조.

38 Sören Kierkegaard, *Der Begriff Angst*, 47쪽 참조.

39 Sören Kierkegaard, *Der Begriff Angst*, 58, 74, 80쪽 참조. Christoph Schulte, *Radikal Böse*, 299쪽 참조.

는 것은 정신이 아니고 신체이기에, 정신은 악에 대해 책임이 없다는 것이다. 이에 반해 키르케고르에게 인간의 신체는 결코 자연적인 것이 아니다. 인간의 신체는 정신의 각성과 함께 성적인 신체로서 정립되기에 정신에 의해 규정된다. 따라서 정신은 신체에 대해 책임을 져야 한다. 다시 말해 신체가 죄성을 갖는다면, 그 책임은 신체 자체가 아니라 정신에게 있는 것이다.[40]

4) 구원을 가능하게 하는 조건으로서의 불안

타죄 이후의 불안은 자신의 무한한 가능성과 영원성을 유한성과 시간 안에서 실현해야 한다는 과제를 의식한 정신이 성적인 차이를 갖는 신체에 구속되어 있다는 데서 생긴다. 불안에서 벗어나기 위해서 인간은 유한한 것들에 더욱 집착할 수 있지만, 유한한 것들에 대한 집착을 단호하게 끊고 진정한 무한자인 신에게로 향할 수도 있다. 인간은 자유로운 존재이기에 죄에 빠질 수도 있지만, 구원으로 향할 수도 있는 것이다. 자유는 죄를 가능하게 하는 조건이지만, 구원의 가능조건이기도 하다.

이러한 사실은 자유에 수반되는 기분인 불안이 결코 부정적인 것만은 아님을 시사한다. 그것은 자유에 수반되는 자유의 현기증으로서 한편으로는 유한한 것들에 빠지는 죄를 범하게 하지만, 다른 한편으로는 죄에 빠진 인간을 끊임없이 엄습함으로써 구원으로 나아가게 하는 자극이 된다. 불안은 실로 고통이다. 그러나 그것은 정신에게 단순히 형벌만은 아니며 구원으로 이끄는 길이 될 수 있다.

따라서 키르케고르는 불안을 올바르게 배우는 것이야말로 최고를 배

40 Sören Kierkegaard, *Der Begriff Angst*, 47, 58, 63, 75, 80쪽 참조.

우는 것이라고 말한다. 인간은 불안해하는 법을 제대로 배우지 않을 경우, 불안해진 적이 없기에 혹은 불안에 빠져 헤어나지 못하기에 자신을 상실하기 때문이다.[41] 불안을 올바르게 배운다는 것은 인간은 '타죄 이전에도 타죄 이후에도 불안 속에 있으며 이러한 불안은 어떠한 인간적인 수단을 통해서도 극복될 수 없고 오직 신의 은총에 의해서만 극복될 수 있다'는 사실을 깨닫는 일이다.

타죄 이후의 불안은 인간에게 무한성과 영원성을 상기시키는 동시에 그것들을 유한성 및 시간과 종합해야 하는 과제를 상기시킨다. 불안해하는 법을 올바르게 배운 자는 불안이 본질적으로 무한하고 영원한 정신적인 존재인 자신이 찰나적인 쾌락이나 부, 명성 등과 같은 유한한 것에 집착하고 탐닉하는 데서 비롯된다는 것을 깨닫는다. 그는 자신이 유한한 것들에 집착하는 한, 결코 불안에서 벗어날 수 없음을 알게 된다. 불안을 올바르게 배울 경우, 그것은 우리로 하여금 불안에서 도피하기 위해 행해지는 모든 유한한 시도의 기만성을 깨닫게 하면서 진정으로 무한한 것을 추구하도록 촉구한다. 이때 인간은 불안에 의해 육성되고(gebildet) 성숙한 존재가 된다. 키르케고르는 이렇게 말한다.

> 불안에 의해 육성되는 자는 가능성에 의해 육성되는 자이다. 그리고 가능성에 의해 육성되는 자만 비로소 그의 무한성에 따라 육성된다.[42]

가능성에 의해서 육성된다는 것은 미래의 허황된 가능성에 의지함으로써 현재의 어려움에서 도피한다는 것을 의미하지 않는다. 키르케고르에게 가능성에 따라 산다는 것은 가장 어려운 현실에서 사는 것보다 더 힘든

---

41 Sören Kierkegaard, *Der Begriff Angst*, 161쪽 참조.

42 Sören Kierkegaard, *Der Begriff Angst*, 162쪽.

일이다.[43] 그것은 시적인 상상이나 헤겔적인 사변과 같은 손쉬운 가능성으로 도피하는 것이 아니다.

가능성에 의해 진정으로 육성되는 자는 유한한 것들이 제공하는 도피처를 기만적인 것으로 통찰한다. 이러한 자에게 불안은 그를 유한한 것들로부터 벗어나게 하면서 신앙으로 인도하는 것이 된다. 그는 신앙 이외의 장소에서는 결코 안식을 찾지 못한다. 오직 신앙에서만 정신과 신체, 영원과 시간, 가능성과 필연성의 종합이 영원히, 그리고 매 순간 가능하기 때문이다.[44] 불안과 불안에서 개시되는 가능성은 이런 의미에서 절대적으로 육성적이다. 따라서 불안을 제대로 배우는 자는 무한성을 얻지만, 그렇지 않은 자는 유한성 속에서 질식하게 된다.[45] 이런 의미에서 키르케고르에게 불안은 단순히 죄의 전제조건이나 타락한 인간실존의 근본 특성이 아니다. 키르케고르에게 불안은 신앙을 위한 전제이기도 하다.

3. 하이데거의 불안 개념

키르케고르가 불안을 죄와 구원이라는 그리스도교적인 관심사와 관련해 고찰하는 반면 하이데거는 불안을 자신의 존재 물음과 관련해 분석한다. 따라서 하이데거의 불안 분석을 이해하기 위해서는 우선 그의 존재물음에 대해 이해할 필요가 있다.

주지하다시피 하이데거는 자신의 전체 사유 도정 걸쳐서 존재 물음을 새롭게 제기하는 것을 목표로 삼는다. 그의 존재물음은 초기와 후기에서

43 Sören Kierkegaard, *Der Begriff Angst*, 163쪽 참조.
44 Sören Kierkegaard, *Der Begriff Angst*, 121쪽 참조.
45 Sören Kierkegaard, *Der Begriff Angst*, 164쪽 참조.

상이한 방식으로 전개된다. 그러나 여기서는 그의 존재물음이 초기와 후기를 통틀어서 궁극적으로 지향하는 바를 간략하게 살펴보고자 한다.

하이데거는 존재의 의미에 대한 물음을 새롭게 제기하는 것이 왜 필수적이라고 보는가? 이는 존재의 의미에 대한 결단이 우리 삶을 총체적으로 결정하기 때문이다. 예를 들어 서양 중세에서는 '존재자가 존재한다'는 사태를 '존재자가 신의 피조물로 존재한다'는 것으로 이해했고 이것이 삶의 전 영역, 즉 종교뿐 아니라 정치, 경제, 학문, 예술까지 지배했다. 현대의 과학기술시대에서는 '존재자가 존재한다'는 것을 '존재자가 계산 가능한 에너지의 집합으로 존재한다'는 의미로 이해하며 이러한 존재이해가 과학뿐 아니라 정치, 경제를 비롯해 우리 삶 전체를 규정한다.

존재 의미에 대한 이해가 우리의 삶 전체를 규정한다는 점에서 그러한 이해가 심원하고 풍요로운 것이라면 이에 바탕을 둔 삶 역시 심원하고 풍요로울 것이다. 그러나 그것이 피상적이고 빈약하다면, 우리 삶 역시 피상적이고 빈약할 것이다. 우리 삶 전체가 풍요롭기 위해서는 우리가 자명하게 전제하는 존재 의미에 대해 물을 필요가 있다.

하이데거가 보기에 현대는 외면적인 풍요에도 불구하고 공허하기 그지없는 시대이다. 이는 현대가 전제하는 존재이해가 피상적이고 빈약한 데서 비롯된다. 현대의 존재이해는 현대에 들어 돌발적으로 생성된 것이 아니라 서양 형이상학의 역사 속에서 자명하게 전제되었던 존재 의미를 보다 철저하게 밀고 나간 것이다. 따라서 현대의 존재이해를 극복하고 우리 삶을 풍요롭게 하기 위해서는 서양 형이상학이 전제하는 존재이해와 대결할 필요가 있다.

하이데거에 의하면, 플라톤과 아리스토텔레스를 중심으로 한 고대 존재론을 비롯해 데카르트와 칸트를 중심으로 한 근대 존재론마저도 존재 의미를 '존재자가 눈앞에 존재함(Vorhandensein)'으로 자명하게 전제한다. 그 결과 존재는 가장 보편적이고 자명한 것으로 간주되어 왔으며, 그에 따

라 서양 형이상학에서 존재 의미에 대한 물음은 제기될 수 없었다.[46]

그런데 전통 형이상학은 왜 존재 의미를 '존재자가 눈앞에 존재함'으로 보았을까? 전통 형이상학은 존재자 전체가 이론적인 판단을 통해 비로소 우리에게 개현된다고 여겼기 때문이다. 그러나 하이데거는 인간은 이론적으로 판단하기 전에 존재자 전체의 고유한 존재가 이미 개현된 세계 안에 살고 있다고 생각했다. 하이데거가 인간을 세계-내-존재(In-der-Welt-sein)라고 규정한 것도 이러한 맥락이다. 세계-내-존재로서의 인간은 데카르트의 자아처럼 고립된 자아가 아니라 존재자들과 긴밀한 연관 속에서 살며 존재자 자체의 고유한 존재에 따라 존재자와 관계한다.[47] 예를 들어 우리는 꽃에는 꽃의 고유한 존재에 상응하게, 동물에는 그것의 고유한 존재에 상응하게, 신(神)과 다른 인간들에게도 그것의 고유한 존재에 상응하게 관계한다.

그러나 우리가 존재자들의 고유한 존재에 상응하는 태도를 취하기 위해서는 존재자들이 그 자체로 이미 개현되어 있어야 한다. 즉 식물은 식물'로서' 동물은 동물'로서' 신은 신'으로서' 인간은 인간'으로서' 개현되어 있어야 한다. 인간은 본래 이렇게 '존재자 전체가 개현되어 있는' 세계 안에서 이미 살아간다. 하이데거에서 세계는 존재자 전체를 단순히 합한 것이 아니라 '존재자 전체가 각각 그 자체로서 자신을 드러내는 개방된 장'이다.[48]

그러면 인간에게는 어떻게 이론적인 판단 이전에 존재자 전체가 그 자체로 개현될 수 있는가? 전통적으로 그것은 인간이 동물과 달리 이성을 갖기 때문이라고 파악되었다. 이 경우 이성은 보통 판단 능력으로 간주되

46 Martin Heidegger, *Sein und Zeit*, 98쪽 참조.

47 하이데거 전집 29/30권 *Die Grundbegriffe der Metaphysik*, 397쪽 참조.

48 하이데거 전집 29/30권 *Die Grundbegriffe der Metaphysik*, 409쪽 참조.

었다. 그러나 이것이 가능하기 위해서는 존재자 전체가 그 자체로서 개현되지 않으면 안 된다. 다시 말해 내가 A라는 존재자를 다람쥐로서 파악하기 위해서는 다람쥐가 개현되어 있어야 한다. 판단하는 이성이 존재자를 그 자체로서 개현하는 것이 아니라 존재자의 근원적인 개현을 사용하고 그것에 의지하는 것이다. 하이데거는 이러한 개현성이 판단을 통해 비로소 가능해지는 게 오히려 판단을 가능케 한다는 점에서 그것을 선술어적(先述語的) 개현성 내지 선논리적 진리라고 부른다.

존재자 자체의 개현이 판단 능력으로서의 이성에 의해 비로소 생성되는 것이 아니라 판단 능력을 지닌 이성이 전제하는 것이라면, 개현은 무엇으로부터 비롯되는가? 그것이 인간의 판단 능력에서 비롯되는 게 아니라면 존재자 자체에서 비롯되는 것인가? 개현성이 존재자 자체의 속성이라면 동물도 개현성을 경험할 수 있어야 할 것이다. 동물에게는 존재자 자체가 개현되지 않기 때문에, 개현성은 존재자 자체의 속성이 아니다. 존재자 자체의 개현성은 판단 주체로서의 인간에게도, 판단되는 객체로서의 존재자에게도 속하지 않는다.

하이데거는 존재자 전체의 개현이 기분을 통해 일어난다고 본다. 하이데거에 의하면 기분은 인간의 내면적 심리 상태가 아니다. 그것은 존재자 전체가 이렇게 또는 저렇게 드러나는 현존재 자체의 근본방식이자 현존재 자체가 존재자 전체의 개현성에 진입하는 사건이다.[49]

기분들은 존재자 전체가 현존재의 심연(der Abgrund des Daseins)에서 개현되는 가능성이다. 모든 기분에서는 전체가 일정한 방식으로 드러난다. 예를 들어 우리가 슬픔에 사로잡혀 있을 때는 세계 전체가 어둡게 보인다. 기분 대다수는 특정한 원인 때문에 생기기에 원인이 사라지면 함께

49 하이데거 전집 29/30권 *Die Grundbegriffe der Metaphysik*, 410쪽 참조.

사라진다. 그러나 기분 중 몇몇은 특정한 원인 없이 우리를 엄습하면서 인간과 세계 전체의 깊은 차원을 드러낸다. 이러한 기분을 하이데거는 근본기분이라고 부른다.[50] 불안 근본기분 중 하나이다. 하이데거는 불안에 대해 자신의 초기 사상이 담긴 『존재와 시간』과 「형이상학이란 무엇인가?」에서 상세하게 분석한다.

앞에서 보았듯이 키르케고르에게 불안 극복은 진정한 무한자인 신에게 귀의함으로써만 가능하다.[51] 반면 하이데거는 불안은 신에게 귀의하기 전에 존재에 대한 청종을 통해 극복될 수 있다. 다시 말해 하이데거에게 불안을 통해 인간에게 말을 걸어 오면서 인간으로 하여금 퇴락한 일상에서 벗어나 본래적인 삶을 살도록 하는 것은 신이 아니라 존재이다.

그렇다면 하이데거에게 존재란 무엇인가? 존재는 신의 다른 이름이 아닌가? 그러나 하이데거는 존재와 신은 다르다고 말한다.[52] 존재는 신을 비롯한 모든 존재자가 그 안에서 자신의 본질을 드러내는 개방된 장이다. 존재는 그리스인들이 퓌지스로서 경험한 세계이다. 퓌지스는 그리스도교 전통에서처럼 초자연 세계와 구별된 자연도, 근대에서처럼 인간의 역사와 구별된 한정된 영역으로서의 자연도 아니다. 그것은 인간과 신을 비롯한 모든 존재자가 자신의 고유한 존재를 드러내면서 하나의 조화를 이루는 전체로서의 세계이다.

키르케고르는 인간을 신에 의해 창조되고 신 안에서만 구원을 얻을 수 있는 존재라고 생각한다. 그에게 인간은 무엇보다 신 앞의 인간이다. 이에 반해 하이데거에게 인간은 무엇보다 '세계-내-존재'이다. 하이데거는 인간이 세계에 본래적으로 진입할 경우에만 신을 본래적으로 경험할 수

---

50 하이데거 전집 29/30권 *Die Grundbegriffe der Metaphysik*, 411쪽 참조.

51 가브리엘 마르셀, 『문제로서의 인간』, 이문호 옮김, 양우당, 1976, 112쪽 참조.

52 하이데거 전집 9권 *Wegmarken*, 331쪽 참조.

있다고 본다. 이런 의미에서 하이데거는 신과 같은 최고의 존재자가 아닌 세계를 자신의 사유 지평으로 삼은 소크라테스 이전의 사상가들의 경험을 다시 회복하려는 것이다. 키르케고르가 본래의 그리스도교적 경험을 다시 회복하려고 한 반면 하이데거는 본래의 그리스적 세계 경험을 다시 회복하려는 것이다.

하이데거에게 인간의 불안은 퓌지스로서의 세계에 대한 망각에서 비롯된다. 하이데거는 이것을 존재망각이라고 부른다. 하이데거에게 불안은 다시 퓌지스로서의 세계와 조화를 회복함으로써만 극복할 수 있다. 퓌지스로서의 자연과 하나가 되는 삶을 하이데거는 안겔루스 질레지우스(Angelus Silesius)의 시에서 발견한다.

> 장미는 왜(warum)라는 이유 없이 존재한다.
> 그것은 피기 때문에(weil) 필 뿐이다.
> 장미는 그 자신에도 관심이 없고,
> 사람들이 자신을 보는지도 묻지 않는다.[53]

장미는 이유 없이 피고 지지만, 우리는 항상 장미의 근거를 묻는다. 근거를 따지는 태도는 플라톤 이래 서양 형이상학을 규정한다. 형이상학은 존재자 전체를 궁극적인 근거인 신과 같은 최고의 존재자로부터 설명한다. 근거를 따지는 태도는 현대 과학기술시대에서 정점에 달한다. 이 시대에는 사람들의 시선을 의식하지 않고 호젓하게 피어 있는 장미 자체를 보고 느끼기보다 그것의 근거를 따져 묻는다. 장미가 왜 피는지, 어떻게 하면 장미를 더 아름답게 피게 할 수 있는지 묻는 것이다.

---

53 Martin Heidegger, 전집 10권 *Der Satz vom Grund*, 69쪽.

근거를 따지는 태도에는 존재자 전체에 대한 불안이 깔려 있다. 현대의 과학기술문명과 전통 형이상학은 불안을 존재자 전체를 지배해 극복하려고 한다. 사물의 근거와 조건을 캐묻는 것에는 사물에 대한 지배 의지가 작용하는 것이다. 과학적 사유 이전의 형이상학적 사유에서는 신이라는 최고의 존재자에 의존함으로써 존재자 전체를 통해 자신의 안전을 확보하려는 인간의 의지가 작용한다. 그리고 과학적 사유는 신에게 의존하지는 않지만 과학기술을 통해서 통제할 수 있는 조건과 근거들로 사물을 환원함으로써 사물을 지배하고자 한다. 예를 들어 병이 일어나는 조건과 근거를 알 때, 우리는 그것들을 통제해 병을 다스릴 수 있다.

하이데거가 보기에 서양의 역사는 근거를 따지는 사유가 다른 종류의 사유, 즉 시적(詩的)인 사유를 몰아내고 자신의 배타적인 우위를 확보해 나가는 과정이다. 현대의 과학기술문명에서 정점에 달하는 이 과정 속에서 사물들은 자신의 고유한 무게와 존재를 상실하고, 과학기술을 통해 조작할 수 있는 조건들로 해체되어 버린다. 이러한 의미에서 하이데거는 현대를 공허한 시대, 니힐리즘의 시대라고 부른다.

근거를 캐묻는 과학적 사유에서는 사물들을 구성하는 조건이 무엇인지 해부하는 예리함이 찬양되는 반면에, 진정한 시어에서는 사물로 하여금 자신의 본질을 꽃피우도록 돕는 부드러움이 지배한다. 인간이 인간답게 산다는 것은 사물이 자신의 고유한 존재를 드러내도록 돕는 것을 의미한다. 키르케고르가 불안을 극복하는 길로서 신에게로의 진지한 귀의를 내세운 반면 하이데거는 존재자로 하여금 자신의 고유한 존재를 발현하도록 돕는 내맡김(Gelassenheit)의 태도를 내세운 것도 같은 맥락에서 이해할 수 있다.

하이데거의 후기 사상에서 분명하게 나타나는 '퓌지스로의 귀환'과 '존재자 전체를 지배하려는 의지의 포기'라는 사상적 구도는 『존재와 시간』에서는 비본래적인 실존으로부터 본래적인 실존으로 나아가는 실존의 운동이라는 구도로 나타난다.

『존재와 시간』은 존재물음을 전개하기 위한 기초로서 모든 존재자의 존재에 대한 선존재론적인(vorontologisch) 이해를 갖는 존재자인 인간 현존재를 분석한다. 하이데거의 현존재 분석은 현존재의 실존으로서의 성격, 다시 말해 인간에게는 '그의 존재가 문제가 된다'는 사실을 단서로 삼는다.[54]

그러나 인간이 실존적 성격을 갖는다는 것이 인간이 항상 그의 존재 전체를 문제 삼는다는 것을 의미하지 않는다. '우선 대개' 인간은 일상적인 삶에 빠져 있을 뿐이다. 이러한 일상적인 삶을 하이데거는 비본래적인 실존이라고 부른다. 동물이 본능에 따라 사는 반면에, 인간은 우선 대개는 사회적으로 승인된 사고방식과 생활방식에 따라 산다. 즉 우리는 우선 대개는 사태 자체의 본질에 입각하려 하지 않고 사태에 대한 사회 여론에 입각한 평균적인 이해를 단순히 수용하면서 그러한 이해의 틀 안에서 산다. 내가 나의 존재를 전체로서 문제 삼기 위해서는, 비본래적인 삶과 일상 세계, 그리고 일상 세계가 중시하는 세간적인 가치가 무의미하고 허망한 것으로 나타나야 한다.

그런데 현존재가 비본래적인 삶과 세계로부터 벗어나는 것은 그것으로부터 벗어나겠다는 단순한 결단을 통해 일어나지 않는다. 그것은 불안에 엄습됨으로써 일어난다. 불안을 통해 이제껏 친숙했던 일상 세계와 그 세계에 안주했던 삶이 의미를 잃으면서, 현존재는 이제까지의 세계와 자기 자신으로부터 자유로워지는 것이다.

그런데 불안이라는 근본세계에서 그동안 친숙했던 일상 세계가 의미를 잃을 때, 인간은 한없는 고독에 빠진다. 그는 일상 세계 어디에도 발판

---

54 Martin Heidegger, *Sein und Zeit*, 42쪽 참조.

을 가질 수 없는 자신을 발견한다. 여기서 그는 고독한 단독자로서 자기 자신 앞에 직면하는 것이다. 그는 돈이든 명예든 가족이든 국가든 그 어떠한 존재자로부터 자신의 존재 의미를 구하려던 시도에서 벗어나, 자신의 유일무이의 존재 앞에 직면한다. 그는 자신이 '있다'는 단적인 사실 앞에, 다시 말해 그 어떤 것으로도 환원될 수 없는 자기 자신의 수수께끼 같은 존재 앞에 직면한다. 자기 자신의 존재가 수수께끼 같은 것으로 다가옴으로써 그는 비로소 자신의 '존재를 문제 삼을' 수 있다. 불안에 엄습되면서 현존재는 일상을 더 이상 자명한 것으로 여기지 않고, '어떻게 살 것인가' 진지하게 묻게 되는 것이다.

그러나 현존재는 자신의 일상과 세계를 허망한 것으로 드러내는 불안이라는 섬뜩한 기분을 대부분의 경우 견딜 수 없어 한다. 이에 현존재는 일상 세계로 다시 도피하는 경향이 있다. 동시에 현존재는 불안에서 도피하지 않고 그것을 적극 인수하면서, 그동안 집착해 온 세간적인 가치의 허망함을 깨닫고 그것에 대한 집착에서 온전히 벗어날 수도 있다. 이때 세간적인 가치를 중심으로 한 일상 세계와는 전혀 다른 세계가 개현된다. 이 세계에서는 모든 존재자 각각이 자신의 신비롭고 충만한 고유한 존재를 드러낸다.

불안을 통해서 일상 세계와 삶으로부터 의미를 박탈하고 그것들을 허망한 것으로 드러냄으로써 현존재를 해방시키는 것을 하이데거는 무(Nichts)라고 부른다. 그리고 무가 일상 세계와 삶의 허망함을 드러내는 사건을 '무가 무화한다'고 말한다.[55] 무가 무화하는 사건을 통해 모든 존재자는 자신의 참된 존재를 드러낸다. 하이데거는 이렇게 말한다.

> 근원적으로 무화시키는 무의 본질은 그것이 현-존재를 비로소 존재자

55 하이데거 전집 9권 *Wegmarken*, 112쪽 참조.

자체에 직면시킨다는 데에 있다(Das Wesen des ursprünglich nichtenden Nichts liegt in dem: es bringt das Da-sein allererst vor das Seiende als solches).[56]

불안을 통해 일어나는 '무의 무화하는 사건'을 함께하고 그것을 견뎌냄으로써 현존재는 존재자와 참으로 관계할 수 있다. 그런데 하이데거는 무의 무화하는 사건뿐 아니라 존재자 자체의 진리를 경험하는 사건도 불안에서 일어난다고 본다. 이러한 사실을 고려할 때, 초기 하이데거는 불안에 우리가 흔히 불안의 극복이라고 부를 수 있는 의미까지 부여하고 있다고 여겨진다.

일상과 세계를 무화하는 사건은 문자 그대로 우리를 불안하게 하면서 존재자들의 섬뜩하고 낯선 존재 앞에 직면하게 한다. 그러나 존재자들의 신비롭고 충만한 존재를 경험하게 되면서 우리는 존재자들을 더 이상 섬뜩하고 낯선 것으로 경험하지 않게 된다. 오히려 우리는 신비롭고 충만한 존재 앞에서 경이로워한다. 그렇다면 불안은 경이라는 기분으로 전환한다고 할 수 있다. 그러나 하이데거는 「형이상학이란 무엇인가?」에서 불안이 경이까지 포함한다고 해석하면서, 일상과 세계를 무화하는 사건과 존재자들의 신비롭고 충망한 존재가 자신을 드러내는 사건이 다 함께 일어난다고 서술한다.

후기 하이데거는 「형이상학이란 무엇인가?」에서 무라고 불렀던 것을 존재로 해석한다. "무는 존재로서 현성한다(Dieses Nichts west als das Sein)"는 것이다.[57] 무는 존재망각의 시대에서 존재를 부르는 명칭이다. 사람들이 기술적으로 조작 가능한 존재자만을 존재한다고 여기면서 존재 자체를

---

56 하이데거 전집 9권 *Wegmarken*, 114쪽.

57 하이데거 전집 9권 *Wegmarken*, 306쪽 참조.

망각할 경우, 존재자가 아닌 존재는 무로서 나타나는 것이다. 무는 존재자가 아니며, 존재자의 관점을 통해 경험된 존재이다.

이상에서 보았듯이 하이데거가 초기와 후기 사상에서 모두 불안의 기원과 극복을 퓌지스의 망각과 상기에서 찾는다는 점에서, 하이데거의 사유 도정 전체에는 일관된 흐름이 존재한다. 물론 초기 하이데거, 특히 『존재와 시간』에서는 그의 존재물음이 퓌지스와 갖는 연관은 뚜렷하게 나타나지 않는다. 오히려 『존재와 시간』에서는 현존재가 자신의 내면에로 귀환함으로써 자신의 고유한 가능성을 기투할 것을 촉구하는 면이 강하다. 이런 점에서 『존재와 시간』은 진지한 결단의 수행을 통해 내면성의 회복을 강조하는 키르케고르적인 성격을 강하게 띠는 게 사실이다. 그러나 하이데거의 존재물음이 퓌지스의 개현과 갖는 연관은 초기 글에 속하는 「형이상학이란 무엇인가?」와 「근거의 본질에 대해서(Vom Wesen des Grundes)」, 그리고 강의록 『형이상학의 근본개념들』에서 이미 상당히 강력하게 드러난다.

앞에서 언급했듯이 하이데거의 철학은 존재 의미에 대한 물음을 겨냥한다. 하이데거에 의하면 전통 철학은 존재의 의미를 '존재자가 눈앞에 존재함'으로 보았다. 이는 모든 전통 철학이 인간은 이성적인 판단을 통해 비로소 존재자를 존재자로서 파악한다고 생각해 왔기 때문이다. 전통 형이상학은 판단을 모든 탐구의 실마리로 삼았고 그 결과 모든 존재자를 일단 '판단 대상으로서 눈앞에 현전하는 것'으로서 보게 되었다.[58] 하이데거는 이제 존재 의미를 '모든 존재자의 고유한 존재가 근본기분을 통해 개현되는 세계의 열린 장에서 개시되어 있음'으로서 파악한다. 존재자가 '개시되어 있다'는 것을 하이데거는 '현성한다'라고도 말한다. 이때 현성한다는

58 하이데거 전집 29/30권 *Die Grundbegriffe der Metaphysik*, 438쪽 참조.

것은 존재자가 자신의 진리를 스스로 내보이면서 우리에게 다가온다는 의미이다.

4. 키르케고르와 하이데거의 불안 개념 비교

1) 양자의 불안 개념 공통점

(1) 인간의 실존성과 불안

나는 이상에서 키르케고르와 하이데거의 불안 개념이 갖는 특성을 선명하게 드러내기 위해 양자 사이의 차이를 주로 강조했다. 그러나 양자의 불안 개념에는 다른 점 못지않게 공통점이 존재한다. 양자의 차이는 근본적으로는 공통점을 전제로 한다고 볼 수 있다.

키르케고르와 특히 『존재와 시간』에서의 하이데거는 무엇보다 불안을 인간의 근본적인 상황과 함께 인간의 존재론적 구조를 개시하는 특수한 기분이라고 본다.[59] 양자는 불안에서 인간 실존을 이해하기 위한 근본적인 실마리를 찾는 것이다. 또한 양자 모두 인간의 근본성격을 실존(Existenz)에서 찾는다. 하이데거는 실존이 "자신의 존재를 문제 삼는 존재"라는 현존재의 근본성격을 가리킨다고 본다. 이때 '자신의 존재를 문제 삼는 존재'라는 것은 '어떻게 살 것인가'에 대해 고뇌하는 존재임을 의미한다. 키르케고르는 인간의 실존적 성격을 "자기자신에 관계하는 관계"로 규정한다.[60] 양자가 사용하는 언어는 다르지만, 양자가 말하려고 하는 내용은 동일한 것이다. 동물이 어떻게 살 것인지 고뇌하지 않으면서 자신의 존재에 자족

59 John Macquarrie, *Existentialism*, 165쪽 참조.

60 Sören Kierkegaard, *Die Krakheit zum Tode*, 13쪽 참조.

하는 것과는 달리, 인간은 자신의 존재를 문제 삼는 자라는 것이다.

그런데 인간이 자신의 존재를 문제 삼거나 자기 자신에 관계하는 것은 자신의 의지에 달린 것이 아니다. 또한 인간은 태어날 때부터 항상 자신의 존재 자체를 문제 삼는 것도 아니다. 인간은 어느 순간 자신도 모르게 자신의 존재 자체를 문제 삼는다. 그러한 순간은 언제인가? 그것은 불안이 인간을 엄습할 때이다. 불안이 엄습하면서 키르케고르에서는 인간은 어린이가 누리는 순진무구한 평화의 상태에서 벗어나거나, 유한한 것들에 집착하는 자신의 삶을 불안하게 느낀다. 하이데거에서는 인간이 일상적인 안정된 세계에서 더 이상 의미와 안정을 찾을 수 없게 된다. 그리고 인간은 불안에서 어떻게든 벗어나기 위해 자신의 존재 자체를 문제 삼는다.

자신의 삶에 자족하지 못하고 존재를 문제 삼을 수밖에 없다는 실존성은 인간이 짊어져야만 하는 짐(Last)과 같은 것이다. 게다가 불안을 통해 짐이 지워지는 것이기에 불안은 가장 섬뜩한(unheimlich) 기분이다.[61] 그러나 인간이 인간인 이유가 그의 실존적인 성격에 있다면, 인간으로 하여금 자신의 존재를 문제 삼도록 몰아대는 불안이야말로 사실은 인간을 인간답게 하는 기분이라고 할 수 있다.

키르케고르와 하이데거 모두 불안을 중시하는 이유도 바로 이 때문이다. 인간이 실존으로서의 자신에 눈을 뜨는 것은 불안이 계기이며, 인간이 자신의 존재 자체를 문제 삼는 것도 항상 불안 안에서 수행되기 때문이다. 이런 맥락에서 볼 때 불안은 키르케고르와 하이데거에게 단순한 심리 상태가 아니라 인간의 본질을 개시해 주는 것이라고 할 수 있다.

---

61 Martin Heidegger, *Sein und Zeit*, 189쪽 참조.

(2) 인간의 삶에서 불안이 갖는 긍정적인 역할에 대한 강조

키르케고르와 하이데거는 불안이 인간의 존재론적 근본구조를 개시한다고 볼 뿐 아니라 인간 삶에서 긍정적 역할을 한다고 강조한다. 『존재와 시간』에서 불안은 일상 세계가 제공하는 기만적인 사이비 안전책으로부터 현존재를 분리시키면서 자신의 진정한 존재와 책임을 구현하도록 촉구한다. 아울러 불안을 통해 우리는 자신뿐 아니라 존재자 전체의 진정한 존재에 직면한다. 후기 하이데거에서도 불안을 통해 우리는 기술적 지배를 허용하지 않는 존재자 전체의 비밀스러운 존재에 직면하며, 이를 통해 우리는 존재자 전체에 대한 기술적인 지배 의지로부터 벗어난다.

키르케고르에게도 불안은 단순히 부정적인 의미를 갖지 않는다. 불안은 순진무구한 평온 상태에 있거나 유한한 것에 빠져 있는 우리에게 정신의 무한한 가능성이 개시되는 방식이다. 인간은 신앙을 통해 진정 정신적인 존재가 되며 자신을 실현하기 위해서는 불안을 통과하지 않으면 안된다.

이 점에서 키르케고르와 하이데거 모두 불안을 인수하는 용기에 대해 말한다. 불안은 우리가 집착하는 유한한 것들이 허망하다는 사실을 보여줌으로써 우리를 섬뜩한 세계에 직면하게 한다. 섬뜩한 세계를 견딜 수 없어 우리는 보통 다시 유한한 것들에 집착하며 그것들을 통해 마음의 평안을 얻으려고 한다. 우리는 불안을 인수하지 않고 불안에서 도피해 다시 유한한 것들에 집착하는 일상으로 되돌아 가는 것이다. 그러나 우리가 불안에서 도피하지 않고 그것을 적극적으로 인수할 때, 불안은 구원을 위한 발판이 될 수 있다. 이런 의미에서 키르케고르와 하이데거는 '불안에의 용기'에 대해 말한다.

2) 양자 간 차이

불안 분석에서 양자 간에는 공통점이 존재하지만, 그에 못지않게 차이점

또한 존재한다. 이것은 우리가 앞서 보았듯이 양자가 불안을 논하는 사상적 지평의 차이에서 비롯된다.

키르케고르에게 불안은 죄를 가능케 하는 것인 동시에 죄에 수반되는 기분이다. 즉 키르케고르에게 불안은 죄에 대한 불안이다. 키르케고르는 그리스도교적인 지평에서 죄를 고찰하면서, 죄를 신에 대한 잘못된 관계로 파악한다. 반면 하이데거는 그의 사유 도정 전체에 걸쳐서 '삶을 삶 자체로부터 파악한다'는 원칙에 입각해 종교적인 전제에 입각하지 않고 삶을 이해하려고 한다. 이러한 원칙에 따라 그는 불안을 고찰할 때에도 죄나 신을 끌어들이지 않으며, 그 대신 세계에 대해 말한다.

하이데거에게 불안은 근본적으로 세계에 대한 불안이다. 세계에 대한 불안은 내가 세계 안에 아무런 필연적인 이유도 근거도 없이 던져져 있다는 느낌이다. 이때 불안은 인간이 세계 안에서 자신의 지위와 존재 의미에 대한 확신을 상실한 데서 비롯된다.

키르케고르와 하이데거가 불안 극복과 관련해 제시하는 방안도 상이하다. 키르케고르에게 불안은 궁극적으로 자신의 죄에 대해 신의 용서를 간구하는 신앙에서 극복된다. 이에 반해 하이데거는『존재와 시간』, 그리고 「형이상학이란 무엇인가?」를 통해 불안을 용기 있게 인수하고 불안에서 일어나는 '무가 무화하는 사건'에 진입함으로써 자신의 본래적인 존재를 확보하자고 촉구한다. 후기 하이데거에서 무는 존재로 해석된다. 여기서 존재란 퓌지스로서의 세계이자 모든 존재자가 자신의 고유한 존재를 개시하는 열린 장이다. 퓌지스의 말걸음에 응하고 이를 통해 모든 존재자의 고유한 존재가 개시되는 것을 인간이 도울 때 인간은 불안에서 벗어날 수 있다.

『존재와 시간』에서부터 이미 하이데거는 키르케고르가 의거하는 근대 주관주의 철학의 사유 도식에서 어느 정도 벗어나 있다. 키르케고르는 인간의 자아가 신체와 영혼, 그리고 양자를 종합하는 정신으로 구성되어 있다면서, 인간의 실존방식이 갖는 다양성을 세 가지 구성요소 사이의 상호

관계에서 찾는다. 반면 하이데거는 『존재와 시간』에서부터 그러한 사유 도식을 떠나 인간을 전체로 보면서 존재 전체(Seinsganze)로서의 세계와의 관련하에서 고찰한다. 하이데거는 특히 『존재와 시간』에서 키르케고르의 실존 분석을 크게 수용하지만, 키르케고르와 구별되는 사유 지평에 입각하면서 그것을 변용하는 것이다.

하이데거가 초기 사상에서부터 키르케고르적인 사유 도식을 단순히 수용하는 것이 아니라면, 우리는 그의 불안 분석에 키르케고르뿐 아니라 다른 사상가들도 영향을 주었으리라고 추측할 수 있다. 가령 초기 저작인 『존재와 시간』에서부터 불안을 분석하는 데 딜타이나 슈펭글러 등에게 영향을 받았다고 말이다.[62] 슈펭글러는 세계 불안(Weltanst)에 대해서 말하며, 딜타이도 기분을 세계가 개시되는 통로라고 보기 때문이다.

62 딜타이의 기분 분석에 대해서는 Otto Friedrich Bollnow, *Dilthey, Eine Einführung in seine Philosophie*, Novalis, 1980, 77-84쪽 참조. 슈펭글러의 불안 분석이 하이데거에게 미친 영향에 대해서는 Ferdinand Fellmann, *Lebensphilosophie*, Rowohlt, 1993, 194쪽 참조.

유식불교의 삼성설(三性說)과 하이데거의 실존방식 분석*

1. 들어가면서

하이데거와 불교의 비교 연구는 국내에서도 여러 연구자들에 의해 행해졌다. 이러한 연구는 크게 둘로 나뉜다. 하나는 하이데거와 불교 사이에 본질적인 유사성이 있다고 보는 입장이다. 여기에서는 초기 하이데거가 말하는 본래적인 실존이나 후기 하이데거가 말하는 '존재의 소리에 대한 청종'에 불교가 말하는 깨달음이 상응한다고 본다. 다른 하나는 하이데거와 불교 사이에 일정한 유사성이 있지만 하이데거 사상은 어디까지나 철학이고 불교는 종교인 이상 양자 사이에는 넘어설 수 없는 간극이 존재한다는 입장이다. 여기에서는 하이데거가 말하는 본래적 실존이나 '존재의 소리에 대한 청종'과 불교의 깨달음 사이에 본질적인 연관이 없다고 본다.

전자의 입장을 취하는 연구자들에는 고형곤, 김형효, 김진, 김종욱, 정은해, 문동규, 서용석·정혜정, 박찬국 등이, 후자의 입장을 취하는 연구자들로는 권순홍, 서동은 등이 있다. 고형곤은 『선의 세계』에서 하이데거의

* 「유식불교의 삼성설과 하이데거의 실존방식 분석의 비교」(『철학사상』 61집, 2016년 8월)를 수정하였음.

후기 사상이 선 사상과 근본적으로 유사하다고 보면서 하이데거의 사상을 선의 언어로 해석하려 시도한다. 고형곤은 후기 하이데거가 말하는 존재의 소리에 대한 청종은 선불교에서의 깨달음에 상응한다고 본다. 김형효는 『하이데거와 마음의 철학』과 『하이데거와 화엄의 사유』에서 『존재와 시간』을 중심으로 한 초기 하이데거는 유식불교에, 후기 하이데거는 화엄사상에 상응한다고 본다. 김형효는 초기 하이데거가 말하는 본래적인 실존에는 유식불교의 원성실성이, 후기 하이데거가 말하는 존재의 진리에는 화엄적 진여가 상응한다고 보는 것이다.[1]

김진은 「하이데거와 불교적 사유」에서 "하이데거의 경우에 현존재가 본래성과 비본래성을 동시에 가지고 있는 것처럼 불교의 경우에도 인간은 불성과 중생의 가능적 존재를 동시에 가지고 있는 존재자로 규정되고 있다"고 말한다.[2] 정은해는 「하이데거와 선불교의 비교연구 현황과 향후과제」와 「불교의 두 주요 개념인 진여와 윤회의 시간론적 해석」에서 불교에서 말하는 윤회의 시간성에는 하이데거의 비본래적 시간성(예기적-망각적-현재화)이, 열반의 시간에는 하이데거의 본래적 시간성(선구적-회복적-순간)이 상응한다고 말한다.[3] 또한 정은해는 하이데거가 말하는 현존재의 본래적 현재인 순간이 현존재의 자기성(Selbstheit)이 확보되는 순간이라는 점에서, 이것을 '순간적 깨달음(Augenblick)', '자성을 보는 깨달음의 순간', '돈오의 순간'으로 보는 김형효의 견해가 탁견이라 여긴다.[4] 문동규 역시 조선시대의 선승인 "지엄이 그리는 '깨달음의 세계'와 하이데거가 보여주는

---

1 김형효, 『하이데거와 마음의 철학』, 405쪽 참조.

2 김진, 「하이데거와 불교적 사유」, 『철학논총』 제35집 제1권, 2004, 128쪽 참조.

3 정은해, 「하이데거와 선불교의 비교연구 현황과 향후과제」, 『존재론연구』 24집, 2010, 50쪽 참조; 정은해, 「불교의 두 주요 개념인 진여와 윤회의 시간론적 해석」, 『존재론연구』 26집, 2011, 158쪽 이하 참조.

4 정은해, 「하이데거와 선불교의 비교연구 현황과 향후과제」, 50쪽 참조. 김형효, 『하이데거와 마음의 철학』, 463쪽 참조.

'본래적인 실존의 세계'가 비슷한 관계"라고 말한다.[5] 서용석·정혜정 역시 하이데거의 본래적 실존이 불교의 무아에 상응한다고 본다.[6]

불교와 하이데거 철학 사이에 근본적인 유사성이 있다고 인정하는 연구자들과는 달리 권순홍은 『유식불교의 거울로 본 하이데거』에서 "본래적인 자기로의 실존적 변양을 진여나 불성의 체득 등으로까지 해석할 수 있는 여지는 현존재의 실존론적 분석론 어디에도 없다"고[7] 말한다. 이와 동시에 그는 "중생이 걷는 열반의 길에는 말 그대로 열반이라는 최종 목적지가 있지만, 현존재가 걷는 본래적인 실존의 길에는 처음부터 어떠한 목적지도 없다"면서 하이데거 철학과 불교 사이에 근본적인 거리가 있다고 본다.[8] 서동은 역시 「하이데거와 선불교: 형이상학 극복의 관점에서의 비교」에서 "하이데거와 선불교 전통은 형이상학의 극복과 그 방식에서 동일하다고 할 수 있지만, 그 극복을 시도하는 토대인 존재 경험과 깨달음의 경험은 근원적으로 다른 체험의 층위에 있다"고 본다.[9] 이와 함께 그는 "하이데거에서 근원적인 체험은 존재 사유라고 하는 사유 체험인데 비해 (선)불교에서 말하는 체험은 사유체험이 아니다"고 말한다.[10] 서동은에 따르면 선불교 체험은 비사량이라고 부르는 교외별전, 불립문자, 심심상인(心心相印, 마음에서 마음으로 전함), 이심전심의 방식으로 전달되는 깨달음의 체

---

5 문동규, 「깨달음의 세계; 본래적인 실존의 세계: 벽송 지엄과 마르틴 하이데거의 만남」, 『철학논총』 제64집 제2권, 2011, 235쪽.

6 서용석·정혜정은 이렇게 말한다.
"자아의 본래성은 현상적 자아의 이면에 놓인 본질로서의 '무' 또는 '무아'를 자각함으로써 실현될 수 있으며, 본래성을 실현한 자아의 모습은 주객의 이분법에서 벗어난 전일적 상태로 특징지어진다." 「불교와 실존주의 교육철학에서의 자아와 본래성의 문제」, 『교육철학연구』 제37권 제3호, 2015, 127쪽.

7 권순홍, 『유식불교의 거울로 본 하이데거』, 길, 2008, 376쪽.

8 권순홍, 『유식불교의 거울로 본 하이데거』, 415쪽.

9 서동은, 「하이데거와 선불교: 형이상학 극복의 관점에서의 비교」, 『철학·사상·문화』 제10호, 2010, 40쪽.

10 서동은, 「하이데거와 선불교: 형이상학 극복의 관점에서의 비교」, 40쪽.

험이다. 더 나아가 서동은은 이렇게 쓴다.

> 하이데거에게 죽음(혹은 무)은 결코 극복되어야 할 어떤 것이 결코 아니다. 삶의 현상일 뿐이다. 하지만 죽음(혹은 상대무)은 불교 전통에서는 언제가 극복되어야 할 어떤 것이다. 하이데거는 해탈이나 깨달음에 관심 없다. 다만 삶의 현상을 현상학적으로 사유하고자 할 뿐이다.[11]

이런 의미에서 서동은은 권순홍과 마찬가지로 "하이데거의 관심사는 일차적으로 형이상학적 사유의 극복이지, 인간의 구원에 있다고 말할 수 없을 것이다"고 말한다.[12]

위와 같이 국내에서 행해진 하이데거와 불교의 비교 연구에는 서로 대립하는 두 가지 경향이 존재하지만 일찍이 이 두 가지를 비판적으로 검토한 연구는 없었다. 물론 하이데거와 불교를 비교하는 그동안의 모든 연구를 검토하기란 쉽지 않다. 이에 이 글에서는 유식불교의 삼성설을 현존재의 실존방식에 대한 초기 하이데거의 분석과 비교하는 연구만을 중심으로 검토해 보려고 한다.

이러한 작업은 국내는 물론이고 국외에서도 찾기가 쉽지 않다. 국외에 하이데거와 불교를 비교하거나 하이데거와 선불교를 비교한 연구는 상당수 있지만, 유식불교와 하이데거를 비교하는 연구는 찾기 어렵다. 국내에는 나의 독서 범위 내에서는 김형효와 권순홍, 그리고 정은해의 연구 정도가 있다. 그나마 다행인 점은 김형효와 권순홍, 그리고 정은해가 하이데거 철학뿐 아니라 유식불교에 대해서도 깊은 이해를 갖고 있다는 것이다.

동양철학과 서양철학을 비교하는 많은 연구의 맹점은, 연구자가 대개

---

11 서동은, 「하이데거와 선불교: 형이상학 극복의 관점에서의 비교」, 64쪽.

12 서동은, 「하이데거와 선불교: 형이상학 극복의 관점에서의 비교」, 50쪽.

하나에는 정통하지만 다른 하나에는 피상적인 지식을 갖는다는 데 있다. 그런 점에서 김형효와 권순홍, 그리고 정은해가 하이데거 철학과 유식불교에 대한 깊은 이해를 토대로 심도 있게 비교 연구한다는 것은 주목할 만하다.

나는 세 사람이 유식불교와 하이데거 철학의 비교 연구를 상당히 높은 수준에서 행하고 있기에 국내에서 앞으로 행해질 관련 연구는 세 사람과 대결하는 방식으로 이루어져야 한다고 생각한다. 그 경우에만 세 사람이 도달한 수준에 미달하지 않고 그 수준을 보다 격상시키는 방식으로 나아갈 수 있을 것이다. 따라서 나는 이 글에서 세 사람과 대결하는 방식으로 진행해 보려고 한다.

하이데거 철학과 불교를 비교하는 국내 연구들과 마찬가지로 유식불교의 삼성설을 실존방식에 대한 하이데거의 분석과 비교하는 연구들도 서로 대립되는 두 가지 경향을 보인다. 김형효와 정은해는 초기 하이데거가 말하는 본래적 실존방식은 원성실성에 상응한다고 보며, 비본래적 실존방식은 변계소집성에 상응한다고 본다. 이에 반해 권순홍은 비본래적 실존방식은 변계소집성에 상응한다고 보지만, 본래적 실존방식은 의타기성에 상응한다고 본다.

이 글에서 나는 유식불교의 삼성설과 현존재의 실존방식에 대한 초기 하이데거의 분석과 관련하여 국내에서의 연구가 빚고 있는 착종된 상태를 타개하는 것을 목표로 삼는다. 이를 위해 나는 유식불교의 삼성설을 현존재의 실존방식에 대한 초기 하이데거의 분석과 비교한 두 연구에 비판적으로 대결하는 방식으로 나의 견해를 개진하려고 한다. 우선 정은해의 「불교의 두 주요 개념인 진여와 윤회의 시간론적 해석」과, 그 다음에는 이를 바탕으로 권순홍의 『유식불교의 거울로 본 하이데거』와 대결하고자 한다.

앞에서 언급했듯이 『하이데거와 마음의 철학』에서 김형효도 유식불교의 삼성설을 현존재의 실존방식에 대한 하이데거의 분석과 심도 있게 비교한다. 그러나 이 글에서는 김형효의 연구에 대해서는 본격적으로 검토하지 않고, 필요할 경우 각주에서 언급하는 정도로 그칠 것이다. 이는 김형효와 나의 견해 사이에는 세부적인 면에서는 차이가 있지만, 전체적으로는 유사하기 때문이다.

2. 정은해의 연구에 대한 검토

정은해는 유식불교의 의타기성, 원성실성, 변계소집성에 하이데거의 근원적 개시성, 본래적 개시성, 비본래적 개시성이 각기 상응한다고 본다.[13] 그런데 정은해가 근원적 개시성을 말할 때 염두에 두는 것이 분명하지 않다. 이는 하이데거가 근원적 개시성이라는 용어를 사용하지 않는 데서 비롯한다. 정은해가 근원적 개시성으로 염두에 두고 것은 아마도 도구연관으로서의 세계인 것 같다. 이러한 사실은 정은해가 사물의 존재방식에 초점을 둘 때 의타기성에는 도구성(용재성), 원성실성에는 현존성, 변계소집성에는 현전성이 상응한다고 말하는 데서도 드러난다.[14] 정은해는 이렇게 쓴다.

> 원성실성(진공묘유)은 의타기성보다 더욱 근원적인 존재방식이 되는데, 이는 현존성이 도구성보다 더욱 근원적인 존재방식인 것과 마찬가지다.[15]

> 진공묘유의 고유한 유형으로서의 의타기성은 하이데거의 도구성에

13 정은해, 「불교의 두 주요 개념인 진여와 윤회의 시간론적 해석」, 178쪽 참조.
14 정은해, 「불교의 두 주요 개념인 진여와 윤회의 시간론적 해석」, 178쪽 참조.
15 정은해, 「불교의 두 주요 개념인 진여와 윤회의 시간론적 해석」, 193쪽.

상응할 것이다. 의타기성은 의타기적 연관 전체로서의 세계에 근거를 두고 있고, 도구성은 유의의성의 연관 전체에 근거를 두고 있기 때문이다.[16]

> 변계소집성은 진공묘유의 고유한 유형인 의타기성이 변양된 것으로서 하이데거에서 현존성의 고유한 유형인 도구성이 변양된 것이 현전성에 상응한다.[17]

위 인용문으로 볼 때, 정은해는 현존성을 현전성이나 도구성과 구별하면서 그것들보다 더 근원적인 것으로 여기는 것이다.[18] 다른 한편 정은해는 "현존성은 도구성과 현전성을 포괄하는 개념으로 사용되고 있다"면서,[19] "현존성은 도구성, 현전성, 실존, 지속, 생명 같은 다양한 존재방식들로 분화되기 이전의 존재, 무규정적 존재이므로 진공묘유다"라고 말한다.[20] 이 두 인용문에서 현존성은 도구성과 현전성을 포괄하는 존재 내지 도구성과 현전성으로 분화되기 이전의 무규정적인 존재로 해석된다. 이때도 정은해는 여전히 현존성은 원성실성에, 도구성은 의타기성에, 현전성은 변계소집성에 상응하는 것으로 본다. 그런데 정은해가 말하는 것처럼 현존성이 도구성과 현전성을 포함하거나 도구성과 현전성으로 분화되기 이전의 것이라면, 원성실성은 의타기성과 변계소집성을 포함하거나 의타기성과 변계소집성으로 분화되기 이전의 무규정적인 무엇일 것이다.

---

16 정은해, 「불교의 두 주요 개념인 진여와 윤회의 시간론적 해석」, 193쪽.

17 정은해, 「불교의 두 주요 개념인 진여와 윤회의 시간론적 해석」, 193쪽.

18 첫 번째 인용문에서 정은해는 진공묘유를 원성실성과 동일한 것으로 보면서 두 번째와 세 번째 인용문에서는 의타기성을 진공묘유의 고유한 유형으로 본다. 정은해의 글에서는 진공묘유와 진공묘유의 고유한 유형이 어떻게 다른지 분명히 드러나지 않는다.

19 정은해, 「불교의 두 주요 개념인 진여와 윤회의 시간론적 해석」, 191쪽.

20 정은해, 「불교의 두 주요 개념인 진여와 윤회의 시간론적 해석」, 199쪽.

그러나 정은해는 다른 부분에서 "현존성은 일상적 범주인 변계소집성(하이데거의 현전성과 도구성)을 전면적으로 전환하는 경우에만 비로소 출현한다"고 쓴다.[21] 이때 정은해는 다시 현존성을 현전성과 도구성과 구별한다. 정은해는 앞서 내가 언급한 인용문 세 개에서는 변계소집성에 현전성을, 의타기성에 도구성을 상응시키면서도, 여기에서는 변계소집성에 현전성과 도구성을 포함시키는 것이다. 이 점에서 정은해의 견해는 혼란스럽게 제시된다고 할 수 있다. 정은해 글의 전체 논지를 고려할 때, 변계소집성은 현전성에, 의타기성은 도구성에, 원성실성은 현존성에 상응하는 것으로 보아야 할 것 같다.

그런데 의타기성을 도구성에 상응한다고 볼 수 있는지에 대해 나는 상당히 회의적이다. 오히려 도구성 내지 존재자들을 도구로 간주하는 비본래적이고 일상적인 삶의 방식에 상응하는 것은 변계소집성으로 보고 싶다. 또한 의타기성에는 불안에서 도구들 사이의 지시연관으로서의 일상세계가 붕괴하고 드러나는 섬뜩한(unheimlich) 세계가,[22] 원성실성에는 본래적 실존이 상응한다고 보고 싶다.

내 생각에 유식불교에서 말하는 변계소집성은 하이데거에서 불안과 불안에서 드러나는 의타기성으로서의 세계에서 도피하는 것에 상응한다.[23] 불안은 현존재를 끊임없이 엄습하지만, 현존재는 일상적으로 불안을

---

21 정은해, 「불교의 두 주요 개념인 진여와 윤회의 시간론적 해석」, 196쪽.

22 Martin Heidegger, *Sein und Zeit*, 188쪽 이하 참조.

23 이와 관련해 안희정은 오오타 큐키의 말을 빌어 이렇게 말한다.
"오오타 큐키(太田久紀, 1928-?)는 세친의 아뢰야식 폭류(暴流) 비유를 통해 인간은 본래 흐르는 존재 과정을 겪고 있기에 불안감을 가질 수밖에 없다고 한다. 불안한 존재자는 정착하고 싶고 안정을 구하고 싶기에 거친 흐름의 자기를 한 물결로서 포착하고 그것을 고정된 자신으로 본다는 것이다. 그것은 제이능변인 말나식의 작용이다. 아뢰야식에 훈습된 종자들은 말나식 자아의 틀로 좁혀진다. 그 틀을 바탕으로 제삼능변인 의식과 전오식이 사유, 감정, 감각으로 대상을 받아들이는 것이다." 안희정, 「불안의 인식구조: 하이데거의 불안 개념과 유식의 사분설을 중심으로」, 『인문논총』 제71권 제1호, 2014, 210쪽.

억누른다. 불안을 억누르고 있다는 것은 다시 말해 불안에서 개시되는 사태를 은폐하는 것을 의미한다. 불안에서 개시되는 사태는 현존재가 "아무런 이유도 근거도 없이 세상에 던져져 있다"는 사태다. 하이데거는 이러한 사태를 현존재의 현사실성 혹은 현존재의 '내던져져 있음'이라고 부른다.

현존재는 비본래적인 일상에서 자신의 삶이 충분한 근거와 이유를 갖는다고 생각한다. 그런데 이러한 근거와 이유는 익명의 세상 사람이 제공한 것으로 익명의 세상 사람이 부모나 학교를 통해 현존재에게 주입해 온 종교적인 근거나 이유일 수 있다. 다시 말해 세상을 창조한 신이 우리 삶의 궁극적인 근거로, 신을 섬기는 것이 인간이 살아가는 근본이유로 나타날 수 있다. 또한 그러한 근거나 이유는 전통 형이상학이 제공한 것이거나, 세상 사람이 추구하는 세간적인 가치일 수 있다. 현존재는 세상 사람들이 추구하는 세간적인 가치인 부, 명예, 출세 등을 자신의 삶의 이유라고 생각할 수 있다.

불안에서는 현존재가 세상 사람으로서 신봉해 온 근거나 이유가 허망한(nichtig) 것으로서 드러나면서 의미를 상실하게 된다. 이와 함께 현존재는 자신이 '아무런 근거나 이유도 없이 세상에 던져져 있다'고 생각하게 된다. 이러한 사태는 언뜻 보기에는 현존재의 삶을 암울하게 나타나게 하는 것 같다. 그러나 하이데거는 불안에서 일어나는 사태를 암울하게 보고 있지 않다. 오히려 하이데거는 우리가 불안에서 도피하지 말고 그것을 적극적으로 인수해야 한다고 말한다. 이는 하이데거가 불안에서 일어나는 사태를 극히 긍정적인 의미를 갖는 것으로 본다는 점을 의미한다.

불안에서는 그동안 현존재의 삶에 방향과 목표를 제공해 왔던 세간적인 가치, 즉 익명의 세상 사람이 주입해 온 가치가 허망한 것으로 드러난다. 현존재는 일상적으로 우선 대개는 세간적인 가치로부터 자신을 이해한다.[24] 다시 말해 현존재는 일상적으로 자신을 부자나 교수로 이해한다. 그러나 불안에서는 그런 것들이 허망한 것으로 드러나면서, 현존재는 세간적인 가치로 환원될 수 없는 자신의 적나라한 존재에 직면하게 된다.

또한 불안에서는 세간적인 가치로부터 이해해 온 존재자들의 의미도 허망한 것으로 드러난다. 현존재는 존재자들을 세간적인 가치를 실현하기 위한 도구로 간주해 왔지만, 불안에서는 존재자들에게 덧씌워진 도구적인 의미도 허망한 것으로 드러나는 것이다.[25] 불안에서 현존재가 분명하게 말할 수 있는 것은 기껏해야 현존재와 존재자들이 '존재한다'는 사실뿐이다. 자신과 모든 존재자가 아무런 이유도 근거도 없이 존재한다는 단적인 사실 앞에서 현존재는 섬뜩함을 느끼게 된다.

유식불교식으로 말하면, 불안에서 세계는 인간이 그동안 덧씌웠던 의미들이 완전히 사라져 버린 상태로, 인연에 따라 생성 소멸하는 것, 즉 의타기성으로서 나타난다. 의타기성은 세계 내 어떤 것도 독자적인 실체로 존재하지 않고 모든 것이 중중무진(重重無盡)의 인연에 따라 서로 얽혀 있는 연기의 세계를 가리킨다. 불안에서 드러나는 세계가 의타기성으로서의 세계라는 사실은 하이데거의 불안이 궁극적으로는 죽음에 대한 불안이라는 사실에서 드러난다.[26]

죽음은 우리가 집착했던 모든 게 허망함을 드러낸다. 우리는 일상적으로 자신을 고정불변의 고립된 자기라 여기면서 자신이 재산이나 명예, 그리고 육신을 갖는다고 생각한다. 더불어 이러한 소유물을 영원히 지속할 수 있는 실체로 보면서 소유물을 통해 고립된 자아를 공고하게 유지하려고 한다. 재산이 늘어나고 명예가 높아지면 자신의 존재가 견실해졌다고 생각하고, 육신이 건강하게 작동하면 자신의 존재도 건강하게 유지된다고 생각한다.

---

24 Martin Heidegger, *Sein und Zeit*, 126쪽 참조.

25 Martin Heidegger, *Sein und Zeit*, 186쪽 참조.

26 이 맥락에서 김형효도 불안을 의타기성의 체험 내지 제행무상의 체험으로 해석한다. 김형효, 『하이데거와 마음의 철학』, 208쪽, 213쪽 참조.

그런데 이 경우 우리는 세간적인 가치와 육신을 자신의 소유물로 갖는다고 여기지만, 사실은 자신을 소유물로부터 이해하면서 이것에 예속되어 있을 뿐이다. 재산이 많을 때 우리는 자신을 부자이자 남보다 우월한 존재로 생각하면서 재산이 사라지면 자신도 몰락할 거라고 두려워한다. 따라서 소유물이 죽음 앞에서 허망하게 사라질 때, 우리는 죽음 앞에서 자신도 허망하게 소멸한다고 느낀다. 우리는 일상적으로 자신에게 속하는 모든 소유물의 주인이라고 생각하지만, 죽음은 그러한 것들이 내가 어찌할 수 없는 인연의 흐름에 내맡겨져 있다는 사실을 단적으로 드러내기 때문이다.

세간적인 가치에 대한 집착에서 아직 벗어나지 못한 현존재에게 의타기성으로서의 세계는 자신을 위협하는 섬뜩한 세계로 나타난다.[27] 이에 따라 현존재는 섬뜩한 세계로 드러나는 불안에서 우선 대개는 도피하려고 한다. 그러나 세간적인 가치에 대한 집착을 완전히 버린 사람은 자신을 위협하는 것이 더 이상 존재하지 않기 때문에, 세계를 섬뜩한 것으로 느끼지 않고 오히려 모든 존재자가 자신의 참된 진리를 드러내는 세계로 경험한다.

이상에서 시도한 불안에 대한 나의 분석은 하이데거의 분석에서 약간 벗어난다고 할 수 있다. 하이데거는 불안이 곧장 죽음으로의 선구를 촉발하면서 존재자들의 고유한 존재에 경이를 느끼는 것으로 전환될 수 있다고 말한다. 그러나 나는 우리가 불안에서 세계를 섬뜩하게 느끼는 것은 현존재가 자신이 집착해 온 세간적 가치에 허망함을 느끼면서도 자신을 세계의 중심으로 생각하는 자기중심성을 아직 버리지 못했기 때문이라고 생각한다.

따라서 나는 우리가 살아가면서 언뜻언뜻 느끼는 삶의 허무감은 아직

---

27 하이데거의 불안 개념에 대한 비판적 검토와 관련해서는 이 책 IV부의 첫 번째 글인 「초기 하이데거의 불안 개념: 하이데거의 불안 분석은 얼마나 사태 자체를 드러내는가?」를 참조하기 바란다.

자기중심성을 버리지 못한 상태에서 세간적인 가치의 허망함을 느낄 때 갖는 것이라고 본다. 우리는 아직 세계를 고립된 실체로서의 자신을 위한 것으로 보는 망념에서 완전히 탈피하지 못했기에, 자신이 소중히 여기는 모든 것이 허망하게 사라질 수밖에 없다는 사실 앞에서 한탄하는 것이다.

불안에 엄습되면서 허무하고 섬뜩한 느낌에 사로잡히는 상태는, 아직 변계소집성에 머물러 있는 상태다. 우리가 세계를 고립된 실체로서의 자신을 위한 도구로 보는 자기중심적인 망상에서 온전히 탈각할 때, 세계는 더 이상 황량하고 섬뜩한 것으로 나타나지 않는다. 이때 비로소 모든 존재자를 비롯해 우리 자신의 존재는 하이데거가 말하는 것처럼 성스럽고 경이로운 것으로 나타난다.

이러한 사태를 불교식으로 말해 보자. 모든 것이 무상(無常)하다고 느끼지만 체험이 아직 절실하지 못해서 세간적인 가치에 여전히 집착하는 사람에게 이 세계는 한갓 헛된 것으로 나타난다. 반면 무상을 절실하게 체험해 세간적인 가치에 대한 집착에서 온전히 벗어난 사람에게 세계는 모든 존재자의 진리가 드러나는 진여의 것으로 나타난다.

불교에서 깨닫는다는 것은 곧 무상을 깨닫는다는 것이다. 그렇다고 불교에서 말하는 무상을 깨닫는 것이 모든 것을 무상하다고 한탄하면서 허무감에 빠지는 것을 의미하지는 않는다. 무상을 깨닫는다는 것은 우리가 영원하리라 여기면서 집착하는 나의 몸이나 재산, 그리고 명예 등이 무상한 것임을 깨닫고 그에 대한 집착을 철저하게 버리는 것을 의미한다. 집착을 버린다는 것은, 내가 다른 것들과 분리된 실체라는 생각에서 벗어나 세계를 자타일여의 평등 세계로 경험하는 것을 의미한다.

다시 말해 불안에서 드러나는 섬뜩한 세계에서 도피해 세간적인 가치에 집착하면서 그에 의존해 자신의 삶을 공고히 하려는 것이 비본래적인 실존이요 변계소집성이다. 반면 불안에서 드러나는 섬뜩한 세계의 세간적인 가치로 도피하지 않고 오히려 그것의 허망함을 절실히 느끼며 집착에

서 온전히 벗어난 상태가 본래적인 실존이요 원성실성이다.[28]

우리가 일상적으로 자신이라고 생각하는 자아가 사실은 진정한 자신이 아니라 세상 사람이 제시하는 가치에 의해 지배되는 세상 사람으로서의 자기(das Man-selbst)[29]임을 깨닫고 고립된 자아와 세간적인 가치에 대한 집착을 버리는 것을 하이데거는 죽음으로의 선구라고 말한다. 죽음으로의 선구는 불교식으로 말하면 제행무상과 아울러 제법무아를 철저하게 깨닫는 사건이다.[30] 죽음으로 선구하면서 의타기성으로서의 세계를 세간적인 가치를 중심으로 한 의미로 덧씌우지 않고 여여(如如)하게 받아들일 때, 세계는 더 이상 섬뜩한 것이 아닌 존재자들이 자신의 진리를 드러내는 경이로운 세계로 나타난다.[31]

이러한 사실을 고려할 때, 의타기성에 대한 입장에 따라 현존재의 삶의 방식은 비본래적 실존 내지 변계소집성과 본래적 실존 내지 원성실성 두 가지로 나타난다고 할 수 있다. 모든 것이 인연에 내맡겨져 있다는 점, 즉 의타기적이라는 사실을 제대로 통찰하지 못한 채 자신을 고립된 실체로 간주하는 동시에 모든 존재자를 세간적인 가치에 대한 자신의 욕망을 실현하기 위한 도구로 보는 것이 비본래적 실존이요 변계소집성이다.[32] 이

---

28 김형효는 불안이 우리가 일상적으로 집착하는 세간적인 가치가 지닌 허망함을 드러내면서 우리로 하여금 전적으로 다른 삶을 모색하게 한다는 점에서 이렇게 말한다.
"이 감정은 마음의 본래적인 자각에로 회귀하려는 회심의 순간에 터져 나오는 매우 귀한 것이다." 김형효, 『하이데거와 마음의 철학』, 202쪽.

29 Martin Heidegger, *Sein und Zeit*, 129쪽 참조.

30 이런 의미에서 김형효도 '죽음으로 향하는 자유'와 불교적인 초탈은 모두 같은 의미로 보인다고 말한다. 김형효, 『하이데거와 마음의 철학』, 267쪽 참조.

31 김형효 역시 나와 동일하게 이렇게 말한다.
"마음이 제행무상을 느낄 때, 마음은 존재자를 이제 어떤 이용 가능한 기구(Zeug)나 또는 대상가능한[대상화 가능한] 사물(Ding)로서가 아니고, 저런 모든 일상적 관심의 '분별적 헤아림(Umsicht)'이 무의미해지면서 존재자를 오직 그 자체로서 바라보고자 하는 평안의 감정을 낳게 된다. […] 불안이 역설적으로 평안(Ruhe)으로 마음을 인도하는 것이다." 김형효, 『하이데거와 마음의 철학』, 209쪽.

32 이 점에서도 나는 김형효와 의견을 같이 한다. 김형효는 이렇게 말한다.

에 반해 세간적인 가치가 의타기성에 따라, 다시 말해 연기에 따라 생겨나고 소멸하는 무상한 것이라는 사실을 철저하게 깨닫고 세간적인 가치에 대한 집착에서 벗어나 존재자들의 진리를 있는 그대로 수용하는 것이 본래적 실존이요 원성실성이다.

나의 이러한 견해에 입각해서 볼 때 변계소집성에 상응하는 것은 정은해의 주장처럼 현전성뿐 아니라 도구성이기도 하다. 현전성이 변계소집성에 상응하는 이유는, 존재자를 눈앞에 현전하는 것으로 보는 대표적인 방식이 과학인데 과학의 근저에는 존재자들의 작용 법칙을 냉정하게 파악해 존재자들을 우리에게 유용한 것으로 만들려는 기술적인 이해 관심이 작용하기 때문이다.[33]

정은해 역시 한편으로는 변계소집성에 현전성이 상응한다고 보면서도 다른 한편으로는 변계소집성에 존재자들을 도구로 간주하는 일상적 삶의 방식이 상응한다고 본다. 이는 정은해가 윤회와 변계소집성이 하이데거가 말하는 망각하고-현재화하며-예기하는 일상적 시간성에 근거를 둔다고 말하기 때문이다.[34] 하이데거에서 망각하고-현재화하며-예기하는 시간성에 해당하는 것은 비본래적 실존이다. 그리고 비본래적인 실존은 세상 사람이 제시하는 가치를 궁극 목적으로 삼으면서 존재자들을 세간적인 가치를 구현하기 위한 도구로 이용하는 삶을 가리킨다. 이런 의미에서 정은해는 비본래적인 실존에서 현존재는 "의타기 연관 전체를 보유하지 않

"현존재가 무상감이라는 불안의 존재론적 감정에 젖지 않으면, 현존재는 모든 존재자를 일종의 기구(器具, Zeug)로서만 생각하게 된다. 심지어는 이런 이용가능한 존재자적인 사고가 만연되는 경우에 부처님이나 하느님마저 나의 일상적 생활에 복을 주는 그런 절대적 기구로 간주하게 된다. 그런 경우가 더 확대되면 궁극적으로 각자가 자기 자신마저도 기구로 보게 되는 그런 상황에로 나아간다. 모든 존재자를 기구로 보는 그런 주위세계의 순환적 고리를 깨뜨리는 것이 무상감으로서의 불안이다." 김형효, 『하이데거와 마음의 철학』, 215쪽.

33 김형효 역시 나와 같이 도구성과 현전성에 비본래적 실존, 즉 변계소집성이 상응하는 것으로 보고 있다. 김형효, 『하이데거와 마음의 철학』, 116쪽 참조.

34 정은해, 「불교의 두 주요 개념인 진여와 윤회의 시간론적 해석」, 157쪽 이하, 209쪽 참조.

고 망각하며, 다만 자기에게 유익한 사물들이나 사건들만을 현재화하고 또 예기한다"고 말한다.[35]

그렇다면 정은해 역시 의타기성을 도구성에 상응하는 것이 아닌 존재자들이 도구적인 것으로 나타나는 일상 세계에 의해 은폐된 연기의 세계로 본다는 점을 알 수 있다. 이러한 사실은 정은해가 "원성실성을 증득함으로써 이후에 비로소 의타기성을 의타기성이라고 알 수 있는 것이다"라는 다케무라 마카오의 말을 긍정적으로 인용하면서[36] 의타기성이 집착과 결부될 때 변계소집성이 나타나고, 집착을 떠난 연기성(후득지)이 원성실성이라고 말하는 데서도 드러난다.[37]

나는 이상에서 삼성설에 대한 정은해의 견해를 비판적으로 검토해 보았다. 나는 변계소집성을 비본래적 실존에, 원성실성을 본래적 실존에 상응하는 것으로 보는 정은해의 견해에 기본적으로 동의한다. 그러나 언급한 것처럼 정은해의 견해는 혼란스럽게 개진되는 면이 있다. 이에 정은해의 견해에 대한 비판적 검토를 통해 정은해가 지향하는 사태를 보다 분명하게 개진하는 방식으로 나의 견해를 제시해 보았다.

3. 권순홍의 연구에 대한 검토

1) 하이데거의 본래적 실존은 유식불교의 의타기성에 상응하는가?

서두에서 언급했듯이 하이데거와 불교를 비교하는 대부분의 연구는 하이

35 정은해, 「불교의 두 주요 개념인 진여와 윤회의 시간론적 해석」, 157쪽.

36 다케무라 마키오, 『유식의 구조』, 정승석 옮김, 민족사, 1989, 147쪽.

37 정은해, 「불교의 두 주요 개념인 진여와 윤회의 시간론적 해석」, 176쪽 참조.

데거가 말하는 본래적 실존이 불교에서 말하는 깨달음의 체험에 상응한다고 본다. 이러한 연구들은 기본적으로 유식불교의 원성실성에 하이데거의 본래적 실존이 상응한다고 여길 것이다. 반면 권순홍은 하이데거의 본래적 실존에 유식불교의 원성실성이 아닌 의타기성이 상응한다고 본다. 권순홍은 이렇게 말한다.

> 유식불교의 삼성설로 돌아가서 보자면, 본래성을 의타기성에, 비본래성을 변계소집성에 배대해야지 본래성을 진여와 같은, 생멸을 여읜 원성실성에 배대해서는 안 된다는 말이다.[38]

그런데 과연 권순홍처럼 본래적 실존을 의타기성에 상응하는 것으로 볼 수 있는가? 의타기성은 연기를 가리킨다. 의타기성에 대해 우리가 어떤 태도를 취하느냐에 따라 미혹의 삶으로서 변계소집성과 깨달음의 삶으로서 원성실성이 성립하게 된다. 마찬가지로 하이데거에서도 본래적 실존과 비본래적 실존은 의타기성으로서의 세계에 대해 현존재가 취할 수 있는 삶의 태도나 삶의 방식을 가리킨다.

내 생각에 비본래적 실존과 변계소집성의 방식으로 살아가는 인간은 세계를 고립된 실체인 자신이 갖는 욕망을 실현하기 위한 장으로 본다. 그는 모든 것이 자신의 통제를 넘어 인연에 따라 생멸부침(生滅浮沈)한다는 사실을 무시하면서 자신의 욕망을 세계에 주장하려고 한다. 이에 따라서 그는 자신의 욕망에 부응하는 존재자는 좋은 것으로, 그렇지 않은 존재자는 나쁜 것으로 간주면서 차별한다. 비본래적 실존과 변계소집성은 인연의 흐름을 자신의 뜻에 따라 조작하려고 하면서 인연의 흐름이 자신의 뜻

38 권순홍, 『유식불교의 거울로 본 하이데거』, 374쪽.

에 부합되는 방식으로 진행되면 좋아하고 그렇지 않으면 싫어하는 것이다.

이에 반해 원성실성과 본래적 실존은 변계소집성과 비본래적 실존이 집착하는 세간적인 가치가 고립된 실체인 자신이 영원히 소유할 수 있는 것이 아니라 한갓 인연에서 비롯된 것으로 인연에 따라 사라져 버릴 수 있음을 깨달아 일체의 집착을 버린다. 예를 들어 변계소집성은 생로병사라는 연기임을 인정하지 않고 젊음과 생을 유지하기 위해 애쓰지만, 원성실성은 연기를 있는 그대로 받아들이면서 젊음과 생에 대한 집착에서 벗어나 있다. 원성실성은 생로병사라는 연기의 세계 속에 있으면서도 한결같은 평정의 상태에 있는 것이다. 이 점에서 원성실성은 생멸을 여의었다고 할 수 있다.

이러한 사실을 고려할 때, 변계소집성이나 원성실성은 연기로서의 의타기성에 대해 취하는 인간의 삶의 태도라고 볼 수 있다. 인간의 삶은 한편으로는 의타기성을 의타기성으로 통찰하지 못하고 자신과 자신이 집착하는 사물들을 영원히 존재하는 것으로 실체화하는 변계소집성의 삶이 될 수 있다. 그리고 인간의 삶은 실체화된 것들도 실은 한갓 인연에 따라 생성 소멸하는 무상한 것임을 깨닫고 분별과 집착을 완전히 버린 원성실성이 될 수 있다. 변계소집성의 세계도 실은 허망분별이라는 의타기성의 상호인연 속에서 성립된 것이지만, 변계소집성은 이러한 사실을 깨닫지 못한다. 반면 변계소집성이 한갓 오염된 의타기성의 산물임을 깨닫고 변계소집성이 집착하는 것들에서 벗어날 때, 식(識)은 청정해져 원성실성이 성립하게 된다.

이와 같이 하이데거가 말하는 본래적 실존과 비본래적 실존이 의타기성에 대해 현존재가 취할 수 있는 삶의 태도나 방식을 가리킨다면, 권순홍처럼 본래적 실존을 의타기성에 상응하는 것으로 보는 것은 상당히 문제를 갖는다고 할 수 있다. 인간의 삶은 의타기성에 대한 입장에 따라 변계소집성이나 원성실성이 될 수 있을 뿐 의타기성 자체가 하나의 독립적인 삶의 방식이 될 수는 없는 것이다.

권순홍은 본래적인 실존을 의타기성에 상응하는 것으로 봄으로써 의타기성을 하나의 독립된 삶의 방식으로 여긴다. 그러나 반복해 말하지만, 의타기성에 대한 무지에 입각한 삶이 변계소집성이고, 의타기성에 대한 통찰에 입각한 삶이 원성실성이다. 변계소집성은 자신이 의타기성에서 벗어나 있다고 착각하지만 사실은 오염된 의타기성에 의해서 농락되었다고 할 수 있다. 이러한 사실을 깨닫고 변계소집성이 행하는 그 모든 실체화와 실체들에 대한 집착에서 벗어나는 것이 원성실성이다. 단적으로 말해 인간의 삶은 의타기성에 대해 무지한 삶이거나 통찰한 삶 중 하나로, 무지와 통찰을 넘어선 중립적인 의타기성으로서의 삶은 있을 수 없다.

이러한 사실은 권순홍 자신도 인정한다. 권순홍 역시 "의타성(依他性) 중에서 분별성(分別性)은 염오분(染汚分)이고, 성취성(成就性)은 청정분(淸淨分)이다. 곧 이 의타성은 저 이분(二分)이다"라는[39] 『섭대승론석론』의 가르침에 입각해 의타기성을 매개로 변계소집성과 원성실성이 서로 관계한다고 본다.[40] 즉 변계소집성은 의타기성 이외에 다른 것일 수 없는 견분과 상분을, 중생이 의타기성에서 벗어난 독립적인 실체로 존재하는 실아와 실법으로 착각하면서 집착하는 것이다. 반면 변계소집성이 집착하는 실아와 실법이 허구에 불과하다는 것, 즉 인연소생으로서 공하다는 것을 관찰할

---

39 『섭대승론석론』, 『대정신수대장경』, 제31권, 291쪽 상중단(권순홍, 『유식불교의 거울로 본 하이데거』, 243쪽에서 재인용).

40 권순홍, 『유식불교의 거울로 본 하이데거』, 243쪽 참조. 안성두는 Alan Sponberg의 "The Trisvabhāa Doctrine in India & China", 『龍谷大學佛敎文化硏究所紀要』 22(1983)의 주장에 입각해 삼성설에는 두 형태, 즉 의타성을 중심으로 전개되는 '중추적 모델(pivotal model)'과 분별성의 소멸과 의타성의 소멸을 통한 진실성의 증득이라는 '발전적 모델(progressive model)'이 존재한다고 본다(「유식문헌에서의 삼성설(三性說)의 유형과 그 해석」, 『인도철학』 19집, 2005 참조). 안성두의 이 견해에 대해 평가할 능력이 아직 나에게는 존재하지 않는다. 여기서는 일단 권순홍과 마찬가지로 중추적 모델에 입각해 서술하고자 한다.

때 모든 식의 참된 성품, 즉 진여(眞如)를 통찰할 수 있다. 진여를 통찰하는 상태가 원성실성이다.[41] 단적으로 말해 실아와 실법이라는 허구를 만들고 그것에 집착하는 것이 변계소집성이라면 의타기성을 통찰하면서 그 어떤 것에도 집착하지 않는 것이 원성실성이다. 변계소집성을 버릴 때 바로 의타기성 위에서 원성실성이 나타난다. 의타기성에서 염오분, 즉 분별하면서 실체화하고 집착하는 성향을 버리면 바로 원성실성이 나타날 수 있다.[42]

권순홍 자신도 의타기성은 염오분이나 청정분과 무관하게 존재할 수 있는 것이 아니라, 염오분이나 청정분으로 다시 말해 변계소집성이나 원성실성으로서만 존재할 수 있다고 본다. 이 점에서 나는 본래적 실존을 의타기성과 동일시하는 권순홍의 입장은 유지되기 어렵다고 생각한다. 이것은 비본래적 실존과 본래적 실존에 대한 권순홍의 서술에서도 드러난다.

권순홍은 비본래적 실존은 현존재 자신을 영원하고 동일한 자아로 실체화하기 때문에 변계소집성에 물든 중생처럼 "어떠한 존재자와 관계한다 하더라도 늘 '나'를 앞세울 것이라는 것은 뻔하다"고 말한다.[43] 권순홍은 비본래적인 실존이 고립된 실체로서의 '나'에 집착하고 아만과 아애에 탐착한다는 사실은 하이데거가 비본래적 실존의 근본 특징 중 하나로 보는 '현격성'에서[44] 잘 드러난다고 본다. 권순홍이 '현격성'으로, 내가 '격차성'으로 번역하는 Abständigkeit라는 말로 하이데거는 비본래적인 실존은 항상 자신을 다른 사람과 비교하면서 다른 사람보다 우위에 서려는 경향이 있음을 보여준다. 권순홍은 이러한 경향이 사람 관계를 규정할 경우 지배와 복종이 횡행해진다고 말한다. 이를 뒷받침하기 위해 권순홍은 하이

41 권순홍, 『유식불교의 거울로 본 하이데거』, 242쪽 참조.
42 권순홍, 『유식불교의 거울로 본 하이데거』, 243쪽 참조.
43 권순홍, 『유식불교의 거울로 본 하이데거』, 287쪽.
44 Martin Heidegger, *Sein und Zeit*, 126쪽 참조.

데거의 다음 말들을 인용한다.

> 같은 일에 고용된 사람들의 상호 공동존재는 매번 오직 불신만을 먹고 자란다.[45]

> 세상 사람 속에서의 상호 공동존재는 서로 격리된 채 무관심하게 그냥 나란히 있는 것이 아니라, 긴장된 채 모호하게나마 서로를 감시하면서 서로를 은밀하게 엿듣는 것에 불과하다. 서로를 위한다는 가면 아래에서는 상호 간의 적대가 벌어지고 있다.[46]

권순홍은 본래적인 실존을 현존재 각각의 고유성이 인정되면서 수평적인 평등이 지배하는 것으로 묘사한다. 권순홍은 "현존재와 현존재가 각자 자신만의 고유한 실존을 본래적으로 결단할 때에나 그들 사이에 수평적인 평등이 자리를 잡을 수 있다는 것을 잊어서는 안 된다"고 말하기도 한다.[47] 그런데 권순홍은 원성실성 역시 만법을 평등하게 여긴다고 본다. 이에 대해 권순홍은 이렇게 말한다.

> 불교의 연기법에서는 만법이 상호관계에서 서로 인과 연이 되어서 생멸하기에 법과 법 사이로 상명과 하복을 강요하는 일방적인 지배와 복종의 논리가 어떻게 평등과 평화의 노래를 아름답게 합창하는지를 여실히 드러내는 '있는 그대로 관찰된 우주 만법의 실상'이라는 것을 주의해야 할 것이다.[48]

---

45 Martin Heidegger, *Sein und Zeit*, 122쪽.
46 Martin Heidegger, *Sein und Zeit*, 175쪽.
47 권순홍, 『유식불교의 거울로 본 하이데거』, 289쪽.
48 권순홍, 『유식불교의 거울로 본 하이데거』, 401쪽.

그런데 권순홍이 언급한 것처럼 하이데거가 말하는 본래적 실존이 사람들 사이의 평등하고 조화로운 관계를 가능하게 한다면, 하이데거가 말하는 본래적 실존은 원성실성에 상응한다고 보아야 하지 않을까? 본래적 실존을 원성실성에 상응하는 것으로 볼 수 있다는 사실은 권순홍이 아래와 같이 한 말에서도 충분히 드러난다.

> 현존재는 무아이기 때문에 결여되어 있거나 허망한 것이 아니라, 도리어 모든 존재자를 품을 수 있을 만큼 넉넉하고 충만하다. 이렇게 현존재의 무아는 현존재에게 온갖 존재자로 충만한 세계를 허용한다는 것을 알아야 한다. 다시 말해서 현존재는 형이상학적 자성이 없기에 모든 존재자를 현-존재에서 품을 수 있다는 점에서 여느 존재자와는 달리 세계를 갖는다.[49]

> 이렇게 '현'이 세계의 공간과 다름이 없는 한, 사실 '현-존재'는 모든 존재자가 현상할 수 있도록 세계의 열린 공간으로 존재한다는 뜻으로 풀이할 수 있다.[50]

"세계의 열린 공간으로 존재하면서" 모든 존재자를 차별하면서 배제하지 않고 자신 안에 넉넉하게 품는 삶이 원성실성이 아니면 무엇이겠는가?

---

49 권순홍, 『유식불교의 거울로 본 하이데거』, 98쪽.
50 권순홍, 『유식불교의 거울로 본 하이데거』, 271쪽.

2) 권순홍이 본래적 실존이 의타기성에 상응한다고 보는 이유와 그에 대한 검토

권순홍은 본래적 실존에 원성실성이 상응한다고 볼 수 있는 근거들을 스스로가 상당히 많이 제시하면서도 왜 본래적 실존에 상응하는 것은 원성실성이 아닌 의타기성이라고 극구 주장하는가?

권순홍은 본래적 실존이 의타기성에 상응한다고 보는 이유를 하이데거가 말하는 본래적 실존이 진여를 경험하는 마음 상태인 원성실성과 다르다는 데서 찾는다. 권순홍은 무엇보다 하이데거에서 본래적 실존을 구현한 결단성이 매순간 행해지는 각시성(各時性, Jeweiligkeit)을 갖기에 생멸을 여읜 진여로 보아서는 안 된다고 말한다.[51]

'원성실성은 생멸을 여읜 반면 하이데거의 본래적 실존은 그렇지 않다'는 권순홍의 주장을 뒷받침하기 위해서는 원성실성을 인간의 수행과 상관없이 생사를 떠나 영원히 불변적으로 존재하는 것으로 보아야 한다. 그러나 이 경우 원성실성은 기독교에서 말하는 피안의 신처럼 실체화된다. 권순홍도 이러한 해석을 받아들이지 않을 것이다. 원성실성은 고립된 실체로서의 자신을 의타기성의 세계에 대해서 내세우면서 영속시키고 싶어하는 욕망에서 벗어나 있기 때문에 생사를 여의었다고 할 수 있다. 원성실성은 태어나서 늙고 죽는 어떤 고립된 실체로서의 자아가 존재한다는 생각이 망상임을 깨달았기에, 태어난 나도 늙은 나도 죽는 나도 없다고 생각한다. 이에 생로병사에 대해 초연한 자세로 임한다. 그것은 생사에 얽매이지 않는다는 점에서 생사를 여읜 것이다.

반면 변계소집성은 의타기성으로서의 세계를 있는 그대로 받아들이

51 권순홍, 『유식불교의 거울로 본 하이데거』, 375쪽 참조.

지 않고 만법이 고정되고 고립된 실체들로 이루어져 있다고 착각해 의타기성으로서의 세계를 부폐(覆蔽)시킨다. 이에 변계소집성은 영원히 살아야 할 '나'가 있다고 여기며 돈이나 사회적 지위, 그리고 건강 등이 나의 영속을 보장해 줄 것이라 착각하면서 그것들에 집착하는 방식으로 생사에 얽매인다.

하이데거가 말하는 본래적 실존도 일시적이고 허망한 세간적인 가치에 기댐으로써 세상 사람의 자신이라는 허구적인 실체를 유지하려는 비본래적인 실존의 욕망에서 벗어나 있다. 본래적 실존은 고립된 실체라는 허구적인 자신에 대한 집착과 그러한 자신을 영속시키고 싶어하는 모든 욕망에서 벗어나 있기에 죽음을 두려워하지 않고 초연한 마음으로 받아들일 수 있다. 이 점에서 본래적 실존은 원성실성과 마찬가지로 생사를 여의며 초월해 있다고 할 수 있다. 본래적 실존은 죽음으로 선구함으로써 일시적이고 우연한 삶의 가능성에 대한 집착을 넘어서 모든 존재자의 고유한 존재를 있는 그대로 받아들이는 현-존재가 된다. 본래적인 실존은 자신의 영속성을 확보하는 것을 삶의 궁극적 목표로 삼지 않고 존재자들을 있는 그대로 받아들이는 열린 장으로 존재하는 것이다.

권순홍은 본래적 실존이 생멸을 여의지 못했다는 근거를 본래적 실존이 매순간 확보해야만 하는 각시성을 갖는 데서 찾는다. 권순홍은 아래와 같이 서술한다.

> 시간은 한순간 시간화의 운동을 완결한 다음 중단되지 않고 다시 시간화의 운동을 펼친다는 점에서 연속성을 취하는 한편 이전 순간의 시간화의 양상과 다음 순간의 시간화의 양상 사이에 차이성이 가로놓여 있다는 점에서는 불연속성을 취한다. 식의 경우와 마찬가지로 시간은 연속성과 불연속성의 상호교직에서 시간화한다는 말이다.[52]

그런데 앞서 내가 주장한 것처럼 원성실성이 깨달음을 가리킨다면 원성실성도 그때 그때 수행을 통해 확보해야만 한다. 다시 말해 원성실성도 하이데거가 말하는 결단성과 마찬가지로 그때그때 확보해야만 하는 각시성을 갖는다고 볼 수 있다. 따라서 하이데거가 말하는 결단성 내지 본래적 실존이 각시성을 갖기에 생멸을 여의지 못했다면, 원성실성도 생멸을 여의지 못했다고 보아야 한다. 권순홍처럼 본래적 실존과 원성실성의 차이를 규정하는 기준을 각시성 여부에서 찾는다면, 원성실성과 본래적 실존에는 하등의 차이가 없다고 여겨진다.

그러나 각시성이 위 인용문에서 권순홍이 정의하는 것과 같다면 우리는 비본래적 시간도 권순홍이 말하는 의미에서 연속성과 불연속성, 즉 각시성을 갖는 게 아닌가 물을 수 있다. 권순홍도 비본래적 실존이 각시적으로 존재한다는 사실을 부인하지 않는다.

> 거꾸로 말해서 실존이 '각시적인 어떻게'인 까닭에, 이러한 '어떻게'를 특정한 방향으로 시종일관 몰고 가는 형이상학적인 실체성이 있을 수는 없을 것이다. 비본래적인 현존재라고 해서 다를 바는 없다. 다만 현존재가 세인의 통속적인 존재이해에서 전재성의 덮개로 부폐된 탓에 영혼이나 자아나 주체인 양 위장될 뿐이지, 실로 그가 영혼이나 자아나 주체로 존재하는 것은 아니다. 이렇게 실존의 '어떻게'를 들여다보아도 현존재에게서 어떠한 실체성의 찌꺼기도 발견할 수 없다는 점에서 중생이 무아인 것에 못지않게 현존재도 무아라고 할 수 있을 것이다.[53]

52 권순홍, 『유식불교의 거울로 본 하이데거』, 294쪽.

53 권순홍, 『유식불교의 거울로 본 하이데거』, 386쪽 이하.

권순홍은 비본래적 실존도 매 순간 생멸한다고 본다. 다만 비본래적 실존은 각시성을 보지 못하고 실체로서의 실아를 상정한 채 그에 집착하는 점에서 차이가 날 뿐이라는 것이다. 그렇다면 본래적 실존은 매 순간 생멸하되 실체로서의 실아를 상정하지 않고 무아의 상태로 존재한다는 말이 된다. 비본래적인 실존이 끊임없이 형이상학적인 실체로서 자신을 상정한다면 본래적인 실존은 그러한 자신을 상정하지 않고 무아를 깨닫는 실존일 수밖에 없다. 그렇지 않으면 본래적 실존을 비본래적인 실존과 구별할 하등의 이유도 없어진다. 다시 말해 각시성은 본래적인 실존이든 비본래적인 실존이든 모두를 규정하기에, 본래적인 실존을 규정하는 근본 특성으로 볼 수 없다. 그런데 권순홍은 어떤 부분에서는 나와 동일한 견해를 피력하는 것 같으면서도 각시성 자체를 본래적 실존의 특성으로 본다. 아래와 같은 서술을 보자.

> 우선 여기에서 알 수 있는 것은 각시성이 본래적인 시간의, 『존재와 시간』에서 말하는 근원적 시간의 특징이라는 점이다.[54]

권순홍은 하이데거가 본래적 실존에서 확보된다고 보는 자기-상주성(自己-常住性, Selbst-ständigkeit)을 각시성으로 해석하고 있다. 내가 자기-상주성으로 번역하고 있는 Selbst-ständigkeit라는 독일어를 권순홍은 자기-부단성(自己-不斷性)으로 번역하면서[55] "자기-부단성은 실존론적으로 선구

---

54 권순홍, 『유식불교의 거울로 본 하이데거』, 347쪽 이하.

55 내가 Selbst-ständigkeit를 '자기-상주성'이라고 번역한 이유는 아래에서 상술하지만 Selbst-ständigkeit가 호기심의 무정주성(無定住性, Unverweilen)과 대조되는 개념이라고 보기 때문이다. 권순홍이 Selbst-ständigkeit를 '자기-부단성'이라고 번역하는 것은 그것이 현존재의 각시성이 갖는 성격을 가리킨다고 보기 때문인 것 같다.
또한 김형효는 Selbst-ständigkeit를 '자기 항구성'이라고 번역한다. 그런데 김형효는 자기 항구성이 본래적 실존이나 비본래적 실존 모두에서 나타난다고 본다. 즉 김형효는 "관

하는 결단성 이외에 다른 것을 뜻하지 않는다"고[56] 말한다. 이 경우 권순홍은 자기-부단성을 죽음을 향해 선구하는 결단성이 매 순간 거듭 일어난다는 각시성을 가리키는 의미로 해석한다.

> 순간순간 본래적인 자기로 무간에 상속하지 않는다면, 본래적인 자기의 전체성을 잃고 실존의 근원에서 '결단하지 않는 퇴락의 비자기-부단성'[57]으로 추락하고 말 것이다.[58]

'비본래적인 세상 사람의 자신으로 퇴락하지 않기 위해서는 매번 죽음으로 선구하면서 본래적인 자기로 상속해야 한다'는 권순홍의 말은 하이데거의 생각을 잘 반영한다고 생각한다. 이러한 생각은 불교에서 말하는 매순간의 깨달음과 함께 원성실성이 유지될 수 있다는 사실에 상응한다고 할 수 있다. 이 점에서 원성실성도 우리가 매 순간 변계소집성을 넘어섬으로써 구현해야 하는 마음의 상태라고 할 수 있다. 따라서 각시성은 본래적 실존 못지않게 원성실성도 특징짓는다고 라고 할 수 있다.

그러나 하이데거가 말한 "결단하지 않는 퇴락의 비자기-부단성"을 과연 권순홍이 말한 것처럼 퇴락한 실존이 매 순간 결단하지 않는다는 의미로 해석할 수 있을까? 권순홍이 자기-부단성을 각시성으로 해석하기에, 비자기-부단성이 자기-부단성에 대립되는 것을 가리킨다면 비자기-부단

심이 본래적으로 나타나면, 그 관심의 항구성이 곧 자성의 지속적 안정성(beständige Standfestigkeit)을 가능케 하는 근거가 되고, 관심이 비본래적으로 흐르면 그때 그 관심의 항구성이 자아의 지속적 안정성을 가능케 하는 근거가 된다"(김형효, 『하이데거와 마음의 철학』, 298쪽)고 서술한다. 그러나 Selbst-ständigkeit에 대한 김형효의 해석은 하이데거가 파악한 것과 크게 다르다. 하이데거는 Selbst-ständigkeit는 본래적 실존에서만 성립하는 것으로 보기 때문이다.

56 Martin Heidegger, *Sein und Zeit*, 322쪽.

57 Martin Heidegger, *Sein und Zeit*, 322쪽.

58 권순홍, 『유식불교의 거울로 본 하이데거』, 360쪽 이하.

성은 비각시성이 되어야 한다. 그것은 그때그때 일어나는 불연속이면서 연속적인 성격이 아닌 고정된 실체와 같은 성격을 갖는다고 해석해야 할 것이다. 그러나 권순홍은 비자기-부단성을 이렇게 해석하고 있지 않다. 권순홍은 비자기-부단성 역시 일종의 각시성으로, 매 순간 결단하지 않음으로 해석한다. 이는 권순홍처럼 자기-상주성을 각시성으로 해석하는 것은 방향을 잘못 잡은 것임을 시사해 준다.

권순홍은 각시성과 관련해 퇴락을 매순간 결단하지 않는다고 말하지만, 이는 퇴락에 대한 동어반복일 뿐 퇴락이 지닌 성격에 대해 내용 있는 이야기를 해주는 것은 아니다. 하이데거가 퇴락의 비자기-상주성으로 염두에 두는 것은 퇴락한 실존이 빠져 있는 뿌리 없는 무정주성(無定住性)의 상태다.[59] 퇴락한 실존은 호기심과 빈말에 사로잡혀 항상 새로운 것을 좇아다니며 뿌리를 상실하고 삶의 확고한 지반을 결여하고 있다. 하이데거가 퇴락의 비자기-상주성을 말할 때 염두에 두는 것이 바로 무정주성성으로 권순홍이 말하는 것처럼 퇴락이 매 순간 결단하지 않음을 의미하는 것은 아니다.

따라서 자기-상주성도 퇴락이 갖는 무정주성과 대립되는 것으로 해석해야만 한다. 자기-상주성은 '부단한' '입지 확보(beständige Standfestigkeit)', 즉 항존성과 자립성이라는 이중적 의미를 갖는다. 이 점에서 그것은 결단하지 않는 퇴락의 '비자기-상주성(Unselbst-ständigkeit)'과 대립되며, 비자기-상주성 역시 비항존성과 비자립성이라는 이중적 의미를 갖는다.[60]

죽음으로 선구하는 순간 우리는 세상 사람이 제공하던 온갖 우연하고 '일시적인' 가능성에 집착하던 상태에서 벗어나 진정으로 삶의 확고한 지

---

59 Martin Heidegger, *Sein und Zeit*, 172쪽 참조.

60 Martin Heidegger, *Sein und Zeit*, 322쪽 참조.

반을 획득하게 된다.[61] 우연하고 일시적인 것을 영원한 것처럼 집착하며 그것에 매달리는 상태에서 벗어날 때, 우리는 삶의 확고한 지반과 평온한 기쁨을 갖게 된다.[62] 자신이 통제할 수 없는 인연의 흐름 속에서 어떠한 경우에도 평온한 기쁨을 잃지 않는 마음 상태가 바로 하이데거가 자기-상주성이라는 말로 표현하고 싶은 것이다.

단적으로 말해 자기 상주성은 생멸을 여읜 마음 상태를 가리킨다. 자기-상주성은 고정불변의 실체로서 존재하는 자아에게 원래부터 주어진 것이 아니라, 결단성이라는 매순간의 실존적 수행에 의해 비로소 우리에게 주어진다. 이는 불교에서 무상한 것들에 대한 집착에서 벗어나는 끊임없는 수행을 통해 우리에게 잠재되어 있던 무루종자 내지 불성이 비로소 드러나는 것과 유사하다. 이런 맥락에서 하이데거는 자기-상주성이 본래적인 실존을 통해 확보되며, 이것을 통해서만 우리가 흔히 '주체의 지속성(Beharrlichkeit)'으로 잘못 알고 있는 자기-상주성이 제대로 해명될 수 있다고 말한다.[63]

권순홍은 원성실성을 본래적 실존과 동일시할 수 없는 근거로 원성실성이 생멸을 여읜 반면 본래적인 실존은 생멸을 여의지 못했다는 점 외에 또 하나를 제시한다. 즉 권순홍은 진여가 생멸을 여읜 우주 만법의 실상이지만 하이데거가 말하는 "실존 또는 현존재의 진리는 그때마다 고유한 현존재로 개별화한, '나'로까지 개별화한 각시적인 진리들일 뿐이지 만법을 두루 망라하는 진리가 아니다"고 말한다.[64]

여기서 권순홍은 각자의 고유한 현존재를 각각의 나로 개별화되고 고립화된 자기로 간주하는 것 같다. 그러나 다른 자아나 사물들을 한갓 도구

61 Martin Heidegger, *Sein und Zeit*, 384쪽 참조.
62 Martin Heidegger, *Sein und Zeit*, 310쪽 참조.
63 Martin Heidegger, *Sein und Zeit*, 322쪽 참조.
64 권순홍, 『유식불교의 거울로 본 하이데거』, 375쪽.

로 이용하면서 그것들을 자기중심적으로만 바라보는 것은 하이데거가 비본래적인 자신이라고 말하는 세상 사람으로서의 자신이다. 세상 사람으로서의 자신은 집착하는 세간적인 가치를 중심에 놓고 그것을 실현하는 데 도움을 줄 수 있는 사람은 좋은 사람으로, 그렇지 않은 사람은 나쁜 사람으로 간주한다. 반면 본래적인 실존은 세상 사람의 지배에서 벗어나 진정한 자신을 찾은 사람이지만, 다른 자기들로부터 고립되거나 그것들과 대립된 자신이 아니라 오히려 모든 것의 고유한 존재를 받아들이는 자신이다. 권순홍도 본래적인 실존이 갖는 이러한 성격을 인정한다. 권순홍은 이렇게 말한다.

> 오로지 우주 만법 중에서 인간만이 존재 자체의 햇살을 마실 수 있는 현-존재로 실존한다는 뜻으로 보아야 한다. 이렇게 유독 인간만이 여느 존재자와는 달리 현(Da)의 열린 공간에서 존재를 수호하는 현-존재가 되기에 실존의 방식으로 존재한다면, 인간 현존재에게는 본질이 없을 것이다.[65]

나는 존재 자체의 햇살을 마실 수 있는 현-존재로 존재할 수 있다는 사실과 만법의 진리를 있는 그대로 받아들이는 원성실성으로 존재한다는 것은 다른 말이 아니다.

이상에서 우리는 본래적 실존을 의타기성에 상응한다고 보는 권순홍의 견해가 자신의 말에 의해서 부정되는 것을 보았다. 권순홍은 본래적 실존이 의타기성에 상응한다고 보는 중요한 근거를 본래적인 실존이 각시성이라는 성격을 갖고 있다는 데서 찾는다. 그러나 하이데거가 본래적 실존

65 권순홍, 『유식불교의 거울로 본 하이데거』, 75쪽.

의 특징을 권순홍처럼 각시성이라고 말하는 부분을 찾기는 어렵다. 더불어 권순홍은 본래적 실존에서 확보되는 자기-상주성을 각시성으로 해석하지만, 이러한 해석을 뒷받침할 수 있는 전거 역시 『존재와 시간』에서 찾아볼 수 없다.

그런데 권순홍은 본래적 실존을 한편으로 의타기성으로 보면서도 엄밀한 의미의 의타기성으로 보지 않는다. 권순홍에 의하면, 하이데거가 말하는 본래적 실존은 의타기성에서 '의타성(依他性)'을 갖지 않고 오직 '기성(起性)'만을 갖는다. 권순홍의 이러한 견해는 하이데거가 말하는 본래적 실존을 가능하게 하는 시간성에 대한 권순홍 특유의 견해에 입각해 있다. 본래적 실존을 가능하게 하는 시간성을 권순홍은 근원적 시간성이라 부르면서, 근원적인 시간성에 의타성은 인정하지 않고 기성만 인정한다.[66] 이 경우 기성은 어떠한 인연의 영향을 받지 않고 그 스스로 시간화하는 것을 의미한다.

권순홍의 주장을 검토하기 전에, 권순홍이 『존재와 시간』에서 말하는 근원적인 시간이 본래적인 시간성과 동일하다고 보는 점은 오류임을 지적하고 싶다. 하이데거는 『존재와 시간』에서 시간을 크게 근원적 시간과 파생적인 시간으로 나눈다. 근원적인 시간은 현존재의 존재의미에 해당하며 '자기를 향해', ' …으로 돌아와', ' …을 만나게 함'이라는 의미에서 장래, 기재, 현재로 이루어진 '기재하면서-현전화하는 도래(gewesend-gegenwärtigende Zukunft)'로서의 시간이다.

파생적인 시간은 '지금이라는 시점들의 연속'으로 이해된다. 우리가 흔히 시간이라고 할 때는 파생적인 시간을 의미하기에 하이데거는 이것을 통속적인 시간이라고도 부른다. 반면 근원적인 시간은 통속적 시간의 근

66 권순홍, 『유식불교의 거울로 본 하이데거』, 377쪽 참조.

원이라는 의미에서 근원적인 시간이라고 불리는 것이다.

근원적인 시간은 다시 본래적인 시간성과 비본래적인 시간성으로 나뉜다. 본래적인 시간성은 '죽음으로 선구하면서 기재를 반복하는 순간'으로, 비본래적 시간성은 '예기하면서 간직하는(기재를 망각하는) 현전화'로 나타난다. 하이데거는 근원적인 시간을 본래적인 시간성과 비본래적인 시간성을 포함하는 개념으로 사용하나 권순홍은 근원적인 시간을 본래적인 시간성과 동일시한다. 이러한 사실은 그의 저서 여러 곳에서 확인된다. 예를 들어『유식불교의 거울로 본 하이데거』의 362쪽에서 "근원적 또는 본래적 시간"이라는 표현을 쓰며 앞에서 인용한 364쪽 문장에서도 "우선 여기에서 알 수 있는 것은 각시성이 본래적인 시간의,『존재와 시간』에서 말하는 근원적 시간의 특징이라는 점이다"라고 말한다.

이제 권순홍이 본래적 시간성과 동일시하는 근원적 시간에 의타성은 인정하지 않고 기성만을 인정하는 권순홍의 견해를 검토해 보자. 권순홍은 하이데거가 말하는 근원적 시간에 유식불교의 아뢰야식이 상응한다고 보면서도, 근원적 시간의 작용방식과 아뢰야식의 작용방식을 아래와 같이 구별한다.

> 우선 근원적 시간은 지평의 빛으로 생기하자마자 존재자적 이해로까지 자기 자신을 변양시킨다면, 아뢰야식은 인능변(因能變)의 작용을 통해서 식들을 전변하는 한편 이렇게 전변된 식들은 여러 연들이 갖추어질 때 과능변(果能變)의 작용을 통해서 견분(見分)과 상분(相分)을 변현한다. [···] 근원적 시간이 각시성에서 순간적 자기완결성의 사건으로 거듭 생기한다면, 아뢰야식은 인과 연이 갖추어져 있는 동안 찰나마다 전전하고 상속한다.[67]

67 권순홍,『유식불교의 거울로 본 하이데거』, 68쪽.

> 그렇다면 시간이 '저절로' 자신을 시간화하는 한편 역시 '저절로' 자신을 변양시킨다고 볼 수밖에 없을 것이다. 이와 달리 아뢰야식은 인과 연의 화합을 통해서 의타기성답게 연기한다고 해야 할 것이다.[68]

근원적 시간이 인과 연의 영향을 받지 않고 그 스스로 일어나는 것이라는 점에서 권순홍은 근원적 시간이 선천주의(Apriorismus)의 성격을 갖는다고 본다.

> 의타기성이 연기법의 다른 이름이라면, 적어도 '의타성'은 시간의 시간화 운동이나 현존재의 본래적인 실존에 적용해서는 안 될 것이다. 그 까닭은 분명하다. 근원적 또는 본래적 시간이 현존재의 본래적인 실존을 선천적으로 가능하게 하는 최후의 조건이라는 점에서 현존재의 실존론적 분석론은 연기법과는 달리 선천주의에 기초를 두고 있기 때문이다.[69]

본래적 시간의 선천주의로 권순홍은 본래적 시간이 어떠한 인연에 영향도 받지 않고 현-존재와 세계의 열린 공간을 조성한다는 사실을 가리킨다. 반면 본래적 시간에 상응하는 아뢰야식은 자신의 부단한 능변 작용을 통해 인간과 기세간을 그때마다 다양한 양태로 변출한다며 아뢰야식은 철저하게 의타기성에 따라 작용한다고 본다. 그런데 권순홍이 하이데거의 본래적 시간이 어떠한 인연에도 전혀 영향을 받지 않으며 일어난다고 할 때 본래적 실존을 의타기성에 상응한다고 보아서는 안 된다. 이는 본래적 실존이 인연에 의해 일어나지 않는다면 그것을 어떤 이유에서든 의타기성

---

68 권순홍, 『유식불교의 거울로 본 하이데거』, 121쪽.

69 권순홍, 『유식불교의 거울로 본 하이데거』, 362쪽.

이라고 부를 수 없기 때문이다. 이런 맥락에서 권순홍은 하이데거가 불교의 연기법을 알지 못한다고 단정한다.

> 불교의 맥락에서 보자면, 이것은 하이데거가 연기의 이법을 모르는 탓이기는 하다. 이러한 까닭에 시간은 종자와 같은 직접적인 인이나 다른 연을 기다릴 필요도 없이 힘답게 그때마다 시간화의 운동을 펼친다고 보아야 할 것이다.[70]

더 나아가 권순홍은 본래적 시간에 대한 하이데거의 철학은 외도의 입장과 다를 바 없다고 본다.

> 종자의 '대중연'의 자격 조건을 '이것은 외도(外道)가 자연인(自然人)이 뭇 연을 기다리지 않고 항상 단번에 결과를 일으킨다고 집착하는 것을 막는다'(『성유식론』, 84-85쪽)는 취지로 받아들여야 한다면, 시간의 자기시간화도 그렇겠지만 시간의 자기변양이 그 외도의 경우와 다를 바가 없다고 해야 할 것이다.[71]

그러나 과연 하이데거가 말하는 본래적 시간이 모든 인연에서 벗어나 저절로 일어나는가에 대해서는 의심이 든다. 원성실성은 무루심 내지 무루종자라는 인(因)에 수행과 스승을 비롯한 뭇 사람의 가르침이라는 연(緣)이 결합해 성립된다. 이와 마찬가지로 하이데거가 말하는 본래적 시간도 인연이 결합해 성립한다고 할 수 있다. 즉 그것은 현존재의 고유한 실존가능성이라는 인(因)과 '죽음으로 선구하면서 세간적인 가치에 대한 집착에

70 권순홍, 『유식불교의 거울로 본 하이데거』, 120쪽.
71 권순홍, 『유식불교의 거울로 본 하이데거』, 121쪽.

서 벗어나려고 하는 현존재의 실존수행, 그리고 수행을 돕는 뭇 사람들의 배려'라는 연(緣)이 함께 작용하는 방식으로 일어난다.

3) 하이데거와 유식불교의 문제의식은 근본적으로 다른가?

본래적 실존과 원성실성은 근본적으로 다르며 본래적 실존은 의타기성과 상응한다고 보는 것이 권순홍의 공식 입장이었다. 그러나 앞에서 보았듯이 권순홍도 여러 곳에서 본래적 실존과 원성실성을 동일시한다. 그럼에도 권순홍은 왜 극구 본래적 실존과 원성실성이 무관하다고 보는가? 이는 권순홍이 하이데거의 문제의식과 유식불교의 문제의식이 근본적으로 다르다고 보기 때문이다. 권순홍에 따르면 하이데거의 문제의식은 순수한 철학적인 차원에 머물러 있는 반면 유식불교의 문제의식은 사람들을 고통에서 구하겠다는 종교적 성격을 띤다.

이와 관련해 권순홍은 하이데거의 철학이 불교의 철학과 함께 깨닫는 정신의 초탈적 사유를 가장 탁월하게 보여준다고 보았던 김형효의 견해[72]를 강하게 비판하면서 이렇게 말한다.

> 하이데거가 서양 형이상학의 잊힌 기초를 회복하겠다는 의도에서 존재물음의 길을 걸어갔다면 유식불교는 중생으로 하여금 해탈과 열반에 이르도록 독려하기 위해서 유식무경의 길을 걸어갔다는 점에서 제각기 사유의 방향과 의도, 목적과 배경이 다르다는 것을 결코 무시해서는 안 될 것이다.[73]

72 김형효, 『하이데거와 마음의 철학』, 16쪽 참조.
73 권순홍, 『유식불교의 거울로 본 하이데거』, 20쪽.

유식불교와 하이데거 철학을 안이하게 무조건 동일시하는 우(愚)를 범해서는 안 된다는 권순홍의 입장에 대해서는 나도 전적으로 찬동한다. 그러나 권순홍이 주장하는 것처럼 하이데거 철학의 궁극적인 목표가 이론적인 차원에서 존재물음을 새롭게 제기하는 것에 그치는지는 의문이다. 나는 하이데거가 존재물음을 단순히 지적인 호기심의 차원에서 전개하지 않았다고 본다. 하이데거의 존재물음이 궁극적으로 겨냥하는 것은 현대인의 사유방식을 근본적으로 전환함으로써 현대가 부딪히고 있는 위기를 극복하는 일이었다.

하이데거는 존재망각이 현대에 와서 극에 달함으로써 현대인의 삶이 황폐해지고 피폐해진다고 보았다. 하이데거의 이러한 실천적 문제의식은 후기에 와서 정면으로 드러나지만, 초기에도 암암리에 존재물음의 궁극적인 동기로서 작용한다. 여기서 나는 하이데거의 존재물음은 단순히 이론적인 차원에 머무는 것이 아니라 인간 삶의 변혁을 목표로 삼는다고 본다. 따라서 나는 불교와 하이데거 사이에 존재하는 실천적 관심의 동일성을 강조하는 김형효의 견해에 동의한다.

우리는 앞에서 하이데거와 유식불교를 비교하는 김형효의 연구를 상세하게 살펴보지 못했다. 김형효는 하이데거가 말하는 본래적 실존이 유식불교에서의 원성실성에 상응한다고 보는 동시에, 본래적 실존을 구현하기 위한 죽음으로의 선구가 유식불교에서 말하는 전식성지(轉識成智) 내지 전식득지(轉識得智)에 상응한다고 보는 대표적인 연구자다. 김형효는 이렇게 말한다.

> 만약에 죽음의 사건을 자기화하는 전회에 의해 실존이 세상 사람의 이기적 자신으로부터 자신을 탈취시켜 본래적 자기성으로 회심케 하는 경우가 일어난다고 가정해 보면, 그 때의 자기성은 이기적인 공동존재의 이면이 아니고, 대자대비적이고 동체대비적인 공동존재의 이면으

> 로 탈바꿈하리라. […] 자기성이 한없이 넓어지고 허공처럼 자신을 비우게 되면, 모든 타자성이 곧 그 자기성의 자리에 들어와 자기성과 타자성이 동체대비로 한 몸을 이루는 그런 경지에 이른다. 이런 전식성지의 경지를 불성을 이룬 마음의 경지라 부른다.[74]

김형효는 하이데거가 말하는 죽음으로의 선구를 유식불교에서 말하는 전식성지 내지 전식득지에 상응하는 것으로 본다. 즉 죽음으로의 선구를 통해 세상 사람으로서의 자기가 추구하는 세간적인 가치에 대한 집착을 버릴 때, 현존재는 이기적인 자신으로부터 벗어나 모든 존재자의 고유한 존재를 존중하는 대자대비의 자기로 변화된다는 것이다. 그러나 죽음으로의 선구를 유식불교에서 말하는 전식득지에 상응한다고 보는 이러한 견해에 대해 권순홍은 아래와 같이 비판한다.

> 만일 세상 사람들이 어떤 수행 사실도 없이 그냥 자신의 고유한 죽음의 가능성에 대한 자각을 통하여 본래성으로 회심한다는 사실만으로 그 같은 불성의 경지에 오를 수 있었다면, 이 세상은 아마도 이미 불국정토(佛國淨土)가 되었을 것이다.[75]

> 본래성의 선택이 단 한 번에 그칠 수도 있는 현존재의 결연한 부름 이해에 달려 있다면, 의타기성의 증견은 중생이 헤아릴 수 없이 길고 긴 시간 동안 지난한 수행의 계위를 꾸준히 닦아나가는 데에 달려 있다.[76]

---

74 김형효, 『하이데거와 마음의 철학』, 133쪽 이하.

75 권순홍, 「유식불교의 눈으로 본 『존재와 시간』」, 『철학비평』 제6호, 2001, 94쪽.

76 권순홍, 『유식불교의 거울로 본 하이데거』, 310쪽.

권순홍은 하이데거가 말하는 죽음으로의 선구가 극히 쉽게 일어날 수 있는 사건인 반면 불성의 구현은 극히 어려운 것으로 본다. 그런데 권순홍은 하이데거가 말하는 죽음으로의 선구가 왜 쉽게 일어날 수 있다고 보는가? 권순홍은 위 인용문에서 죽음으로의 선구를 자신의 고유한 죽음의 가능성에 대한 자각이라고 부르면서 누구나 조금만 생각해 보면 이러한 자각을 쉽게 가질 수 있다고 보는 것 같다.

그러나 하이데거가 말하는 죽음으로의 선구는 '단순히 머리로만' 죽음을 자신의 고유한 가능성으로 보는 것과 다르다. 하이데거에게 죽음으로의 선구는 불안을 인수하는 것과 관련해 해석된다. 불안을 인수한다는 것은 현존재가 비본래적 실존으로서 집착해 온 세간적인 가치가 허망함을 깨닫고 그것에 대한 집착을 온전히 버리는 것을 말한다. 그것은 세간적인 가치가 우리가 죽으면 모두 사라져 버리는 허망한 것임을 단순히 머리로만 아는 게 아니라, 자신의 온몸 세포 하나하나까지 침투해 있는 '세간적인 가치에 대한 집착'을 철저하게 버리는 것을 의미한다.

죽음으로의 선구를 이렇게 해석하기에 하이데거는 죽음으로의 선구를 통한 본래적 실존의 구현이 극히 드물게 일어난다고 말하는 것이다. 하이데거는 우리가 우선 대개는 비본래적인 실존을 산다고 말하는 것을 넘어서, 비본래적인 실존이 우리를 항상 퇴락으로 끌어들이는 소용돌이(Wirbel)와 같다고 보는 것이다.[77]

사실 권순홍도 죽음으로 선구하는 결단은 한 번으로 완성되는 게 아니라 매순간 거듭 일어나야 하는 것으로 본다.

> 결단성에서 단 한 번 고유한 자기존재가능으로 자신을 기투한다고 해

77 Martin Heidegger, *Sein und Zeit*, 178쪽 참조.

> 서 현존재가 본래적인 자기로 실존한다고 볼 수는 없다. 죽음으로 '그때마다' '매번' 선구하지 않고서는, 즉 죽음으로의 선구에서 본래성의 전체성을 장악하지 않고서는 존재의 무력성을 감도는 불안의 무시무시한 기분에서 다시금 세상 사람의 안락한 세계로 퇴락하기 일쑤이기 때문이다. 그래서 현존재는 선구하는 결단성의 '그때마다'에서 '부단히' 본래적인 자기로 실존할 때에나 본래적인 자기답게 실존한다고 보아야 옳다.[78]

권순홍이 위와 같이 서술할 때 권순홍은 하이데거가 단 한 번의 죽음으로의 선구를 통해 본래적인 자기가 구현된다고 말하지 않다는 사실을 인정하는 셈이다. 그런 점에서 본래적 실존과 원성실성의 상응 여부에 대한 권순홍의 서술도 혼돈을 빚지만, 죽음으로의 선구가 갖는 성격에 대한 권순홍의 서술도 혼돈을 빚는다고 할 수 있다.

권순홍은 하이데거 철학이 사람들을 고통으로부터 해방시키는 데 관심을 갖지 않는다면서 그 근거로 하이데거에게는 불교에서와 같은 구체적인 수행론이 없다는 사실을 든다. 이러한 사실에 입각하여 권순홍은 하이데거가 말하는 본래적인 실존을 모든 고통에서 벗어난 상태인 불교의 원성실성에 상응하는 것으로 볼 수 없다고 말한다.

> 예컨대 생사의 바다에서 허우적거리고 있는 중생을 구제하고자 하는 자비의 실천행, 팔정도(八正道)와 같은 해탈의 길, 열반과 같은 삶의 종교적인 구경 등을 향해서 열린 출구가 기초존재론에 설치되어 있지는 않다는 말이다.[79]

---

78 권순홍, 『유식불교의 거울로 본 하이데거』, 345쪽 이하.

79 권순홍, 『유식불교의 거울로 본 하이데거』, 380쪽.

권순홍이 말하는 것처럼, 하이데거에게 팔정도를 비롯해 불교의 지관(止觀)과 같은 구체적인 수행법이 보이지 않는 것은 사실이다. 그러나 불교 전통에서 살지 않았던 하이데거에게 구체적인 불교적 수행론을 기대하는 것 자체가 무리라고 생각한다. 그럼에도 하이데거가 넓은 의미의 수행론을 제시한다고 볼 수 있다.

'불안에서 도피하지 말고 그것을 인수하라'는 하이데거의 말은 '세간적인 가치를 통해 자신의 안전한 지위를 확보하려는 모든 헛된 시도를 버리라'는 의미라고 할 수 있다. 하이데거는 죽음으로의 선구가 현존재가 죽는다는 사실을 단순히 머리로 알게 됨으로써 가능하다고 보지 않는다. 그는 죽음으로의 선구는 '항상 죽음을 진지하게 생각하면서 모든 세간적인 가치의 허망함을 깨닫고 그것들에 대한 집착을 버리려는 끊임없는 실존 수행을 통해서 이루어진다'고 보는 것이다.

그리고 후기 하이데거는 존재자들을 지배하려는 탐욕의 노예 상태에서 벗어나 '존재의 소리에 청종하는 내맡김(Gelassenheit)'을 구현하라고 촉구한다. 불안을 인수하는 '죽음으로의 선구'나 내맡김 같은 것은 우리가 본래적인 실존을 구현하기 위해 닦아야 할 수행이다. 이런 의미에서 하이데거 철학은 넓은 의미의 수행론을 포함한다고 할 수 있다.

하이데거의 존재물음은 인간이 어떻게 살고 어떻게 행위해야 하는지에 대한 윤리학적인 사유를 포함한다. 하이데거가 모든 참된 철학에서는 존재론과 윤리학이 분리될 수 없다고 말한 것처럼, 하이데거의 존재론은 그 자체가 이미 삶의 방향을 제시하려는 윤리학이다. 하이데거는 사람들에게 비본래적 실존이 빚어내는 서로 간의 질시와 시의, 그리고 세계에 대한 끊임없는 두려움에서 벗어나, 서로 간의 우의와 삶의 확고한 지반 그리고 기쁨을 구현할 수 있는 길을 제시하려는 것이다.

이와 관련해 우리는 하이데거가 철학하는 방식은 전통 형이상학과 근본적으로 다르다는 사실을 잊어서는 안 된다. 전통 형이상학에서 철학함은, 근대 이전의 철학에서 보듯이 세계에 대한 객관적 고찰이나 근대철학에서 보듯이 인간의 의식 작용을 내면에서 반성하는 식으로 행해졌다. 이에 반해 하이데거는 자신의 존재물음이 실존의 근본적인 변혁을 통해서만, 다시 말해 불안을 인수하는 '죽음으로의 선구'에 의해서만 제대로 행해질 수 있다고 본다. 하이데거의 이러한 견해는 불교에서 만법의 진리인 진여뿐 아니라 의타기성도 우리가 원성실성을 구현했을 때 제대로 드러난다고 보는 것에 상응한다고 할 수 있다.[80]

4. 나가면서

우리는 앞에서 정은해와 권순홍의 연구를 비판적으로 검토하면서 유식불교의 삼성설과 하이데거가 말하는 실존방식들이 어떤 식으로 상응하는지 살펴보았다. 나는 유식불교가 말하는 변계소집성과 원성실성 각각에 하이데거가 말하는 비본래적인 실존과 본래적 실존이 상응한다고 보았다. 그렇다고 내가 유식불교와 초기 하이데거의 철학이 전적으로 동일하다고 보는 것은 아니다.

김형효는 하이데거가 말하는 현존재를 유식불교에서 말하는 진망화합식으로서의 아뢰야식에 상응한다고 보며[81] 권순홍은 아뢰야식을 하이데거의 본래적인 시간성에 상응하는 것으로 보지만,[82] 나는 엄밀히 말해

---

80 권순홍에 대한 이러한 비판은, 권순홍과 비슷한 입장에서 하이데거 철학과 유식불교 사이에 넘어설 수 없는 차이가 있다고 보는 서동은에도 적용될 수 있다고 생각한다. 서동은, 「하이데거와 선불교: 형이상학 극복의 관점에서의 비교」, 50쪽 참조.

81 김형효, 『하이데거와 마음의 철학』, 135쪽.

82 물론 권순홍은 아뢰야식과 하이데거가 말하는 본래적 시간이 지닌 차이도 지적한다. 권순홍은 아뢰야식이 의타기성인 데 반해 하이데거의 본래적 시간은 인연에서 벗어나 저절로 생기는 것이라고 본다. 권순홍, 위의 책, 68쪽과 121쪽 참조. 이에 반해 나는 아뢰야식과 하

하이데거 철학에서 유식불교의 아뢰야식에 상응하는 것을 발견하기란 쉽지 않다고 본다. 유식불교는 어디까지나 윤회를 인정하는 입장에서 아뢰야식이 몇 억겁에 걸쳐서 쌓인 것으로 본다. 이 점에서 유식불교는 우리의 업습(業習)을 극복하는 일이 얼마나 지난한 일인지를 보여준다고 할 수 있다. 또한 유식불교는 우리가 일상적으로 집착하는 고정된 실체로서의 자신이 사실은 수억 겁에 걸쳐서 쌓아온 업습에 지나지 않는다는 것을 보여준다. 그러나 하이데거에게는 이러한 업습의 차원이 보이지 않는다.

하이데거는 우리의 일상적인 생각과 행동이 세론에 의해 규정된다고 말한다. 그러나 하이데거는 우리의 일상적인 생각과 행동이 아뢰야식과 말나식 등에 의해 규정된다는 사실에 대해서는 주목하지 않는다. 물론 하이데거는 비본래적인 실존의 본질적인 특성을 다른 사람과의 격차를 의식하면서 자신이 다른 사람에게 많이 뒤떨어져 있으면 그 격차를 줄이려 하고 다른 사람과 격차가 별로 나지 않으면 그 격차를 늘이려고 하는 격차성에서 찾는다. 격차성은 쉽게 말해 비교의식이라고 할 수 있을 것이다. 격차성을 언급하면서 하이데거는 유식불교에서 말하는 말나식의 일단을 건드리는 것이다. 그러나 말나식이 집착하는 자아가 무엇인지에 대해서 하이데거는 깊이 파고들지는 않는다고 여겨진다. 세상 사람의 가치에 집착하더라도 각자의 아뢰야식에 따라서, 다시 말해 각자의 업습에 따라서 어떤 사람은 돈에 더 집착하는 반면에 어떤 사람은 명예에 더 집착할 수 있다.

반면 죽음에 대해 인간이 취하는 태도를 두고 하이데거가 행하는 상세한 분석을 유식불교에서는 보기 힘들다. 그러나 유식불교와 하이데거가 전적으로 동일한 것이 아니므로 오히려 양자가 서로 대화하며 보완할 수 있는 여지가 생긴다. 유식불교와 하이데거 철학이 생산적인 대화를 통해

이데거의 현존재 내지 현존재의 존재의미인 시간성이 갖는 차이에 대해 아뢰야식에서는 업습이 문제인 반면, 하이데거에게 업습은 문제가 아니라는 데서 찾고 싶다.

서로를 보완할 수 있는 주제는 이 글에서 검토한 유식불교의 삼성설(三性說)과 실존방식에 대한 하이데거의 분석 간 관계뿐 아니라 전식득지와 결단성 사이의 관계, 유식불교와 하이데거 철학을 관념론으로 규정할 수 있는가와 같은[83] 문제 등 여러 가지다. 이러한 주제들에 대해서는 다른 지면에서 연구를 수행할 예정이다.

---

83 권순홍은 유식불교와 하이데거 철학 사이의 가장 큰 공통점을 양자가 관념론의 입장을 취한다는 데서 찾는다(권순홍, 『유식불교의 거울로 본 하이데거』, 38쪽). 물론 권순홍은 하이데거가 현존재가 없더라도 존재자는 있다고 본다는 점에서 아직 실재론적인 입장에서 완전히 벗어나지 못한다고 여긴다(권순홍, 『유식불교의 거울로 본 하이데거』, 105쪽). 이에 대해 나는 과연 유식불교와 하이데거 철학을 관념론으로 볼 수 있는지에 대해 의문을 가지고 있다.

V

하이데거와 철학자들

하이데거 철학이 서양철학사에 갖는 위치와 의의*

1. 하이데거, 막스 뮐러, 하인리히 롬바흐

하이데거는 서양철학사에서 자신이 차지하는 위치와 의의를 분명히 밝힌다. 즉 그는 자신을 플라톤 이래 니체에 이르기까지 서양철학을 지배해 온 존재망각을 극복하면서 서양철학에 새로운 시원을 연 사상가로 파악한다. 또한 하이데거에 의하면, 철학이야말로 각 시대의 세계이해와 인간이해를 개시함으로써 각 시대를 정초하는 것으로 철학에 새로운 시원을 연다는 것은 서양사에 새로운 시원을 건립하는 것을 의미한다. 나는 이 글에서 하이데거가 지닌 자기 파악을 염두에 두면서, 막스 뮐러(Max Müller)와 하인리히 롬바흐(Heinrich Rombach)의 견해를 원용하며 하이데거가 서양철학사에서 갖는 위치와 의의를 조명해 보려고 한다.

하이데거는 서양의 각 시대를 규정했던 세계이해와 인간이해는 각 시대의 위대한 철학을 규정하는 근본 낱말들(Grundworte)에 집중되어 있다고 보았다. 하이데거는 근본 낱말들로 플라톤부터 니체까지 각 시대를 정

* 「하이데거의 철학사적 위치와 의의에 대한 고찰」(『하이데거 연구』 18집, 2008 가을호)을 수정하였음.

초하는 대사상가들의 사상을 규정하는 이데아, 에이도스, 실체, 모나드, 생산력, 절대정신, 힘에의 의지 등을 들고 있다.[1] 하이데거에 의하면 이러한 단어들은 대사상가들이 임의로 만들어 낸 게 아니라, 존재 자체가 그들을 통해 자신을 개시한 것이다. 따라서 이러한 단어에는 사상가들을 엄습하면서 자신을 그때그때 다르게 개시하는 존재 자체에 대한 근본 경험이 담겨 있다.

플라톤은 존재 자체가 자신을 이데아로 드러내는 것으로 경험했으며, 니체는 존재 자체가 자신을 힘에의 의지로서 드러내는 것으로 경험했다. 이것은 사상가들의 개인적인 경험이 아니라 인간들의 행위와 사유를 각 시대마다 본질적으로 다르게 규정하는 근본 경험이다. 사상가는 이 근본 경험을 보다 강력하고 분명한 형태로 갖는 자이며, 근본 경험을 통해 개시되는 세계와 인간에 대한 이해를 그때그때의 근본 낱말을 중심으로 분명히 규정하는 자다. 또한 사상가는 자기 시대의 인간들에게 자신이 살고 있는 세계와 그 안에서 자신이 구현해야 할 과제에 대해 분명한 이해를 마련하는 자다.

하이데거는 서양사를 플라톤 이전 사상가들의 시대와 플라톤에서 니체에 이르는 형이상학의 시대, 그리고 하이데거 자신과 함께 시작되는 형이상학 이후의 시대로 대별(大別)한다. 또한 플라톤에서 니체에 이르는 형이상학의 시대를 다시 고대와 중세 그리고 근대로 구별한다.

뮐러 역시 하이데거와 유사하게 서양철학사를 플라톤 이전의 자연철학자들의 철학과 본질질서의 철학인 고중세의 철학 그리고 무한한 방향의 철학인 근대철학으로 대별한다. 그리고 하이데거 철학이 근대철학을 넘어서는 새로운 지평을 개시해 준다고 본다. 롬바흐도 하이데거, 뮐러와 유사

1 하이데거 전집 14권 *Zur Sache des Denkens*, Vittorio Klostermann, 2007, 7쪽 참조.

하게 서양사를 실체라는 근본낱말을 중심으로 한 인간이해와 세계이해가 지배했던 고대와 중세, 그리고 체계라는 근본낱말을 중심으로 한 인간이해와 세계이해가 지배했던 근대, 구조라는 근본낱말을 중심으로 한 세계이해와 인간이해가 지배하게 될 새로운 시대로 구별한다. 롬바흐에 의하면 '실체'라는 단어는 고대와 중세를 포함하는 시기, 즉 대략 기원전 500년에서 기원후 1500년까지의 시기 전체를 특징짓는 근본 낱말이다. 반면 '체계'라는 근본 낱말은 근대, 즉 대략 기원후 1500년에서 2000년까지의 시기를 특징짓는다.[2]

2. 플라톤 이전의 자연철학자들의 철학

철학은 다른 개별 과학과 달리 전체를 사유한다. 서양사에서 전체를 처음으로 사유한 철학은 파르메니데스와 헤라클레이토스, 그리고 피타고라스 등으로 대표되는 자연철학이었다. 이때 전체는 존재, 자연(퓌지스), 세계(코스모스), 진리(알레테이아, aletheia)라고 불렸다. 하이데거는 소크라테스 이전의 자연철학자들은 경이라는 근본기분 속에서 자연을 경험했다고 말한다. 경이란 찬연(燦然)하게 자신을 개현하는 세계에 대한 경탄이다. 경이 안에서 우리는 어떤 하나의 특이한 존재자에 대해 경탄하는 게 아니라 세계 전체에 대해 경탄한다. 세계 전체가 전적으로 새롭게 자신을 드러내는 기분을 하이데거는 근본기분이라고 부르는 바, 경이는 서양 철학의 시원에서 그리스인들을 엄습했던 기분이다.

소크라테스 이전의 자연철학자들은 근대 자연과학처럼 존재자들의

2 하인리히 롬바흐, 『살아있는 구조』, 전동진 옮김, 서광사, 2004, 13쪽 이하.

작용법칙을 파악해 그것을 지배하는 사유를 펼치지 않았다. 오히려 '모든 것이 생성과 소멸하는 와중에도 동일하게 자신을 유지하는 전체', 다시 말해 '외관상의 혼란과 무질서에도 불구하고 통일과 질서를 이루는 전체로서의 자연'에 대한 경이에서 비롯되는 세계에 대한 찬양(Hymne)이자 '사유하는 송가(bedenkender Hymnus)'였다.[3]

이런 의미에서 뮐러는 자연철학적인 사유를 '최대의 포괄자에 대한 명상(Andacht)'이라고 부른다. 여기서 사유는 경건한 사유로 존재 안에 깃들어 있는 대립, 즉 밤과 낮, 탄생과 죽음과 같은 대립은 '극복 불가능한 비극'이 아닌 헤라클레이토스가 말하는 것처럼 '생의 본질'로서 찬양된다.

현대의 실존철학자들이 전체에 대해 물을 경우, 이것은 제1차 세계대전과 제2차 세계대전 이후 폐허 속에서 전체적인 질서와 의미가 소실되고 도처에 혼돈과 무의미밖에 존재하지 않는 불안과 절망에서 비롯되었다. 반면 전체에 대한 고대 자연철학자들의 물음은 '존재가 가상에 대해서, 통일이 다양성에 대해서, 그리고 질서가 혼돈에 대해서 항상 승리를 거두고 있다'는 사실에 대한 경이와 경탄에서 비롯되었다.

3. 실체존재론과 본질질서의 철학

1) 실체와 본질

서양 형이상학의 두 번째 형태는 플라톤과 아리스토텔레스 그리고 토마스

3 Max Müller, *Der Kompromiß oder Vom Unsinn und Sinn menschlichen Lebens: Vier Abhandlungen zur historischen Daseinsstruktur zwischen Differenz und Identität*, Karl Alber, 1980. 46쪽.

아퀴나스에 의해서 대표되는 '존재론적인 형이상학'이다. 여기서 전체에 대한 물음은 '전체에 대한 찬양과 명상(Andacht)'이 아닌 '전체에 대한 개념적인 파악'이라는 형태로 나타난다. 그들에게 사유는 찬연하게 자신을 드러내는 세계에 대한 찬양이자 송가가 아니라 눈앞에 존재하는 존재자들을 실마리로 삼아 존재자들의 본질을 탐색하고 본질들 사이에 성립하는 전체적인 관계를 탐구하는 것이다.

롬바흐는 이러한 철학을 '실체존재론'이라고 부르며 실체존재론이야말로 서양 고중세인들의 생각과 행동을 규정했다고 본다. 실체존재론은, 세계가 항상 동일한 것으로 존속하는 실체(Substanz)들로 구성되며 이러한 실체에 끊임없이 변화하는 속성들이 부속해 있다고 본다. 롬바흐에 따르면 실체존재론은 식물이나 곡물의 성장에 대한 근본경험에 입각해 있다.[4]

예를 들어 밀은 씨앗에서 낟알을 맺기까지 끊임없이 변하지만, 근본적으로 동일한 밀로 머문다. 즉 씨앗은 '밀'의 씨앗이며 줄기는 '밀'의 줄기이고 나락은 '밀'의 나락이다. 밀은 다양한 성질을 갖지만 밀이라는 근본적인 불변성을 간직하는 것이다. 이러한 사태를 고중세의 형이상학은 밀은 동일한 실체로 머물지만, 속성은 끊임없이 변화하는 것으로 파악했다. 속성은 실체가 통과하는 다양한 현상 방식이다. 우리는 불변적인 실체는 지각할 수 없지만, 생성 변화하는 속성은 지각할 수 있다.

존재자들에 대한 이러한 근본 경험에 입각해 그리스인들은 본질이라는 개념을 도입한다. 본질은 실체의 실체성, 즉 어떠한 존재자로 하여금 그러한 존재자로 존재하게 하는 근본 핵심이다. 밀을 예로 들자면 밀로 하여금 그 모든 변화에도 불구하고 동일한 밀로서 존재하게 하는 핵심이 본질이다. 본질은 사물의 시간적인 변화에 의해 영향을 받지 않는 지속적이

4 하인리히 롬바흐, 『살아있는 구조』, 14쪽 참조.

고 불변적인 것이며, 생성에 지속적인 형태를 부여하면서 생성을 실질적으로 이끌고 규정하는 것이다. 하나의 사물은 본질을 근거로 해서만 인간이나 원숭이로 말해질 수 있으며 인식될 수 있다. 인간의 경우에는 이성이 본질에 해당한다. 인간은 이성을 가짐으로써 인간이라는 독특한 실체로 존재할 수 있다.

그런데 본질이 불변적이라는 말은 그것이 항상 동일하게 존재한다는 것을 의미하지 않는다. 그것은 개별적인 존재자에서는 잠재적인 상태에서 완성된 상태로 실현되어 간다. 예를 들어 인간은 이성을 본질로 갖지만, 이성은 인간이 태어나면서부터 완전한 형태로 존재하는 것이 아니라 처음에는 잠재적인 형태로 존재할 뿐이다. 인간은 성장하면서 이성을 실현해 나간다. 어떤 사람은 보다 완전하게 실현하고 다른 사람은 불완전하게 실현하기도 한다. 이성을 보다 완전하게 실현하면 할수록 보다 인간다운 인간이 되며, 그렇지 못할 경우에는 비인간에 가까워진다.

본질철학에서는 어떤 종에 속하는 개체들 간의 차이는 본질을 얼마나 제대로 실현하느냐의 차이, 즉 보다 완전한 개체와 그렇지 않은 개체 사이의 차이에 지나지 않는다. 따라서 본질철학은 '개별적인 존재자는 그 개별성과 특수성에서 무엇인가'라는 물음을 제기하지 않는다. 인간 개개인의 독자성과 독특함도 단순히 우연적이고 시간적인 현상으로서 무시되고 만다.

본질들은 하나의 위계질서를 이룬다. 이것은 본질들에 의해 규정된 개개의 존재자들 사이에 위계질서가 존재한다는 것을 의미한다. 즉 최고 존재자인 신을 중심으로 신은 인간 위에, 인간은 동물 위에, 동물은 식물 위에 존재한다. 인간은 전체적인 위계질서 안에서 '모든 존재자와 함께 하나의 안정된 세계에 존재한다'고 느낄 수 있었다. 인간은 자신에게 부여된 본질을 실현하면서 자신이 전체 질서를 따른다고 여기며 전체와 하나가 되는 안정감과 충만감을 향유할 수 있었다. 그러나 이러한 세계는 불변적인 본질들로 구성된 세계이므로 고정된 세계이자 새로운 본질의 창조를 인정하지 않는 보수적 세계이다.

본질철학은 플라톤과 아리스토텔레스뿐 아니라 중세까지도 규정한다. 우리는 이것을 고전적인 형이상학이라고 부를 수 있을 것이다. 그것은 단순히 옛날이라는 의미가 아닌 고전적인 안정과 균형을 지향한다는 의미에서 고전적인 철학이다.

2) 본질과 존재

이 세계에는 무수한 존재자가 얽혀 살고 있지만, 여기에는 질서와 조화가 존재한다. 질서와 조화 덕분에 개개의 존재자들은 세계 안에서 자신의 존립을 유지할 수 있다. 그런데 세계 내에 존재하는 질서와 조화는 근본적으로 존재자들이 갖는 본질 간의 질서와 조화다. 존재자들이 자신의 본질에 따라 존재함으로써 존재자들은 세계 전체 내에서 자신의 존립을 유지하게 되며, 세계 전체도 자신의 전체적인 질서를 유지할 수 있게 되는 것이다. 이런 의미에서 본질은 개개의 존재자와 세계 전체를 매개해 준다. 즉 본질은 한편으로는 어떤 종이 갖는 근본 성질을 의미하지만, 다른 한편으로는 세계 안에서 개별적인 존재자들이 차지하는 본질적인 장소를 가리킨다.[5]

그러면 본질은 어디에서 비롯되는가? 그것이 개별적인 존재자들 자체가 만든 게 아니라는 점은 분명하다. 왜냐하면 본질은 개개의 존재자들이 세계 전체 내에서 존립하는 것을 가능하게 해서 개별 존재자의 모든 행동에 선행해 주어지기 때문이다. 개별자들은 자신에게 주어지는 본질에 따라야 하며, 임의로 본질을 만들어 낼 수는 없다.

그렇다면 개개의 존재자들에게 본질을 부여하는 것은 무엇인가? 그

5 막스 뮐러, 『실존철학과 형이상학의 위기』, 박찬국 옮김, 서광사, 1988, 25쪽 참조.

것이야말로 본질의 근원이라고 볼 수 있다. 이때 본질은 초시간적인 영원한 것이기에, 본질의 근원이 되는 것도 초시간적이며 영원하다. 즉 본질의 근원은 본질을 어떤 시간적인 과정에서 만들어 내는 것이 아니다. 다시 말해 본질의 근원이 먼저 존재한 후에, 본질이 존재하는 것이 아니다. 본질은 오히려 그 근원이 개개의 존재자들에게서 존재하는 방식을 취한다. 본질의 근원에 해당하는 것을 고중세 형이상학, 즉 실체존재론은 '존재'라고 불렀다. 또한 그것은 궁극적인 최대의 포괄자라는 의미에서 세계라고 부를 수 있다.

본질이 어떤 특정한 종류의 존재자들의 존립을 가능하게 하는 것이라면, 존재는 모든 본질의 근원으로서 모든 존재자의 존립을 궁극적으로 가능하게 하는 것이다. 실체존재론에서 본질은 존재 '내에서의' 본질적인 장소이다. 본질적인 장소는 궁극적인 포괄자인 존재 내에서 서로 구별되고 한계 지어진다. 존재는 본질들을 서로 통일하고 그것들에 개개의 존재자들을 질서 짓는 힘을 부여한다.

고중세 형이상학은 인간이 전체로서의 존재에 대해 이해하며 존재자 자체와 관계하기 때문에 존재자 자체를 파악할 수 있다고 보는 점에서 실재론이다. 그러나 뮐러는 고중세 형이상학은 존재에 대한 이해를 당연한 것으로 전제하면서, 그에 입각하여 존재 전체에서 본질의 질서를 탐구하는 데 그친다는 점에서 본질철학이라고 부른다. 서양 고중세 형이상학에서는 본질이 중심을 차지한다. 그것은 전체로서의 존재가 본질들을 증여한다고 보는 게 아니라 전체로서의 존재를 단순히 본질들의 전제 질서에 불과하다고 본다.

따라서 서양 고중세 형이상학은 전체로서의 존재가 먼저 개현해 있을 경우에만, 존재자의 본질도 진정 드러날 수 있다는 사실을 망각한다. 또한 서양 고중세 형이상학은 본질을 눈앞에 존재하는 존재자들에서 공통된 특성들을 추상함으로써 파악할 수 있다고 생각한다. 다시 말해 서양 고중세 형이상학은 존재자들의 본질과 본질들 사이의 질서를 탐구하지만, 이를 가능하게 하는 전체로서의 존재에 대한 이해가 어떻게 가능한지 묻지 않는다. 전체의 관점에서 존재자들의 본질을 고찰할 뿐이며 고찰이 전제하는 전체에 대한 이해가 우리에게 어떻게 주어지는지 묻지 않는다.

하이데거식으로 말하자면, 플라톤 이래의 서양 고중세 형이상학의 한계는 전체로서의 존재, 즉 퓌지스로서의 세계가 어떻게 개현되는지 사유하지 않는다는 데 있다. 아리스토텔레스가 철학의 출발은 경이라고 말했다는 점에서 드러나는 것처럼, 플라톤과 아리스토텔레스는 자신의 철학이 경이라는 근본기분에서 열리는 퓌지스의 경험에 근거한다는 점을 알고 있었고 그 경험으로부터 사유했다.

이러한 사실은 플라톤의 이데아가 인간의 노력에 의해 드러나는 것이 아니라, 존재자가 스스로 드러낸다는 것(Anblick)을 의미한다는 사실에서도 드러난다. 사물의 본질로서 이데아는 우리가 사물에 대해 형성하는 견해가 아니라, 사물이 거기에서 비롯되고 거기에 자신의 존립을 갖는 것이다. 이 점에서 하이데거는 본질을 이데아로 보는 고대적 규정은 칸트에서처럼 본질을 의식의 아프리오리로 보는 근대의 규정보다 더 깊고 풍요롭다고 본다.

그러나 그리스인들은 경이에서 퓌지스가 개현되는 사건을 자명하게 간주하면서 그것에 대한 사유를 자신의 사상적 과제로 여기지 않았다. 대신 그들은 퓌지스에서 개현되는 존재자들의 본질과 본질들 사이의 연관을 개념적으로 파악하는 것을 과제로 여겼다. 경이라는 근본기분에서 일어나는 '퓌지스가 개현되는 사건', 즉 '전체로서의 존재가 자신을 스스로 드러내는 사건'을 묻지 않고 자명한 것으로 전제함으로써, 개현의 사건은 망각될 위험에 처하게 된다.

4. 체계존재론과 무한한 방향의 철학

1) 체계존재론과 근대 자연과학

근대 자연과학에서 세계는 '수학적으로 계산 가능하고 예측 가능한 힘들의 연관 체계'로 간주된다. 즉 세계는 고유한 본질을 갖는 존재자들로 구성되는 것이 아니라 전체적인 작용 법칙의 지배를 받는 비자립적인 계기들의 기능 연관으로 나타난다. 이러한 세계이해에서는 존재자가 완결된 체계(System)의 계기들로서 자립성과 고유한 본질을 상실한다. 더불어 개별 사물을 자립적인 실체로 간주했던 서양 고중세의 세계이해는 완전히 다른 세계이해를 통해 대체된다. 세계는 이제 전체 내 한갓 계기(Moment)일 뿐인 존재자들의 기능 연관으로 파악된다.

서양 고중세를 규정한 것은 세계를 본질과 본질에 의해 규정되는 개개의 독립적인 실체들의 질서로 보는 실체존재론이었다. 반면 서양 근대를 규정하는 것은 세계를 자체적인 독립성을 갖지 않는 계기와 계기들 사이의 기능적이고 필연적인 연관 체계로 보는 체계존재론(Systemontologie)이다. 체계존재론에서는 어떤 사물의 종적인 본질이 아닌 사물들 사이의 전체적인 기능 연관이 개별 사물들에 선행한다. 따라서 학문과 인식의 과제는 개별자 속에 은폐되어 있는 보편적인 본질을 파악하는 것이 아니라 개별 사물들을 규정하는 전체적인 기능 연관을 파악하는 것이다.

실체존재론에서 모든 존재자는 자신의 본질에 따라 다른 존재자들과 관계를 맺는다. 예를 들어 식물은 자신의 본질적인 힘으로 물과 햇빛과 같은 무기물을 자신의 성장을 위한 영양분으로 능동적으로 동화시킨다. 우리에게 존재자들은 일상 차원에서는 자체 내에 고유한 본질을 갖는 개별적이고 독립적인 실체로 나타난다. 이런 의미에서 고대의 실체존재론은 일상적 생활세계에 입각한 존재론이다. 이에 반해 근대의 체계존재론에서는 일상적으로 독립적인 실체들로 나타나는 것들이 '전체적인 체계가 작동하기 위해서 필요한 기능들'로 간주된다. 즉 그것들은 체계 내 비독립적인 기능(Funktion)과 계기(Moment)로 전락하는 것이다.[6]

그런데 체계존재론이 주장하는 것처럼 모든 존재자가 전체적인 기능 연관에 의해 규정되는 수동적인 계기나 기능에 불과하다면, 실제로 존재하는 것은 오직 전체로서의 세계라는 하나의 존재자뿐이다. 계기로서의 개별적인 사물들은 자체적인 본질을 갖지 않기 때문에 다른 것들과 질적으로 구별되지 않고 단지 양적으로만 구별될 뿐이다. 따라서 그것들은 수학에 의해서만 파악될 수 있다. 수와 크기는 유일한 존재자인 세계가 내적으로 분절되고 전개되는 결정적인 방식이다. 이와 함께 근대 자연과학은 자연을 양, 운동, 힘, 공간, 시간 등 수학적으로 계산될 수 있는 몇 개의 요소로 환원해 파악하려고 한다.

이러한 사실을 고려할 때, 정밀한 자연과학은 자연탐구에 단순히 수학을 적용하며 탄생한 것이 아니라, 세계를 수학적인 기능(함수) 연관으로 보는 존재론의 혁명을 통해 생긴 것이다. 즉 체계존재론이 대두하면서 근대적인 사유와 현실을 규정하는 '정밀한' 과학이 발생한 것이다. 정밀과학에서 모든 것은 동등한 가치를 지니고 정확하게 측정 및 예측할 수 있으며, '우연적인' 것은 전혀 존재하지 않는다. 모든 현상을 규정하는 보편적인 자연법칙에 의해서 규정되기에, 가장 미세한 사실도 이에 의해 인식될 수 있다.

롬바흐는 뉴턴(Isaac Newton)이야말로 자연을 하나의 빈틈없는 전체적인 체계로서 드러내는 데 처음으로 성공한 사람으로 본다.[7]

---

6 하인리히 롬바흐, 『철학의 현재』, 전동진 옮김, 서광사, 2001, 79쪽 이하 참조.
7 하인리히 롬바흐, 『철학의 현재』, 93쪽 참조.

2) 체계존재론으로서의 근대 형이상학

근대 형이상학은 근대 자연과학이 전제하는 체계존재론이 타당성을 갖는다고 전제하면서, 이를 위해 인간의 인식이 어떠한 성격을 가져야 하는지를 두고 반성한다.

체계존재론이 주장하는 것처럼 세계가 모든 존재자가 서로 기능적으로 연관된 하나의 존재자라면, 이러한 세계에 대응하는 인간의 인식도 단 하나의 체계를 형성해야 한다. 더 이상 전체적인 세계 질서 안에 존재하는 각각의 본질 영역에 상응하는 개별 학문이 아닌 오직 단 하나의 학문, 즉 세계에 관한 단 하나의 학문인 세계학(Weltwissenschaft)만이 존재하게 된다. 이 학문을 데카르트는 '보편수학(mathesis universalis)'이라고 불렀다.[8]

그런데 우리의 일상적인 지각이 발견하는 것은 체계가 아니라 실체적인 사물이다. 모든 것을 하나의 수학적인 체계로 인식하기 위해서는 사물에 대한 직접적인 지각에 의지해서는 안 되고, 사유에 의해 세계를 구성해내야만 한다. 데카르트는 보편수학의 확립을 위해 이른바 명증적인 생득관념을 가정했고 우리의 지식체계도 결국은 생득 관념에서 연역해낸 것이라고 보았다.

데카르트는 근대 자연과학이 경험론 주장처럼 감각적 지각에 입각한 귀납적인 탐구 방법을 취했기 때문에 성공한 것은 아니라고 본다. 그는 오히려 근대 자연과학은 수학에서 보듯이 이성적으로 가장 명증적인 관념에서 나머지 명제들을 끌어내는 연역적인 탐구방법을 취했기 때문에 성공했다고 본다. 데카르트는 우리에게 존재하는 명석 판명한 인식은 실재 자체에 대한 인식이기도 하다고 본다.

---

8 하인리히 롬바흐, 『철학의 현재』, 99쪽 참조.

데카르트는 모든 학문이 수학처럼 가장 명증적이고 근본적인 관념들로부터 논리적이고 명증적인 방식으로 모든 뒤따르는 명제들을 전개시킨다고 본다. 명제들은 서로 가장 명료한 연역 관계를 맺는다. 세계의 본질은 우선 가장 일반적인 법칙들에서 표현되며 이후 점점 더 특수한 법칙들에서 표현된다. 엄밀한 연역은 원칙적으로 세계의 모든 개별적인 상태에까지 미쳐야 한다. 즉 세계의 모든 상태를 세계의 가장 일반 법칙으로부터 절대적인 필연성으로 규정하고 예견할 수 있어야 한다.

그러나 데카르트는 인간 이성의 유한성을 인정하기에 인간의 이성은 일반 법칙을 파악하는 데 그친다. 특수한 개별적인 경우는 감각적인 경험(experientia)을 통해 받아들여져야 한다. 그럼에도 인간 이성은 엄밀한 이성적 연역과 감각적인 경험 사이의 경계를 점점 더 좁혀 나갈 수 있다. 인간의 이성은 감각에 주어지는 낯선 경험을 이성이 자신의 명증적인 공리로부터 연역적으로 끌어낼 수 있는 것으로 전환한다. 인간의 인식 체계는 감각에서 받아들여진 것이 아니라 이성이 산출한 것이다.

서양 고중세에서 학문은 특정한 대상들의 본질을 인식하는 것이었다. 그러나 데카르트에서 학문은 이성의 자기 인식이다. 학문은 외부 사물에 대한 기술(記述)에 의해서가 아니라 세계를 자체 내 사유 원리로부터 구성한다. 전근대에서 인식은 세계에 대한 관상(觀想, Theoria)이라는 성격을 가졌고 대상과 일치되는 것을 지향했다. 반면 데카르트에게는 '자기 자신에 머물러 있는 창 없는 밝음'이 인식의 범형이었다.[9]

데카르트의 체계존재론에서 진리는 고대와 중세의 실체존재론에서처럼 인식과 사태가 일치하는 것이 아니다. 참된 인식이란 다른 인식들과 일치하면서 전체적인 체계를 이루는 것이다. 따라서 체계존재론의 진리론은

9 하인리히 롬바흐, 『철학의 현재』, 74쪽 참조.

대응설이 아니라 정합설이다. 이런 의미에서 근대적인 진리 개념을 하이데거는 확실성 내지 자기 확실성이라고 칭한다.

> 확실성으로서의 진리는 안전성의 확보이며 질서(ordo)이고, 모든 면에서의 철저한 확-정, 즉 완-결(per-fectio)이다.[10]

근대적인 세계인식은 사물에 대한 경험적 직관에 근거를 두는 게 아니라 자신에게 이미 존재하는 내적인 인식을 전개하는 것이다. 경험적인 직관은 내적인 인식을 전개하는 데 하나의 계기가 될 뿐이다. 따라서 근대적인 세계인식은 이성의 절대적 자립성을 자신의 원리로 삼는다. 주체 자신이 존재자 전체의 근거인 존재이자 모든 진리의 근거가 되는 것이다. 이러한 진리관과 존재관이 데카르트와 그 이후의 합리론을 규정한다. 그러나 이는 칸트를 계승하면서도 넘어서려는 독일관념론을 규정하는 진리관과 존재관이기도 하다.

칸트는 데카르트와 거리를 두면서 인간의 이론적 이성은 현상계만을 파악할 수 있다고 본다. 근대 자연과학이 전제하는 체계존재론을 철학적으로 정초하기 위해서 데카르트는 명증적인 생득 관념을 가정하면서, 우리의 지식 체계를 생득 관념에서 연역해낸 것으로 보았다. 그러나 칸트는 '유한한 존재에 지나지 않는 인간이 실재 자체에 대한 생득 관념을 가지고 있다'는 데카르트의 주장을 의심한다. 칸트는 인간의 인식이 감각기관을 통해 들어오는 잡다한 감각 자료들을 자신에게 원래 존재하는 인식 형식에 따라 질서 지움으로써 성립한다고 보았다. 이에 따라 칸트는 우리의 사유가 파악하는 것은 실재 자체가 아니라 인식 주체에 의해 정립된 대상이

---

10 하이데거 전집 5권 *Holzwege*, 245쪽.

라고 본다.

이러한 대상은 실재 자체가 아니다. 칸트는 그것을 우리의 감관기관에 나타난 감각자료들을 종합한 것이라는 의미에서 현상이라고 부른다. 따라서 칸트가 자기 이전의 전통 형이상학을 파괴하면서 건립하려는 미래의 형이상학은 비판에 의해 관철된다. 이때 비판은 구별을 의미하는 것으로 칸트는 인간의 아프리오리한 인식 구조에 의해 규정되는 현상과 실재를 구별한다. 데카르트와 데카르트 이래의 합리론은 이러한 구별을 알지 못했기에 좌초되어 종말에 이를 수밖에 없었다.

이러한 구별을 의식하면서 수행될 미래의 형이상학은 두 가지 형태를 갖는다. 하나는 이론적 형이상학으로서 초월론적 철학, 즉 현상과 현상들 사이의 연관을 가능하게 하는 아프리오리한 인식 형식들에 대한 탐구이다. 이러한 형이상학은 고전 형이상학처럼 실재 자체를 파악하려는 존재론 대신 아프리오리한 대상론의 형태를 갖는다.

그러나 칸트에게는 미래 형이상학의 두 번째 형태가 존재한다. 그것은 실천적 형이상학으로서 절대 의지의 형이상학이다. 절대적인 도덕율을 내면에서 경험하며 우리는 자신을 '필연적인 자연법칙에서 벗어나 있는 자유로운 인격'이자 절대적인 존엄성의 소유자로 확신한다. 절대적인 도덕율은 경험할 수 있지만, 이 경험은 감각적인 것은 아니다. 그렇지만 그것은 절대적인 확실성을 갖는다.[11]

칸트의 실천적 형이상학을 규정하는 근본 경험은 우리의 유한한 의지에 존재하는 절대적이고 무한한 차원에 대한 것이다. 이러한 경험을 계승한 것이 피히테와 셸링 그리고 헤겔의 독일관념론이다. 독일관념론에서 우리 내부에 깃들어 있는 절대자에 대한 칸트의 비대상적 경험은 반성적

11 막스 뮐러, 『실존철학과 형이상학의 위기』, 212쪽 참조.

인 방식으로 장대하게 체계화된다.

독일관념론의 정점인 헤겔의 철학은 현상계를 넘어서 실재 자체를 파악하고자 한다. 이때 실재 자체는 칸트에서처럼 인식될 수 없는 예지계가 아니라 인간 정신이 자기 안에서 경험할 수 있는 절대정신이다. 이와 동시에 유한한 의식의 세계는 초월되고, 인간의 정신은 무한한 절대정신의 자기 인식이 일어나는 장소가 된다. 절대정신은 고전적인 실체존재론의 신처럼 만물의 정점 내지 창조자로서 만물과 분리된 실체가 아니다. 절대정신은 만물을 통해 자신을 전개하고 이러한 전개과정을 통해 자기 인식에 도달하는 주체이다.

뮐러는 피히테에서 시작해 셸링을 거쳐 헤겔에서 정점에 달하는 독일관념론이 칸트에 의한 고전적 형이상학의 파괴 후에 나타난 고전적 형이상학의 진정한 재생이라고 말한다.[12] 독일관념론에서 인간은 칸트에서처럼 유한한 정신으로서 자신 안에 머무는 것이 아니라 고전적 형이상학과 마찬가지로 신적인 무한한 정신으로 초월하려고 한다. 즉 그것은 자연과 역사가 절대정신의 현현이라는 사실을 드러냄으로써, 우리 인간이 일차적으로 살고 있는 감성적이고 불안정하며 상대적인 영역을 초월하려고 한다. 인간은 자신이 살고 있는 자연과 사회를 절대정신의 현현으로 파악한다. 그리고 자신이 자연과 사회에서 차지하는 위치를 절대정신이 자신을 구현하는 데 있어 필연적인 것으로 파악함으로써 자연과 사회로부터의 소외 상태에서 벗어날 수 있다.

독일관념론에서 무한한 존재는 우리의 가장 내적인 본성이 되었다. 다시 말해 그것은 우리들의 본질이며 인간은 본질적으로 무한한 정신이다.[13] 이에 따라 존재는 고전적인 실체존재론에서처럼 주관과 객관이 존재

---

12 막스 뮐러, 『실존철학과 형이상학의 위기』, 214쪽 참조.
13 막스 뮐러, 『실존철학과 형이상학의 위기』, 43쪽 참조.

할 수 있는 공간이 아니라 주관 안에 존재하는 것이 된다. 존재가 '존재 자체로서'가 아니라 오히려 주관에 속하는 것으로 간주됨으로써, 본질과 존재자에 대해 존재가 갖는 차이는 소멸하고 만다. 이때 유한한 개별 인간들은 절대정신이 자신을 전개하기 위해서 사용하는 계기에 지나지 않아지며 지양해야 할 현상에 불과한 것으로 간주된다. 즉 인간은 그 본질에서 절대적인 무한한 정신으로 파악된다.

독일관념론에서 행위는 의지가 유한성에서 해방되어 자신의 본래적인 무한성과 절대성으로 돌진하는 것이며, 제약된 세계인 현상계를 초월해 무제약적인 세계인 예지계로 향하는 것이다. 자유는 유한한 감성으로부터의 해방이며 무제약적인 것을 향한 해방이다. 여기서 돌파되는 한계는 개별성의 한계다. 독일관념론에서 정신적 의지의 본질은 의지 안에 잠재해 있는 본래의 절대성과 무한성을 획득하는 데서 비롯된다.[14]

고전적인 본질철학에서 존재는 본질들의 전체적인 질서와 동일시되었던 반면, 독일관념론에서 존재는 정신과 동일시된다. 이때 정신은 유한한 감성으로부터 자신을 해방시키는 무한한 정신이자 절대적 자유 자체이다. 따라서 독일관념론에서는 인간 안에 잠재되어 있고 인간이 구현할 수 있는 신성에 대한 무한한 진보와 인간의 무한한 자유를 믿는 낙천주의가 지배한다. 인간에게는 한계를 돌파해 가는 신적인 힘이 있는데 이것이 인간에게 방향을 제시하면서 인간을 이끌어 가는 동시에 구속하는 것이다. 인간은 자신의 고유한 무한한 가능성에 의해서만 구속된다. 독일관념론은 인간이 잠재적으로 이미 신이며 실제로 신이 되어야 한다고 믿는다.

규범은 소극적으로는 일체의 감성적인 소질과 동기와 구속 등을 부단

---

14 막스 뮐러, 『실존철학과 형이상학의 위기』, 35쪽 참조.

> 히 극복함으로써(칸트), 적극적으로는 부단히 정신이 되려고 하는 무한한 사행(事行)으로서(피히테), 또는 일면적이며 잠정적인 모든 입장들의 한계를 극복하여 절대지에 도달하는 변증법적인 이행으로서(헤겔), 그리고 마지막으로는 예지적 직관에서 절대적인 것과의 신비적 합일을 획득함으로써(초기와 중기의 셸링) 실현된다.[15]

독일관념론에서는 오직 단 하나의 자아만이 존재한다. 모든 개별 자아는 유일하면서도 보편적인 참된 자아로부터의 자기 소외에 불과하다. 이들은 소외상태에서 벗어나 보편적이고 절대적인 본질을 구현해야만 한다. 이것이 모든 자연사(史)와 인간사의 의미이자 목표이다. 칸트와 독일관념론에서 정점에 달하는 데카르트 이래의 근대 형이상학은 이렇게 인간 내 무한한 신성의 구현을 지향한다. 여기서 우리는 뮐러를 따라 근대형이상학을 '무한한 방향의 철학'이라고 부를 수 있다.

3) 근대 이데올로기

데카르트에서 헤겔에 이르는 근대 형이상학은 인간에게 신적인 소질이 있지만 이러한 소질을 구현하기 위해서는 끊임없는 자기 도야가 필요하다고 본다. 바로 이 점에서 근대 형이상학과 마르크스주의와 나치즘 같은 근대 이데올로기들의 차이점이 존재한다. 근대 이데올로기는 근대 형이상학처럼 인간을 본질적으로 신적인 존재로 보지만, 근대 형이상학과 달리 자기 도야를 강조하지는 않는다. 근대 이데올로기는 프롤레타리아나 독일 민족을 그 자체로 이미 완전한 신적인 존재로 간주한다. 프롤레타리아나 독일

15 막스 뮐러, 『실존철학과 형이상학의 위기』, 36쪽.

민족은 잘못된 사회구조나 허위의식에 의해 자신의 본질을 자각하지 못할 뿐이고 실현하지 못하고 있을 뿐이다. 따라서 잘못된 사회구조와 그러한 사회구조가 주입한 허위의식만 제거하면 자연스럽게 인간의 신적인 본질은 실현될 것이라고 믿는다.

근대 이데올로기는 인간이 즉각적으로 세계를 이상적이게 만들 수 있다는 극단적인 낙천주의에 빠져서 자신을 정치적으로 실현하려고 한다. 여기에 사로잡힌 자들은 자신이야말로 절대선이라고 자처하면서 다른 사람들에게 자신의 이데올로기를 강요한다. 그들은 자신의 이념에 반대하는 자들은 인류의 행복을 방해하는 사탄과 같다고 여기면서 아무런 양심의 가책도 없이 살육한다. 이런 의미에서 근대 이데올로기가 판치는 세계는 원칙적으로 전투적인 세계, 대결과 싸움의 세계이다.

따라서 근대의 역사는 한편으로는 이성과 인류애와 민주주의를 주창하면서도, 다른 한편으로는 교조적인 독단과 증오와 유혈 그리고 독재와 전체주의가 지배한다. 근대 이데올로기는 사실 복잡하고 유한한 인간의 현실을 지나치게 단순화한 것이기에 항상 난관에 부딪히고 결국은 실망과 환멸을 자아낼 수밖에 없었다. 이런 의미에서 근대는 이성과 희망의 시대이면서도 광기와 환멸의 시대이기도 했다.

4) 기술

근대 계몽주의가 이데올로기라는 형태를 취하면서 빚어진 비극적인 사태를 목격하면서 현대는 어떤 탈출구를 찾았는가? 현대는 과학과 기술에 의지함으로써 인간의 문제들을 해결하려고 한다. 즉 이데올로기가 종말을 고하고 칸트와 독일관념론의 고원한 이상 추구도 좌절을 맛보면서, 기술공학에 대한 희망이 지배한 것이다. 이러한 희망에 따르면 우리가 의지할 수 있는 것은 계몽주의적인 이성도 아니고 이데올로기에 입각한 혁명도 아니다. 자연의 작용 법칙을 철저하게 파악해 그것을 인간에게 유리하게 작용하도록 조작하고 지배하는 것뿐이다.

근대 관념론이 순수이성과 절대정신을 인간의 본질로 보았다면 현대 기술문명은 존재자 전체에 대한 지배 의지를 인간의 본질로 본다. 현대기술문명에서 존재자와 우리의 관계는 존재자들에 대한 지배를 노골적인 목표로 삼는 기술적인 성격을 가지며, 존재자는 존재자가 만들어 질 수 있는 방식으로 인식된다. 이와 함께 존재의 빛 안에서 존재자가 자신을 드러내는 것을 의미하는 진리 대신 기술적인 처리 가능성이 진리로 등장한다. 또한 직접적으로 실용적이지 않은 모든 지식, 즉 제작에 이용할 수 없는 지식은 불명료하고 참되지 않은 것으로서 폐기된다.

이러한 기술적인 사유에서는 칸트가 인간에게 아프리오리하게 마련되어 있다고 본 범주들조차 사실은 인간이 자연을 지배하기 위해 만든 조작적인 가설로 간주된다. 즉 존재자들의 본질에 해당하는 대상성은 존재자들에 대한 인간의 지배 의지가 임의로 정립한 관점이 되는 것이다.

기술문명은 자연을 기계적인 기능 체계로 보는 근대과학에 입각해 있다. 우리가 기계적인 기능 연관 체계라는 근본 모델에 입각해 사물을 파악할 경우 우리는 사물을 조작하고 지배하는 방법도 알 수 있게 된다. 그리고 이러한 체계적인 인식을 토대로 사물을 조작하고 지배하는 것이 근대의 기술이다. 기술은 자연과 사물을 변형해 비독립적인 계기들, 즉 부품들의 체계로 이루어진 기계적인 것으로 만든다. 기술은 실체존재론이 각각의 사물들에게 인정했던 본질적인 존재방식을 무시하며, 기능적(funktional)이지 않은 모든 것, 즉 체계 구성 틀에서 필연적이지 않은 모든 것을 사상함으로써 수공업 성격을 갖던 과정을 공장 제조의 성격을 갖는 체계로 만들어 버린다.

롬바흐가 근대과학이 세계를 기계적인 기능 체계로 여기는 체계존재론에 입각해 있다고 보는 것처럼, 하이데거는 오늘날 과학은 존재자 전체를 계산 가능한 에너지들의 연관 체계로 보는 존재이해에 입각해 있다고 본다. 기술 역시 이러한 과학에 입각해 존재자들로 하여금 자신이 원하는 에너지를 산출하도록 강요하는 성격을 띤다고 본다. 오늘날 과학기술에서 개개의 존재자들은 자신의 고유한 본질을 갖지 못한 채 얼마든지 다른 종류의 에너지로 변환 가능한 에너지원으로 파악된다는 것이다.[16]

그런데 모든 존재자가 계산 가능한 에너지원으로 간주되는 경향은 궁극적으로는 인간에게까지 미치게 된다. 인간 삶의 모든 국면이 정밀하게 계산될 수 있고 예측될 수 있는 체계로 변형되는 것이다. 에너지 체계, 운동 체계, 운송 체계, 교통 체계, 생산 체계, 의사전달 체계, 교신 체계, 공급 체계, 법 체계, 안전 체계 등이 출현하며 외견상으로는 자유롭게 보이는 인간은 이러한 체계들에 예속된다.[17] 현대문명이 기술문명이라고 불리는 이유는 단순히 현대문명에서 자동차나 비행기와 같은 고도의 기술적인 산물들이 쓰이기 때문이 아니다. 보다 깊은 의미에서 자연은 물론이고 인간 사회 모두 기술적인 조작과 처리의 대상이 되었기 때문이다.

롬바흐는 인간마저도 기술적인 조작의 대상으로 간주되는 것과 기술적인 체계 사유가 인간에 대한 학문까지 철저하게 파고드는 사태는 함께 진행된다고 말한다. 즉 기술적인 체계 사유는 처음에는 자연과학에서 관철되지만, 나중에는 인간을 다루는 인문과학과 사회과학에서도 관철된다. 특히 심리학과 사회학이 기술적인 체계 사상을 따르는데 심리학은 개인의 심리적 메커니즘이라는 내적인 체계를, 사회학은 사회적 메커니즘이라는 외적 체계를 체계존재론에 입각해 파악하려고 한다.[18]

인간은 데카르트 이래 헤겔에 이르는 근대 형이상학에서는 물론이고

---

16 하이데거 전집 7권 *Vorträge und Aufsätze*, 18쪽 이하 참조.

17 하인리히 롬바흐, 『철학의 현재』, 140쪽 이하 참조.

18 하인리히 롬바흐, 『철학의 현재』, 140쪽 참조.

자유주의나 사회주의 같은 근대 이데올로기에서도 기술적인 체계 사상이 파악할 수 없는 자유롭고 존엄한 인격의 소유자로 간주되었다. 그러나 이제 인간도 더 이상 예외가 아니다. 인간은 이성이나 영혼을 자신의 자유에 대한 증거로 내세울 수 없으며, 체계에 의해 철저하게 규정된 존재로 파악된다. 다만 인간은 다른 자연적인 존재자들보다 더 복잡한 체계로 간주될 뿐이다. 이러한 기술적인 체계 사유에서는 인간을 진리와 자유와 선을 추구하는 이성적 존재로 보는 인간관이 시대에 뒤떨어진 고리타분한 것으로 간주된다.

사람들이 미래 사회를 기술이 보편적으로 지배하는 사회로 생각할 정도로, 오늘날 기술적 체계 사유는 삶의 모든 부정적인 면을 제거할 수 있는 사고방식으로 간주된다. 각종 미디어를 통해 유포되는 미래에 관한 낙관적인 비전들은 단지 기술적 체계 사유가 모든 것을 철저하게 관통한 사회에 대한 예찬에 지나지 않는다. 한편으로는 광대한 우주에 이르기까지, 다른 한편으로는 극미(極微)의 원자에 이르기까지 자연에 대한 기술적 지배가 시도 중이다.

롬바흐는 우주비행 기술과 핵무기 개발은 기술발전의 첨단에 위치하지만, 동시에 체계 사유가 광기에 이르는 영역이기도 하다고 말한다.[19] 여전히 세계에는 수많은 사람이 굶어 죽어가고 있고 전쟁이 끊이지 않지만, 엄청난 재원을 동원해 우주를 개발하고 핵폭탄을 만든다. 이러한 사실은 인간이 기술문명의 주체가 아니라 자신도 어쩌지 못하는 어떤 맹목적인 과정에 예속되어 있는 수동적인 기능인자라는 의심을 불러일으킨다. 하이데거는 기술문명의 실질적인 주체를 권력의지, 즉 인간 자신이 통제하지 못하는 지배에의 광기라고 본다.[20]

---

19 하인리히 롬바흐, 『철학의 현재』, 141쪽 참조.

20 하이데거 전집 5권 *Holzwege*, 278쪽 이하 참조.

오늘날 기술은 독일관념론에서처럼 모든 존재자의 절대적이고 신적인 근거로 초월하려고 하지 않는다. 기술이 목표하는 것은 끊임없는 자기 확장일 뿐이다.[21] 인간은 지배 영역의 확장만을 꾀하며 확장을 제한하는 이미 주어진 어떠한 궁극적인 목적도 인간을 구속하지 못한다. 목적은 인간의 힘을 증대시키기 위해 정립되고 폐기될 뿐이다.

기술 세계에서 존재자들은 그리스인들처럼 경이를 통해 우리에게 자신의 진리를 개시하지 않는다. 존재자들은 우리가 존재자들을 이용하고 지배할 목적으로 그때마다 정립하는 조작적인 가설을 통해 드러난다. 존재자는 조작적인 가설이 요구하는 측면에서만 자신들을 내보이라고 요구되는 것이다. 따라서 기술 세계에서는 최대의 포괄자인 존재 자체가 아니라, 존재자들의 지배를 목표로 하면서 다양한 조작적인 가설들을 만드는 인간의 의지가 존재자들이 자신을 드러내는 궁극적인 지평이 된다.

이와 함께 자신들의 고유한 존재를 드러내는 존재자들과 인간이 교감을 나누는 퓌지스로서의 '소박한 세계'는 은폐된다. 그 대신 존재자들에 대한 체계적인 계산과 조작을 통해 인간이 만든 인공 세계만이 존재하게 된다. 그리고 존재자들과의 친밀한 교감 대신 정교한 기술적 생산물 추구, 존재망각으로 인한 내적인 공허가 고개를 내미는 것을 막기 위한 모험, 향락, 오락이 지배한다. 바로 이 점에서 하이데거는 현대기술문명에서 존재망각은 극에 달했다고 말한다.

21 Karl-Heinz Volkmann-Schluck, *Einführung in das philosophische Denken*, Vittorio Klostermann, 1989, 100쪽 참조.

5. 근대 형이상학과 이데올로기 그리고 기술적인 체계 사유의 좌절과 새로운 철학

근대 형이상학과 이데올로기, 그리고 기술적인 체계 사유는 근본적인 차이를 지님에도 불구하고, 무한한 이성의 실현을 추구한다는 점에서 서로 일치한다. 고중세 형이상학은 인간에게 무한한 우주 내 자신이 처한 본질적인 위치에서 자신의 소질을 다할 것을 요구한다. 반면 근대 형이상학과 이데올로기, 그리고 기술적인 체계 사유는 각 개인에게 주어진 이성을 무한하게 실현하라고 요구한다.

물론 근대 형이상학과 이데올로기는 인간의 무한한 이성을 기술적인 이성을 넘어 도덕적이고 무한한 선성을 추구하는 것으로 파악한다. 이에 반해 기술적인 체계 사유는 이성을 자연법칙과 사회법칙, 그리고 인간의 심리법칙을 냉철하게 파악하고 그것을 이용하는 능력으로 파악한다. 그러나 이러한 차이에도 불구하고 그것들은 인간의 무한한 가능성을 신봉하면서 역사가 진보한다고 믿으며 인류가 나아가야 할 방향은 자신의 무한한 이성적 능력을 구현하는 것이라고 본다는 점에서 동일하다. 근대적인 관념론과 근대적인 이데올로기는 인간이 나아가야 할 근본적인 방향이 있다고 생각하며, 여기에 어긋나는 것은 모두 원시적이고 후진적이라고 생각한다. 그리고 기술적인 체계 사유는 기술적인 지배 능력이 보다 강한 사회가 선진 사회라고 본다.

근대 형이상학과 이데올로기 그리고 기술적인 체계 사유는 역사의 진보 신앙에 입각해 다른 시대나 문화의 고유성과 의의를 인정하지 않는다는 점에서 제국주의적이다. 그것은 다른 시대와 문화가 고유한 이성과 진리에 입각한 시대이고 문화일 수 있다는 사실을 무시한다. 예를 들어 헤겔에게 불교는 원시적인 사유 형태 중 하나에 지나지 않는다. 이와 함께 서양 문화는 다른 문화들을 진리가 드러나는 방식으로 인식할 수 있는 능력을 상실했으며, 다른 문화들을 접했을 때 제거해야 할 것으로 보게 했다.

그러나 근대 형이상학이나 이데올로기에서 보이는 인간의 본질로서의 무한한 정신에 대한 신앙은 두 번의 세계대전과 핵무기의 위협 등을 통해 치명적인 타격을 입었다. 그리고 환경위기를 비롯해 약물 중독 등을 비롯한 갖가지 중독 현상이 급증하는 사태에서 확인되는 것처럼, 자연을 기술적으로 지배해 인간의 행복을 구현할 수 있으리라는 기술 유토피아라도 무근거한 것으로 드러났다.

뮐러는 인간의 본질로서 무한한 정신을 상정하는 무한한 방향의 철학이 파탄을 맞음으로써 우리 시대는 인간의 유한성을 새롭게 파악하고 체험하지 않을 수 없게 되었다고 말한다.[22] 이와 관련해 뮐러는 서양 고중세 형이상학이든 근대 형이상학이든 인간의 유한성을 무시했다면서, 이제 인간의 유한성을 인간의 본질로 인정하는 새로운 철학이 대두해야 한다고 본다. 그리고 그는 새로운 철학이 하이데거에게서 나타났다고 여긴다.

하이데거는 궁극적인 포괄자인 존재 자체의 근본적인 의미를 변화시켰다. 본질철학이었던 서양 고중세 형이상학에서 존재는 정적인 본질 질서의 전체로 나타난 반면에, 체계존재론 내지 근대 형이상학에서 존재는 주체성의 동적인 무한성으로서 파악된다.[23] 하이데거가 개척한 새로운 사유에서 존재는 우리가 그것을 향해 초월해 가는 것이 아니다. 존재는 자신을 개시하면서 우리에게 다가온다.

존재는 최대의 포괄자로 이러한 전체는 자신의 눈앞에 대상화시켜서 보려는 인식 주체조차 포괄하기에 대상이 될 수 없다. 유한한 인간에게 전체로서의 존재는 오직 자신을 개시하는 것으로서만 경험할 수 있다. 하이데거는 전체로서의 존재가 자신을 드러내는 현상이 분명히 존재한다고 생

22 막스 뮐러, 『실존철학과 형이상학의 위기』, 41쪽 참조.

23 막스 뮐러, 『실존철학과 형이상학의 위기』, 54쪽 참조.

각한다. 전체로서의 존재는 아무런 구체적인 근거 없이 우리를 엄습하는 기분을 통해 자신을 우리에게 드러낸다. 존재가 이성을 통해 드러난다고 보는 전통 형이상학과 달리, 하이데거는 존재가 경이, 불안, 깊은 권태(tiefe Langweile), 경악과 경외 같은 현존재의 근본기분에서 자신을 개시한다고 본다.

하이데거는 근본기분이야말로 인간과 세계의 진리가 드러나는 장이기에 우리가 인간과 세계를 제대로 이해하기 위해서는 근본기분을 일깨워야 한다고 본다. 이때 '하나의 근본기분을 일깨운다'는 것은 이전에는 의식되지 않던 기분을 의식하는 것이 아니라, 그것을 일깨우면서 그것에 사로잡히는 것을 의미한다.

기분을 단순히 의식하는 것과 일깨운다는 것은 근본적으로 다르다. 기분을 의식한다는 것은 그것을 우리 안에서 일어나는 심리적인 사건으로 간주하면서 기분에 의식의 시선을 던지는 것을 말한다. 반면 기분을 일깨운다는 것은 기분에서 들려오는 존재의 진리에 귀 기울인다는 것을 의미한다.

현존재의 근저에서 일어나는 근본기분을 통해 현존재는 이미 존재 자체에 열려 있으며 또한 이를 통해 자신을 포함한 모든 존재자에게 열려 있다. 현존재가 근본기분을 통해 존재에 열려 있음으로써 자신을 포함한 존재자 전체가 존재라는 최대의 포괄자로부터 드러날 때, 현존재는 퇴락한 자기로부터 진정한 자기(Selbst)로 고양되고 모든 존재자는 자신의 참모습을 드러낸다.

하이데거는 존재가 고요한 정적 속에서 자신을 고지해 온다고 말한다. 존재는 우리를 침묵에 빠져들게 하면서 자신의 고유한 소리(Geläut der Stille)에 귀 기울이게 한다는 것이다. 경악과 같은 근본기분에 사로잡힐 때 일상 세상의 일들은 우리에게 더 이상 아무런 의미도 갖지 못한다. 우리는 더 이상 그것들에 대해 말하고 싶은 욕망을 느끼지 못하고 일상 세상의 모든 말을 무의미한 잡담으로 여긴다. 이와 함께 우리는 침묵 속에 빠지며, 고요한 정적 속에서 들려오는 존재의 소리에 귀 기울이게 된다.

하이데거는 헤겔에서처럼 종합적이고 사변적이며 합리적인 형이상학으로부터 근본기분에서 우리에게 말을 걸어오는 존재의 소리에 대한 청종(聽從)이라는 궁핍하고 소박한 사유로 전환한다. 이렇게 수동적인 사유야말로 우리가 삶에서 부딪히는 우연한 사건에 동요하지 않고 인간을 비롯한 모든 존재자의 고유한 존재를 존중하는 본래적인 부동심과 충만함, 그리고 자유를 증여한다. 하이데거에게 자유란 존재에 따르는 자유이며 존재의 호의와 은총을 향한 자유이다.[24] 존재의 호의와 은총에 의해 비로소 우리의 활동은 진정 창조적인 것이 된다. 철학, 과학, 예술, 종교, 그리고 정치가 창조적이려면, 존재의 소리에 대한 청종으로부터 행해져야만 한다.

서양 고중세 형이상학이나 근대 형이상학은 인간의 지적인 이성을 통해 존재자들을 파악하려고 했다. 반면 하이데거가 개척한 새로운 사유는 우리에게 존재자들을 파악하고 지배하려는 의지에서 벗어나게 하면서, 우리를 존재의 열린 장으로 진입하게 한다. 존재의 열린 장에서는 존재자들과 우리 사이의 간극이 사라지고 서로가 친밀하게 호응한다.

존재의 열린 장에서 '존재자들이 존재한다'는 것은 기존의 형이상학에서와는 전혀 다른 의미를 갖는다. 기존의 형이상학에서 '존재자들이 존재한다'는 것은 각 역사 시기마다 차이는 있지만 본질적으로 '눈앞에 있음(Vorhandensein)', 즉 '존재자들이 지각의 대상으로든 이론적 고찰의 대상으로든 우리 앞에 존재한다'는 의미로 이해되었다. 이에 반해 존재의 열린 장에서 '존재자들이 존재한다'는 것은 존재자가 현성한다(anwesen)는 의미이다. 여기서 현성한다는 것은 존재자가 자신의 고유한 존재를 스스로 개

---

24 막스 뮐러, 『실존철학과 형이상학의 위기』, 56쪽 참조.

현하면서(aufgehen) 우리에게 다가온다(angehen)는 것을 의미한다.

아울러 인간이 존재한다는 말도 기존의 형이상학과 전혀 다른 의미를 갖는다. 인간은 더 이상 존재자들을 자신의 대상으로 눈앞에 놓고 관찰하거나 그것들을 사용하는 주체로 존재하지 않는다. 이제 인간은 존재자들이 자신의 고유한 존재를 드러내도록 돕고 존재자들의 고유한 존재에 접하면서 경외와 기쁨을 느끼는 자로서 존재한다. 여기서 기쁨은 우리의 세간적인 욕구를 채우는 데서 오는 기쁨이 아니라 우리가 항상 보던 존재자들이 존재의 열린 장에서 자신의 고유한 존재를 드러내는 것을 경험할 때 느끼는 기쁨이다.

경외와 기쁨과 함께 우리는 존재자들이 자신의 고유한 존재를 드러내도록 돕는 동시에 우리 자신에게 숨겨져 있는 놀라운 가능성의 개현을 맛보게 된다. 하이데거의 새로운 사유는 우리가 항상 보던 존재자들의 단순소박한 고유한 존재에서 경외와 기쁨을 느낄 것을 요구한다. 그것은 우리에게 존재자들을 이론적·기술적으로 지배하고 통제하려던 인간에서 존재자들을 보며 기뻐하는 존재로 변화할 것을 요구하는 것이다.

하이데거의 플라톤 해석*

1. 들어가면서

주지하다시피 하이데거는 서양의 위대한 사상가들과 대결하며 자신의 사상을 전개한다. 여기서 대결은 하이데거와 입장을 공유하지 않는 사람들에게 하이데거가 다른 사상가들을 자신의 사상 틀에 맞추어 왜곡하는 것으로 간주되어 왔다. 단적으로 말해 다른 사상가들에 대한 하이데거의 해석은 극히 폭력적이라는 것이다. 이러한 해석 중에서 특히 플라톤에 대한 하이데거의 해석은 플라톤에 애정을 갖는 많은 플라톤 연구자의 분노를 샀다. 하이데거는 플라톤 철학에서 서양 형이상학을 관통하는 본질적인 특성인 존재망각이 시작된다고 보고 있는데 이러한 해석은 플라톤 연구자들에게 플라톤 철학에 대한 일종의 폄하로 여겨졌다. 무엇보다 플라톤 연구자들은 이것이 플라톤에 대한 자의적인 해석에 근거한다고 보았다.

플라톤 철학을 전문적으로 연구하지 않은 나로서는 하이데거의 플라톤 해석이 맞는지 틀리는지를 판정할 능력이 없다. 다만 이 글을 통해 나

* 「하이데거에서 '근거의 본질'에 대해서 I」(『하이데거 연구』 14권, 2006년 10월)와 「하이데거의 플라톤 해석」(『철학사상』 26권, 2007년 12월)을 수정·보완하였음.

는 하이데거의 플라톤 해석이 갖는 본질적인 내용과 특성을 가능한 한 명확히 드러내려고 한다.

하이데거의 플라톤 해석은 사람들이 보통 생각하는 것보다 매우 섬세하며, 하이데거의 사유 도정의 각 시기마다 다른 양상을 보인다. 초기 하이데거는 플라톤의 사상에서 자신의 사상을 읽으려고 하는 반면 후기 하이데거는 자신의 사상과 플라톤의 사상 간 역사적 차이를 강조한다. 아울러 후기 하이데거는 플라톤이 존재를 망각했다면서도 플라톤의 사상에는 존재의 경험이 아직 남아 있다고 말한다. 후기 하이데거에게 플라톤은 양의적인 성격을 갖는 것이다.

플라톤에 대한 하이데거의 해석이 각 시기마다 변화하는 것은 플라톤에 대한 하이데거의 해석이 일반적으로 생각하는 것처럼 자의적이거나 폭력적이지 않고 상당히 신중하게 숙고를 거듭하면서 이루어져 왔음을 시사한다. 아울러 후기 하이데거에서 플라톤이 양의성을 갖는다는 것 역시 하이데거의 해석이 단순하고 도식적이지는 않음을 시사한다.

이 글은 일단은 초기와 후기 하이데거가 플라톤의 사상을 어떻게 해석하는지 보여주려고 한다. 그리고 후기 하이데거의 플라톤 해석이 어떤 점에서 초기 하이데거의 플라톤 해석이 갖는 문제점을 극복하는지를 드러내는 동시에 그것이 어떤 점에서 근대철학에서 흔히 행해졌던 플라톤 해석과 근본적으로 다른지를 살펴보려고 한다. 나는 후기 하이데거의 플라톤 해석은 근대인들이 범하기 쉬운 해석상의 근본적인 오류를 넘어서면서 플라톤 해석의 새로운 전범을 제시한다고 생각한다.

2. 초기 하이데거의 플라톤 해석

초기 하이데거와 후기 하이데거 사상은 여러 가지 면에서 서로 다르다. 그러나 가장 큰 차이점은 초기 하이데거가 상당히 비역사적인 성격을 띠고 있는 반면에, 후기 하이데거는 철저하게 역사적인 성격을 띤다는 점을 들 수 있다. 초기 하이데거는 각 시대의 사상가들 사이에 존재하는 시대적인 특수성을 간과하는 경향이 있다. 또한 자신의 사상과 그 이전의 다른 사상가들 사이에 존재하는 차이를 강조하면서도 다른 사상가들의 사상에서 자신의 사상을 읽어내려고 한다. 그는 다른 위대한 사상가도 결국은 자신의 사상을 지향했다고 보면서, 그들의 사상에서 자신의 사상이 어떤 식으로 배태됐는지 드러내려는 것이다. 다른 사상가들은 왜 자신이 본 사태를 제대로 보지 못한 채 중도에 그쳤는지를 드러내려는 경향도 있다.

초기 하이데거의 해석학적 입장에 의하면, 하이데거 사상은 이전 사상가들이 지향했으나 제대로 구현하지 못한 것을 완성하는 것이다. 이러한 입장에서 시도한 대표 작업이 『칸트와 형이상학의 문제』의 칸트 해석이다. 하이데거는 여기서 칸트가 지향했지만 전통 형이상학의 선입견에 사로잡혀서 철저하게 드러내지 못하고 오히려 왜곡했던 본래적인 사태를 밝히려고 한다. 하이데거는 칸트에서 자신의 사상을 읽어내려는 것이다.

이러한 태도는 초기 하이데거가 시도하는 플라톤 해석에서도 드러난다. 초기 하이데거는 무엇보다 논문 「근거의 본질에 대해서」와[1] 이 논문에서 논해지는 것을 보다 상세하게 고찰한 강의록 『논리학의 형이상학적 시원근거』에서 플라톤의 사상을 자신의 사상에 의거해 해석하려고 한다.[2] 이 글들에서 플라톤은 하이데거의 세계 개념과 관련해서 언급된다. 또한 세계 개념은 초월 개념과 관련해 고찰되며, 다시 초월 개념은 진리 개념과 관련해 고찰된다.

---

1 하이데거 전집 9권 *Wegmarken*, 160-162쪽.

2 하이데거 전집 26권 *Metaphysische Anfangsgründe der Logik im Ausgang von Leibniz*, 233-252쪽 참조.

나는 이 글에서 하이데거의 진리 개념과 초월 개념, 그리고 세계 개념을 고찰한 후 하이데거가 플라톤을 어떻게 해석하고 있는지 살펴보겠다.

3. 진리, 세계, 초월

「근거의 본질에 대해서」와 『논리학의 형이상학적 시원근거』에서 하이데거는 근거의 본질, 근거 일반의 내적 가능성을 문제 삼는다. 우리는 과학적 탐구 행위뿐 아니라 일상생활에서도 끊임없이 어떤 사태의 근거를 묻는다. 우리는 '모든 사물과 사태에는 근거가 있다'고 자명하게 여기면서 과학적 탐구와 일상생활을 영위하는 것이다. '모든 존재자는 근거를 갖는다'는 원리는 근거율이라고 부르는데, 사람들은 근거율이야말로 자명한 진리라고 생각하는 것이다.

그런데 과연 근거율은 자명한가? 근거율은 어디에서 비롯되는가? 근거율은 사태에 대한 객관적 관찰에 입각해 추론된 법칙인가? 사태에 대한 관찰 결과 근거율이 생겼다면, 근거율은 어디까지나 개연적인 타당성밖에 얻지 못했을 것이다. 이는 우리가 관찰할 수 있는 사태가 한정되어 있기 때문이다. 근거율이 사태에 대한 관찰에 토대를 둔다면, 그것은 우리가 관찰해 온 사태들에 대해서만 타당할 뿐이다.

그러나 우리는 근거율이 개연적인 타당성이 아니라 필연적인 타당성을 갖는다고 생각한다. 근거율이 지닌 필연적인 타당성을 해명하기 위해서 전통 철학은 그것을 동일율이나 모순율과 같은 사유법칙이라고 보거나, 칸트처럼 경험적인 자연법칙과 구별된 초월론적 원칙으로 보았다. 칸트처럼 초월론적 원칙으로 본다고 하더라도 그것은 넓은 의미에서 우리가 따라야 할 사유법칙이라고 할 수 있다.

근거율은 우리에게 필연적인 타당성뿐 아니라 명령의 성격을 갖는다.

근거율은 우리에게 끊임없이 근거를 찾도록 촉구한다. 여기서 근거가 발견되지 않으면 우리는 불안해한다. 이런 의미에서 우리는 근거율의 지배 아래에 있다고 할 수 있다. 그러나 칸트를 비롯한 전통 철학처럼 우리의 사유 구조를 아무리 분석해도 근거율이 필연적인 타당성을 갖는다는 자명한 믿음과 근거율이 갖는 명령의 성격은 해명될 수는 없다. 우리는 근거율이 갖는 성격을 당연한 것으로 인정하는 데 그칠 뿐이다.

그런데 인간과 사유 기능은 동일하지 않다. 인간에게 사유 기능은 존재자와 관계하는 다양한 방식 중 하나에 불과하다. 인간은 존재자를 지각하고, 도구로 사용하며, 향유한다. 그리고 이러한 다양한 방식은 서로 분리되어 있는 게 아니라 서로 밀접한 연관을 맺고 있다. 이러한 방식들은 하나의 통일된 인간에서 비롯되고, 인간의 구체적인 삶을 구성한다. 따라서 우리가 사유의 본질을 이해하고 사유가 따르는 원칙인 근거율을 이해하려고 한다면, 통일된 인간의 존재방식에 대한 이해가 요청된다.

하이데거는 인간은 '자신의 존재를 문제 삼는다'는 특유의 존재방식을 갖는다면서 이것을 '실존'이라고 부른다. '자신의 존재를 문제 삼는다'는 것은 쉽게 말해 '어떻게 살 것인가', '어떤 삶이 좋은 삶인가' 고뇌한다는 것이다. 현존재는 우선 대개는 부나 명예와 같은 세간적인 가치를 좇으면서 그것을 가장 많이 확보한 삶이 좋은 삶이라고 생각하는 경향이 있다. 그러나 그러한 삶은 현존재를 결국 공허감과 권태에 사로잡히게 한다. 현존재는 그런 삶에서 자신이 고유한 자신으로 살고 있다고 느끼지 못하며 세간적인 가치의 노예로 산다고 느낀다.[3]

사유도 인간이 실존하는 하나의 방식이기에, 사유의 근본원칙인 근거율에 대한 해명도 실존을 해명함으로써만 가능하다. 사유의 본질, 근거율

3 하이데거 전집 26권 *Metaphysische Anfangsgründe der Logik im Ausgang von Leibniz*, 246쪽 참조.

의 기원과 본질에 대한 분석을 통해 인간의 실존을 이해할 수 있는 게 아니라, 실존을 해명함으로써 사유의 본질을 비롯해 근거율의 기원과 본질을 이해할 수 있다.

실존적 존재로서의 인간은 유한한 인간이다. 이때 유한하다는 것은 언젠가 죽음으로 끝나는 유한한 삶을 산다는 것을 의미하지 않는다. 인간이 유한하다는 것은 자신의 유한성을 의식하면서 유한성에 흔들리지 않는 토대를, 즉 근거를 마련하고 싶어 하는 존재임을 의미한다. 우리는 근거 자체가 아니며, 근거를 필요로 하고 그 근거를 토대로 자신의 삶을 확보할 수 있는 존재인 것이다.

신은 자신의 근거를 스스로 정립하기에 근거를 찾지 않는다. 동물은 눈앞의 삶에 빠져 있기에 근거를 찾지 않는다. 오직 인간만이 자신의 삶에서 불안을 느끼며 확고한 근거를 부여받기를 원한다. 근거를 찾는다는 것은 인간이 동물도 아니고 신도 아닌 특수한 존재방식에서 비롯되는 것이다.

따라서 사유법칙으로서 우리가 자명하게 받아들이는 근거율은 궁극적으로 사유 자체의 구조가 아니라 인간의 유한한 존재에서 비롯된다. 사유하는 존재 이전에 실존적 존재로서의 인간이 이미 근거를 찾고 그것에 의거하려고 하기에, 근거율은 자명한 사유법칙으로서 받아들여지는 것이다.

이상에서 보듯이, 하이데거가 근거의 본질을 물을 때 사유법칙으로서의 근거율 자체가 갖는 타당성을 의문시하는 것은 아니다. 그 역시 근거율을 하나의 근본적인 사유법칙으로 받아들인다. 다만 근거율의 본질을 이해하기 위해서는 그것이 비롯된 인간의 실존구조로 소급해 고찰해야 한다고 볼 따름이다. 그는 그러한 법칙이 인간의 유한한 실존과 무관한 순수이성에서 비롯된 것이 아니라, 우리의 실존적 삶에서 비롯된 것임을 밝히려는 것이다.

우선 하이데거는 근거의 본질이라는 문제를 진리의 문제와 대결함으로써 규명하려고 한다. 전통 철학에서 진리는 판단의 진리로 여겨졌다. 그런데 참된 판단은 존재자 자체에 '근거'한다. 모든 진리는 원칙적으로 근거 지어질 수 있는 판단이기에, 우리는 참이라고 간주하는 어떤 명제에 대해 왜 그것이 참인 근거를 댈 것을 요구할 수도 있다. 근거와 진리는 밀접한 연관을 갖고 있기에, 진리의 본질이란 문제는 근거의 문제를 보다 근원적으로 규명하는 통로가 될 수 있다. 따라서 하이데거는 진리가 무엇인지를 고찰함으로써 근거의 본질에 접근하려고 한다.

판단은 항상 존재자 자체에 대한 판단이기에 판단 이전에 존재자가 어떤 형태로든 개시되는 것이 필요하다. 예를 들어 우리가 "이것은 칠판이다"라고 판단을 내릴 때, 칠판은 판단을 통해 비로소 개시되는 게 아니다. 그것은 우리가 "이것은 칠판이다"라고 판단을 내리기 전에 그 위에 쓰고 지우는 실천적인 활동을 통해 우리에게 개시되어 있다. 이는 망치가 무엇인지는 망치를 객관적으로 관찰하는 것에 의해서가 아니라 망치로 못을 박는 행위를 통해 이미 드러나 있는 것과 마찬가지다.

존재자가 판단을 통한 술어적 규정이 가능하기 위해서는 술어적 규정 '이전에' 이미 드러나 있어야만 한다. 달리 말해 판단을 통해 우리가 존재자와 비로소 관계를 맺을 수 있는 게 아니다. 우리는 존재자를 도구로서 사용하는 것을 통해 항상 이미 존재자와 관계한다. 따라서 진리를 판단과 대상의 일치로 보는 진리관은 파생된 것이다. 판단이 존재자와 일치할 수 있다는 것은 우리가 생활세계에서 이미 관계하는 존재자와 어떻게든 이미 일치했다는 데 근거한다. 판단의 진리는 존재자가 판단 이전에 우리에게 이미 드러나 있다는 것, 존재자와의 선술어적(先述語的) 만남이 이미 일정한 진리를 갖는다는 사실에 근거한다.

따라서 하이데거에게 판단과 존재자의 일치를 가능하게 하는 근거에 대한 물음은 판단이 근거하는 선술어적 진리를 가능하게 하는 근거를 묻는 방식으로 행해져야 한다. 칸트를 비롯한 전통 철학은 판단과 존재자의 일치를 가능하게 하는 근거를 묻지만, 그 근거가 일치를 가능케 하는 선술어적 진리의 차원에서 규명되고 있지는 않다. 또한 전통 철학에서는 주체의 주체성도 판단하는 주체의 주체성으로서만 파악될 뿐이며, 그러한 판단을 가능케 하는 선술어적 차원에서 주체성의 본질은 은폐된 채로 남아 있다.

그런데 구체적인 삶의 행위를 통한 존재자의 선술어적 개시도 존재자의 존재에 대한 이해의 빛이 비추고 인도하지 않으면 일어날 수 없다. 이때 존재자의 존재에 대한 이해란 존재자가 '무엇으로 존재하고 어떻게 있는가'에 대한 이해, 즉 존재자의 존재구조에 대한 이해를 뜻한다. 예를 들어 우리는 동물과 함께 놀면서 동물을 동물로서 선술어적으로 인지하기 위해서는 동물이 무엇인지를 이해해야 한다. 하이데거는 존재자의 존재가 '밝혀져 있음'을 선(先)존재론적 진리라고 부른다.

그런데 구체적인 행위를 통한 존재자와의 모든 관계에 선행하면서 그것에 빛을 비추고 이끄는 존재 이해는 존재 자체에 대한 의식적 파악도, 개념적 파악도 아니다. 이에 하이데거는 그것을 선존재론적 또는 '넓은 의미의 존재론적 이해'라고 부르는 것이다. 존재자의 선술어적 드러남은 존재자의 존재에 대한 선술어적 개현에 근거한다. 다시 말해 존재자의 선술어적 진리는 선술어적인 존재의 진리에 근거한다.

이렇게 판단 진리의 궁극적 근거가 선술어적 존재의 진리라는 사실이 밝혀졌다. 그런데 선술어적 존재의 진리는 우리에게 어떻게 개현되는가? 우리는 인간이 무엇인지를 개념적으로 분명히 파악하지 못하더라도, 삶 속에서 이미 이해하고 있다. 때문에 우리는 인간과 동물 각각에 대해서 서로 다른 태도를 취한다. 인간의 존재에 대한 이러한 이해는 어떻게 가능한가?

우리는 다른 인간들을 하나의 도구로 간주하는 경향이 있다. 특히 현대기술문명에서 인간은 물질과 마찬가지로 계산될 수 있는 에너지원으로 인정된다. 이것은 인간에 대한 왜곡된 이해이기에 우리는 의식적으로든 무의식적으로든 저항한다. 예를 들어 우리는 현대기술문명에서 한없는 권태와 공허감을 느끼는 방식으로 기술적인 인간 이해를 거부하는 것이다. 이러한 거부는 인간 존재에 대한 분명한 개념 파악에 근거하지는 않지만, 그것에 대한 근원적인 이해에 근거한다.

따라서 우리는 선술어적인 존재의 진리더라도 왜곡되고 퇴락한 진리가 있고, 보다 근원적인 진리가 있음을 우리의 실존 깊은 곳에서 이미 알고 있다. 인간 존재에 대한 선술어적인 진리가 근원적으로 열릴 경우에만, 우리는 자신뿐 아니라 다른 인간들과도 진정하게 관계할 수 있다. 존재에 대한 선술어적인 진리의 개현은 존재자들의 근원적인 개시를 가능하게 하는 것이다.

그러면 근원적인 선술어적 존재의 진리는 어떻게 우리에게 개시될 수 있는가? 하이데거는 근원적인 선술어적 존재의 진리가 개시되는 사건을 '초월(Transzendenz)'이라고 부른다. 판단 진리의 궁극적인 근거는 존재의 선술어적 진리가 개현되는 사건인 초월이다.

진리의 본질을 문제 삼을 때 우리는 진리의 장소를 판단으로 보는 전통적 견해에서 더 나아가 근원적으로 물어야 한다는 사실이 이제는 분명해졌을 것이다. 이것은 진리의 장소를 판단으로 보는 전통적 견해가 틀렸음을 의미하지 않는다. 하이데거는 전통적 견해가 진리의 본질을 근원적으로 묻고 있지 않다고 비판할 뿐이다. 그는 전통적 견해가 판단과 존재자 사이의 관계, 판단과 존재자가 서로 일치할 수 있는 가능성의 근거를 근원적으로 묻지 않다고 생각하는 것이다.

전통적 견해는 존재와 판단의 동일한 근거로서 최고의 존재자인 신이나 초월론적 주체, 절대정신, 힘에의 의지 등을 상정함으로써, 판단과 존재자가 어떻게 서로 일치할 수 있는가를 해명하려고 한다. 반면 하이데거는 판단이 기초하지만, 보통은 은폐되어 있는 현존재의 구체적인 삶의 심층 현상, 즉 선술어적 존재론적인 진리가 개시되는 초월의 사건으로 귀환해 그 문제를 해명하려고 한다. 판단에서 근거와 진리가 서로 불가분 관계면, 근거를 보다 근원적으로 규명하는 일도 판단의 진리를 궁극적으로 가능하게 하는 초월이라는 현상에서 착수해야만 하는 것이다.

초월은 문자 그대로 넘어섬(Überstieg)을 의미하며 이는 통상적으로 '공간'에서 일어나는 하나의 사건, 즉 어떤 것이 '어떤 것'으로부터 '어떤 것'으로 이행하는 것을 의미한다. 이행에는 넘어서는 것과 이행이 향하는 것이 속한다. 그러나 하이데거에서 초월은 현존재에게 고유한 성격, 즉 인간의 행위 중 하나가 아닌 모든 행위에 선행하면서 그것을 가능하게 하는 현존재의 근본구조를 가리킨다.[4]

주체는 먼저 '주체'로서 존재하고 눈앞에 있는 '객체'를 향해 초월하기도 하는 게 아니다. 주체로서 존재한다는 것(Subjekt*sein*)은 초월 안에서 그리고 초월로서 존재한다는 것을 의미한다. 초월은 주체가 인식 행위나 여타의 지향적 행위를 통해 객체로 나간다는 것을 의미하지 않고, 지향 행위에 선행해 이미 선술어적 존재의 진리에 나가 있음을 의미한다.

초월에서는 현존재 자신을 포함한 모든 존재자, 즉 존재자 전체가 초월된다. 하이데거가 존재자 전체의 초월을 말할 때 존재자 전체는 이론적으로 파악 가능한 대상뿐 아니라 모든 구체적인 삶의 행위가 관여하는 존재자 전체를 가리킨다. 그것은 우리가 지금 당장 관여하는 존재자뿐 아니라 앞으로 마주칠 희망과 공포의 대상으로서의 존재자, 그리고 현존재 자신까지 포함한다.

현존재는 자신의 신체를 통해 '존재자 전체의 한가운데(inmitten des Seienden im Ganzen)'에 던져져 있는 현사실적인 존재로서 존재한다. 그러나 현존재는 비록 존재자 전체의 한가운데에 존재하고 존재자 전체에 의해서 둘러싸여 있으면서도, '자기 자신의 존재를 문제 삼는' 실존하는 자로서 존재자 전체를 초월해 있다. 다시 말해 현존재는 자신이 이미 처해 있

4 하이데거 전집 9권 *Wegmarken*, 137쪽 참조.

는 존재자 전체를 삶의 근거로 여길 수 없다. 그는 삶의 근거를 존재자 전체를 초월한 데서 찾고자 한다.

즉 근거에 대한 추구는 인간이 자신이 던져져 있는 존재자 전체를 초월해 가능성을 추구하는 존재라는 데서 비롯된다. 이런 의미에서 인간이 구하는 근거는 현실적인 것이 아니고 '가능한' 것이다. 이러한 근거는 아직 실현되지 않았다는 의미에서 가능한(möglich) 것이면서, 아울러 그것만이 우리의 실존을 가능하게 한다(ermöglichen)는 점에서 가능한 것이다. 그것은 우리의 실존이 구현해야 할 본질적인 가능성이다.

인간은 존재자 전체를 초월해 자신의 본질적 가능성을 추구할 수 있는 존재이기에, '왜 존재자는 있고 무는 아닌가'라고 물을 수 있다. 아울러 존재자는 '왜 이렇게 있고 왜 저렇게 있지 않은가'라고 물을 수 있다. 그런데 우리 삶의 근거가 될 수 있는 가능성은 우리가 임의로 상상할 수 있는 게 아니다. 인간은 임의적인 가능성을 삶의 근거로 삼을 수 없다. 임의의 가능성은 인간이 이미 던져져 있는 적나라한 현실과 맞부딪힐 때 쉽게 깨져 버릴 수 있는 환상에 불과하다. 따라서 우리에게 삶의 근거가 될 수 있는 가능성은 현실에 뿌리박으면서도 그것을 초월하는 것이다.

진정한 가능성을 인간이 임의로 지어낼 수 없다면 그것은 우리에게 개시되어야만 한다. 이것은 어떻게 가능한가? 그러한 가능성은 우리가 마주하고 있는 존재자가 아니다. 또한 모든 존재자를 단순히 합한 것도 아니다. 그것은 존재자가 아니라는 점에서 '무'다. 여기서 '무'는 아무것도 존재하지 않는 공허함이 아닌, 우리의 삶의 토대가 될 수 있는 '무'다. 우리의 삶의 토대가 될 수 있는 가능성이 무라면, 그것은 우리에게 어떻게 개시되는가?

하이데거는 무가 불안에서 개시된다고 말한다.[5] 불안에서는 그동안

---

5 하이데거 전집 9권 *Wegmarken*, 112쪽 참조.

자명하게 여겨왔던 일상 세계가 붕괴된다. 일상 세계란 우리에게 어릴 적부터 주입되어 왔던 세간적인 가치를 중심으로 구조화되어 있는 곳이다. 세간적인 가치는 부, 명예, 권력, 전통 도덕이나 종교 등이 해당된다. 이러한 것들이 우리의 삶을 규정하는 동시에 우리가 관계하는 존재자들의 가치와 의미까지 규정한다. 세간적인 가치에 사로잡힐 경우, 예를 들어 부 축적을 삶의 목표로 삼을 경우, 우리는 다른 인간이나 존재자들을 부를 쌓는 데 도움이 되는지 방해가 되는지에 따라 평가한다. 우리는 그것들을 독자적인 고유한 존재를 갖는 것으로 접하는 것이 아니라 도구적인 의미를 갖는 것으로서 접하는 것이다.

불안에서는 우리가 그동안 추구해 왔던 세간적인 가치가 무의미한 것으로 드러나면서 그것들을 중심으로 구조화되던 일상도 허망한 것으로 드러난다. 동시에 우리는 세간적인 가치를 추구해 왔던 자신과 세간적인 가치를 구현하는 데 도움이 된다는 이유로 집착해 왔던 모든 존재자를 초월하게 된다. 여기서 초월은 모든 존재자를 떠나 공허한 무로 초월하는 허무주의가 아니다. 초월은 우리가 삶과 존재자들에게 부여한 일상적인 의미로부터의 초월이다.

일상적 의미가 사라지면 우리 자신을 포함해 모든 존재자의 고유한 존재가 드러난다. 우리는 새삼 존재자들이 '있다'는 사실에 경이를 품게 된다. 그동안 우리는 존재자들이 갖는 일상적인 속성이나 의미에 관심을 기울여 왔을 뿐, 존재자가 단적으로 '존재한다'는 사태에 대해서는 주목하지 않았던 것이다.

여기서 모든 존재자가 자신의 고유한 존재와 진리를 드러낸다는 것은 단순히 자신의 특이한 성격을 드러내는 것이 아니라 다른 어떤 것으로도 환원될 수 없는 고유한 성스러움과 신비를 갖는 것으로 드러낸다는 것을 의미한다. 예를 들어 장미는 불안에서도 예전과 동일한 장미로 여전히 빨간 꽃을 피우지만, 장미는 이제 전혀 다르게 '존재하게' 하게 된다. 우리는 그 전에 장미에서 볼 수 없었던 성스러운 오로라를 장미에게서 보게 된다.

하이데거는 장미가 갖는 오로라를 '존재'라고 부른다. 존재는 우리가 규정할 수 없는 무한한 의미로 충만해 있다. 이런 의미에서 하이데거는 불안 속에서 오히려 존재자는 더 존재하게 된다(seiender)고 말한다. 장미는 존재의 빛 안에서 전혀 새롭게 드러난다. 장미는 이제 한갓 우리가 보고 팔고 즐기는 대상이 아닌 장미가 지닌 무한한 깊이와 함께 우리를 잡아끄는 사물(Ding)로 나타난다.

존재자들뿐만 아니라 현존재도 초월을 통해 진정한 자신에 직면한다. 이때 자기 자신은 타인과 구별을 통해서가 아니라 우선 대개는 세간적인 가치에 빠져 있는 일상적인 자신을 초월해 도달된다. 세간적인 가치에 빠져 있는 일상적인 자신은 타인들과 끊임없이 함께 말하고 일하기에 타인들과 긴밀한 관계를 맺는 것처럼 보인다. 그러나 일상적인 자신은 세간적인 가치를 두고 타인들과 끊임없이 경쟁할 수밖에 없기에 사실은 타인들로부터 고립되어 있다.

반면 세간적인 가치를 초월해 있는 진정한 자신은 언뜻 보기에는 타인들로부터 고립되어 있는 것 같지만 타인 및 사물들과 참된 관계를 맺고 있다. 불안에서 일어나는 초월과 함께 존재자 전체와 현존재의 진면목이 드러난다는 사실을 하이데거는 다음과 같이 표현한다.

> 인간이 초월을 통해 모든 존재자에 대해 형성하는 근원적인 거리를 통해서만, 사물들에 대한 진정한 가까움(die wahre Nähe)이 가능해진다. 멀음(Ferne)에 귀 기울이는 것을 통해서만 현존재는 자신으로서 다른 현존재와 더불어 시숙하고, 이러한 다른 현존재와 함께함으로써 현존재는 자신을 본래적 자신으로 얻기 위해 고립된 개인으로서의 자신을(Ichheit) 포기할 수도 있다.[6]

위 인용문에서 '멀음'은 무를 가리킨다. '존재자가 전혀 아니라는 의미에서 가장 멀리 있는' 무로 초월할 때, 존재자들은 자신의 고유한 존재를 드러내고 이와 함께 우리는 존재자들과의 진정한 가까움을 회복한다. 무로의 초월은 어떤 대상과 같은 것으로서의 무를 향해 초월하는 게 아니다. 오히려 무에 의해 사로잡히는 것이다. 무에 사로잡히는 사건은 우리가 세간적인 가치와 그 가치를 중심으로 형성된 일상 세계와 삶의 허망함을 깨달으면서 초월하는 사건이다.

하이데거는 무라고 부르는 것을 존재자 전체가 자신의 고유한 존재와 진리를 드러내는 열린 터로서의 세계 내지 존재라고도 부른다. 이때 세계는 우리가 세간적 가치에 사로잡혀 사는 일상 세계가 아니라 은폐되어 있는 근원적 세계다. 근원적 세계와 존재는 존재자가 아니라는 의미에서 무이다.

초월과 함께 근원적 세계가 열릴 때 존재자들은 우리의 일상에서는 은폐되었던 고유한 무게와 충만한 존재를 갖는 것으로 새롭게 나타난다. 그런데 존재자들이 자신의 존재를 새롭게 드러내더라도 존재자에게는 아무런 실질적인 변화 일어나지 않는다. 이 점에서 근원적 세계가 존재자가 아니라는 사실이 다시 한번 드러난다. 세계는 존재자에 어떤 변화를 초래하는 어떠한 존재자도 아니다. 그렇다고 세계는 공허한 무인 게 아니라 존재자를 그 자체로 드러내는 궁극적인 근거로서의 존재다.

전통 형이상학은 존재자를 그 자체로 파악하기 위해 존재자 전체를 초월하고 존재자 전체의 근거인 신에게로 초월해 존재자들을 파악해야 한다고 보았다. 즉 전통 형이상학도 존재자를 그 자체로서 파악하기 위해서는 존재자 전체를 초월하는 어떤 전체적인 조망이 필요하다는 것을 깨닫

6 하이데거 전집 9권 *Wegmarken*, 175쪽.

고 있었다. 그러나 하이데거는 우리가 최고의 존재자인 신이 아닌 세계로 초월해야 한다고 본다.

근원적 세계는 불안을 인수하는 현존재의 실존 수행을 통해 자신을 개현하지만, 현존재는 다른 모든 존재자와 마찬가지로 근원적 세계에서 자신의 고유한 자기를 발견하며 고유한 자신으로 살 수 있다. 현존재가 고유한 자신으로 산다는 것은 현존재가 모든 존재자와 관계를 끊고 자신의 내면 속으로 칩거한다는 것을 의미하지 않는다. 현존재는 이미 존재자 전체 중 한가운데에 있는 존재로 존재자들에 항상 의존할 수밖에 없으며 존재자들과 관계할 수밖에 없다. 현존재가 고유한 자신으로 산다는 것은 존재자들을 자신이 집착하던 세간적인 가치를 실현하기 위한 도구로 다루지 않고, 존재자들을 그 자체로서 존재하게 하는(seinlassen) 방식으로 산다는 것을 의미한다.

근원적 세계에로의 초월을 통해 진정한 자신을 발견할 경우, 근원적 세계의 개현이야말로 현존재가 추구해야 할 궁극적인 목적이 된다. 현존재가 세간적인 가치의 실현을 자기 삶의 궁극목적(Umwillen)으로 삼을 때, 그는 자신의 삶이 주인이 아니라 세간적인 가치의 노예가 된다. 달리 말하면 그는 세간적인 가치를 그가 추구해야 할 참된 가치로 주입하는 세상 사람의 노예가 되는 것이다. 이에 반해 현존재가 근원적 세계의 개현을 자기 삶의 목표로 삼아 무를 향해 초월할 때, 그는 모든 존재자의 고유한 존재와 자신의 고유한 존재를 드러내면서 자신뿐 아니라 존재자들을 그 자체로 존재하게 할 수 있게 한다.[7]

---

7 하이데거 전집 26권 *Metaphysische Anfangsgründe der Logik im Ausgang von Leibniz*, 233-238쪽 참조.

4. 초기 하이데거의 플라톤 해석

초월이 우리가 앞서 본 것처럼 현존재가 참된 자신으로 사는 것을 가능하게 하는 현상이라면 하이데거는 모든 진정한 철학에는 초월이 은폐된 형태더라도 어떻게든 이미 나타나 있을 것이라고 생각한다. 하이데거는 플라톤에서 세계가 존재자 전체의 피안에 있는 선의 이데아로서 사유된다고 본다. 하이데거는 선의 이데아에 대한 플라톤의 물음을 '좋은 삶이란 무엇인가?'에 대한 정점으로 보면서, 선의 이데아를 자신이 말하는 근원적 세계로 해석한다. 선의 이데아에서는 존재자들의 진리인 이데아들과 그것들에 대한 이해를 가능하게 하는 궁극적인 근거가 문제 된다.[8]

하이데거는 플라톤에서 선의 이데아가 구체적인 내용을 갖지 않는 게 우연이 아니라고 말한다. 이는 선의 이데아를 정의하거나 해석하려는 모든 시도가 좌절하지 않을 수 없기 때문이다. 선의 이데아를 논리적으로 전혀 설명할 수 없는 것으로 보는 '비합리주의적' 도피와 마찬가지로 그것을 논리적으로 해명하려는 '합리주의적' 설명도 실패할 수밖에 없다. 선의 이데아는 플라톤 자신의 암시에 따라 존재자의 진리와 이해를 본질적으로 해석함으로써만 해명될 수 있다. 이를 이해하기 위해서 우리는 모든 현존재에서 필연적으로 일어나지만 대부분 은폐되고 억압되는 초월을 분명하게 수행하는 것이 필수적이다.

선의 이데아는 인간이 추구해야 할 궁극목적이다. 궁극목적과 현존재의 내밀한 연관을 주목해야 하는데 플라톤에서는 그것이 의식되지 않고 있다. 오히려 플라톤의 이데아에 대한 전통 학설에 따르면, 이데아들은 피안에 존재하는 것으로 해석된다. 이에 이데아들을 객체 중 가장 객관적

8 하이데거 전집 9권 *Wegmarken*, 160쪽 참조.

인 것으로, 그리고 존재자 중 가장 최고로 확보하는 것이 중요하다. 전통학설에서는 궁극목적으로서의 선의 이데아는 세계로서 드러나지 않으며, '존재자들의 피안에'라는 말이 암시하는 초월도 의식되지 않는다.

이데아들을 피안에 존재하는 객관적인 사물과 같다고 보는 해석에 반해서 나중에는, 이데아들을 '주체'에 원래부터 주어진 관념으로 보는 주관주의적인 해석도 등장한다. 이데아에 대한 해석의 역사는 초월을 항상 의식하면서도, 그것이 충분히 정초되지 않은 두 개의 대립하는 해석, 즉 객관주의적 해석과 주관주의적 해석에 의해 왜곡되고 있음을 보여 준다. 이데아들은 객체보다 객체적인 것으로 혹은 주체보다 주체적인 것으로 간주된다. 하이데거는 이데아가 이렇게 해석되어 온 것에 대해 이데아가 직관을 통해 파악된다고 보았던 플라톤에게도 책임이 있다고 본다.

플라톤에서는 근원적 세계 대신 영원불변한 존재자가 들어선다. 그리고 근원적 세계로의 초월도 영원불변한 존재자에 대한 특정한 태도로서의 직관(theorein), 다시 말해 존재자의 직접적인 수용(Vernehmen)을 의미하는 '이성적 인식'으로 해석된다. 그러나 직관에 의해서는 하이데거가 드러냈던 초월이 일어날 수 없다. 플라톤에서 세계가 이데아라는 영원불변한 존재자들의 총합처럼 이해된 것은, 초월이 처음부터 직관을 실마리 삼아 파악되었기 때문이다. 플라톤에서 초월은 불안에 엄습되면서 일어나는 무로 이해되지 않는다. 초월을 직관을 실마리 삼아 파악하려는 플라톤의 경향에서부터, 근대는 초월이 인식 이론적인 주체-객체-관계에 입각해 다루는 기반이 마련된다.[9]

그러나 하이데거는 플라톤에서 초월이 근원적으로 파악되지는 않지만, 전적으로 은폐되지도 않았다고 본다. 이는 플라톤에서는 직관의 상관

9 하이데거 전집 9권 *Wegmarken*, 161쪽 참조.

자로서의 이데아들을 넘어 선의 이데아가 문제가 되기 때문이다. 선의 이데아는 모든 존재자가 그것을 근거로 삼아 존재하는 궁극목적이다. 그것은 존재자와 이데아들의 왕국을 넘어서는 것으로서, 이것들 모두를 규정하면서 전체적인 조화와 통일성을 부여한다.[10]

이상에서 본 것처럼 초월이 현존재에서 비록 은폐된 형태라도 필연적으로 일어나는 이상, 세계와 초월은 철학사에서 완전히 은폐되지 않고 그 흔적을 남긴다고 할 수 있다. 초기 하이데거가 시도하는 전통 형이상학의 파괴는 전통 형이상학에 은닉되어 있던 초월과 세계에 대한 근본경험을 명확히 드러내는 것이다.[11] 여기서 파괴는 전통 형이상학을 부정하고 제거하는 것이 아니라 전통 형이상학이 뿌리 내리는 근거로 귀환해 본래 지향했던 것을 드러내려고 한다.

다시 말해 전통 형이상학의 파괴는 전통 형이상학이 원래 말하려고 했지만, 전통 형이상학이 존재의 의미를 '눈앞에 존재함(Vorhandensein)'으로 보는 통상적인 존재이해에 사로잡혀 있어서 말할 수 없었던 사태를 말하려는 것이다. 통상적인 존재이해는 '존재자가 존재한다'의 의미를 '존재자가 우리의 감각적 직관이나 정신적 직관의 대상으로서 눈앞에 존재한다'로 이해하는 것이다.

위와 같은 하이데거의 의도는 플라톤에 대한 해석에서도 드러난다. 하이데거는 플라톤이 선의 이데아를 통해 세계와 초월을 말하고 싶어 했다고 본다. 그러나 플라톤은 초월을 직관적인 행위로 보면서 세계도 직관에 의해 파악해야 하는 대상으로 생각한다. 여기에는 플라톤도 존재의 의미를 '눈앞에 존재함'으로 보는 선입견이 지배한다는 이유가 자리한다. 이

10 하이데거 전집 26권 *Metaphysische Anfangsgründe der Logik im Ausgang von Leibniz*, 233-238쪽 참조.

11 Martin Heidegger, *Sein und Zeit*, 9쪽 참조.

러한 선입견은 우리가 일상적으로 눈앞에서 보는 사물들에는 타당할 수 있지만, 초월과 세계에는 전혀 타당하지 않다.

플라톤은 눈앞에서 보는 사물들에 타당한 존재이해를 철학적 사유의 실마리로 삼는다. 반면 하이데거는 초월을 통한 세계 개현에 주목함으로써 존재의 의미에 대한 물음을 새롭게 제기하는 것이 필요하다고 본다. 초월을 통한 세계 개현에서 '존재자가 존재한다'는 것을 단순히 존재자가 우리의 이론적 고찰이나 직관의 대상으로서 존재한다는 것으로 이해해서는 안 된다. 이것은 세계 개현과 함께 존재자가 그 자체로 자신의 진리를, 즉 자신의 이데아를 드러내는 것으로 이해해야 한다. 존재의 근원적인 의미는 '눈앞에 존재함'이 아니라 '스스로 자신의 진리를 개시하면서 우리에게 현성함'으로 해석해야 하는 것이다.

5. 후기 하이데거의 플라톤 해석

1) 후기 하이데거의 플라톤 해석이 취하는 해석학적 입장

위에서 본 것처럼, 초기 하이데거는 자신과 그 이전의 위대한 형이상학자들 사이에 존재하는 차이를 강조하면서도 그들의 사상에서 자신의 사상을 읽어내려고 한다. 반면 후기 하이데거는 그 이전의 위대한 형이상학자들과 자신 사이에 존재하는 역사적 거리에 주목한다.

초기 하이데거는 그 이전의 위대한 형이상학자들이 사로잡혀 있던 선입견, 즉 존재의 의미를 '눈앞에 존재함'으로 보는 선입견은 시대를 불문하고 모든 사람이 빠지는 것이라고 본다. 이 선입견은 사람들이 '우선 대개는' 눈앞의 존재자들에 집착하면서 생을 영위하는 데 급급할 뿐, 불안을 통해서 우리를 엄습해 오는 무에는 등을 돌린다는 사실에서 비롯된다. 불안이 궁극적으로는 우리들의 일상에서 모든 의미를 앗아가는 죽음에서 비롯되는 경우, 사람들은 우선 대개는 죽음으로부터 눈앞의 존재자들에게로 도피할 뿐 죽음에 대한 불안을 인수하려고 하지 않는다. 하이데거는 이러한 삶의 태도를 퇴락(Verfall)이라고 부른다.[12]

초기 하이데거에 따르면, 플라톤이나 고트프리트 빌헬름 라이프니츠, 이마누엘 칸트와 프리드리히 니체와 같은 위대한 형이상학자들은 분명히 퇴락한 삶을 넘어서 초월과 세계 개현을 경험했고 이에 대한 흔적이 그들의 철학에 남아 있다. 그러나 그들은 이러한 경험을 그 자체로 드러내지 못하고 우리의 일상을 지배하는 통상적인 존재이해에 의해 은폐하는 경향이 있었다.

이렇게 초기 하이데거는 퇴락에서 비롯되는 존재이해와 이러한 존재이해를 해체하는 초월과 세계 개현을 시대를 불문하고 나타나는 인간 삶의 근본조건에 속하는 것으로 간주한다. 초기 하이데거는 인간의 역사성을 강조하면서도, 존재이해와 철학의 역사적인 변화는 사실상 인정하지 않는 것이다. 따라서 초기 하이데거에서는 위대한 형이상학자들 사이에 존재하는 역사적인 거리가 간과된 채, 과거의 위대한 형이상학자들이 하이데거와 동시대의 철학자들인 것처럼 해석된다.

그러나 후기 하이데거에서는 존재이해가 각 시대마다 달라진다고 본다. 더불어 후기 하이데거는 다른 사상가들과 자신 사이에 존재하는 역사적인 거리를 강하게 의식한다. 더 나아가 후기 하이데거는 존재이해가 변화하는 이유가 각 시대마다 존재 자체가 자신을 다르게 개현하기 때문이라고 본다. 또한 위대한 형이상학자들이 통상적인 존재이해에 입각해 사태를 왜곡한 게 아니라 존재 자체의 그때마다의 개현에 충실했다고 본다.

---

12 Martin Heidegger, *Sein und Zeit*, 175쪽 이하 참조, 436쪽 참조.

따라서 후기 하이데거는 각 시대의 위대한 형이상학자들의 사상은 그 어떤 사상으로 환원될 수 없는 독자성을 갖는다고 해석한다. 가령 후기 하이데거는 더 이상 칸트 철학에서 자신의 사상을 읽으려고 하지 않고, 칸트와 자신 사이에 존재하는 역사적인 거리를 강조한다. 칸트의 철학은 근대가 근거로 삼는 존재이해와 진리이해를 정초하는 철학인 반면에, 하이데거의 철학은 근대를 포함한 서양 형이상학 전체의 존재이해와 진리이해를 극복하고 전적으로 새로운 존재이해와 진리이해를 제시하려고 한다는 것이다.

이러한 해석학적 입장에 의하면, 각 시대의 위대한 형이상학자들은 자신의 철학을 통해서 각 시대의 인간들이 살고 죽는 세계를 건립한다. 고대인이 살았던 역사적 세계와 근대인이 사는 역사적 세계 그리고 탈근대 시대가 개시할 역사적 세계는 전적으로 다르다는 생각이 그러한 해석학적 입장의 근저에 놓여 있다.

초기 하이데거라면 '왜 하이데거만 전통 형이상학과 다르게 통상적인 존재이해에 사로잡히지 않고 초월과 세계 개현을 근원적으로 드러낼 수 있었는가'라는 질문에 자화자찬식 답변만 할 수 있을 것이다. 즉 하이데거는 '자신은 통상적인 존재이해에 구속받지 않을 정도로 초월과 세계 개현을 과거의 위대한 형이상학자들보다 깊이 경험했다'거나 '자신이 더 지적으로 명민하다'고 답변할 수밖에 없을 것이다. 그러나 후기 하이데거는 같은 질문에 대해 자신이 그 이전의 위대한 형이상학자들과 전적으로 다른 역사적 상황에 처해 있기 때문이라고 답한다. 즉 그는 서양 전통 형이상학의 존재이해를 극단까지 추구한 현대기술문명이 위기에 봉착하면서 새로운 존재이해가 그에게 개시되었다고 보는 것이다.

해석학적 입장의 이러한 변화와 함께 하이데거는 플라톤을 해석하는 데 있어서도 플라톤과 자신 사이에 존재하는 역사적인 거리를 강조한다. 플라톤의 철학을 고대 그리스라는 역사적 세계가 근거하는 존재이해와 진리이해를 정초하는 철학으로 해석하는 것이다. 이와 함께 각 위대한 사상가들이 서양 형이상학의 역사에서 차지하는 위상에 대한 평가도 달라진다.

예를 들어 초기 하이데거에서는 라이프니츠나 칸트와 같은 근대 사상가들은 플라톤을 비롯한 고대나 중세의 사상가들보다 하이데거가 드러내려고 한 사태를 보다 더 철저하게 밀고간 사상가로서 평가되었다. 초기 하이데거가 근대 사상가들을 더 높이 평가한 이유는 초기 하이데거의 사상이 근대 주관주의와 일맥상통하는 면이 있기 때문이다. 초기 하이데거는 불안에서 도피하지 않고 그것을 기꺼이 인수함으로써 무를 향해 초월하는 현존재의 실존 수행을 세계 개현의 근거로 본다. 이 점에서 초기 하이데거는 세계 자체가 스스로를 개현하는 것보다 현존재의 실존 수행을 더 강조한다. 초기 하이데거는 주체의 주체성을 근대철학과 다르게 해석해야 한다고 여기지만, 넓은 의미에서 근대 주관주의 철학의 틀 안에서 사유하는 것이다.

반면 후기 하이데거는 현존재의 주체적인 실존 수행보다도 세계 내지 존재 자체가 스스로를 개현하는 면을 더 강조한다. 이와 함께 후기 하이데거는 주체라는 개념을 포기하고 인간을 존재 자체가 개현하는 장이라는 의미에서 현-존재라고 부른다. 또한 근대철학보다도 고대철학, 특히 소크라테스 이전의 사상가들을 자신의 사상과 더 가까운 것으로 여긴다. 하이데거는 근대철학은 자신을 스스로 개현하는 세계에 대한 경험을 망각한 반면, 고대철학은 소크라테스 이전의 사상가들은 물론이고 플라톤과 아리스토텔레스의 철학은 자신을 스스로 개현하는 세계로서의 퓌지스에 대한 경험에 입각해 있다고 본다. 이에 따라 후기 하이데거에서 플라톤은 근대인들이 망각해 버린 근원적 세계를 훨씬 더 근본적으로 드러낸다고 해석된다.

후기 하이데거의 플라톤 해석은 1920년대와 1930년대에 풍미했던 신칸트학파나 신헤겔학파의 플라톤 해석과 전적으로 구별된다고 할 수 있다. 신칸트학파와 신헤겔학파의 플라톤 해석은 양자 사이에 존재하는 차이에도 불구하고, 칸트와 헤겔을 플라톤 철학이 본래 지향하는 사태를 보다 철저하게 드러낸 사상가로서 본다는 점에서는 일치한다. 예를 들어 신헤겔학파의 대표자인 리하르트 크로너(Richard Kroner)는 자신의 저서 『칸트에서 헤겔까지』에서 칸트에서 헤겔에 이르는 독일관념론을 플라톤의 관념론을 근대 자아철학의 입장에서 발전시키는 것으로 본다.[13] 이러한 해석학적 입장에서 플라톤은 당연히 칸트와 헤겔 철학의 원시적인 형태가 되고, 보다 발전한 헤겔과 칸트 철학에 의해 지양해야 하는 것으로 간주된다.

초기 하이데거도 당시 풍미하던 이러한 해석학적 입장에 상당 부분 영향을 받았다고 여겨진다. 다만 초기 하이데거는 칸트나 헤겔의 철학이 아닌 자신의 철학에 의해 플라톤의 철학이 지양되어야 한다고 생각한다는 점에서 다를 뿐이다. 그리고 아직도 많은 철학사가가 고대철학이나 중세철학의 독자성을 인정하지 않고 근대철학으로 나아가는 싹을 보려고 할 뿐이다. 이러한 해석학적 입장은 근대철학의 통찰이 고대철학에 이미 잠재했다고 보면서 고대철학을 대견해하지만, 근대철학이 고대철학보다 더 앞섰다고 보는 데는 변함이 없다. 이들은 암암리에 고대에서 근대에 이르는 역사를 진보로 보는 역사관을 철학사에도 적용하는 것이다.

이에 반해 후기 하이데거의 해석학적 입장은 각 사상가들만의 고유성을 강조한다. 각 사상가가 이 건립하는 세계는 우열을 따질 수 없는 독자적인 세계이며, 각 사상가의 임무는 자신의 시대에 개시되는 세계를 개념적으로 분명히 제시함으로써 그 시대 사람들이 거주하는 삶의 공간을 건립하는 데 있다.

---

13 Richard Kroner, *Von Kant bis Hegel*, Mohr Siebeck, 1977, 35-40쪽 참조.

물론 각 시대의 역사적 세계와 그것을 정초하는 철학의 고유성을 강조한다고 해서, 하이데거가 그것들 사이에 존재하는 연관을 부정하는 것은 아니다. 예를 들어 플라톤이 건립한 역사적 세계는 플라톤 이전의 사상가들이 건립한 역사적 세계와 그것의 몰락을 전제한다. 아울러 근대의 역사적 세계와 근대철학은 중세 기독교와 중세철학이 건립한 역사적 세계와 그것의 몰락을 전제한다. 하이데거의 철학만 해도 근대철학이 건립한 근대의 역사적 세계와 그것의 몰락을 전제한다. 따라서 하이데거의 철학은 근대철학 없이는 나타날 수 없다.

이렇게 각 시대의 철학은 서로 긴밀히 연관되지만, 동시에 그 무엇으로도 환원할 수 없는 고유성도 갖는다. 각 시대의 철학은 다음 시대에 어떠한 철학이 지배할지 예측할 수 없다. 각 시대의 철학은 역사적 연속과 비연속 속에서 그때마다 자신에게 개시되는 역사적 세계를 개념적으로 정초할 뿐이다.

물론 하이데거가 각 시대의 형이상학이 갖는 고유성을 인정한다고 해서, 각 시대의 철학과 그것들이 건립하는 역사적 세계 모두가 동일한 근원성(Ursprünglichkeit)을 갖는다고 보는 것은 아니다. 하이데거는 플라톤 이전의 고대 그리스 사상가들이 드러낸 세계를 가장 근원적인 세계로 여긴다. 그리고 플라톤 이후의 사상가들이 드러내는 세계는 앞선 것에서 파생된 것으로 보면서 근원성을 어느 정도 상실했다고 본다. 그러나 역사적 세계들 사이에 보이는 근원성과 파생성의 관계는 질적인 차이를 수반한다.

이는 스펙트럼에서 빛의 파장들 사이에 존재하는 양적인 차이가 질적으로 서로 다른 색깔로 나타나는 것에 비유할 수 있다. 근원적 세계에서 역사적 세계가 멀어질 때마다 독자적인 세계가 형성되는 것이다. 따라서 근대의 역사적 세계는 고대의 근원적 세계에 근거하면서도 근원적 세계로 환원될 수 없는 독자적인 세계다. 근대에 사는 인간 역시 고대에 살았던 인간과는 다른 언어와 사유방식, 그리고 행동방식을 갖게 된다.

따라서 각 시대의 철학과 이에 의해 개시되는 세계 간에는 우열을 따질 수 없다. 데카르트나 파르메니데스 중 누가 더 우월하다고 할 수 없는 것처럼, 데카르트에 의해 개시되고 정초되는 근대적 세계나 파르메니데스에 의해 개시되는 고대 세계 중 어느 것이 더 우월하다고 할 수 없는 것이다. 하이데거는 현대의 기술 세계를 비판하지만, 자신이 제시하는 새로운 세계가 현대기술문명의 세계보다 더 우월하다거나 대체할 수 있다고 생각하지 않는다. 오히려 사물들을 조작하는 능력을 척도로 보면 현대의 기술 세계는 하이데거가 지향하는 근원적 세계를 압도한다.

후기 하이데거는 해석학적 입장에 입각해 서양 형이상학사 전체에서 플라톤 철학이 갖는 고유성을 드러내려고 한다.

2) 플라톤 철학의 양의적 성격

아리스토텔레스는 철학이 세계에 대한 경이에서 출발한다고 말한다. 그런데 하이데거는 경이를 어느 시대에나 지배적으로 나타날 수 있는 기분으로 보지 않는다. 하이데거에 따르면, 경이는 고대 그리스인을 엄습하면서 서양철학의 시원을 마련했던 기분이다. 소크라테스 이전 자연철학자들부터 플라톤과 아리스토텔레스에 이르기까지 고대 그리스의 철학자들은 경이에 의해 엄습된 상태에서 세계를 경험하고 사유했다.

따라서 소크라테스 이전 자연철학자들부터 플라톤과 아리스토텔레스에 이르는 고대 그리스 철학을 제대로 이해하기 위해서는 무엇보다도 경이라는 근본기분 속으로 진입해야 한다. 경이에서 세계는 근대 세계와 전적으로 다르게 개시된다. 따라서 이 세계를 제대로 이해하기 위해서는 고대 그리스어에 대한 지식 못지않게 그리스인에게 세계를 근원적으로 개시했던 근본기분으로 진입해야만 한다.

경이라는 기분에서 그리스인에게 세계는 퓌지스로서 개현된다. 퓌지스로서의 세계는 모든 존재자가 그것들의 충만한 존재에서 빛을 발하며 나타나면서도 서로 조화와 통일을 이루는 '열린 터'다. 이러한 세계는 우리가 태어나서 성장하고 죽는 곳인 자연이다. 자연은 그야말로 너무나 자연스러운 것이어서 우리에게 너무나 당연하게 여겨진다. 따라서 우리는 자연에 거의 관심을 갖지 않는다. 그러나 경이에 엄습되면서 자연 전체가 경이로운 곳으로 나타난다. 동시에 그 안의 모든 존재자가 경이로운 것으로 나타난다. 모든 존재자는 자신의 경이롭고 신비로운 고유한 존재와 진리를 스스로 드러내는 것이다. 플라톤의 이데아에는 퓌지스의 경험이 스며 있다. 플라톤의 이데아는 본래 존재자가 스스로 드러내는 모습(Anblick)을 의미하는 것이다.

그러나 플라톤을 비롯한 그리스철학자들은 경이로운 것으로 드러나는 존재자 전체를 탐구했다. 이에 이들의 철학을 규정하는 물음은 '존재자는 그 자체에서 무엇인가'이었다. 물음을 통해 존재자 모두에게 공통된 본질과 존재자 전체의 구조를 문제 삼았던 것이다. 그러나 그리스 철학자들은 존재자 전체가 자신의 진리를 드러내는 개현의 사건, 즉 세계가 퓌지스로서 드러내는 사건 자체는 문제 삼지 않았다. 다시 말해 그들은 경이를 문제삼지 않았다. 경이를 자명하고 당연한 것으로 받아들였고, 경이에서 일어나는 퓌지스의 개현도 자명하고 당연한 것으로 받아들였다.

이로 인해 존재자 전체가 자신의 진리를 스스로 개시하는 사건은 망각될 위험에 처하게 된다. 이는 '존재자는 그 자체에서 무엇인가'라는 물음도 존재자가 원래 갖고 있었던 깊이에서 제기될 수 없게 된다는 것을 의미한다. 현존재가 퓌지스의 개현이 일어나는 경이를 떠나지 않을 경우에만, 존재자는 자신의 진리를 근원적으로 드러내기 때문이다. 따라서 경이가 상실되면서, 존재자의 근원적인 진리를 경험하는 것 대신 존재자에 대한 한갓 호기심과 계산이 지배하게 된다.

결국 존재자에 대한 탐구가 가졌던 근원적인 성격은 사라지고, 존재자는 인간의 표상 작용의 대상이 된다. 존재자는 인간의 표상이 그것에 부여한 관념이 되고, 존재자들의 고유한 존재는 은폐되어 버린다. 존재자의 진리를 파악하는 데 있어 스스로 자신의 진리를 드러내는 존재자가 아닌 인간의 이성이나 의식이 주도적인 지위를 갖는 것이다.[14] 이에 따라 진리는 존재자가 스스로 드러내는 것으로서 이해되지 않고, 인간의 주관적인 표상인 판단과 존재자의 일치, 즉 판단의 올바름(Richtigkeit)으로서 이해된다.

하이데거는 그리스 시대 말기에 이미 근대를 규정하는 특성들이 나타나기 시작했다고 말한다. 근대에서는 경이와 퓌지스로서의 세계가 철저하게 망각됨으로써 세계가 사람들이 대결해야 할 낯선 곳으로 나타난다. 이곳에서 인간은 무조건 확실한 진리를 추구함으로써 자신의 안전(Sicherheit)을 확보하려고 한다.

이는 중세인들이 퓌지스로서의 세계를 망각하고 불안한 세계에 던져진 후, 절대적인 존재인 신에게 의존함으로써 자신의 안전을 확보하려고 했던 것과 마찬가지다. 그러나 근대에서 인간은 신이 아닌 과학기술로 자신의 안전을 확보하려고 한다. 이 경우 안전을 확보한다는 것은 사고 후 재발을 막는 형태가 아닌 존재자 전체를 지배하는 법칙적인 상호연관을 인식함으로써 존재자 전체의 작용연관에 적극적으로 개입하는 형태로 행해진다. 방법(Verfahren)이 경험을 지배하게 되는 것이다.

소크라테스와 플라톤의 시대에 근대적 의미의 기술과 전적으로 다른 의미를 지닌 테크네(techne)가 자주 쓰였다는 점은 방법이 경험을 압도했다는 사실을 시사한다. 경이 속에서 퓌지스의 개현을 경험하는 능력은 갈수록 감퇴해 간다.[15] 그러면서 플라톤에서 진리는 철학자들 간 대화를 매개로 정신적 직관에 의해 파악되는 보편적인 본질, 즉 이데아와의 일치를

14 하이데거 전집 14권 *Zur Sache des Denkens*, 56쪽 참조.

15 하이데거 전집 54권, *Parmenides*, Vittorio Klostermann, 1982, 189쪽 이하 참조.

의미하게 된다.[16]

플라톤의 이데아론 이래 형이상학은 존재자의 본질은 정신적 직관에 의해 언제든 파악되는 지속적인 현전으로 이해된다. 플라톤은 존재자 전체를 이미 형이상학적으로 드러낸다. 즉 그는 눈앞의 경험적인 존재자들에서 출발해 최고의 존재자로 나아가고, 다시 이것으로부터 나머지 존재자들을 드러낸다. 최고의 존재자의 빛 아래서 모든 나머지 존재자는 존재자로서 비로소 드러나는 것이다.

이에 따라 경이에서 일어나는 퓌지스의 개현은 그 자체로 이해되지 않고, 존재자 전체가 하나의 최고의 근거로부터 설명된다. 여기에서 절대적인 최고의 존재자와 세계의 관계를 인과 관계로서, 즉 절대자가 세계를 만들고 보존한다고 여기는 형이상학적인 사유방식의 단초가 보인다. 존재자 전체를 제약자와 피제약자의 관계로 보는 이러한 사유방식이야말로 서양 형이상학의 전통을 지배하는 것이다. 근대에서 제약자와 피제약자의 관계는 인간 의식을 중심으로 사유되지만, 그 사유구조는 변함이 없다.

플라톤에서 일어나는 이러한 변화에도 불구하고, 플라톤은 퓌지스에 대한 그리스적 경험 속에서 사유한다. 플라톤의 이데아는 우리가 사물에 대해 형성하는 견해가 아니다. 사물은 이데아에서 비롯되고 이데아에 자신의 존립(Bestand)을 갖는다. 사물의 본질을 이렇게 사물이 스스로 드러내는 참된 모습으로 보는 플라톤의 이데아론은, 칸트처럼 사물의 본질을 주관적인 인식 형식으로 보는 근대철학보다 더 깊고 풍요롭다.

그리스인들은 경이 속에서 존재자 전체가 자신의 진리를 드러내는 사건, 즉 퓌지스의 개현을 사유하지 않았지만, 경이 속에서 세계를 퓌지스로서 경험했으며 그 속에서 살았다. 이런 의미에서 그리스인들은 '시원의 수

---

16 하이데거 전집 45권, *Grundfragen der Philosophie*, 18쪽 이하 참조.

호자(Hüter des Anfangs)'이다.[17] 그리스시대에는 모든 행위와 창조, 모든 사유와 말이 존재자들의 경이롭고 신비로운 존재에 대한 경험에 의해 규정되었던 것이다.

6. 하이데거의 플라톤 해석과 지평융합

우리는 보통 고전을 근대적인 문제의식와 사유에 입각해 접한다. 그러나 우리가 이런 식으로 고전을 읽을 때, 고전은 우리에게 새로운 것을 아무것도 주지 못한다. 근대적인 문제의식과 사유를 고전에서 발견할 뿐, 새로운 사유와 문제의식까지는 발견할 수 없는 것이다.

이때 고전 읽기는 근대적 지평과 고전적 지평을 융합해 지평을 확대하고 심화하는 것이 되지 못하고 근대적 지평을 고전적 지평에 강요하는 데 머문다. 이러한 태도는 우리가 앞에서 살펴본 것처럼 신칸트학파나 신헤겔학파의 플라톤 해석에서 가장 전형적으로 나타나지만, 오늘날에도 흔히 볼 수 있다. 연구자들은 여전히 칸트를 비롯해 근대철학자들이 지닌 문제의식을 갖고 플라톤을 해석하려는 경향이 있다.

이에 반해 혹자는 플라톤이나 칸트의 철학을 비롯한 모든 철학을 각 철학자 개인과 각 시대의 주관적인 체험의 표현으로 여기면서 그 이면에 존재하는 주관적인 체험을 드러내는 데 집중할 수도 있다. 이러한 고전 해석 방식은 딜타이 같은 사람에게서 전형적으로 나타난다. 가다머는 이러한 해석학적 태도로 인해 딜타이가 객관주의와 역사적 상대주의에 빠진다고 말한다. 각 시대의 모든 철학을 인간과 세계에 대한 독자적인 통찰의

17 하이데거 전집 54권 *Parmenides*, 220쪽 참조.

표현으로 보지 않고, 딜타이처럼 철학자 개인과 그가 속했던 시대의 주관적인 체험의 표현으로 보면 그것들은 우리에게 아무런 호소력도 갖지 못한다. 그것들에 대한 해석은 생산적인 대화로 나아가지 못하고 그것들 안에 깃든 내적인 체험을 객관적으로 이해하는 것이 되고 만다.[18]

반면 가다머는 고전적 전승을 단순히 철학자들의 주관적인 체험이 표현된 것이 아닌 진정하면서도 생산적인 선입견들의 보고로 본다. 이때 고전적 전승은 우리에게 우리의 선입견을 반성하도록 하면서 우리의 사유지평을 넓히고 확장하는 것이 될 수 있다. 고전적 전승에 대한 진정한 해석에서 일어나는 지평의 확장을 가다머는 지평융합의 사건이라고 부른다.

우리는 하이데거의 플라톤 해석에서도 이러한 지평융합의 일단을 확인할 수 있었다. 하이데거의 플라톤 해석을 통해 우리는 근대적 자연관의 한계를 깨닫게 되고 자연을 새로운 보다 넓은 지평에서 보게 되는 것이다.

---

18 딜타이의 객관주의와 역사적 상대주의에 대한 가다머의 비판에 대해서는 다음 부분을 참조할 것. Hans-Georg Gadamer, *Wahrheit und Methode*, Mohr Siebeck, 1975, 205-228쪽.

헤겔과 하이데거*

1. 헤겔와 하이데거의 관계에 대한 국내의 연구 동향

지금까지 국내에서는 헤겔과 하이데거를 비교하는 논문이 여러 편 발표되었다. 이는 크게 네 가지 범주로 나눌 수 있다.

첫째, 하이데거의 헤겔 해석을 가능한 충실하게 정리하면서 소개하는 성격이 강한 논문이다. 여기에는 이상백의 「하이데거가 본 헤겔의 경험개념」(『동화와 번역』, 2권, 2001), 문동규의 「헤겔의 '경험'개념에 대한 하이데거의 해석: 『헤겔의 경험개념』을 중심으로」(『존재론연구』, 15권, 2007), 김재철의 「헤겔의 『정신현상학』에 대한 하이데거의 해석」과 「헤겔의 부정성 개념에 대한 하이데거의 해석」(『존재론연구』, 14권, 2006)이 있다. 이 논문들은 하이데거가 헤겔을 직접 다루는 텍스트인 「헤겔의 '경험' 개념」(『숲길』 수록 논문)과 『헤겔』(전집 63권) 등을 정리하면서 소개하는 경향이 강하다.

둘째, 하이데거의 헤겔 해석을 기본적으로 수용하는 입장에서 하이데거가 헤겔과 어떻게 다르며 헤겔을 어떤 식으로 극복하는지 고찰하는 논

* 「헤겔과 하이데거의 비교연구」(『존재론 연구』 34집, 2014년 4월)를 수정하였음.

문이다. 여기에는 박유정의 「하이데거 예술론의 헤겔 수용과 비판」(『철학연구』, 69권, 2005), 하제원의 「하이데거와 헤겔에게서 역사성 문제」(『헤겔연구』, 11권, 2002)와 「"반(反)-헤겔주의"로서의 하이데거 철학사상」(『철학과 현상학 연구』, 37권, 2008)이 있다. 이 논문들은 하이데거의 텍스트를 정리해 소개하는 것을 넘어 하이데거의 역사성 개념이나 예술철학을 헤겔의 역사성 개념이나 예술철학과 비교하면서 하이데거 사상이 갖는 특징과 더불어 그것이 헤겔 철학을 어떻게 극복하는지까지 분석한다. 이 논문들에서는 특정 개념이나 주제를 중심으로 하이데거와 헤겔을 대비하기에 양자 간 차이가 상당히 선명하게 드러난다.

셋째, 하이데거가 헤겔의 진의를 제대로 파악하지 못했다고 보면서 하이데거의 헤겔 해석을 비판적으로 검토하는 논문이다. 여기에는 오희천의 「헤겔과 하이데거에 있어서 철학의 과제와 방법론: 헤겔에 대한 하이데거의 비판은 정당한가?」(『철학연구』 83권, 2008), 장춘익의 「하이데거의 헤겔, 헤겔로부터 본 하이데거」(『인문학연구』 5권, 1998)가 있다.

넷째, 하이데거가 헤겔 철학을 일정 부분 수용한다고 보면서 양자가 서로 보완이 가능하다고 보는 논문이다. 여기에는 배학수의 「헤겔과 하이데거의 삶 개념: 자기의식과 거처존재」(『인문학논총』 5권, 2002)가 있다.

이 중 첫 번째 범주에 속하는 논문들은 하이데거의 헤겔 해석을 요약하고 정리하는 성격을 갖기에 하이데거의 헤겔 해석에 대한 독자적인 해석을 시도한다고 보기는 어렵다. 두 번째 범주에 속하는 논문들 중 하제원의 논문은 하이데거의 헤겔 해석과 비판을 정리하는 것을 넘어 하이데거와 헤겔을 비교한다는 점에서 특히 주목할 만하다고 여겨진다. 물론 하제원은 근본적으로 헤겔보다 하이데거를 더 높이 평가하지만, 하이데거의 헤겔 해석을 답습하지 않고 하이데거와 헤겔 철학의 근본 구도와 근본 정신을 비교한다.

첫 번째 범주와 두 번째 범주에 속하는 논문들이 기본적으로 하이데거의 헤겔 해석을 수용하는 반면, 세 번째 범주에 속하는 논문들은 하이데거의 헤겔 해석에 대해 비판적인 거리를 취한다. 이 중 오희천의 논문은 헤겔과 하이데거가 동일한 사태를 지향한다고 보며, 장춘익의 논문은 헤겔의 입장에서 하이데거가 갖는 한계를 드러낸다. 그리고 네 번째 범주에 속하는 논문은 하이데거와 헤겔을 상보적인 것으로 보는 입장을 취한다.

이상에서 확인되듯이 국내에서는 헤겔과 하이데거의 비교 연구가 상당히 활발하게 이루어진 편이지만, 헤겔과 하이데거의 관계에 대해서는 서로 양립하기 어려운 세 가지 입장으로 나뉜다. 이에 이 글은 헤겔과 하이데거의 관계에 대한 그동안의 연구가 보여주는 난맥상을 해소하면서 헤겔과 하이데거 철학의 관계에 대한 균형 잡힌 이해를 정립하는 것을 목표로 삼는다.

이 글은 하이데거의 헤겔 해석을 정리 소개하는 것을 넘어 하이데거와 헤겔을 비교하지만 기본적으로 하이데거의 헤겔 해석을 받아들인다. 그런 점에서 두 번째 범주에 속한다고 볼 수 있다.

또한 이 글은 하이데거와 헤겔의 비교를 두 번째 범주에 속하는 하제원의 논문과 세 번째 범주와 네 번째 범주에 속하는 논문들과의 대결을 통해 수행하려고 한다. 이에 헤겔을 하이데거와 다르게 해석하는 배학수와 오희천, 그리고 장춘익을 비판적으로 검토한 후, 헤겔에 대한 하이데거의 해석을 근본적으로 타당한 것으로 보면서 양자의 근본 구도와 근본 정신을 비교하는 하제원의 논문을 비판적으로 검토할 것이다.

2. 기존 연구에 대한 비판적 검토

1) 헤겔을 하이데거와 다르게 해석하는 논문에 대한 비판적 검토

배학수는 「헤겔과 하이데거의 삶 개념: 자기의식과 거처존재」에서 하이데거 철학을 독일관념론, 특히 헤겔과의 연장선상에서 파악하려고 한다. 배학수는 하이데거 사상이 독일관념론의 커다란 흐름에 속함에도 불구하고, 하이데거가 칸트나 헤겔과 전혀 다른 사상을 개진하는 것처럼 보이는 이유는 밀교주의(密教主義) 같은 하이데거의 독특한 서술방식 때문이라고 본다.[1]

또한 배학수는 『정신현상학』의 「주인과 노예」 편에서 헤겔이 파악하는 삶의 본질인 자기의식과 하이데거가 『존재와 시간』에서 파악하는 삶의 본질인 거처존재(Dasein)를 비교하면서, 하이데거의 거처존재 개념이 헤겔의 자기의식에 뿌리를 두고 있음을 보여주려고 한다.[2]

배학수에 따르면, 헤겔에게 삶은 자기의식으로 분열과 통합의 과정을 통해 수행되며 이것은 타인과의 인정을 위한 투쟁 과정에서 생긴다.[3] 자발적으로 타인을 인정해 주는 경우는 없기에, 타인에게 인정받기 위해서는 타인을 굴복시켜야 하며 이 과정에서 자기의식이 생긴다는 것이다. 또한 배학수는 하이데거의 'Dasein'을 거처존재로 번역하면서, 거처(da)를 특정한 장소가 아닌 나와 연관된 모든 존재가 드러나는 존재의 거처라고 해석한다. 그것은 모든 존재가 열리는 존재 인식의 무대이며, 이때 존재 인식은 어떤 것이 무엇이며 어떤 기능을 담당하는지에 대한 앎이다.[4]

배학수는 하이데거와 헤겔 모두 인간의 본질에 대한 탐구를 자기 관

1 배학수, 「헤겔과 하이데거의 삶 개념: 자기의식과 거처존재」, 『인문학논총』 5권, 2002, 1쪽 참조.
2 배학수, 「헤겔과 하이데거의 삶 개념: 자기의식과 거처존재」, 2쪽 참조.
3 배학수, 「헤겔과 하이데거의 삶 개념: 자기의식과 거처존재」, 7쪽 참조.
4 배학수, 「헤겔과 하이데거의 삶 개념: 자기의식과 거처존재」, 8쪽 참조.

계에 대한 고찰에서 출발하며, 자기 관계를 서로 다른 각도에서 파악할 뿐이라고 본다.[5] 자기 관계에서 서로 밀접하게 연관된 두 측면 중 하이데거는 존재이해의 거처를, 헤겔은 분열과 통합의 과정을 강조한다는 것이다. 그러나 배학수는 두 측면이 서로 밀접하게 연관되어 있다고 보면서 하이데거의 기획(Entwurf) 개념을 헤겔의 분열과 통합 개념과 유사한 것으로 본다. 내가 기획하는 나는 나 자신과 다른 나로 자기 기획은 나와 다른 나를 그려보고 그 나를 현실화하려고 한다는 점에서 분열과 통합의 과정이라는 것이다.[6]

배학수는 하이데거의 논의에서 부족한 점을 하이데거는 인간이 거처존재라는 점을 지적했을 뿐, 왜 거처존재가 아니면 안 되는지에 대해서는 논의하지 않았다는 데서 찾는다. 그러면서 배학수는 인간이 거처존재로 존재하지 않으면 안 되는 이유가 타인과의 관계 때문이라고 말한다. 혼자 살아간다면 나와 주변의 사물에 대해 명확히 이해할 필요가 없다. 이해가 완전히 없을 수는 없지만, 희미한 존재 인식만 가지고도 얼마든 살아갈 수 있다. 그러나 삶은 타인과의 관계 속에서 이루어지기에 나는 자신과 타인을 명확하게 이해해야 한다. 예를 들어 옷을 파는 사람은 옷을 살 사람의 기호나 세계를 명확하게 알아야 한다.[7] 그러나 하이데거는 인간과 인간이 관계를 맺는다는 사실만 지적할 뿐, 그 관계가 무엇 때문에 이루어지는 지적하지 않는다. 이에 대해 헤겔은 공동존재의 근거를 인정투쟁에서 찾는다.

배학수에 따르면, 하이데거는 자기가 자기를 의식하는 과정에서 불가피하게 자신과 관계된 모든 사람과 사물의 존재를 이해하게 된다고 보기에 자기의식에서 포괄적 존재인식의 가능성을 발견했다. 이 점에서 배학

---

5 배학수, 「헤겔과 하이데거의 삶 개념: 자기의식과 거처존재」, 10쪽 참조.

6 배학수, 「헤겔과 하이데거의 삶 개념: 자기의식과 거처존재」, 10쪽 참조.

7 배학수, 「헤겔과 하이데거의 삶 개념: 자기의식과 거처존재」, 11쪽 참조.

수는 하이데거가 헤겔보다 진보했다고 평가한다. 그러나 배학수는 하이데거가 거처존재의 근거를 헤겔만큼 깊게 탐구하지 않았다고 평가한다.[8] 더 나아가 헤겔과 하이데거의 인간 탐구가 자기의식에서 출발하는 것은, 그들의 철학이 데카르트의 문제 제기 안에 머물러 있음을 의미한다고 말한다. 하이데거 철학은 거처존재와 같은 낯선 용어 때문에 전통 철학과 별 관련이 없어 보이지만, 거처존재와 자기의식 사이에는 밀접한 연관이 있기에 하이데거 철학 역시 근대 주관주의 철학의 전통 속에서 움직인다고 할 수 있는 것이다.[9]

지면 관계상 헤겔과 하이데거에 대한 배학수의 해석을 상세하게 비판할 수는 없다. 이에 인간이 어떻게 자기 인식에 도달하는가에 집중해 하이데거와 헤겔 사이의 차이를 배학수와는 전혀 다른 각도에서 조명하려고 한다.

배학수는 헤겔의 입장을 받아들이면서 인간이 인정을 둘러싼 사람들 간의 분열과 통합의 과정을 통해 자기인식에 도달하게 된다고 말한다. 그러나 이 주장은 헤겔에게는 타당할지 모르지만, 하이데거에게는 타당하지 않다. 하이데거에서 인간의 자기 인식은 타인들과의 관계를 통해서가 아닌 죽음으로 선구하는 단독자화를 통해 이루어진다. 타인들과의 관계 속에서 형성되는 세상 사람의 자기이해에서 벗어남으로써 이루어지는 것이다. 더 나아가 하이데거는 우리가 세상 사람에 의해 지배받는 상태에서 벗어나 자신의 본래적인 자기를 깨닫고 그것을 실현함으로써 타인들과 진정한 관계를 맺는 게 가능하다고 본다. 그리고 진정한 관계는 인정을 둘러싼 투쟁이 아닌 서로 본래적인 자기에 도달하도록 돕는 것이라고 본다.[10]

---

8 배학수, 「헤겔과 하이데거의 삶 개념: 자기의식과 거처존재」, 12쪽 참조.

9 배학수, 「헤겔과 하이데거의 삶 개념: 자기의식과 거처존재」, 13쪽 참조.

10 Martin Heidegger, *Sein und Zeit*, 122쪽 참조.

배학수는 헤겔과 하이데거가 인간의 자기 관계를 각각 다른 각도에서 보면서 서로 보완한다고 말한다. 그러나 나는 인간의 자기 관계와 자기 인식을 파악하는 데 있어 하이데거와 헤겔은 서로 보완하기보다 상충한다고 본다.

아울러 배학수는 헤겔과 비교하는 대상이 초기 하이데거인지, 후기 하이데거인지 명확히 하지 않는다. 초기 하이데거와 후기 하이데거가 전회를 통해 상당히 달라진다는 점을 인정한다면, 하이데거와 헤겔의 관계를 파악할 때도 이를 분명히 했어야 한다. 특히 후기 하이데거에서는 초기 하이데거에서와는 달리, 인간의 자기 인식도 존재가 그때그때 어떻게 자신을 개현하느냐에 따라 달라진다고 파악하기에 더욱 그렇다.

마지막으로 배학수는 헤겔과 하이데거가 말하는 자기 인식이 데카르트가 말하는 의식에 뿌리를 둔다면서 근대 주관주의의 철학 전통에 서 있다고 본다. 그러면서 그 근거를 데카르트가 말하는 의식이 자기의식이기도 하다는 데서 찾는다. 초기 하이데거에 어느 정도 근대 주관주의 철학의 성격이 존재하는 것은 사실이다. 그럼에도 불구하고 후기 하이데거는 물론이고 초기 하이데거를 근대 주관주의의 흐름에 포함시키는 것은 서양철학사에서 하이데거 철학이 갖는 의의를 무시하는 것이라고 생각된다.

데카르트나 헤겔에게는 인간이 자신의 잠재적인 능력을 개발하면서 자신을 자연과 세계의 주체로 형성하는 것이 주요한 주제다. 그러나 초기와 후기 하이데거 모두에서는 인간이 자연과 세계의 주체가 되려는 욕망을 포기하고 존재자들을 그 자체로 존재하게 하는(seinlassen) 자가 되는 것이 주요한 주제다. 하이데거의 이러한 입장은 물론 후기로 갈수록 분명해지지만, 나는 초기 하이데거도 지향했던 입장이라고 생각한다. 다만 초기 하이데거는 그러한 입장을 근대 주관주의 철학의 언어에 구속당해서 분명히 개진하지 못했을 뿐이다.

헤겔은 데카르트와 마찬가지로 인간이 자연과 세계의 주체로 성장하는 것을 긍정적으로 보았기에, 서양사를 진보의 과정으로 여겼다. 그러나 하이데거에게 인간은 자연과 세계의 주체로 자부하는 상태를 극복하려고 하기에, 서양사를 오히려 퇴락의 과정으로 본다. 특히 이는 후기 하이데거에서 분명해진다. 따라서 하이데거는 인간이 주체로 등장하기 전인 그리스시대에서 우리가 취해야 할 바람직한 태도는 당시 사람들이 가졌던 '존재자에 대한 근원적인 경험'을 다시 회복하는 일이라고 본다.

배학수는 헤겔과 하이데거를 상보적으로 보면서 하이데거의 헤겔 해석을 분명하게 비판하지는 않지만, 결과적으로는 비판적인 입장을 취한다고 보아야 한다. 하이데거는 헤겔과 자신의 철학이 상보적이라 여기지 않고 헤겔과 자신 사이에는 넘어설 수 없는 근본적인 차이가 있다고 보았기 때문이다.

오희천은 「헤겔과 하이데거에 있어서 철학의 과제와 방법론: 헤겔에 대한 하이데거의 비판은 정당한가?」에서,[11] 헤겔과 하이데거는 절대자를 해명하려고 하는데 이들이 말하는 절대자는 전통 형이상학에서처럼 실체가 아니라는 점에서 공통적이라고 말한다. 오희천에 따르면, 헤겔에게 절대자 또는 절대적 이념은 절대적 부정성에 기초한 변증법적 사건이다. 하이데거에서도 절대자는 현성과 비현성의 모순운동에 의해 존재하며, 절대자로서의 존재는 현성과 비현성의 모순운동에 의해서 열린 존재자의 드러남의 장이며 빛이다.[12]

헤겔과 하이데거의 철학을 동일한 것으로 놓으면서 오희천은 또한 하이데거가 헤겔의 시간 개념을 오해했다고 본다. 즉 하이데거는 헤겔의 시간을 지금이라는 시점(時點)의 연속이라고 보면서 헤겔에서 존재 개념이

---

11 오희천, 「헤겔과 하이데거에 있어서 철학의 과제와 방법론: 헤겔에 대한 하이데거의 비판은 정당한가?」, 『철학연구』 83권, 2008.

12 오희천, 「헤겔과 하이데거에 있어서 철학의 과제와 방법론」, 198쪽 참조.

갖는 이중적 성격을 간과한다는 것이다. 오희천에 따르면 헤겔에서 시간은 존재이며, 이때 존재는 하이데거가 말하는 전통 형이상학의 존재자성이 아니라 "있음으로써 없고 없음으로써 있는" 존재자의 존재방식이다. 그러면서 오희천은 "있음으로써 없고 없음으로써 있음"은 하이데거가 말하는 현존의 두 시간적 계기인 현성, 비현성과 같은 의미로 이해해야 한다고 본다. 헤겔에서 시간은 곧 현성과 비현성의 모순 작용이며 순수한 차이의 사건이라는 것이다. 그리고 이 차이의 사건은 존재자가 존재하는 존재 사건이다. 헤겔이 '시간은 존재다'라고 말할 때, 존재는 존재자에게서 일어나는 존재 사건을 의미한다고 보아야 한다는 것이다.[13]

이상에서 보았듯이 오희천은 결국 헤겔과 하이데거가 동일한 존재 사건을 파악한다고 본다. 즉 오희천은 하이데거가 말하는 존재의 사건은 헤겔이 말하는 절대정신의 변증법적 전개과정과 동일하다고 보는 것이다. 더 나아가 오희천은 하이데거와 헤겔이 구체적인 경험 대상을 분석해 그것에 내재하는 진리를 밝히는 방법을 사용한다면서, 하이데거의 현상학적 방법론과 헤겔의 사변적 방법론은 동일하다고 본다.[14]

그러나 오희천이 헤겔과 하이데거 사이에 존재하는 형식적 유사성을 내용상의 유사성으로까지 확대하는 것은 아닌지 우려된다. 오희천의 말처럼 헤겔과 하이데거가 존재를 존재자와 분리된 실체로 파악하지는 않으며, 존재는 존재자를 통해서만 자신을 개현한다고 보는 점은 서로 동일하다. 양자가 존재의 생성적인 성격을 강조하는 것도 동일하다. 그러나 존재의 생성이 구체적으로 어떠한 성격을 갖는지에 대해서는 견해가 서로 다르며, 또한 존재를 구성하는 현성과 비현성을 파악하는 방식도 서로 다르다.

헤겔에서 부정성 내지 비현성은 절대정신과 함께 인간의 정신이 성숙

13 오희천, 「헤겔과 하이데거에 있어서 철학의 과제와 방법론」, 199쪽 참조.
14 오희천, 「헤겔과 하이데거에 있어서 철학의 과제와 방법론」, 199쪽 참조.

해지는 과정 중 하나의 계기에 지나지 않는다. 절대정신과 인간의 정신은 그러한 부정성을 결국 하나의 대긍정으로 지양한다. 이때 부정성은 인간의 역사에서 인간과 시대 간 갈등과 투쟁을 의미한다. 절대정신과 인간 정신은 갈등과 투쟁을 통해 자신 안에 숨겨져 있던 잠재적 가능성을 현실화하고, 종국적으로는 잠재적 가능성을 온전히 실현하는 대긍정의 상태에 도달한다. 이와 같이 헤겔에서 부정성은 궁극적인 대긍정으로 가기 위해 필수적인 것이지만, 종국적으로는 완전히 극복되는 일시적인 계기에 불과하다. 이 점에서 헤겔에게 절대정신과 인간 정신의 전개과정은 진보이다. 다만 헤겔은 진보에 부정과 모순이 필요하다고 볼 뿐이다.

그러나 앞에서도 언급했지만, 하이데거에게 서양사는 결코 진보가 아닌 퇴락의 과정이다. 이유는 존재자들에 깃든 비현성의 계기를 무시하고, 존재자들에서 인간이 온전히 개념적으로 파악할 수 있는 현전성의 계기만을 중시했기 때문이다. 이것을 존재의 차원에서 보면 서양사가 퇴락의 과정인 이유는 존재는 비은닉성(aletheia)이고 비은닉성은 은닉(lethe)을 자신의 핵심으로 갖지만 서양사는 결국 존재를 존재자 전체를 온전히 개념적으로 파악하는, 주관으로 보는 근대적 주관주의를 향해 치달리기 때문이다. 이 점에서 자연과 역사의 전체를 개념적으로 파악하는 절대지를 목표하는 헤겔 철학은 존재자들에 깃든 비현성의 측면을 무시하고 존재의 은닉성을 무시하는 근대 주관주의의 정점이라고 할 수 있다.

따라서 헤겔에서 부정성과 하이데거에서 부정성에 해당하는 비현성과 은닉은 전적으로 다른 것을 의미한다. 헤겔에서 부정성은 모든 것이 개념적으로 파악되는 절대적인 긍정성 내지 비현성이 완전히 제거된 현전성에 의해 극복된다. 이에 반해 하이데거에서 비현성과 은닉은 존재자들과 존재가 인간의 개념적인 침탈을 넘어서는 성격을 가지며 오히려 비현성이 현성의 핵심이라는 사실을 가리킨다.[15]

부정성을 보는 헤겔과 하이데거의 입장이 이렇게 다르기에 양자는 철학과 예술의 관계도 서로 다르게 파악한다. 헤겔에게 예술은 절대정신이 아직 개념적인 명료한 인식에 도달하지 못한 상태로서 철학에 비해 낮은 단계로 간주되지만, 하이데거에게 예술은 철학적인 개념파악이 할 수 없는 일을 할 수 있는 것이다. 즉 예술은 존재자들에 존재하는 비현성의 성격과 존재의 은닉의 성격을 제거하지 않고 오히려 그것들을 비현성과 은닉으로서 드러낼 수 있다. 이 점에서 하이데거는 철학과 예술을 이웃관계로 본다.

부정성에 대한 헤겔과 하이데거의 견해가 서로 다르기에 양자가 지향하는 세계도 달라진다. 하이데거가 회복하려는 세계는 주관이 주관적인 의미의 덫을 씌우기 전의 순연(純然)한 자연이지만, 헤겔이 회복하려는 세계는 인정을 둘러싸고 인간들이 벌이던 투쟁과 갈등이 지양된 곳이다. 따라서 헤겔이 지향하는 바람직한 인간은 서로를 인정하는 주체적인 개인이지만, 하이데거가 지향하는 바람직한 인간은 자신을 인정받으려는 욕망마저도 버리고 다른 인간들을 포함한 모든 존재자의 진리에 자신을 여는 인간이다.

오희천은 헤겔과 하이데거 사이에 존재하는 이러한 본질적인 차이를 무시한다. 반면 하이데거, 특히 후기 하이데거는 자신과 헤겔 사이의 본질적인 차이를 정확하게 파악한다고 여겨진다. 이것은 크게 세 가지로 나타난다.

첫째, 헤겔에게 사유의 사태는 존재를 '절대적 사유에서 존재자의 사유되어 있음'의 관점에서, 그리고 절대적 사유로서 규정하는 것이다. 이에 반해 하이데거에게 사유의 사태란 존재를 존재자와의 차이라는 관점에서 규정하는 것이다.

---

15 하이데거는 'das dem Abwesen zu-gehaltene Anwesen(비현성에 붙잡혀 있는 현성)'이라는 표현을 쓴다. 하이데거 전집 12권 *Unterwegs zur Sprache*, 19쪽 참조.

둘째, 철학사와 대화하는 데 있어 헤겔은 고대철학을 비롯해 자기 이전의 철학들을 능가하면서 그것들을 자신의 철학에서 완성되는 체계의 계기로 삼으려고 한다. 이와 달리 하이데거는 형이상학의 전통에서 망각된 그리스인들의 퓌지스 경험을 상기시키려고 한다. 퓌지스 경험은 전승에 선행하면서 그것을 시원적인 것으로 철저하게 주재하지만, 전통 형이상학에서는 망각된 채로 있다.

셋째, 헤겔에게 선행하는 철학사와의 대화는 지양, 즉 '절대적인 정초라는 의미에서 매개하는 파악함'이라는 성격을 갖는다. 이에 반해 하이데거에게 역사와 사유의 대화는 '뒤로 물러섬'이다. 지양은 헤겔 이전의 철학사를 '자신을 인식하는 인식이 완전히 확실하게 전개된 것'이라는 의미의 '절대적으로 정립된 진리'로 고양시킨다. 이에 반해 '뒤로 물러섬'은 플라톤 이래의 전통 형이상학의 역사에서 이제까지 건너뛴 영역을 지시한다. 건너뛴 영역으로부터 비로소 진리의 본질이 사유할 가치가 있는 것이 된다.[16]

오희천은 헤겔과 하이데거가 동일하게 현성과 비현성을 존재 사건의 두 가지 계기로 본다고 말하지만, 오희천은 현성과 비현성이 헤겔과 하이데거 각각에서 어떤 의미를 갖는지 상세히 비교하지는 않는다.

오희천은 헤겔과 하이데거에 대한 비교를 논문 말미의 '4. 나가는 말: 헤겔에 대한 하이데거의 비판은 정당한가?' 부분의 두 쪽에서 행할 뿐이다. 오히려 논문의 대부분을 본론에서는 헤겔과 하이데거를 분리해서 다룬다. 따라서 헤겔과 하이데거에 대한 그의 비교는 극히 소략할 뿐이며 상세한 근거가 제시되지 않고 있다. 물론 오희천은 자신의 입장은 본론을 통해 자연스럽게 드러나리라 생각했는지 모른다. 그러나 나는 오희천의 서술만으로는 헤겔이 말하는 현성과 비현성이 하이데거가 말하는 현성과 비

16 Martin Heidegger, "Die onto-theo-logische Verfassung der Metaphysik", in: *Identität und Differenz*(하이데거 전집 11권), Vittorio Klostermann, 2007, 36쪽 이하 참조.

현성과 동일하다고 보기 어렵다.

하이데거의 헤겔 해석 전체가 근본적으로 헤겔에 대한 오해에 입각한 것으로 보는 배학수, 오희천과 달리 장춘익은 하이데거의 헤겔 해석에 일말의 타당성을 인정한다. 다만 장춘익은 하이데거가 헤겔의 관심사를 제대로 고려하지 않았다고 본다.

장춘익은 헤겔이 근대적 주체성이 침해받아서는 안 되는 권리를 갖는다고 보았다는 점에서 헤겔 철학을 근대적 주관주의에 속하는 것으로 보는 하이데거의 해석이 타당하다고 본다. 그러나 장춘익은 헤겔은 타인과 공동체에 맞서는 근대적 주관의 태도를 문제로 보면서 근대적 주체의 자기주장을 제한한다는 점을 잊어서는 안 된다고 덧붙인다. 더불어 하이데거의 헤겔 해석은 헤겔 철학의 진면목을 제대로 보지 못한 것이라며 비판한다.[17] 장춘익은 헤겔의 진정한 관심사는 개개인에게 최대한의 자유를 허용하면서도 사회적 통합력을 잃지 않는 공동체를 건설하는 것이었다고 본다.

이에 반해 하이데거는 근대의 문제점이 주체와 객체를 분리하면서 주체를 우위에 두는 근본적인 형이상학적인 태도에 있다면서, 존재의 소리 없는 부름에 청종하는 묵상적 태도로 전환하자고 제안한다. 이러한 시각에서 장춘익은 하이데거가 이성적인 토의에 의해서 견제되는 제도가 가질 수 있는 문제해결의 가능성을 전혀 고려하지 않는다고 비판한다.[18] 즉 하이데거는 근대적인 주체의 자기주장을 제어할 수 있는 어떠한 구체적인 제안도 하지 않는다는 것이다.

장춘익에 따르면, 하이데거는 주체가 존재자와 비지배적인 관계를 맺어야 한다고 말할 뿐, 그것을 복잡한 사회관계 속에서 실현하기 위해서 필

17 장춘익, 「하이데거의 헤겔, 헤겔로부터 본 하이데거」, 『인문학연구』 5권, 한림대학교 인문학연구소, 1998, 203쪽 참조.

18 장춘익, 「하이데거의 헤겔, 헤겔로부터 본 하이데거」, 203쪽 참조.

요한 절차적·제도적 장치를 제대로 고려하지 못하고 있다. 언어를 중시하면서도 공공적 담론을 경시했고, 근원으로 시선을 돌릴 것을 촉구하면서도 역사적 접근을 소홀히 했으며, 지배관계를 비판하면서도 민주주의를 평가절하했듯이, 하이데거는 근본적 변화를 희망하면서도 그것을 정치를 통해 실현할 수 있는 방법에 대해서는 아무런 현실적인 사고를 하지 못했다는 것이다.[19] 그리고 장춘익은 이러한 비정치적 사고가 하이데거로 하여금 근대사회의 문제를 히틀러와 같은 강력한 지도자를 통해 일소할 수 있을 것이라는 정치적 오판으로 이어지게 했다고 추측한다.

장춘익은 하이데거의 한계는 결국 하이데거가 헤겔이 개척한 사유의 길을 망각한 데서 생긴 것이라고 본다.[20] 즉 헤겔도 하이데거처럼 자신의 권리를 절대적으로 요구하는 근대적 주체성을 근대 세계에서 나타나는 분열상의 원인으로 지목하지만, 극복을 위한 처방과 관련해서는 하이데거와 크게 다르다는 것이다. 하이데거는 근대적 주체성이 형성된 시원으로 거슬러 올라가 주체성의 우위를 해체하려고 한다. 이에 반해 헤겔은 근대적 주체성이 포기할 수 없는 권리를 갖는다고 보았다. 헤겔에게 근대사회에서 나타나는 분열을 해결하는 방식은 근대적 개인이 자신의 주체성을 포기하는 것이 아니라 자신의 이익과 함께 일반적 이익도 동시에 고려하는 개인으로 성숙하는 데 달려 있다.

물론 장춘익은 헤겔의 견해도 오늘날에는 그대로 수용될 수 없다고 본다. 이는 헤겔은 개인과 사회 사이에 조화로운 관계를 산출할 가능성을 구체적인 실천의 차원에서 찾는 데 만족하지 않고, 그러한 정치적 실천이 종국적으로 자기실현을 향해 나아가는 절대적인 이성에 의해 규정된다고

---

19 장춘익, 「하이데거의 헤겔, 헤겔로부터 본 하이데거」, 224쪽 참조.

20 장춘익, 「하이데거의 헤겔, 헤겔로부터 본 하이데거」, 225쪽 참조.

보기 때문이다.[21] 장춘익에 따르면, 하이데거는 근대적 주체가 존재자를 객체화하기 이전의 존재관계로 초월하려는 반면, 헤겔은 근대적 주체보다 상위 주체인 절대이성으로 초월하려고 한다.

장춘익은 하이데거식 탈주체도, 헤겔의 초주체(超主體)도 현대사회가 겪는 문제에 대한 답이 될 수 없다고 본다. 하이데거의 문제의식이 기술에 의한 세계의 황폐화라면, 헤겔의 문제의식이 이기적 개인들 사이의 적대적 관계에서 시작된 것이라면, 양자 모두 인간의 다양한 욕구와 공동 이익을 고려하면서 자연을 최소한으로만 지배하려는 포괄적인 민주주의적·생태학적 시각으로부터 재설정해야 한다는 것이다.[22] 장춘익의 이러한 해석은 기본적으로 하버마스의 시각에 입각해 있다고 할 수 있다.

내가 생각하기에 장춘익은 헤겔에 대한 하이데거의 견해뿐 아니라, 헤겔과 하이데거의 차이와 양자의 한계 역시 정확하게 파악한다고 여겨진다. 나는 장춘익의 논지에 대체로 동의하는 편이다. 장춘익은 헤겔과 하이데거를 비판하면서도, 자연에 대한 주체의 자기주장을 제한해야 한다고 보는 점에서는 하이데거에 동의하며 인간들 사이의 이기적인 관계를 넘어서는 민주주의를 건립해야 한다고 보는 점에서는 헤겔에 동의한다. 이 점에서 장춘익은 헤겔과 하이데거의 종합을 추구한다고도 말할 수 있다.

나는 헤겔과 하이데거 각각이 갖는 사상적 지향점과 문제점에 대한 장춘익의 파악이 정확하다고 보지만, 다른 한편으로는 헤겔과 하이데거에 대한 장춘익의 해석은 양자 철학의 근저에 놓인 넓은 의미의 형이상학적 관심사와[23] 의의를 고려하지 않는다고 생각한다.

---

21 장춘익, 「하이데거의 헤겔, 헤겔로부터 본 하이데거」, 226쪽 참조.

22 장춘익, 「하이데거의 헤겔, 헤겔로부터 본 하이데거」, 226쪽 참조.

23 여기서 '넓은 의미의 형이상학'이란 하이데거가 말하는 것처럼 존재망각에 입각한 전통 형이상학을 가리키는 것이 아니라 하이데거의 철학까지도 포함해 가장 포괄적인 전체를 문제 삼는 학문이라는 의미로 가리킨다. 다만 하이데거는 전통 형이상학이 가장 포괄적인 전

헤겔이 파악한 것처럼 헤겔 철학은 그리스도교적인 신학의 완성이다. 헤겔은 자연과 우주의 역사에서 부정과 모순을 통해 자신을 전개하는 신의 역사(役事)를 읽어 낸다. 헤겔은 신을 피안에 거주하게 하면서 현실에 대해서는 무력한 존재로 만드는 이원론적인 그리스도교 철학과 신학을 넘어 신을 현실의 부정과 모순을 통해 자신의 잠재력을 전개하고 실현하는 진정한 무한자로 간주한다.

현실과 역사를 신이 인간을 통해 자신을 전개하는 것으로 봄으로써, 헤겔은 근대인에게 자신의 삶이 이성적으로 충분히 파악될 수 있는 신의 섭리에 의해 규정되고 있음을 확신시키려고 한다. 헤겔 철학은 근대인에게 자연과 역사에 나타난 신의 섭리를 깨치게 함으로써 근대인의 삶에 확실한 근거를 부여하려는 것이다. 이 점에서 헤겔 철학은 구원의 확실성을 추구하는 그리스도교적 관심사를 근대적 이성의 입장에서 충족시키려는 시도이다. 하이데거는 헤겔 철학이 갖는 이러한 성격을 정확하게 파악하고 있었다. 하이데거에게 헤겔 철학은 근대적인 이성이 구원의 확실성을 자신의 힘을 통해 확보하려는 시도의 정점이었다.

하이데거는 구원의 확실성을 확보하려는 시도 자체가 주체와 객체의 분열, 이러한 분열과 함께 사람들이 경험하게 되는 낯선 세계에 대한 불안을 전제한다고 본다. 이러한 주객 분열에서는 주체가 자기중심적인 주체인지, 타인을 배려하는 상호주관적인 주체인지는 중요하지 않다. 그러나 장춘익은 이러한 구별이 중요하다면서, 헤겔 철학의 목표를 근대적인 주체를 상호주관적인 주체로 성숙시키는 것에서 찾는다. 그러나 하이데거는 인간이 타인들과 공동체를 배려하는 상호주관적인 주체로 성숙하더라도, 인간이 자연을 지배하는 입장을 취하는 한 주객 분열은 불가피하다고 본다.

체로서의 존재를 최고의 존재자나 모든 존재자에게 공통된 가장 보편적인 성질로서 오해한다고 본다.

하이데거는 이러한 분열과 그로 인한 불안을 극복하는 길은 주객 분열 이전으로 되돌아가는 것이라고 본다. 하이데거는 구원의 길을 헤겔처럼 주체와 객체의 대립과 갈등을 지양하고 종합해 가면서 자신을 전개하는 절대정신의 실현에서 찾지 않고, 주객대립이 없었던 그리스적인 시원의 회복에서 찾는다.

장춘익은 헤겔과 하이데거에게 존재하는 형이상학적인 관심의 차이를 무의미하고 그 실효를 다한 것으로 생각하는 것 같다. 그러나 여전히 수많은 사람이 종교를 믿고 있고 종교를 찾고 있는 현실에서 그러한 관심을 무시할 수는 없다고 여겨진다.

2) 하이데거의 헤겔 해석과 비판을 기본적으로 수용하면서 하이데거와 헤겔을 비교하는 논문에 대한 검토

헤겔과 하이데거를 상보 관계로 보는 배학수의 입장이나 양자를 동일한 사태를 지향하는 것으로 보는 오희천의 입장과 가장 대립되는 것은 하이데거의 철학을 반(反)헤겔주의로 보는 하제원의 입장이다. 하제원은 하이데거의 역사성 개념이 후설의 비역사적인 '초월론적 자아'뿐 아니라 역사 속에서 일어나는 모든 개별적인 사실을 관통하는 헤겔의 보편적 정신도 극복하려고 한다고 본다. 헤겔이 역사를 자유 이념에 근거한 세계정신의 현현으로 보는 반면에, 하이데거는 역사성 개념으로 현존재의 유한성을 궁극적으로 정립하려고 한다는 것이다.[24]

하제원에 따르면, 하이데거는 자유 이념의 실현을 역사의 목적으로 본 헤겔과 달리 역사의 목적을 상정하지 않는다. 하이데거는 역사를 헤겔

---

24 하제원, 「하이데거와 헤겔에게서 역사성 문제」, 『헤겔연구』 11권, 2002, 88쪽 참조.

처럼 과거를 지양해 궁극적인 목적이나 현실화되는 미래를 향해 나아가는 운동으로 파악하는 것이 아니라 절대로 현실화될 수 없는 가능적인 미래를 향해 가는 운동으로 본다. 하제원은 하이데거가 말하는 유한성을 현존재가 지향하는 미래가 절대로 실현될 수 없다는 사태를 가리키는 것으로 파악하는 것 같다. 또한 하제원은 하이데거의 역사성 개념이 존재의 역운적인 각인이라는 후기의 개념에서 더욱 극명하게 나타난다고 본다.

하제원에 따르면, 하이데거가 말하는 현존재의 역사성은 헤겔의 역사철학에서 나타나는 것처럼 모든 역사적 사실을 종합적이고 포괄적인 자유 개념으로 묶는 세계정신을 전제로 삼지 않는다. 역사를 움직이는 원동력은 현존재의 생기인데 이것은 절대로 실현될 수 없고 항상 다가오는 미래로 투사되는 현존재의 운동을 의미한다.[25] 물론 하이데거도 현존재의 가능성은 자의적이 아니라 내던져진 것이라고 보면서 그것이 전통을 함께하는 민족적 공동체에 근거한다고 역설한다. 하이데거는 역사성을 분석하면서 헤겔처럼 민족 공동체를 강조하지만, 이를 다시 초월해 세계사를 주도해 나가는 절대정신과 같은 것은 거부한다.[26]

하제원에 따르면, 후기 하이데거는 현존재의 역사성을 차별화된 역사적 발전 단계들 속에서 파악하려고 시도하며 이때 역사는 현존재의 '운명'이 아닌 존재의 '보내짐'에서 정초된다.[27] 즉 후기 하이데거의 역사 개념은 더 이상 현존재의 운동, 즉 생기가 아니라 존재의 운동이자 생기에 의해 정립되는 것으로 파악한다는 것이다. 하제원은 후기 하이데거의 역사 개념에는 헤겔식의 지양 개념이 빠져 있다고 말한다. 존재의 에포케적 각인에 의해 규정된 역사는 지양을 도모하는 궁극적인 목적이 없기 때문이다.[28]

---

25 하제원, 「하이데거와 헤겔에게서 역사성 문제」, 100쪽 참조.
26 하제원, 「하이데거와 헤겔에게서 역사성 문제」, 108쪽 참조.
27 하제원, 「하이데거와 헤겔에게서 역사성 문제」, 109쪽 이하 참조.
28 하제원, 「하이데거와 헤겔에게서 역사성 문제」, 112쪽 참조.

따라서 하이데거가 말하는 자유와 해방은 헤겔의 절대정신처럼 과거의 것을 폐기하고 보존하면서 보편적인 세계로 이끄는 지양을 의미하지 않는다.[29] 하제원에 따르면, 하이데거는 헤겔이 말하는 보편적인 역사가 추구했던 자유 이념이 결국은 인류에게 자유를 가져다주지 않고 인간을 획일화했다고 본다. 하이데거는 이러한 위험에서 벗어나기 위한 방법으로 인류가 각 문화에 뿌리내리고 있으며 각의 문화는 모든 역사 전체를 관통하는 절대적 이성에 귀속되지 않는 고유한 진리를 갖는다는 사실을 강조하는 것이다.[30]

이런 맥락에서 하제원은 하이데거의 반헤겔주의는 동일성보다 차이를 강조하는 철학적 사유이며, 세계 역사를 모두 포괄하는 대서사로서의 진리가 아니라 각 문화를 존중하는 소서사로서의 '진리'를 강조한다고 말한다.[31]

> 하이데거에서 '신체'는 본질적으로 과거로부터 전승되어 온 문화적 상황에 귀속되어 있기 때문에, 같은 문화권에 존재하는 인간은 사회적 동감을 자연스럽게 가지면서 하나의 '운명적인 공동체'를 형성한다.[32]

> 하이데거의 운명적 민족공동체 개념은 노동자와 부르주아를 민족 공동체의 한 구성원으로 규정함으로써 마르크스가 주장한 노동자계급과 부르주아계급 사이의 폭력적 대립을 비폭력적으로 해소할 수 있는 단초를 제시한다.[33]

---

29 하제원, 「"반-헤겔주의"로서의 하이데거 철학사상」, 『철학과 현상학연구』 37권, 2008, 31쪽 참조.

30 하제원, 「"반-헤겔주의"로서의 하이데거 철학사상」, 34쪽 참조.

31 하제원, 「"반-헤겔주의"로서의 하이데거 철학사상」, 34쪽 참조.

32 하제원, 「"반-헤겔주의"로서의 하이데거 철학사상」, 36쪽.

33 하제원, 「"반-헤겔주의"로서의 하이데거 철학사상」, 37쪽.

그러나 하제원은 진리를 각 민족공동체의 운명과 동일시하는 하이데거 사상은 다시 민족 간 대립을 야기할 수 있다고 본다.[34]

하제원에 따르면, 하이데거는 역사를 헤겔처럼 '과거를 지양해 궁극적인 목적이나 현실화되는 미래를 향해 나아가는 운동'으로 파악하는 것이 아니라 '절대로 현실화될 수 없는 가능적인 미래를 향해 가는 운동'으로 본다. 그런데 나는 하이데거가 역사를 '절대로 현실화될 수 없는 가능적인 미래를 향해 가는 운동'으로 본다고 말하기는 어려울 것 같다. 초기 하이데거에서는 물론이고 후기 하이데거에서도 제2의 시원으로서의 장래는 절대로 실현될 수 없는 것으로 파악되지 않으며, 그것들은 오히려 실현 가능한 것으로 나타난다. 물론 하제원이 말하는 것처럼 헤겔은 역사가 나아가는 궁극적인 목적이 존재한다고 보는 반면, 하이데거는 철저하게 현상학적인 입장을 견지하면서 존재가 각 시대에서 어떻게 개현되는지 고찰한다. 그렇다고 해서 하이데거가 장래를 절대로 현실화될 수 없는 것으로 본다고는 말할 수는 없다.

다른 한편 하제원은 하이데거가 문화 다원주의와 민족공동체를 지향한다고 보면서도 진리를 민족공동체의 운명과 동일시하는 하이데거 사상은 다시 민족 간 대립을 야기할 수 있다고 말한다. 그러나 이는 자기모순적인 주장이 아닌가 한다. 문화 다양성을 인정하는 입장이 민족 간 대립을 불러일으킬 수는 없기 때문이다.

아울러 하제원은 하이데거의 민족 공동체 이념이 노동자계급과 부르주아계급 사이의 폭력적 대립을 비폭력적으로 해소할 수 있는 단초를 제공한다고 본다. 그러나 이러한 주장은 나치즘이나 파시즘과 같이 민족공동체 이념을 주창했던 사례에서 보듯이, 민족 공동체 이념이 실질적으로

34 하제원, 「"반-헤겔주의"로서의 하이데거 철학사상」, 37쪽 참조.

는 계급 간 갈등과 대립을 은폐할 뿐 아니라 억압받는 계층의 저항을 억누르는 역할을 할 수 있다는 사실을 무시하는 것이 아닌가 생각한다.

하제원은 결국 헤겔과 하이데거의 차이를 헤겔 철학이 문화의 다양성을 인정하지 않는 제국주의적 성격을 갖는 반면, 하이데거 철학은 문화다원주의와 민족공동체를 지향한다는 데서 찾는다. 헤겔과 하이데거의 차이를 하제원처럼 해석할 수 있는 가능성이 없는 것은 아니다. 그러나 내가 생각하기에 하제원은 장춘익과 어떤 면에서는 유사하게 헤겔과 하이데거 철학이 갖는 넓은 의미의 형이상학적 성격을 고려하고 있지 않다. 후기 하이데거 사상의 주안점은 현대기술문명에서 은폐되고 있는 퓌지스를 상기시키는 것이며, 민족적 언어가 갖는 중요성에 대한 환기도 결국은 퓌지스에 대한 회상과 연관해 행해진다. 즉 후기 하이데거의 관심은 존재자들에 다시 존재를 깃들게 하는 것이며 이때 존재자들이란 우리가 매일 보는 산과 나무와 같은 자연적인 존재자들이다.

3. 하이데거 철학과 헤겔 철학은 어떻게 다른가?

이상에서 우리는 하이데거와 헤겔을 비교하는 논문들을 살펴보았다. 그리고 우리는 여기에 모두 문제가 있다는 사실을 확인했다. 나는 하이데거가 자신과 헤겔 사이에 존재하는 근본적인 차이를 정확하게 파악하고 있다고 생각한다. 따라서 나는 하이데거의 헤겔 해석을 기본적으로 수용하되 하이데거의 헤겔 해석을 단순히 정리하는 것에 그치지 않고 양자 간 차이를 분명하게 드러내려고 한다. 이 점에서 나의 연구 방향은 하제원과 기본적으로 동일하지만, 구체적인 내용 면에서는 하제원과 크게 다르다.

주지하듯이 하이데거 사상은 전회를 중심으로 초기와 후기로 크게 나뉜다. 이와 함께 하이데거의 헤겔 비판은 초기의 초월론적 사유 시기와 후기의 존재사적 사유 시기에 따라 변화를 보인다. 초기 하이데거는 헤겔의 시간 개념이 현존재의 시간성을 간과하면서 통속적인 시간 개념에 빠져 있다고 본다. 초기 하이데거의 헤겔 해석은 헤겔 철학이 충분한 통찰을 결여한다면서 비판하는 것이라고 할 수 있다. 이에 반해 후기 하이데거의 헤겔 해석은 헤겔에게 통찰력이 부족하다고 비판하지 않는다. 오히려 후기 하이데거는 헤겔 철학이 존재가 그 시대에 자신을 개현하는 방식에 의해 규정된다고 본다. 따라서 헤겔은 플라톤이나 데카르트와 같은 위대한 철학자들과 마찬가지로 각 시대마다 다르게 자신을 개현하는 존재에 충실했던 사상가로 간주된다.

이상과 같이 초기 하이데거도 『존재와 시간』에서 헤겔과 대결하지만, 대결은 헤겔의 시간관에 초점을 맞추면서 매우 적은 지면에서 행해진다. 반면 후기 하이데거는 헤겔의 형이상학 전체와 본격적으로 대결한다. 따라서 나는 여기서 주로 후기 하이데거와 헤겔을 비교하되, 이 연장선상에서 초기 하이데거와 헤겔도 비교할 것이다.

헤겔과 후기 하이데거는 표면적으로 볼 때 서양철학사에서 가장 유사한 사상적 구조를 갖는다.

양자는 첫째, 역사의 주체를 인간이 아닌 절대적인 것에서 찾으며 절대적인 것을 그리스도교처럼 피안에 따로 고립되어 존재하는 것으로 보지 않고 구체적인 역사 과정에서 자신을 개현하는 것으로 본다. 헤겔은 역사의 주체를 절대정신이라고 부르며, 하이데거는 존재라고 부른다. 절대정신은 인간을 통해 자신에게 잠재된 가능성을 전개해 가고, 존재도 인간의 사유와 시작(詩作)을 통해 자신을 구체적으로 전개한다. 이렇게 보면 하이데거는 헤겔의 절대정신을 단순히 존재라는 말로 대치하는 것처럼 보인다.

둘째, 이들은 철학을 철학자들이라는 특수한 인간 집단이 역사 과정으로부터 독립해 행하는 관념적인 유희가 아닌 구체적인 역사 과정과 불가분 관계에 있는 것으로 본다. 이들은 철학을 절대정신이나 존재의 시대적 자기개현을 개념적으로 명료히 파악해 각 시대에 특유의 형태를 부여하는 것으로서, 달리 말해 각 시대를 규정하는 것으로서 본다. 이들은 철학을 구체적인 역사 안에 위치 지우는 한편, 역사를 철학의 역사로 파악한다.

이렇게 양자의 사상을 규정하는 사상 틀이 표면적으로 극히 유사하기에, 많은 하이데거 해석자가 하이데거를 헤겔과의 연속선상에서 해석하려고 했다. 그중 대표적인 사람이 가다머일 것이다. 그는『진리와 방법』에서 우리는 항상 전통 속에 있으며, 항상 전통과의 대화 내지 대결을 통해 사유한다는 자신의 명제를 근거 짓기 위해, 헤겔과 하이데거를 끌어들여 둘 사이에 공통적으로 존재하는 경험 개념을 강조한다.[35]

가다머는 헤겔로부터 무엇보다 모든 사유가 갖는 근본적 연속성이라는 관념을 이어받았다. 가다머는 "헤겔의『정신현상학』의 여정을 되짚어가는" 과제를 자신의 철학적 해석학의 과제로 삼는다.[36] 가다머는 헤겔의 절대지라는 개념과 하이데거의 존재 사상을 받아들이지 않았다. 가다머는 이것들이 역사를 이해하기 위해 만든 하나의 사유 틀에 불과하다고 본다. 그러나 헤겔과 하이데거에 대한 가다머식의 수용을 두고 우리는 과연 절대지 내지 절대적인 인식을 사상한 헤겔 철학이 가능한지, 그리고 존재에 대한 물음을 사상한 하이데거 철학이 과연 가능한지 의문을 제기할 수 있다.

가다머와 달리 나는 헤겔과 하이데거 사이에는 사유 구조의 표면적 유사성에도 불구하고 실질적이고 근본적인 차이가 있다고 본다. 이러한 차이는 무엇보다 서양사를 보는 양자의 관점이 근본적으로 다르다는 데 있다.

헤겔은 서양사를 절대정신이 단순하고 직접적인 상태에서 더 자기의식적이고 풍요로운 상태로 진보해 가는 과정으로 본다. 이에 반해 하이데

---

35 Hans-Georg Gadamer, *Wahrheit und Methode*, 336쪽 참조.

36 Hans-Georg Gadamer, *Wahrheit und Methode*, 286쪽 참조.

거는 서양사를 그리스인이 경험한 존재의 풍요로움이 갈수록 망각되면서 인간을 비롯한 존재자 전체가 황폐화되는 근대를 향해 치달리는 퇴락의 과정으로 본다.

헤겔은 자신을 인식하려는 존재가 역사의 종점에서 도달하는 절대지의 상태로부터 서양의 시원을 사유한다. 이때 사유의 시원에서 파르메니데스가 사유한 존재는 무규정적인 것으로 나타난다. 이런 의미에서 그것은 공허한 무이기도 하다. 반면 하이데거는 파르메니데스가 말하는 존재를 구체적인 내용을 결여한 무규정적인 것이 아닌 충만한 것으로 본다.

또한 하이데거는 헤겔과 달리 사유의 역사를 논리적으로 이해 가능한 필연적인 과정으로 보지 않는다. 앞에서 언급한 것처럼 헤겔은 역사를 우리가 이성적으로 이해할 수 있는 절대정신의 자기전개 과정으로 파악함으로써 근대인에게 자신의 삶에 대한 확실성을 부여하려고 한다. 이런 의미에서 헤겔 철학은 신정설(神正說)적인 성격을 띤다. 헤겔은 역사를 신적인 이성의 입장에서 충분히 정당화할 수 있는 것으로 보는 것이다. 이와 함께 헤겔은 역사에서 이성이 해명할 수 없는 우연성을 철저하게 제거하려고 한다. 이런 의미에서 헤겔에게 진리란 자신을 인식하는 주체의 절대적 확실성이다. 주체는 역사 과정 전체를 자신의 이성의 빛 아래에 두려는 것이다.[37]

하이데거에 따르면, 헤겔의 진리 개념은 진리를 주체의 확실성으로 보는 데카르트의 진리 개념을 극단적으로 밀고 나간 것이며, 그리스인들의 진리 경험으로부터 가장 멀리 떨어져 있는 것이었다. 그리스인들의 진리 경험이란, 우리가 세계에 대해 자신을 내세우려는 자기주장을 버리고 우리 자신을 비울 때 존재자 전체가 자신의 진리를 드러내는 알레테이아에 대한 경험이다. 이 점에서 나는 하이데거가 파악했듯이 헤겔이야말로

---

37 로버트 베르나스코니, 『하이데거의 존재의 역사와 언어의 변형』, 송석랑 옮김, 자작아카데미, 1995, 39쪽 참조.

근대적 존재관과 진리관을 완성시킨 사상가로 볼 수 있다고 생각한다. 헤겔에게 존재는 결국 자신을 절대정신으로까지 격상시킨 근대적 주체성이며 이러한 주체성이 자연과 역사의 전개 전체를 합리적으로 파악하는 것이 바로 진리로 이해되는 것이다.

헤겔이 어떤 점에서 근대적인 주체성을 완성하는가에 대해서는 하이데거가 데카르트와 헤겔을 비교함으로써 분명히 한다. 데카르트는 인간이 근본적으로 유한하기 때문에 오류에 빠질 수 있음을 인정한다. 데카르트에서 인간은 절대 인식을 소유하지 않으며 신이 아니다. 이에 반해 헤겔에게 오류와 비(非)진리는 진리를 전개하기 위해 필요하다. 이것은 근대적인 주체성은 자신을 유한하게 만드는 비진리를 무조건적 절대지로 지양할 수 있음을 의미한다. 절대지의 입장에서 볼 때 모든 오류와 거짓은 참되다. 부정적인 것도 절대지로 격상된 근대적 주체성의 표상 작용의 계기가 된다.

다시 말해 헤겔의 철학에서 근대적 주체성은 자신을 유한하게 하는 비진리를 자체 안에서 매개하고 지양하는 무조건적인 표상 작용, 즉 절대정신이 된다. 헤겔에서 무한한 존재는 인간의 가장 내적인 본성이며 이와 함께 인간은 본질적으로 무한한 정신이다. 존재는 인간이라는 존재자까지도 포괄하는 '존재 자체로서' 이해되기보다 주관에 속한다고 파악되면서 존재자에 대해서 존재가 갖는 차이는 소멸되고 마는 것이다.

헤겔에게 서양사는 인간이 자신의 잠재적인 능력을 갈수록 풍부하게 발휘하는 과정이다. 그러나 하이데거에게 서양사는 인간이 자신의 잠재적인 능력을 개발하고 인간을 중심으로 세계를 고찰하는 인간중심주의가 갈수록 득세하면서 존재자들이 기술적인 지배 대상으로 전락하는 과정이다. 헤겔에게 역사는 진보의 과정이지만, 하이데거에게 역사는 퇴락의 과정이다. 헤겔이 모든 것을 체계적으로 종합하는 사변적인 절대지를 지향한다면, 하이데거는 존재에서 발하는 정적의 소리(Geläut der Stille)에 상응하는 침묵과 침묵에서 비롯되는 소박한 시적인 사유를 지향한다.

헤겔과 하이데거 사이에 존재하는 또 다른 차이는 헤겔에게 절대정신은 일종의 세계정신으로서 보편적인 정신의 형태를 띠는 데 반해서, 하이데거에게 존재는 각 민족에게 다르게 개시된다는 것이다. 헤겔의 주관심사는 민족 통일이 아니라 이성적으로 개현된 근대국가였다. 헤겔은 민족주의자가 아니다. 민족주의자였다면 나폴레옹을 그렇게 찬양하지도 않았을 것이다. 헤겔이 당시의 프러시아 국가를 찬양했던 이유는 그가 당시 프러시아가 앞으로 인류가 지향해야 할 보편적인 근대국가를 이뤘다고 보았기 때문이다.

반면 하이데거는 보편적인 이성적 사유가 아니라 각 민족의 고유한 대지에 뿌리박은 언어야말로 존재가 드러나는 장이라고 보았다. 이에 하이데거는 존재의 역사에 동양사는 포함시키지 않는다. 존재라는 말은 하이데거가 보기에 서양철학의 근본개념이기 때문이다. 이런 의미에서 하이데거는 존재가 동양의 언어로 번역될 수 없는 것처럼, 도(道, Tao)도 서양의 언어로 번역될 수 없다고 보았다. 하이데거는 이렇게 서로 다른 언어에서 근원적인 자연이 각 민족에게 고유한 모습으로 드러난다고 보았다.

아울러 헤겔에서 근대적인 주체는 근대국가에서 자신이 행하는 직책이 갖는 필연적인 의의에서 삶의 의미를 발견한다. 그러나 하이데거는 인간이 공동체가 부과된 자신의 과제를 충실히 수행한다고 해도, 인간은 삶에 대해 허무감을 느낄 수 있다고 본다. 하이데거는 이 허무감을 개체가 주객 분열이 일어나기 전인 근원적인 퓌지스로 귀환하면서 모든 존재자와 하나가 될 때 비로소 극복할 수 있다고 본다.

니체와 하이데거*

1. 니체와 하이데거의 관계를 어떻게 볼 것인가?

주지하듯이 하이데거는 니체를 서양 형이상학의 완성자로서 평가하면서 니체와 철저하게 거리를 취한다.[1] 그럼에도 양자 간에는 여느 사상가의 경우보다 더 큰 유사성이 존재한다고 생각한다.

양자는 무엇보다 이 시대의 가장 근본적인 문제를 니힐리즘의 지배로 보면서 이를 극복하고자 한다. 니힐리즘으로부터의 출구를 과학보다는 예술에서 찾는다. 그리스인들로부터 이 시대를 극복할 수 있는 실마리를 구하려는 점도 유사하다. 니체는 자신이 추구하는 예술의 모범을 그리스 비극에서 찾았고, 그리스인들의 삶에서 니힐리즘을 극복한 삶의 모습을 보았다.[2] 하이데거 역시 현대의 과학기술에서 그 정점에 이르는 근거율에 입각한 사유를 극복하기 위해 소크라테스 이전 그리스 사상가들로부터 도움을 얻고자 한다. 니체든 하이데거든 양자가 귀환하려던 세계는 그리스인

---

* 「니체와 하이데거 사상의 비교고찰: 자연관을 중심으로」(『현대유럽연구』 25호, 2011)를 수정하였음.

1 하이데거 전집 5권 *Holzwege*, 209쪽 참조.

2 프리드리히 니체, 『비극의 탄생』, 박찬국 옮김, 아카넷, 2007, 22쪽 참조.

들의 자연 세계, 그리스인들이 살았던 퓌지스로서의 세계인 것 같다.

바로 이러한 유사성 때문에 위르겐 하버마스는 하이데거를 니체 철학의 노선에 서 있는 사상가로 보았으며[3], 오이겐 핑크나 만프레드 리델도 양자를 모두 그리스인들이 보았던 자연으로의 귀환을 촉구한 사상가로 분석했다.[4] 또한 칼 뢰비트는 니체를 서양 형이상학의 완성자로 보는 하이데거의 니체 해석을 비판하면서 하이데거보다 니체가 더 그리스적으로 사유한다고 보았다.[5]

앞서 말했듯 나는 양자가 문제의식과 사상이 유사함에도 본질적인 차이가 있다고 생각한다. 이 차이는 하이데거가 주로 니체와 대결했던 존재론에서의 차이에 그치지 않는다. 양자 간에는 정치적·사회적 입장에서도 중대한 차이가 존재한다. 물론 정치적·사회적 입장 차이는 존재론적 차이와 긴밀하게 결부된다. 이에 이 글에서는 양자의 자연관을 중심으로 양자 간 차이를 분명히 밝히는 것을 목표로 삼지만, 차이를 분명히 하기 위해 먼저 이들의 사회철학적인 입장과 정치철학적인 입장 차이를 고찰할 것이다.

2. 근대문명에 대한 입장 차이

니체는 근대의 대표 산물인 산업화와 민주주의가 초래한 전문화나 여론의 지배 등으로 야기된 부정적인 현상들에 대해 비판했다. 그러나 니체는 자연이 잘 보존되고 자연과 어우러진 전근대 사회에 대해 향수를 갖지는 않

---

3 Jürgen Habermas, *Der philosophische Diskurs der Moderne*, Suhrkamp, 1986, 182쪽 참조.

4 Eugen Fink, *Nietzsches Philosophie*, Kohlhammer, 1960; Manfred Riedel, "Heimisch werden im Denken. Heideggers Dialog mit Nietzsche", in: *"Verwechselt mich vor allem nicht!": Heidegger und Nietzsche*, Vittorio Klostermann, 1994.

5 Karl Löwith, *Heidegger: Denker in dürftiger Zeit*, 205쪽, 218쪽 참조.

는다. 근대 민주주의나 산업화에 대한 니체의 비판은 그것들이 인간 삶의 기반인 자연을 파괴한다는 사실보다는 그것들이 그리스·로마 시대의 탁월한 인간들의 수준으로 인간을 강화하거나 고양하지 않고 인간을 왜소하게 하고 평준화시켰다는 사실에 초점이 맞추어져 있다.

아울러 니체는 근대문명을 전면적으로 거부하지 않고 근대적인 계몽주의와 근대과학이 우상파괴라는 면에서 기여했다는 사실을 인정할 뿐 아니라 자신의 철학을 형성하는 데도 근대물리학이나 근대생리학으로부터 많은 도움을 받는다.[6] 따라서 니체는 하이데거처럼 자연과 어우러진 시골을 도시보다 찬양하지도 않았다. 물론 니체는 인간들을 왜소하게 하는 근대 대도시 문명에 대해서는 비판적이었다. 그러나 니체가 찬양했던 로마제국과 르네상스는 도시를 중심으로 성립되었으며 니체가 높이 평가했던 그리스·로마 시대의 탁월한 인간들이 주로 활동했던 곳도 도시였다.[7] 이러한 사실을 생각해 보면 니체는 자연과 어우러진 소박한 시골보다는 강건한 문명이 지배하는 도시를 더 높이 평가한다고도 볼 수 있을 것 같다.

하이데거에게는 산업화 이전의 사회에 대한 향수가 강하게 존재한다. 하이데거는 슈바르츠발트에 산장을 짓고 거기서 연구를 했다. 베를린 대학교의 교수 초빙 자리도 「창조적인 자연풍광: 왜 우리는 시골에 머무르는가?」라는 글을 통해 거절한다.[8] 또한 하이데거가 자신의 논문 「사물」이나 「짓기, 거주하기, 사유하기」 등에서 '사역(Geviert)'으로서의 세계를 모아들이는 사물들의 예로 든 포도주나 샘물, 슈바르츠발트의 농부의 집이나 중세풍의 다리 등은 근대문명의 산물로 볼 수 없는 것들이다.[9] 현대기술문명에 대한 하이데거의 비판은 그리스·로마 시대 당시의 정치적·문화적 영

---

6 프리드리히 니체, 『아침놀』, 박찬국 옮김, 책세상, 2004. 5번, 6번, 7번, 33번 참조.

7 프리드리히 니체, 『안티크리스트』, 박찬국 옮김, 아카넷, 2020, 148쪽 이하 참조.

8 하이데거 전집 13권 *Aus der Erfahrung des Denkens*, 9-13쪽 참조.

9 하이데거 전집 7권 *Vorträge und Aufsätze*, 146쪽 이하, 159쪽 이하 참조.

웅들과 달리 인간을 왜소하게 한다는 점보다 그것이 인간의 고향인 자연에 대해 적대적인 태도를 취하고 파괴한다는 점에 맞춰져 있다.

3. 정치적 입장 차이

니체가 지향했던 사회는 국경과 민족의 차이를 넘어 유럽이라는 하나의 통일된 공간에서 니체가 초인이라고 부른 위대한 인간들이 지배하는 것이라고 생각한다. 초인이 될 수 있는 자격은 혈연이나 지연이 아닌 오직 탁월한 정신력에만 존재한다. 따라서 니체는 반유대주의를 비롯한 모든 종류의 인종주의에 반대하지 않을 수 없었다. 니체는 『안티크리스트』에서 자신이 구상하는 정치 체계를 분명하게 밝힌다. 니체는 이 책에서 플라톤이 생각했던 이상국가와 유사하게 이상적 사회는 소수의 정신적으로 탁월한 인간들과 이러한 인간들에 복종하는 군인들이 다수의 평균인들을 지배하는 것으로 본다.[10]

니체와 달리 하이데거는 구현해야 할 이상 사회의 상을 뚜렷하게 제시하고 있지 않다. 그럼에도 불구하고 우리는 하이데거의 존재론적인 입장으로부터 그의 정치적·사회적 입장도 어느 정도 추론할 수 있다. 하이데거는 세계주의보다 일종의 지역주의(provincialism)을 표방했다. 하이데거가 말하는 사역은 각 지역의 사역이다. 예를 들어 독일의 대지와 하늘은 한국의 대지와 하늘과 다르기에 독일의 언어와 문화는 한국의 언어와 문화와 근본적으로 다른 고유한 토착성(Bodenständigkeit)을 지닐 수밖에 없다는 것이다.

---

10 프리드리히 니체, 『안티크리스트』, 144쪽 이하 참조.

이와 관련해 우리는 하이데거가 각 지방의 방언이 갖는 깊은 의미에 대해서 말한다는 사실에도 주목하지 않으면 안 된다. 하이데거는 방언이 독일어로 Mundarten(입의 양식)라고 불린다는 단순한 사태에 주목한다.[11] 이때 방언들의 차이는 입이라는 발성 도구를 서로 다른 방식으로 움직인다는 데에 근거하지 않는다. 방언에서는 각각 다르게 그 지방의 자연, 즉 대지가 말한다. 입은 단순히 유기체로서의 신체에 속하는 하나의 기관이 아니다.

신체와 입은 대지의 흐름과 성장에 속하며 죽을 자로서의 우리는 대지에서 태어나고 성장한다. 대지는 우리에게 토착적인 안정을 증여한다. 하이데거는 현대기술문명에서 대지와 함께 토착적인 것이 상실되고 있으며 방언이 갖는 고유성과 깊이도 무시되고 있다며 우려한다. 이런 의미에서 하이데거가 가장 염려한 것은 과학기술문명의 지배에 의한 대지의 파괴와 토착문화의 소멸이라고 볼 수 있다. 근대민주주의와 산업문명은 대지와 각 지역의 토착적인 고유한 문화를 고려하지 않으면서 모든 것을 동질적인 것으로 환원하는 성격을 갖기 때문이다.

따라서 하이데거의 존재론에서 등장할 수 있는 정치철학은 각 지역의 고유한 자연과 그것에 뿌리박은 고유한 언어와 문화를 보존하고 육성하는 것이다. 토착성을 강조하는 면에서 하이데거는 니체와 근본적으로 다르다고 생각하며 이러한 차이는 자연을 보는 양자의 입장에도 드러난다. 니체가 알프스를 찬양했을 때 이는 그것이 보여주는 압도적인 힘 때문이라고 할 수 있다. 또한 니체는 그 산이 우리에게 주는 효과 때문에 찬양한다고 할 수 있다. 즉 그 산은 자신의 압도적인 위용을 통해 우리로 하여금 소소(小小)한 것들에 집착하는 왜소한 자신을 넘어 그동안 망각했던 자신의 본

11 하이데거 전집 12권 *Unterwegs zur Sprache*, 1985. 194쪽 참조.

래적인 긍지를 다시 상기하게 한다는 것이다. 반면 하이데거가 슈바르츠발트를 그것이 독일인들의 영혼과 의지를 육성하는 고향의 산이라는 점에서 찬양한다.

니체의 존재론에서 귀결될 수 있는 정치철학은 소수의 탁월한 인간들이 다수를 다스리는 정신적인 귀족주의다. 하이데거의 존재론에서 귀결될 수 있는 정치철학은 모든 지역의 차별성을 제거하는 근대 민주주의와 과학기술문명의 위력을 제한하려는 지역주의(provincialism)다. 지역주의를 초월한 니체는 혼혈에 긍정적이었던 반면 지역주의를 고수하는 하이데거는 혼혈에 상당히 부정적이었을 것이라고 생각한다. 아마 하이데거는 피도 토착적인 것으로 보지 않았을까?[12]

4. 존재론의 차이

나는 앞서 양자 간 근대문명에 대한 시각과 정치철학에 존재하는 현저한

---

12 *Martin Heidegger zum 80. Geburtstag von seiner Heimatstadt Meßkirch*, Vittorio Klostermann, 1969, 40쪽. 하이데거는 이렇게 말한다.
"많은 독일인이 자신들의 마을과 도시를 떠나야만 했고 고향의 대지로부터 추방되었다. 고향이 아직 남아 있던 수많은 다른 사람도 방황 끝에 분망한 대도시로 이주하고 삭막한 산업 구역에서 살 자리를 찾아야만 한다. 그들은 오랜 고향에서 소외되었다. 그러면 고향에 머물러 있는 자들은 어떠한가? 그들이야말로 사실은 고향에서 추방된 자들보다도 훨씬 고향을 상실한 자들이다. 매시간 그리고 매일 그들은 라디오와 텔레비전에 사로잡혀 있다. 매주 영화를 통해 그들은 상상의 영역으로 도피한다. 그러한 상상의 세계는 별세계(別世界)인 것 같지만 사실은 습관적인 영역일 뿐이다. 이러한 영역은 하나의 세계인 것처럼 가장하지만 사실은 어떠한 세계도 아니다."
하이데거는 여기서 고향 개념을 도시화가 본격화되기 이전에 사람들이 태어난 시골이라는 의미와 존재자들과 진정한 교감이 이루어지는 곳이라는 상징적인 의미로 사용한다. 실로 하이데거는 대부분의 경우 고향을 후자의 상징적인 의미로 쓴다. 그러나 하이데거가 고향을 전자의 의미로도 쓴다는 점에서, 하이데거는 사람들이 태어나 뿌리를 내리는 곳의 의미를 삶에서 상당히 중시한다고 볼 수 있다.

차이를 밝혔다. 이러한 차이는 결국 양자의 존재론 간 차이에서 비롯된다고 볼 수밖에 없다. 니체의 존재론과 하이데거의 존재론의 차이에 대해서 그동안 행해져 온 고찰은 흔히 근대문명에 대한 양자의 입장과 양자의 정치철학적인 입장상의 차이를 그다지 고려하지 않은 채로 행해졌다. '어떤 철학의 본질은 그 철학의 정치적 성향에서 가장 잘 드러난다'는 야스퍼스의 말을 진지하게 받아들인다면, 니체와 하이데거 사이에 존재하는 정치적 성향의 차이를 고려하지 않고 양자의 존재론을 비교하는 것은 지극히 불충분한 것이 될 수밖에 없다.

그런데 앞서 본 것처럼 양자 간 근대문명에 대한 입장과 정치철학적 입장이 근본적으로 다르고, 이러한 차이가 궁극적으로 양자의 존재론의 차이에 입각한다면, 우리는 양자의 철학에서 동일성을 발견했던 하버마스나 핑크보다 자신과 니체 사이에 존재하는 차이를 더 강조하려고 했던 하이데거의 입장이 더 설득력 있다고 볼 수밖에 없을 것 같다. 그러나 나는 니체의 존재론과 하이데거의 존재론 사이의 차이를 하이데거와는 다르게 보려고 한다.

초기 하이데거는 니체의 철학과 자신의 철학이 동일한 사태를 지향한다고 보면서 자신이 니체의 철학을 완성한다고 말한다. 반면 후기 하이데거는 니체를 현대기술문명을 철학적으로 정초하는 최후의 형이상학자라고 보면서 자신의 철학과 가장 대척점에 서 있는 것으로 본다.[13] 니체에 대

13 『존재와 시간』에서 하이데거는 특히 역사성 개념과 관련해 니체를 언급한다. 니체는 『반시대적 고찰』의 두 번째 논문 「생에 대한 역사학의 유용성과 해악에 대해서」에서 역사학을 기념비적 역사학, 골동품적 역사학, 그리고 비판적 역사학으로 구분한다. 그러나 하이데거에 의하면 니체는 역사학이 이렇게 세 가지 형태를 갖는 필연적인 이유와 그것들의 통일성의 근거를 명확하게 제시하지 않는다.
하이데거는 자신이 현존재의 시간성에 기초해 드러내는 현존재의 역사성이 역사학이 세 가지 형태를 갖는 필연적인 이유이자 그것들의 통일성이 비롯된 근거라고 말한다. Martin Heidegger, *Sein und Zeit*, 396쪽 이하 참조.

한 후기 하이데거의 이러한 파악과 평가에 대해 나는 니체의 궁극적인 관심사는 현대 과학기술문명을 철학적으로 정초하는 것이 아니라, 산업화와 대중민주주의가 확산되면서 공리주의와 평등주의가 갈수록 득세해 망각되어 가는 그리스·로마 시대의 귀족적인 덕을 되살리는 것이었다고 생각한다.[14]

나는 힘에의 의지를 중심으로 한 니체의 존재론은 그의 궁극적인 관심사와 관련해 해석해야지, 하이데거가 말하는 것처럼 현대 과학기술문명을 근저에서 규정하는 광기 어린 지배 의지를 정당화하고 정초하는 것으로 해석해서는 안 된다고 생각한다. 니체가 보기에 그리스·로마 시대의 귀족적인 덕은 설령 세계지배를 목표로 삼더라도 항상 자기지배를 전제로 삼으며 고전적인 기품을 포함한다.

5. 자연관의 차이

1) 니체의 자연관

하이데거와 니체는 모두 근원적인 의미의 자연, 즉 퓌지스에로의 귀환을 주창하지만 이때 니체가 염두에 두는 자연과 하이데거가 염두에 두는 자연은 동일하지 않다고 생각한다.

하이데거는 자신의 역사성 개념이 역사학과 관련해 니체가 사유하는 사태를 보다 통일적이고 근원적으로 드러낸다고 본다. 이로 미루어 볼 때『존재와 시간』에서 하이데거는 니체의 사상에 대해 비판적인 입장보다 그것을 완성하려는 입장을 취한다. 이와 관련해서는 박찬국, 「초기 하이데거 사상과 니체 철학의 비교고찰: 자기비판으로서의 후기 하이데거의 니체비판」, 소광희 외 지음,『하이데거와 철학자들』, 철학과현실사, 1999을 참조할 것.

14 프리드리히 니체,『안티크리스트』, 153쪽 이하 참조.

니체의 자연 개념을 논하기 전에 우리는 먼저 니체가 자연으로의 귀환을 내세우는 논의의 맥락부터 고찰해야 한다. 니체가 근대사회의 가장 큰 문제로 보았던 것은 이른바 데카당스, 즉 인간들의 생명력 약화 내지 왜소화였다. 근대사회에서 인간들은 천부인권과 만민평등을 내세우면서 민주주의와 사회주의를 이상적인 정치 체제로 여겼다. 그러나 니체가 보기에 이러한 정치체제에서는 결국 천박한 대중이 사회를 지배하면서 사람들의 정신적 수준은 전체적으로 하향 평준화되고 만다. 좀 더 구체적으로 말해 인간들은 적당히 일하고 향락하는 말세인으로 전락하고 만다.

이러한 근대사회를 근저에서 지배하는 것은 동정의 이념이다. 민주주의나 사회주의, 그리고 근대과학기술문명의 근저에서 지배하는 믿음은 인간이 행복하기 위해서는 가능한 한 모든 고통과 위험에서 벗어나야 한다는 것이다. 다시 말해 근대를 지배하는 것은 모든 고통과 위험에 대한 두려움이며 고통과 위험에 처한 인간들에 대한 동정이라고 볼 수 있다. 두려움과 동정에 입각한 민주주의나 사회주의, 그리고 근대과학기술문명이 지속되는 한, 사람들은 두려움과 동정에 사로잡힌 연약한 인간들로 머무를 것이다. 사람들은 동정심이 많은 선량한 인간이 되지만 동시에 허약해진다.

고통과 위험을 두려워하면서 그날그날 작은 향락과 먹을 것에 연연해하는 왜소한 말세인들로부터는 그리스·로마 시대나 르네상스 시대에서 볼 수 있는 위대한 문화가 나올 수 없다는 것이 근대문명에 대해서 니체가 갖는 염려였다. 니체에게 인간 삶의 의미는 적당히 향락하면서 연명하는 데 존재하는 게 아니라 자신을 고양하고 강화하는 데 존재한다. 인간이 어차피 사멸할 존재라면 구차하게 연명하는 데 집착하기보다 위대한 행위를 수행하거나 위대한 문화의 건립을 통해 자신의 삶에 죽음마저 능가할 수 있는 의미를 부여하지 않으면 안 된다. 이러한 생각에 입각해 니체는 '하나의 인간이 몇 천 년의 역사를 정당화할 수 있다'라고 말하기도 했다.

근대문명을 떠받치는 공리주의적 신념이 행복을 감각적인 안락과 동일시하면서 가능한 한 모든 종류의 고통과 위험을 제거하는 것을 지향한 반면, 니체는 인간이 자신을 고양하고 강화하기 위해서는 위험과 고통이 필수적이라고 본다. 고통과 위험과 대결하며 인간은 좌절할 수도 있지만 자신을 강화하고 고양시키며 위대해질 수도 있다. 따라서 공리주의적인 도덕에서 악으로 간주되는 고통과 위험은 니체에게 인간이 정신적으로 성장하기 위해 필수적인 토양이다. 니체는 이렇게 말한다.

> 악—최선의, 가장 생산적인 인간이나 민족이 살아가는 모습을 보며 이렇게 자문해 보라. 하늘 높이 자라려는 나무들이 과연 비바람이나 눈보라를 겪지 않고 제대로 자랄 수 있을까? 외부로부터 가해지는 불운과 저항, 증오, 질투, 불신, 고집, 냉혹, 탐욕, 폭력은 덕의 위대한 성장을 위해 필수불가결하지 않을까? 그것들은 덕의 성장을 위해 유리한 환경을 조성한다. 나약한 천성을 가진 자들을 사멸시키는 독은 강한 자들에는 강장제이다. 강한 자는 그것을 독이라고 부르지 않는다.[15]

니체는 고통과 위험과 대결하면서 자신을 극복하고 자신을 강화하려는 의지가 인간뿐 아니라 모든 존재자에게 존재한다면서 이러한 의지를 '힘에의 의지'라고 부른다.

이와 관련해 니체는 사람들을 자기극복에서 행복을 느끼는 소수의 강력한 인간과 삶의 현실에서 부딪히는 위험과 고난을 두려워하면서 도피하려는 다수의 연약한 인간으로 대별한다. 즉 인간들은 본래 평등한 것이 아니라 근본적으로 수준차를 가지며, 니체는 이것을 일종의 자연질서라고 본다. 니체는 자연질서를 무너뜨리려는 운동이 그리스도교와 함께 시작되

---

15 Friedrich Nietzsche, *Die fröhliche Wissenschaft*, Nietzsche Werke, Kritische Gesamtausgabe, VI-3, De Gruyter, 1973, 제1권, 19번.

었다면서 근대의 민주주의 역시 그리스도교의 평등주의적인 정신을 계승하면서 자연질서를 전복하고 모든 인간을 평준화하려고 한다고 말한다.

그러나 민주주의를 지탱하는 대중에게도 힘에의 의지가 존재하는 바, 대중은 연약한 자신을 선한 인간으로 미화하고 다수의 대중을 지배하려는 강한 자들을 악한 자들로 격하시키면서 강한 자들에게 복수하며 우위를 차지하려고 한다. 그들은 자신의 연약함을 선함과 동일시하면서 미화하고 합리화하는 것이다. 이들은 자신이 연약하고 무능하기에 지배받은 것이 아니라 강자들이 악해서 자신을 지배했다고 주장한다. 이러한 논리가 지배함으로써 사람들은 위선적이 될 뿐 아니라 병약해진다.

니체는 위대하고 강력한 문화 건립을 위해서는 소수의 위대한 인간이 자신의 능력을 최대한 발휘할 수 있는 사회적인 조건이 마련되지 않으면 안 된다고 본다. 힘에의 의지를 중심으로 한 니체의 사상은 결국 위대한 인간들이 지배하는 사회를 준비하는 것을 목표로 삼는다.

이상의 사실을 고려할 때, 니체가 말하는 자연은 인간을 비롯한 모든 존재자가 서로 힘을 겨루고, 투쟁을 통해 서로를 고양하는 상태이다. 힘의 경쟁을 통해 강하고 탁월한 자가 우위에 서면서 저열하고 연약한 다수를 지배하는 것은 자연질서에 부합하지만 저열하고 연약한 다수가 모든 것을 평준화하는 상태는 자연질서에 위배된다. 존재자들 사이의 힘겨루기에는 자신의 고양과 강화 이외에 다른 목적이 존재하지 않는다.

따라서 니체가 생각하는 자연은 무수한 힘들이 서로 자신을 고양하고 강화하기 위해 자극하는 유희의 세계이다. 이러한 세계는 무수한 힘들로 구성되며 서로를 고양시키는 '사랑의 투쟁'에 의해 하나로 결합된다. 어떠한 힘도 다른 힘으로부터 분리되어 고립된 채로 존재하지 않는다. 이런 의미에서 세계는 하나이면서 다수인 의지가 유희하며 자신의 힘을 즐기는 장이다. 이와 관련해 니체는 이렇게 쓴다.

그리고 그대들은 나에게 '세계'가 무엇인지를 알고 있는가? 내가 그대들에게 이 세계를 나의 거울에 비추어 보여 주어야 할까? 이 세계, 그것은 시작도 끝도 없는 거대한 힘, 증대하는 일도 감소하는 일도 없고 소모되지도 않고 오직 변전할 뿐인 확고한 양의 힘이다. 이 세계는 상태는 변하지만 전체로서의 크기는 불변하며 지출도 손실도 새로운 증가나 수입도 없는 가계(家計)와 같다. 그것은 자기 자신의 한계를 갖는 것 이외에는 '무(無)'에 의해 둘러싸여 소진되지도 탕진되지도 않지만 무한한 연장을 갖지 않고 일정한 힘으로서 일정한 공간 속에 주어져 있다. 그러나 이 공간은 비어 있는 것이 아니다. 그것에는 힘이 충만하고 힘의 유희, 하나이며 동시에 많은 힘의 파도, 이쪽에서 증가하면 저쪽에서는 감소하는 자신 안에 광포하게 밀려들고 넘쳐나는 힘을 안고 있는 바다다. 그것은 영겁의 시간과 더불어 영원히 변화하면서 영원히 달음질쳐 돌아오면서 자신의 형성 활동을 때로는 소홀히 하고 때로는 애를 쓰며, 가장 단순한 것에서 가장 복잡한 것 속으로 전진하며 가장 조용하고 단단하고 냉랭한 것에서 탈피해 가장 작렬하고 거칠며 자기모순적인 것으로 들어가 다음에는 다시 충실한 것에서 단순한 것으로 돌아온다. 그것은 모순에 찬 유희에서 조화에 가득 찬 쾌감으로 되돌아가고, 전적으로 동일한 자신의 궤도와 연월을 더듬어 나아가면서도 자신을 긍정하며 영원히 회귀하지 않을 수 없다. 그것은 어떠한 포만, 권태, 피로도 모르는 생성으로서 자신을 축복하고 있는 것-, 영원히 자신을 창조하고 파괴하는 나의 디오니소스적 세계[16]

니체는 세계를 하나의 거대한 힘으로 본다. 이 세계의 힘은 불변한다.

16 Friedrich Nietzsche, *Der Wille zur Macht*, Alfred Kröner, 1952, 1067번.

다만 그 상태만 끊임없이 변화할 뿐이다. 니체는 세계를 바다에 비유한다. 여기서 바다는 무엇보다 세계의 광대함과 충만함을 상징한다. 바다는 한쪽에서 증가하면 다른 한쪽은 감소하지만 전체 양은 변하지 않는다. 세계를 구성하는 힘이 일정하다는 것은 세계의 힘이 유한하고 무한한 것에 의존하지 않으면 안 된다는 것을 의미하는 것은 아니다. 오히려 더 이상 필요하지 않을 정도로 충만해 있음을 의미한다.

아울러 세계 자체에 비유되는 바다는 어떤 때는 잔잔하고 평화롭지만 어떤 때는 광포하다. 파도들이 광포하게 몰아칠 때 파도는 바다에서 떨어져 나갈 것 같지만 그럼에도 바다와 하나다. 바다는 하나이지만 파도는 무수하다. 이러한 바다는 다수의 힘으로 구성되면서도 그것이 하나로 결합해 끊임없이 유동하는 세계의 생동하는 모습을 상징한다. 바다의 운동은 영겁의 시간을 통해 유구하게 반복해 온 것이다. 바다는 자신의 운동에 대해 불만도 권태도 없이 만족한다. 이 세계는 단순한 상태에서 복잡한 상태로, 조용하고 냉정한 상태에서 거칠고 작렬하는 상태로, 그리고 다시 모순에 찬 유희의 상태에서 조화로 가득한 쾌적함의 상태로 되돌아간다. 이 세계는 포만, 권태, 피로도 모르면서 영원히 창조와 파괴를 되풀이하는 생성 그 자체다.

니체는 이러한 세계를, 즉 무수한 힘의 유희를 신적인 것으로 사유하면서 디오니소스라고 부른다. 이 신은 그리스도교에서처럼 피안에 거주하는 게 아니라 영원히 회귀하는 우주적인 힘이다. 이 신은 피안에서 차안을 내려다보고 인간의 일거수일투족을 심판하는 엄격한 도덕적인 신이 아니라 선악의 피안에서 자신의 유희에 몰두하는 신이다.

이러한 자연관을 염두에 둘 때 니체가 말하는 초인은 다른 목적을 위해서가 아닌 자신의 강화와 고양을 위해 힘들의 유희를 즐기는 자라고 할 수 있다. 이러한 자에게는 세계는 험난함과 고통으로 인해 오히려 생명력에 차 있고 그만큼 아름답다. 힘에의 의지가 약한 자에게 이 세계는 험난하고 고통으로 가득 차 있는 것으로 보인다. 약자만이 이 세계에서 일어나는 힘들의 유희에 의해 압도되어 이 세계를 혐오하면서 피안으로 도피하려고 하거나 공산주의와 같은 이상적인 유토피아를 희구한다. 약한 자만이 현재의 삶을 피안이나 이상적인 유토피아로 가는 길목으로 여기고 자신의 삶의 목표를 허구적인 것들에서 찾는다. 반면 강한 자는 자기고양을 위한 투쟁의 의미를 묻지 않고 현재의 삶을 흔쾌하게 긍정하면서 저 디오니소스적 유희를 반복한다.

우리의 인생을 험준한 산에 비유할 경우 강한 자에게 산은 험준하기에 더 아름답게 보일 것이다. 그는 험준한 산을 가뿐히 오르면서 자신의 충만한 힘을 즐긴다. 그에게 산의 험준함은 자신의 힘을 강화하고 그 강화된 힘을 시험할 수 있는 기회다. 산이 험준할수록 정상에 오른 그에게 산은 깊이를 모르는 아름다움을 갖는 것으로 나타난다. 그렇다고 그가 산을 단순히 자신의 힘을 강화하고 즐길 수 있는 수단으로 이용하는 것은 아니다. 이런 의미에서 험준한 산과 강한 자 간의 투쟁은 서로가 자신의 고양된 본질을 드러내도록 돕는 사랑의 투쟁이다.

세계는 이렇게 모든 힘이 오직 자신의 고양에만 관심이 있고 다른 모든 존재자를 자신의 고양을 위한 수단으로 삼는 이기주의와 개인주의가 지배하는 곳 같지만, 사실은 경쟁을 통해 서로를 고양시키는 곳이다. 반면 약한 자에게 험준한 산은 하나의 저주일 뿐이다. 그에게 산은 자신을 괴롭히는 '눈물의 골짜기'로 나타난다. 약한 자에게 세계는 아무런 의미도 없이 생성 소멸하는 곳이자, 우리가 피안이나 먼 미래의 유토피아에 이르기 위해서 싫지만 억지로 견뎌야 하는 추악한 곳이다.

니체가 말하는 자연은 루소가 말하는 자연 상태나 그리스도교에서의 에덴동산처럼 목가적인 상태가 아니다. 끊임없는 투쟁을 통해 존재자들이 주인과 노예로 분리되고 위계질서가 형성되는 투쟁의 세계이다.[17]

2) 하이데거의 자연관

우리는 이상에서 니체의 자연관을 간략히 살펴보았다. 이제 니체의 자연 개념을 염두에 두면서 하이데거의 자연 개념을 고찰해 보자. 우리는 사역(Geviert)과 사물을 중심으로 하는 후기 하이데거의 자연 개념에 초점을 맞춰 고찰할 것이다. 나는 이것이 하이데거가 궁극적으로 갖게 된 자연 개념이라고 생각되기 때문이다.

하이데거는 초기와 후기의 사유 도정 전체에서 존재를 존재 자체로 사유하는 것을 목표로 삼는다. 전통 형이상학은 존재를 존재 자체로 사유하지 못하고 존재자처럼 표상했다는 데에 근본적인 문제가 있었다. 전통 형이상학에서 존재는 인간이 언제든 파악할 수 있고 의거할 수 있으며 이를 통해 존재자를 지배할 수 있는 지속적인 근거로 사유된다. 따라서 하이데거는 자신이 물으려는 존재자와 구별된 존재 자체를 전통 형이상학이 말하는 존재와 혼동하는 사태를 막기 위해 전통 형이상학에 의해 파악된 존재를 존재자성(Seiendheit)이라고 부른다.

그런데 하이데거가 존재 자체를 말한다고 해서 존재가 존재자와 무관한 것은 아니다. 존재는 존재자를 떠나 존재할 수 없다. 존재가 존재자를 떠나 존재한다면 전통 형이상학과 마찬가지로 또 하나의 존재자처럼 되고 말 것이다. 존재가 존재자와 구별되면서도 그것과 맺는 내밀한 관계를 하이데거는 존재론적 차이(die ontologische Differenz)라고 부른다. 후기 하이데거는 존재론적 차이를 세계와 사물 사이의 관계로, 즉 세계와 사물 사이의 차이(Unterschied)로 사유한다. 여기서 세계는 하늘(der Himmel)과 대지

---

17 그렇다고 해서 니체가 야만과 살육이 지배하는 세계를 우리가 지향해야 할 자연상태로 보았다는 것은 아니다. 니체에게 강함은 잔인함이 아니라 잔인함의 정신화이다. 니체는 오직 자신을 지배할 줄 아는 자만이 남도 지배할 수 있다고 보았다.

(die Erde), 그리고 신적인 것들(die Göttlichen)과 죽을 자(die Sterblichen)로서의 인간 사이의 내밀한 관계망으로 사유된다.[18] 하이데거는 내밀한 관계망으로서의 세계를 사역(四方, Ge-viert)이라고 부른다. 세계는 사물에 집수되는 것을 통해 현성하며, 사물은 세계를 자신 안에 집수하면서도 세계라는 열린 터(Lichtung) 안에 도래함으로써 현성한다.

하이데거는 「사물」이라는 그의 유명한 강연에서 사역으로서의 세계와 사물 사이의 관계를 포도주를 담은 단지를 예로 들어 설명한다.[19]

포도주가 된 물에는 샘이 머문다. 샘에는 암석이, 암석에는 하늘의 비와 이슬을 받는 대지의 어두운 잠이 머문다. 샘물에는 하늘과 대지의 결혼식이 머문다. 그것은 포도나무 열매가 주는 포도주에 머문다. 포도나무 열매에는 대지의 자양분과 하늘의 태양이 서로 내밀하게 결합되어 있다. 물과 포도주에는 각각 하늘과 대지가 머문다. 단지에 담긴 술은 죽어야 할 자들을 위한 음료이다. 술을 통해 갈증은 가시고 여가는 흥겨워지고 교제는 유쾌해진다. 그러나 술은 축성(祝聖)을 위해 바쳐진다. 이때 술은 불사의 신들에게 바쳐진 헌주(獻酒)이다. 이렇게 단지에는 대지와 하늘, 신적인 것들과 죽어야 할 자들이 동시에 머문다. 이 네 가지는 서로 내밀하게 공속한다. 그것들은 모든 현성하는 것들에 앞서면서 하나의 사역으로 통일되어 있다.

전통 형이상학에서 모든 존재자의 궁극적 근거는 모든 존재자를 산출하는 최고의 존재자이다. 모든 존재자는 이 최고의 존재자에 의해 산출되기에 최고의 존재자의 지배 아래 있다. 근대 이전의 전통 형이상학에서 최고의 존재자는 신이었다. 세계와 사물의 차이를 망각한 후, 인간은 신과 같은 최고의 존재자에 의존함으로써 존재자 전체의 한가운데에서 자신의

---

18 하이데거 전집 7권 *Vorträge und Aufsätze*, 170쪽 참조.

19 하이데거 전집 7권 *Vorträge und Aufsätze*, 157쪽 이하 참조.

안전을 확보하려고 한다. 형이상학에서 문제가 되는 것은 결국 인간의 안전 확보다. 근대에서는 신이 아니라 인간 주체가 최고 존재자의 자리를 차지함으로써 모든 사물을 스스로 산출하고 지배할 수 있는 위치에 서려고 한다.

전통 형이상학에서와 달리 하이데거가 말하는 사역으로서의 세계에는 인간과 인간 이외의 모든 존재자 사이의 위계질서가 존재하지 않는다. 모든 사물은 세계를 집수하는 것으로, 세계는 각 사물에게 그것의 고유한 본질을 선사하는 것으로 존재한다. 이러한 세계에서는 존재자들 사이의 위계가 존재하지 않으며, 각 사물은 고유한 방식으로 세계를 집수하는 모습으로 존재한다. 여기서 인간은 존재자들을 지배하는 주체가 아닌 세계와 사물들을 각각의 고유한 본질로 해방시키는 현-존재로서 존재한다.

따라서 사람들에게 촉구되는 것은 사물에 대한 지배가 아니라 사물에 대한 외경(Scheu)과 감사다. 사물은 세계라는 심연을 집수하며 그 자체로 세계의 깊이를 간직한다. 세계는 사물을 통해 존재하기에 세계를 사랑한다는 것은 사물을 사랑한다는 의미다. 또한 하이데거는 인간의 본질을 사역으로서의 세계가 존재자 안에 현성하게 하는 것으로 본다.

하이데거의 자연 개념을 니체의 자연 개념과 대비할 때 무엇보다도 눈에 띠는 것은 사역을 구성하는 두 요소인 신적인 것들과 죽을 자들로서의 인간이다. 니체가 미래의 신으로 디오니소스를 생각할 때 그 신은 우주적인 힘으로서 창조와 파괴를 거듭하는 세계 자체다. 그 신은 그리스도교적인 인격신과 전적으로 다르다. 하이데거가 신적인 것으로 무엇을 염두에 두는지는 상당히 애매하다. 그럼에도 하이데거가 신적인 것들에 대해 말하고 이와 대비해 죽을 자로서의 인간에 대해 말할 때 하이데거는 초월적이고 인격적인 신적인 존재를 말한다고 여겨진다. 신적인 것과 대비해 인간을 죽을 자로서 규정하는 데서 볼 수 있는 것처럼 하이데거는 신의 특징을 무엇보다도 불사성에서 찾는 듯하다. 이때 인간은 죽을 자로서 무엇

보다 유한성에 의해서 특징 지어진다. 인간은 유한한 자로서 신적인 것과 대지와 하늘과 관계한다.[20]

그러나 하이데거가 인간의 유한성을 말할 때 그것은 전통 형이상학에서처럼 인간의 삶이 언젠가는 사멸에 처할 것이라는 부정적인 함의만 갖는 게 아니다. 하이데거가 인간을 죽을 자로서 규정하는 이유는 인간이 동물과 달리 죽음을 죽음으로 인수할 수 있기 때문이다. 동물과 달리 인간은 죽음을 문제 삼으며 이를 통해 자신의 삶 전체의 의미도 문제 삼을 수 있다. 하이데거는 인간의 본질을 '자신의 존재를 문제 삼는 존재'라는 의미의 실존에서 찾지만, 인간이 자신의 존재를 문제 삼을 수 있는 것은 자신의 죽음을 문제 삼을 수 있기 때문이다.

후기 하이데거에서 죽음은 존재의 은닉처(Gebirge)로 사유된다.[21] 인간은 죽음을 인수함으로써 자신이 존재 전체에 대항하는 주체라는 생각을 버리고 존재 전체에 내맡겨져 있음을 자각한다. 그는 존재 전체를 자신의 지배 아래 두려는 의도를 버리고 존재 전체가 존재자들을 통해 자신을 드러내는 데 기여하는 현-존재가 된다. 인간이 진정하게 죽을 수 있다는 것은 인간이 현-존재가 된다는 것을 의미한다.

하이데거에서 인간에게 문제가 되는 것은 인간의 자기고양과 자기강화가 아닌 존재 전체가 존재자들에 깃들도록 돕는 것이다. 그리고 이를 통해 인간은 자신의 고유한 존재를 구현한다. 대지와 하늘, 그리고 신에게 감사하면서 다른 인간들을 각자의 고유한 죽음으로 인도하는 것이 바로 하이데거가 보기에 인간이 실현해야 할 삶의 태도다.

따라서 후기 하이데거에서 지배하는 정조는 존재 전체와 존재 전체를 집수하는 것으로서 구체적인 사물들 하나하나에 대한 감사와 경외이다.

---

20 하이데거 전집 7권 *Vorträge und Aufsätze*, 171쪽 참조.

21 하이데거 전집 7권 *Vorträge und Aufsätze*, 171쪽 참조.

하이데거에게 사유는 감사인 것이다. 반면 니체에서 지배적인 정조는 우주적인 힘의 유희를 흔연히 견뎌내면서 긍정하는 자신의 힘에 대한 자부심이다. 하이데거의 자연에는 니체에서와 같이 힘들의 투쟁을 통한 존재자들 간 위계질서가 존재하지 않는다. 거기서는 모든 사물들이 세계를 집수하는 것으로서 고유한 의미를 갖는다. 후기 하이데거에서 자연은 니체에서와 달리 사역으로서의 세계를 구성하는 네 가지 기둥이 서로 조응하고 모든 존재자가 서로 조응하는 자연으로서 사유된다.

3) 자연관의 차이

후기 하이데거와 니체의 자연 개념 간 근본적인 차이는, 무엇보다 니체가 자신의 자연 개념을 그리스도교와의 대결을 통해 형성하는 반면 하이데거의 자연 개념은 그리스도교적인 신비주의를 상당 부분 계승하는 데서 비롯된다고 생각된다.

그리스도교에서 자연은 신의 피조물로서 인간이 지배하고 다스려야 할 것으로서 사유된다. 여기서 인간은 신의 형상을 닮은 자들로 서로 평등하며, 사물들은 인간을 위한 것으로 사유된다. 그리스도교에서 자연은 신중심적으로 사유되는 것 같지만 사실 인간중심적으로 사유되는 것이다. 니체는 이러한 자연관을 원래 그대로의 자연을 왜곡하는 것이라고 보았다. 사물들은 인간을 위한 것이 아니며 그 자체로 자신의 힘을 추구할 뿐이다. 아울러 인간들 사이의 관계도 결코 평등하지 않다. 인간들은 태어날 때부터 탁월성에 서로 다른 소질을 가진다. 그리스도교의 평등주의적 인간관은 범용한 약자들이 자신의 이해를 관철하기 위해 만든 허구에 불과하다.

니체의 자연관이 그리스도교의 평등주의적 인간관과 인간중심적 자연관에 대한 적대의식으로부터 비롯된 것인 반면, 하이데거의 자연관은 그리스도교 신비주의를 상당 부분 계승하는 것 같다. 이러한 그리스도교 신비주의는 모든 사물을 신적이고 자기 목적적인 것으로 보며 인간 사이뿐 아니라 인간과 사물 사이에도 어떠한 위계질서를 상정하지 않는다. 이는 무엇보다 하이데거가 『근거율』에서 그리스도교 신비주의자인 안겔루스 질레지우스의 시를 긍정적으로 인용하는 데서 볼 수 있다.[22] 그렇다고 해서 후기 하이데거 사상이 그리스도교 신비주의와 전적으로 동일한 것은 아니다. 세계를 사역으로 보는 그의 세계 개념은 그리스도교 신비주의보다 횔덜린이나 독일의 낭만주의에 기원을 둔다.

하이데거와 니체는 모두 자신이 그리스적인 자연 개념을 계승한다고 보았다. 하이데거는 그리스의 자연 개념과 관련해 세계와 존재자가 자신의 고유한 진리를 스스로 드러내는 퓌지스나 알레테이아를 가장 중시한다. 이에 반해 니체는 선의의 경쟁이나 악의적인 시기심까지 포함하는 '에리스'를 가장 중시한다. 나는 여기에서 하이데거와 니체의 자연 개념 중 어느 것이 보다 그리스의 자연 개념과 더 가까운지 평가하지는 않겠다. 이는 나의 능력 밖이다.

그럼에도 그리스 사회가 소수의 자유인과 70퍼센트 이상의 노예로 구성되었다는 것, 그리고 그 사회에서는 무엇보다 전사의 용기가 가장 중요한 덕목으로서 존중된다는 점을 고찰할 때, 니체의 경우가 그리스에 더 가깝지 않을까 추측해 본다. 후기 하이데거의 자연 개념은 그리스도교가 서양의 역사에 일으킨 정신적인 대혁명을 수용한다고 생각된다. 그리스도교가 대두하기 전에 노예제도는 자명한 것이었다. 후기 하이데거는 모든 인간이 신 앞에 평등하며 인간뿐 아니라 모든 사물도 신에서 나온 이상 모두 신적인 성격을 갖기에 경외해야 할 존재라는 그리스도교의 신비주의 사상

22 하이데거 전집 8권 *Was heißt Denken?*, 69쪽 참조.

을 수용한다고 볼 수 있다.

하이데거가 이상적으로 여기는 인간은 자연을 여여(如如)하게 바라보고 그것에서 발해오는 성스러운 빛을 감득할 수 있는 횔덜린과 같은 시인일 것이다. 이에 반해 니체가 이상적으로 여기는 이른바 초인은 아리스토텔레스가 말하는 '긍지에 찬 인간'에 가까울 것이다.[23] 이러한 인간에게는 자연도 횔덜린이 본 것과는 달리 보일 것이다. 니체가 말하고 싶었던 자연도 바로 이러한 '긍지에 찬 인간'에게 보인 자연이 아닐까? 아리스토텔레스는 '긍지에 찬 인간'을 이렇게 묘사한다.

> '긍지에 찬 인간'은 자신이 고귀하고 탁월한 가치를 갖는 자라고 생각하는 사람이자 고귀한 가치를 갖는 사람이다. 이에 반해 고귀한 가치도 없으면서 자신이 그러한 가치를 갖는다고 생각하는 자는 교만한 사람이며, 자신이 실제 갖는 가치보다 더 작은 가치를 갖는다고 생각하는 사람은 비굴한 사람이다. 그리고 별로 탁월하지 않은 사람이 자신을 탁월하지 않은 인간으로 인정하는 경우에 그는 겸손한 사람이지만 긍지가 있는 사람은 아니다. 왜냐하면 긍지에는 위대한 태도가 속하기 때문이다.
>
> [···]
>
> 긍지에 찬 사람은 자신이 가장 고귀한 것에 상응하는 가치를 갖는다고 생각하기에 그에게는 외적인 선 중에서 오직 하나만이 관심 대상이다. 그것은 바로 명예이다. 그는 훌륭한 사람들이 내리는 커다란 명예

23 로버트 솔로몬 역시 니체의 철학을 덕에 대한 아리스토텔레스 철학과 상통한다고 보면서 니체의 초인은 아리스토텔레스가 말하는 '긍지에 찬 인간'과 가깝다고 말하고 있다. Robert C. Solomon, "A More Severe Morality: Nietzsche's Affirmative Ethics", in: Charles Guignon(ed), *The Existentialists: Critical Essays on Kierkegaard, Nietzsche, Heidegger, and Sartre*, Rowman & Littlefield, 2004. 65쪽 참조.

는 그에게 합당하거나 아니면 [그가 받아야 할 것에] 미치지 못하기 때문에 흔연히 받아들일 것이다. 미치지 못한다고 하는 이유는 최고의 탁월성을 갖춘 인간에게 그에게 합당한 명예는 존재하지 않기 때문이다. 그럼에도 그는 사람들이 그 이상으로 가치 있는 것을 줄 수 없기에 그들이 주는 명예를 받기는 할 것이다. 반면 무가치한 인간들이 사소한 이유로 주는 명예를 그는 멸시하는 태도로 대할 것이다. 그것은 그의 진가에 합당한 게 아니기 때문이다. 그의 명예를 손상시키려는 행위에 대해서도 그는 똑같이 경멸하는 태도를 취할 것이다. 그것은 그에게는 근거 없는 모욕에 불과하기 때문이다.

긍지에 차 있는 인간은 명예에 관심을 갖지만 부, 권력, 그리고 어떠한 종류의 성공과 실패에 대해서도 자신의 고귀한 품격에 적합한 태도를 취할 것이다. 성공했더라도 그는 지나치게 기뻐하지 않을 것이며, 실패했더라도 지나치게 슬퍼하지 않을 것이다. 왜냐하면 그에게는 명예도 사소한 것이기 때문이다. 타인의 인정을 받고 안 받고에 좌우되는 것을, 다시 말해 명예의 노예가 되는 것을 그의 고귀한 품격은 허용하지 않는다. 사람들은 명예를 획득하기 위해 권력이나 부를 추구하지만, 이 명예도 사소한 것으로 생각하는 사람에게는 다른 모든 게 어떠한 가치도 갖지 않는다. 따라서 그들은 교만해 보인다.

[…]

긍지에 찬 인간은 약간의 일만 자신의 고귀함에 상응하는 것으로 생각하기에 사소한 일 때문에 위험에 뛰어든다거나 위험 자체를 좋아하지는 않지만, 위대한 것을 위해서라면 위험을 두려워하지 않는다. 그는 생존을 절대 가치로 생각하지 않기에 위험에 뛰어들지 않으면 안 될 때에는 생명을 아끼지 않는다. 그리고 그는 사람들이 명예를 겨루는 경우나 다른 사람들이 최우위를 점하는 경우에는 뛰어들지 않으며, 높은 명예나 위대한 명분이 걸려 있는 경우가 아니면 조용히 지켜보는 자세를 취한다. 그는 좀처럼 어떤 일에 착수하지 않지만, 한다면 위대한 일을 행한다.

그는 다른 사람들에게 혜택을 주는 것을 좋아하며 그 자신이 혜택을 받으면 수치스럽게 생각한다. 왜냐하면 혜택을 준다는 것은 우월한 인간에게 적합하며 혜택을 받는 것은 열등한 인간에 적합하기 때문이다. 그가 혜택을 받을 때 그는 더욱 많은 것으로 보답한다. 이를 통해 혜택을 준 사람이 오히려 혜택을 더 많이 받은 것이자 그에게 빚을 진 셈이 되기 때문이다. 긍지에 찬 인간은 자신은 전혀 또는 거의 남의 도움을 청하지 않으면서도 기꺼이 다른 사람들을 돕는다.

긍지에 찬 인간은 높은 위치에 있는 사람이나 부유한 사람에게는 위엄 있고 당당한 태도를 취하지만 보통 사람들에게는 겸손한 태도를 취한다. 전자에게 우월한 태도를 갖는 것은 어려운 일인 데 반해서 후자에게 우월한 태도를 갖는 것은 용이하기 때문이다. 또한 전자에게 당당한 태도를 취하는 것은 천하지 않지만 하층 사람들에게 그러한 태도를 취하는 것은 마치 약한 사람들에게 완력을 쓰는 것처럼 천하기 때문이다.

그는 자신의 증오와 사랑을 공공연히 표명한다. 왜냐하면 자신의 감정을 숨긴다는 것은 다른 사람들이 어떻게 생각할지 눈치 보면서 자신의 솔직함을 희생하는 비겁한 짓이기 때문이다.

그는 쉽게 찬탄하지 않는다. 그에게는 어떠한 것이든 위대하지 않기 때문이다.

그는 남의 소문을 말하지 않는다. 그는 자신에 대해서도 남에 대해서도 말하지 않는다. 그는 자기 자신에 대해서 찬양을 끌어내거나 다른 사람들이 격하되는 데 관심이 없기 때문이다. 동일한 근거로 그는 적에 대해서도 나쁘게 말하지 않는다. 위압을 드러내기 위해 굳이 하는 경우는 별도이지만.

그는 뒤끝이 없다. 아무것도 잊어 버리지 않는다는 것은 그의 본질에 합당하지 않다. 특히 불쾌한 일이 문제될 때 그는 그것을 간과해 버린다.
긍지에 찬 인간의 발걸음은 조용하고, 음성은 깊이가 있으며, 말하는 것도 침착하다. 왜냐하면 소수의 사항밖에 중요하게 생각하지 않는 사람은 성급하지 않으며 흥분하는 일도 거의 없기 때문이다. 반면 날카로운 고성과 빠른 발걸음은 사소한 것들도 중시하는 신경질적인 긴장에서 비롯된다.
긍지에 찬 인간은 이상과 같은 사람이다.[24]

6. 나가면서

니체가 말하는 초인은 생성 소멸하는 이 세계의 고통마저도 긍정하는 강인한 인간이다. 이러한 인간은 자신의 고통도 기꺼이 감수하면서 자신의 강함을 향유한다. 그것은 험준한 산을 오르고 나서 그 산을 정복한 자신의 강인한 힘을 즐기고 산을 흐뭇하게 내려다보는 한 인간의 모습에 비유할 수 있다. 그것은 자기 자신을 하나의 신적인 상태로 고양시킨 강한 인간만이 경험할 수 있는 희열이다.

이에 반해 하이데거는 인간을 철저하게 유한한 존재로 본다. 니체가 초인이 거주하는 세계로 어떠한 의미도 목적도 없이 생성과 소멸을 영원히 거듭하는 곳을 내세우는 반면, 하이데거는 본래의 세계, 즉 퓌지스로서의 세계를 하늘과 대지, 그리고 신과 인간이 서로 어울리는 공간으로 이해한다. 이러한 세계에서 인간은 불사의 신에 반해 죽어야 할 유한한 존재(das Sterbliche)다. 이에 반해 하늘과 대지 그리고 산과 강은 일종의 반신(半

24 Aristoteles, *Nikomachische Ethik*, 1123b-5a, 『니코마코스 윤리학』, 여기서는 Reclam판, *Nikomachische Ethik*을 참고했다.

神)으로, 각 사물 역시 신과 하늘과 대지, 그리고 인간을 집수(集収)하는 성스러운 것으로 나타난다. 인간은 자신이 살고 있는 세계와 사물의 성스러움을 경험할 수 있는 존재다. 바로 여기에 인간의 인간됨이 존재한다.

이러한 세계와 사물에 대해서 인간이 가져야 하는 태도는 경외와 감사로 그 안에서 세계와 사물은 성스러운 것으로 나타난다. 하이데거에서 현대기술문명의 위기는, 세계와 존재자는 인간이 그것을 지배함으로써 인간의 권력의지를 강화하기 위한 수단으로 전락해 성스러운 차원이 사라졌다는 데에 있다. 근대문명에 대한 하이데거의 우려는 인간이 자신의 유한성을 망각하고 본질적으로 존재자 전체에 대한 경건함(Frömmigkeit)을 상실한 것에서 비롯된다. 이 점에서 하이데거는 고귀하고 강인한 정신력을 갖춘 위인보다 소박한 영혼을 가진 농부를 찬양한다. '한 사람의 기원이 그 사람의 장래를 결정한다'는 하이데거의 말처럼 가톨릭의 신학도였던 하이데거의 사유 도정은 신과 존재자 전체에 대한 경건함과 감사를 설파하는 것으로 끝난다.

이에 반해 근대문명에 대한 니체의 우려는 인간이 물질적인 안락에 연연해 하는 말세인이 되고 있으며, 이와 함께 강인하고 고귀한 정신력을 갖춘 인간들이 소멸한다는 데 있다. 근대 말세인들에 반해 니체는 나폴레옹, 시저, 그리고 괴테, 스피노자 등을 내세운다.

우리는 이상에서 니체와 하이데거 간 차이를 고찰해 보았다. 앞서 언급했지만 나는 니체를 현대기술문명을 정초하는 사상가로 보는 하이데거의 입장은 상당히 극단적이라고 생각한다. 그럼에도 니체가 종국에는 그리스 문화보다 로마제국에 더 끌리면서 소크라테스 이전의 그리스가 아닌 로마제국을 자신의 지향점으로 삼는다는 하이데거의 지적은 일리가 있다고 생각한다. 하이데거는 니체의 사유가 본질적으로 그리스인, 특히 헤라클레이토스와 같은 소크라테스 이전의 철학자들을 통해 규정되었다는 오늘날에도 널리 퍼져 있는 견해를 비판하면서, 니체는 훨씬 명확히 자신과 그리스인의 관계를 통찰했다고 말한다. 이와 관련해 하이데거는 니체의 말기 저술 중인 『우상의 황혼』에 수록된 다음 문구를 인용한다.

> 그리스인에게서는 나는 위에서 말한 것과 유사한 인상을 받은 적은 한 번도 없다. 그리고 솔직히 말하자면, 그리스인은 우리에게 로마인이 가질 수 있는 의미와 동일한 의미를 가질 **수** 없다. 그리스인에게서는 **배울** 것이 없다.[25]

하이데거에 의하면, 말기의 니체는 자신의 '힘에의 의지의 형이상학'이 제휴할 수 있는 것은 로마의 정신과 마키아벨리의 『군주론』뿐임을 명확히 인식하고 있었다. 또한 하이데거는 그리스인 중에서 니체에게 본질적인 의미를 갖는 사람은 펠로폰네스전쟁을 사유했던 역사 사상가 투키디데스뿐이었다는 사실을 지적한다.

> 그 모든 플라톤주의로부터 나를 회복시키고 **치료한** 것은 항상 **투키디데스**였다.[26]

니체는 자신의 최후 저작인 『안티크리스트』에서 로마 문명을 유럽이 앞으로 계승해야 할 것으로 보면서 로마 문명의 업적이 그리스도교 문명에 의해 파묻힌 것을 다음과 같이 안타까워한다.

> 청동보다 오래 존속하는(aere perennius) **로마제국**(Imperium Romanum)

---

25 프리드리히 니체, 『우상의 황혼』, 박찬국 옮김, 아카넷, 2015, 167쪽. 강조는 니체에 의한 것이다.

26 프리드리히 니체, 『우상의 황혼』, 169쪽.

> 은 어려운 조건들 아래에서도 지금까지 이룩된 것 중에서 가장 위대한 조직 형태였으며, 그에 비하면 그 이전의 모든 것, 그 이후의 모든 것은 미숙하고 서투르며 아마추어적인 것이다. [그런데] 저 성스러운 무정부주의자들은 게르만족들과 그 밖의 조야한 민족들이 지배자가 될 수 있을 때까지 그 '세계'를, **즉** 로마제국을 돌 하나 제대로 남겨 놓지 않고 다 파괴하는 것을 일종의 '경건한 행위'로 삼았다. 그리스도교인과 무정부주의자: 그들은 둘 다 데카당들이며 둘 다 해체시키고 오염시키고 위축시키는 일밖에는 하지 못하며 둘 다 **흡혈귀**이다. 그리고 그것들은 둘 다, 일체의 서 있는 것, 위대하게 존립하는 것, 지속성을 갖는 것, 삶에 미래를 약속하는 것 모두를 **극렬하게 증오하는** 본능을 가지고 있다. 그리스도교는 로마제국의 흡혈귀였다.—위대한 문화의 건설에는 **오랜 시간이 걸리는** 법이지만 이러한 문화를 건설하기 위해 그 터전을 닦고 있던 로마인들의 거대한 사업을 그리스도교는 하룻밤 사이에 파괴하고 말았다.[27]

아울러 니체는 유럽이 앞으로 계승해야 할 로마 문명의 강점으로 "사실에 대한 감각, 고결한 본능과 취미, 방법적 탐구, 조직과 통치의 천재, 인간의 미래에 대한 신념과 의지"을 든다.

> 그리스인들은 무엇을 위해 존재했던가? 로마인들은 무엇을 위해 존재했던가?—학식 있는 문화를 위한 모든 전제 조건, 모든 과학적 **방법**이 이미 그곳에 있었다. 훌륭하게 읽을 줄 아는 저 위대하고 비할 바 없는 기술이 이미 확립되어 있었다.—문화적 전통을 위한, 학문의 통일을

27 프리드리히 니체, 『안티크리스트』, 149쪽 이하.

> 위한 전제 조건은 이미 확립되어 있었던 것이다. 자연 과학은 수학과 역학과 결합되어 탄탄대로를 걷고 있었다.—모든 감각 중에서 가장 나중에 개발되었고 가장 가치 있는 감각인 **사실에 대한 감각**은 이미 수백 년의 전통을 가진 여러 학파들을 거느리고 있었다! […] 그리스인들이! 로마인들이! 고결한 본능과 취미, 방법적 연구, 조직과 통치의 천재, 인간의 미래에 대한 신념과 **의지**, 로마제국으로 가시화되었고 모든 감각에 나타났던 모든 것에 대한 위대한 긍정, 단순한 기술(技術)이 아니고 현실, 진리, **삶**이 되었던 위대한 양식, 이 모든 것이 부질없는 것이 되고 말았다.[28]

이와 함께 니체는 인류의 힘을 고양하기 위해서는 자연지배가 필요하다면서 다시 한 번 로마인을 근대인이 본받아야 할 이상으로 내세운다.

> 인류는 자연지배를 통해 필요한 것보다 더 많은 힘을 획득하게 될 것이다. 예술작품을 창작하는 대신에 사람들은 자연을 수백 년의 노동을 통해서 아름답게 완성할 것이다. 건축의 시대가 올 것이고 로마인들처럼 거대한 건축물을 건립할 것이다. 그리고 이를 위해서 사람들은 아시아의 후진적인 민족들을 노동자로 사용할 것이다. 이러한 미래를 준비하기 위해서 우리는 불만분자들이나 염세주의자들을 제거해야만 한다.[29]

인간의 천민화가 진행되는 근대에 니체가 다시 회복하려는 덕은 "긍

28 프리드리히 니체, 『안티크리스트』, 153쪽.

29 Friedrich Nietzsche, *Nachgelassene Fragmente Anfang 1880 bis Frühjahr 1881*, Nietzsche Werke, Kritische Gesamtausgabe, V-1, De Gruyter, 1971, 465쪽.

지, 거리를 두는 파토스, 큰 책임, 원기 발랄함, 멋진 야수성, 호전적이고 정복적 본능, 열정과 복수와 책략과 분노와 관능적 쾌락과 모험과 인식의 신격화"[30]이다. 이러한 덕이야말로 로마인이 구현하고자 했던 것들이다.

이상의 고찰에 입각해 우리는 니체를 서양 형이상학의 완성자이자 현대기술문명의 정초자로 보는 하이데거의 해석을 수용하지 않더라도 니체와 하이데거 사이에 거리가 얼마나 큰지 잘 알 수 있다.

---

30 프리드리히 니체, 『유고 1887년 가을-1888년 3월』, 니체 전집 20권, 백승영 옮김, 책세상, 2004, 481쪽.

후설과 하이데거의 진리 개념*

1. 들어가면서

전통적으로 진리는 판단에 존재한다고 여겨져 왔다. 진리는 존재자와 일치하는 판단을 의미한다는 것이다. 근대철학에서는 이것을 판단내용으로서의 주관적인 표상이 존재자라는 객관과 일치하는 것으로 파악했고, 서로 전혀 성격이 다른 주관적인 표상과 객관의 일치가 어떻게 가능한지가 문제였다. 객관과 주관적인 표상이 일치하는지 알기 위해서는 객관을 인식해야 한다. 그러나 존재자에 대한 우리의 판단이 항상 주관적인 표상을 갖는 데 지나지 않는다면, 객관에 대한 인식도 사실은 주관적인 표상을 갖는 것에 불과하다. 따라서 이 경우 우리가 주관적인 표상과 객관의 일치라고 생각하는 것은 주관적인 표상들 사이의 일치에 불과하며, 주관적인 표상과 객관의 일치는 불가능해진다.

이에 근대철학은 주관적인 표상과 객관이 어떻게 일치할 수 있는지 다양한 방식으로 해석해 왔다. 데카르트는 그 근거를 신에서 찾았고, 칸트

---

* 「하이데거의 실존적 진리개념에 대해서」(『현대유럽철학연구』 13호, 2006)를 수정·보완하였음.

는 초월적 존재를 끌어들이기를 거부하며 경험적인 주관과 경험적인 객관을 포괄하는 초월론적인 통각에서 찾았으며, 헤겔은 경험적인 주관과 경험적인 객관을 포괄하면서 그것을 통해서 자신을 전개하는 절대정신에서 찾았다.

이에 반해서 하이데거는 판단과 대상 사이의 일치의 근거를 '판단 작용이란 무엇인가'에 대한 현상학적 통찰에 의거해 해명하려고 한다. 그런데 판단 작용은 과연 근대 의식철학이 상정한 것처럼 존재자에 대해 하나의 주관적인 표상을 갖는 것을 의미하는가? 이 경우에는 앞서 본 것처럼 판단은 항상 주관적인 표상을 넘어설 수 없다. 이와 함께 이러한 주관적인 표상이 어떻게 객관을 그대로 반영할 수 있는가라는 문제가 제기될 수밖에 없다. 이에 대해 하이데거는 판단 작용을 존재자에 대한 주관적인 표상을 갖는 것으로 보는 근대철학의 근본 전제가 근본적으로 잘못 되었다고 본다. 그는 판단과 대상의 일치를 주관적 표상과 대상의 일치로 보면서 이렇게 전혀 성질을 달리하는 두 가지가 어떻게 서로 일치할 수 있느냐는 근대철학의 물음은 판단 작용의 본질에 대한 오해에서 비롯된 사이비 문제라고 본다.

진리 문제와 대결하면서 하이데거는 그동안 자명하게 전제되었던 모든 것을 근저에서부터 다시 검토한다. 이 작업은 다음과 같은 근본적인 물음을 통해 규정된다. 판단 작용은 존재자에 대해 주관적인 표상을 갖는 것이 아니라 현존재가 존재자 자체와 관계하는 하나의 방식으로 존재자를 그 자체로 드러내는 것을 지향하는 게 아닌가? 그리고 어떤 판단이 진리라면 우리는 그 판단이 담는 주관적인 표상과 존재자의 일치를 진리라고 부르는가? 오히려 존재자 자체를 드러내려는 판단이 지각 내지 직관을 통해 입증되었을 때 그 판단을 진리라고 부르는 게 아닌가?

또한 전통적으로 진리의 장소는 판단으로 간주되었는데 과연 그러한가? 오히려 우리는 판단 이전에 망치를 사용하며 햇볕을 쬘 때처럼 존재자를 사용하고 존재자와 온몸으로 접하면서, 존재자들이 무엇인지를 이미 이해하는 게 아닌가? 달리 말해 우리는 망치를 사용하면서 이미 망치를 망치로서 발견하며(entdecken) 그 진리를 드러내는 게 아닌가? 판단을 통한 존재자의 개시는 이렇게 실천 차원에서 일어나는 존재자의 개시를 토대로 비로소 가능한 게 아닌가?

진리 문제에 대한 하이데거의 대결은 라디칼하기 그지없다. 그는 오랜 전통을 통해 자명한 것으로 전승되어 왔던 선입견에서 벗어나, 오직 사태 자체에 육박하는 현상학적 분석방법을 통해 판단 작용이 무엇이고, 진리란 무엇이며, 존재자에 대한 인식은 어떻게 해서 가능한지 해명하려고 한다.

하이데거는 초기에서부터 후기에 이르기까지 진리 문제와 대결해 왔다. 특히 그의 「진리의 본질에 대해서(Vom Wesen der Wahrheit)」는 하이데거의 사상이 초기와 후기로 나뉘는 기점을 형성한다고 할 정도로 큰 의미를 지닌다. 이에 이 글에서 나는 하이데거가 「진리의 본질에 대해서」에서 진리 문제에 대해 취하는 입장을 살펴보려고 한다.

2. 진리 문제와 후설의 지향성 개념

「진리의 본질에 대해서」를 집필하기 이전의 하이데거, 이른바 초기 하이데거는 자신 이전에 진리 문제를 해명하는 데 가장 큰 진전을 가져온 것은 후설의 『논리연구』라고 보면서 진리 문제에 대한 자신의 해명을 『논리연구』와의 대결을 통해 수행한다.

『논리연구』는 당시 유행하던 심리학주의와 대결해 논리학에 진정한 철학적 기초를 부여하고자 한 책이다. 그렇다면 먼저 후설이 심리학주의와 대결을 통해 어떻게 독자적인 진리 개념을 개척해 나가는지를 살펴보자.

논리학에서 심리학주의는 진리를 주어표상과 술어표상이 필연적이고 보편 타당하게 결합된 판단으로 본다. 그것은 참된 판단에서 나타나는 표상결합의 필연성이 우리의 심리적 경향성 내지 심리 법칙에서 비롯된다고 본다. 심리학주의에서는 모순율과 같은 사유 법칙이 갖는 타당성도 인간의 심리적 경향성에서 비롯된다고 간주된다. 이에 따르면 우리는 모순적인 판단을 할 수 없는 심리적 경향성을 가진다.

그런데 심리학주의의 가정이 맞는다면 논리적 사유 법칙이 갖는 필연성은 절대적이지 않고 가설적이다. 왜냐하면 우리의 심리적 경향성은 변할 수 있을뿐더러 2+2=5로 사유할 수밖에 없는 심리적 경향성을 갖는 인간종이 나타날 수도 있기 때문이다. 이런 의미에서 심리학주의는 종적인 상대주의이다. 심리학주의에서 참은 절대적이고 무조건적으로 참이 아니라, 해당 종의 심리적 기질과 사유경향에 따라서 참으로 간주된다.[1]

후설은 심리학주의가 심리적 사건으로서의 판단 작용과 판단이 지향하는 의미 사태 사이에 존재하는 근본적인 차이를 구분하지 않는다고 비판한다. 심리 법칙의 지배를 받는 심리적 사건은 하나의 자연 사건이지만 판단의 의미는 이념적인 존재라는 전혀 다른 성격을 갖는다. 따라서 판단 작용과 그것들이 일어나는 상황은 다양한 반면 판단을 표현하는 명제의 의미는 동일하다. '이 칠판은 검다'라는 명제의 의미는 누가 어떻게 판단하든 동일하다. 명제의 의미는 동일성과 지속성을 갖고 초시간적이라면 판단 작용은 시간적 사건으로 다양하며 임의적이다.

판단 작용과 판단이 지향하는 의미 사태를 구별하지 않은 결과, 심리학주의는 모순율의 의미를 완전히 전도하고 말았다. 사고 법칙으로서의 모순율은 모순적인 판단을 내리는 심리 작용들이 '서로 양립할 수 없다는

1 마르틴 하이데거, 『논리학: 진리란 무엇인가?』, 이기상 옮김, 까치, 2000, 49쪽 이하 참조.

것'을 의미하지 않는다. 모순율은 판단이 말하려는 사태들이 '서로 양립할 수 없다는 것'을 의미한다. 모순율은 사유의 불가능성이 아닌, 서로 모순되는 명제들, 즉 사유된 의미의 결합 불가능성을 의미한다. 또한 모순율은 타당한 명제들의 객관적·법칙적 결합 불가능성을 의미하지, 우리의 심리적 메커니즘이 모순된 판단을 할 수 없음을 의미하지 않는다. 그것은 심리적인 사실들로부터 끌어낸 일반적인 법칙이 아니다. 오히려 우리의 사유 일반이 타당한 사유가 되기 위해 따라야 할 이념 법칙이다. 다시 말해 모순율은 '서로 모순되는 명제들은 결합해서는 안 된다'라는 무조건적인 법칙이며, 사유가 타당한 것이 되기 위해 따라야만 하는 당위 법칙이다. 따라서 모순율은 인간 모두가 서로 모순된 명제들을 결합하지 않는 방식으로 사유한다는 것을 의미하는 게 아니다. 정신병자뿐 아니라 사실상 많은 사람이 종종 논리적 모순을 범하는 방식으로 사유한다. 그렇다고 모순율이 잘못된 것은 아니다. 오히려 사람들이 모순율을 위배하는 오류를 범하는 것이다.

심리학에 의해 발견된 심리적 경향성 내지 심리 법칙 역시 일종의 자연법칙으로 자연과학에 의해 발견된 모든 자연법칙과 마찬가지로 사실에 대한 관찰을 통해서만 파악할 수 있다. 심리적 경향성 내지 심리 법칙의 타당성은 무조건적이거나 필연적인 게 아니라 근본적으로 개연적이다. '그것은 지금까지의 관찰 경험이 추정된 법칙을 거슬리지 않는 한에서'만 타당하다. 반면 모순율과 같은 사유의 근본 법칙들은 심리적 사실들에 관한 게 아니다. 근본 법칙들은 사실을 통한 어떠한 확증이나 반증도 불가능하다.

근본 법칙들은 무조건적이고 필연적으로 타당하기에 후설이 이념화(Ideation)라고 부른 직관적 통찰을 통해 인식된다. 모순율 역시 그 자체로 타당하다. 따라서 그것의 타당성은 얼마나 많은 사람이 인정하고 그에 따라 사유하느냐와 무관하다. 모순율이 갖는 확실성은 직관적 통찰에 입각해 있는 필증적(必証的)인 확실성이다.

심리학주의는 이성과 정신에 대한 자연주의적 태도에 입각해 있다. 심리적인 것은 실재하는 존재로서 시간적인 것인 반면 명제의 의미는 이념적 존재로서 초시간적이다. 그럼에도 불구하고 심리학주의는 명제의 의미를 단지 심리적 실재로 본다. 그것은 비실재적이고 이념적인 것, 즉 명제의 내용 자체인 의미가 갖는 독자적인 존재 방식을 무시한다.

이상에서 확인한 것처럼 심리학주의에 대한 후설의 비판이 의거하는 결정적인 단서는 '동일성', '항구성', '보편성'이라는 삼중의 성격을 갖는 '이념적인 것'이라는 개념이다. 이런 맥락에서 후설은 플라톤적인 입장에 서 있다고 할 수 있다. 플라톤의 이데아는 동일하면서도 항구적이고 보편적인 것으로서 어떤 사물을 '무엇으로서' 규정하는 것이다. 플라톤이 감각적인 존재자들과 이데아를 이데아의 항상성과 동일성, 그리고 보편성을 근거로 삼아 구별하는 것과 마찬가지로, 후설 역시 판단 작용과 판단의 의미내용을 의미내용이 갖는 항상성과 동일성, 그리고 보편성을 근거로 구별하는 것이다.

하이데거에 따르면, 판단의 의미 내용이라는 이념적 존재와 판단이라는 사실적 존재를 구분함으로써 심리학주의를 극복하려는 후설의 시도는 무엇보다 로체의 타당성 이론에서 영향받은 것이다. 로체는 이념적 존재를 '타당성'이라고 부르면서 사실적인 존재와 구분한다. 로체는 진리를 참인 명제 혹은 타당성으로 간주한다. 로체가 이념적 존재라는 말 대신 타당성 개념을 사용 이유는 그가 존재를 좁은 의미로 사용하기 때문이다. 즉 그는 감각적으로 지각될 수 있는 존재자에 대해서만 '존재한다'는 표현을 쓸 수 있다고 생각하는 것이다. 하이데거는 로체가 존재를 좁은 의미로 사용하는 이유를 그가 자연과학의 영향에 압도된 데서 찾는다. 하이데거는 로체가 '존재'라는 유서 깊고 고귀한 용어를 사실적인 존재, 즉 현실성(Wirklichkeit)과 동일한 의미로 사용한 것은, 그가 자연주의의 지배에서 벗

어나려고 했으면서도 궁극적으로는 그것에 사로잡혀 있었다는 사실을 입증한다고 본다.[2]

하이데거는 로체가 제시한 타당성은 다의적인 의미를 갖기에 1920년대에 일종의 마술적 단어가 되었다고 본다. 사람들은 논리학에서뿐 아니라 윤리적 타당성, 미학적 타당성에 대해서도 말했다.[3] 그러나 하이데거가 보기에 이러한 사태는 타당성이 지닌 다의성에서 비롯되는 혼동과 당혹, 그리고 독단의 표현일 뿐이다.

일차적으로 타당성은 '시간적인 변화에서 벗어나 동일하게 상주하며 내적인 직관에 의해 파악 가능한 것'을 의미한다. 동일하게 상주하는 것은 예외 없이 필연적으로 타당하다. 그리고 이것은 사실적인 세계가 아닌 오직 의식 내부에만 존재한다. 의식 내부에 동일하게 상주한다는 의미의 타당성은 두 번째로 '의식에 대해 독립적으로 존재하는 사물들의 법칙성'을 의미한다. 다시 말해 타당성은 실제 객체들에 대한 타당성, 즉 객관적 타당성을 의미한다.

그러나 객관적인 타당성은 그것이 사물들에 일치한다는 사실에 근거하는 게 아니라 의식 내 확고하고도 불변적인 법칙의 존립에 근거한다. 그것은 의식의 구성 요소로서 사물들에 타당하다. 또한 두 가지 의미에서 타당하다는 점은 인식하는 자 모두에 대해서도 타당함을 뜻한다. 즉 타당성은 세 번째로 보편 타당성을 의미한다. 어떤 명제가 타당한 것은 그것이 사물과 일치하기 때문이 아니라 그 자체로 긍정해야만 하기 때문이다. 따라서 객관적인 타당성과 보편 타당성은 궁극적으로 첫 번째 타당성에 근거한다.[4]

---

2 마르틴 하이데거, 『논리학: 진리란 무엇인가?』, 68쪽 이하 참조.

3 마르틴 하이데거, 『논리학: 진리란 무엇인가?』, 85쪽 참조.

4 마르틴 하이데거, 『논리학: 진리란 무엇인가?』, 87쪽 참조.

이상에서 보았듯이 이념적인 존재와 사실적인 존재를 구분함으로써 심리학주의를 극복하려는 후설의 시도는 존재의 영역과 타당성의 영역을 구분하는 로체에게 크게 영향을 받은 것이다. 따라서 로체의 타당성 개념에 의거한 후설의 심리학주의 비판은 로체가 말하는 타당성을 가치(Wert)라고 해석하는 하인리히 리케르트를 비롯한 신칸트학파가 수행한 심리학주의 비판에서 크게 벗어나지 않는다. 이 점에서 후설의 비판은 사실상 독창적이지 않다. 그러나 하이데거는 심리학주의의 극복과 관련해 후설이 독창적으로 기여한 점은 의식의 지향성 개념이라고 본다.

리케르트와 같은 신칸트주의자들은 심리적인 사유 작용과 사유된 이념적 내용 사이를 구분하는 것이 심리학이 야기할 수 있는 모든 혼란을 막고 논리학과 윤리학을 비롯한 철학에 독자적인 영역을 보장하기 위한 유일한 길이라고 믿었다. 이때 심리학은 자연과학과 마찬가지로 사실적인 존재와 관계하고, 철학은 타당성(Geltung)이라는 이념적 존재와 관계한다고 간주된다. 사유 작용은 실재하는 것으로서 시간적인 반면에, 사유된 것은 이념적 내용으로 초시간적이라는 것이다.

그런데 사실적인 자연 사건으로 사유함과 그것에 의해 사유되는 이념적인 내용은 어떠한 관계인가? 우리가 사유의 의미 내용, 즉 이념적인 것을 사유할 경우 그것은 사실인가? 그것은 이념적인 것과 사실적인 존재는 서로 절대적으로 분리된 것이라는 주장과 모순되지 않는가? 그렇지 않다면 사실적인 사유 작용이 이념적인 것이 되는가? 타당한 의미를 사유하는 작용은 분명히 존재한다. 그렇다면 그것은 어떤 종류의 존재인가? 그 존재는 사실적인 것과 이념적인 것을 통일한 존재인가?

이러한 문제는 판단 내용과 감각적인 사물 사이의 관계에 대해서도 제기될 수 있다. 판단 내용을 초시간적인 이념적인 것으로 볼 경우, 판단과 대상의 일치는 '이념적 판단 내용'과 '감각적인 사물' 사이의 일치를 뜻한다. 그런데 이러한 일치는 감각적인가 이념적인가, 그 어느 것도 아닌가? 이념적인 존재자와 감각적인 사물 사이의 관계는 존재론적으로 어떻게 파악해야 하는가? 여기서는 사실적인 것(감각적인 것)이 이념적인 것(비감각적인 것)에 어떻게 관계하느냐는 플라톤 이래의 문제가 새로운 형태로 제기된다. 이 문제는 2,000년 동안 서양의 사유를 사로잡은 문제이지만 아직도 해결의 실마리도 찾지 못한 채로 남아 있다.

그런데 이 문제는 애초에 사실적인 것과 이념적인 것을 존재론적으로 불명확하게 분리한 데서 비롯되는 것 아닌가? 실제 판단 작용에서는 사실적인 판단 작용과 이념적인 판단 내용을 분리할 수 없다. 인식을 판단 작용과 이념적인 내용으로 나눈 후 그것을 다시 그 둘의 접합으로 보는 것은 인식의 사실과 일치하지 않지 않는다. 심리학주의는 사유의 본질을 존재론적으로 밝히지도 못했고 그것을 밝히는 일이 중요한 문제라는 것조차 알지 못했지만, 판단 작용과 이념적 판단 내용의 분리를 거부한다는 점에서는 옳다. 하이데거는 사려 깊은 심리학주의는 이런 식의 구분을 통해 자신이 반박되었다는 점을 전혀 승복하지 않을 것이라고 말한다. 심리학주의는 이러한 구분을 통해 생생하고 구체적인 사유와 인식이 분해되고, 가장 현실적인 것인 생생한 사유 자체, 즉 인식하는 삶이 왜곡되고 있다고 항변할 것이다.[5]

리케르트를 비롯한 철학자들은 사실적인 존재자와 타당한 것, 시간적인 것과 초시간적 것의 구별이 자명하다고 전제함으로써 그러한 구별이 뿌리박고 있는 구체적인 인식 작용을 간과한다. 하이데거는 이러한 구분이 갖는 근본적인 문제는 사람들이 두 영역을 먼저 구성한 다음 그 둘 사이에 생기는 간격을 다시 다리 놓으려고 하는 데서 비롯된다고 본다. 우리는 이 두 영역의 틈새를 이어 줄 존재자를 찾아서는 안 된다. 오히려 우리는 이 두 영역을 가능하게 하면서도 그 양자를 분해 불가능할 정도로 근원

---

5 마르틴 하이데거, 『논리학: 진리란 무엇인가?』, 97쪽 참조.

적으로 결합하는 구체적인 사유 작용의 참된 본질을 탐구해야 한다.

하이데거는 후설이 의식을 지향적인 것으로 파악함으로써 구체적인 인식 작용의 본질을 파악하는 데 결정적인 기여를 했다고 본다. 우리의 심리 작용은 우선 의식 내부에 있다가 나중에 어떤 역학에 의해 외부의 어떤 것과 관계 맺는 게 아니다. 심리 작용은 항상 어떤 존재자를 향하는 것으로서 존재한다. 심리 작용은 사실적인 작용이면서도 이념적인 것과 본질적으로 연관되는 것이다. 아니 심리 작용은 그러한 지향 작용으로서만 '실재한다'.

따라서 심리학주의에 대한 참된 비판은 심리학 비판을 통해, 다시 말해 심리 작용의 본질에 대한 진정한 파악을 통해서만 가능하다. 이런 의미에서 하이데거는 심리학주의에 대한 후설의 비판에서 가장 중요한 것은 사실적인 사유 작용과 이념적인 의미 사이의 구분이 아니라 심리 작용의 본질을 새롭게 파악한 것이라 본다. 심리학주의를 배격해야 하는 이유는 심리학이 자신이 다룰 수 없는 것을 다루려고 했기 때문이 아니라, 심리학주의가 근본적으로 심리 작용의 본질을 오해하기 때문이다. 심리학주의는 심리 작용의 본질에 대한 실험 심리학의 전제를 자명한 것으로 받아들인다.[6]

이러한 통찰에 입각해 후설은 처음에 자신의 현상학을 '기술적 심리학'이라고 부른다. 이때 '기술(記述)'은 실험을 하지 않고 기술만 한다는 의미가 아니라 '사태 그 자체에로 되돌아간다'는 것을 의미한다. '의식 속에 항구적으로 주어진 이념적인 것에서부터 출발해 그러한 이념 내용이 어떻게 객관적으로 타당한가라는 문제로 나아가는' 로체식의 방법이 아니라, 타당성이나 비타당성은 전적으로 무시한 채 인식 작용 일반의 본질을 있는 그대로 파악하는 것이 후설의 과제가 되는 것이다.

---

6 마르틴 하이데거, 『논리학: 진리란 무엇인가?』, 103쪽 참조.

3. 진리 문제의 해명에 대한 지향성 개념의 기여

의식의 지향성에 대한 후설의 사상은 진리 문제를 해명하는 데 어떠한 방식으로 기여하는가? 우선 하이데거는 판단과 대상의 일치라는 전통적인 진리 개념을 타당한 것으로 수용한다. 그리고 판단과 대상의 일치가 사실 무엇을 의미하는지, 그리고 그것이 어떻게 해서 가능한지 묻는다.

판단과 대상의 일치는 어떤 것과 어떤 것의 관계라는 형식적 성격을 가진다. 그러나 모든 관계가 일치는 아니다. 예를 들어 기호는 기호에 의해 가리켜지는 것을 지시한다. 지시는 하나의 관계이지만, 기호와 기호에 의해 가리켜지는 것의 일치는 아니다. 또한 모든 일치가 진리의 정의가 말하는 판단과 대상의 일치를 의미하지도 않는다. 예를 들어 6이라는 수는 16-10과 일치한다. 두 수는 '얼마나 많은가'라는 면에서는 서로 일치한다. 일치에는 구조상 항상 '어떤 면에서'라는 것이 속한다. 판단과 대상은 어떤 면에서 서로 일치하는가? 그러나 이 양자 사이에는 일치할 수 있는 어떤 공통점이 존재하지 않는 것 같다.

그렇다면 우리는 어떤 의미에서 양자 사이의 일치에 대해 말할 수 있는가? 참된 판단이 판단 대상이 되는 사물과 일치한다고 할 때 이것은 두 사물이 형태가 동일하다는 식의 일치는 아니다. 판단의 존재방식과 사물의 존재방식은 전적으로 다르기에, 판단과 사물이 일치한다는 것은 서로 동일한 존재방식을 갖는 두 사물이 일치한다는 것과는 전적으로 다르다. 따라서 판단과 사물 사이에 성립하는 일치의 의미를 파악하기 위해 우리는 우선 판단과 사물 사이에 존재하는 관계의 본질을 파악해야 한다.

> 이러한 '관계'가 규정되지 않고 그것의 본질이 정초되지 않는 한, 일치의 가능성과 불가능성, 일치의 양식과 정도에 대한 모든 논쟁은 겉돌게 된다.[7]

판단과 대상 사이의 일치라는 관계는 판단이 진리로서 입증되는 '현상적 사태'에 입각해 해명되어야 한다. 그렇다면 어떤 판단 혹은 인식은 어떻게 진리로 입증되는가?

누군가가 벽에 등을 향한 채로 '벽에 걸려 있는 그림이 삐뚤어졌다'고 판단했다고 하자. 이 판단은 이 사람이 뒤로 돌아서 '벽에 삐뚤어지게 걸린 그림'을 지각할 경우 참으로 입증된다. 그런데 이 입증에서 입증되는 것은 무엇인가? 판단 내용과 벽에 걸린 사물과의 일치인가? 판단 내용이 무엇을 뜻하는지에 따라 그것은 그렇기도 하고 그렇지 않기도 하다.

판단하는 자가 그림을 지각하지 않고 단지 표상할 경우, 그는 심리학주의가 말하는 것처럼 심리 과정으로서의 표상 작용과 관계를 맺는 게 아니다. 또한 그는 신칸트학파나 로체가 주장하는 것처럼 '벽에 걸린 실제의 사물에 대한 주관적인 심상'이라는 의미에서 표상과 관계하는 것도 아니다. 오히려 그는 벽에 실제로 걸린 그림을 표상한다. 판단은 실제 사물에 대해 주관적인 표상을 갖는 것이 아니라 실제 사물에 대해 판단하는 것이다.

내가 어떤 것을 생각할 때 그것은 사람이나 창문 같은 실제 사물이지, 감각 내용이나 주관적인 표상이 아니다. 나는 나의 의식 속에 있는 표상을 보고, 그 표상을 '벽에 걸린 그림 자체'와 비교하는 게 아닌 것이다. 내가 어떤 사람에게 '내 뒤에 있는 칠판을 치워 달라'라고 할 경우, 나는 칠판 자체에 대해서 말하는 것이지 칠판의 표상에 대해서 말하는 게 아니다. 나는 칠판의 표상을 지워 달라고 말하지 않는다. 우리의 의식은 항상 이미 존재자 자체에 나가 있다. 이는 심오할 것도 없는 당연한 사실이다. 그러나 진리 문제와 관련해 전통적인 인식론이 빠진 혼란을 극복하기 위한 결정적인 단서다.

---

7 하이데거 전집 9권, *Wegmarken*, 183쪽.

따라서 지각을 통해 입증되는 것도 '판단에서 표상되었던 것 혹은 사념되었던 것이 그 자체로 존재하는 존재자라는 사실'이다. 다시 말해 입증되는 것은 '판단 작용이 존재자를 그것이 있는 그대로 발견했다'는 의미이다. 주관적인 표상이 서로 간에 혹은 실재하는 사물과 관계해서 비교되는 게 아니다.[8] '판단을 통해 존재자 자체가 발견됨'이 지각을 통해 입증되는 것이다. 이러한 입증은 '존재자가 지각을 통해 자신을 드러내는 것'을 근거로 수행된다. 그리고 이는 오직 '판단 내용이 참이라는 것을 입증하는' 지각 작용과 판단 작용이 존재자 자체의 발견을 지향하는 성격을 갖기 때문에만 가능하다.

따라서 '어떤 판단이 참되다'는 것은 그 판단이 '존재자를 그 자체에서 발견한다'는 뜻이다. 그것은 존재자를 있는 그대로 보여주는 것이다. 이와 관련해 하이데거는 아리스토텔레스를 비롯한 고대 그리스 철학이 진리에 대한 이러한 정의를 이미 예감했다고 본다. 즉 아리스토텔레스는 판단의 의미를 ἀποφανσις로서, 즉 '존재자를 은폐로부터 끌어내어 보여줌'으로 해석하는 것이다.

하이데거는 이제 판단과 대상 사이의 일치라는 전통적인 진리 개념을 존재자 자체에 대한 판단 내지 사념과 그것에 대한 직관의 일치라는 의미로 해석한다. 그것은 주체라는 존재자와 대상이라는 존재자의 일치가 아니라 동일한 주체에 의해 '사념된 것'과 '직관된 것'의 일치를 의미한다. 진리란 존재자에 대한 사념 혹은 판단이 존재자 자체에 대한 지각 내지 직관을 통해, 다시 말해 그 존재자를 내 눈앞에 명증적으로 봄으로써 입증되는 것이다. 이러한 직관을 통해 그 존재자에 대한 생각 내지 판단이 참된 것임이 증명된다. 이 경우 직관은 넓은 의미로 쓰인다. 어떠한 방식으로든

8 마르틴 하이데거, 『논리학: 진리란 무엇인가?』, 289쪽 참조.

존재자 자체를 생생하게 보는 것이 직관이다. 2+2=4 역시 하나의 직관, 즉 사념된 것 자체를 눈앞에 보는 것이다. 지각은 단지 넓은 의미의 직관 중 한 형태, 즉 감각적인 직관일 뿐이다.

진리를 판단과 존재자 자체의 일치로 보는 전통적인 진리 개념을 근대철학은 자기모순적인 소박실재론에 입각한 것으로 보며 비판했다. 즉 근대철학은 판단이 존재자와 일치하는지 비교하기 위해서는 존재자의 진상을, 즉 진리를 이미 알고 있어야 한다는 모순을 피할 수 없다고 말한다. 소박실재론에 대한 이러한 비판에서 우리는 객관과 철저하게 분리되어 존재한다고 전제된다. 그리고 이렇게 분리된 주체는 판단을 통해 객관과 관계를 맺으려 시도하지만, 객관과의 관계도 항상 또 하나의 주관적인 표상과의 관계일 뿐이라는 생각이 자명한 사실처럼 전제된다. 근대철학은 표상이 항상 심리적이고 주관적인 것이기에 물리적이고 객관적인 것과 '객관적인' 관계를 맺을 수는 없다고 본다.

그러나 지각을 사태 자체에 입각해서 볼 경우, 우리는 우리의 심리 안에 존재하는 주관적인 표상이 아닌 눈앞의 존재자 자체를 지각하는 것이다. 따라서 후설은 어떤 명제가 갖는 타당성을 로체나 리케르트 같은 철학자들과 정반대로 해석한다. 로체는 명제로부터 출발해 '어떤 명제는 타당하고 참이기에 존재자에 대해서 객관적으로 타당하다'고 말한다. 이에 반해 후설은 '어떤 명제가 존재자에 대한 직관을 통해 입증될 수 있기에 그것은 타당하며 참이다'라고 본다. 어떤 명제의 진리 여부는 그것이 직관될 수 있느냐 아니냐에 의존한다. 즉 전통적으로 진리의 장소는 명제 내지 판단으로 간주되어 왔지만, 진리의 장소는 오히려 직관인 것이다.

직관에 대한 폭넓고 근본적인 파악, 즉 직관을 존재자를 생생하게 제시하는 것으로서 파악함으로써 후설은 사태 자체에 입각해 진리 문제를 해명하는 데 크게 기여했다고 하이데거는 본다.

4. 후설 지향성 개념의 한계와 선술어적인 실천적인 진리

그러나 하이데거는 이렇게 판단 혹은 명제의 진리를 지각의 진리로 소급하는 것이 진리 문제에 대한 궁극적인 해명인지에 대해 의문을 제기한다. 지각의 진리는 최후의 근거가 아니라 하나의 근거 지어진 게 아닌지를 묻는 것이다. 하이데거는 이와 관련해 다음과 같이 묻는다. 진리는 왜 지각의 진리인가? 지각은 가장 근본적인 인식 방식인가?

후설은 존재자가 지각, 즉 '존재자를 단적으로 눈앞에 보는 것'을 통해 선술어적으로 드러난다고 생각한다. 이는 그가 술어적인 진리, 즉 '주어표상에 대한 술어표상의 결합(Vorstellungs-verbindung)'으로서의 명제 진리보다 더 단순한 것은 표상 결합 이전의 단적인 지각이라고 생각하기 때문이다.

이러한 지각은 실로 존재자를 관찰자의 눈앞에 대상으로서 갖기 위해서, 즉 대상화하기(Vergegenständlichung) 위해 요청된다. 그러나 대상화는 우리가 사물과 관계하는 가장 근본적인 방식이 아니다. 우리가 존재자를 눈앞의 대상으로서 주제적으로 지각하기 이전에, 존재자는 이미 존재자를 사용하고 향유하는 등 구체적인 삶의 행위를 통해 드러나 있다. 예를 들어 어떤 게 주사위로서 우리에게 일차적으로 드러나는 것은 주사위에 대한 지각을 통해서 아니라 주사위를 가지고 노는 행위를 통해서이다. 강의실에 들어와 책상에 앉을 때 나는 책상을 주제적으로 지각하지 않고 앉는다. 물에서 수영할 때 우리는 물을 주제적으로 지각하지 않으면서도 물과의 접촉을 즐긴다. 햇볕 아래서 젖은 몸을 말릴 때 우리는 그 행위 속에서 이미 태양이라는 존재자를 이해한다. 다시 말해 태양은 내가 그것을 대상화시켜 주제적으로 지각하기 전에 자신이 무엇인지를 드러낸다.

이런 의미에서 하이데거는 사물과 관계하는 우리의 구체적인 행동 자체가 이미 사물을 이해하며 사물을 드러낸다고 말한다.[9] 이렇게 우리는 진리를 이미 온몸으로 이해하기에 그것들을 주제적으로 대상화해 파악하지 않고서도 각각에 대해 상이한 태도를 취할 수 있는 것이다.

존재자에 대한 지각에서가 아니라 실천적인 삶의 차원에서 존재자가 이미 드러나 있기에 궁극적으로 존재자에 대한 이론적 판단도 가능해진다. 또한 그 판단이 올바른지 아닌지를 확인하기 위해 존재자에게 다시 귀환하는 것도 가능해진다. 존재자에 대한 이론적 판단은 생활세계 차원에서 비주제적으로 이미 드러나는 존재자 자체를 자신의 척도로 삼는 것이다.

예를 들어 태양에 대한 물리학적인 규정은 구체적인 삶의 차원에서 우리가 이미 가진 태양에 대한 이해를 전제한다. 태양에 대한 물리학적인 이론은 여러 가지가 있을 수 있겠지만 물리학자들은 기본적으로 태양이 무엇인지에 대해 공통된 합의를 갖는다. 최소한의 공통된 합의가 존재하지 않을 경우, 이들 간에 대화는 불가능할 것이다. 공통된 합의는 물리학자들도 생활세계를 사는 인간으로서 온몸으로 경험하고 느끼는 태양에 대한 이해를 통해서 마련된 것이다. 여기서 이해란 우리가 봄에는 온기를 즐기고 여름에는 열기에 얼굴을 찡그리고 가을에는 스산함을 통해 겨울에는 한기를 통해 온몸으로 느끼면서 비롯된 태양에 대한 이해이다. 생활세계에서 드러나고 이해되는 태양이야말로 바로 물리학적인 탐구가 시작하는 출발점이자 그것의 옳고 그름을 판정할 수 있는 척도다.

이런 의미에서 하이데거는 판단이 존재자와 일치할 수 있다는 것은 우리가 생활세계에서 이미 관계하는 존재자와 어떻게든 이미 일치했다는 것, 다시 말해 존재자가 우리에게 이미 드러나 있으며, 존재자와의 선술어적 만남이 이미 일정한 진리를 갖는다는 것에 근거한다고 말한다.

9 하이데거 전집 26권 *Metaphysische Anfangsgründe der Logik im Ausgang von Leibniz*, 159쪽 참조.

5. 근원적인 진리로서 현존재의 개시성

그런데 우리의 일상에서 존재자 중 어떤 것은 현존재의 목적에 합당한 것으로, 어떤 것은 현존재의 목적 실현에 방해되는 것으로 나타난다. 즉 우리의 일상에서 존재자는 도구적 성격을 갖는 것으로서 드러난다. 예를 들어 우리는 장도리는 못을 박기 위한 것'으로서', 옷걸이는 옷을 걸기 위한 것'으로서' 이해한다. 존재자에 대한 모든 종류의 이해가 존재자를 무엇으로서 이해하는 것이라면, 일상에서의 이해는 존재자를 '무엇을 위한 것'으로서 이해하는 것과 다름없다. 이러한 이해를 하이데거는 해석학적인 '으로서(das hermeneutisches Als)'라고 부른다. 이러한 해석학적 '으로서'와 달리 판단에서 존재자를 무엇으로서, 예를 들어 이 망치를 10킬로그램의 무게를 갖는 것'으로서' 객관적으로 파악하는 것을 하이데거는 명제적 '으로서'라고 부른다.[10]

존재자가 도구로서 드러날 경우, 그것은 자신의 존재 의미를 목적의 전체적인 지시 연관에서 갖게 된다. 예컨대 장도리는 못을 박기 위한 것이고, 못은 옷을 걸기 위한 것이며, 현존재가 못에 옷을 거는 것은 자신의 옷을 구겨지지 않게 잘 보관하기 위한 것이다. 장도리는 못을 지시하고, 못은 궁극적으로 옷을 잘 보존하려는 현존재의 관심을 지시한다. 모든 도구적 존재자는 목적 연관의 전체 안에서 자신을 특정 존재자로 드러내며 자신의 존재 의미를 획득하는 것이다.

따라서 어떤 존재자가 자신을 드러내기 위해서는, 목적 연관의 전체

---

10 동일한 말이 해석학적인 것으로서 혹은 명제적인 것으로서 이해될 수 있다. 예를 들어 '이 망치는 너무 가볍다'라는 말이 해석학적인 것으로서 이해될 때는 '이 망치는 이 대못을 막기에는 너무 가벼우니 다른 것을 달라'는 것을 의미한다. 반면 같은 말이 명제적인 것으로서 이해될 때는 '10킬로그램인 이 망치는 30킬로그램인 저 망치에 비해 너무 가볍다'라는 객관적인 명제의 성격을 갖는다.

가 개시되어 있지 않으면 안 된다. 목적 연관의 전체는 바로 인간이 어떤 특정한 존재자 내지 도구를 사용하기 전에 이미 거주하는 세계이다. 우리는 항상 목적 연관의 전체에 이미 나가 있고, 목적 연관의 전체로부터 존재자와 관계한다. 목적 연관의 전체는 내가 지향하는 궁극목적에 의해 규정되면서도, 우리는 항상 그 안에 존재하면서 존재자와 관계한다.

다시 말해 모든 존재자는 세계 안에 존재하는 것, 즉 내세계적인(innerweltlich) 것이기에, 목적 연관의 전체인 세계가 이미 개시되어 있을 때만 발견될 수 있다. 세계의 개시(Welterschlossenheit)는 현존재의 실존수행인 심정성(Befindlichkeit), 이해(Verstehen) 및 말(Rede)을 통해 주어진다. 현존재는 존재자 전체의 한가운데에 처해 있고(Befindlichkeit), 자신의 궁극목적을 구상하면서(Verstehen) 자신이 거주하는 세계를 형성하고(Welt-bilden) 이를 언어로 구체화한다. 존재자들은 세계 개시성의 빛 안에서만 발견될 수 있다. 이런 의미에서 하이데거는 진리의 가장 근원적 현상은 세계의 '개시성'에 존재한다고 본다. 현존재는 현존재인 한, 세계 개시성 안에서만 존재하기에 '현존재는 진리 안에 있다'고 하이데거는 말한다.

현존재의 개시성에는 삶의 궁극목적을 구상하는(Entwerfen) 성격이 속한다. 이때 현존재는 어릴 적부터 익명의 세상 사람이 자신에게 주입해 온 세간적인 가치를 자신의 궁극목적으로 삼거나, 세간적인 가치로부터 벗어나 자신의 가장 고유한 존재 가능성을 궁극목적으로 삼을 수도 있다. 자신의 가장 고유한 존재 가능성을 궁극목적으로 삼아 개시된 세계야말로 본래적인 개시성이며, 본래적 개시성이야말로 가장 근원적 진리라고 볼 수 있다.

그러나 현존재는 우선 대개는 세상 사람들의 세계 속에서 자신을 상실한다. 현존재는 세상 사람들이 주입하는 '공공의 해석'으로부터 자신과 존재자들을 이해하는 것이다. 하이이데거는 이러한 삶을 비본래적 실존이라고 부른다. 비본래적 실존에서 현존재 자신과 내세계적인 존재자들은 빈말, 호기심 및 애매성에 의해 위장되고 은폐된다. 존재자들은 자신을 드러내지만, 그것은 가상의 양상에서다.

하이데거는 이러한 현상을 현존재의 퇴락(Verfall)이라고 부른다. 현존재는 우선 대개는 퇴락해 있기에 '현존재는 우선 대개는 비진리 안에 있다'고 할 수 있다. 다시 말해 현존재의 존재 구조에는 개시성 못지않게 은폐성이 포함되어 있다. 따라서 '현존재는 진리 안에 있다'는 명제는 '현존재는 비진리 가운데 있다'는 명제를 함축한다. 그러나 현존재는 진리 안에 있는 한에서만, 다시 말해 현존재가 개시성으로서 존재하는 한에서만, 비진리 안에 있을 수 있다. 그리고 현존재의 개시성과 함께 내세계적인 존재자들이 발견되는 한에서만, 그것들은 은폐되거나 위장될 수 있다. 따라서 현존재는 이미 발견된 것이더라도 항상 가상과 위장과 투쟁해 확보하지 않으면 안 된다. 모든 새로운 발견은 완전한 은폐로부터의 발견이 아니라, 가상이라는 양상으로 위장된 상태로부터의 발견이다.[11]

이런 의미에서 하이데거는 진리를 일종의 탈취(Raub)라고 말한다. 진리는 존재자를 위장과 은폐로부터 탈취한다. 이와 관련해 하이데거는 그리스인들이 진리에 알레테이아(ἀ-λήθεια, 은폐로부터 벗어나게 한다)라는 결여적(privative) 표현을 쓴 것도 단순한 우연은 아니라고 본다. 알레테이아에는 진리에 대한 근원적인 이해가 깃들어 있다. 하이데거는 또한 '진리의 여신이 자신을 두 길, 즉 발견(진리)의 길과 은폐(비진리)의 길 앞에 세웠다'고 말하는 파르메니데스의 단편도 그리스인들이 '현존재가 진리와 비진리 안에 있다'는 사실을 선존재론적(先存在論的, vorontologisch)으로 이미 알고 있었다는 사실을 시사한다고 본다.[12]

하이데거는 진리라는 현상에 대한 자신의 실존론적·존재론적 해석을

---

11 하이데거 전집 2권 *Sein und Zeit*, 293쪽 참조.

12 하이데거 전집 2권 *Sein und Zeit*, 294쪽 이하 참조.

아래 두 명제로 요약한다.

첫째, 진리는 가장 근원적 의미로 현존재의 개시성이며, 이 개시성에는 내세계적 존재자들의 발견됨이 속한다.

둘째, 현존재는 진리와 비진리 안에 등근원적으로 존재한다.[13]

6. 전통적인 진리 개념의 기원에 대한 계보학

하이데거는 이 두 명제의 의미가 '판단과 대상의 일치'로 보는 진리 개념이 현존재의 개시성으로부터 어떻게 나타날 수 있는지 해명할 경우에만 비로소 완전히 통찰될 수 있다고 본다.

우리는 앞에서 현존재의 개시성에는 본질적으로 '말'이 속한다는 것을 보았다. 우리는 존재자의 진리를 발견했을 때 그것을 말에 담아 다른 사람들에게 전달한다. 이렇게 언표된 것은 일종의 도구적 존재자처럼 사람들 사이에 전달된다. 물론 남의 말을 들을 때도 현존재는 문제되는 존재자 자체를 지향한다. 그러나 이때 현존재는 말에 담긴 진리를 스스로 발견하고 확인하는 일에는 면제되어 있다. 현존재는 우선 대개는 존재자의 진리를 자기 스스로 발견해 확보하는 것이 아니라, 사람들이 이야기하는 것을 들음으로써 얻는다.

또한 말은 존재자의 진리를 담는 하나의 도구적 존재자 같기에 말을 대상과 비교할 경우 양자 간 관계는 눈앞의 두 존재자를 비교하는 것처럼 되어 버린다. 진리도 두 존재자가 서로 일치하는 것으로 간주된다. 말의 존재 방식과 말이 적용되는 존재자의 존재 방식은 무차별적으로 '눈앞의

13 하이데거 전집 2권 *Sein und Zeit*, 295쪽 참조.

존재(Vorhandensein)'로 간주되고, 양자 관계도 눈앞의 존재자들 사이의 일치로 나타난다.

말은 원래 세계의 개시성에 기초하면서 존재자의 진리를 발견하지만, 말이 갖는 이러한 성격은 상실되고 존재자와 비교되는 눈앞의 존재자처럼 되고 만다. 다시 말해 세계 개시성으로서의 진리와 존재자를 그 자체로서 드러내는 현존재의 실존적 수행은 망각되고, 진리는 이제 단순히 눈앞의 존재자들 사이의 일치로 간주된다.

이와 같이 하이데거는 전통적 진리 개념이 세계 개시성과 존재자의 진리를 발견하는 현존재의 실존적 수행으로부터 파생된 것임을 입증한다. 전통적 진리 개념은 실존론적·존재론적 정초연관의 순서상 가장 마지막에 나타나지만, 존재적·현실적인 차원에서 보면 가장 먼저, 그리고 가장 가깝게 나타난다.

하이데거는 이러한 현상이 현존재의 존재 방식, 즉 퇴락이라는 현상으로부터 필연적으로 비롯된다고 본다. 현존재는 우선 대개는 자신이 몰입해 있는 눈앞의 존재자들로부터 자신을 이해한다. 따라서 현존재는 말조차도 일종의 눈앞의 존재자로 생각한다. 현존재가 우선 대개는 '눈앞에 존재함'을 존재 일반의 의미와 동일시하는 경향이 있기에, '눈앞의 존재'가 과연 존재의 근원적인 의미이냐는 물음조차 제기할 수 없다.

단적으로 말해 '존재자의 진리를 담고 있는 눈앞의 존재자'로서의 명제와 눈앞의 존재자 사이의 일치를 의미하는 전통적 진리 개념의 기원은 궁극적으로 이러한 왜곡된 존재 이해에 있다.[14] 이것은 오늘날에도 근본

14 칸트에게는 가장 근본적인 가상이 변증론적인 가상이었다면, 하이데거에게 가장 근본적인 가상은 우리가 모든 존재자를 근본적인 구별 없이 '눈앞에 존재하는 것'으로서 본다는 것이다. 하이데거에 의하면 심지어 칸트마저도 이러한 가상에서 벗어나지 못하고 있다. 칸트도 진리 문제에서 판단을 실마리 삼아 탐구하면서, 모든 대상을 판단 대상이 되는 눈앞의 존재자로 고찰하는 것이다. 마르틴 하이데거, 『논리학: 진리란 무엇인가?』, 438쪽 참조.

적으로 극복되지 않기에, 현존재의 개시성이라는 근원적 진리는 은폐되고 있다.

7. 나가면서

하이데거에 따르면 서양 형이상학은 아리스토텔레스 이래로 진리 문제를 판단과 직관을 단서로 다루어 왔다. 이 점에서 하이데거는 아리스토텔레스를 긍정적으로 평가하는 동시에 부정적으로 평가한다. 하이데거는 아리스토텔레스가 판단과 직관의 본질적 성격을 그 이후의 철학자들에 비해 사태에 맞게 통찰한다는 점에서 긍정적으로 본다. 아리스토텔레스는 판단이 존재자를 그 자체로 드러내는 것을 지향한다고 보았다. 그러나 이후 철학사에서는 이러한 근본 통찰이 망각되었고, 근대철학에서 판단은 결국 존재자에 대한 주관적 표상을 갖는 것으로 간주되었다. 후설에 이르러서야 아리스토텔레스의 근본 통찰은 회복될 수 있었다.

다른 한편으로 아리스토텔레스는 현존재의 개시성까지는 통찰하지 못하고 진리 문제를 판단과 직관을 단서로 파악했다. 그리고 아리스토텔레스의 이러한 방식이 이후 전통을 철저하게 규정하게 했다. 하이데거는 진리 문제를 제대로 해명하기 위해서는 판단과 직관을 단서로 하는 접근방식을 근본적으로 바꿔야 한다고 본다. 하이데거는 아리스토텔레스와 후설의 근본 통찰을 진정 계승하기 위해서는, 그들의 근본 입장이 근거하는 현존재의 개시성으로부터 그들의 근본 통찰을 이해하지 않으면 안 된다고 본다. 이 경우에만 진리 문제가 제대로 해명될 수 있다는 것이다.

하이데거는 진리의 장소를 판단으로 보면서 진리를 판단과 대상 사이의 일치로 보는 서양 전통 형이상학의 견해가 틀렸다는 게 아니다. 하이데거는 다만 전통적 견해가 판단과 존재자 사이의 관계, 판단과 존재자가 서로 일치할 수 있는 가능성의 근거를 근원적으로 묻지 않는다고 볼 뿐이다. 전통적 견해는 이러한 가능성의 근거를 존재와 인식 양자를 근거 짓는 신이나 초월론적 주체 혹은 절대정신에서 찾았다. 이에 반해 하이데거는 판단이 근거하지만 보통은 은폐되어 있는 세계의 개시성에서 찾는다.

전통 형이상학은 주체의 주체성도 판단하는 주체성으로서만 파악하고 있을 뿐 그러한 판단을 가능케 하는 선술어적인 차원에서의 주체성은 간과한다. 따라서 전통 형이상학은 진리 문제도 어디까지나 판단하는 '의식'과 존재자 사이의 관계라는 차원에서 문제 삼을 뿐이다. 전통 형이상학이 선술어적인 차원에서의 주체성을 보지 못하는 이유는 궁극적으로 모든 것을 '눈앞의 존재자'로 보는 선입견에 사로잡혀 있었기 때문이다.

후설과 후기 하이데거의 현상학*

후기 하이데거의 '퓌지스의 현상학'에 끼친 후설 현상학의 영향과 관련하여

1. 들어가면서

지금까지 많은 연구자가 후설과 하이데거의 현상학을 비교하는 연구를 해왔다. 그러나 양자 간 비교는 주로 차이를 중심으로 행해졌다. 그 결과, 양자 간 단절이 주로 강조되었으며 연속성은 단지 '사태 자체에 충실하자'는 현상학의 원칙에만 존재하는 것으로 간주된 경향이 있다. 이와 함께 양자 사이에 존재하는 연속성, 즉 하이데거의 문제의식이 어느 정도로 후설에 의해 규정되고, 하이데거의 현상학을 어느 정도로 후설 현상학의 철저화로 볼 수 있는지에 대해서는 구체적으로 다루어지지 않았다.

또한 후설의 현상학은 초기 하이데거의 실존적 현상학과 주로 비교될 뿐 후설 현상학과 후기 하이데거 사상 사이의 연관성에 대해서는 거의 다루어지지 않았다. 그러나 하이데거는 초기 저작인 『존재와 시간』뿐 아니라 후기 글들에서도 자신의 철학이 후설의 현상학에 영향받았음을 고백한다. 이에 본 글은 후설에 대한 후기 하이데거의 입장 표명을 토대로 후설의 현

* 「후설의 현상학과 후기하이데거의 현상학에 대한 비교연구: 후기하이데거의 '퓌지스의 현상학'에 끼친 후설현상학의 영향과 관련하여」(『철학』 52집, 1997년 가을호)를 수정하였음.

상학과 후기 하이데거의 현상학 사이에 성립하는 연속성에 대해 고찰할 것이다. 물론 후설과 하이데거의 차이도 다룰 것이다. 그러나 차이는 어디까지나 후설에 의해 처음으로 정립된 현상학의 이념을 하이데거가 얼마나 철저하게 관철했는지, 그리고 어떤 점에서 후설의 현상학이 후기 하이데거의 퓌지스의 현상학이 성립하는 데 기여했는지 양자 사이의 연속성에 초점을 두고 고찰될 것이다. 이를 토대로 할 경우에만 우리는 후설과 하이데거의 관계가 갖는 전체상을 보다 분명하게 파악할 수 있을 것이다.

나의 독서 범위에서 볼 때, 후기 하이데거는 후설의 현상학을 두 곳에서 공식적으로 언급하며 그것에 대한 자신의 입장을 표명한다. 하나는 하이데거 전집 14권『사유의 사태에 대해서』에 실린「현상학에로의 나의 길」이며, 다른 하나는『네 개의 세미나(Vier Seminare)』에 실린「채링겐에서의 세미나 1973」이다. 나는 이 두 곳에서 개진된 후설에 대한 하이데거의 입장 표명을 토대로 후기 하이데거 사상이 어떤 점에서 후설의 현상학에 의해서 규정되며, 어떤 점에서 후설 현상학을 철저화하는지를 고찰하겠다.

2. 후설의 현상학에 대한 하이데거의 입장

1)「현상학에로의 나의 길」에서 표명된 후설에 대한 하이데거의 입장

하이데거는「현상학에로의 나의 길」에서 존재의 의미에 대한 자신의 물음이 후설의『논리연구』로부터 결정적인 도움을 받았다고 말한다.[1] 그럼에도 그에게는『논리연구』가 갖는 의미가 항상 불명료했음을 고백한다. 하이

1 하이데거 전집 14권 *Zur Sache des Denkens*, 82쪽 참조.

데거에 따르면 후설은 1900년에 출간된『논리연구』제1권에서 '사유와 인식에 대한 이론은 심리학에 의해 근거 지워질 수 없다'는 사실을 입증하면서 심리학주의를 반박한다. 다음 해에 출간된『논리연구』제2권은 인식 구성을 위해 본질적인 의식 작용을 기술한다. 그렇지만 후설이 인식 구성에 의식 작용이 본질적이라고 주장한다고 해서 앞서 반박한 심리학주의로 되돌아 가는 것은 아니다. 그런데 현상학이 논리학도 심리학도 아니라면 무엇인가? 바로 이것이 하이데거가『논리연구』에서 개진된 후설 현상학의 의미에 대해 가졌던 의문이었다.[2]

하이데거는 1913년에 출간된『순수현상학과 현상학적 철학에 대한 이념들』(이하『이념들』)이 이러한 의문에 대해 하나의 답을 제시해 준다고 본다. 물론『논리연구』에서 표명된 현상학의 의미에 대해『이념들』에서 후설이 전개하는 답과 하이데거가 전개하는 답 사이에는 큰 차이가 있다.『이념들』에서 전개되는 순수현상학은 초월론적(transzendental) 현상학을 의미하며, 여기서 초월론적인 것은 인식하고 행위하며 가치를 정립하는 주체의 주체성을 뜻한다. 후설에서 주체성과 초월론적인 것이 주도적인 지위를 갖는다는 점은 현상학이 의식적으로 근대철학의 전통을 고수한다는 것을 의미하는 동시에 근대철학에서 문제가 되었던 초월론적 주체성을 보다 근원적으로 규정하고자 한다는 것을 의미한다. 현상학은 의식 작용의 구조를 의식 작용에서 체험된 대상의 구조와 함께 체계적으로 탐구하고자 한다.

하이데거는 현상학과 함께 유럽 철학 내에서 하나의 새로운 방향이 출현했다는 점을 인정한다. 그러나 하이데거에게는『논리연구』를 통해 나타난 새로운 사태의 본질이 무엇인지가 여전히 문제로 남아 있었다. 하이

---

2 하이데거 전집 14권 *Zur Sache des Denkens*, 84쪽 참조.

데거는 『논리연구』가 갖는 마력이 어디서 비롯되는지를 알 수 없어서 당혹감과 불안을 느꼈다. 하이데거는 후설이 『이념들』에서 전개하는 현상학의 방향에 의구심을 품었다. 이에 하이데거는 『이념들』보다 『논리연구』에 더 끌렸다고 말한다. 『이념들』을 집필할 당시 후설은 『논리연구』에 대해서 일정한 거리를 둔 채 『이념들』에서 표명된 계획을 체계적으로 완성하는 데 몰두하고 있었다.

후설은 현상을 분석할 때 위대한 철학자들의 권위에 의존하는 것을 금했지만, 하이데거는 아리스토텔레스를 비롯한 그리스 사상가들의 사상이 현상학과 통한다고 보았기 때문에 그들을 깊이 연구했다. 1919년 이래 하이데거가 현상학적으로 아리스토텔레스를 해석하고자 했을 때, 그는 다시 『논리연구』에, 특히 제1판의 여섯 번째 연구에 깊은 관심을 가졌다. 하이데거는 여섯 번째 연구에서 제시된 '감각적 직관과 범주적 직관' 사이의 차이가 존재물음을 전개하는 데 큰 도움이 되었다고 말한다.[3] 이때 하이데거는 의식 작용을 탐구하는 후설의 현상학에서 현상으로서 고지되는 것이 아리스토텔레스를 비롯한 그리스인들에 의해 보다 근원적으로 사유된다고 생각했다.

그것은 그들에게는 알레테이아(aletheia)로서, 즉 현성하는 것(das Anwesende)의 비은닉성(Unverborgenheit) 내지 현성하는 것이 자신을 스스로 개시하는 것(Sich-Zeigen)으로서 사유되었다. 현상학적 탐구가 사유의 근본 태도로 새롭게 발견한 것은 바로 그리스 사유의 근본 특성이었다는 것이다. 이에 하이데거는 현상학이 문제 삼아야 하는 사태 자체는 의식과 그것이 지향하는 대상의 구조가 아니라, '비은닉성과 은닉에서 존재자의 존재(das Sein des Seienden in seiner Unverborgenheit und Verbergung)'라고 여

3 하이데거 전집 14권 *Zur Sache des Denkens*, 86쪽 참조.

기게 되었다.[4]

이상에서 나는 「현상학에로의 나의 길」에서 하이데거가 후설의 현상학에 대해 표명하는 입장을 간략히 요약했다. 하이데거는 자신의 현상학을 전개하는 데 있어 후설의 『논리연구』를 후설과는 다른 방향에서 해석했다는 이야기다. 후설이 『논리연구』를 『이념들』의 방향으로 해석했다면, 하이데거는 그것을 그리스적인 존재 경험과 연결되는 것으로 해석했다. 그리고 하이데거에게는 바로 이러한 '비은닉성에서의 존재자의 존재'야말로 현상학이 구명해야 할 사태 자체였다.

그런데 하이데거는 『논리연구』의 여섯 번째 연구, 그중 범주적 직관에 대한 후설의 분석이 왜 그리스적인 존재 경험과 통한다고 생각했을까? 이에 대해 하이데거는 「채링겐에서의 세미나 1973」에서 언급한다. 하이데거는 후설이 『논리연구』의 여섯 번째 연구에서 '범주적 직관'이라는 개념을 통해 존재에 대한 물음에 접근한다고 말한다.[5]

2) 「채링겐에서의 세미나 1973」에서 표명된 후설에 대한 하이데거의 입장

『논리연구』의 여섯 번째 연구에는 '감각적 직관과 범주적 직관'이라는 제목이 붙어 있다. 후설은 범주적 직관에 도달하기 위해 감각적 직관에서부터 출발한다. 후설에 따르면 감각적 지각은 감각 자료들, 즉 오감을 통해 주어지는 것들(die sinnlichen Gegebenheiten)(색깔, 냄새, 소리 등)에 근거한다. 감각적 직관에서는 감각적으로 주어져 있는 것들 자체가 지각되지만, 이 것들과 '함께(mit)' 하나의 대상도 지각된다.[6] 대상은 감각적인 인상은 아

4 하이데거 전집 14권 *Zur Sache des Denkens*, 87쪽 참조.

5 Martin Heidegger, *Vier Seminare*, Vittorio Klostermann, 1977, 112쪽 참조.

6 Martin Heidegger, *Vier Seminare*, 112쪽 참조.

니다. 그럼에도 대상은 감각적으로 주어져 있는 것들과 '함께' 직관된다.

대상은 사물이며, 사물은 실체다. 칸트에서 실체는 지성 범주 중 하나다. 그것은 지성이 감각 자료들을 종합하는 특정한 형식이다. 칸트에서 인식이란 지성이 자신의 사유 형식인 범주를 통해 잡다한 감각적인 자료들에 질서를 부여하는 것이다. 그러나 후설이 범주적 직관에 대해서 말할 때 범주는 칸트가 말한 사유 형식 이상을 의미한다. 범주적 직관이란 범주를 통찰하는 직관, 즉 직접적으로 범주에 향하는 직관을 의미한다. 후설은 범주가 감각 자료들과 마찬가지로 '주어진다'고 보는 것이다.

어떤 책을 보고 있을 때 나는 책을 하나의 실체로 본다. 이때 나는 책의 실체성을 감각 자료처럼 지각하지는 못한다. 그럼에도 책은 내가 어떠한 방식으로든 '보고 있는' 하나의 실체다. 왜냐하면 그렇지 않고서는 나는 어떠한 사물도 볼 수 없기 때문이다. 우리는 여기서 '잉여(Überschuß)'라는 후설의 표현에 접한다.[7] 내가 책이 하나의 실체로서 '있다'고 말할 때 '실체'는 감각적 촉발들에 대해 '잉여적인' 것이다. 그러나 그것은 감각적으로 주어진 것들과 마찬가지로 '있다'. 그것이 실체라는 것은 감각적으로 주어진 것들에 덧붙여지는 것이 아닌 감각 자료들과 함께 '보이는 것임을 의미한다'. 그렇게 보이기 위해서는 그것은 '주어져 있어야' 한다.

후설은 감각적 직관과의 유비를 통해 범주적 직관을 파악한다. 감각적 직관이 범주적 직관에 대해 척도 역할을 하는 것이다. 칸트에서는 범주들이 판단표에서 연역되었던 반면에, 후설에서는 감각적 직관에 대한 '유비를 통해' 범주가 주어진 것으로 직관될 수 있는 것이 된다. 하이데거는 『논리연구』 제1권에 있는 한 구절을 인용한다.

7 Edmund Husserl, *Logische Untersuchungen*, II, 2, Meiner, 1991, 131쪽 참조.

> 나는 하얀 종이를 본다. 그리고 하얀 종이라고 말한다. 이를 통해 나는 내가 보고 있는 것을 정확히 말하고 있을 뿐이다.[8]

하이데거는 후설의 결정적인 발견과 아울러 그가 부딪힌 난관을 아래와 같이 파악한다. 내가 하얀 종이를 볼 때 그것은 이중적인 봄이다. 즉 그것은 감각적이고 범주적인 봄이다. 하이데거는 바로 이것이 후설의 결정적인 발견이라고 본다. 이에 반해 후설이 부딪히는 난관은, 후설이 범주가 '주어지는' 방식을 감각적인 소여와의 유비로부터 이해하기 때문에 범주의 소여 방식이 갖는 독자성을 제대로 파악하지 못하는 데서 비롯된다. 하이데거는 이것을 플라톤이 부딪힌 난점을 지적하면서 드러낸다. 이러한 난점은 내가 하얀 종이를 볼 때 실체성을 하얀 종이를 보는 것과 동일한 방식으로 보지 않는다는 데 존재한다. 안티스테네스는 이미 플라톤에 대해 이러한 난관을 표현했다.

> 오 플라톤, 나는 분명히 말을 보지만 말임(die Pferdheit)을 보지는 않는다.[9]

이 책을 볼 때 나는 실로 하나의 실체적인 사물을 보는 것이지만, 실체성을 그 책처럼 볼 수는 없다. 그러나 실체성은 감각적으로 나타나지(erscheinen) 않음에도 불구하고 사물의 나타남을 가능케 한다. 오직 주어진 범주들의 빛 아래에서만 지향적 의식에게는 지각 대상들이 명증적으로 나타날 수 있다. 이렇게 사물의 나타남을 가능케 한다는 의미에서 우리는 그것을 우리가 지각하는 사물보다 더 현상하는(erscheinender) 것이라고 말할

---

8 Martin Heidegger, *Vier Seminare,* 14쪽.

9 Simplicius, Cat. Ar scolie 66 b 45(Martin Heidegger, *Vier Seminare,* 115쪽에서 재인용).

수 있다.

후설의 공적은 범주적 직관에서 범주가 '주어져 있다'는 사실을 발견한 데 있다. 후설에서 범주적 보편자는 주관적인 것이 아니다. 즉 그것은 의식의 내적 구조에 대한 반성을 통해 파악할 수 있는 게 아니라 범주적 직관을 통해 원본적(原本的)으로(originär) 주어지는 것이다. 범주가 주관적인 것이 아니라 초주관적으로 미리 주어져 있는 성격, 즉 '초주관적 선소여성(超主觀的 先所與性, transsubjektive Vorgegebenheit)'을 갖는다는 사실에 대한 사유를 하이데거는 후설의 획기적인 통찰로 본다.

범주를 직관되는 것으로 봄으로써, 하이데거는 존재자의 존재를 가능케 하는 존재 근거이자 그것에 대한 인식을 가능케 하는 인식근거인 존재에 대한 파악에서 근대철학의 사유 전통을 넘어설 수 있었다. 근대철학은 존재자의 존재 근거와 인식 근거를 감각 자료들에 통일된 질서를 부여하는 의식에서 찾았다. 이와 함께 근대철학에서 존재자는 의식에 의해 구성된 대상이었다. 그러나 범주적 직관에 대한 후설의 통찰을 수용·발전시키면서 하이데거는 더 이상 의식에서 답을 찾지 않는다. 그는 그것을 불안이나 경이와 같은 근본기분을 통해 현존재에게 자신을 개시하는 최대의 포괄자인 존재에서 찾는다. 이러한 존재를 하이데거는 보다 구체적으로는 '퓌지스로서의 세계' 혹은 '사역으로서의 세계'라고 부른다.

이런 맥락에서 하이데거는 범주의 초주관적인 소여성에 대한 후설의 통찰이 보편 논쟁에서의 명목론적 입장을 극복했다고 주장한다.[10] 범주적 보편자가 지각 대상들의 명증적 출현(Erscheinen)을 가능케 하기에, 그것은 그것의 빛 안에서 비로소 존재자를 인식하는 개시성의 차원(die Offenbarkeitsdimension)이다. 개시성의 차원은 존재자의 존재 근거이자 인

---

10 하이데거 전집 20권 *Prolegomena zur Geschichte des Zeitbegriffs,* Vittorio Klostermann, 1979, 98쪽 참조.

식 근거이다.[11] 후설의 범주적 직관설을 통해 하이데거는 그리스적인 개시성의 차원인 근원적인 비은닉성(die Unverborgeneheit)에 새롭게 접근할 수 있게 되었다.

이와 관련해 클라우스 헬트는 후설과 하이데거의 공적이 명목론(Nominalismus)의 등장 이후의 회의적이고 주관주의적이었던 철학적 상황에서 선소여적 개시성의 차원을 다시 확보한 데 있다고 본다.[12] 그러나 하이데거와 마찬가지로 헬트는 후설이 근대철학의 선입견에 사로잡혀서 자신의 통찰을 철저하게 관철할 수는 없었다고 본다.

중세 후기의 주의주의에서 비롯된 명목론은 존재자를 규정하는 일반적 범주들이 인간이 인식할 수 없는 '숨은 신'의 자의(恣意)에 달려 있다고 보았다. 또한 명목론은 존재자가 우리에게 드러나는 선소여적인 개시성 차원이 존재한다는 것을 부정했다. 이후 철학에는 데카르트가 인간을 기만하는 신을 거론하는 데서 전형적으로 나타나는 것처럼 철저한 명목론적 회의만이 남았다. 따라서 근대철학은 유일하게 그 존재가 확실한 영역이라고 여겨지는—세계로부터 분리된—의식에 내재된 영역으로 귀환함으로써 회의적 상황을 극복하려고 했다.

후설의 한계는 그가 의식에 내재된 영역만을 가장 확실한 것으로 본 근대철학적인 선입견을 자명하게 받아들였다는 데서 비롯된다. 그 결과 후설은 '존재자가 존재한다'는 것을 자명하게 '존재자가 의식의 대상으로서 존재한다'는 것으로 보았다. 후설은 사물이 감각 자료들에 통일된 의미를 부여하는 초월론적인 주관을 통해 구성된다고 본 것이다. 그 결과 후설은 대상을 직관과 개념의 통일로 보는 칸트적인 유산을 다시 수용하게 된다.

하이데거에 따르면, 『데카르트적 명상』에서 후설은 의식내재적인 경

---

11 Martin Heidegger, *Vier Seminare*, 112쪽 이하 참조.

12 Klaus Held, "Heidegger und das Prinzip der Phänomenologie", 114쪽 이하 참조.

험 이론을 철저하게 전개한다. 그렇다고 하이데거가 후설의 입장을 칸트나 신칸트학파의 입장과 동일하게 보는 것은 아니다. 칸트와 신칸트학파에서 객체란 지성 범주들에 의해 종합된 잡다한 감각 자료들이다. 반면 후설에서 대상은 자신의 고유한 존립성(die eigene Bestandhaftigkeit)을 갖는다.[13] 이런 의미에서 후설은 대상을 구원하지만, 그것을 다시 의식의 내재성으로 집어넣는다. 의식의 영역은 후설에게는 절대적으로 확실한 것으로서 전제된다. 사람들은 의식에서 출발하는 한, 의식의 내재적인 영역을 돌파할 수 없다. 왜냐하면 고트프리트 라이프니츠의 모나드처럼 의식은 어떤 것이 들어갈 수 있고 나갈 수 있는 창을 가지고 있지 않기 때문이다.[14]

하이데거에게 사물이 후설이나 칸트가 말하는 의식의 대상으로 존재한다는 것은 존재자가 존재하는 방식 중 하나일 뿐이다. 그리스적 사유에서 존재자는 의식의 대상(Gegenstand)으로 존재하지 않고, '자체로부터 현성하는(von sich aus anwesen)' 것으로 존재한다.

헬트는 후설의 근대적 경향을 통해 선소여적인 초주관적 개시성 차원에 대한 현상학적 발견의 진정한 의미가 은폐되었다고 지적한다. 이에 후설의 현상학은 양의성을 갖는다. 한편으로 후설은 선소여적인 초주관적 개시성의 차원을 발견함으로써 의식을 세계로부터 분리된 것으로 보는 근대철학의 세계 상실을 극복할 수 있는 기회를 마련했다. 그러나 다른 한편 명목론적 회의에 대한 발견을 수호하기 위해 후설은 데카르트적인 의식 내재주의를 주창하면서 그 기회를 다시 놓쳐 버린다. 헬트는 하이데거의 철학적 사유 도정을 후설이 빠졌던 이러한 딜레마에서 벗어나려는 노력이라고 본다.[15]

---

13 Martin Heidegger, *Vier Seminare*, 120쪽 참조.

14 Martin Heidegger, *Vier Seminare*, 121쪽 참조.

15 Klaus Held, "Heidegger und das Prinzip der Phänomenologie" 115쪽 이하 참고.

『존재와 시간』에서 하이데거는 더 이상 의식을 철학의 중심으로 다루지 않는다. 하이데거는 의식 대신 현존재에 대해 말한다. 인식은 의식의 작용이다. 그런데 인식은 봄(videre)과 관련이 있다. 왜냐하면 우리가 어떤 사태를 인식했다는 것은 '보았다'는 것을 의미하기 때문이다. 그런데 우리가 사물을 보기 위해서는 사물들이 이미 환하게 조명되어 있는 열린 장에 나타나야만 한다. 하이데거는 인간이 열린 장에 존재하는 존재라는 의미에서 현-존재라고 부른다.

현-존재의 존재방식은 탈-자(脫自, Ek-stase)를 통해 특징지어진다. 인간은 의식의 표상을 매개로 하지 않고, 탈-자적으로 사물에 직접 대면한다. 이때 표상은 사물의 그림자에 지나지 않는다. 내가 잉크병을 볼 때 나는 그것 자체를 감각 자료들이나 범주들과 관계 없이 파악한다. 현-존재에게 자신을 직접 드러내는 어떤 것은 의식될 수도 있다. 의식은 현존재에 근거한다. 하이데거는 인간의 본질을 의식이 아닌 현-존재로 파악함으로써 의식의 내재성을 돌파한다.

현-존재를 의미하는 독일어 Da-sein의 Da는 열린 장(die offene Weite)을 가리킨다. 하이데거에게는 범주라는 '보편적인 형상'이 아닌 '열린 장'으로서의 '세계'가 근원적인 선소여적 개시성의 차원으로서 드러난다. 하이데거는 후설의 범주적 직관이 시사하는 것을 수용하고 아리스토텔레스를 철저하게 사유함으로써, 근원적인 개시성의 차원을 '열린 장'으로서의 세계로 보게 된다.

헬트에 의하면, 후설 역시 『위기』에서 근대과학이 생활세계를 망각한다고 비판한다. 즉 근대과학에서 세계는 대상들의 총체로 파악될 뿐이며 후설이 생활세계라고 부르는 보편적인 지평으로서는 파악되지 않는다. 이렇게 후설의 후기 철학도 실제로는 보편적인 지평인 '세계' 또는 '생활세계'를 중심 문제로 삼지만, 후설 자신에게는 다른 주제가 우위를 차지하고 있다. 초월론적 주관성으로서의 의식이 그것인 바, 후설은 선소여적인 개시성의 차원인 세계를 의식의 구성물로 봄으로써 그것을 의식의 내재 영역에 위치 지운다. 이를 통해 그는 세계가 인간과 대상을 포괄하는 '열린 장'이라는 사실을 망각한다.

후설은 의식이 대상들을 지각하면서 그것들에 상응하는 지평을 형성하고, 이러한 지평으로부터 다시 가장 보편적인 지평인 세계를 '건립한다(aufbauen)'고 생각한다. 즉 그는 의식의 대상 연관에서 출발해 세계 지평에 대한 의식의 개방성으로 나아간다. 그러나 이를 통해 그의 현상학은 인간이 이미 나가 있는 세계를 망각한다. 왜냐하면 이 경우 세계는 하나의 포괄적인 대상처럼 이해되기 때문이다. 세계는 개시성의 차원으로 대상들의 출현을 가능케 하는 것이기에 대상과 같은 것으로 간주될 수 없다.[16]

이와 관련해 하이데거는 후설의 철학적 출발점은 프란츠 브렌타노(Franz Brentano)의 『경험적 입장의 심리학』였지만, 하이데거의 철학적 출발점은 브렌타노의 「아리스토텔레스에서 존재하는 것의 다양한 의미에 대해서」였음을 지적한다.[17] 후설과 하이데거는 동일한 철학자에서 출발하지만, 하이데거의 브렌타노는 아리스토텔레스적 브렌타노인 것이다. 하이데거는 그리스적 브렌타노에서 출발하지만, 후설은 스콜라철학적이고 근대적인 브렌타노에서 출발한다.

3) '근원적인 개시성'으로서의 세계와 퓌지스

그리스인들에게 존재자는 자신을 개현하면서(aufgehen) 우리에게 다가오는(angehen)는 것, 즉 현성하는 것으로 존재한다. 흔히 그리스적 사유를 객관적이라고 말하지만, 그리스 사유에는 객체가 아닌 '자체로부터 자신을

16 Klaus Held, "Heidegger und das Prinzip der Phänomenologie", 119쪽 이하 참조.
17 Martin Heidegger, *Vier Seminare*, 123쪽 이하 참조.

드러내는 것'이 존재한다. 내가 존재자를 파악하는 것이 아니라, 내 자신이 존재자에 의해 말 걸어지고(angesprochen werden), 엄습된다(angegangen werden). 하이데거는 그리스인들의 통찰을 수용함으로써 존재자의 존재가 현존재에게 말을 걸고 엄습해 온다는 '현성'이라는 동사(動詞)적인 의미를 갖는다고 본다.

존재자는 어느 때든 대상화될 수 있고 객관적으로 파악될 수 있는 '명사적인' 것으로 존재하지 않는다. 다시 말해 그것은 대상화하면서 관찰하는 시선 앞에 존재하는(vorhanden-sein) 방식으로 존재하는 게 아니라, 대상화하면서 관찰하는 시선 앞에서 빠져나가(sich entziehen) 자신을 은닉하면서도(sich verbergen) 우리에게 말을 걸고 와 닿는 방식으로 '존재한다'.

그런데 사물 자체가 현성하게 하기 위해서는 의식과 그것에 속하는 표상의 영역을 떠나 전적으로 다른 최대의 포괄자인 존재의 열린 터(Lichtung)에 진입해야 한다. 이렇게 열린 장을 그리스인들은 퓌지스로서의 세계로서 경험했다. 퓌지스로서의 세계는 인간이 구성하는 것이 아니라 인간에게 단적으로 열리는 것이다. 퓌지스에서는 존재자도 의식의 대상이 아닌 그 자체로서 현성한다.

하이데거는 그리스적 사유를 근대철학의 관점으로부터 파악하는 당시의 경향을 후설의 현상학을 통해 벗어날 수 있었다. 예컨대 플라톤은 신칸트학파에서도 나타나듯이 칸트의 입장에서 해석되곤 했고, 아리스토텔레스는 신헤겔학파에서 나타나듯이 헤겔의 입장에서 해석되곤 했다. 하이데거는 범주적 직관에 대한 후설의 이론이 시사하는 것을 보다 철저하게 성찰함으로써, 그리스적 사유를 진정으로 그리스적 입장에서 이해할 수 있었다. 하이데거는 존재자의 존재가 그리스인들에서는 그것을 대상-존재로 보는 근대철학과는 전적으로 다르게 '현성'으로서 사유되고 있음을 발견한다. 아울러 그는 그리스인들이 존재자의 존재를 현성으로서 경험하는 궁극적인 지평이 퓌지스로서의 세계임을 발견한다. 존재자는 퓌지스로서의 열린 장에서 그 자체로 현성하는 것이다.

3. 후기 하이데거의 '퓌지스의 현상학'

그리스인들이 경험한 퓌지스란 그것의 주재하에 각 존재자가 충만한 존재에서 빛을 발하며 나타나고 모든 존재자가 서로 조화를 이루는 개방된 장이다.[18] 퓌지스로서의 세계는 경이라는 근본기분에서 열린다. 이때 경이는 인간의 주관적인 기분이 아니다. 하이데거에게 근본기분은 하나의 세계가 열리는 통로이다.

퓌지스는 모든 것을 포괄하는 커다란 그릇과 같은 것도 아니다. 퓌지스가 자신을 개현하는 사건은 존재자의 '위'나 '배후에서' 일어나는 것이 아니라 오직 존재자를 통해서만 그리고 존재자로서만 일어난다. 따라서 존재자들은 퓌지스를 통해 규정되어 있으면서도 스스로 퓌지스로서 존재한다. 산과 바다, 그리고 모든 존재자는 자신을 열고 드러내는 방식으로 존재하는 것이다.[19]

그런데 자신을 열고 드러내는 퓌지스는 감싸주고 은닉하는 것(das bergende Verbergen)에서 발원하며 현성한다. 자신을 열고 드러내는 것이 은닉과 밀접한 관련이 있기에, 자신을 열고 드러내는 것을 하이데거는 '자신을 비은닉한다(Entbergen, a-letheuein)'고 부르는 게 보다 더 적합하다고 말한다. '비은닉'은 '비라는 결여(a-privativum)'를 뜻하는 말을 통해 자신을 열고 드러내는 것에는 은닉과의 연관이 근원적으로 포함된다는 사실을 드

18 하이데거 전집 55권, *Heraklit*, 164쪽 참조.

19 하이데거 전집 55권, *Heraklit*, 58쪽 참조.

러낸다.[20] 은닉은 비은닉이 비롯되고 되돌아가는 근원적인 것이다.

따라서 퓌지스에서는 비은닉성이 경험된다. 은닉이란 현상은 죽음, 밤, 그리고 대지의 현성에서 나타난다. 은닉은 존재자 전체를 그것의 시원과 궁극에서 철저히 주재한다. 퓌지스의 은닉은 그러나 자신을 열고 피어나는 존재자들을 은폐하는 것이 아니라 보존한다. 퓌지스는 본래 빛을 발하면서 환히 자신을 열고 드러내는 것으로서, 자신을 결코 은폐하지 않는다. 퓌지스가 은폐되는 것은 인간이 자신의 몰이해를 통해 자신의 견해를 항상 '이미 자신을 환히 열고 드러내고 있는 퓌지스'보다 앞세우기 때문이다.

퓌지스의 은닉을 통해 존재자들은 은닉되고 보호받음으로써 진정한 본질에서 구원받는다. 퓌지스가 갖는 은닉의 성격으로 인해 존재자들도 은닉의 성격을 갖기에, 존재자들은 인간이 그 어떠한 정교한 이론을 통해서도 해명할 수 없고 그 어떠한 세련된 기술을 통해서도 통제할 수 없는 비밀과 신비를 갖는다.

은닉은 퓌지스를 파악하는 인간과의 관계에서가 아니라 퓌지스의 고유한 본질에서 이해되어야 한다. 빛나는 것은 그 본질에서 어두운 것으로서 '존재하며', 어두운 것도 그 본질에서 빛나는 것으로 '존재한다'. 자신을 열고 드러내면서 자신으로부터 벗어나는 것은 동시에 자신을 닫으면서 자신 안으로 되돌아가는 것이다.[21] 이러한 현상은 대지에 뿌리 내린 씨앗이 발아하고, 가지가 성장하고, 꽃이 피는 것에서 생생하게 볼 수 있으며, 해가 떠오르는 광경에서, 또한 인간의 시선에 그 사람의 전체가 드러나는 것에서 볼 수 있다.[22]

헬트는 하이데거에서 선소여적인 개시성으로서의 존재가 갖는 은닉

---

20 하이데거 전집 55권, *Heraklit*, 157쪽 이하 참조.

21 하이데거 전집 55권, *Heraklit*, 298쪽 참조.

22 하이데거 전집 55권, *Heraklit*, 87쪽 참조.

이 갖는 의미를 다음과 같이 설명한다. 그에 따르면 존재자들의 선소여적인 개시성이 진정 초주관적인 것으로 사유되려면 그것은 의지가 관장할 수 없는 것이어야만 한다. 따라서 그것은 현존재가 자유롭게 구성하는 것이 아니라, 현존재가 자신의 자유를 그것으로부터 비로소 선사받는 것으로서 나타나지 않으면 안 된다. 이를 통해 세계 개현에서 자기 은닉 차원이 중요한 의미를 갖게 된다. 하이데거는 세계라는 개시성의 차원이 열리는 것에는 세계가 자신을 은닉하는 반운동(Gegenbewegung)이 작용한다고 보는 것이다.

그런데 헬트에 따르면 후설의 『위기』에서도 은닉에 대한 사유가 후설의 현상학이 근본적으로 지향하는 것이라는 사실이 드러난다. 세계는 눈앞의 대상들에 몰입해 있는 자연적 태도의 의식에 은닉되어 있을 수밖에 없다. 의식의 대상화 작용를 가능케 하는 지평으로서의 세계는 의식의 주제화로부터 벗어나 있는 것이다. 철학과 과학의 탄생을 통해, 즉 자연적 태도로부터 학문적 태도에로 역사적인 이행을 통해 비로소 세계는 주제화된다.

그러나 세계가 철학적·과학적 사유의 주제가 됨으로써 그것은 대상화를 가능케 하는 지평으로서의 의미를 상실하게 된다. 이와 함께 철학적·과학적 사유는 다시 자연적 태도로 떨어진다. 세계의 대상화를 통해 철학과 과학은 근대의 수학화된 자연과학에서 극단적으로 나타나는 '객관주의'라는 자기 오해에 빠진다. 이러한 객관주의로부터 탈출하는 방법은 세계를 바로 그것의 비주제성(Unthemazität)에서 주제화할 수 있을 경우에만 가능하다. 따라서 만약 우리가 후설의 객관주의 비판을 철저하게 사유한다면, 하이데거에서 수행되었던 과제와 동일한 과제, 즉 '세계'라는 개시성의 차원이 갖는 은닉의 성격을 사유한다는 과제에 도달하게 된다.

아울러 후설에서도 지각된 사물은 세계로부터 고립된 실체가 아니다. 그것은 지평적인 지시 연관들, 즉 세계 연관을 자신에게 집수하는 노에마적인 극으로 나타난다. 원본적으로 경험된 사물이 엄밀한 의미에서는 세계 연관의 집수라는 사실은 하이데거에 의해 비로소 철저하게 사유되었다. 하이데거는 지각 대상과 지평이라는 후설의 양극 대신 사물과 사역의 양극을 제시했던 것이다.[23]

4. 나가면서

이상에서 하이데거가 현상학이 다루어야 할 사태 자체로서 파악한 '비은닉성에서의 존재자의 존재'가 무엇을 의미하는지 이해하기 위해 하이데거의 퓌지스 분석을 고찰했다. 이를 통해 하이데거가 후설과 대결하는 과정에서 그리스의 퓌지스 사상이 어떤 의미에서 중심 역할을 했는지를 드러내고자 했다.

간단히 요약하면 다음과 같다. 후설은 존재자의 존재 근거와 인식 근거로서의 범주는 범주적 직관을 통해 드러난다고 보았다. 그러나 하이데거는 존재자의 존재 근거와 인식 근거를 가능케 하는 궁극적인 개시성의 차원인 존재는 범주가 아니며, 또한 그것은 범주적 직관을 통해 개시된다고도 보지 않았다. 하이데거는 궁극적인 개시성의 차원을 경이라는 근본기분에서 개시되는 퓌지스라고 보았다. 그리고 하이데거는 퓌지스가 그리스인들에 의해 근원적으로 경험되었다고 보았다.

이와 함께 하이데거는 존재자의 본질도 전체로서의 세계인 퓌지스를 자신 안에 집수하는 것으로 본다. 즉 존재자의 본질은 그 안에서 퓌지스의 현성이 일어나는 것으로 해석된다. 이런 의미에서 하이데거는 존재

23 이와 관련해서는 Klaus Held, "Heidegger und das Prinzip der Phänomenologie", 124-125쪽과 128쪽을 참고.

자의 본질을 의미하는 독일어 Wesen을 퓌지스의 '현-성'을 의미하는 Anwesen으로 해석한다. 후설은 존재자의 본질이 본질 직관을 통해서 파악될 수 있다고 보았다. 본질 직관이란 수많은 존재자를 상상 속에서 자유롭게 변경하면서 그것들의 공통점을 직관하는 것이다. 반면 하이데거는 존재자의 본질을 우리가 근원적으로 경험하기 위해서는, 경이와 경이를 통해 열리는 퓌지스라는 열린 장에 자신을 열어 젖히면서 존재자를 퓌지스를 집수하는 것으로 경험하는 것이 필요하다고 본다.

하이데거에서 존재자의 본질은 후설의 본질 직관처럼 언제든 파악될 수 있는 고정된 명사적인 성격을 벗어나, 인간이 그것의 현성에 응해야 하는 동사적인 성격을 갖는다. 이때 인간에게 요구되는 태도는 존재자의 본질을 정확히 파악하려는 지적인 긴장이 아니라 존재자들의 현성에 자신을 여는 행위이다. 이러한 개방성을 하이데거는 존재자를 그 자체로 존재하게 하는 내맡김(Gelassenheit)이라고 부른다. 존재자의 진리는 인간에 의해 형성되는 표상이 아니라 존재자 자신이 직접 자신을 개시하는 것이다.

어떤 존재자에 대한 인간의 지향적 태도는 그 존재자가 현성하는 세계 전체에 대한 이해를 전제한다. 후설이 무전제적으로 지향성을 탐구할 수 있다고 생각하는 반면에, 하이데거는 의식의 지향성이 세계에 대한 암묵적인 이해를 전제한다고 본다. 지향성은 이미 항상 세계로의 초월을 전제한다는 것이다. 만약 세계에 대한 이해가 왜곡되어 있다면, 그것에 근거하는 지향성도 왜곡될 수밖에 없다. 지향성에 대한 탐구는 의식대상과 의식작용의 지향적 관계가 전제하는 세계에 대한 이해 없이는 맹목적인 것이 되고 만다.

후설과 달리 하이데거에게 전통 형이상학과의 대결이 절박한 과제로서 대두되었던 이유도 바로 이 때문이다. 전통 형이상학이야말로 지금까지 세계에 대한 인간의 이해를 규정 해왔던 것이기에 세계에 대한 이해를 바꾸기 위해서는 전통 형이상학과 대결하는 게 불가피하다. 하이데거가 의식의 지향성을 분석하는 것을 넘어 존재 내지 세계와 같은 언뜻 보기에는 비현상학적인 주제를 자신의 가장 중심 과제로 여겼던 이유는 그가 '의식의 지향성은 세계에 대한 이해에 근거한다'고 보았기 때문이다.

하이데거는 세계를 전통 형이상학에서처럼 신이나 인간과 같은 최고의 존재자로부터 이해하려고 하지 않는다. 그는 세계를 존재자와의 절대적인 차이로부터 이해하고자 한다. 그가 말하는 존재란 최고의 존재자로서의 존재가 아니라, 최고의 존재자를 비롯한 모든 존재자와의 절대적인 차이로부터 경험된 존재 자체이다. 이때 존재 자체란 신을 비롯한 모든 존재자를 각각의 고유한 본질에서 비로소 현성하게 하는 퓌지스로서의 세계이다.

현상학이 존재자들의 본질을 탐구하려고 할때, 그리고 존재자들의 본질이 항상 그것이 속하는 세계의 열린 장에서만 드러난다고 할 때, 현상학이 존재자들의 본질을 탐구하기 위해서는 세계에 대한 참된 이해를 전제해야 한다. 따라서 하이데거가 세계로의 초월을 문제 삼을 때, 그는 현상학적인 태도를 포기하는 것이 아니라 현상학적인 태도를 철저하게 견지하는 것이다.

후설과 하이데거의 이러한 차이에도 불구하고, 하이데거는 후설을 통해 당시의 지배적인 사조였던 신칸트학파에서 벗어나 비로소 그리스 사상의 본질을 이해하게 되었다는 사실을 우리는 잊어서는 안 된다. 아울러 우리는 현상학을 퓌지스의 현상학으로 전개하는 후기 하이데거의 현상학은 후설의 이성 개념과 지향성 개념에 하나의 가능성으로서 잠재해 있었다고 말할 수 있다.

후설에 대한 하이데거의 궁극적 입장은 후설을 보는 루드비히 란트그레베(Ludwig Landgrebe)의 시각과 거의 동일하다. 란트그레베의 「후설의 현상학은 초월철학인가」는[24] 후설 현상학과 칸트 철학의 근본적인 차이점, 후설 현상학과 그리스 사유의 상관성을 분명하게 드러낸다. 더 나아가 란트그레베는 근대철학의 전통 흐름에 대해 후설이 갖는 차이를 분명히 드러내는 동시에 이러한 차이가 후설 자신에 의해서 어떻게 은폐되는지를 드러낸다. 후설에 대한 하이데거의 궁극적 입장을 이해하는 데 큰 도움이 된다고 생각하기에 이 논문의 골자를 간단히 요약 소개하는 것으로 이 글을 마치고자 한다.

란트그레베는 후설의 현상학을 칸트에서 비롯되는 초월론적 철학과 구별한다. 칸트에서 초월론적 철학의 주제는 인식을 가능케 하는 아프리오리한 표상들인 '시간과 공간 그리고 순수지성 개념들로서의 범주들'이다. 따라서 칸트에게는 모든 아프리오리한 표상이 필연적으로 연역될 수 있는 궁극적 원리를 발견하는 것이 중요했다. 이 원리는 '사유하는 내가 존재한다'라는 자기 확신이었다. 그리고 이것은 곧 데카르트적 원리이다. 모든 종합판단의 최고 원리는 '사유하는 나의 통일성'이다. 따라서 아프리오리한 표상들이 감각 경험의 대상에 적용될 수 있는 권리는 그것들 없이는 의식의 통일이 불가능하다는 것을 보여줌으로써 정초될 수 있다. 바로 이러한 정초가 '사유하는 나의 통일성'이라는 최고의 근본 원리로부터 순수지성 개념들을 연역하는 것이 의도하는 바이다. 칸트는 물론 순수지성 개념들을 감각 경험을 통해서 주어지는 대상들에만 적용 가능할 뿐 물 자체에는 적용할 수 없다고 본다.

초월론적 철학이라는 개념은 데카르트 이래의 근대적인 이성 개념과 불가분 관계를 갖는다. 데카르트는 근대 자연과학에 의해 이미 적용된 방법, 즉 사유를 통해 자연에 하나의 가설을 형성하고 이것을 다시 실험을 통해 확증하는 방법을 철학적으로 정초했다. 세계는 신이 갖는 관념에 따라 창조되었고 인간의 이성에 원래 존재하는 신적인 이성의 모사이기에,

24 Landgrebe Ludwig, "Ist Husserls Phänomenogie eine Transzendental-philosophie?" in: *Wege der Forschung 40: Husserl*, Wissenschaftliche Buchgesellschaft, 1973.

인간은 그의 이성이 갖는 생득 관념에 따를 경우에만 세계를 인식할 수 있다는 것이다. 따라서 인간은 감성으로부터 비롯되는 혼란된 표상들에 의해 현혹되어서는 안 되며, 오직 이성이 명석판명하게 구별한 관념들을 전개해야만 한다.

데카르트의 사유 노선을 따라 칸트에서도 감각의 촉발은 단지 의식을 넘어서는 실재가 있다는 것을 시사하는 기능을 가질 뿐이다. 감각을 통해 주어지는 혼잡한 감각 자료들이 지성의 범주에 따라 사유되지만, 그렇게 사유된 대상은 자아가 자신의 통일성을 유지하기 위해 필연적으로 존재해야만 하는 현상들의 '연관'일 수 있을 뿐이다. 감각적 소여에서는 실재인 물 자체에 대한 어떠한 암시도 획득될 수 없으며, 물 자체라는 실재로부터 주체인 이성도 분리되어 있다.

이는 고대 사유의 이성 개념과는 근본적으로 다른 이성 개념이다. 고대 사유에게 이성은 인간이 갖는 사고 능력뿐 아니라 인간이 인식할 수 있는 모든 존재자 자체의 존재 원리다. 근대에서 이성은 존재자 자체를 인식하는 능력이 아닌 아프리오리한 인식 능력으로 간주됨으로써 존재자 자체와 분리된다. 피히테 이래의 독일관념론은 근대적 의미의 이성, 즉 자신에게 고유한 아프리오리한 표상들로부터 세계를 구성하는 이성을 존재 원리 자체로, 즉 물 자체로 실체화함으로써 세계와의 분리를 극복하려고 했다. 따라서 헤겔에 이르러 이성의 자기 전개로서의 논리학은 창조하는 신 자체를 표현하는 게 되었다. 이러한 근대적 이성 개념을 상정할 경우에만, '사유하는 나의 통일성이라는 최고의 원리로부터 아프리오리한 표상들을 연역한다'는 목표는 의미를 가질 수 있다.

이에 반해 후설의 현상학에는 모든 아프리오리한 개념들의 연역이라는 목표가 결여되어 있을 뿐 아니라, 연역의 가능성도 분명하게 부인된다. 그가 칸트와 관련해 비판하는 것은 '소급적 방법(regressive Methode)'이라는 연역의 시도이다. 본질 직관은 연역을 통해서가 아닌 주어져 있는 것으로부터의 자유 연상을 통해 수행된다.

후설의 이성 개념은 근대적인 이성 개념과 전적으로 다르다. 처음부터 그에게 이성의 작용은 지향성을 통해, 즉 지향과 충족의 관계를 통해 특징진다. 사유는 직관을 향하고 직관에 의해 충족된다. 직관은 사유에 선행한다. 직관은 후설에게는 데카르트나 라이프니츠의 합리주의에서처럼 혼돈된 사유가 아니며, 칸트에서처럼 그 자체로 맹목적이고 단순히 실재를 시사하는 감각적인 촉발도 아니다. 직관은 사유된 것의 구체적인 현전화를 가능케 하는 직관이다. 후설에게 이성은 자신의 고유한 능력으로부터 세계를 구성할 수 있는 폐쇄된 이성이 아니다. 그것은 외부로부터 분리되지 않은 개방된 이성이다. 지향성이라는 개념은 처음부터 주관주의와 객관주의, 내면 세계와 외부 세계의 양자택일을 넘어선다.

물론 후설의 현상학이 갖는 이러한 성격은 후설이 다시 근대의 전통 개념들을 수용함으로써 은폐된다. 그럼에도 후설 현상학의 가장 내적인 경향으로서 항상 남아 있다. 모든 지향성은 후설에게도 종합이라는 형식을 통해 수행되는데 이것은 일차적으로는 판단하는 사유가 수행하는 술어적인 종합이 아니다. 모든 술어적인 종합은 그것에 선행하는 선술어적인 수동적 종합에 의거한다.

후설은 이성을 실재 자체를 지향하면서 모든 종류의 직관에 열려 있는 것으로 파악한다. 인간은 이미 존재자의 전체 안에 서 있으며, 존재의 근거는 그에게 결코 닫혀 있지 않고 직관을 통해 그에게 개시된다. 이러한 사상과 함께 후설의 현상학은 데카르트적 이성을 철저하게 문제시한다. 후설에게 사유되는 것은 사유와 너무나 밀접히 결합되어 있기에, 사유를 통한 존재자 자체의 개시(알레테이아)가 가능하다. 모든 사유는 오직 그 자체로 자신을 드러내는 존재자를 개시하는 것일 뿐이다. 따라서 이성은 근대철학이 주장하는 것처럼 그 자체로는 무의미한 감각적인 소여들을 자신이 갖는 이성 개념을 통해 복속시키는 것이 아니다.

포퍼와 초기 하이데거의 과학관*

1. 들어가면서

서양 철학사에서 하이데거와 포퍼만큼 대극적인 입장에 서 있는 사상가도 없을 것이다. 하이데거와 마르크스는 인간과 자연, 그리고 사회와 역사를 보는 데 있어 극단적으로 대립되는 사상을 제시하지만 적어도 현대의 자본주의 체제에 대한 비판에서는 상당히 유사하다. 자본주의 사회의 물화 현상과 소외 현상에 대한 마르크스의 비판은 현대기술문명에서 모든 존재자가 계산 가능한 에너지원으로 환원되고 소모되는 현상에 대한 하이데거의 비판과 일맥상통한다.

하이데거와 하버마스의 경우도 그렇다. 양자 역시 현대 사회가 직면하는 문제들을 극복하는 방안에 대해서는 큰 차이를 보이지만, 현대사회의 근본 문제를 파악하는 시각에서는 상당히 근접해 있다. 하버마스는 '체계에 의한 생활세계의 식민화'를 현대사회의 가장 근본 문제로 파악하거니와, 이는 현대문명에서 과학기술적 사고방식만이 유일하게 타당한 사고

---

* 「하이데거 사상과 포퍼 사상의 비교연구 I」(『철학사상』 23권, 2006년 12월)을 수정하였음.

방식으로 간주되는 현상에 대한 하이데거의 비판과 일맥상통하는 측면이 있다. 이에 반해 하이데거와 포퍼 사이에는 어떠한 공통점도 보이지 않는다. 두 사람은 인간과 세계, 과학과 철학, 그리고 사회와 역사 등 거의 모든 철학적 주제와 관련해 대극적인 입장에 서 있다.

포퍼는 과학적인 이성과 과학적인 이성에 입각한 열린 대화야말로 인간과 세계에 대해 가장 신뢰할 만한 이해를 가능케 하는 것으로 본다. 반면 하이데거는 과학 이전의 우리의 생활세계 자체가 인간과 사물, 그리고 세계에 대한 이해에 입각한다고 보는 동시에 일상적인 세계이해를 시와 예술을 통해 심화하고 정화하는 것만이 인간과 세계에 대한 보다 근원적인 이해를 가능케 하는 것으로 여긴다. 하이데거에게 시와 예술은 사람들의 단순한 주관적인 감정 표현에 불과한 게 아니라 과학보다 훨씬 더 심원하고 근원적인 세계이해를 전달하는 것으로 간주된다.

양자 간에 나타나는 차이는, 포퍼가 20세기 후반의 자유민주주의적인 서양 세계를 이제껏 존재했던 가장 훌륭한 세계로 보는 반면 하이데거는 존재망각의 극단으로서 인간과 자연의 황폐화가 심각하게 진행된 세계로 보는 데서 정점에 달한다. 이와 관련해 포퍼와 하이데거는 20세기의 주요한 현상 중 하나인 전체주의에 대한 극복을 자신의 중요한 과제로 삼았지만, 전체주의의 기원과 그것의 극복방안에 대해서는 전혀 다른 이해를 가졌다.

포퍼는 전체주의적 이데올로기들이 과학의 이름을 빌어서 자신들을 정당화하는 데 주목했다. 포퍼는 그것들이 사이비 과학에 불과하다면서 진정한 과학이 무엇인지 제시함으로써 사람들을 전체주의적 이데올로기의 기만적인 유혹에서 벗어나게 하려고 했다. 또한 포퍼는 과학의 본질적인 특성을 비판적인 정신에서 찾으면서, 비판적인 정신을 보장하는 사회체제로서 자유민주주의를 내세운다.

이에 반해 하이데거는 나치 체제나 공산주의 체제와 같은 노골적인 전체주의적인 사회체제뿐 아니라 개개인의 주체성과 자유를 내거는 자유주의사회도 실질적으로는 사회구성원들을 사회의 기능 인자에 불과한 것으로 취급하는 전체주의라고 본다. 따라서 하이데거는 포퍼가 주장하는 것처럼 전체주의적인 이데올로기가 아닌 과학적인 접근방식을 사회문제 해결에 적용할 때도, 사람들이 존엄한 존재로 대우받는 사회가 성립되리라고 보지 않는다. 하이데거는 이러한 사태를 극복하기 위해 인간을 비롯한 모든 존재자를 계산 가능한 에너지원으로 보는 기술적인 존재이해를 넘어 근원적인 존재이해를 건립하는 것이 필수적이라고 본다.

단적으로 말해 포퍼는 과학적인 분석과 사회구성원들 사이의 열린 대화에 입각한 점진적 사회 개혁을 통해서만 현대사회의 문제들을 해결할 수 있다고 보는 반면, 하이데거는 존재의 진리가 새롭게 개시됨으로써만 현대문명이 직면하는 문제들을 극복할 수 있다고 본다.

양자 간에 존재하는 본질적인 차이에도 불구하고, 아니 이러한 차이 때문에 둘 사이에는 대화가 가능하고 필수적이라고 생각한다. 나는 포퍼와 하이데거가 과학과 현대, 그리고 인간과 세계를 보는 흥미 있는 시각을 제시했다고 본다. 각 시각은 일정한 한계 내에서는 정당성을 갖지만, 그것이 절대화될 경우 현실과 역사의 어떤 측면만 강조하는 결과를 낳는다. 본 글은 이러한 맥락에서 양자의 과학관을 중심으로 포퍼와 하이데거를 매개하려고 한다.

하이데거와 포퍼 사이에서 보이는 차이는 단순히 두 사상가만의 것이 아니라 현대 유럽대륙 철학의 중심 사조(思潮)였던 현상학 및 해석학과 현대 영미철학의 중심 사조였던 분석철학 사이의 차이를 반영한다. 그동안 두 사조 간에는 생산적인 대화보다 서로에 대한 몰이해와 무시가 지배적이었다. 물론 토머스 쿤(Thomas Kuhn)과 파울 파이어아벤트(Paul Feyerabend)의 과학철학 그리고 한스 게오르크 가다머의 해석학에서처럼 영미 분석철학과 유럽대륙의 해석학이 서로 근접해 가는 경향도 보이지만, 두 사조 간에는 여전히 건설적인 대화가 이루어지지 않는 실정이다.

두 사조 간 대화의 부재는 한국의 현 철학계에서는 훨씬 심각한 문제를 낳는다. 한국에서 전문적으로 철학하는 인구가 늘어나면서 역설적으로 철학 연구자들이 자신의 전문 분야에만 몰입하는 경향이 강화되었다. 이에 따라 동양철학과 서양철학 간에는 물론이고 서양철학에서도 상이한 철학적 흐름들 사이에 대화가 거의 이루어지지 않고 있다. 철학계의 이러한 현실에서 하이데거와 포퍼의 사상을 양자의 과학관을 중심으로 비교하는 작업은 두 사상가 간의 대화뿐 아니라 그동안 서로 대립적인 입장을 취해온 두 철학 사조 간에 생산적인 대화를 매개한다는 의미를 가질 수 있다.

내가 하이데거와 포퍼의 사상을 특히 양자의 과학관을 중심으로 고찰하려고 하려는 이유는 다음 두 가지 때문이다. 첫째, 포퍼에게는 말할 것도 없고 하이데거에게도 근대과학은 극히 중요한 철학 주제로서 고찰된다. 따라서 양자 간 사상적 차이는 '과학이란 무엇인가'에 대한 이해에서 가장 잘 드러날 수 있다고 생각된다. 둘째, 현대는 과학기술문명이라고 불릴 정도로 과학이 지대한 의미를 갖는다. 따라서 양자의 과학관을 살펴보는 것은 과학의 본질적인 성격에 대한 두 사람의 사상이 갖는 차이뿐 아니라 현대문명의 본질적 성격과 현대문명이 장차 지향해야 할 바람직한 삶, 그리고 사회 형태에 대한 양자 간 견해 차이도 분명히 드러내줄 수 있으리라 기대한다.

2. 포퍼와 초기 하이데거의 과학관 비교

1) 포퍼의 과학관

포퍼의 철학에서 가장 근본적인 과제는 '과학이란 무엇인가'이다. 과학이 무엇인지는 언뜻 극히 자명해 보인다. 사람들은 흔히 과학은 귀납적인 경험적 방법에 입각한 학문이라는 점에서 사이비과학 혹은 형이상학과 구별된다고 생각한다. 그러나 이러한 통상적인 생각과 달리 포퍼는 헤겔의 형이상학과이나 점성술은 방대한 경험적 증거를 갖지만 과학이 아니며, 프로이트의 정신분석학이나 마르크스주의도 수많은 사례를 증거로 제시하지만 과학이 아니라고 본다.[1]

포퍼는 과학 이론이 수많은 사례에 의해 입증되는 이론이 아니라, 자신이 반박 내지 반증될 수 있는 조건을 분명히 제시하는 이론이라고 본다. 반면 자신의 주장을 애매하게 개진해 항상 입증되는 듯하지만, 그 주장이 반증될 수 있는 구체적인 조건을 분명히 제시하지 않는 이론은 비과학적인 이론이다.

예를 들어 '내일 서울에 비가 내린다'는 관찰 명제를 뒷받침하는 기후 이론은 과학적인 이론이다. 이것이 과학적인 이론인 이유는 자신이 반증될 수 있는 조건을 분명하게 제시하기 때문이다. 그 이론은 내일 서울에 비가 내리지 않으면 반증된다. 사람들은 그 이론이 타당한지 알기 위해서는 내일 비가 오는지 오지 않는지를 보면 된다.

다시 말해 과학적인 이론은 그것이 사실에 부합하는지 확인해 볼 수 있는 관찰 명제를 연역적으로 함축하며 거기서 예견되는 사건과는 다른 사건이 일어나는 것을 금하는 이론이다. 우리가 기후에 관한 어떤 이론에서 '내일 서울에 비가 내린다'는 관찰 명제를 연역적으로 끌어낼 수 있을 경우, 그 이론은 '내일 서울에 비가 내리지 않는 것을 절대적으로 금한다'. 그것은 '내일 서울에 비가 내리지 않는다'는 것을 자신의 반증 조건으로 갖는다.

1 칼 포퍼, 『추측과 반박』, 이한구 옮김, 민음사, 2001, 76쪽 참조.

이와 같이 자신의 이론에서 필연적으로 연역될 수 있는 사건 이외의 사건이 일어나는 것을 분명하게 금지하는 이론이 훌륭한 과학적 이론이다. 반면 다른 사건을 분명하게 금하지 않고 오히려 서로 모순되는 사건들마저도 설명할 수 있기에 어떤 사건에 의해서도 반박될 수 없는 이론은 비과학적이다. 어떤 이론에 대한 반박이 불가능하다는 것은 사람들이 흔히 생각하듯 그 이론의 장점이 아니라 단점이다.[2]

훌륭한 과학 이론의 대표로 포퍼는 아인슈타인의 상대성이론을 든다. 1919년 아인슈타인은 상대성이론을 제기하면서, 상대성이론이 만약 참이라면 태양 곁을 지나가는 빛은 태양의 강한 중력장에 의해 직진하지 못하고 휠 것이라고 예측했다. 상대성이론에서 우리는 '태양 곁을 지나가는 빛은 휘게 된다'는 관찰 명제를 연역할 수 있다. 달리 말해 상대성이론은 '태양 곁을 지나가는 빛이 휘지 않는다'는 사태를 절대적으로 금한다.

따라서 우리가 아인슈타인의 상대성이론이 참인지 거짓인지를 확인하기 위해서는 태양 근처를 지나는 빛이 과연 휘는지 실험해 보면 된다. 이러한 실험을 통해 실제로 태양 근처를 지나는 빛은 휜다는 사실이 밝혀졌으며, 상대성이론은 참으로 밝혀졌다. 이에 반해 뉴턴의 이론에 입각하면 태양 곁을 지나는 빛은 휘지 않기에 뉴턴의 이론은 반박된 셈이고 거짓으로 판명 난 셈이다.[3]

그렇다고 이것은 상대성이론이 절대 진리임을 의미하지는 않는다. 과학 이론에서 연역적으로 도출되는 관찰명제가 실험과 관찰에 의해 부정되지 않는 한, 그 과학 이론은 객관적이고 합리적인 지식으로 간주된다. 따라서 어떤 과학의 이론 체계가 참으로 인정받는 것은, 그것이 많은 사례에 의해 입증되었기 때문이 아니라 온갖 반박 시도 속에서도 거짓임을 아직

2 칼 포퍼, 『추측과 반박』, 81쪽 참조.

3 칼 포퍼, 『추측과 반박』, 80쪽 참조.

입증하지 못했기 때문이다. 이러한 사실은 모든 과학 이론은 아직 반박되지 않는 한에서만 참일 뿐 언제든지 반박될 수 있다는 점에서 절대적 참은 아님을 의미한다. 모든 과학 이론은 항상 추측 내지 가설의 성격을 가질 수밖에 없다.

반증 가능성이라는 기준에 입각해 우리는 많은 주장과 이론의 과학성 여부를 평가할 수 있다. 예를 들어 어떤 무당이 '귀신 들린 사람의 병을 무당의 굿과 굿을 부탁한 사람의 정성으로 고칠 수 있다'고 말할 때 그 주장이 설령 수많은 사례에 의해 입증되었더라도 과학적인 주장으로 간주될 수 없다.

굿으로 병을 고치지 못할 경우, 무당들은 흔히 굿을 부탁한 사람의 정성이 깊지 않아서 실패했다고 말한다. 그러나 무당들은 우리가 어떻게 해야 정성을 다하는 것인지에 대한 분명한 기준을 제시하지 않는다. 무당들은 자신의 주장이 반증될 수 있는 조건을 분명히 제시하지 않는 것이다. 이런 의미에서 무당들은 굿이 실패할 때는 언제든 손님의 정성이 부족해서 실패했다고 발뺌할 수 있다. 따라서 '굿과 굿을 부탁한 사람의 정성으로 병을 고칠 수 있다'는 말은 반박이 불가능한 비과학적 주장이다.

현대인 대부분이 비과학적인 것으로 인정하는 무속의 주장뿐 아니라, 많은 사람에 의해 과학 이론으로 간주되는 프로이트의 정신분석학이나 마르크스의 이론 체계도 포퍼의 반증 이론에 의하면 비과학적인 이론이다. 프로이트의 정신분석학은 환자가 무슨 말을 하든 정신분석학과 양립할 수 있게 해석할 수 있다. 현재 아버지를 증오하는 사람이든 사랑하는 사람이든, 프로이트의 정신분석학은 오이디푸스 이론에 부합하게 해석이 가능한 것이다. 어떤 환자가 아버지를 증오한다고 인정할 경우, 그것은 프로이트의 오이디푸스콤플렉스 이론을 확증하는 것이다. 그런데 그 환자가 자신의 아버지를 증오한다는 것을 부인하면 프로이트의 이론은 그 환자가 자신이 아버지를 증오한다는 것을 인정하는 게 두려워서 아버지에 대한 증오를 억압한다고 해석한다. 이때 프로이트 이론은 서로 모순되는 관찰 명제를 함축하는 것이기에 어떠한 관찰명제든 설명할 수 있는 이론이 된다. 즉 그것은 도저히 반증이 불가능한 이론이 되기 때문에 비과학적인 이론이다.

마르크스주의도 자본주의 사회에서 어떤 일이 일어나든 그것을 마르크스주의와 양립하도록 해석하는 경향이 있다. 마르크스주의는 자본주의 사회가 경제위기를 겪을 경우, 그것을 자본주의가 내적 모순을 견디지 못하고 붕괴한다는 자신의 이론을 확증하는 것으로 간주한다. 그런데 그 사회가 경제위기를 겪지 않을 경우, 마르크스주의는 그것을 노동계급이 아직 충분히 의식화되지 않았거나 이윤율이 아직 충분히 떨어지지 않았다는 이유를 끌어들여 설명한다. 마르크스주의는 이렇게 다양한 보조 가설을 끌어들임으로써 반박에서 벗어났을지 모르지만, 그들은 자신의 이론을 논박할 수 있는 조건을 분명히 제시하지 않는 비과학적인 이론으로 만들어 버렸다.[4]

포퍼는 서로 모순되는 현상들마저도 자신의 이론에 부합하게 설명할 수 있다면 그것이 옳은지 그른지 시험해 볼 도리가 없기에 그것은 어떠한 유익한 정보도 제공해 줄 수 없다고 본다. 프로이트의 이론은 우리가 어떤 사람을 오이디푸스콤플렉스를 지녔다고 볼 것인지 아닌지에 대해 구체적인 정보를 주지 않는다. 아울러 마르크스주의 이론도 자본주의가 언젠가는 붕괴한다고 말할 뿐, 언제 어떻게 붕괴할지에 대해서는 구체적인 정보를 주지 않는다.

이런 맥락에서 포퍼는 진화론도 과학 이론이 아니라 하나의 '형이상학적인 연구 프로그램'이라고 생각했다. 진화론자들은 관찰 결과가 어떻

---

4 칼 포퍼, 『추측과 반박』, 83쪽 참조.

게 드러나든지 진화론과 부합하도록 해석할 뿐, 어떠한 생물이 어떠한 방향으로 진화할지에 대해서는 전혀 예측하지 못한다. 진화론은 단지 지난 사실만을 자신의 이론에 맞춰서 그럴 듯하게 해석할 뿐이다.

물론 그렇다고 해서 포퍼가 프로이트나 마르크스의 이론, 그리고 진화론이 무의미하고 중요하지 않다고 말하는 것은 아니다. 포퍼는 그것들이 중요한 통찰을 제시하며 프로이트의 심리학은 실험심리학에, 마르크스의 이론은 경제학에, 그리고 진화론은 생물학에 큰 기여를 할 수도 있음을 의심하지 않았다.[5]

포퍼는 과학적인 가설도 예술가들의 표현, 형이상학적인 이론 체계, 종교와 마찬가지로 상상력의 소산에 불과하다고 보기에, 형이상학적 명제는 나중에 과학이 반증 가능한 이론으로 발전시킬 수 있는 중요한 통찰을 제시해 줄 수 있다고 본다. 다만 상상력의 소산이 반증이 가능한 관찰 명제를 연역적으로 도출할 수 있는 이론이 될 경우에만 그것은 과학 가설이 된다.

2) 초기 하이데거의 과학관

하이데거의 사상은 보통 초기와 후기로 나뉜다. 초기 하이데거와 후기 하이데거의 가장 큰 차이는, 초기 하이데거가 인간 현존재의 역사성을 강조하면서도 정작 자신의 탐구를 비역사적으로 행한다면 후기 하이데거는 철저하게 역사적인 방식으로 사유한다는 것이다.

『존재와 시간』에 응집되어 있는 초기 하이데거 사상은 신화적 사유가 지배하던 시대 이후 현존재가 가질 수 있는 보편적인 존재방식을 분석한

5 칼 포퍼, 『추측과 반박』, 84쪽 참조.

다. 초기 하이데거는 근대과학의 탄생도 특정한 역사적인 맥락에서 탄생한 것으로 보기보다 현존재가 일상적인 생활세계에서 관계하는 도구적인 존재자들로부터 도구성을 박탈하고 눈앞의 존재자로 변양시킴으로써 성립하는 것으로 본다. 이 경우 일상적인 생활세계는 모든 시대에 동일한 구조를 갖는 것으로 파악되며, 존재자들을 눈앞의 존재자로서 파악하는 관점을 바꾸는 것도 어느 시대에나 가능하다고 고찰된다.

이에 반해 존재사적인 사유라고도 불리는 후기 하이데거에서 근대과학은 특유한 존재이해와 진리이해에 근거한다고 간주된다. 즉 근대과학은 존재망각의 심화과정이라 특징지어지는 서양의 특정한 역사적인 맥락에서 비롯된다고 고찰되는 것이다.

과학의 본질에 있어 초기 하이데거와 후기 하이데거 사이에 무시할 수 없는 차이가 있기에, 초기 하이데거의 과학관과 후기 하이데거의 과학관을 분리해 다룰 필요가 있다. 이에 이 글에서는 초기 하이데거의 과학관과 포퍼의 과학관을 비교해 보려고 한다.

포퍼는 가설의 정립과 실험을 통한 가설의 검토라는 방식으로 행해지는 비판적 사고에서 과학의 본질을 찾는다. 반면 초기 하이데거는 과학의 본질을 세계-내-존재의 특정한 존재방식에서 찾는다. 과학은 현존재가 존재자와 관계하는 특유한 방식이라는 것이다. 과학은 존재자들을 우리의 필요에 따라 이용하는 일상적인 삶의 태도와 달리 존재자를 '있는 그대로' 파악하려는 태도에 근거한다.

한 인간은 다른 존재자들과 다른 인간들로부터 고립된 채로 존재하는 것이 아니라 그것들과 항상 관계하면서 존재한다. 인간은 근대의 합리주의적인 인식론에서 주장하는 것처럼 객체에 대한 타고난 인식을 가지면서도 객체와 무관하게 존재하는 독립적인 의식이 아니다. 또한 인간은 경험주의적인 인식론에서 주장하는 것처럼, 일단 백지로 존재하면서 존재자들로부터 순수한 감각 자료들을 받아들이고 그것들을 유사성과 차이, 시공간적인 근접성에 따라 결합하지도 않는다. 근대의 합리주의적 인식론과 경험주의적 인식론은 인간의 세계-내-존재적인 성격을 간과하면서 인간을 다른 존재자나 인간들로부터 독립된 고립된 주체라고 보는 점에서 동일하다.

우리가 존재자들과 관계할 때 우선 접하는 것은 감각 자료가 아니라 망치나 자전거, 그리고 친구나 스승 등과 같은 존재자 자체다. 그리고 우리는 그것들을 눈앞의 객체로 관찰하며 그것들과 관계하는 것이 아니라, 망치나 자전거를 사용하고 친구나 스승과 인사하고 대화하는 방식으로 관계한다. 하이데거는 인간을 세계-내-존재로서 파악한다. 이때 세계-내-존재는 인간이 존재자들을 망치나 자전거로 사용하고 친구나 스승과 대화하며 그것들에 의존하는 방식으로 살고 있는 존재임을 의미한다.

우리가 존재자들과 관계하는 구체적인 삶의 세계를 하이데거는 주변세계(Umwelt)라고 부른다.[6] 주변 세계에서 존재자는 어떤 것은 현존재의 목적에 합당한 것으로, 어떤 것은 현존재의 목적 실현에 방해가 되는 것으로 나타난다. 우리의 일상에서 존재자는 도구적 성격을 갖는 것으로서 나타난다.

사람들은 보통 존재자에 대한 과학 탐구는 존재자들에 대한 실천적 관계가 중단되고 그것을 객관적으로 관찰함으로써 시작된다고 생각하기 쉽다. 그러나 그렇지 않다. 존재자에 대한 실천적인 관계를 중단하고 존재자를 관찰하는 것은 존재자가 왜 제대로 작동하지 않는지 점검하는 것일 수 있다. 이때 관찰은 사용되는 도구나 실천적 상황에 사로잡혀 있기에 이후의 실천적 관계를 순조롭게 진행하기 위해 행해지는 것일 뿐이다.

아울러 과학 탐구의 특성을 존재자들과의 실천적인 관계의 중단이나

---

6 Martin Heidegger, *Sein und Zeit*, 66쪽 이하 참조.

결여에 있다고 보는 견해는, 과학 탐구 자체에 특유의 실천이 존재한다는 사실을 고려할 때 타당하지 않다. 예를 들어 현미경으로 관찰하는 데에는 표본제작이 필요하다.[7] 존재자들과의 일상적인 실천과 과학에서 진행되는 모든 종류의 실천 작업은 후자가 존재자에 대한 순수한 관찰과 탐구를 위해서만 행해진다는 점에서 차이가 있다.

존재자에 대한 과학적인 관찰과 탐구는 존재자에 대한 실천적인 관찰에서 진행되는 관찰이나 조사와 전적으로 성격이 다르다. 존재자에 대한 실천적인 관계에서 진행되는 존재자에 대한 이해는, 존재자들이 도구로서 서로 간에 맺는 목적과 수단의 연관 전체에 대한 이해에 근거한다. 따라서 존재자들에 대한 실천적 관계에서 행해지는 존재자에 대한 이해는 고려(Überlegung)의 방식으로 행해진다.[8] 고려는 '이러한 목적을 성취하기 위해서라면 어떠한 것이 필요하다'라는 형식을 띤다. 실천적인 관계의 차원에서 행해지는 관찰이나 조사도 실천적인 고려의 성격을 띠며, 그것은 주변세계 내에서 현존재가 현재 어떠한 상황에 처했는지 드러낸다. 따라서 그것들은 어떤 존재자가 갖는 객관적인 성질을 확인하지 않는다.

예를 들어 우리는 망치를 사용하면서 '이 망치는 너무 무겁다'거나 '너무 가볍다'라고 말할 수 있다. 이 말들은 '이 망치는 사용하기 너무 힘이 들어서 다른 망치가 좋겠다'거나 '너무 가벼워서 굵은 못을 박기에는 부적합하다'는 것을 의미한다. 그러나 '이 망치는 무겁다'는 말은 단순히 그것이 중량, 즉 무게라는 성질을 가진다는 것을 의미할 수 있다. 달리 말해 '그것은 그것이 올려져 있는 받침대에 압력을 가하고 있어서 받침대를 제거하면 낙하하는 성질을 갖는다'는 사실을 의미할 수도 있다. 이 말은 도구가 사용되는 삶의 맥락이 아닌 '어떤 질량을 갖는 존재자 그 자체에게 고유하

7 Martin Heidegger, *Sein und Zeit*, 358쪽 참조.

8 Martin Heidegger, *Sein und Zeit*, 359쪽 참조.

게 속하는 것'을 주목하는 데서 비롯된 것이다. 이때 주목되고 있는 것은 작업 도구로서 망치의 고유한 것이 아니라 중력법칙의 적용을 받는 물체로서 망치의 고유한 것이다. 망치가 갖는 도구적인 성격은 여기서 의의를 상실한다.[9]

'망치가 무겁다'는 물리학적 명제에서는 망치의 도구적인 성격이 사상될 뿐 아니라 모든 도구적인 존재자가 주변 세계에서 차지하는 고유한 '자리'도 사상된다. 망치는 그것을 사용하는 주변 세계에서 사용하기 적합한 곳에 놓여야만 한다. 그것에게는 그것이 놓여야 할 적당한 자리가 존재한다. 그러나 망치가 물리학적 명제의 대상이 될 때, 망치가 놓이는 자리는 다른 자리와 비교했을 때 아무런 특징도 갖지 않는 공간상의 한 위치가 되고 만다. 주변 세계의 필요에 따라 정해지는 도구들의 자리는 주변 세계적인 의미를 상실하고 우주 공간 내 순수한 위치로 변양된다. 아울러 주변 세계의 목적과 필요에 따라 요청되는 존재자들에만 관심이 집중되는 것이 아니라 모든 물리적 존재자가 주제가 된다.[10] 즉 망치가 당장 관찰 주제가 되더라도, 그것은 중력의 법칙이 보편적으로 적용되는 물체 전체의 한 사례로 주제가 될 뿐이다.[11]

---

9 Martin Heidegger, *Sein und Zeit*, 360쪽 이하 참조.

10 Martin Heidegger, *Sein und Zeit*, 362쪽 참조.

11 인간의 인식이 감각 자료들을 수용하는 것에서부터 시작한다고 보는 근대적인 인식론은 과학적 인식 방식을 우리가 존재자들과 관계하는 근본적인 방식으로 보는 데서 비롯한다. 근대과학이 존재자들을 그것의 객관적인 구성 요소로 분리시켜서 분석하는 것과 마찬가지로, 근대 인식론은 우리의 인식도 존재자들의 각 구성요소에 대한 감각 자료에 입각해 성립한다고 본다. 예를 들어 근대과학에서 망치는 주변 세계적인 의미를 상실하고, 쇠와 나무라는 객관적인 성분들의 결합체로 나타난다. 근대 인식론에서 망치는 쇠와 관련해서는 단단하고 차갑게 느껴지고 검게 보이는 감각 자료와 나무와 관련해서는 딱딱하고 고동색으로 보이는 감각 자료로 나타난다. 그리고 근대 인식론은 감각 자료들의 종합에 근거해 존재자가 무엇인지 인식하고 이러한 인식에 입각해 존재자들과 관계한다고 보는 것이다.
하이데거는 근대 인식론이 존재자들에 대한 과학적인 탐구를 존재자에 대한 가장 일차적인 접근방식으로 보면서 과학적인 탐구가 근거하는 선(先)과학적인 실천적 세계를 망각한 존재자가 더 이상 도구로서 이해되지 않고 물리학적인 탐구 대상이 되면서 우리가 일상적으로 거주하는 주변 세계의 한계도 철폐된다. 하이데거는 과학적 고찰 대상이 되는 것을 눈앞의 것이라고 부른다. 눈앞의 것이 속하는 존재 영역들의 본질에 대한 근본 규정이 사태에 적합하게 형성될수록, 과학적 탐구는 그만큼 더욱 확실하게 행해질 수 있다.

하이데거는 과학이 성립되는 과정을 가장 전형적으로 보여 주는 것이 수리물리학이라고 본다. 수리물리학은 사실에 대한 관찰을 더 존중함으로써 성립한 것도 자연현상을 파악하는 데 수학을 적용함으로써 성립한 것도 아니다. 수리물리학은 자연 자체를 수학적으로 계산할 수 있는 물리적인 사물과 그것의 구성 계기들(운동, 힘, 장소, 시간)로 구성함(Entwerfen)으로써 성립한다. 이렇게 구성된 자연의 '빛 속에서' 비로소 수리물리학이 파악하는 물리적인 사실이 발견될 수 있다. 존재자는 선행적인 구성을 통해 개시된 지평 안에서만 자신을 드러내며, 이러한 선행적인 구성에서 독립해 있는 '순수한 사실'은 없다.

물리적 자연이라는 특정한 존재 영역에 대한 선행적인 구성에서 확인되는 것처럼, 특정한 존재 영역에 대한 구성의 전체, 즉 특정한 존재 영역의 확정 및 존재 영역에 부합되는 근본개념의 확정을 하이데거는 주제화라고 부른다.[12] 주제화가 목표로 삼는 것은 존재자가 주변 세계적인 관심과 무관하게 객관적으로 탐구되고 규정될 수 있게 하는 것이다. 이런 의미에서 과학은 탁월한 종류의 현전화(Gegenwärtigung)이다. 물론 하이데거는 우리가 삶의 어떤 목적을 수행하기 위해서 어떤 도구를 사용하는 것도 현전화라고 부른다. 그러나 과학이 수행하는 현전화는 도구 사용의 현전화

다고 본다. 하이데거는 선과학적인 실천적 관계로부터 과학적인 인식이 어떻게 형성되는지를 고찰할 때만 과학적인 인식의 본질도 제대로 파악할 수 있다고 본다.

12 Martin Heidegger, *Sein und Zeit*, 363쪽 참조.

와 달리 생활세계의 특수한 목적을 실현하는 게 목표가 아니라, 존재자를 그 자체로 드러내는 것이 목표다. 그것은 진리를 파악하려는 현존재의 결단에 근거하는 것이다.

이처럼 초기 하이데거는 과학의 발생을 존재자들이 속하는 특정한 존재 영역의 근본 성격을 사태에 적합하게 개시하는 데에서 찾는다. 아울러 그는 개별 과학의 엄밀성은 각 존재 영역의 사태에 적합한 근본 구성을 행하고 근본 구성에 따라 철저하게 탐구를 수행하는 데서 성립한다고 본다. 이런 의미에서 하이데거는 개별 과학의 참된 진보는 개별 과학이 자신의 탐구 성과를 수집하고 정리하며 가능해지는 게 아니라, 각 존재 영역의 근본 구조에 대한 새로운 문제제기를 통해 일어난다고 본다.[13] 즉 과학 발전은 각 존재 영역의 존재를 개시하는 근본개념들의 수정을 통해 일어난다는 것이다.

근본개념들은 대상들을 구체적으로 탐구하기 앞서서 대상들이 속하는 존재 영역을 개시하면서 대상들에 대한 탐구를 주도하는 규정이다. 과학 발전은 근본개념들을 사태에 맞게 형성해 가면서 일어난다.[14] 하이데거는 어떤 과학의 수준은 그것이 기초하는 근본개념들의 위기를 얼마만큼 극복할 수 있느냐에 의해 규정된다고 본다. 하이데거는 『존재와 시간』을 집필하던 1920년대에 여러 과학 분야에서 자신들의 탐구를 새로운 기초 위에 놓으려는 경향이 생겼다고 보았다. 하이데거는 가장 엄밀하고 가장 확고한 과학처럼 보이는 수학마저도 그 당시 수의 본질에 대한 형식주의의 입장과 직관주의의 입장이 갈등하면서 심각한 정초위기에 빠졌다고 말한다. 물리학에서도 상대성이론이 물질의 본질에 대해 근본적으로 새로운 문제제기를 하고 있었고, 생물학에서도 유기체론과 기계론 사이의 논쟁이

13 Martin Heidegger, *Sein und Zeit*, 9쪽 참조.

14 Martin Heidegger, *Sein und Zeit*, 9쪽 이하 참조.

치열하게 전개되고 있었다.[15]

하이데거는 각 존재 영역의 근본 구조를 드러내는 것을 '영역 존재론' 이라고 부르며, 영역 존재론을 제대로 수행하기 위해서는 존재 일반의 의미에 대한 기초 존재론적인 탐구가 필요하다고 본다. 하이데거는 『존재와 시간』을 통해 기초 존재론을 전개하려고 했다. 그리고 기초 존재론을 통해 영역 존재론을 전개할 수 있는 토대를 제공하는 동시에 개별 과학을 참된 토대 위에 정초하려고 했다. 하이데거는 영역 존재론이 여러 가지 가능한 존재 영역들을 연역적으로 구성하는 게 아니라, 존재 일반의 의미에 입각해 각 존재 영역을 사태에 적합하게 드러내는 일종의 계보학의 형태를 띤다고 말한다.[16] 우리는 앞서 도구적인 존재의 영역이 어떻게 물리적인 대상의 영역으로 변양되는지를 보았거니와, 이러한 변양 과정에 대한 하이데거의 탐구도 계보학의 일부라고 할 수 있다.

3) 초기 하이데거와 포퍼의 과학관 비교

초기 하이데거의 과학관은 여러 면에서 포퍼의 과학관과 유사성을 갖는다.

포퍼는 과학이 어떤 이론을 검증하는 사실들을 수집하는 방식보다 모험적인 새로운 이론을 창조함으로써 발전한다고 본다. 이와 마찬가지로 하이데거도 과학 발전은 근본개념들의 변혁을 통해 일어난다고 본다. 아울러 포퍼가 과학을 실재에 대한 인식이라고 보는 것과 마찬가지로, 하이데거도 과학을 진리에 대한 관심에 입각한 것으로 본다. 즉 현존재는 일상세계에서 존재자들을 자신의 삶의 목표와 필요에 따라 이해하고 해석하지만, 과학에서는 존재자를 있는 그대로 드러내는 것을 목표로 삼는다는 것

15 Martin Heidegger, *Sein und Zeit*, 9쪽 참조.

16 Martin Heidegger, *Sein und Zeit*, 11쪽 참조.

이다. 따라서 하이데거는 과학에서 이루어지는 근본개념들의 구성은 존재자를 그 자체로서 파악하려는 현존재의 관심과 결단에 입각한다고 본다.

이렇게 포퍼와 초기 하이데거의 과학관은 서로 유사한 입장에 서 있기 때문에 근대과학의 성격을 파악하는 데 있어 서로 보완할 수 있다고 여겨진다. 포퍼와 후기 하이데거의 경우도 마찬가지다. 실로 후기 하이데거는 근대과학의 근대적인 성격을 강조하는 반면 포퍼는 근대과학의 역사적 성격을 무시한다. 그럼에도 근대과학의 성격을 파악하는 데 있어서 양자는 서로 보완할 수 있다.

특히 초기 하이데거는 포퍼가 전제하는 실재론적인 진리관을 현상학적인 입장에서 정초한다는 점에서, 포퍼의 과학철학에 보다 견고한 토대를 마련해 준다고 여겨진다. 하이데거는 우리가 일상에서 존재자 자체와 관계한다고 보며, 합리주의나 경험주의와 같은 근대인식론의 주장처럼 우리의 주관적인 표상과 관계한다고 보지 않는다. 근대 인식론에서 우리는 주관적 표상을 매개로 존재자를 인식하기에 주관적 표상과 존재자가 어떻게 일치할 수 있느냐가 문제가 제기되었다.

그러나 하이데거는 근대 인식론이 제기하는 이러한 문제는, 우리의 주관적인 표상을 매개로 존재자와 관계한다고 본 데서 비롯된다고 말한다. 그러면서 우리가 존재자를 지각하고 인식하는 과정 그 자체를 그대로 살펴보라고 요구한다. 지각이나 인식에서 우리는 우리의 심리에 존재하는 주관적인 표상이 아닌 눈앞에 존재하는 것 자체를 향한다.

이런 맥락에서 하이데거는 과학 명제를 비롯한 모든 명제의 진리여부는 그것이 직관될 수 있느냐 아니냐에 의존한다고 본다. 하이데거는 이 사실을 밝힌 것이 후설의 공적이라고 본다. 직관을 중시한다는 점에서 하이데거는 포퍼가 관찰과 시험을 통한 입증을 어떤 과학 이론의 타당성을 평가할 수 있는 시금석으로 보는 것과 입장을 함께한다고 할 수 있다. 그런데 하이데거는 직관이 우리가 사물과 관계하는 가장 근본적인 방식은 아

니라고 본다. 오히려 그것은 존재자를 사용하는 실천적 관계에 근거한다는 것이다.[17]

우리는 실천적인 차원에서 존재자와 관계하면서 그것이 무엇인지 이미 이해하고 있기에, 과학의 차원에서도 존재자를 그 자체로 드러내는 게 가능하다. 과학적인 인식은 세계-내-존재로서의 현존재가 존재자와 관계하는 한 방식인 것이다. 하이데거의 이러한 진리관은 과학이 주관적 표상에 그치지 않고 존재자 자체를 인식하는 것이라는 포퍼의 실재론적인 입장을 철학적으로 정당화하는 것이라고 할 수 있다.

이러한 유사성에도 불구하고 초기 하이데거와 포퍼 사이에는 미묘한 차이가 존재한다. 포퍼는 개별 과학이 엄밀한 탐구가 되기 위한 가장 근본적인 조건을, 선행 이론을 반증하려는 비판적인 사고가 활발하게 행해지는 데서 찾는다. 이와 함께 포퍼는 근대 물리학이 성공을 거둔 것에 비해 근대 사회과학이 부진을 면치 못한 가장 중요한 요인을 물리학에서는 자유롭고 비판적인 사고가 수행되었던 반면에, 사회과학에서는 정치권력의 개입 등으로 비판적인 사고가 제대로 수행되지 못했던 데서 찾는다.

반면 하이데거는 근대 물리학이 물리적인 사물의 본질에 대해서 사태에 적합한 근본 개념들을 형성할 수 있었기 때문에 성공했다고 본다. 사회과학이나 역사학에서는 사회나 역사의 본질에 적합한 근본개념들을 확보하지 못해 진보하지 못했다. 이 점에서 하이데거는 철학의 중요한 과제 중 하나를 개별적인 존재 영역의 본질을 드러내는 것으로 본다.

『존재와 시간』 후반부에서 하이데거가 행하는 인간의 역사성에 대한 분석은 인간의 존재 성격에 대한 분석을 넘어 역사라는 존재 영역의 본질을 드러내기 위한 기초를 제공하려는 것이기도 하다. 하이데거는 사태에

---

17 후설의 지향성 개념이 갖는 의의와 한계에 대한 하이데거의 견해는 다음을 참조할 것. 마르틴 하이데거, 『논리학』, 94쪽 이하.

부합되는 영역 존재론 수립이 각 존재 영역에 대한 개별 과학의 엄밀한 탐구를 기초 지을 수 있다고 본다. 하이데거는 또한 영역 존재론은 다시 존재 일반의 의미에 대한 기초 존재론적인 탐구에 기초한다고 보기에, 철학의 가장 중심 과제는 기초 존재론의 수립에 있다고 보는 것이다.

그러나 사회과학이나 역사학의 엄밀한 정초에 대한 하이데거와 포퍼의 통찰도 서로 모순되는 것은 아니다. 양자는 오히려 서로를 보완할 수 있다. 우리는 사회과학에서 사태에 적합한 근본개념들이 제대로 마련되지 못한 이유를 하이데거가 말하는 것처럼 아직 존재론적인 정초 작업이 미비한 데서도 찾을 수 있지만, 포퍼가 말하는 것처럼 사회과학에서는 비판적인 이성이 활발하게 전개될 수 없었다는 데서도 찾을 수 있기 때문이다.

포퍼와 초기 하이데거 사이에는 이렇게 서로를 보완할 수 있는 측면이 존재하지만, 그럼에도 양자 사이에는 무시하기 어려운 심각한 차이가 존재한다.

포퍼는 우리가 세계에 대한 올바른 이해를 확보하고 삶에서 부딪히는 문제를 해결하기 위해 가장 신뢰할 만한 것은 비판적인 사고의 정화(精華)라고 할 수 있는 과학이라고 본다. 포퍼는 가설의 정립과 반증, 그리고 보다 나은 가설의 정립이라는 과정을 통해 끊임없이 발전하는 과학만이 세계를 가장 실재에 맞게 파악한다고 보는 것이다.

이에 반해 하이데거는 『존재와 시간』에서 죽음으로의 선구(先驅)라는 실존적인 결단을 통해서만 우리는 자신과 세계에 대한 진정한 이해에 도달할 수 있다고 본다. 우리 자신과 세계에 대한 이해는 우선 대개는 세상 사람들에 의해 주입되어 있는 통속적인 자기이해와 세계이해에 의해 규정된다. 우리가 죽음으로의 선구와 함께 통속적인 자기이해와 세계이해에서 벗어날 때만 우리에게 진정한 자기와 세계가 개시된다는 것이다.[18]

---

18 Martin Heidegger, *Sein und Zeit*, 260쪽 이하 참조.

다시 말해 하이데거는 우리가 구현해야 하는 참된 자기와 이상적인 세계는 과학을 통해 주어질 수 없다고 본다. 과학은 우리에게 삶의 의미와 방향을 제시해 줄 수 없다는 것이다. 오히려 참된 자기와 세계는 불안을 인수하고 죽음으로 선구함으로써 부나 명예와 같은 세간적인 가치를 허망한 것으로 느끼면서 그것들에 대한 집착을 버리는 일과 함께 개현된다.

포퍼와 후기 하이데거의 과학관

소크라테스 이전의 자연철학자들에 대한 양자의 견해를 중심으로*

1. 들어가면서

우리는 앞에서 초기 하이데거와 포퍼의 과학관 사이에 존재하는 차이를 살펴보았다. 그런데 하이데거와 포퍼의 차이는 소크라테스 이전의 자연철학자들에 대한 후기 하이데거와 포퍼의 견해에서도 찾을 수 있다. 포퍼는 자신의 반증 이론을 토대로 소크라테스 이전의 자연철학사를 자연에 대해 보다 나은 가설을 정립해 가는 과정으로 파악한다. 또한 포퍼는 자연철학자들의 자연학설에서 근대의 보다 발전된 자연학설의 씨앗을 발견하면서, 근대의 자연학설은 자연철학자들의 초보적이지만 대담한 자연학설이 발전된 것으로 여긴다. 이에 반해 후기 하이데거는 소크라테스 이전의 자연철학자들은 근대과학과 전혀 다른 자연이해를 갖고 있기에 소크라테스 이전의 자연철학과 근대과학은 동일한 지평에서 비교할 수 없다고 본다.

더불어 포퍼는 끊임없는 반증 과정을 통해 발전한 최근의 과학이야말로 인간과 자연에 대해 가장 정확한 정보를 제공한다고 본다. 하이데거는

---

* 「소크라테스 이전의 자연철학자들에 대한 포퍼와 하이데거 사상의 비교연구」(『시대와 철학』 18권 1호, 2007년 3월)를 수정하였음.

경이를 통해 그리스인들에게 드러난 자연과 인간의 모습에서 존재자들의 실상이 드러난다고 본다. 다시 말해 하이데거는 근대 자연과학은 자연에 대한 지배에 관심을 가지며 규정되는 반면에, 자연철학자들의 자연학설은 자연 자체의 근원적인 진리를 드러낸다고 보는 것이다. 하이데거에 따르면, 존재자들에 대한 지배라는 관점에서는 근대 자연과학이 더 진보했지만 존재자의 진리를 드러낸다는 점에서는 근대 자연과학이 자연철학자들의 자연학설보다 후퇴했다는 것이다.

소크라테스 이전의 자연철학에 대한 양자 간 차이에는 인간과 자연, 그리고 역사 같은 철학적인 주제에 대한 근본적인 견해 차이가 깔려 있다. 이에 이 글은 소크라테스 이전의 자연철학자들에 대한 하이데거와 포퍼의 견해를 살펴보는 동시에 인간과 자연, 그리고 역사에 대한 양자의 견해차를 고찰해 양자 간에 생산적인 대화를 매개하고자 한다.

2. 소크라테스 이전의 자연철학자들에 대한 포퍼와 하이데거의 견해

1) 소크라테스 이전의 자연철학자들에 대한 포퍼의 견해

포퍼는 서양문명의 특징과 위대함을 그것이 일찍부터 과학적 사유를 발전시켰다는 데서 찾는다. 포퍼는 과학적 사유가 근대 서양문명과 함께 본격적으로 발전했지만, 근대에서 비로소 생긴 것도 아니고 근대에만 과학적 사유가 존재하는 것이라 보지도 않는다. 그는 특히 소크라테스 이전의 자연철학자들에게서 과학적 사유가 이미 훌륭한 형태로 나타났다고 본다.

그는 과학적 사유를 창의적이고 비판적 사고와 동일시하면서, 그리스의 자연철학자들이야말로 짧은 기간 동안 자연에 관한 기존의 이론들을 근본적으로 뒤집으면서 대담한 새로운 이론들을 제시하는 비판적인 사고를 숨 가쁘게 전개했다고 본다. 더 나아가 포퍼는 이들의 통찰은 아직 조야했지만 근대의 과학 이론이 정치하게 발전시킬 수 있었던 단초를 포함한다고 말한다. 자연철학자들에 관한 한, 자연철학자들의 이론과 후대의 물리학 사이에는 분명한 연속성이 있다는 것이다.

포퍼는 「소크라테스 이전의 철학자들로 돌아가라」에서 탈레스(Thales)부터 헤라클레이토스에 이르는 자연철학자들에서 자연학설이 어떤 식으로 진보하는지 상세하게 분석한다.[1] 그러나 우리는 아래에서 탈레스와 탈레스의 수제자인 아낙시만드로스(Anaximandros)에 대한 포퍼의 분석을 고찰하는 데 그칠 것이다. 이 글의 중심 취지가 자연철학자들에 대한 포퍼의 분석을 상세하게 살펴보는 데 있는 것이 아니라 포퍼의 과학관과 후기 하이데거의 과학관을 비교하는 데 있기 때문이다. 따라서 자연철학자들에 대한 포퍼의 견해에 대한 고찰도 포퍼와 후기 하이데거의 과학관 사이에 존재하는 차이를 드러내는 데 필요한 정도면 충분할 것이다. 탈레스의 자연학설이 아낙시만드로스의 자연학설에서 어떻게 수정되고 변혁되는지 포퍼의 분석을 살펴보는 것만으로도 자연철학자들에 대한 포퍼의 분석이 갖는 특성은 분명하게 드러날 것이다.

포퍼는 자연에 대한 과학적인 사유는 프랜시스 베이컨(Francis Bacon) 이래의 통상적인 과학이해가 생각하는 것처럼 관찰에서 출발하지 않는다고 본다. 이러한 통상적인 과학 이해를 포퍼는 베이컨 신화라고 부른다. 베이컨 신화의 기능은 관찰이 과학적인 지식의 참된 원천이라고 봄으로써 과학 명제들이 왜 '참'인지 설명하는 데 있다. 그러나 모든 과학적 명제는 가설이나 짐작이나 추측이었으며 이것이 대부분 거짓으로 판명되었다는 점에서 베이컨 신화는 타당하지 못하다. 탈레스부터 헤라클레이토스에 이

1 칼 포퍼, 『추측과 논박』, 271-305쪽 참조.

르는 자연철학자들은 자연에 대한 관찰에서 출발하기보다 오히려 자연에 대한 대담한 추측에서 출발했으며 이들의 추측은 경험적인 관찰과 모순되는 면이 있었다.[2]

탈레스는 '지구는 마치 배와 같이 물 위에 떠서 지탱된다'라고 생각했다. 그리고 이것으로부터 '지진은 지구가 물의 운동에 의해 흔들리는 현상'이라는 추론을 끌어냈다. '지구가 물 위에 떠 있다'는 주장이든 '지진은 지구가 물의 운동에 의해 흔들리는 현상'이라는 주장이든 관찰에서 귀납적으로 도출할 수 있는 게 아닌 대담한 추측이라고 할 수 있다.

물론 포퍼는 탈레스의 이론은 관찰에 바탕을 두지는 않지만, 적어도 경험적인 관찰에서 영감을 받았다는 사실을 인정한다. 그러나 이러한 사실은 탈레스의 수제자인 아낙시만드로스의 이론에는 전혀 타당하지 않다. 아낙시만드로스에 따르면 '지구는 그 어떤 것에 의해서도 떠받혀 있지 않으며, 모든 것과 동일한 거리로 떨어져 있기 때문에 정지된 상태로 존재할 수 있다. 그것의 모양은 마치 원통과 같다. 어떤 사람은 평평한 표면의 한 쪽을 걷지만 또 어떤 사람들은 반대쪽 표면을 걷는다'. 포퍼는 지구를 원통에 비유하는 것은 관찰에 의한 유추이지만, '지구가 그 어떤 것에도 지탱하지 않은 채 우주에 매달려 있다'라는 주장과 '지구가 움직이지 않는 이유는 모든 것과 동일한 거리로 떨어져 있기 때문'이라는 주장은 관찰로 도출할 수 없는 대담한 추측이라고 본다.[3]

포퍼에 따르면, 아낙시만드로스의 생각은 인류사를 통틀어 가장 대담하고 혁명적인 생각으로, 코페르니쿠스이론으로 전개될 수 있는 싹을 지닌다. 더 나아가 포퍼는 아낙시만드로스가 가졌던 당시의 전반적인 지식 수준에 비추어 볼 때, 아낙시만드로스의 생각은 코페르니쿠스이론보다 훨

---

2 칼 포퍼, 『추측과 논박』, 274쪽 참조.

3 칼 포퍼, 『추측과 논박』, 275쪽 이하 참조.

씬 더 착상하기 어렵고 훨씬 더 혁명적인 것이었다고 본다. 포퍼는 '지구가 우주의 한가운데 자유롭게 균형을 잡고 있기에 안정된 상태를 유지한다'는 생각은 심지어 중력에 대한 뉴턴(Isacc Newton)의 사상을 어느 정도 선취한 것이라고 본다.

포퍼는 아낙시만드로스가 탈레스의 이론에 대한 비판으로부터 자신의 이론에 도달했다고 본다. 포퍼는 '과학은 관찰이 아닌 기존 이론이 갖는 문제의 발견과 그것을 해결할 수 있는 대안적인 이론 창출을 통해 발전한다'는 자신의 과학 이론을 탈레스부터 아낙시만드로스로 나아가는 이론의 발전에 적용한다. 포퍼는 아낙시만드로스가 '지구가 물 위에 떠 있다'고 하는 탈레스의 가정을 두고 '그렇다면 물을 지탱하는 것은 무엇인가'라는 물음을 품었을 것이라고 추측해 본다. 사실 지구를 물이 떠받친다는 탈레스의 주장은 무한퇴행에 빠질 수 있는 대표 이론이다. 따라서 아낙시만드로스는 지구를 떠받치는 어떤 것을 상정하기보다 '아무런 차이가 없는 곳에서는 변화가 생길 수 없다'라는 원리를 적용해 세계의 안정성을 설명하려고 했다.

'우주 내 모든 사물로부터 지구가 동일한 거리에 떨어져 있다'는 사실을 통해 지구의 안정성을 해명한 아낙시만드로스의 이론은 근대과학이 전제하는 공간관을 선취한다고 할 수 있다. 근대과학은 '위'나 '아래'와 같은 절대적인 공간은 존재하지 않고 모든 공간이 동일한 질을 갖는다고 보는데 아낙시만드로스의 생각도 이와 동일한 방향을 가리키는 것이다. 그러나 아낙시만드로스는 자신의 이론이 필연적으로 지구가 구형이라는 결론을 포함한다는 것을 깨닫는 데까지는 나아가지 못했다. 그 이유는 그가 지구를 평평한 것으로 보여 주는 일상적인 관찰 경험에 매여 있었기 때문이다.[4]

지구가 모든 사물과 동일한 거리에 존재한다는 아낙시만드로스의 균

4 칼 포퍼, 『추측과 논박』, 278쪽 참조.

형 이론에 대해서는 분명한 반증이 존재한다. 우주가 불균형적이고 비대칭적이라는 사실은 해와 달처럼 크기가 다른 천체가 존재한다는 사실에서 쉽게 파악할 수 있다. 이 사실은 특히 해와 달은 종종 지구와 같은 편에 존재하지만 반대편에는 그것과 균형을 이루는 게 전혀 존재하지 않는다는 점에서 확인된다. 이러한 반론에 대해 아낙시만드로스는 태양, 달, 그리고 숨겨져 있는 다른 천체들에 관한 또 하나의 대담한 이론으로 맞섰던 것 같다.

그는 지구를 돌며 회전하는 두 개의 거대한 전차 바퀴, 즉 하나는 지구 크기의 27배, 다른 하나는 18배인 바퀴를 상정한다. 두 바퀴는 각각 불로 가득 차 있고, 불이 보일 만한 숨구멍이 있다. 아낙시만드로스는 두 개의 숨구멍이 '태양'과 '달'이라고 본다. 두 바퀴에서 숨구멍을 제외한 나머지는 보이지 않는데, 이는 그것이 어둡거나 멀리 떨어져 있기 때문이다. 항성들(그리고 아마도 혹성들)은 태양이나 달이 위치한 바퀴보다 지구에 가까운 바퀴에 있는 구멍들이다. 그 바퀴는 오늘날 지축이라고 불리는 공통된 축 위에서 돈다. 그것들은 모두 함께 지구 위의 천구를 형성한다. 여기서 모든 것이 지구와 같은 거리에 있다는 그의 가설이 충족된다. 이런 의미에서 아낙시만드로스는 천구 이론(天球理論, theory of the spheres)의 창시자라고 불린다.[5]

포퍼는 고대 그리스의 자연철학자들과 후대의 물리학 사이에는 거의 완벽한 연속성이 있다고 본다. 아울러 포퍼는 그들의 이론은 나중에 비록 오류로 판명되었을지라도 후대의 발전을 가능케 했다는 점에서 근대 물리학 못지않게 훌륭한 업적을 이뤘다고 평가한다. 포퍼는 지구가 물 위에 떠 있다는 탈레스의 이론은 최근 베게너(Alfred Wegener)의 대륙이동설에서 수정된 형태로 다시 등장한다고 본다. 마찬가지로 포퍼는 지구가 다른 천

5 칼 포퍼, 『추측과 논박』, 279쪽 참조.

체들로부터 등거리로 떨어져 있기에 안정된 상태를 유지한다는 아낙시만드로스의 이론은 코페르니쿠스의 태양 중심 체계 이론의 싹을 포함한다고 본다.[6]

2) 소크라테스 이전의 자연철학자들에 대한 하이데거의 견해

소크라테스 이전의 자연철학에 대한 포퍼의 고찰이 자연철학자들의 자연관과 근대적인 자연과학 사이의 연속성을 강조한다면, 이에 대한 하이데거의 고찰은 자연철학자들의 자연관과 근대적인 자연관 사이의 근본적인 차이를 강조하는 데 초점이 맞춰져 있다.

하이데거에 따르면, 근대 자연과학은 자연을 '시공간적으로 연관된 질점(質點)들의 운동 연관'으로 보는 반면에, 자연철학자들은 자연을 퓌지스라고 본다. 퓌지스란 그것의 주재하에 각 존재자가 자신의 충만한 존재에서 빛을 발하며 나타나면서도(erglänzt) 그것들이 서로 조화를 이루는 개방된 장(das Offene)이다.[7]

퓌지스는 사람들이 거주하는 가장 자연스러운 기반이기에, 사람들이 보통 주목하지 않고 망각한다. 이런 의미에서 퓌지스는 가장 자연스러운 것(das Natürlichste)이다. 그러나 이렇게 가장 자연스러운 것을 그리스인은 경이로운 것으로 경험했다. 현대인이 자연에 대한 지배라는 관심 아래서 자연을 경험했다면 그리스인은 경이와 함께 자연을 퓌지스로서 경험했던 것이다.

보통 놀람이 범상한 많은 사물들 중에서 특출나게 돋보이는 것에 보이는 반응이라면 경이는 가장 자연스럽고 범상해서 주목받지 못하는 것

---

6 칼 포퍼, 『추측과 논박』, 282쪽 참조.

7 하이데거 전집 55권 *Heraklit*, 164쪽 참조.

이다. 이렇게 가장 자연스러운 것이 바로 우리가 그 안에서 거주하는 자연 자체다. 경이는 우리가 그 안에서 자명한 듯이 태어나서 죽는 자연 전체에 대한 것으로, 경이에서는 가장 자연스러운 것이 가장 경이로운 것, 즉 가장 비범한 것으로 나타난다.[8]

자연에 대한 자연철학자들의 고찰은 경이에서 열리는 퓌지스로서의 자연에 입각해 있는 반면에, 근대과학은 데카르트가 말하는 회의라는 근본기분에 의해 존재자 전체가 일정한 방식으로 개시되는 것에 입각한다. 회의에서 존재자들은 '일차적으로는 무규정적으로 드러나지만, 인간의 이성의 빛에 의해 철저하게 개념적으로 규정될 수 있는 것'으로 개시된다.

퓌지스는 모든 것을 모으고 통일하는 일자(das alles vereinende Eine)로서의 로고스이자 존재 자체다. 근대에서 모든 것을 통일하고 그것에 질서를 부여하는 것은 인간의 주체적인 이성이지만, 고대 그리스에서는 퓌지스가 모든 것을 통일하고 질서를 부여하며 인간은 그것을 그대로 수용할 수 있는 존재로 파악된다.

3. 고대 그리스의 자연철학자에 대한 포퍼와 하이데거의 견해

우리는 이상에서 고대 그리스 자연철학자들에 대한 포퍼와 하이데거의 견해를 살펴보았다. 양자 간 차이는 너무나 커서 둘을 이을 수 있는 어떠한 가교도 존재하지 않는 것처럼 보인다.

포퍼에게 자연철학자들은 근대 자연과학의 정교한 이론으로 발전해 가는 초보 이론을 제시했던 사람들로서 의미를 갖는다. 이에 반해 하이데

8 하이데거 전집 45권 *Grundfragen der Philosophie*, 157쪽 이하 참조.

거에게 자연철학자들은 근대인들이 망각한 자연의 진리를 경험한 자들로, 이들은 현대가 부딪힌 위기를 극복하는 데 우리가 경청해야 할 가르침을 준다. 포퍼의 입장에서 볼 때 자연철학자들에게 우리가 배울 수 있는 것은 그들의 비판적이고 창의적인 사고방식일 뿐, 그들의 사유 내용에서는 배울 게 없다. 자연철학자들의 사상은 후대에 발전한 이론에 의해 이미 반증되었다.

이에 반해 하이데거는 자연철학자들에게 자연은 근대 자연과학의 경우와 전혀 다르게 드러났을 뿐 아니라 자연을 이해하는 방식도 전혀 달랐다고 본다. 따라서 하이데거는 근대 자연과학을 소크라테스 이전의 자연철학자들을 이해하기 위한 척도로 사용해서는 안 된다고 본다. 하이데거는 우리가 근대 자연과학을 기준으로 자연철학자들에게 가르쳐서는 안 되고, 오히려 우리가 자연철학자들로부터 자연을 퓌지스로 경험하는 것을 배워야 한다는 것이다.

포퍼는 과학 발전이 자신의 이론을 독단적으로 고집하지 않고 다른 사람들의 비판에 항상 귀 기울이는 과학자들 간 열린 대화를 통해 가능했다고 본다. 이에 반해 하이데거는 각 시대의 과학이 각 시대의 그때그때 근본기분을 통해 개시되는 존재이해에 의해서 규정된다고 말한다. 하이데거는 경이를 통해 개시되는 고대적인 존재이해에 입각한 그리스 과학은, 데카르트적 회의라는 근본기분을 통해 개시되는 근대적인 존재이해에 입각한 근대과학과 근본적으로 다르다고 보는 것이다. 그리고 이 양자는 존재자 전체를 신의 피조물로 보는 존재이해에 입각한 서양 중세의 과학과도 본질적으로 다르다.

포퍼는 소크라테스 이전 자연철학자들에서부터 현대 과학자들까지 포괄하는 초역사적인 공동체가 존재한다고 생각한다. 이에 반해 하이데거는 각 시대의 과학자들은 위대한 철학자들을 통해 존재 자체에 의해서 개시되는 각 시대의 존재이해에 구속된다고 본다. 포퍼가 시대를 뛰어넘어

소통하는 과학적인 이성을 상정한 반면, 하이데거는 과학적인 이성은 시대적인 한계를 뛰어넘을 수 없다고 본 것이다. 포퍼는 하이데거의 이러한 과학 이해를 쿤의 과학 이론과 마찬가지로 '구조틀의 신화'에 사로잡힌 것으로 간주하며 그것의 종착지가 상대주의라고 비판할 것이다.[9]

이에 반해 하이데거는 과학 발전을 누적적으로 보는 포퍼의 과학관은 근대과학만이 세계에 대해 가장 올바른 이해를 가져다준다고 여기는 우상숭배에 빠져 있는 것으로 볼 것이다. 사실상 포퍼의 과학 이론에 따르면 고대나 중세의 철학과 과학은 극히 원시적이고 유치한 이론으로 간주될 수밖에 없으며 거기에서 우리가 배울 것은 아무것도 없을 테다. 이에 반해 포퍼와 정반대 입장에서 하이데거는 소크라테스 이전 사상가인 아낙시만드로스나 파르메니데스, 그리고 헤라클레이토스야말로 근대인이 망각한 '세계와 인간에 대한 근원적인 이해'를 간직한 사상가들로 본다.

이렇게 본질적인 차이를 갖는 사상가들을 우리는 어떻게 받아들일 것인가? 우리는 아래에서 두 사상가의 사상이 갖는 의의와 한계를 고찰하는 방식으로, 양자 간 대화의 가능성과 필요성이 있는지를 가늠해 볼 것이다.

하이데거 사상의 의의는 현대인이 망각하는 근원적인 자연경험을 드러내는 동시에 현대인이 자명하게 여겼던 근대적인 자연 개념의 한계를 첨예하게 드러냈다는 점에서 찾을 수 있다. 아울러 하이데거는 근대 자연과학과 기술이 데카르트의 형이상학에서 대표적으로 드러나는 하나의 형이상학적인 결단에 기초하며, 현대 기술문명의 폐해를 극복하기 위해서는 과학기술의 개선을 넘어 근대적인 인간관과 자연관을 극복하는 철학적 결단이 필요하다고 분명히 밝혔다. 하이데거의 이러한 견해는 과학사를 일직선적인 진보 과정으로 보는 포퍼의 견해가 갖는 일면성을 교정하는 데

---

9 토마스 쿤·포퍼·라카토스 외, 『현대과학철학 논쟁: 쿤의 패러다임 이론에 대한 옹호』, 조승옥·김동식 옮김, 아르케, 2002. 102쪽 이하 참조.

기여할 수 있다고 여겨진다.

그럼에도 불구하고 우리는 근대과학과 그것에 기초한 현대기술문명에 대한 하이데거의 이해는 다음과 같은 문제점이 있다고 본다.

첫째, 하이데거는 근대과학을 존재망각이라는 입장에서 지나치게 부정적으로 해석하는 경향이 있다. 그는 근대과학이 인간을 비롯한 존재자 전체를 소모적인 에너지로 환원시켰으며 이와 함께 근대기술이 존재자 전체에 착취와 남용을 가능케 했다고 본다. 그러나 근대과학이 인간에게 자연에 대한 어느 정도의 통제력을 제공함으로써 인간이 자연의 힘 앞에 무력하게 내맡겨지는 사태를 극복하게 했다는 점은 부인하기 어렵다. 근대과학과 이에 입각한 근대기술을 통해 우리는 많은 질병과 유아 사망, 자연재해 등을 극복할 수 있었던 것이다.

이 점에서 근대과학은 하이데거가 말하는 것처럼 단순히 인간을 포함한 존재자 전체에 에너지를 무분별하게 뽑아내는 성격만 갖지 않는다. 물론 하이데거는 자신의 목표는 근대과학과 기술을 전적으로 부정하는 것이 아니라, 그것들이 인간의 삶 전체를 규정하는 것을 막고 그것들을 퓌지스의 경험이라는 보다 근원적인 토대 위에 세우는 것이라고 말한다. 그렇지만 하이데거는 근대과학과 기술에 대해 전체적으로 부정적으로 평가할 뿐, 그것의 긍정적인 면을 부각시킨 적은 거의 없다.

둘째, 하이데거는 각 시대의 존재이해가 각 시대를 규정하는 근본기분을 통해 존재 자체에 의해서 주어진다고 말하지만, 이는 진리의 발견과 관련해 인간의 노력이 갖는 중요성을 상당히 무시하는 것이다. 진리를 발견하려는 인간의 노력을 우리가 진지하게 고려할 때 과학사는 하이데거가 주장하는 것처럼 단절적인 성격을 갖지 않는 것으로 보인다. 또한 과학사에서는 특정한 존재 이해가 일종의 영감처럼 근본기분을 통해 존재 자체에 의해서 주어지는 것 못지않게, 포퍼의 주장처럼 학자들 간 토론이 중요한 비중을 차지할 수 있다. 이렇게 볼 때 과학사를 누적적인 진보의 역사로 보는 포퍼의 견해도 일면적이지만, 과학사가 갖는 단절적인 성격만을 강조하는 하이데거의 견해도 문제라고 할 수 있다.

이와 관련하여 우리는 푸코에 대한 메르키오르의 비판을 떠올릴 필요가 있다. 역사를 존재 자체가 각 역사적 시대마다 자신을 다르게 개현하는 것으로 보는 하이데거 사상은 각 시대를 규정하는 에피스테메 간의 본질적인 차이를 주장하는 미셸 푸코의 사상과 상통하는 면이 있다. 푸코의 견해에 대해서 메르키오르는 알렉상드르 코이레(Alexandre Koyré)의 『과학사상사에 대한 연구(Études d'histoire de la pensée scientifique)를 원용하면서 각 시대별 과학 간 단절이 극단적이지 않다고 강조한다. 코이레는 근대과학 사상이 플라톤과 데모크리토스 사이의 결합에서 비롯된 것이라고 보았다. 푸코에 대한 이러한 비판은 하이데거에게도 타당하다.[10]

첫 번째 문제점과 긴밀히 연관되지만 하이데거 사상이 갖는 세 번째 문제점은 그것이 근대문명의 성격을 지나치게 단순화하고 있다는 데 있다. 하이데거는 나치 체제나 공산주의 체제처럼 노골적인 전체주의 체제에서뿐 아니라 자유민주주의 체제에서도 인간은 한갓 에너지 자원으로 전락한다면서, 사회체제들 사이의 차이는 비본질적이라고 본다.

그러나 우리가 서유럽 자유민주주의 체제의 역사만을 고려한다면 자유민주주의 체제에는 인간을 에너지 자원으로 소모하는 현상을 극복하려는 노력이 줄기차게 있었다는 사실을 부인하기 어렵다. 그리고 이러한 현상을 시정하는 데 포퍼가 주창하는 비판적이고 합리적인 정신이 일정한 기여를 했다는 점을 부인할 수 없다. 자유민주주의의 역사는 그동안 단순히 수단적인 가치밖에 인정되지 않았던 노동자나 여성의 권리를 인정하는

10 J. G. 메르키오르, 『푸코』, 이종인 옮김, 시공사, 2003, 64쪽. 이와 관련해서는 같은 책의 5장 「고고학의 검토」 부분도 참조할 것. 무엇보다 수학과 같은 학문의 전개 과정은 하이데거식의 존재사적인 구도에 의해 파악하기 힘들다.

한편, 아직은 초보 단계에 불과하지만 동물이나 환경의 고유한 권리도 인정해 나가는 추세다.

하이데거 자신도 물론 근대의 자유민주주의 체제에는 나치 체제나 공산주의 체제와 달리 인간이 단순한 기술적인 소모품으로 전락하는 것을 저지하는 여러 경향이 존재한다는 사실을 인정한다. 그러나 그는 이러한 경향들은 근대적인 기술 지배의 원리가 관철되는 것을 지연시키기 위한 임시적인 미봉책에 지나지 않는다고 본다.[11] 더 나아가 하이데거는 위와 같은 조치는 우리 시대의 진정한 정체를 은폐함으로써 역사적인 전환을 지연시킬 뿐이라고 본다.[12]

그러나 이때 하이데거는 자유민주주의 사회에서 그동안 실현된 여러 개혁을 위해 노력한 수많은 사람의 노고와 희생을 무시하는 것은 아닐까? 그것은 궁극적으로 자신은 보다 완전한 이상 사회를 감지한 반면에, 일반 사람들은 천박하기 짝이 없는 현실에 만족한다고 보는 오만과 독선에 빠져 있는 게 아닐까? 이러한 오만과 독선은 포퍼가 지적하듯이 전체주의적인 독재와 통하는 게 아닐까?

20세기의 전체주의에 대해 하이데거는 근대의 기술적인 존재 이해의 소산이라고 보지만, 포퍼는 유토피아를 지향하는 이데올로기를 신봉하는 사람들의 오만과 독선에서 비롯된 것으로 보았다. 이들은 현실을 총체적으로 부정하면서 자신이 이상 사회를 실현할 수 있는 비결을 알고 있다고 자부한다. 그리고 자신에 반대하는 사람들을 이상사회 실현을 방해하는 사탄이나 악마로 간주하면서 처단하는 것에 대해 전혀 죄책감을 느끼지 않는다.

---

11 Alexander Schwan, “Zeitkritik und Politik in Heideggers Spätphilosophie”, in *Heidegger und die praktische Philosophie*, 98쪽 참조.

12 하이데거 전집 8권 *Was heißt Denken?*, 64쪽 참조.

하이데거가 나치즘이나 볼셰비즘, 그리고 자유민주주의 사이의 본질적인 차이를 무시하는 것은 하이데거도 일종의 유토피아적인 사상가라는 데서 비롯된다. 하이데거는 인간과 인간, 그리고 자연과 인간 사이의 소원함이 극복된 고향으로서의 세계를 꿈꾼다. 그리고 나치 참여에서 볼 수 있듯이 하이데거는 한때 정치를 통해 이러한 세계를 구현할 수 있다고 믿었다. 물론 하이데거는 나중에 정치에 대한 기대를 버렸지만, 그의 철학이 끝까지 종말론적인 기대에 입각해 있다는 점은 부인할 수 없다.

하이데거는 제2차 세계대전 후 폐허 속에서 칼 야스퍼스에게 이렇게 말한다.

> 고향상실의 시대에 하나의 성령강림(Advent)이 준비되고 있다. 그것이 멀리에서 보내는 암시를 우리는 경험한다[13]

야스퍼스는 거대한 것에 대한 비전(die Vision eines Ungeheuren)을 주장하는 철학은 현실과 자신을 분리시킴으로써 다시 전체주의의 승리를 준비한다고 보았다.

하이데거는 자유민주주의가 취하는 것과 같은 미봉책이 아니라 근본적인 해결책을 추구한다. 그러나 인간사에 근본적인 해결책이 있을까? 하이데거가 이상사회로 보는 소크라테스 이전의 그리스 사회만 하더라도 인구의 70퍼센트 이상을 차지했던 노예들의 굽은 등허리로 세워진 것 아닌가?

---

13 Rüdiger Safranski, *Ein Meister aus Deutschland: Heidegger und seine Zeit*, 428쪽에서 재인용.

4. 나가면서

포퍼와 비교했을 때 하이데거가 갖는 이상의 문제점들에도 불구하고, 나는 이 시대의 문제를 해결하는 데 있어 하이데거에게도 귀 기울여야 한다고 생각한다.

포퍼는 과학만이 우리에게 진리를 알려 주고 모든 문제에 대한 가장 올바른 해결책을 가져다 준다고 말한다. 포퍼는 모든 종류의 형이상학은 과학을 통해 구체화해야만 하는 사변적인 통찰을 담고 있는데 지나지 않으며, 시나 종교는 각 개인의 사적인 감정과 믿음이라는 성격만 갖는다고 보는 것 같다. 더불어 포퍼는 부지불식간에 모든 면에서 역사가 진보한다고 보는 것 같다. 이러한 전제 때문에 포퍼는 소크라테스 이전의 자연철학자들도 하나의 원시적인 과학자들로밖에 보지 못했을 것이다. 그러나 포퍼처럼 고대철학을 평가한다면 우리는 고대철학으로부터는 인간과 자연에 관해 아무것도 배울 수 없을 것이다. 우리는 그 이전의 모든 이론을 반증하고 남은, 가장 발달한 최신 이론만을 연구하면 될 것이다.

반면 하이데거는 근대가 고대나 중세와 전적으로 상이한 존재이해를 토대로 성립했다고 보면서, 무엇보다 서양사를 개시한 소크라테스 이전의 자연철학자들로부터 자연과 인간에 대한 전혀 다른 이해를 얻을 수 있다고 본다. 하이데거는 인간사에서는 모든 면에서 진보가 일어날 수 없다고 본다. 자연의 효율적인 이용과 사회의 체계적인 조직이라는 면에서 근대는 진보했지만, 자연과 사물, 그리고 인간과 신의 근원적인 진리를 이해한다는 면에서 근대는 퇴보했다는 것이다.

이와 관련해 하이데거는 시와 예술을 단순히 인간의 주관적인 체험의 표현으로 보는 사고방식은 존재자의 진리가 과학을 통해서만 드러난다고 보는 근대적인 존재이해에 입각한 것으로 본다. 그리고 그는 존재자들의 근원적인 진리를 드러내는 시와 예술이 존재할 수 있다고 보며, 근원적인 진리가 드러난 세계에서만 인간은 고향에서와 같은 아늑함과 충만함을 느낄 수 있다고 보았다.

근래에 기술문명의 폐단이 첨예하게 드러나면서 사람들은 하이데거식의 통찰에도 귀 기울이기 시작했다. 이에 따라 건물이나 도시를 짓더라도 자연을 압도하는 방식이 아닌 자연에 속하는 것으로서 지어야 한다는 사고방식이 이제는 더 이상 유치한 낭만주의적인 발상으로 치부되지 않고 진지하게 고려되며, 더 나아가 사회 정책에도 반영되고 있다.

이런 의미에서 현대의 선진적인 자유민주주의 체제는 자유시장경제가 모든 문제를 해결해 줄 것이라고 믿었던 고전적인 자유주의 이데올로기에 입각한 것만은 아니다. 그것은 19세기 말 이래 사회주의적인 복지 정책을 끌어들여 사회주의적인 성향도 갖게 되었으며, 기술문명과 도시문명의 폐해가 노골화되는 현 상황에서는 고향과 공동체, 그리고 자연과의 친밀감을 중시하는 보수주의적인 통찰도 수용해 가고 있다. 이런 맥락에서 우리에게 가능한 것은 하이데거나 마르크스와 같은 사상가가 꿈꾸었던 것과 같은 궁극적이고 근본적인 해결책이 아니라 '자유주의적이면서도 보수주의적이고 사회주의적인' 해결책일 것이다.

하이데거는 『슈피겔』과의 인터뷰에서 민주주의가 현대기술문명의 폐단을 극복하는 데 적합한 정치체제가 아니라고 말했다.[14] 하이데거는 자신의 통찰에 근거하는 새로운 정치 형태가 존재할 수 있다고 생각했을 것이다. 그러나 나는 하이데거의 통찰도 '자유주의적이면서도 보수주의적이고 사회주의적인 사회'의 틀에서만 긍정적인 의미를 가질 수 있다고 생각한다.

'자유주의적이면서도 보수주의적이고 사회주의적인 사회'는 한편 포퍼가 주창하는 열린 사회와 근대 과학기술을 토대로 한다. 그러나 다른 한

---

14 박찬국, 『하이데거와 나치즘』, 문예출판사, 2001, 이 책에 번역 수록된 『슈피겔』 인터뷰 438쪽 참조.

편으로 하이데거가 말하는 것처럼 현대인이 퓌지스의 경험에 입각해 인간을 포함한 존재자들의 고유한 존재를 존중하는 것이 또 다른 중요한 토대가 될 것이다.

하버마스의 하이데거 해석과 비판*

하이데거 철학에 대해 그동안 많은 비판이 가해졌지만 그중에서도 하버마스가 가한 비판은 하이데거 철학에 대한 정확한 이해와 예리한 통찰을 바탕에 두고 있어 단연 돋보인다고 생각한다. 나는 하버마스의 하이데거 비판에 모두 동의하는 것은 아니지만, 그의 비판은 우리가 하이데거 철학의 한계와 의의에 대해 냉철하게 검토하는 데 중요한 실마리를 제공하리라 생각한다.

이 글은 하버마스의 하이데거 비판을 고찰함으로써 하이데거 철학이 갖는 한계와 의의를 검토하는 것이 목표이다. 아울러 이 글은 하이데거와 하버마스의 대화를 시도하려고 한다. 양자 간 대화는 언뜻 보기에 불가능한 것처럼 보인다. 그러나 나는 양자 간 대화가 서로 가능하다고 생각하는 것은 물론이고 대화를 통해 양자가 상대로부터 배울 점이 있다고 생각한다.

이 글은 크게 세 부분으로 나뉘어 진다. 첫 부분에서는 하이데거의 철학에 대한 하버마스의 해석과 비판을 소개할 것이다. 두 번째 부분에서는 하이데거 철학의 한계가 근본적으로 어디서 비롯되는지, 그리고 한계를

---

* 「하버마스의 하이데거 해석과 비판에 대한 고찰」(『철학』 55집, 1998년 여름호)을 수정하였음.

어떻게 극복할 수 있는지에 대한 하버마스의 견해를 고찰한다. 세 번째 부분에서는 하이데거에 대한 하버마스의 해석과 비판이 갖는 문제와 하버마스의 비판에도 불구하고 하이데거 철학이 갖는 의의를 고찰할 것이다. 이 작업은 하버마스의 철학이 하이데거의 철학으로부터 배울 수 있는 점에 대한 고찰이 될 것이다.

1. 하이데거 철학에 대한 하버마스의 해석과 비판

하버마스는 하이데거에 대해 『현대성에 대한 철학적 담론』과 『철학적-정치적 소묘』, 그리고 파리아스의 『하이데거와 나치즘』에 부친 글 「하이데거—작품과 세계관」에서 다룬다. 나는 이 글들에서 하버마스가 전개하는 해석과 비판을 초기 하이데거와 후기 하이데거, 그리고 하이데거 사상의 전회에 대한 해석과 비판으로 정리해 소개하고자 한다.

1) 『존재와 시간』에 대한 하버마스의 해석과 비판

하버마스에 따르면 『존재와 시간』은 첫째, 딜타이류의 생철학과 후설의 사상적 단초를 결합하려고 시도한다.[1] 딜타이의 역사주의와 생철학은 신칸트학파에서 중심을 차지한 초월론적 주체성을 인식의 영역을 넘어서 확장하고 '구체화하고자' 했다. 그것은 전통이 계승되고 발전되는 경험 영역들, 즉 미적 창조성과 신체적·사회적·역사적 실존의 영역들을 드러냈고 철학적인 관심의 대상으로 격상시켰다. 딜타이, 앙리 베르그송, 그리고 게오르크 지멜(Georg Simmel)은 초월론적 주체가 수행하는 종합을 불명료하고 활

---

1 Jürgen Habermas, *Philosophische-Politische Profile*, Suhrkamp, 1971, 79쪽 참조.

력론적(vitalistisch)으로 해석된 생(生)으로 대체했다.

하이데거는 생철학적 통찰에 입각해 신칸트학파식의 초월론적 주체성 개념을 해체하면서도, 세계-내-존재로서의 인격 존재를 가능케 하는 조건을 반성적으로 드러내려는 초월론적 태도를 고수한다. 그렇지 않으면 그동안 초월론적 철학이 드러낸 주체성의 풍부하면서도 체계화된 구조들이 생철학의 모호한 내용으로 사라지고 말 것이기 때문이다. 이러한 방식으로 하이데거는 그때까지 결합되지 못했던 이론적 단초들, 즉 초월론적 철학의 단초와 생철학적이고 역사주의적인 존재론적인 단초를 결합하고자 한다.

둘째, 하이데거는 현상학적 방법에 존재론적 해석학이라는 의미를 부여한다. 현상학의 탐구 영역은 존재자에 의해 은폐된 존재이다. 그러나 보통은 은폐된 존재를 드러내기 위해 후설처럼 직관이 아닌 해석학적 이해가 요구된다. 이념적 본질들에 대한 직관적인 현전화를 통해 현상이 주어지는 것이 아니라, 복잡한 의미 연관에 대한 해석학적 이해를 통해 존재가 개시된다. 직접 직관된 것에 대한 기술 대신 모든 명증에서 벗어나 있는 '의미의 해석'이 들어선다.

마지막으로 하이데거는 초월론적이고 해석학적으로 진행되는 현존재 분석을 실존철학적 모티브와 결합한다. 쇠렌 키르케고르를 통해 실존주의적으로 첨예화된 '자신의 구원에 대한 책임이라는 모티브'를 하이데거는 '자신의 고유한 실존에 대한 염려라는 모티브'로 변용해 이것을 인간 실존의 시간 구조에 대한 분석의 실마리로 삼고 있다. 더 나아가 하이데거에서 이러한 모티브는 중요한 방법적 의미를 갖는 바, 존재의 의미에 대한 철학자의 물음은 사실 자신의 존재에 대한 모든 실존의 염려에서 비롯된다고 해석한다.[2]

---

2 Martin Heidegger, *Sein und Zeit*, 15쪽 참조.

실존적 해석학에 입각해 하이데거는 기초 존재론의 핵심 개념인 세계를 해명한다. 세계는 의미를 개시하는 지평이다. 그러한 지평 안에서 존재자는 자신의 고유한 존재를 염려하는 현존재에게 드러나기도 하고 자신을 은닉하기도 한다. 세계는 존재자에 대한 모든 지향적 관계에 항상 앞선다. 이러한 선(先)존재론적인 세계이해를 통해 인간은 모든 다른 내세계적인(innerweltlich) 존재자에 대해 우월한 지위를 갖는다. 인간은 단순히 세계 내 존재자가 아니라, 존재자들이 개시되기 위해 선행적으로 요구되는 세계라는 지평과 시공간의 개현이 일어나는 장이다. 이를 통해 전통적인 주객 도식은 파괴된다.

인간은 인식과 행위를 통해 비로소 존재자들과 관계를 맺는 게 아니다. 인식과 행위는 그것들에 앞서 이미 이해된 세계에 인간이 나가 있기에 가능하다. 이러한 세계는 주체가 객체를 파악하듯이 파악되지 않는다. 하이데거는 이러한 세계를 생활세계적인 삶의 차원에 놓고 도구들의 전체적인 지시 연관으로서 해석한다. 이렇게 삶의 태도를 전환함으로써 과학 대상으로서의 자연이 구성된다. 이때 자연은 생활세계적인 지평으로부터 분리되고 대상화된다. 존재자를 단순히 표상된 것으로서 탈세계화함으로써, 과학적인 인식의 주체가 관계하는 객관적인 세계가 구성된다.

하버마스가 보기에 생활세계에 대한 하이데거의 분석은 퍼어스와 미드, 듀이의 실용주의에서 행하는 분석을 능가하지 못한다.[3] 하이데거의 분석은 결코 독창적이지 않다. 다만 하이데거가 근대 주관주의 철학의 비판을 위해 이러한 세계 개념을 사용한다는 사실만은 독창적이다. 아울러 하버마스가 보기에 하이데거의 생활세계 해석은 난점을 안고 있다. 하버마스에 의하면 개개의 인간이 편입되어 있는 생활세계는 고립적인 현존재를

---

3 Jürgen Habermas, *Der philosophische Diskurs der Moderne*, 176쪽 참조.

통해 형성되는 게 아니라 언어를 통해 의사소통하는 주체들을 통해 형성되고 유지된다.

그런데 하이데거는 공동의 언어와 실천을 통해 유지되고 전개되는 생활세계를 평균적이고 비본래적인 실존 영역으로서 폄하한다. 생활세계의 상호주관성이 현존재의 단독성과 각자성(Je-meinigkeit)에 선행한다는 사실은 하이데거가 여전히 후설의 유아론에 구속되어 있기에 하이데거의 시야에서 벗어나고 만다. 후설의 현상학에서 주체들은 개인인 동시에 사회화되어 있다는 점이 간과되는 것이다.

다른 한편 하버마스는 하이데거의 유아론적인 경향이 키르케고르에게서도 영향을 받았다고 본다. 그러나 키르케고르와 달리 하이데거는 유한한 현존재를 신에 대한 관계 속에서 해석하려고 하지 않고 유한한 현존재로부터 해석한다. 이런 의미에서 하버마스는 하이데거의 태도를 신 등의 어떠한 지반도 결여하는 역설적인 자기주장, 다시 말해 일종의 영웅적 니힐리즘으로 본다. 하이데거는 처음에는 근대 주관주의 철학을 주객 관계를 가능케 하는 세계라는 지시 연관을 실마리 삼아 파괴한다. 그러나 하이데거는 세계 구성의 장소를 단독적인 현존재에서 찾음으로써 근대 주관주의 철학의 사유 도식에 의해서 다시 구속되고 만다.

아울러 하이데거는 『존재와 시간』에서 인간을 역사적인 존재로 파악하면서도 정작 자신의 분석은 세계-내-존재 일반의 불변적인 구조를 드러내는 데 그친다. 이에 따라 하이데거는 역사성에서 구체적 역사에 대한 분석으로 나아갈 수 없었다. 구체적 역사는 『존재와 시간』에서 '역사성'의 배후로 사라지고 만다.[4] 구체적 역사는 그에게 한갓 존재자적인 차원에서의 사건(ein bloß ontisches Geschehen)으로, 사회적 삶의 연관은 비본래적인 차

4 Jürgen Habermas, "Heidegger: Werk und Weltanschauung", 13쪽 참조.

원으로 간주되었고, 판단의 진리는 하나의 파생된 현상에 불과했으며, 도덕은 오직 물화된 가치에 대한 다른 표현일 뿐이었다. 하이데거의 유아론적 방법론은 규범적인 타당성 요구와 도덕적 책임감이 갖는 의미를 진지하게 고려하는 것을 막는다. 따라서 『존재와 시간』은 파시즘을 비판할 수 있는 어떠한 토대도 갖지 못한다.[5]

2) 후기 하이데거 사상에 대한 하버마스의 해석과 비판

후기 하이데거 사상은 『존재와 시간』이 부딪힌 난점에서 벗어나려는 사상적 전회에서 비롯된 것이다. 하이데거는 근대 주관주의 철학의 질곡에서 벗어나려는 자신의 시도가 파산했음을 깨닫는다. 그러나 그는 이러한 파산이 그 자신이 전개했던 존재물음의 귀결이라는 사실을 깨닫지 못한다. 하이데거는 존재물음은 근대 주관주의 철학에 사로잡혀 있는 근원철학의 지평에서만 제기될 수 있다는 사실을 깨닫지 못한 것이다. 그는 전회라 불리는 사유의 전환을 수행하지만, 그가 행하는 사유의 전환은 여전히 근원철학적인 지평에서 행해질 뿐이다. 그는 구체적인 역사와 사회구조를 탐구할 수도 있었을 것이다. 그러나 그는 대신에 '존재의 역사'로 유명한 전회를 행한다.

그는 근원철학의 문제설정에서 벗어나려고 하지 않고 단지 그것을 거꾸로 세울 뿐이다. 이제 현존재 자체가 자신을 정초한다는 자기주장 대신 존재의 은혜에 대한 감사와 기쁨, '존재의 역운(歷運: Geschick)'에 대한 청종이 들어선다. 이제 현존재는 세계 형성의 주체가 아니다. 세계 개현은 존재 자체를 통해 일어난다. 존재의 개현은 각 시대마다 그 시대의 위대한

5 Jürgen Habermas, "Heidegger: Werk und Weltanschauung", 17쪽 참조.

형이상학자와 시인들에 의해 일어난다. 이런 의미에서 하버마스는 하이데거가 서양사를 형이상학의 생성과 붕괴의 역사로 보는 니체의 시각을 다시 수용한다고 본다.[6]

하버마스는 후기 하이데거 사상이 갖는 성격을 다음과 같이 평가한다.

첫째, 후기 하이데거는 과거 철학이 가졌던 지배적인 지위를 회복하고자 한다. 그러나 하버마스에 따르면 철학은 청년헤겔파의 비판으로 지배적인 지위를 상실했다. 다시 말해 "내적인 것에 대한 외적인 것의, 정신적인 것에 대한 물질적인 것의, 의식에 대한 존재의, 이성에 대한 감성의, 반성에 대한 경험의 복권을 통해" 정신의 신성한 성격이 박탈되었다.[7] 이에 철학은 힘을 잃었으며, 과학·도덕·예술뿐 아니라 정치사회 세계는 자신의 고유한 권리를 회복했다. 반면 하이데거는 철학이 상실한 권력을 철학에 되돌려 주려고 한다.

> 하이데거에 따르면 하나의 문화나 사회의 역사적 운명이 갖는 의미는 그때그때 세계에서 일어나는 모든 것에 대한 선이해를 통해 확정된다. 선이해는 그 문화와 사회를 규정한다.[8]

존재론적 선이해는 존재자의 존재를 결정하는 근본개념들에 의존하며, 근본개념들은 각 시대의 사람들이 사물들을 이해하는 지평을 형성한다. 그런데 존재자 전체에 대한 선이해는 형이상학을 통해 가장 명료하게 해석된다. 따라서 존재이해의 시대적 변천은 형이상학의 역사에 반영되어 있다. 헤겔에서 철학사가 역사 행로를 이해하는 데 결정적인 단서가 되었

6 Jürgen Habermas, *Der philosophische Diskurs der Moderne*, 182쪽 참조.
7 Jürgen Habermas, *Der philosophische Diskurs der Moderne*, 158쪽 참조.
8 Jürgen Habermas, *Der philosophische Diskurs der Moderne*, 158쪽.

던 것처럼, 하이데거에게도 역사는 형이상학의 역사에 의해 규정된다.

둘째, 관념론적인 시각은 하이데거의 근대 비판과 관련해 다음과 같은 귀결을 낳는다. 하이데거는 현대의 본질이 기술적으로 자연을 지배하고 전쟁을 수행하는 것에 적합한 인종을 사육하는 기술을 통해서 특징지워진다고 본다.[9] 현대는 모든 행위와 계획을 철저하게 계산하는 기술적 이성, 달리 말해 목적합리성의 지배에 의해 특징지워진다. 이는 다시 데카르트에서 니체에 이르는 근대적 존재이해에 근거한다. 근대에서 존재자는 주체인 인간의 표상 행위를 통해 그 작용법칙이 냉철하게 파악될 수 있는 객체가 되며, 진리는 객체의 작용 법칙에 대한 확실한 인식이 된다.

셋째, 하이데거는 근대를 비판하는 준거를 새로운 시원으로서의 미래에서 찾는다. 하이데거에 따르면 현대는 위기의 시대다. 즉 현대에서는 인간들이 물질적인 부와 향락을 추구하면서 퇴락해 갈 것인지 아니면 새로운 미래를 향해 나아갈 것인지에 대한 결단이 문제가 되는 시대다. 하이데거는 현대를 '떠나 버린 신이 귀환하는 시대'로 기술하면서, 이러한 신은 자신의 부재를 통해 근대가 이룩한 사회적·물질적 진보에도 불구하고 이 시대에 무엇이 결여되어 있는지 상기시킨다고 본다.

하버마스에 따르면 하이데거는 니체의 메시아주의를 계승하면서 새롭고 전혀 기대하지 못한 것이 결정적인 파국을 통해 역사에 침입해 오리라고 기대한다. 이 점에서 니체의 디오니소스 신과 '존재' 사이에는 일종의 상응관계가 성립한다. 하이데거는 자신의 존재론적 차이의 사상을 통해 형이상학의 역사에서 항상 존재자의 존재로서 이해되어 왔던 존재를 존재자로부터 분리시킨다. 존재는 이제 존재자가 비로소 자신을 개시하게 되는 역사적 지평을 마련해 주는 자율적인 실체와 같은 것이 되면서, 디오니소스신의 역할을 떠맡는다.

---

9 Jürgen Habermas, *Der philosophische Diskurs der Moderne*, 159쪽 참조.

넷째, 하이데거는 서양 형이상학의 역사를 파괴하는 작업을 인간 주체가 주체적으로 행하는 비판으로 보지 않는다. 그러한 자기반성적인 비판은 근대적 주체성에 속하기 때문이다. 따라서 존재론적 차이를 사유의 단서로 삼는 사유는 주체의 자기반성, 즉 논증적 사유가 아닌 존재의 진리에 청종하는 것이어야 한다.

3) 하이데거 사상의 전회에 대한 하버마스의 해석

이제 하버마스는 하이데거가 왜 『존재와 시간』이 부딪힌 난점을 하이데거 자신도 지적한 인간의 공동존재적인 성격, 즉 사회적 성격을 강조하는 방향으로 해결하지 않고 신비화된 존재 자체로 귀의함으로써 해결하려고 했는지 해명하려고 한다. 하버마스가 보기에 그러한 사상적 전개는 하이데거 사상 자체에 존재하는 어떠한 내적인 필연성이 아닌 나치 참여라는 외적인 요인에 의한 것이다. 또한 하버마스는 하이데거의 사상적 전회의 동기가, 후기 하이데거가 자신이 나치에 참여하게 된 원인을 구체적 인격으로서의 자신이 아닌 어느 누구도 책임질 수 없는 운명에서 찾음으로써 나치 참여에 대한 책임에서 벗어나려고 했다는 데 있다고 본다.

1933년에 하이데거는 『존재와 시간』에서 개진한 기초존재론의 근본개념들에 새로운 내용을 부과했다. 그는 그때까지 '현존재'를 죽음으로 선구하는 단독적인 개인을 가리키기 위해 사용했다. 그러나 이제 각자적인 현존재를 운명공동체로서의 민족이라는 집단적인 현존재로 대체한다.[10] 이와 함께 세계-내-존재나 죽음이나 시간과 같은 『존재와 시간』의 모든 실존 범주는 그대로 인수하지만 새로운 의미를 갖는다. 이러한 범주들은 그

10 Jürgen Habermas, *Der philosophische Diskurs der Moderne*, 186쪽 참조.

리스도교적 기원, 특히 키르케고르와 밀접한 연관이 있지만, 이제는 새로운 이교(der neue Heidentum)의 빛하에서 새롭게 해석된다. 존재론은 이전에 프로테스탄트적인 단독적 개인의 실존에 뿌리박고 있었다. 그러나 이제 하이데거는 총통에 의해 집단적 의지로 결집된 민족의 역사적 실존을 현존재의 본래적 전체성이 결정되어야만 하는 장소로 본다.

하이데거의 저서 중 파시스트적 성격이 가장 잘 드러나는 것은 『형이상학 입문(Einführung in die Metaphysik)』이다. 여기서 하이데거는 특히 나치즘의 '내적인 진리와 위대함'에 대해서 말한다. 하이데거는 『형이상학 입문』에서 평균화된 일상에 대해서 영웅적인 실존방식을 주창한다.[11] 귀족적 개인이 대중과 구별되는 지점은 강함이다. 진리는 모든 사람이 아닌 오직 강한 자에게만 존재한다. 더 나아가 지식인들이 계산적인 지성만을 갖는 반면에, 사유하는 자들은 정신을 갖는다. 마지막으로 용기가 강함과 정신적인 것을 보완한다. 그러한 용기는 폭력과 오류조차도 수용한다. 강한 자들은 시민 상호 간의 타협이나 약속을 통해서가 아닌 폭력적인 창조를 통해 국가를 건립한다. 그들이 청종하는 것은 다수의 소리가 아니라 존재 자체의 소리다. 그들은 '존재 자체의 소리'라는 '말해지지 않은 것(das Ungesagte)'에 그들의 말을 통해, 그리고 '보이지 않은 것(das Ungeschaute)'에 자신의 시선을 통해, '일어나지 않은 것(das Ungeschehene)'에 자신의 행위를 통해 형태를 부여함으로써 국가를 건립한다.

하이데거가 나치즘의 참된 성격을 깨닫고 나치에 단호하게 정치적·도덕적 비판을 가했다면, 그것은 자신의 존재론 전체뿐 아니라 그것의 출발점 자체도 흔들었을 것이다. 반면 나치즘에 대한 자신의 참여가 책임 있는 판단과 행위의 영역을 넘어서 숙명적인 것으로서 해석될 때는 『존재와

11 Jürgen Habermas, *Philosophische-Politische Profile*, 70쪽 참조.

시간』과의 연속성, 즉 그것이 갖는 근대 주관주의 철학의 성격이 위협받을 염려가 없었다. 1933년 나치 참여 당시에 하이데거가 품었던 '새로운 시대가 열리고 있다는 메시아주의적 희망'이 후기 하이데거에서는 '세계의 파국을 눈앞에 바라보는 묵시론적인 구원의 기대'로 바뀐다.[12] 가장 큰 위기로부터만 구원이 올 수 있다는 것이다.

이러한 변화와 함께 나치에 대한 평가도 달라진다. 1934년 이후에 하이데거는 나치즘으로부터 멀어지면서도 나치 운동의 내적인 진리와 그릇된 현상을 구별하면서 나치 운동에 한동안 미련을 가졌다. 그러나 후기 하이데거의 존재사적 사상에서 나치 운동은 현대 기술 시대를 지배하는 니힐리즘의 극단적인 표현으로 평가된다. 그리고 한때 서양문명을 니힐리즘의 지배로부터 구원할 것이라 기대했던 총통은 '인간을 비롯한 존재자 전체를 황폐화하면서 기술문명을 실질적으로 지배하는 의지에의 의지'가 자신을 관철하기 위해서 사용하는 하수인에 불과하게 여겨진다.

나치즘에 대한 환멸을 소화해내려는 이러한 최후의 시도와 함께 하이데거의 철학은 존재사적 숙명론이 된다. 나치뿐 아니라 자신의 나치 참여도 이제 존재의 역운의 한 결과로서 해석하며, 현대가 갖는 문제의 해결도 존재의 역운이 바뀔 것을 수동적으로 기다리자는 입장을 취한다. 모든 인격적 책임에 대한 추궁은 무의미한 것이 된다. 그는 자신이 참여했던 운동의 비진리를 주체적으로 책임져야 할 '세상 사람에로의 퇴락'을 통해 해석하는 것이 아니라 존재의 진리의 빠져나감(Entzug)로서 해석한다. 하이데거 자신의 행위에 대해 스스로 책임져야 하는 것이 아니라, 존재론적으로 신비화된 역사가 하이데거 자신의 행위와 뒤늦은 깨달음에 책임이 있다는 것이다. 그는 이러한 시각으로부터 자신의 사상적 전회도 자신이 부딪히는 문제를 해결하려는 사상적 노력의 결과가 아닌 존재 자체에 의해 일어

12 Jürgen Habermas, *Philosophische-Politische Profile*, 26쪽 참조.

나는 형이상학의 극복이라는 사건의 결과로 해석한다.

그런데 하이데거가 나치즘을 존재사에서 필연적인 방황으로 볼 때 수백만 인간에 대한 나치의 살해도 정당화되고 만다. 이에 대해 하버마스는 이렇게 묻는다. 그러한 살해는 범죄를 행한 자들이 행한 것이기에 그 책임은 존재가 아닌 독일 민족 전체가 져야 하지 않겠느냐고.[13] 하버마스가 보기에 하이데거의 사상적 전회는 존재의 역운에 의한 것이 아니라, 구체적인 역사적 상황의 변화에 대한 그의 대응에서 비롯된 것이다. 『존재와 시간』에서 하이데거는 신성이 사라진 무의 세계에서 종교적인 성격을 띠는 단독적인 결단을 강조했다. 이러한 결단은 나치즘에 경도되었을 때인 1935년, 『형이상학 입문』에서 폭력적인 행위로 변하며, 나치즘에 대한 환상이 깨졌을 당시 『휴머니즘에 대한 편지』에서는 존재 자체에 대한 회상과 청종으로 변한다.[14]

2. 하이데거 철학의 근본적 한계와 극복방안에 대한 하버마스의 견해

하버마스는 하이데거의 근대 비판이 근대의 사유 형태가 갖는 다양성, 다시 말해 헤겔 이후의 과학과 철학에서 이루어진 다양한 발전을 무시한다고 말한다. 이러한 근대에 대한 오해에서 하이데거 철학의 한계가 비롯된다. 따라서 한계의 극복방안 역시 하이데거가 보지 못한 근대적 사유의 가능성을 전개시키는 데서 찾을 수 있다.

예컨대 하이데거는 헤겔이 중시한 지성과 이성 사이의 차이를 거의

---

13 Jürgen Habermas, *Philosophische-Politische Profile*, 75쪽 참조.

14 Jürgen Habermas, *Philosophische-Politische Profile*, 73쪽 참조.

주목하지 않는다. 그는 자연을 지배하는 측면 이외에 근대적 이성이 갖는 '화해시키는(versöhnen) 측면'은 간과한다. 따라서 근대 계몽주의가 이성을 자연을 지배하려는 지성과 동일시하기보다 하이데거 자신이 근대적 이성을 협소하게 규정한다.[15] 하이데거에서는 자유주의와 나치즘, 그리고 사회주의와 같은 근대 이데올로기들은 표면상 아무리 상이한 슬로건을 내세우더라도 본질적으로는 동일하다. 그것들은 근대 주체로 하여금 자연과 인간을 무조건 지배하고 에너지로 사용하도록 몰아갈 뿐 아니라, 아무런 양심의 가책도 없이 지배와 사용을 추구하는 것을 정당화하는 세계관일 뿐이다. 따라서 하이데거는 보편적 이성의 입장을 취하는 휴머니즘과 계몽주의, 그리고 실증주의를 어떤 특수한 인간 집단만을 절대화하는 인종주의와 민족주의로부터 구별하지 않는다.

하이데거가 이성을 계산적 지성과 동일시하면서 계산적 지성을 극복하려 할 때, 결국은 비합리주의에 빠질 수밖에 없다.[16] 하이데거는 시대의 위기를 비판적 이성을 통해 극복하려는 대신 신화를 통해 극복하려는 것이다.[17] 하이데거는 근대철학에서 시도된 다양한 사유 방향을 무시하기 때문에, 모든 논증적 사유를 포기하고 '존재의 소리에 대한 청종'이라는 신비적인 자기 침잠으로 도피함으로써 근대 주관주의 철학을 극복하고자 한다.

하버마스는 하이데거가 근대 주관주의철학으로부터 벗어날 수 있는 다양한 길을 무시하게 된 근본 원인을, 하이데거가 근대 주관주의 철학을 거부하면서도 그것의 문제설정에 사로잡혀 있는 데서 찾는다. 하이데거에게 인간은 일차적으로 '인식하는' 주체로 파악되며 세계 역시 '인식하는' 주체의 상관자로서 파악된다. 따라서 인간들 사이의 의사소통을 중시하는

15 Jürgen Habermas, *Der philosophische Diskurs der Moderne*, 160쪽 참조.

16 Jürgen Habermas, *Philosophische-Politische Profile*, 74쪽 참조.

17 Jürgen Habermas, *Philosophische-Politische Profile*, 84쪽 참조.

빌헬름 폰 훔볼트(Wilhelm von Humboldt), 조지 허버트 미드(George Herbert Meed) 또는 후기 비트겐슈타인과 달리, 하이데거는 이론적 태도와 명제적 진리, 그리고 사실을 확정하는 언어 사용을 가장 중시하는 전통적인 입장에서 벗어나 있지 않다.

또한 하이데거는 형이상학을 비판하면서도 형이상학의 근거에 진입함으로써, 전통 형이상학의 근본주의적 입장을 계승한다. 그는 자기정초(Selbstbegründung)에 집착하는 전통 철학의 근본주의적 입장을 계승하고 있기에, 근본주의적 입장에 대해 보다 깊이 놓여 있는 기초에 파고 들어가는 식으로 대응하는 것이다. 존재의 역운이라는 이념은 이러한 시각에서 볼 때 그것이 추상적으로 부정하려고 하는 것에 여전히 얽매여 있다. 하이데거는 의식철학의 지평을 넘어서려고 하지만 그것의 그늘에 머물러 있다. 즉 근대 주관주의 철학의 사유 틀을 단순히 전도함으로써 하이데거는 근대 주관주의 철학의 문제설정에 의연히 사로잡혀 있다.

하이데거는 자신이 서 있는 근본주의적 입장으로 인해 근대에 대한 어떠한 학적인 논의도 할 수 없게 되고 만다. 하버마스는 하이데거의 근대 비판에 대해 다음과 같이 지적한다.

첫째, 근대사회는 사회적 규범 체계의 해체, 인간의 개인주의화, 철저하게 합리화된 일상생활을 초래했다. 이러한 상황에서 과거 종교가 지녔던 통합하는 힘과 유사한 것에 대한 열망이 나타났다. 일부 철학자들은 이러한 열망을 이성의 반성적인 힘으로 실현하고자 했고, 다른 일부는 예술을 통해 실현하려고 했다. 하이데거의 철학도 근대의 분열된 생활세계에 대한 반발로 나타난 이러한 '통일에 대한 열망'에서 비롯된 것이다. 그러나 존재자로부터 자신을 은닉하는 존재를 철학의 중심으로 삼음으로써 하이데거는 그러한 열망의 구체적 기원을 보지 못하게 된다.[18]

---

18 Jürgen Habermas, *Der philosophische Diskurs der Moderne*, 166-167쪽 참조.

둘째, 존재의 역운을 모든 것의 척도로 내세움으로써 하이데거의 근대 비판은 비과학적인 것이 되고 만다. 이른바 존재의 소리에 청종하는 '본질적 사유'는 모든 경험적이고 규범적인 문제에 대한 사회과학적이고 역사학적인 탐구, 아니 모든 논증적인 탐구를 거부한다. 그 결과 시대의 본질에 대한 추상적 통찰만이 거리낌 없이 제기되지만, 그러한 통찰들은 사실 후기 부르주아적 문명비판의 선입견을 반영할 뿐이다. 세상 사람, 여론의 지배와 개인의 무력함, 기술 관료주의의 지배, 그리고 대중 문명에 대한 하이데거의 비판은 부르주아적인 문명 비판가들 사이에서 전형적으로 나타나는 비판일 뿐 전혀 독창적인 것이 아니다.[19]

셋째, 후기 하이데거가 말하는 존재의 소리나 존재의 역운은 어떠한 명제적인 문장에 의해 파악될 수 없기에 존재의 역운은 객관적으로 발견될 수 없다. 그럼에도 존재에 대한 하이데거의 애매모호한 언급들은 존재의 역운에 복종할 것을 촉구한다. 『존재와 시간』이 구체적인 내용을 결여하는 공허한 결단을 주창한다면, 후기 하이데거는 마찬가지로 공허한 운명에 대한 복종을 주창한다.[20] 후기 하이데거가 갖는 이상의 귀결을 고려할 때 후기 하이데거는 근대에 대한 학적인 논의를 거부한다고 할 수 있다.

근대에 대한 모든 학적인 논의를 거부하는 것과 그의 엘리트주의적인 태도는 불가분 관계에 있다. 하이데거는 개념적 사유보다 더 엄밀한 사유가 존재한다고 말한다. 이로부터 '오직 소수만이 진리를 파악할 수 있는 특권을 지니며 그들은 공적인 논쟁을 통해 자신을 입증해야 하는 의무에서 벗어나 있다'는 생각이 따라 나온다. 이러한 진리는 상호주관적 검토와 인정의 영역 밖에 놓인다. 이와 함께 철학적 사유는 과학과 분리되고, 비일상적인 영역은 의사소통적인 일상 실천과 분리되며, 모든 사람을 동등

19 Jürgen Habermas, *Der philosophische Diskurs der Moderne*, 167쪽 참조.
20 Jürgen Habermas, *Der philosophische Diskurs der Moderne*, 168쪽 참조.

한 인격으로 존중해야 한다는 원칙은 무시된다.[21]

아울러 하버마스는 하이데거의 존재사가 갖는 여러 문제 중 그리스도교 해석이 갖는 치명적 약점을 지적한다. 하이데거의 존재사에 따르면, 서양사는 소크라테스 이전의 사유로부터 플라톤적이고 아리스토텔레스적인 사유로, 그리고 그리스적인 사유로부터 로마적·그리스도교적인 사유로, 마지막으로 중세적인 사유로부터 근대적인 사유로 변화하면서 존재망각이 갈수록 심화되는 과정을 겪는다.

하버마스는 하이데거의 이러한 존재사 개념이 전혀 독창적이지 않다고 지적한다. 이러한 존재사 개념은 야코프 뵈메(Jakob Bohme)에서부터 프리드리히 빌헬름 요제프 셸링, 프리드리히 횔덜린(Friedrich Hölderlin)과 헤겔에 이르는 독일적인 사유 방식을 배경으로 나타났다. 하이데거는 자신의 사유가 갖는 이러한 신학적 기원을 인정하지 않는다. 그러나 사실상 『존재와 시간』에서 말하는 역사적 실존은 키르케고르에서 아우구스티누스에 이르는 그리스도교적인 경험에 입각한다.

이러한 사실을 인정하지 않음으로써, 하이데거는 그리스도교가 서양사에서 차지하는 의미를 과소평가하게 된다. 하이데거에게 그리스도교는 플라톤에서 시작한 두 세계설을 강화시킨 것으로 평가될 뿐이다. 그리스도교가 모든 인간을 신 앞에 평등한 존재로 봄으로써 인간에 의한 인간의 지배로부터 인간을 해방시켰다는 지대한 의미를 하이데거는 무시하는 것이다. 이에 따라 하이데거는 파시스트들이 주창했던 강한 자들의 자연적 특권과 독일 민족의 역사적 특권에 반대하면서 평등주의적이고 사해동포적인 입장을 취할 수 없었다.

---

21 Jürgen Habermas, “Heidegger: Werk und Weltanschauung”, 35쪽 참조.

3. 하버마스의 하이데거 해석과 비판에 대한 고찰

1) 하이데거의 『존재와 시간』에서 초기 사상은 유아론에 빠져 있는가?

나는 하이데거에 대한 하버마스의 이해가 상당히 정확하다고 본다. 그러나 하이데거가 존재의 소리에 대한 청종을 주창하는 후기 사상으로 전회하게 된 것이, 과연 존재로 책임을 돌리고 자신을 합리화하기 위해서인지에 대해서는 하이데거 자신도 알지 못하리라 생각한다. 심리학적 분석은 항상 그럴듯 하지만 증명할 도리가 없다.

나는 하이데거의 정치적 이상은 나치 참여 이전에도 이후에도 변하지 않았다고 생각한다. 그의 정치적 이상은 일종의 민족공동체였으며, 특히 자연에 뿌리박은 농민적 향토성을 기초로 한 공동체였다. 나는 이 점에서 『존재와 시간』의 하이데거뿐 아니라 후기 하이데거가 근대 주관주의 철학이 상정하는 고립된 개인의 입장에 서 있다고 보는 하버마스의 입장을 받아들이지 않는다. 단독자로서의 인간을 강조하는 색채가 강한 『존재와 시간』에서도 하이데거는 그의 '역사성' 분석에서 공동체와 민중에 대해 말한다.[22]

그럼에도 하이데거의 철학이 단독자로서의 개인을 특별히 강조하는 것으로 보이는 이유는 하이데거가 본래적인 실존방식에 도달하기 위해서는 평균화된 삶과의 단절이 필요하다는 사실을 역설했기 때문이다. 그러나 이러한 단절은 고립된 자아에 칩잠하기 위한 것이 아니라 인간을 포함한 존재자 전체와 진실된 관계를 맺기 위한 것이다. 따라서 하이데거는 초기 글에 속하는 「형이상학이란 무엇인가?」에서 인간은 그를 단독자화하는 불안 경험을 통해 오히려 '존재자가 있다'는 사실 앞에서의 경탄을, 다시

22 Martin Heidegger, *Sein und Zeit*, 384쪽 참조.

말해 인간을 비롯한 모든 존재자에 대한 경외로 가득 찬 관계를 다시 회복할 수 있다고 말하는 것이다.[23] 하버마스는 그러한 경험은 하나의 환상에 지나지 않는다고 볼지 모르지만, 나는 그러한 경험은 가능하며 존재자 전체를 보는 인간의 시각을 전적으로 변화시킬 수 있다는 점에서 철학적으로 중요하다고 본다.

하버마스처럼 『존재와 시간』이 유아론에 사로잡혀 있는 것으로 볼 경우, 하이데거의 정치 참여는 이해할 수 없는 돌연한 사건이 된다. 그러나 하이데거의 나치 참여는 몰라도 정치 참여는 『존재와 시간』의 입장에서 볼 때 충분히 이해할 수 있다. 왜냐하면 『존재와 시간』에서 본래적 실존이란 비본래적 실존의 변용을 의미할 뿐이기 때문이다. 본래적 실존은 "퇴락한 일상성 위에서 부유하는 것이 아니며 일상적인 세상 사람으로부터 분리된 주체의 예외적인 상태도 아니고, 우리가 우선 대개는 퇴락한 방식으로 행하는 것을 자신의 본래적인 가능성으로부터 변양된 방식으로 수행하는" 것을 의미하기 때문이다.[24] 이때 정치 참여는 인간이 자신의 본래적인 가능성을 실현하기 위한 필수적인 것으로 볼 수 있다.

이런 의미에서 나는 『존재와 시간』에서 인간이 종교적·단독자적인 실존으로 파악된다는 하버마스의 견해를 받아들이지 않는다. 『존재와 시간』에서든 나치 참여 당시의 하이데거나 후기 하이데거에서든 인간은 죽음과의 대면을 통해 자신의 본래적인 가능성을 자각하고 이를 통해 다른 모든 존재자와 새로운 관계를 맺어야 하는 존재로서 파악되고 있다. 『존재와 시간』에서 인간이 '불안을 인수하면서 죽음으로 선구함으로써 단독자화하는 것'이 본래적인 자기가 되기 위해 필수적인 것으로 파악되는 것처럼, 후기 하이데거에서도 죽음을 통한 단독자화와 고독(Einsamkeit)이라는 계기

---

23 하이데거 전집 9권 *Wegmarken*, 115쪽 참조

24 Martin Heidegger, *Sein und Zeit*, 179쪽 참조.

는 여전히 중요한 것으로 남아 있다. 후기 하이데거가 인간을 '죽을 자(der Sterbliche)'로서 파악한다는 것은, 그가 후기에서도 죽음에 대한 인간의 본질적 연관을 중시한다는 증거라고 볼 수 있다.

민족공동체라는 정치적 이상을 하이데거는 『존재와 시간』을 쓸 당시에도 이미 가지고 있었다. 따라서 하이데거는 나치가 자신의 정치적 이상과 유사한 이념을 표명했을 때 자신의 이상을 실현할 수 있는 기회가 왔다고 생각했던 것 같다. 따라서 하이데거의 나치 참여는 의외라고만 볼 수 없다. 나치 참여의 실패 이후에 하이데거에서 변한 것은 그러한 공동체의 실현 방안과 실현 시기에 대한 것이었다고 생각된다. 나치 참여 당시의 하이데거는 총통의 소리를 존재의 소리와 동일시하면서 총통의 지도에 입각해 전 민족이 각성하면 지향하는 공동체가 즉시 건립될 수 있다고 생각했다. 이에 반해 후기 하이데거는 정치권력을 통한 강제가 아닌 시인과 사상가가 매개하는 존재의 소리에 대한 각 개인의 청종을 통해 그것이 가능하다고 본다.

하버마스가 말하듯이, 하이데거가 존재의 소리에 대한 청종을 말하는 이유는 나치 참여에 대한 책임을 회피하기 위한 심리적 동기가 작용한 것으로 볼 수 있을지 모른다. 그러나 하이데거가 자신의 이상을 실현할 수 있는 때가 아직 이르지 않았으며, 그것은 정치적인 강제를 통해서는 실현할 수 없다고 생각을 바꾼 데서 그 이유를 찾을 수도 있다. 물론 나는 '존재사에 대한 하이데거의 사상이 하이데거에게 나치 참여에 대한 책임을 면하게 하는 논리로 작용할 수 있다'는 하버마스의 지적에 동의한다.

2) 하이데거는 근대적 사유 형태가 갖는 다양성을 무시하는가?

하버마스는 하이데거가 존재를 실체화하는 신화적인 사고방식에 빠진 이유를 하이데거가 근대적 사유 형태가 갖는 다양성을 무시했기 때문이라고 본다. 하버마스는 하이데거가 근대사를 천편일률적으로 보는 것처럼 해석한다. 그러나 근대사뿐 아니라 서양사에 대한 하이데거의 해석은 그렇게 단순하지 않다. 하이데거는 위대한 형이상학자들의 사상이 서로의 우열을 가릴 수 없을 정도로 전적으로 다른 전제에 서 있다고 보았다. 하이데거는 데카르트와 칸트, 그리고 헤겔과 니체를 명확히 구별한다.

그럼에도 하이데거는 현대기술문명을 극복하기 위해서 칸트나 헤겔, 그리고 마르크스 등의 근대적 사유 형태를 새롭게 전개하는 방향을 택하지 않았다. 이는 근대적 사유 형태가 현대의 기술적 사유와는 다르더라도 기술적 사유가 성립하는 데 기여했기에 현대기술문명의 문제점들을 극복하기에는 충분히 라디칼하지 않다고 보았기 때문이다. 그는 근대적 사유가 고대그리스인들이 경험한 퓌지스와의 근원적인 친화(親和)가 상실된 후에 나타났다고 보며, 현대기술문명의 극복은 현대가 망각한 퓌지스에 대한 회상에 의해서만 가능하다고 본 것이다.

다시 말해 하이데거가 근대 사유의 다양한 형태를 발전시키는 것을 자신의 사상적 과제로 삼지 않은 이유는 하버마스가 말한 것처럼 근대적 사유 형태의 다양성을 무시하기 때문이 아니다. 그것은 근대적 사유 형태가 기술적 이성의 한계를 극복하기에는 충분히 라디칼하지 않다고 보기 때문이다. 하이데거는 하버마스가 말하는 상호주관성도 결국은 단독자로서의 인간 주체는 아니더라도 자연을 대상으로 하는 주체인 이상 결국 근대 주관주의 철학에서 벗어나지 못한다고 볼 것이다. 물론 하이데거의 말대로 기술문명의 한계를 극복하기 위해 퓌지스에 대한 경험을 회복할 필요까지 있는가에 대해서는 논쟁이 있을 수 있다. 그러나 하이데거가 근대적 사유가 다양한 형태를 갖는다는 사실을 무시하지 않았다는 것은 분명하다.

3) 하이데거 철학은 관념론적인 존재 신비주의에 빠져 있는가?

서양사가 형이상학에 의해 정초됐다고 보는 하이데거 사상을 관념론적이라고 규정한 하버마스의 비판은, 하이데거의 입장이 경제나 정치 등 구체적인 인간관계가 역사를 규정한다는 사실을 간과한다는 비판을 함축한다. 나는 하버마스의 이러한 비판이 일리가 있다고 생각한다. 그렇다고 각 시대의 존재이해가 그 시대의 성격을 규정한다는 하이데거 사상을 관념론적이라 보면서 단적으로 타기할 수 있는 것은 아니다.

하이데거에 따르면 인간은 정치경제적 동물이기 이전에 존재자 전체를 문제 삼는 형이상학적인 존재이다.[25] 그리고 존재자 전체에 대한 이해에 입각해 인간의 모든 다양한 활동이 행해진다. 이러한 존재이해는 각 시대마다 달라지는 바, 마르크스가 생각했듯이 노동과 기술의 발전, 달리 말해 생산력의 발전에 따라서 일어나는 게 아니다. 오히려 노동과 기술의 변화가 존재이해의 변화에 기초한다.

근대의 과학기술은 고대의 과학기술을 직선적으로 발전시킨 것이 아니라, 존재자 전체에 대한 이해가 혁명적으로 바뀐 결과 근대의 과학기술이 생성된 것이다. 이렇게 볼 때 과학과 노동의 역사는 하이데거가 말하는 것처럼 존재이해의 변화에 전적으로 근거한다고 볼 수 없을지는 몰라도, 존재이해의 역사가 그것에 커다란 영향을 끼친다고 볼 수는 있다.

하이데거는 자기 시대의 존재이해를 개념적으로 구현하는 형이상학자들의 텍스트들을 해석해 각 시대 특유의 존재이해를 밝힌다. 또한 우리 시대의 존재이해가 유일하게 가능한 것이 아니라 피상적인 것에 지나지

25 이때 형이상학은 하이데거가 극복하려는 '존재자 전체와 관계하는 특정한 사유방식'이 아닌 존재자 전체와 관계하는 모든 종류의 사유방식을 가리킨다. 따라서 여기에서 형이상학은 하이데거의 철학까지도 포함하는 의미로 쓰인다.

않을 수 있다는 사실을 보여 주려고 한다. 하이데거의 이러한 작업은 종종 과거 텍스트들을 왜곡한다는 비난을 받는다. 그러나 하이데거의 해석은 그 대담함과 신선함으로 우리 시대를 새로운 관점에서 반성할 수 있는 실마리를 제공한다. 이러한 점에서 나는 하이데거의 존재사를 전적으로 받아들이는 것은 아니지만, 그것이 서양사나 현대를 사유하는 데 많은 통찰을 제시한다고 생각한다.

각 시대를 규정하는 존재이해가 존재 자체에 주어진다고 보는 하이데거 사상은 새로운 존재이해를 발견하기 위한 인간의 노력을 상당히 소홀히 취급한다고 생각한다. 그러나 이는 하이데거가 근대 주관주의 철학의 사고방식에 대항하기 위해 인간의 유한성과 역사적 상황성을 강조함으로써 극단적인 입장으로 떨어진 것이라고 생각한다.

그럼에도 우리가 예술작품이 일종의 영감에서 비롯된다는 것을 인정하는 것처럼, 하이데거가 말하는 존재이해도 일종의 영감으로 이해한다면 존재의 소리나 역운에 대한 하이데거의 생각은 그렇게 터무니 없다고 여겨지지 않는다. 각 시대의 형이상학은 자기 시대를 규정하는 존재이해를 개념적으로 분명히 파악하고 정당화함으로써 그 시대의 인간들이 자신의 존재이해를 과감하게 관철하는 것을 가능하게 하는 방식으로 그 시대를 정초한다. 하이데거의 존재사를 우리가 그렇게 이해할 경우, 그것을 마냥 신화적인 것으로 보기는 어렵다.

4) 하이데거와 하버마스의 대화의 가능성과 필요성

지금까지 하이데거에 대한 하버마스의 해석과 비판에 대한 나의 이의를 서술했다. 언뜻 보기에 나는 하버마스의 비판을 부정하면서 적극적으로 하이데거 편에 서는 것처럼 보일지 모른다. 그러나 나는 하버마스의 철학과 하이데거의 철학은 서로 대화가 불가능할 정도로 철저하게 대립된 것이라고 생각하지 않는다. 나는 오히려 하버마스의 철학과 하이데거의 철학은 서로를 보완할 수 있으며, 아니 각자 보다 더 풍요롭고 깊은 내용을 갖기 위해서는 상호보완이 절대적으로 요청된다고 본다.

하버마스가 자신의 철학을 인간의 정치경제적 삶의 차원에 중점을 두면서 전개하는 반면에, 하이데거는 인간의 형이상학적인 차원에 중점을 두면서 자신의 철학을 전개한다. 따라서 양자는 인간의 한 차원만을 천착해 가는 경향이 있다. 양자가 어느 한 차원만을 인간의 중심으로 보면서 그에 대해 서로가 대립된 의견을 제시한다면, 양자 관계는 대립적일 것이다. 그러나 하이데거와 하버마스처럼 서로 다른 차원을 다룰 경우에는, 각 차원에 대한 각자의 의견은 서로 보완할 여지가 있다.

보다 상세하게 나의 논지를 전개하자면, 현대에 대한 비판의 준거로서 우리는 하버마스식으로 비판적 이성을 제시할 수도 있다. 이러한 비판적인 이성은 도구적 이성에 그것이 적용되는 목적을 규정한다. 그러나 우리는 하이데거식으로 세계와의 근원적 친화를 현대에 대한 비판의 준거로서 내세울 수도 있다. 후기 하이데거는 하이데거가 자신의 『근거율』에서 그리스도교적인 신비가 안겔루스 질레지우스(Angelius Silesius)를 인용하는 데서 알 수 있는 것처럼, 신비주의의 전통을 잇는다고 볼 수 있다.[26] 여기서 신비주의는 단순히 내면의 침잠을 의미하는 것이 아니라, 모든 존재자 전체를 성스로운 것으로 경험하고 그것과의 합일을 경험하는 것을 의미한다. 신비주의적인 기준에서 볼 때는 사회주의나 자유주의나 나치즘은 본질적인 차이를 갖지 못한다. 이들은 모두 사물들과의 합일을 상실한 것이다.

하버마스의 입장에서 보면, 하이데거가 오늘날의 생태위기를 해결하기 위해 제시하는 대안은 지나치게 추상적이라고 할 수 있을 것이다. 하이

---

26 하이데거 전집 10권 *Der Satz vom Grund*, 68쪽 이하 참조.

데거는 모든 존재자의 근원적인 본질을 경험하고 그것을 발현하게 하라고 말한다. 그러나 그는 그러한 태도를 과연 대다수 사람이 구현할 수 있는지, 그러한 태도가 지배하는 정치적·사회적 제도는 어떠한 것인지, 그러한 태도가 과학기술에는 어떠한 영향을 미칠지에 대해서는 거의 아무 말도 하지 않는다.

구체적으로 말하면 하이데거는 일종의 정신 혁명을 내세우고 있을 뿐 사회구조의 변혁과 관련해서는 아무런 구체적인 대안도 제시하지 않는다. 그러나 인간은 사회적 환경에 지대한 영향을 받는 존재로서 인간의 변혁을 위해서는 정신적인 변화뿐 아니라 사회구조의 변화가 동시에 진행되지 않으면 안 된다. 아울러 하이데거는 자연에 대해서 자신이 주창하는 새로운 태도가 현대의 과학기술과 어떻게 결합될 수 있는지에 대해서도 구체적인 언급을 하지 않는다. 하이데거는 다만 사람들이 현대의 파국적인 상황에 직면해서 존재의 소리에 귀 기울이게 됨으로써 급격한 전회가 일어날 것을 희망할 뿐이다.

인간은 사회적 환경의 지대한 영향을 받는 존재이기에 인간의 변혁을 위해서는 정신 혁명과 사회구조의 변혁이 동시에 진행되어야 한다. 나는 하버마스가 말하는 것처럼 구체적인 사회관계와 권력관계로부터 생기는 의사소통의 왜곡에 대한 냉철한 분석이 필요하다고 보며, 여기에는 우리의 비판적 이성이 동원되지 않으면 안 된다고 생각한다. 하이데거는 인간을 비롯한 모든 존재자가 자신의 고유한 존재를 발현할 수 있어야 한다고 말하지만, 이를 위해서는 각 개인의 정치적·경제적 자유가 소수집단의 폭력에 의해 침해당하지 않고 보호받는 사회 건설이 전제로서 요청된다.

하이데거가 말하는 '자연 친화적인 세계'를 건립하기 위해서라도 우리는 일단 우리가 사는 사회적 세계를 보다 인간적인 세계로 만들지 않으면 안 된다. 따라서 나는 하버마스와 마찬가지로 각 개인의 자율성과 독립성을 존중하는 자유민주주의 사회가 나치즘이나 볼셰비즘이 지배했던 전체주의보다 인간적이라고 생각한다.

자유민주주의의 이념을 모범적으로 발전시킨 서유럽에서 자유민주주의는 사회주의의 이념도 수용하면서 인간이나 동물, 그리고 환경이 단순히 수단으로 사용되는 사태를 극복하려고 노력해 왔다. 자유민주주의의 역사는 그동안 수단적인 가치로밖에 인정받지 못했던 노동자나 여성, 그리고 아직 초보적인 형태이지만 동물이나 환경의 고유한 권리를 인정해 나가는 추세이다. 이와 아울러 하이데거는 자유민주주의도 근대의 특유한 것으로 보지만, 왓킨스와 마찬가지로 그것을 서양의 정치적 지혜가 오랜 역사적 과정을 통해 축적된 결과로 볼 수도 있다.[27] 자유민주주의가 지닌 삼권 분립을 비롯해 소수에게 권력이 집중되는 것을 막으면서 국민 전체의 합의를 도출시킬 수 있는 복잡한 체계는 그리스 민주주의 이래로 끊임없이 시행착오를 통해 형성된 것이다.

그러나 하이데거는 자신의 라디칼한 입장으로부터 사회적 삶이 보이는 다양한 형태가 본질적으로 동일하다고 보는 경향이 있다. 심지어 하이데거는 현대에는 평화로울 때 인간은 단순히 하나의 재료로 쓰일 뿐이라는 이유로, 평화와 전쟁 사이에도 차이가 없다고 말한다.[28] 그는 심지어 트랙터로 농지를 경작하는 것과 전쟁터에서 수많은 사람을 살상하는 것을 본질적으로 동일한 행위로 본다. 그러나 트랙터로 농지를 경작하지 않고서는 폭발적으로 늘어나는 세계 인구를 먹여 살릴 수 없다. 반면 전쟁터에서 수많은 사람을 살상하는 것은 백해무익한 행위일 뿐이다.

하이데거의 이러한 극단적인 입장은 우리가 살고 있는 사회 형태들이 갖는 차이를 무시하면서 우리가 어느 사회에 살든 항상 혁명적인 입장을 취하게 한다. 또한 그것은 우리가 수행할 수 있는 사회의 점진적인 개선마

---

27 F. M. 왓킨스, 『서양의 정치전통』, 조순승 옮김, 을유문화사, 1988, 258쪽 참조.

28 하이데거 전집 7권 *Aufsätze und Vorträge*, 89쪽 참조.

저도 무시하게 만드는 결과를 낳을 수 있다. 아울러 이는 모든 사회체제를 본질적으로 동일한 것으로 간주하게 함으로써, 나치즘이나 볼셰비즘 등 비인간적인 체제에 대해 비판적인 입장을 취하는 것을 방해하며 그러한 체제가 대두하는 것을 막기 위해 우리가 취해야 할 상식적인 조치조차 취하지 못하게 하는 결과를 낳을 것이다.

나는 하이데거가 형이상학에는 대가였을지 몰라도 정치와 경제 등 권력관계에 대해서는 상당히 나이브했다고 생각한다. 그는 정치도 예술처럼 생각했다. 그는 예술가가 존재의 소리라는 영감을 구체화함으로써 예술작품을 만드는 것처럼, 정치도 위대한 정치가가 영감을 받아 하나의 국가를 작품으로서 형상화하는 것으로 생각했다. 따라서 그는 정치가가 타락할 수 있다는 것, 국가를 하나의 작품으로 형성한다는 명분 아래 자신의 야욕을 충족시키려 하고 전 국민을 노예화할 수 있다는 것과 같은 권력이 갖는 속성을 무시하는 경향이 있었다. 정치가 갖는 성격에 대한 이러한 무시는 그가 말년에 했던 『슈피겔』과의 인터뷰에서도 민주주의에 대해 회의적인 입장을 취했던 원인일 것이다.[29]

정치적 권력관계의 속성뿐 아니라 정치적 권력관계가 인간의 삶에 대해 갖는 지대한 의미를 무시함으로써 하이데거는 서양사를 주로 자연에 대한 인간의 근원적 친밀함이라는 척도에서만 보게 한다. 그러한 시각하에서 하이데거는 근대에 이르는 서양사를 퓌지스에 대한 근원적인 친밀함이 상실되어 가는 것이라며 부정적으로 본다.

그러나 우리는 서양사를 헤겔과 그를 계승하는 헤겔 좌파처럼 인간 해방이라는 관점에서 오히려 긍정적으로 볼 수도 있을 것이다. 즉 우리는

29 Martin Heidegger, "Interview mit dem Spiegel", in *Eduard Spranger, Texte für die Mittwochs-Gesellschaft 1935-1944*(von Uwe Hennig, F. Schmidt, B. Wallek hrsg), Hampp, 1988, 214쪽 참조.

서유럽의 역사를 인간이 자연과 인간 자신에 의한 폭력으로부터 해방되어 가는 과정으로 볼 수도 있는 것이다. 이러한 관점에서 볼 때 근대 계몽주의와 그것의 뿌리인 그리스도교는 하이데거에서와는 전적으로 다른 의미를 갖게 될 것이다.

하이데거에게 그리스도교는 서양 형이상학의 역사 전체를 두고 볼 때 퓌지스와의 근원적인 유대를 상실한 인간들이 피안의 신에 의지함으로써 자신의 안전을 확보하려 한 데서 비롯된 것이다. 그리고 인간이 피안의 신이 아니라 자신의 주체적인 힘에 의지해 자연을 기술적으로 지배함으로써 자신의 안전을 도모하는 것이 현대기술문명이다.

그러나 우리는 헤겔과 더불어 그리스도교의 본질을 '신 앞에서의 만인의 평등'이라는 이념과 관련해 파악할 수 있을 것이다. 이때 그리스도교는 단순히 인간이 퓌지스와의 근원적인 유대를 상실한 후에 불안을 극복하기 위한 것으로서 나타난 게 아니라, 인간에 의한 인간의 억압을 당연시하던 상태에서 인류가 벗어나려는 노력으로부터 발생한 것이 된다.

이러한 성격을 지닌 그리스도교는 근대 계몽주의의 사상적 토대가 된다. 따라서 서유럽의 역사는 하이데거가 파악한 것처럼 단순히 존재자 전체에 대한 기술적인 지배가 심화되어 가는 과정이 아닌 자연과 인간에 의한 폭력으로부터 인간이 해방되어 가는 과정으로서 볼 수 있다. 이런 맥락에서 하버마스는 근대를 도구적 이성 내지 기술적 이성의 전일적인 지배가 강화되는 과정으로만 파악하지 않고, 인간과 인간의 억압 없는 의사소통을 실현해 가는 과정으로, 그리고 그것을 실현해 나가야 할 역사로서 파악하는 것이다.

이런 맥락에서 우리는 근대의 계몽주의도 그것의 뿌리라고 할 수 있는 그리스도교도 하이데거가 주장하는 것처럼 단순히 시효가 지난 이념이 아니라, 하버마스가 말하는 것처럼 우리가 완성시켜야 한 이념으로 볼 수 있다. 따라서 하이데거의 역사 도식 못지않게, 서양사를 인간의 자유의식이 확대해 가는 역사로 보는 헤겔의 역사 도식도 타당성을 가질 수 있다. 이런 의미에서 우리는 서양사에 대한 하이데거의 해석을 서양사가 갖는 '하나의 특정한 경향'에 대한 해석 정도로 파악하는 게 좋을 것이다.

그렇다고 내가 하버마스의 하이데거 비판을 전적으로 수용하려는 것은 아니다. 하버마스는 하이데거 사상이 갖는 긍정적 의의를 무시하는 것 같다. 그가 인정하는 것은 하이데거가 신칸트학파적인 의식철학으로부터 구체적인 생활세계의 철학을 시도했다는 정도다. 그것도 사실은 실용주의나 마르크스가 이미 행한 것으로 전혀 독창적인 업적이 아니라는 단서와 함께 말이다.

반면 하버마스는 하이데거 철학의 본질적인 업적이라고 볼 수 있는 것, 예컨대 죽음 분석이나 시간 분석, 그리고 예술과 언어의 본질에 대한 분석, 진리 개념과 자연 개념의 역사적 변천에 대한 분석 등은 존재의 신비화에 입각한 것으로 무시해 버리는 경향이 있다. 그러나 나는 하이데거의 이러한 작업이 무시할 수 없을 정도로 개념적인 엄밀성을 가질 뿐 아니라 현대의 우리 삶에도 많은 기여를 할 수 있다고 생각한다.

예를 들어 그동안 망각된 고대적 자연 개념을 다시 환기시키려는 하이데거의 작업은 현대인들이 자명하게 여겼던 근대적인 자연 개념의 한계를 첨예하게 드러내면서 현대인이 망각하는 근원적인 자연 경험을 드러냈다. 이와 함께 하이데거는 현대기술문명의 폐해를 극복하기 위해서는 근대적인 인간관과 자연관을 극복하는 철학적 결단이 필요하다는 사실을 분명히 드러냈다.

또한 근대적인 예술관에 대한 하이데거의 비판 역시 현대인들에게 많은 시사점을 준다. 하이데거는 예술을 인간의 주관적 감정의 표현으로 보는 근대적 예술관에 반해 예술이 과학보다 더 근원적으로 존재자의 본질 내지 진리를 드러내는 작업으로 본다. 하이데거는 고대 그리스인들이 경험했던 퓌지스로서의 자연이 예술을 통해 드러날 수 있다고 보는 것이다.

물론 하버마스는 근대의 특징을 도덕, 예술, 종교, 법 등이 분화되는 과정으로 여긴다. 즉 그는 진선미를 통합하려는 경향을 시대착오적인 것으로 보는 경향이 있다. 그러나 이러한 근대적인 경향이 무조건적으로 옳은 것이 아닌 한, 하이데거의 예술관이 우리에게 많은 시사점을 줄 수 있다고 생각된다.

하버마스가 지적하는 것처럼 근대문명과 그것의 사상적 토대가 되었던 계몽주의가 기여했던 바를 무시해서는 안 된다. 근대문명이 과학기술의 발전을 통해 생태위기를 초래한 것은 사실이다. 그러나 다른 한편으로 근대문명은 자연에 대한 인간의 공포를 극복하고 인간을 갖가지 질병과 물질적 궁핍에서 해방시켰다. 아울러 민주주의와 인권의 존중 역시 근대문명의 소중한 성과다. 하이데거가 근대문명이 이룩한 이러한 성과를 무시하고 근대문명의 전개과정을 인간을 포함한 모든 존재자가 소모적인 에너지로 전락해 가는 과정으로 보는 것은 분명히 근대문명에 대한 지나친 단순화라고 할 수 있다.

그러나 인간을 포함한 모든 것을 기술적인 부품으로 변화시키려는 경향이 현대기술문명에 강력하게 존재한다는 점을 우리는 하이데거와 마찬가지로 인정하지 않을 수 없다. 하이데거의 공적은 모든 것을 획일화하는 근대적인 기술문명에 반해 서양이 근거로 삼는 근원적인 세계 경험을 드러내며 그것이 현대에 대해 여전히 갖는 심대한 의의를 드러냈다는 데에 있다.

우리는 하이데거 철학의 전체를 받아들일 필요는 없지만, 그렇다고 하이데거 철학 전체를 부정할 필요도 없다. 이는 하버마스의 철학 전체를 받아들일 필요는 없지만, 하버마스의 철학 전체를 부정할 필요도 없는 것과 마찬가지이다. 인간과 역사가 다층적인 구조를 갖는 것처럼 한 사상가는 여러 층 중 어느 하나를 드러내는 데 집중하다 보면, 다른 층을 무시할 수도 있다. 하이데거가 탐구한 층은 인간의 형이상학적인 측면과 신비적인 측면, 즉 전체와 하나됨으로써 인간 존재의 근원적인 불안으로부터 벗어나려는 충동이다.

하버마스는 전체를 문제 삼는 형이상학은 이미 종언을 고했다고 본다. 그러나 인간은 세계에 이유 없이 내던져 있는 것으로 자신을 느끼는 유일한 존재다. 따라서 잘못된 사회구조에서 비롯되는 고통에 대한 철학적 반성 못지않게, 생로병사처럼 유한한 존재로서 본질적으로 인간이 느끼는 고통에 대한 철학적 반성도 중대한 의미를 갖는다. 하이데거가 탐구한 층은 인간이 갖는 형이상학적 특성이다. 이에 반해 하버마스가 탐구한 층은 인간의 사회적·경제적 삶, 다시 말해 인간의 구체적인 상호작용이다. 나는 어느 층이든 인간 삶에 본질적인 의미를 가지며 무시할 수 없다고 생각한다.

따라서 나는 하이데거의 철학과 근대계몽주의의 전통을 완성하려는 하버마스의 철학도 모순되고 상충하는 관계에 있다고 생각하지는 않는다. 양자 사이에는 대화가 가능하다고 생각하며, 이를 통해 서로를 보다 더 풍요롭게 할 수 있다고 생각한다. 이와 관련해 회슬레의 다음 말을 인용하면서 이 글을 맺고 싶다.

> 근대적 자연관을 극복하려는 새로운 시도는 이성의 자율성을 자연의 독자적인 가치와 결합하는 것이지 않으면 안 된다.[30]

30 비토리오 회슬레, 『환경위기의 철학』, 21쪽.

참고문헌

1. 하이데거의 저작

Sein und Zeit, Max Niemeyer, 1972.

전집 2권: *Sein und Zeit*, Vittorio Klostermann, 1992.

전집 5권: *Holzwege*, Vittorio Klostermann, 1977.

전집 7권: *Vorträge und Aufsätze*, Vittorio Klostermann, 1978.

전집 8권: *Was heißt Denken?*, Vittorio Klostermann, 1971.

전집 9권: *Wegmarken*, Vittorio Klostermann, 1976.

전집 10권: *Der Satz vom Grund*, Vittorio Klostermann, 1971.

전집 11권: *Identität und Differenz*, Vittorio Klostermann, 2007.

전집 12권: *Unterwegs zur Sprache*, Vittorio Klostermann, 1985.

전집 13권: *Aus der Erfahrung des Denkens*, Vittorio Klostermann, 1983.

전집 14권: *Zur Sache des Denkens*, Vittorio Klostermann, 2007.

전집 15권: *Seminare*, Vittorio Klostermann, 1986.

전집 16권: *Reden und andere Zeugnisse eines Lebensweges*, Vittorio Klostermann, 2000.

전집 20권: *Prolegomena zur Geschichte des Zeitbegriffes*, Vittorio Klostermann, 1979.

전집 24권: *Grundprobleme der Phänomenologie*, Vittorio Klostermann, 1975.

전집 26권: *Metaphysische Anfangsgründe der Logik im Ausgang von Leibniz*, Vittorio Klostermann, 1978.

전집 29/30권: *Die Grundbegriffe der Metaphysik*, Vittorio Klostermann, 1983.

전집 43권: *Der Wille zur Macht als Kunst*, Vittorio Klostermann, 1985.

전집 44권: *Nietzsches metaphysische Grundstellung im abendländischen Denken. Die ewige Wiederkehr des Gleichen*, Vittorio Klostermann, 1986.

전집 45권: *Grundfragen der Philosophie*, Vittorio Klostermann, 1984.

전집 51권: *Grundbegriffe*, Vittorio Klostermann, 1981.

전집 52권: *Hölderlins "Andenken"*, Vittorio Klostermann, 1982.
전집 53권: *Hölderlins Hymne "Der Ister"*, Vittorio Klostermann, 1993.
전집 54권: *Parmenides*, Vittorio Klostermann, 1982.
전집 55권: *Heraklit*, Vittorio Klostermann, 1979.
전집 63권: *Ontologie, Hermeneutik der Faktizität*, Vittorio Klostermann, 1988.
전집 65권: *Beiträge zur Philosophie*, Vittorio Klostermann, 1989.
Hannah Arendt, Martin Heidegger: Briefe 1925 bis 1975 und andere Zeugnisse, Ursula Ludz(hrsg), Vittorio Klostermann. 1998.
Martin Heidegger, Elisabeth Blochmann: Briefwechsel 1918-1969, Joachim Storck(hrsg), Deutsche Schillergesellschaft, 1989.
Martin Heidegger zum 80. Geburtstag von seiner Heimatstadt Meßkirch, Vittorio Klostermann, 1969.
Nietzsche I, II. Günther Neske, 1961.
Rektorat: Die Selbstbehauptung der deutschen Universität—das Rektorat 1933/34, Tatsachen und Gedanken, Vittorio Klostermann, 1983.
"Spiegel-Gespräch mit Martin Heidegger", in: Günther Neske und Emil Kettering(hrsg), *Antwort, Martin Heidegger im Gespräch*, Klett-Cotta, 1988.
Vier Seminare, Vittorio Klostermann, 1977,
『근본개념들(Grundbegriffe)』, 박찬국·설민 역, 길, 2012.
『기술과 전향(Die Technik und die Kehre)』, 이기상 옮김, 서광사, 1993.
『논리학: 진리란 무엇인가?(Logik: Die Frage nach der Wahrheit)』, 이기상 옮김, 까치, 2000.
『니체와 니힐리즘(Nietzsche: Der europaische Nihilismus)』, 박찬국 옮김, 철학과현실사, 2000.〔지성의 샘, 1996〕
『세계상의 시대(Die Zeit des Weltbildes)』, 최상욱 옮김, 서광사, 1995.
『형이상학의 근본개념들(Die Grundbegriffe der Metaphysik)』, 이기상·강태성 옮김, 까치, 2001.

2. 국내 문헌

고형곤,『선의 세계』, 운주사, 1995.
구연상,『공포와 두려움 그리고 불안』, 청계, 2002.

권순홍, 『유식불교의 거울로 본 하이데거』, 길, 2008.
권순홍, 「유식불교의 눈으로 본 『존재와 시간』」, 『철학비평』 제6호, 2001.
김명우, 「대승장엄경론의 삼성설(2)」, 『석당논집』 제32집, 2002.
김명우, 「대승장엄경론의 삼성설 연구」, 『정토학연구』 제6집, 2003.
김종욱, 『원효와 하이데거의 대화』, 동국대학교출판부, 2013.
김진, 『하이데거와 불교』, 울산대학교출판부, 2004.
김진, 「하이데거와 불교적 사유」, 『철학논총』 제35집 제1권, 2004.
김형효, 『하이데거와 마음의 철학』, 청계, 2000.
문동규, 「깨달음의 세계; 본래적인 실존의 세계: 벽송 지엄과 마르틴 하이데거의 만남」, 『철학논총』 제64집 제2권, 2011.
박찬국, 「초기 하이데거 사상과 니체 철학의 비교고찰: 자기비판으로서의 후기 하이데거의 니체비판」, 소광희 외 지음, 『하이데거와 철학자들』, 철학과현실사, 1999.
박찬국, 『하이데거와 나치즘』, 문예출판사, 2001.
박찬국, 『하이데거와 윤리학』, 철학과현실사, 2002.
배학수, 「헤겔과 하이데거의 삶 개념: 자기의식과 거처존재」, 『인문학논총』 5권, 2002.
서동은, 「하이데거와 선불교: 형이상학 극복의 관점에서의 비교」, 『철학·사상·문화』 제10호, 2010.
서용석·정혜정, 「불교와 실존주의 교육철학에서의 자아와 본래성의 문제」, 『교육철학연구』 제37권 제3호, 2015.
소광희, 『시간의 철학적 성찰』, 문예출판사, 2001.
안성두, 「유식문헌에서의 삼성설(三性說)의 유형과 그 해석」, 『인도철학』 19집, 2005.
안희정, 「불안의 인식구조: 하이데거의 불안 개념과 유식의 사분설을 중심으로」, 『인문논총』 제71권 제1호, 2014.
오희천, 「헤겔과 하이데거에 있어서 철학의 과제와 방법론: 헤겔에 대한 하이데거의 비판은 정당한가?」, 『철학연구』 83권, 2008.
이광주, 『역사 속에 선 인간: 독일 근대사론』, 문학과지성사, 1979.
이종관, 「공간·시적 건축·프라하의 비밀」, 『철학과 현상학연구』 18권, 2001.
임병환, 「삼성설이 말하는 존재의 실상」, 『범한철학』 48집, 2008.
장춘익, 「하이데거의 헤겔, 헤겔로부터 본 하이데거」, 『인문학연구』 5권, 한림대학교 인문학 연구소, 1998.
전광식, 『고향』, 문학과지성사, 1999.
정은해, 「하이데거와 선불교의 비교연구 현황과 향후과제」, 『존재론연구』 24집, 2010.
정은해, 「불교의 두 주요 개념인 진여와 윤회의 시간론적 해석」, 『존재론연구』 26집, 2011.
정호영, 「초기유식 삼성설(三性說)의 형성」, 정호영, 『충북대학교 인문학지』 37집, 2008.

표재명, 『키에르케고어 연구』, 지성의 샘, 1995.
하제원, 「하이데거와 헤겔에게서 역사성 문제」, 『헤겔연구』 11권, 2002.
하제원, 「"반-헤겔주의"로서의 하이데거 철학사상」, 『철학과 현상학연구』 37권, 2008.
가브리엘 마르셀, 『문제로서의 인간』, 이문호 역, 양우당, 1976.
다케무라 마키오, 『유식의 구조』, 정승석 옮김, 민족사, 1989.
로버트 베르나스코니, 『하이데거의 존재의 역사와 언어의 변형』, 송석랑 옮김, 자작아카데미, 1995.
막스 뮐러, 『실존철학과 형이상학의 위기』, 박찬국 옮김, 서광사, 1988.
비토리오 회슬레, 『환경위기의 철학』, 신승환 옮김, 서강대학교 수도자 대학원, 1997.
쇠렌 키르케고르, 『사랑의 역사』, 임춘갑 옮김, 종로서적, 1979.
장 프랑수아 리오타르, 『포스트모던적 조건』, 이현복 옮김, 서광사, 1992.
칼 포퍼, 『추측과 논박 1』, 이한구 옮김, 민음사, 2001.
토마스 쿤·포퍼·라카토스 외, 『현대과학철학 논쟁 : 쿤의 패러다임 이론에 대한 옹호』, 조승옥·김동식 옮김, 아르케, 2002.
프리드리히 니체, 『아침놀』, 박찬국 옮김, 책세상, 2004.
프리드리히 니체, 『비극의 탄생』, 박찬국 옮김, 아카넷, 2007.
프리드리히 니체, 『안티크리스트』, 박찬국 옮김, 아카넷, 2013.
프리드리히 니체, 『우상의 황혼』, 박찬국 옮김, 아카넷, 2015.
프리드리히 니체, 『유고 1897년 가을 — 1898년 3월(니체 전집 20권)』, 백승영 옮김, 책세상, 2004.
하인리히 롬바흐, 『철학의 현재: 서양 철학의 근본문제들과 철학적 물음의 현 위치』, 전동진 옮김, 서광사, 2001.
하인리히 롬바흐, 『살아있는 구조: 구조존재론의 문제들과 해답들』, 전동진 옮김, 서광사, 2004.
헤르만 뤼베, 『독일의 정치철학 Politische Philosophie in Deutschland』, 권혁면 옮김, 정음사, 1985.
F. M. 왓킨스, 『서양의 정치전통』, 조순승 옮김, 을유문화사, 1988.
J. G. 메르키오르, 『푸코』, 이종인 옮김, 시공사, 2003.

3. 국외 문헌

Aristoteles, *Nikomachische Ethik*, Reclam, 1969.
Augstein, Rudolf, "Aber bitte nicht philosophieren!"—Rudolf Augstein über das Buch

'Heidegger und der Nationalsozialismus' von Victor Farías, *Der Spiegel* Nr. 48, 1987.

Beabout, Gregory R, *Freedom and Its Misuses: Kierkegaard on Anxiety and Despair*, Marquette University Press, 1996.

Beierwaltes, Werner, "Adornos Nicht-Identisches", in: Werner Beierwaltes und Wiebke Schrader(hrsg), *Weltaspekte der Philosophie: Rudolph Berlinger zum 26. Oktober 1972*, Brill Rodopi, 1972.

Biemel, Walter, "Erinnerung an zwei Jahre in Freiburg(1942-1944)", in: Bernd Martin(hrsg), *Martin Heidegger und das 'Dritte Reich'*, Wissenschaftliche Buchgesellschaft, 1989.

______, "Erinnerungsfragmente", in: Günther Neske(hrsg), *Erinnerung an Martin Heidegger*, Günther Neske, 1977.

Bollnow, Otto Friedrich, *Dilthey, Eine Einführung in seine Philosophie*, Novalis, 1980.

Bourdieu, Pierre, *Die politische Ontologie Martin Heideggers*, Suhrkamp, 1988.

Dümpelmann, Leo und Hüntelmann, Rafael, *Sein und Struktur: Eine Auseinandersetzung der Phänomenologien Heideggers und Rombachs*, Centaurus, 1991.

Farías, Victor, *Heidegger und der Nationalsozialismus*, Verdier, 1987.

Fellmann, Ferdinand, *Lebensphilosophie*, Rowohlt, 1993,

Fetz, Reto Luzius, "Zweideutige Uneigentlichkeit, Martin Heidegger als Identitätstheoretiker", in: *Allgemeine Zeitschrift für Philosophie* 17-3, 1992.

Fink, Eugen, *Nietzsches Philosophie*, Kohlhammer, 1960.

Fink-Eitel, Hinrich, "Die Philosophie der Stimmungen in Heideggers ≫Sein und Zeit≪", in: Forum für Philosophie Bad Homburg(hrsg), *Allgemeine Zeitschrift für Philosophie* 17-3, 1992.

Franzen, Winfried, *Von der Existenzontologie zur Seinsgeschichte*, Hain, 1975.

______, "Die Sehnsucht nach Härte und Schwere. Über ein zum NS-Engagement disponierendes Motiv in Heideggers Vorlesung ≫Die Grundbegriffe der Metaphysik≪ von 1929/30", in: Annemarie Gethmann-Siefert und Otto Pöggeler(hrsg), *Heidegger und die praktische Philosophie*, Suhrkamp, 1987.

Gadamer, Hans-Georg, *Kleine Schriften*, Mohr Siebeck, 1967.

______, *Wahrheit und Methode*, Mohr Siebeck, 1975.

Habermas, Jürgen, *Philosophische-Politische Profile*, Suhrkamp, 1971,

______, *Der philosophische Diskurs der Moderne*, Suhrkamp, 1986.

______, "Heidegger: Werk und Weltanschauung", in: Victor Farías, *Heidegger und der Nationalsozialismus*, Verdier, 1987.

Harries, Karsten, "Heidegger as a Political Thinker", in: Michael Murray(ed), *Heidegger and Modern Philosophy*, Yale University Press, 1978.

______, "Herkunft als Zukunft", in: Schäfer Hermann(hrsg), *Annäherungen an Martin Heidegger: Festschrift für Hugo Ott zum 65. Geburtstag*, Campus, 1996.

Hatab, Lawrence J., *Ethics and Finitude: Heideggerian Contributions to Moral Philosophy*, Rowman & Littlefield, 2000.

Held, Klaus, "Heidegger und das Prinzip der Phänomenologie", in: Annemarie Gethman-Siefert und Otto Pöggeler(hrsg), *Heidegger und die praktische Philosophie*, Suhrkamp, 1988.

Herrmann, Friedrich Wilhelm von, *Heideggers Philosophie der Kunst*, Vittorio Klostermann, 1980.

Hollerbach, Alexander, "Im Schatten des Jahres 1933: Erik Wolf und Martin Heidegger", in: Bernd Martin(hrsg), *Martin Heidegger und das 'Dritte Reich'*, Wissenschaftliche Buchgesellschaft, 1989.

Husserl, Edmund, *Logische Untersuchungen*, Meiner, 1991.

Inwood, Michel, *A Heidegger Dictionary*, Wiley-Blackwell, 1999.

Kellner, Douglas, "Authenticity and Heidegger's Challenge to ethical theory", in: Christopher Macann(ed), *Martin Heidegger: Critical Assessments*, Routledge, 1992,

Kierkegaard, Sören, *Der Begriff Angst*, Emanuel Hirsch(trans), Diederichs, 1952,

______, *Die Krankheit zum Tode*, Lielotte Richter(trans), Syndikat, 1984,

Krockow, Christian Graf von, *Die Entscheidung-Eine Untersuchung über Ernst Jünger, Carl Schmitt, Martin Heidegger*, Campus, 1990.

Kroner, Richard, *Von Kant bis Hegel*, Mohr Siebeck, 1977.

Landgrebe, Ludwig, "Ist Husserls Phänomenogie eine Transzendental-philosophie?"in: *Wege der Forschung 40: Husserl*, Wissenschaftliche Buchgesellschaft, 1973.

Löwith, Karl, *Heidegger: Denker in dürftiger Zeit*, J. B. Metzler, 1984.

______, *Mein Leben in Deutschland vor und nach 1933: Ein Bericht*, J. B. Metzler, 1986.

______, "The political implications of Heidegger's Existentialism", in: Richard

Wolin(ed), *The Heidegger Controversy*, Mit Pr, 1992.

Lukács, Georg, *Zerstörung der Vernunft*, Werke Bd. II, Luchterhand, 1962.

Macquarrie, John, *Existentialism*, Penguin Books, 1972.

Marcuse, Herbert, "Enttäuschung", in: Günther Neske(hrsg), *Erinnerung an Martin Heidegger*, Günther Neske, 1977.

Martin, Bernd(hrsg), *Martin Heidegger und das 'Dritte Reich'*, Wissenschaftliche Buchgesellschaft, 1989.

Maurer, Reinhart, "Heidegger und die Metaphysik", in: Willi Oelmüller(Hrsg), *Metaphysik heute?*, Paderborn, 1987.

Merker, Barbara, "Konversion statt Reflexion: Eine Grundfigur der Philosophie Martin Heideggers", in: Forum für Philosophie Bad Homburg(hrsg), *Martin Heidgger, Innen-und Außenßansichten*, Suhrkamp, 1989.

Müller, Max, *Der Kompromißoder Vom Unsinn und Sinn menschlichen Lebens - Vier Abhandlungen zur historischen Daeisnsstruktur zwischen Differenz und Identität*, Karl Alber, 1980.

______, "Ein Gespäch mit Max Müller", in: Bernd Martin(hrsg), *Martin Heidegger und das 'Dritte Reich'*, Wissenschaftliche Buchgesellschaft, 1989.

Neske, Günther(hrsg), *Erinnerung an Martin Heidegger*, Günther Neske, 1977.

Neske, Günther und Emil Kettering(hrsg), *Antwort, Martin Heidegger im Gespräch*, Klett-Cotta, 1988.

Nietzsche, Friedrich, *Der Wille zur Macht*, Alfred Kröner, 1952.

______, *Nachgelassene Fragmente Anfang 1880 bis Frühjahr 1881*, Nietzsche Werke, Kritische Gesamtausgabe, V-1, De Gryuter, 1971.

______, *Die fröhliche Wissenschaft*, Nietzsche Werke, Kritische Gesamtausgabe, VI-3, De Gruyter, 1973.

Pfizer, Theodor, "Die Ausname", in: Günther Neske(hrsg), *Erinnerung an Martin Heidegger*, Günther Neske, 1977.

Pöggeler, Otto, *Philosophie und Politik bei Heidegger*, Karl Alber, 1974.

______, *Der Denkweg Martin Heidegger*, Günther Neske, 1983.

______, "Den Führer führen? Heidegger und kein Ende", *Philosophische Rundschau* 32, 1985.

______, "Praktische Philosophie als Antwort an Heidegger", in: Bernd Martin(hrsg), *Martin Heidegger und das 'Dritte Reich'*, Wissenschaftliche Buchgesellschaft, 1989.

______, "Nietzsche, Hölderlin und Heidegger", in Peter Kemper(hrsg), *Martin Heidegger: Faszination und Erschrecken*, Campus, 1990.

______, *Neue Wege mit Heidegger*, Alber, 1992.

______, "Von Nietzsche zu Hitler—Heideggers politische Optionen", Schäfer Hermann(hrsg), in: *Annäherungen an Martin Heidegger: Festschrift für Hugo Ott zum 65. Geburtstag*, Campus, 1996.

Pöggeler, Otto(hrsg), *Heidegger und die praktische Philosophie*, Suhrkamp, 1988.

Rentsch, Thomas, *Martin Heidegger: Das Sein und der Tod*, Piper, 1989.

Riedel, Manfred, *Für eine zweite Philosophie*, Suhrkamp, 1988.

______, "Naturhemeneutik und Ethik im Denken Heideggers", in: Dietrich Papenfuss und Otto Pöggeler(hrsg), *zur Philosophischen Aktualität Heideggers I*, Vittorio Klostermann, 1991.

______, "Heimisch werden im Denken. Heideggers Dialog mit Nietzsche", in: *"Verwechselt mich vor allem nicht!": Heidegger und Nietzsche*, Vittorio Klostermann, 1994.

Ritter, Joachim(hrsg), *Historisches Wörterbuch der Philosophie*, Band 1, Schwabe, 1971.

Rockmore, Tom, "Die geschichtliche Kehre oder Otts Verdienst im Fall Heideggers", in: Schäfer Hermann(hrsg), *Annäherungen an Martin Heidegger: Festschrift für Hugo Ott zum 65. Geburtstag*, Campus, 1996.

Safranski, Rüdiger, *Ein Meister aus Deutschland: Heidegger und seine Zeit*, Fischer Taschenbuch, 1997.

Schmitt, Gerhart, "Heideggers philosophische Politik", in: Bernd Martin(hrsg), *Martin Heidegger und das 'Dritte Reich'*, Wissenschaftliche Buchgesellschaft, 1989.

Schneeberger, Guido, *Nachlese zur Heidegger: Dokumente zu seinem Leben und Denken*, Selbstverlag, 1962.

Schulte, Christoph, *Radikal Böse*, Fink, 1991.

Schulz, Walter, "Über den philosophiegeschichtlichen Ort Martin Heideggers", in: Otto Pöggeler(hrsg), *Heidegger: Perpektiven zur Deutung seines Werkes*, Kiepenheuer & Witsch, 1970.

______, *Der Gott der neuzeitlichen Metaphysik*, Günther Neske, 1974.

______, *Philosophie in der veränderten Welt*, Günther Neske, 1976.

Schwan, Alexander, "Zeitkritik und Politik in Heideggers Spätphilosophie", in:

Annemarie Gethmann-Siefert und Otto Pöggler(hrsg), *Heidegger und die praktische Philosophie*, Suhrkamp, 1988.

Sluga, Hans, *Heidegger's Crisis: Philosophy and Politics in Nazi Germany*, Harvard University Press, 1993.

Solomon, Robert C. "A More Severe Morality: Nietzsche's Affirmative Ethics", in: Charles Guignon(ed), *The Existentialists: Critical Essays on Kierkegaard, Nietzsche, Heidegger, and Sartre*, Rowman & Littlefield, 2004.

Thurnher, Rainer, "Heideggers Denken als 'Fundamentalethik'?", in: Reinhard Margreiter und Karl Leidlmeier(Hrsg), *Heidegger: Technik-Ethik-Politik*, Königshausen & Neumann, 1991.

Vietta, Silvio, *Heideggers Kritik am Nationalsozialismus und an der Technik*, De Gruyter, 1989.

Vincent, Vycinas, *Earth and Gods: An Introduction to the Philosophy of Martin Heidegger*, The Hague, 1969.

Volkmann-Schluck, Karl-Heinz, *Einführung in das philosophische Denken*, Vittorio Klostermann, 1989.

Wolzogen, Christoph von, "Die eigentlich metaphysische Störung: Zu den Quellen der Ethik bei Heidegger und Levinas", in: Martin Endreß(hrsg), *Zur Grundlegung einer integrativen Ethik*, Suhrkamp, 1995.

Young, Julian, *Heidegger, philosophy, Nazism*, Cambridge University Press, 1997.

Zimmerman, Michael E., *Heidegger's Confrontation with Modernity: Technology, Politics, and Art*, Indiana University Press, 1990.

岡田紀子,『ハイデガ研究』, 以文社, 1976.

찾아보기

ㄴ

ㄷ

ㄹ

ㅁ

ㅂ

ㅅ

ㅎ

Heidegger: Searching for the Truth of the Being

Chankook Park(Seoul National University)

In this book, I have revised and reorganized my published writings on Heidegger over a period of more than thirty-five years into a systematic and coherent work. The book is organized into five parts. Part I examines Heidegger's question of Being, focusing on the problems of modern technological civilization. Part II examines the connection between Heidegger and Nazism, as well as Heidegger's ethical and political thoughts. I have placed the Parts that examines Heidegger's thoughts in relation to the crisis of modern technological civilization and Nazi participation at the beginning because I believe this arrangement will help the reader to understand Heidegger's thoughts clearly and concretely. Part III examines Heidegger's thoughts about Being and the human being. Part IV examines Heidegger's early thoughts, focusing on the concepts of anxiety and authentic existence. Although this Part deals with Heidegger's early thoughts, the reason why this Part is placed in the second half is because it is thought that Heidegger's early thoughts can be more clearly understood when we understand Heidegger's confrontation with modern technological civilization in his later thoughts. Part V discusses the significance of Heidegger's philosophy in the history of Western philosophy and compares Heidegger to other philosophers.

저자 소개

박찬국

서울대학교 철학과 교수.

서울대학교 철학과를 졸업하고 같은 대학 대학원에서 석사 학위를, 독일 뷔르츠부르크 대학교에서 철학박사 학위를 받았다. 니체와 하이데거의 철학을 비롯한 실존철학이 주요 연구 분야이며 최근에는 불교와 서양철학 비교를 중요한 연구과제 중 하나로 삼고 있다. 2011년에 『원효와 하이데거의 비교연구』로 제5회 청송학술상, 2014년에 『니체와 불교』로 제5회 원효학술상, 2015년에 『내재적 목적론』으로 제6회 운제철학상, 2016년에 논문 「유식불교의 삼성설과 하이데거의 실존방식 분석의 비교」로 제6회 반야학술상을 받았다. 그 외의 저서로 『들길의 사상가, 하이데거』, 『하이데거는 나치였는가』, 『하이데거의 《존재와 시간》 강독』, 『니체와 하이데거』 등이 있고, 주요 역서로는 『니체 I, II』, 『근본개념들』, 『아침놀』, 『비극의 탄생』, 『안티크리스트』, 『우상의 황혼』, 『선악의 저편』, 『도덕의 계보』, 『상징형식의 철학 I, II, III』 등 다수가 있다.